U0928049

编 委 会

主办单位：中国高等教育学会

支持单位：宁波市人民政府

承办单位：宁波市教育局　宁波大学

协办单位：浙江大学教育学院　宁波工程学院

浙江医药高等专科学校

技术支持：奥鹏教育　正方软件股份有限公司

加快“双一流”建设
实现内涵式发展

——“2018高等教育国际论坛年会”论文集

中国高等教育学会　组编

图书在版编目（CIP）数据

加快“双一流”建设 实现内涵式发展 ：“2018高等教育国际论坛年会”论文集 / 中国高等教育学会组编. -- 兰州 : 兰州大学出版社, 2019.8
ISBN 978-7-311-05672-8

Ⅰ. ①加… Ⅱ. ①中… Ⅲ. ①高等教育－教育现代化－中国－文集 Ⅳ. ①G649.2-53

中国版本图书馆CIP数据核字(2019)第178563号

责任编辑 刘爱华
封面设计 雷们起

书 名 加快“双一流”建设 实现内涵式发展
——“2018高等教育国际论坛年会”论文集
作 者 中国高等教育学会 组编
出版发行 兰州大学出版社 (地址:兰州市天水南路222号 730000)
电 话 0931-8912613(总编办公室) 0931-8617156(营销中心)
0931-8914298(读者服务部)
网 址 http://press.lzu.edu.cn
电子信箱 press@lzu.edu.cn
印 刷 甘肃新亚印务有限公司
开 本 880 mm×1230 mm 1/16
印 张 27(插页6)
字 数 681千
版 次 2019年8月第1版
印 次 2019年8月第1次印刷
书 号 ISBN 978-7-311-05672-8
定 价 88.00元

“2018 高等教育国际论坛年会”在宁波隆重召开

为学习宣传习近平总书记关于教育的重要论述，贯彻落实全国教育大会精神，切实写好教育事业的“奋进之笔”，2018 年 11 月 3—4 日，由中国高等教育学会主办的“2018 高等教育国际论坛年会”在宁波隆重召开。中国高等教育学会会长、教育部原党组副书记、副部长杜玉波等学会领导，教育部高教司、浙江省教育厅、宁波市领导，来自美国、英国、法国、日本、澳大利亚、巴基斯坦等 15 个国家的近 50 位外国专家，以及国内 300 余所高校及相关机构的专家学者，共 1100 余人参会。

杜玉波会长结合学习贯彻全国教育大会精神，以“着眼世界水平、着力中国特色——对办好中国特色社会主义大学的再认识”在开幕式上致辞。他指出：全国教育大会系统总结了改革开放 40 年来教育发展的丰富经验，科学规划了加快推进教育现代化的战略布局，奋力开启了新时代中国教育事业的新征程。其中，办好中国特色社会主义大学是教育现代化的重要目标，要在“着眼世界水平、着力中国特色”上下功夫。一是要把培养一流人才作为核心使命。二是要把服务国家需要作为责任担当。三是要把对国家和社会的贡献作为价值追求。四是要把扩大国际交流合作作为办学方略。五是要把加强党的建设作为根本保证。

本次论坛以“加快‘双一流’建设 实现内涵式发展”为主题，来自国内外的 20 余位专家学者、政府部门管理者、驻华使馆参赞等在主论坛上作报告。论坛设有三个平行分论坛，分别以“新时代高等教育发展战略”“加快世界一流大学和一流学科建设”“实现高等教育内涵式发展的路径选择”为主题展开专题研讨，30 余位国内外高等教育领域专家学者作专题报告。“高等教育国际论坛”迄今已经连续举办了 18 届，成为高等教育研究领域的品牌活动，对推动高等教育改革发展发挥了积极作用。

论坛同期举办了第 16 届高等教育学博士生论坛，举行了 4 场博士生分论坛和 1 场博士生导师报告会，近 30 位博士生分享了研究成果，13 位博士生导师作点评和指导。

本次论坛由宁波市人民政府支持，宁波市教育局、宁波大学承办，浙江大学教育学院、宁波工程学院、浙江医药高等专科学校协办。论坛由奥鹏教育和正方软件股份有限公司提供技术支持。

学会会长杜玉波致辞

泰国格乐大学校长、泰国教育部原部长、外交部原部长 Krasae Chanawongse 作报告

副会长管培俊主持主论坛

学会副会长、北京师范大学原党委书记刘川生作报告

联合国教科文组织顾问、巴黎第十大学原副校长 Augustin F.C. Holl 作报告

学会副会长、上海交通大学党委书记姜斯宪作报告

学会副会长、西安交通大学校长王树国主持主论坛

澳大利亚驻华大使馆公使衔参赞 Brooke Hartigan 作报告

学会副会长、南京大学原校长陈骏作报告

教育部高等教育司司长吴岩作报告

越南驻华大使馆公使衔参赞 Nguyen Thi Thai Thong 作报告

学会副会长、郑州大学校长刘炯天作报告

浙江省教育厅党委书记、厅长郭华巍致辞

英国诺森比亚大学副校长 Steve Leggetter 作报告

宁波市副市长许亚男致辞

学会副会长张大良主持主论坛

美国佛罗里达州立大学终身教授 Benjamin D. Koen 作报告

学会副会长、秘书长、学术委员会委员康凯主持闭幕式

学会监事长孙维杰主持主论坛

美国杜克大学教授、昆山杜克大学常务副校长 Denis Simon 作报告

学会学术委员会副主任、厦门大学原副校长邬大光作报告

学会学术委员会副主任、华东师范大学教育学部主任袁振国作大会总结报告

英国诺丁汉大学副校长 Chris Rudd 作报告

学会学术委员会副主任、浙江大学高等教育研究所所长眭依凡作报告

学会副秘书长、学术委员会委员王小梅主持论坛

日本大学教育学会会长、同志社大学社会学院院长、日本中央教育审议会委员 Reiko Yamada 作报告

学会副秘书长、学术委员会秘书长郝清杰主持论坛

清华大学副校长王希勤作报告

美国西密歇根大学教育与人类发展学院院长、旅美华人院校长协会会长李明作报告

学会学术委员会委员、北京大学教育学院党委书记阎凤桥作报告

四川大学副校长许唯临作报告

荷兰斯坦顿大学教授
Robertus Johannes Coelen 作报告

学会学术委员会委员、浙江外国语学院党委书记宣勇作报告

学会学术委员会委员，浙江传媒学院党委副书记、副校长徐小洲作报告

北欧亚洲研究中心关联研究员
Jesper Schlæger 作报告

上海纽约大学校长俞立中作报告

学会学术委员会委员、华南师范大学教育科学学院院长卢晓中作报告

哈萨克斯坦国际工商大学校长 Akhmed-Zaki Darkhan 作报告

学会学术委员会委员、华中科技大学教育科学研究院院长张应强作报告

学会学术委员会委员、华东师范大学高等教育研究所所长阎光才作报告

斯里兰卡佛教学与巴利语大学校长 Gallelle Sumanasiri Thero 作报告

学会学术委员会委员、宁波市教育局副局长胡赤弟作报告

厦门大学高等教育发展研究中心主任、厦门大学教育研究院院长别敦荣作报告

哈萨克斯坦大学联盟副主席、哈萨克斯坦拓展教育领域国际合作中心主任 Kozhakov Assan 作报告

浙江大学教育学院院长顾建民主持博士生论坛闭幕式

清华大学发展规划处处长姚强作报告

巴基斯坦卡拉奇工商管理学院院长 Abdul Nasir Afghan 作报告

学会学术委员会委员、上海交通大学安泰经济与管理学院党委书记杨颉作报告

泰国博仁大学中国事务副校长顾问、CAIC 代表理事、执行院长、泰国格乐大学管理委员会主席王长明作报告

清华大学教育研究院教授 Hamish Coates 作报告

台湾昆山科技大学教授黄扬婷作报告

中国人民大学教育学院副院长李立国作报告

美国弗吉尼亚大学教授、四川大学匹兹堡学院副院长 Michael L.Reed 作报告

芬兰赫尔辛基大学高等教育研究与发展中心副教授 Heidi Hyytinen 作报告

复旦大学高等教育研究所研究员牛新春作报告

南京师范大学教育科学学院教授王建华作报告

杭州电子科技大学、浙江高等教育研究院教授邱均平作点评

南京师范大学教育科学学院教授、学会学术委员会委员胡建华作点评

云南大学高等教育研究院教授、学会学术委员会委员董云川作点评

西安理工大学教师发展中心教授李秉祥作点评

厦门大学高等教育发展研究中心教授武毅英作点评

北京航空航天大学高等教育研究院教授、学会学术委员会委员雷庆作点评

华中科技大学教育科学研究院教授陈廷柱作点评

北京航空航天大学高等教育研究院教授赵婷婷作点评

厦门大学高等教育发展研究中心教授郑若玲作点评

博士生论坛现场

目 录

主旨报告

第一篇　新时代高等教育发展战略

第二篇　加快世界一流大学和一流学科建设

第三篇　实现高等教育内涵式发展的路径选择

第四篇 博士生论坛

附 录

主旨报告

着眼世界水平　着力中国特色

——对办好中国特色社会主义大学的再认识

杜玉波

尊敬的各位嘉宾、各位朋友，女士们、先生们：

上午好！

今天，在中国美丽的东方大港——宁波，我们迎来了国内外千余位专家学者，举办“2018高等教育国际论坛年会”，围绕世界一流大学和一流学科建设面临的共同问题开展研讨，分享各国教育的发展经验，探讨教育现代化建设的路径，共谋世界教育发展的美好蓝图。首先，我代表中国高等教育学会，对各国嘉宾的到来和各位专家学者的参与，表示热烈的欢迎和衷心的感谢！

今年是中国改革开放40周年。在40年波澜壮阔的改革开放实践中，我国的高等教育事业走过了由小到大、由弱向强的辉煌历程，实现了从规模扩张到质量提升的历史性转折。9月10日，全国教育大会隆重召开，系统总结了改革开放40年来教育发展的丰富经验，科学规划了加快推进教育现代化的战略布局，奋力开启了新时代中国教育事业的伟大征程。

今天，我结合学习贯彻这次全国教育大会精神，就着眼世界水平、着力中国特色、办好中国特色社会主义大学这个问题谈几点认识。

第一，把培养一流人才作为核心使命

培养什么人，是教育的首要问题。“大学之道，在明明德，在亲民，在止于至善。”纵观世界高等教育史，现代意义上的大学延绵数百年，其间受到各种力量的影响，经历了深刻的变化，伴随经济社会的发展，大学的功能也随着时代的发展变化而逐步拓展，但大学作为教师和学生学习共同体的本质没有变，人才培养的第一功能和核心使命没有变。

教育是国之大计、党之大计。我们的教育必须把培养社会主义建设者和接班人作为根本任务，培养一代又一代拥护中国共产党领导和我国社会主义制度、立志为中国特色社会主义奋斗终生的有用人才。这是教育工作的根本任务，也是教育现代化的方向目标。这是以习近平同志为核心的党中央在新时代对中国教育提出的新定位、新论断、新要求，是我们在新的历史条件下发展高等教育的总纲领、总遵循、总方针，也是办好中国特色社会主义大学必须始终坚守的根本教育理念。

当下，我国正在统筹推进一流大学和一流学科建设，这是一项高等教育的引领性工程、示范性

杜玉波，中国高等教育学会会长，教育部原党组副书记、副部长。

工程、突破性工程。它的根本立足点和出发点，就是要扎根中国大地，建设中国特色的"双一流"。这个"一流"的内涵很丰富，要素有很多，标准是多元的，各种类型的高校都可以争创一流。一流的核心就是要坚持立德树人，培养一流人才。一流人才既包括学术大师、兴业英才、治国人才，也包括社会需要的高素质专门人才和技术技能型人才。

大学要培养一流人才，必须要努力构建德智体美劳全面培养的教育体系，形成更高水平的人才培养体系，全面提高人才培养能力。要牢固确立人才培养中心地位，把人才培养质量作为衡量办学水平的最主要标准；要把立德树人作为检验学校一切工作的根本标准，把思想政治工作体系贯通到学科体系、教学体系、教材体系、管理体系；要强化以学生为本的理念，把一切为了学生健康成长作为工作的首要追求；要创新人才培养体制机制，把提升大学生的社会责任感、创新精神和实践能力作为改革的着力点，着重在坚定理想信念、厚植爱国主义情怀、加强品德修养、增长知识见识、培养奋斗精神、增强综合素质上下功夫，着力培养德智体美劳全面发展的社会主义建设者和接班人，着力培养能够担当民族复兴大任的时代新人。

第二，把服务国家需要作为责任担当

教育兴则国家兴，教育强则国家强。大学要始终与国家和民族同心同向，要始终以国家强盛、民族振兴为使命担当。这是大学发展的动力所在，也是创建世界一流大学的普遍规律。中国的任何一所大学，都要始终同我国发展的现实目标和未来方向紧密联系在一起，在任何时候都要把服务国家战略和区域经济社会发展作为重要责任和使命，在为人民服务、为中国共产党治国理政服务、为巩固和发展中国特色社会主义制度服务、为改革开放和社会主义现代化建设服务过程中实现自身的价值追求。这是中国特色社会主义大学的价值体现，也是我国高等教育最重要的战略任务。

当下，高校要紧紧围绕经济竞争力的核心关键、社会发展的瓶颈制约、国家安全的重大挑战，切实担负起为党分忧、为国担当、为民族奋发的历史责任。一方面，要培养担当科技强国建设重任的时代新人，提升关键核心技术领域人才支撑能力；另一方面，要发挥高校主力军作用，切实提高我国关键核心技术创新能力。这是大事，一定要办好。

最近，教育部正在谋划一系列推动教育现代化的区域创新实验。比如，高起点高标准规划发展雄安新区教育，深化粤港澳高等教育合作交流，构建长三角教育协作发展新格局，促进海南教育创新发展，再比如，推进共建"一带一路"教育行动、中西部教育振兴计划等等。这些措施，都是紧紧围绕国家重大战略来设计的，各高校可以结合自身的优势和特点，积极参与到这些重大举措中来。

随着供给侧结构性改革和国家产业布局升级的进程不断加快，迫切需要调整教育结构，推动高校转型发展，积极适应供给侧结构性改革对人才素质提出的新要求。对这个问题，要站在国家大局的高度来审视，深刻理解"转型"的意义和实质。要把办学思路真正转到服务国家需要和地方经济社会发展上来，转到增强学生创新创业能力上来，转到培养国家和社会需要的不同类型人才上来。我们说，无论是新建本科院校还是其他高校，都面临着转向质量提升、内涵发展新阶段的巨大挑战，大幅提升服务经济社会发展的能力和水平，为经济转型升级提供高质量的人才和高水平科研的支撑，在今天这个时代，我们更应该有这种使命感和责任感。

第三，把对国家和社会的贡献作为价值追求

教育是民族振兴、社会进步的重要基石。党的十九大提出了全面建成社会主义现代化强国的宏伟目标，将基本实现社会主义现代化的目标提前了15年。高等教育在国家现代化进程中的先导性、全局性地位和作用更加凸显，在推动国家发展、引领社会进步、实现民族复兴中的作用更加凸显。我们的大学必须始终把对国家和社会的贡献作为价值追求，在“四为服务”中发挥不可替代的作用。

当今世界，正处于百年不遇的大变局之中。中国虽是世界第二大经济体，但还只是中等收入国家，人均GDP只有8 000多美元，不但水平相对较低，而且还有发展不平衡不充分的问题。从产业结构看，尽管近年来我国在很多“上天入海”技术方面都有所突破，但整体上我国还处在全球产业链的中低端，特别是在制造业我国很多方面是落后的。据有关调研显示，32%的关键材料研发在中国仍为空白，52%的关键材料、95%的高端专用芯片、70%以上的智能终端处理器和绝大多数计算机处理器、存储芯片，都依赖进口。应该说，我们原始创新能力不足、关键核心技术短缺的局面并没有根本改观。当今世界，各国之间是综合国力的竞争，是高科技产业的竞争，是知识产权保护下自主创新能力的竞争，从某种意义上讲，也是高等教育的竞争，更是人才的竞争。大学在人才、科技助推经济建设主战场方面，既大有可为，也必须有所作为。

在这次全国教育大会上，习近平总书记强调，评价是一个必须解决的老大难问题，要坚决克服唯分数、唯升学、唯文凭、唯论文、唯帽子的顽瘴痼疾，从根本上解决教育评价指挥棒问题，扭转功利化倾向。我认为，一所大学办得好不好，除了看它培养出什么样的人才，还要看它对国家、民族，对社会做出了多大的贡献。从根本上来说，看一所大学办得怎么样，不是看一时的规模、数据，而是要以长远的眼光、历史的视野看它培养出什么样的杰出人才。高校对于社会的最大贡献，不在于它能拉动GDP几个百分点，也不在于它能发表多少篇SCI文章，而在于其人才的培养质量，尤其是要看它的毕业生为国家和社会做了多大贡献。

第四，把扩大国际交流合作作为办学方略

高等教育的本质特征和主要功能决定了高校在发展过程中必须走开放发展道路。随着全球化时代的到来，是否具有宽广的全球视野、开放的办学理念、重要的国际影响，已经成为衡量一所大学办学质量的重要标志。办好中国特色社会主义大学，需要把扩大国际交流合作作为不可动摇的重要办学方略。

扩大国际交流合作，一方面应该把国外优质的教育资源“请进来”。具体来说，是要把国外先进的教育理念、管理方式、良好的师资、优秀的课程和教材请进来。同时，应该注意处理好“国际化”和“本土化”的关系。习近平总书记指出：“尺有所短，寸有所长。既要借鉴，也要弘扬。”这个道理十分深刻，也就是说我们既要虚心借鉴国外的有益经验，也必须理性客观地看待和保持我国教育的优势。只有把这两个方面结合起来，才能形成高校发展的强大合力。

另一方面，扩大国际交流合作应该注重“走出去”。但是，“走出去”应该重点布局，不能一哄而上。其中，出国留学是走出去的一个重要方面，应该加强出国留学的科学规划，针对国家最需要的专业，把最有潜力的学生选拔出来，送到国外最好的学校、最好的研究机构和国际组织学习深

造。应该加大尖端人才、国际组织人才、非通用语种人才、来华杰出青年人才、国别和区域研究等五类人才培养力度。

扩大教育领域的国际交流合作，既需要加强与世界发达国家的交流，也需要加强与发展中国家的合作。不久前，我率团到美国与哈佛大学、斯坦福大学、麻省理工学院等高校和相关教育机构开展座谈交流，达成了一系列合作意向。我有一个很深的感触，包括美国在内的发达国家，对与中国高等教育加强联系合作有着浓厚的兴趣。近年来，中国高等教育学会响应我国“一带一路”倡议，牵头发起了“中巴经济走廊大学联盟”，在推动中巴两国高校合作交流方面发挥了重要作用。前天，我们在浙江大学召开了中巴经济走廊大学联盟交流机制第二次会议，成果丰硕。今天，我们又在宁波召开“2018高等教育国际论坛年会”，来自世界各地的专家学者共同研讨高等教育发展大计，是国际教育交流合作的又一盛会。这些工作机制和举措，都是扩大国际交流与合作的有益探索。

第五，把加强党的建设作为根本保证

中国特色社会主义最本质的特征是中国共产党领导，中国特色社会主义制度的最大优势是中国共产党领导。加强党对教育工作的全面领导，是办好教育的根本保证，集中体现在加强学校的党建工作上。正如习近平总书记在全国教育大会上所强调的，要把抓好学校党建工作作为办学治校的基本功，把党的教育方针全面贯彻到学校工作各方面。

全面加强党的政治建设。党的政治建设，核心是政治信仰和政治方向，关键是政治领导和政治根基，基础是政治生态和政治文化。要围绕这几个方面来加强建设，特别是要深入学习贯彻习近平新时代中国特色社会主义思想和党的十九大精神，把高校建设成为学习研究马克思主义科学理论的坚强阵地。要坚持不懈传播马克思主义科学理论，抓好马克思主义理论教育，为学生一生成长奠定科学的思想基础。要全面贯彻落实全国教育大会精神，把思想和行动统一到党和国家对教育事业发展的战略部署上来。

全面加强基层党组织建设。党的领导在教育系统能不能有效实现，取决于基层党组织体系健不健全，党的建设抓得好不好。要坚持围绕中心抓党建、抓好党建促中心，把基层党建工作和教学科研社会服务等工作有机结合起来，不要搞成“两张皮”。要通过基层党组织做好教师的思想政治工作。我们常讲，党的工作就是做人的工作，做人的工作就是做暖人心的工作。在高校，就是要做好广大教师的工作，既要厚爱，也要严管，注重激励与惩戒相结合，注重解决思想问题与解决实际问题相结合。通过思想政治引导，把广大教师团结和凝聚在党组织周围，这是我们最大的政治责任。

全面提升高校治理能力和水平。高校应该形成以大学章程为基础，以党委领导下的校长负责制为核心，以学术委员会、教职工代表大会、理事会为支撑的现代化大学制度整体框架。具体讲，就是要坚持和完善党委领导下的校长负责制，把现行领导体制运转好；学习借鉴国内外办学治校先进经验，把学术组织作用发挥好；充分调动广大师生和社会各界共同参与学校建设的积极性，把民主管理与民主监督把握好，全面提升高校治理能力和水平。

以上就是我今天报告的内容。最后，我代表中国高等教育学会，对承办这次大会的浙江省和宁波市各个部门，对为这次大会服务的广大高校师生，表示衷心的感谢！

谢谢大家！

一流本科建设：中国特色与世界水平

吴岩

2018年下半年高等学校和全社会有一个热议话题，那就是本科教育。如何提高本科教育质量？如何建设一流本科？这是教育部高教司今后的工作重点。首先给大家分享几组数据。一是在校生数：新中国成立的1949年，全国高等学校总的在校生约11.7万人，改革开放之初的1978年总的在校生数也不过87万人，2017年总的在校生数达到3 779万人。二是高等教育毛入学率：1949年、1978年和2017年的高等教育毛入学率分别是0.26%、1.55%和45.70%。按照近几年的趋势估算，2019年我国高等教育毛放学率将达到50%，正式进入高等教育普及化阶段。三是我国本科教育的布局情况：92个本科专业类、630种本科专业、56 800多个专业点、1 240多所举办本科教育的高校、本科阶段在校生1 648.6万人、每年毕业生384万等。综上可以判断：本科教育是中国高等教育中最大的供给体系，总体上来说是专业齐全、类型多样、区域匹配。建设一流本科，有两个方面需要重点把握。

一、深刻把握高等教育发展大势

习近平总书记指出，世界正处在百年未有之大变局。世界范围内新一轮科技革命和产业变革扑面而来，正在引发未来世界经济政治格局深刻调整，重塑国家竞争力在全球的位置，颠覆现有很多产业的形态、分工和组织方式，重构人们的生活、学习和思维方式，改变人与世界的关系。人类历史上的前三次工业革命我们没有赶上，但这次赶上了。中国正处于百年未有之大变局，中国高等教育正处于大变局之中。在百年不遇的发展机遇前，高等教育的体制机制必须顺势演化、创新发展。

从国际上来看，美国正在“重塑”本科教育。卡耐基教学促进会分别于1998、2001年发布了《重塑本科教育：美国研究型大学发展蓝图》《重塑本科教育：博耶报告三年回顾》两份报告，引起了美国研究型大学对本科教育的强烈关注，对本科教育改革产生了广泛而深远的影响。斯坦福大学、麻省理工学院、哈佛大学等超一流大学纷纷回归本科教育，启动本科教学改革。斯坦福大学发布了《本科教育报告2012》，约翰·亨尼斯校长在报告中指出，斯坦福大学是一所伟大的教学与研究型大学，要像对待科研一样重视与支持教学，这不仅可能，而且很重要。以前，关于本科教育的讨论都陷入了把教育改革局限于“如何重新安排船上的座椅，而不是对轮船的航向进行深思熟虑的

吴岩，教育学博士，教授，教育部高等教育司司长。

讨论"的误区，新一轮本科教育改革的关注点不应仅仅指向大学应该教什么，也要关注大学应该怎么教；还要关注学生应该怎么学、学得怎么样。麻省理工学院2014年发布《麻省理工学院教育的未来》，2016年发布《高等教育改革的催化剂》。拉斐尔·莱夫校长指出，高等教育到达了一个转折点，我们必须打造以学生为中心的教育，单个的变革主体是不够的，必须让全体教师、大学的高级管理层、学科和专业负责人、科研团队都参与进来。要让学生学会反思、讨论（与同伴和专家）、跨学科思维、自学和掌握学习。哈佛大学本科院院长哈瑞·刘易斯在《失去灵魂的卓越》一书中深刻反思：哈佛大学一度忽视了本科教育，忘记了教育的宗旨。可以说，没有一流本科的"一流大学"是失去了灵魂的卓越，没有一流本科的"一流学科"是忘记了根本的一流！

英国已经从国家战略层面"回归"教学，英国高教界掀起了新一轮围绕质量的重大改革。2016年5月，英国教育部发布了名为"知识经济体的成功——教学卓越、社会流动及学生选择"的《英国高等教育白皮书》。白皮书专门提出教学卓越框架，启动四大改革行动：一是从2016—2017学年起实施教学卓越框架，围绕以学生为核心来提升教学质量；二是建立教学与研究具有平等地位的文化；三是根据学生的退学率、学生满意度和毕业生就业率等指标对高校进行"金银铜"排名（如果不在榜上就不能涨学费）；四是强调专业教学，高校专业教学应激发所有学生的全部潜能，促进毕业生就业，尤其是在高技术产业领域就业。

不仅高校如此，国际上有关高等教育的组织也在努力探索提高人才培养质量的举措。经合组织（OECD）实行学生学习成果的评估；华盛顿协议（WA）倡导国际实质等效专业认证；联合国教科文组织（UNESCO）发起国际高等教育质量认可公约；欧盟主张调整和优化教学过程的Tuning项目等。

建设中国特色、世界一流的现代高等教育，必须要做到人才培养理念与世界最先进的理念同频共振，质量标准与国际标准实质等效，但管理模式可以是和而不同。中国特色必须是世界水平上的中国特色。如果不能站在一个平台上，讲中国特色就失去了意义；没有可比较质量的特色，不是真正的特色。实现追踪、模仿、跟随到并跑、领跑的跨越，要更国际、更中国，扎根中国大地、解决中国问题、探索中国道路，除了向国际学习以外，还要贡献中国经验、提供中国方案、分享中国模式。

二、全面发力建设一流本科

2018年，我们有两个可以写入历史的教育会议。一个是全国教育大会，大会系统总结了改革开放40年来教育发展的丰富经验，规划了加快推进教育现代化的战略布局，开启了新时代中国教育事业的伟大征程，是一次可以"写入历史、进入人心、改变生活、开启未来"的大会。另一个是新时代全国高等学校本科教育工作会议，2018年6月在四川大学召开，陈宝生部长评价这次会议"把握住了中国教育改革发展的关键，把握住了人民普遍的心理期盼，确定了本科教育的基本方针、发展路径和重要举措，是可以写进教育史的会"。会议成果有"三个一"：一个纲领性讲话、一个战略性意见、一组"领跑计划"。我们将陈宝生部长的讲话归纳为新时代本科教育"三大纪律、八项注意"。"三大纪律"是红线：不抓本科教育的高校是不合格的高校、不重视本科教育的书记校长是不合格的书记校长、不参与本科教学的教授是不合格的教授。"八项注意"是基准：高校领导注意力要首先在本科聚焦；教师精力要首先在本科集中；学校资源要首先在本科配置；教学条件要首先在本科使用；教学方法和激励机制要首先在本科创新；核心竞争力和教学质量要首先在本科显现；发展战略和办学理念要首先在本科实践；核心价值体系要首先在本科确立。一个战略性意见是教育部印发的《关于加快建设高水平本科教育 全面提高人才培养能力的意见》，简称“新时代高教40条”，14个部委进行了为期一年的深度研讨和修订。一组“领跑计划”是指“六卓越一拔尖计划”2.0，以“一流本科、一流专业、一流人才”为目标，加快建设发展新工科、新农科、新医科、新文科，形成覆盖全部学科门类的中国特色、世界水平的一流本科专业集群，全面服务于竞争力中国、健康中国、幸福中国、法治中国、形象中国、教育中国、科学中国建设。这是卓越拔尖人才培养的施工方案，目前已全部正式发布。

新时代全国高等学校本科教育工作会有“十个新”，一是新名称呼应了新要求新期待，二是高等教育改革发展的新遵循，三是“六卓越一拔尖”新计划，四是内涵式发展新认识，五是一流本科建设新路径，六是“变轨超车”新概念，七是若干“双万”新举措，八是“西三角”新布局，九是本科教育新理念，十是高等教育新学理，标志着中国本科教育进入了新时代。建设一流本科教育，要在三个方面重点发力。

（一）推动“双一流”建设高校率先建设一流本科

陈宝生部长多次强调，没有一流本科的一流大学和一流学科是空中楼阁。三部门《关于高等学校加快“双一流”建设的指导意见》中也明确要求，要把一流本科教育建设作为“双一流”建设的基础任务。中央文件里提出，要努力建成一批中国特色社会主义标杆大学。某种意义上说，“双一流”依然是追赶战略，标杆大学则是领跑战略。我们希望能够产生一批向世界分享中国经验的大学。现在很多书记校长不用拿稿子就可以如数家珍地讲USNEWS排名。其实USNEWS有两个大学排名，一个世界大学排名，一个是美国大学排名。两个排名的一致性并不好，原因就体现在指标体系中，世界大学排名主要是科研，美国大学排名则主要是人才培养，服务于高中生选择大学，而且美国人是用脚投票的。USNEWS排名本质上就是一个商业行为，绝对不能对照着大学排名亦步亦趋地来办学。

（二）准确把握中国高等教育发展的阶段特征

我们很快就会进入高等教育普及化阶段，需要特别警惕：身体进入普及化，思想停在精英化。最大的问题是我们经常地顽固地用精英化理念和办法管理着已经进入后大众化阶段、马上要迈入普及化阶段的中国高等教育！就像自觉不自觉地用计划经济思想和办法模式来管理市场经济！高等教育的管理者、研究者都需要在认真学习研究的基础上慎重考虑中国高等教育普及化阶段的具体走向。马丁·特罗的高等教育理论就提出了高等教育发展三阶段的10个维度变化。普及化阶段的高等教育必须是多样化，一定是“五指山”而不是“金字塔”，一定要处理好分层和分类的关系。高校办学标准要多样化，一个标准、一个模板的办学模式，盲目追北大、看清华的道路选择是中国其他2 600多所高等学校、1 240多所本科院校要避免的。

（三）全面治理整顿本科教学秩序

教育部已经下发了文件：狠抓新时代全国高等学校本科教育工作会议精神落实，态度坚决、方向明确。主攻方向有四个：专业、课程、教师、质量保障体系。突破口是专业和课程，要实施一流专业建设“双万计划”和一流课程建设“双万计划”。专业是人才培养的基本单元，也有人说专业是人才培养的腰，腰要是不好的话，这个人站不直身、挺不起胸、抬不起头。因此，对不起良心的专业应该停办！课程是人才培养的核心要素，要把课程建好，就要消灭“水课”，打造高阶性、创新性、有挑战度的“金课”。不能搞“玩命”的中学，也不能办“快乐”的大学，要让一部分学生天天打游戏、天天睡大觉、天天谈恋爱、“醉生梦死”的日子一去不复返！一部分教师“认认真真培养自己、稀里马虎培养学生”的日子一去不复返！一部分学校“领导精力投入不足、教师精力投入不足、学生精力投入不足、资源配置不足”的日子一去不复返！会议的效果可以说是三个“出乎意料”，在教育部关于贯彻落实会议精神文件正式下发前，各省市已经形成热潮，出台了有力度的政策、方案、计划；各学校已经形成热潮，开展了有热度的学习、讨论、行动；全社会已经形成热议，一边倒地点赞、喝彩、支持！

人才培养为本，本科教育是根，下一步要抓好高等教育的根和本，加大力度、保持热度、把握难度、追求效度，建设一流本科、做强一流专业、推出一流金课、实施一流认证、打造一流师资、培养一流人才，推动新时代中国大学再出发。

培养社会主义建设者和接班人　建设中国特色世界一流大学

刘伟

党的十八大以来，习近平总书记对中国高等教育的发展和高校思想政治工作高度重视，提出了一系列新理念、新思想、新观点，形成了系统科学的新时代中国特色社会主义教育理论体系，标志着我们党对教育工作的规律性认识达到了新的高度，是新时代做好教育工作的根本遵循。

一、抓住培养社会主义建设者和接班人这一根本任务

习近平总书记从建设社会主义现代化强国和实现中华民族伟大复兴中国梦的战略高度，强调中国高等教育要抓住培养社会主义建设者和接班人这一根本任务，努力建设中国特色世界一流大学。高校只有抓住培养社会主义建设者和接班人这个根本才能办出并且办好中国特色世界一流大学。学习和领会习近平总书记关于“根本”的科学论断，必须从我国社会主义初级阶段的基本国情出发，在中国特色社会主义进入新时代这一新的历史方位上，从实现“两个一百年”奋斗目标的历史高度，加深对新时代发展高等教育事业重要战略意义的认识。

中国高等教育的发展，从新中国成立到现在经历过两次大的创业。党的十九大之后，在新的历史进程中，我们面临的主要任务是进行第三次创业。第一次是中华人民共和国成立之后的创业，我们逐步建立起了相对完整的高等教育学科体系和人才培养体系，培养了一支可信赖的教师队伍，建立了我们自己的教育体系，形成了中国特色的教育体制。在第一次创业中，尤其值得一提的是高校哲学社会科学，通过改造和建设并举、继承和创新并举，我们建立了新中国自己的哲学社会科学体系。第二次创业是改革开放以后的创业，中国的教育在更大范围内吸收人类文明发展的优秀成果，借鉴各国先进经验，更重要的是从中国的实际出发，总结我们自己的经验，继承我们的优秀传统文化，走自己的路。这个中间有曲折、有反复、有弯路，但是我们走过来了，为改革开放伟大事业提供了智力支撑和人才保证。我们整体上开始向世界教育第一方阵迈进。

党的十九大后，我们开始进行第三次创业，总的目标是实现教育现代化，建设教育强国，办人民满意的教育，为人民谋幸福、为民族谋复兴、为世界谋和平。这一次创业，高等教育战线面临的任务是伟大的、光荣的，更是艰巨的。总体来看，我国形成了世界上规模最大的高等教育体系，人才培养、科学研究、社会服务、文化传承与创新、国际交流合作能力显著增强，高等教育质量明显

刘伟，中国高等教育学会副会长，中国人民大学校长、教授。

提高，为促进经济社会发展做出了重要贡献。我国高等教育取得了长足发展，但大而不强、活力不够等问题仍然存在，与国家发展需要和人民群众期盼相比仍存在较大差距。习近平同志指出：“我国正处于历史上发展最好的时期，但要实现‘两个一百年’奋斗目标、实现中华民族伟大复兴的中国梦，必须更加重视教育，努力培养出更多更好能够满足党、国家、人民、时代需要的人才。”

中国特色社会主义进入新时代，我国对高等教育的需要比以往任何时候都更加迫切，对科学知识和卓越人才的渴求比以往任何时候都更加强烈。党中央做出加快建设世界一流大学和一流学科的决策，就是要提高我国高等教育发展水平，增强国家核心竞争力。我国有独特的历史、独特的文化、独特的国情，决定了我国必须走自己的高等教育发展道路，扎实办好中国特色社会主义高校。我国高等教育发展方向要同我国发展的现实目标和未来方向紧密联系在一起，为人民服务，为中国共产党治国理政服务，为巩固和发展中国特色社会主义制度服务，为改革开放和社会主义现代化建设服务。国家发展同大学发展相辅相成，站在新的历史方位上，我国大学要培养什么样的人、怎样培养人，总书记给出了明确的答案，就是要培养德智体美全面发展的社会主义建设者和接班人。

二、明确高校工作“根本标准”“第一标准”的要求

习近平总书记首次提出了“两个标准”的概念，明确了高校工作的“根本标准”和“第一标准”，即要把立德树人的成效作为检验学校一切工作的根本标准，把师德师风作为评价教师队伍素质的第一标准。

“根本标准”指的是把立德树人的成效作为检验学校一切工作的根本标准。国无德不立，人无德不立。我国自古以来就有重视德育的传统。《左传》有言：“太上有立德，其次有立功，其次有立言。虽久不废，此之谓三不朽。”习近平高度重视“德”在育人中的首要地位、方向和作用。道德之于个人、之于社会，都具有基础性意义，做人做事第一位的是崇德修身。这就是我们的用人标准为什么是德才兼备、以德为先，因为德是首要、是方向，一个人只有明大德、守公德、严私德，其才方能用得其所。崇德修身，既要立意高远，又要立足平实。要立志报效祖国、服务人民，这是大德，养大德者方可成大业，明大德才会守公德、严私德。各级各类学校都必须把育人摆在人才培养工作的中心位置，实现育人和育才的辩证统一。这就是人才培养的辩证法，是办学必须遵循的基本规律。

把立德树人的成效作为检验学校一切工作的根本标准，要真正做到以文化人、以德育人，不断提高学生思想水平、政治觉悟、道德品质、文化素养，引导同学们明大德、守公德、严私德。我们要用习近平新时代中国特色社会主义思想武装学生，把社会主义核心价值观融入人才培养全过程，引导大学生自觉践行社会主义核心价值观。强化青年学生的时代责任和历史使命，激励青年学生自觉将个人奋斗纳入到建设中国特色社会主义的伟大事业中，自觉把个人的理想追求融入实现中华民族伟大复兴的中国梦中。

立德树人是一项复杂的系统工程，也是一项神圣的长期任务。学校是立德树人的主阵地，要坚持中国特色社会主义办学方向；教师是立德树人的引路人，要全面提升教师的政治素质、业务能力和育人水平，坚持教育者先受教育，让教师更好担当起学生健康成长指导者和引路人的责任；社会是立德树人的软环境，要统筹协调、协同推进，营造良好的育人环境和教育氛围。完成立德树人的

根本任务，需要整合学校、教师、社会各方面的力量，形成协同育人的机制，实现全员育人、全过程育人、全方位育人。

“第一标准”指的是师德师风是评价教师队伍素质的第一标准。建设中国特色世界一流大学要建设高素质教师队伍。建设政治素质过硬、业务能力精湛、育人水平高超的高素质教师队伍是大学建设的基础性工作。“师者，人之模范也。”人才培养，关键在教师。教师队伍素质直接决定着大学办学能力和水平。老师的一言一行都给学生以极大影响，所以要把师德师风作为评价教师队伍素质的第一标准。

总书记对高校教师队伍现状给出了高度评价，认为教师队伍师德师风总体是好的，绝大多数老师都敬重学问、关爱学生、严于律己、为人师表，受到学生尊敬和爱戴。同时，也要看到教师队伍中存在的一些问题。对出现的问题，我们要高度重视，认真解决。高校要加强和改进教师思想政治工作，健全师德师风评价体系，完善师德建设制度规范，实行“师德一票否决制”，推动教师队伍自觉承担起传道授业解惑的光荣职责，恪守职业道德规范，不断坚定崇高的职业理想和职业道德。

我们要坚持将师德师风作为评价教师队伍素质的第一标准，鼓励广大教师积极学习领会、贯彻落实习近平新时代中国特色社会主义思想，并贯穿到日常的育人工作中去。引导广大教师切实在日常工作中把立德树人作为出发点和根本任务，不断增强使命感，积极教书育人，加强自身道德修养，关爱学生，注重学生思想品德教育，注重学生全面发展，成为学生爱戴、社会尊敬的好教师。教师思想政治状况具有很强的示范性，要坚持教育者先受教育，让教师更好担当起学生健康成长指导者和引路人的责任。

三、做好“三项基础性工作”

如何培养社会主义建设者和接班人？习近平总书记在“5·2”讲话中强调，要做好三项基础性工作，即坚持办学正确政治方向、建设高素质教师队伍、形成高水平人才培养体系。政治方向就是为谁培养人的问题，这从根本上决定着我们的教育性质；教师队伍就是谁来培养人的问题，教师队伍是培养人的主体力量；人才培养体系就是怎样培养人的问题，解决怎么培养人这个根本问题，就要形成完整的人才培养体系。

（一）坚持办学正确政治方向

坚持办学正确政治方向，最根本的是坚持马克思主义对高校工作的指导。马克思主义是我们立党立国的根本指导思想，也是我国大学最鲜亮的底色。在中国共产党领导高等教育实践中，党始终牢牢把握高校正确的办学方向，掌握高校思想政治工作主导权，用科学理论武装人，用正确思想引导人，保证高校始终成为培养社会主义建设者和接班人的坚强阵地。

以马克思主义为指导是中国共产党领导高等教育实践经验的科学总结。中国共产党领导高等教育的成功历史经验证明，高校的创办、发展、改革和创新都离不开马克思主义的指导。在革命、建设和改革各个时期，马克思主义的研究与传播都在高等教育的办学中处于十分重要的地位。特别是改革开放以来，国际国内环境发生了巨大变化，高校思想政治建设也面临新的挑战。为牢牢把握高校意识形态工作领导权，中国共产党十分重视思想政治理论课在高校的开设，马克思主义指导思想在高等院校得到更加科学的贯彻和落实。同时，高校思想政治工作队伍得到持续加强，大学生的思想政治觉悟和马克思主义理论水平得到提升，这些举措从根本上保证了党的教育方针在高等院校贯彻实施。

以马克思主义为指导是坚持社会主义办学方向的客观要求。"大学之道，在明明德。"大学既是传授知识的场所，也是塑造和培养学生价值观的熔炉，青年的价值取向决定了未来社会的价值取向。对于青年大学生的价值观教育，决定了国家和民族的未来。高校是意识形态工作的前沿阵地，肩负着学习研究宣传马克思主义、培养社会主义建设者和接班人的重大任务。能否坚持马克思主义指导地位，事关高校的正确办学方向，事关立德树人的根本任务，具有很强的政治性、战略性、全局性。

以马克思主义为指导是实现"双一流"建设目标的内在需要。马克思主义是科学的世界观和方法论，扎根中国大地办高等教育、办世界一流大学，要求我们必须重视用马克思主义指导高校改革发展和学科建设。高校运用马克思主义立场、观点、方法去辨明研究方向、掌握科学思维、得出合乎规律的认识，是开展具体科学研究的客观要求。在马克思主义指导下，各种学术思想和学术流派切磋交流，既有利于一流人才的培养、一流学科的建设，也有利于一流大学的创新发展。

坚持办学正确政治方向，要坚持不懈地抓好马克思主义理论教育，深化大学生对马克思主义历史必然性和科学真理性、理论意义和现实意义的认识，教育学生学会运用马克思主义立场观点方法观察世界、分析世界，真正搞懂面临的时代课题，深刻把握世界发展走向，认清中国和世界发展大势，让学生深刻感悟马克思主义真理力量，为学生成长成才打下科学思想基础。要坚持不懈培育和弘扬社会主义核心价值观，准确理解和把握社会主义核心价值观的重要意义、深刻内涵和实践要求，引导广大师生做社会主义核心价值观的坚定信仰者、积极传播者、模范践行者，不断增强价值判断、选择、塑造能力。

（二）建设高素质教师队伍

当今世界正处在大发展、大变革、大调整之中，新一轮科技和工业革命正在孕育，新的增长动能不断积聚。中国特色社会主义进入了新时代，开启了全面建设社会主义现代化国家的新征程。我国社会主要矛盾已经转化为人民日益增长的美好生活需要和不平衡不充分的发展之间的矛盾，人民对公平而有质量的高等教育的向往更加迫切。建设高素质的教师队伍是建设社会主义现代化教育强国的应有之义，是建设人民满意世界一流大学的客观要求。高校教师承担着传播知识、传播思想、传播真理的历史使命，肩负着塑造灵魂、塑造生命、塑造人的时代重任，是高等教育发展的第一资源，是国家富强、民族振兴、人民幸福的重要基石。只有优秀的教师才能培养优秀的人才，只有高素质的教师队伍才能争创人民满意的世界一流大学。可以说，教师队伍素质直接决定着世界一流大学办学能力和水平，这就对高校教师队伍能力和水平提出了新的更高的要求。

建设高素质教师队伍，要按照习近平总书记"5·2"讲话中"政治素质过硬、业务能力精湛、育人水平高超"的要求推进高素质教师队伍建设工作，推进高等教育内涵式发展。要从培养社会主义建设者和接班人的高度，考虑大学师资队伍的素质要求、人员构成、培训体系等。建设高素质教师队伍，必须把师德师风作为评价教师队伍素质的第一标准，加强理想信念教育和师德师风建设；建设高素质教师队伍，必须更加注重提高教师业务能力，加强理论素养和专业素质建设；建设高素质教师队伍，必须更加注重提高教师育人水平，加强教育教学水平能力建设。

我们要认真落实中共中央、国务院《全面深化新时代教师队伍建设改革的意见》精神，着力提升思想政治素质，全面加强师德师风建设，全面提升高等学校教师质量，建设一支高素质创新型的教师队伍。要搭建校级教师发展平台，组织研修活动，开展教学研究与指导，推进教学改革与创新，注重加强院系教研室等学习共同体建设，建立完善传帮带机制。要全面开展教师教学能力提升培训，重点面向新入职教师和青年教师。要加强高端智库建设，依托人文社会科学重点研究基地等，汇聚培养一大批哲学社会科学名家名师。

（三）形成高水平人才培养体系

社会主义建设者和接班人，既要有高尚品德，又要有真才实学。学生在大学里学什么、能学到什么、学得怎么样，同大学人才培养体系密切相关。目前，我国大学硬件条件都有很大改善，有的学校的硬件同世界一流大学比已经没有太大差别，但关键是要形成更高水平的人才培养体系。人才培养体系必须立足于培养什么人、怎样培养人这个根本问题来建设，可以借鉴国外有益做法，但必须扎根中国大地办大学。

形成高水平人才培养体系，必须加强党的领导和党的建设，加强思想政治工作。办好中国特色社会主义高等教育，必须旗帜鲜明坚持党对高校工作的领导，加强党对高校的领导，加强和改进高校党的建设，这是办好中国特色社会主义大学的根本保证。对于坚持党对高校工作的领导这个根本问题，任何时候我们都不能含糊和动摇。必须头脑清醒、态度鲜明，而且在行动上要自觉。党的领导是中国社会主义制度最大的优势所在，党在高校中的领导则是这一优势在高等教育领域中的体现。只有坚持党对高校的领导，坚持社会主义办学方向，才能把我们的特色和优势有效转化为培养社会主义建设者和接班人的强大能力。

形成高水平人才培养体系，要瞄准世界前沿进行攻关创新。今天，党和国家事业发展对高等教育的需要，对科学知识和优秀人才的需要，比以往任何时候都更为迫切。在从大国到强国的发展历程中，高等教育的作用、地位将会发生重大变化，高等教育由更多在国家经济社会发展中起基础支撑作用到支撑和引领并重。国家发展与民族振兴需要高等教育做出应有贡献。高等教育发展必须要面向国家和民族的现实需要和长远发展，这是历史的责任和时代的使命。我们要瞄准世界前沿，下大气力组建交叉学科群和强有力的攻关团队，加强学科之间协同创新，加强对原创性、系统性、引领性研究的支持，努力培养造就一大批具有国际水平的战略科技人才、科技领军人才、青年科技人才和高水平创新团队，力争实现前瞻性基础研究、引领性原创成果的重大突破。

形成高水平人才培养体系，要大力推进教学改革建设。2013年，中国人民大学启动本科人才培养综合改革，在全国率先发布实施本科人才培养路线图，全面推进本科人才培养体系和模式改革。路线图从兴趣培育、目标管理、主要路径、条件支持、价值引导等五大方面，系统设计了八项制度以及十六个项目，全面建设“研究型学习制度”体系，着力实现一系列重要转变：从以教师为中心到以学生为中心，从以传授知识为中心到以探究问题为中心，从以课堂教学为中心到课内课外相结合、知识学习与研究实践相结合，从以知识、能力教育为中心到全面的人格养成。我们通过新的路线图的实施，将通识教育融入人才培养体系，注重夯实学生知识基础，改进和加强专业教育，扩大学生自主选择空间，加强学生分类指导，促进学生多元复合发展。目前已经取得了良好的效果。

四、努力建设中国特色世界一流大学

习近平总书记对中国特色世界一流大学做了深刻阐述：“古今中外，每个国家都是按照自己的政治要求来培养人的，世界一流大学都是在服务自己国家发展中成长起来的。我国社会主义教育就是要培养社会主义建设者和接班人。”习近平总书记这一重要教育论述，为建设中国特色世界一流大学提供了根本遵循。建设中国特色世界一流大学，是党中央、国务院在新的历史条件下，为提升我国教育发展水平、增强国家核心竞争力、奠定长远发展基础，做出的重大决策。世界高等教育现代发展的历史表明，世界一流大学都是在服务自己国家发展中成长起来的。发达国家高等教育的发展道路显示，世界一流大学成功的根源都在于遵循教育规律，面向本国实际和时代要求，在解决国家面临的重大战略问题和人类发展难题的过程中形成了具有自己特色的发展道路与大学制度，体现了国家特色、民族特点和文化自信。

我国现代意义上的大学仅有100多年的历史。一个多世纪以来，我国高等教育从无到有、从小到大，快速发展起来。梳理中国近现代高等教育发展的历程，能清楚地看到两大脉络，一是受列强坚船利炮和科技发展冲击而建立的北洋大学堂、京师大学堂、南洋大学堂等一批新式教育机构，另一个是中国共产党在革命战争年代创办的抗日军政大学、陕北公学、延安女子学院、鲁迅艺术学院等一批具有红色基因的新型大学。正是这两大源流，逐步汇聚发展形成了今天中国高等教育的体系与格局。以中国人民大学前身陕北公学为代表的具有红色基因的高等教育，为建设中国特色高等教育事业做出了具有特殊意义的探索。80多年来，在中国共产党的领导下，中国人民大学扎根中国大地，走出了一条独具特色的发展之路。对以下这样三大命题做出了深刻的历史回应：一是中国共产党独立创办的具有红色基因的高校能不能建成“中国特色世界一流”的大学？二是在中国这样一个经济文化相对落后的发展中国家能不能建成“中国特色世界一流”的大学？三是以人文社会科学为主的高校能不能建成“中国特色世界一流”的大学？这三大命题更是有待在新的历史时期的“双一流”建设伟大实践中不断深入地创造性探索的命题，我们必须树立更加坚定的自信。

建设中国特色世界一流大学，要全面贯彻党的教育方针。中国共产党领导高等教育发展的历程深刻表明，党的领导坚强有力，中国的高等教育事业发展就比较顺利。因此，中国特色世界一流大学的建成，与中国共产党的坚强领导是分不开的。培养社会主义建设者和接班人，是我们党的教育方针，是我国各级各类学校的共同使命。我们要坚持社会主义办学方向，加强党对高校的领导，扎根中国大地，遵循教育规律，创造性地传承中华优秀传统文化，努力成为世界高等教育改革发展的推动者和引领者，培养社会主义建设者和接班人。

建设中国特色世界一流大学，要坚持中国特色和世界一流的辩证统一。我们要吸收世界一切优秀的人类文明成果，站在时代的高度，用远大的历史眼光，批判地吸收借鉴外国高等教育的有益经验。同时，还要认识到我国高校不仅具有一般大学的共性，还具有中国社会主义大学的特性。它应当扎根于中国大地，从中国的实际出发，继承中国教育的优良传统，适应中国社会的需要。所以，在借鉴国外一流大学发展经验特别是其哲学社会科学发展经验的过程中，必须根据中国特色社会主义事业的需要加以分辨和取舍，使之同当代中国的实际相结合，同社会主义大学的发展需要相结合，这样才能培育出具有中国特色的世界一流大学和一流学科。

建设中国特色世界一流大学，要树立办学自信。新时代是我国高等教育发展的黄金时代，也是建设中国特色世界一流大学的历史机遇期。要把中国特色社会主义道路自信、理论自信、制度自信、文化自信转化为办好中国特色世界一流大学的自信。要按照“四个全面”战略布局，坚持以中国特色世界一流为原则，以支撑创新驱动发展战略、服务经济社会为导向，以人才培养为中心环节，提升我国高等教育综合实力和国际竞争力，为实现“两个一百年”奋斗目标和中华民族伟大复兴的中国梦提供有力支撑。

高校要提升思想政治理论课的亲和力和针对性

刘川生

提升思想政治教育理论课的亲和力和针对性是一项战略工程、系统工程，需要从6个方面下功夫。

一、在推进党的十九大精神的教学融入上下功夫，坚持科学指导，丰富教育内涵

第一，提升高校思政课的亲和力与针对性，必须推动习近平新时代中国特色社会主义思想进教材、进课堂、进头脑。教育引导大学生深刻把握习近平新时代中国特色社会主义思想的科学内涵与精神实质，深刻领会这一思想确立为党必须长期坚持的指导思想的时代背景和重大意义，深刻理解贯穿其中的坚定信仰信念、鲜明人民立场、强烈历史担当和求真务实的作风、勇于创新的精神以及科学方法论，自觉运用习近平新时代中国特色社会主义思想武装大学生头脑，这是思政课教师面临的重大政治任务。第二，将党的十九大精神融入思政理论课教学的全过程。要注重整体把握、系统融入，以宏观、整体的视野展现中国社会发展面貌，这是推进党的十九大精神融入思政课教学的重要基础；要突出重点、聚焦热点，对党的十九大精神和有关重点问题、热点问题、焦点问题予以深刻阐释，这是推进党的十九大精神融入思政课教学的关键环节；要进行专题设计、充实内容，可针对党的十九大报告中对政治、经济、文化、社会、生态等做出的总体部署，进行专题讲授，加深理论认识。

二、在创新教学理念上下功夫，确保以人为本，助力学生成长成才

第一，必须坚持以学生为本的理念，使学生在思政课中汲取做人、做事的智慧，获得放飞人生梦想的强大思想力量。要广泛调研、深入研究当代大学生的思维特点和关注的热点，为提升思政课的亲和力和针对性打下良好的基础。第二，把提高学生的思想水平、政治觉悟、道德品质和文化素养作为根本出发点，这就要求思政课在教学目标的设定、教学内容的选择、教学方法的使用上都要以学生的全面发展为目标。

刘川生，中国高等教育学会副会长，北京师范大学原党委书记、教授。

三、在强化顶层设计上下功夫，构建政治性、学术性、思想性兼具的思政课教学内容体系

第一，思政课教师要以高度的责任感和使命感，深入研究如何将党的十九大精神和习近平新时代中国特色社会主义思想融入课堂教学中，让教学内容为学生所接受、为学生所用，确保入脑入心。第二，既要理清本科生思政课五门课程之间的边界分工问题，也要解决思政理论课与哲学社会科学相关课程的内容交叉问题，还要系统审视本科生与硕士生、博士生深度进阶，以及大学生与中小学德育课程内容衔接的问题。进一步明确不同学段不同的授课内容和授课难度，帮助学生系统全面地掌握中国特色社会主义理论体系。第三，要推进课程内容的生活化融入，既关注当代社会政治、经济、文化等方方面面的热点，又要关注学生的所思所想所需，用本地事、身边事、热点事去讲道理，努力解决学生思想灵魂深处的困惑与疑虑，提升学生对理论的认知和接受程度。

四、在教学创新上下功夫，完善更贴近95后、00后大学生的教学方法和教学模式

当前，在校大学生群体基本为95后。今年的入学新生中00后的比例超过70%，如果我们说95后是互联网的原住民，那么00后就是自媒体先锋、信息化和城市化交互影响的新兴人。随着国际交流的深化和互联网的普及，他们更加具有全球化的视野、立体化的知识结构和个性化的表达习惯，对高校思想政治工作的内容、水平、方式要求必然更高，因此要改革创新思政课的方式方法。第一，要坚持形式创新，通过改革教学组织形式、重组教学环境空间，探索实施翻转课堂，加强师生互动、生生互动，实现信息的多向流转与深层互动，充分发挥思政课教学中学生的主体作用，营造师生平等、教学相长的良好环境。第二，要坚持话语创新。教师要学会用大学生喜闻乐见、易于接受的网言网语来沟通交流，填平师生之间的话语代沟；用学生容易接受的话语，去阐释他们关心的热点难点问题，解读深奥的理论问题。第三，要注重实践教学，建立思政课实践教学基地，引导学生用学到的理论、方法去观察社会、体察国情，发现问题、解决问题，提高理论应用于实践的能力。第四，要注重技术创新，充分利用大数据优势和互联网平台，建设高质量的MOOC课程，加强线上与线下的联动，着力打造一批影响力大的新媒体平台，增强思政课的育人效果。

五、在强化师资队伍建设上下功夫，打造更具活力的思政理论课教师队伍

第一，要加强教师选配，坚持高起点准入、高质量培训、高效率管理的原则。第二，加强教学技能培训，通过示范观摩、师资培训等方式，充分发挥优秀思政理论课教师的榜样作用。第三，要加强师德建设。思政课教师既要用真理感召人，也要用真情感染人，做到以心换心，以心暖心。

六、在完善保障机制上下功夫，构建协同机制，优化政策保障

第一，要高度重视马克思主义学院和马克思主义理论学科的建设。要凝练马克思主义学院的科研方向，实现学科建设与课堂教学的有机结合，进一步明确马克思主义理论学科属性和功能定位，

为高校思政课建设提供强有力的学科支持和理论支持。第二，完善思政理论课质量提升的校内协同机制，建立由宣传、教务、人事、科研、学工等相关部门协同，马克思主义学院具体实施的校院联动机制。不仅要建立思政理论课与哲学社会科学其他课程之间的协同育人机制，而且要形成思政课主渠道与学生工作主阵地之间，思政课教师与班主任的协同育人机制。第三，建立思政理论课质量提升的校外协同机制。教育、宣传、文化、网信等相关部门应加强信息沟通，实现政策协同，强化高校思政理论课和大学生思政教育工作的顶层设计。高校应注重社会资源的整合利用，通过校地协同共建教学实践基地等方式，让师生在服务社会中开阔视野、接受教育、增长才干。

综合性大学创新创业教育改革的探索与实践

陈骏

习近平总书记在全国教育大会上强调，要把创新创业教育贯穿人才培养的全过程，提升人才培养能力，实现高等教育内涵发展。教育部、财政部、国家发展改革委员会《关于高等学校加快“双一流”建设的指导意见》明确提出，率先建立建成一流本科教育目标，强化本科教育基础地位，把一流本科教育建设作为“双一流”建设的基础任务，以学科建设为载体，加强科研实践和创新创业教育，培养一流人才，加快创新创业教育，促进专业教育与创新创业教育有机融合。再次强调，把创新创业教育作为培养拔尖人才的重要内容。“双创教育”不仅是国家的需要，也是新时代一流大学建设的一个重要特征。

新的知识生产模式，不同于单一学科内部的、象牙塔式的教育，呈现许多新的特点。在这样一个时代，大学应该怎么办？如何体现这种变化？我认为，“双创教育”是可以担当大任的。从国际经验来看，知识生产模式的变化，对世界一流大学形成了冲击，不少大学正是借助创业教育实现自身的飞跃，如斯坦福大学，提出了创意型大学的理念，并且提出了培养T字形创业人才的主要目标。佐治亚理工学院把创新和创业教育融入本科教育全过程，学生既是受教育者，又是创新创业者。这些经验值得我国高校在“双一流”建设中学习。

南京大学“双创教育”改革的基础，实际上是建立在南京大学本科教育改革大背景之上的。2006年学校正式开启了以充分保障学生自主选择和个性发展为目标的教学改革，2009年推出了“三三制”改革方案，将本科教育分成三个阶段：一年级实施不分专业的大类培养，二、三年级实施专业教育，到了四年级的时候再给学生一次选择的机会。学校设计了三条发展路径供学生选择，与第一条是本专业继续深造，第二条是跨学科的交叉，第三条就是创新创业。在实施过程中我们发现，第一类和第二类相比，创新创业类人才如何培养还需要进一步改革。所以，从2011年开始，南京大学围绕如何将普通的大学生培养成新时代合格的创新创业者的目标，进行相应的改革。

南京大学“双创教育”改革采用的是“五四三”的创新创业教育体系。改革目标是将普通的大学生培养成为新时代合格的创新创业者。通过构建“五位一体”的教学体系以及相关制度体系，整合院系、学科、专业的教学资源，引导教师、学生积极投入“双创教育”教学，旨在破解创新创业教育与专业教育分离的问题。通过构建“四创融合”支撑平台，建设丰富的校院两级创新创业实训平台和众创空间，全方位支持学生“双创教育”实践，旨在破解学与做分离的问题。通过构建“三

陈骏，中国高等教育学会副会长，中国科学院院士，南京大学原校长、教授。

个协同”育人机制，积极引入校外优质“双创教育”资源，大力推进产学合作协同育人，弥补学校“双创教育”教学资源不足的问题。该体系重在解决综合性大学推进“双创教育”面临的如何把创新创业教育融入学校人才培养的体系中，如何循序渐进地培养学生创新创业的兴趣、能力和本领，如何整合校内外优质资源弥补综合性大学创新创业教育资源不足的矛盾等问题。

南京大学“双创教育”改革的创新举措有三个特点。第一，在“五位一体”的教学体系方面，形成一条全员覆盖、循序渐进、逐步提升的创新创业教育路径；新建一批与专业教育相融合的创新创业课程，满足教改需要。第二，“四创融合”的支撑平台，积极发挥人文社会科学在创意活动方面、自然科学在创新活动方面、工程科学在创造活动方面的优势。第三，校校协同、校地协同、校企协同的“三个协同”育人机制集聚校内外资源，弥补“双创教育”资源不足问题。

南京大学“双创教育”改革的成效使学生全面受益。至2018年10月，新建创新创业课程282门，覆盖校内学生3.5万人次，本科生覆盖率100%。每年参加各级创新创业训练项目1 200人，每年1 500学生参与创新创业竞赛。学校下一步要促进“双创教育”向深度发展；完善教育体系，全方位构筑“双创教育”生态系统；调动学生和教师积极性；同时，还要打造本科优质课程，学校提出了十百千的优质课程计划，包括优质课程评选的核心要素，进一步深化“双创教育”。

高校服务社会：文化引领、人才支持、科技支撑

——高校外延发展的时代要求与内在逻辑

刘炯天

哈佛大学前校长艾略特说过："在任何社会中，高等教育机构都往往是一面鲜明反映该国历史与民族性格的镜子。"国家和社会是大学成长的土壤和环境，每所大学因其国家体制、历史传统和地域环境的不同而拥有独特的品格和价值。服务国家和社会是以政治论为基础的高等教育理念，在不同国家的高等教育发展中都有所体现。当前，中国特色社会主义进入了新时代，大学发展承载着国家崛起的意志、民族复兴的追求和人民对美好生活的愿望，高校服务国家和社会发展的作用更加凸显，亟须结合新时代对高等教育使命的新要求，探索符合中国国情和高等教育发展实际的行动框架。新时代的中国大学肩负着服务国家和社会的历史使命——文化引领、人才支持、科技支撑，这既是大学的社会作用与责任，也是大学发展方向与动力。

一、高校社会功能与使命的历史演进

综观世界发展史，三次科技革命促发了三个国家的崛起：英国是第一次科技革命的策源地，在18—19世纪发展成为近现代第一个超级大国，与此同时，18—19世纪的牛津和剑桥已经是世界高等教育的中心。德国是第二次科技革命的策源地，在19世纪初期跻身于世界经济大国地位，同时期的德国洪堡大学开创了现代大学的先河，成为各国高等教育的榜样，当时的德国成了世界高等教育的中心，享有"教育的麦加"之称。20世纪初，大量留学欧洲的归国人员和近20万受迫害犹太知识精英进入美国，美国的高等教育开始迅速超过德国，成为世界高等教育的中心，同时美国引领了第三次科技革命，在20世纪成为雄踞全球的超级大国。这三个国家的崛起，源于科技，始于教育，与其分别成为当时的世界高等教育中心密切相关。国家的崛起既是一场科技革命，更是一场文化革命；文化革命一定是以塑造人为落脚点；人的进步与创造力发挥必然推动科技的进步和社会的发展。大学在思想启蒙、科学研究和人才支持方面发挥了独特的社会功能。

当今世界正处于发展、变革和调整的关键时期，第三次科技革命正在向纵深发展，第四次科技革命悄然兴起。21世纪的中国不能再失去发展机遇，中国大学必须按照国家发展的时代指向，承担起服务国家和社会的历史使命。

刘炯天，中国高等教育学会副会长，中国工程院院士，郑州大学校长。

二、新时代对我国高等教育的新要求

习近平总书记指出，我国高等教育发展方向要同我国发展的现实目标和未来方向紧密联系在一起，为人民服务，为中国共产党治国理政服务，为巩固和发展中国特色社会主义制度服务，为改革开放和社会主义现代化建设服务。这一论断深刻揭示了社会主义高等教育的价值和使命，是党的教育方针在新时代的创新发展，是新时代对我国高等教育使命的新要求。新的历史方位、新的社会主要矛盾、新的现代化时间表……实现中华民族伟大复兴，中国的大学被寄予厚望。党的十九大报告指出"建设教育强国是中华民族伟大复兴的基础工程""加快教育现代化，办好人民满意的教育""加快一流大学和一流学科建设，实现高等教育内涵式发展"等为高等教育发展指明了方向，高校作为科技第一生产力和人才第一资源的重要结合点，成为实施科教兴国战略、人才强国战略、创新驱动发展战略等国家战略的基础。

一是发挥文化传承与创新功能，担当起文化兴国的使命。大学是思想文化交流的场所，是先进文化和时代精神的引领者，要把发展社会主义先进文化、培育和实践社会主义核心价值观作为重要的责任和使命。

二是坚持立德树人根本任务，担当起培养时代新人的使命。创新驱动实质是人才驱动，人才是实现民族振兴和赢得国际竞争的重要战略资源，大学要做好为谁培养人、培养什么人、怎样培养人的事，努力培养担当民族复兴大任的时代新人。

三是聚焦国家战略和区域经济社会发展，担当创新驱动发展使命。科技创新是引领发展的第一动力，科技的竞争力来源于教育的竞争力，大学要强化科学、技术战略资源的有效供给，在前瞻性基础研究、关键共性技术、前沿引领技术和颠覆性技术创新方面实现突破，提升国家核心竞争力。

三、服务社会：文化引领、人才支持、科技支撑

高校以文化引领、人才支持和科技支撑服务国家和社会，符合大学发展的基本规律和内在逻辑，是大学发展的客观要求和必然选择，也是贯彻和落实习近平总书记"四个服务"本质要求的具体实践。根据这种高校服务社会的结构体系，可以构建高校服务社会的评价体系，引导高校提升社会服务能力和服务水平，实现高校内涵式发展。

（一）大学发展的内涵和外延

大学最核心的职能是人才培养、科技研究、文化传承与创新，这是大学之"体"，是大学的内涵；这种职能体现出的成果就是服务国家战略和区域经济社会发展的需要，是大学之"用"。大学内涵建设就是做好人才培养、科学研究、文化传承与创新；大学外延的发展就是以文化引领、人才支持、科技支撑来服务国家和社会，内涵和外延有机融合、相互促进，这是一种广义的社会服务观。大学就像一棵有生命力的树，内涵是树根，大学内涵的强弱关乎着大学服务社会能力的高低，提升大学社会服务能力的关键是强化大学内涵建设。

（二）高校服务社会的结构体系和逻辑关系

作为文化组织的大学植根于民族文化和环境中，通过传承和创新文化来培养人才和发展科技，文化引领发展的方向；人才是发展的第一资源；科技是发展的第一动力。三者相融互动、螺旋演进，为国家发展和社会进步提供推动力。

一是文化引领的根本性与立德树人根本使命。大学自身的文化建设是非常重要的，培养一流人才要先有一流的大学文化，文化对人的价值塑造和知识塑造都具有根本性的作用。文化引领体现大学对社会的文化贡献，包括文化思想的传播和弘扬、文化资源的开发和利用等，一所大学对一座城市的影响力首先是文化的影响力和文化的引领作用，这是根本性的内容。

二是人才支持的基础性与国家现代化发展路径。坚持立德树人根本任务，培养国家现代化发展的有用之才，建立适应国家战略需要和区域经济社会发展的人才培养体系，推动需求导向的人才培养供给侧结构性改革，大力提升人才培养质量；同时，大学还要以海纳百川的胸怀聚才用才，办“有高度”的大学和办有“温度”的大学。

三是科技支撑的前瞻性及其独特的战略地位。科技创新是引领发展的第一动力，科技发展关系国家安全，高校加强基础研究和科技创新，提升科技创新能力是建成社会主义现代化强国的战略支撑；大学还要重视应用技术研究和成果转化，提高科技成果转化率。

高校服务社会首先要解决认识和态度问题——树立服务国家和社会的办学理念，形成服务国家和社会的行动自觉；然后努力解决能力问题——强化内涵建设和办学水平，提升服务社会能力。这是大学发展的基本方向和根本问题。新时代新使命，中国大学一定不负重托，将大学发展与追求国家富强、人民福祉、文化复兴的历史任务结合起来，与国家发展和民族振兴同向同行，自觉肩负起服务国家和社会的历史使命。这是大学应有的精神面貌和奋斗姿态。

关于加强高层次人才生活和事业保障的建议

王希勤

随着我国人才战略的实施，各高校加强人才的引进和培养，搭建事业发展舞台，人才队伍迅速发展，一些高层次人才在科学研究和人才培养上取得了重大成果，做出了突出的贡献。但是，从整体上看来，重外部人才引进轻内部人才培养的问题仍然存在，人才事业发展存在体制机制的障碍，人才的评价和激励机制不健全，存在一定程度的“四唯”评价现象，未形成广泛有效的人才培养和激励机制。有关主管部门需要充分重视，在实践中查找关键问题，突破体制机制瓶颈，为广大优秀人才的成长解决后顾之忧，为高等教育事业内涵式发展提供有力保障。

一、人才事业保障体制机制问题

本研究对40余所双一流高校的人事部门就高校人才发展战略开展了调查问卷或访谈研究，并结合关于人才和人力资源的理论研究，将研究发现的两个主要问题总结如下。

（一）高层次外籍人才管理服务体制机制不完善

我国高校外籍人才普遍比例偏低，与国际一流名校还有较大差距。高校人才队伍国际化程度低一定程度上会制约科技创新的发展，影响国际交流。近几年我国引进的外籍人才多是“回国”，而“来华”外裔高层次人才占比极低。比如清华大学3 000余名教师中非华裔外籍教师仅有30余名，而哈佛大学2 400名教师中仅亚裔教师就高达187人，东京大学非日裔教师也达10%以上。我国高校与科研院所的人才队伍的国际化程度偏低，影响了我国与高层次人才的科技合作与交流的力度，也影响教师队伍多样化建设以及国际文化的交流，还削弱了中华优秀传统文化的对外传播和影响。

外籍人才来华工作许可办理手续烦琐。现行对外籍专家的管理主要通过《外国专家来华工作许可》、《外国专家证》、聘请外国专家单位资格认可，聘请外国专家资格年检等手段实施。外国专家受聘在中国境内工作步骤多，手续流程时间长：在入境前应取得《外国专家来华工作许可证》；到我国驻外领事馆办理工作签证；入境后15天内到各地方外专局办理《外国专家证》；凭《外国专家证》到公安部门办理居留许可。另外，外国专家与用人单位签订合同最长期限为三年，每年都要办理《外国专家证》和居留许可续签手续。

王希勤，清华大学副校长、教授。

外籍人才在中国的教师或事业编制身份无法得到认定，削弱了对高层次外籍人才的吸引力。目前《中华人民共和国高等教育法》第四十六条和《中华人民共和国教师法》第十条均将教师资格限定在中国公民的范围之内。外籍教师无法进入事业单位编制，只能按合同制进行聘用，他们不享受以事业单位方式购买的社会保险和公费医疗，退休后也不能享受事业单位事业编制教师同等的退休待遇。

对外籍人才的服务支撑能力严重不足。外籍人才来华工作生活配套政策的一体化机制尚未建立，办理临时签证、机动车行驶证、税收、出入境管理以及开办公司等分散于各行政主管部门；生活的便利和配套性政策不充分，开通银行账户、购车、购房和医疗养老保险的程序烦琐；子女入托入学存在诸多限制：学校接收外籍学生有资质限制，国际学校选择范围有限，申请入学要提供出生证明、健康报告等一系列材料去开具"华侨子女来京接受义务教育证明信"等证明文件才可以开始办理入学申请。此外，外籍人才的家属和子女，无法参加社会保险，医疗缺乏保障。

出国未归的人员工龄认定遇到困难。20世纪末有大批出国人员按自动离职处理，有不少也已经改变国籍。根据国家相关部门的规定，出国前的工龄不能恢复，直接影响回国人才的养老等各方面待遇，不利于激励这部分人员全时回国服务。

（二）人才发展保障不足

支持人才发挥作用的相关支撑体系不够健全。

职工队伍整体专业化、职业化水平不够高，对教师服务不够到位，使教师承担了过多事务性工作，分散了精力。以清华大学为例，存在其他专业技术人员岗位职责不清，专业人员缺乏等现象，实验技术队伍中有近50%人员从事科研及其他管理工作，此外，经济师、统计师、审计师等岗位专业人员匮乏。

高校的公共支撑平台建设不健全，重复建设的小规模低水平平台利用率不高；共享的高水平平台建设相对滞后，严重影响科研工作效率和高水平成果产出。

科研经费的分配及管理体系落后。科研人员获得的科研经费绝大多数为竞争性科研经费，在科研相关的管理环节中，立项、经费的财务预算与决算等等诸多环节占据了科研人员的大量时间。

对教师职业发展的指导支持不够。对教师的教学、科研、外语、公共服务能力方面的培训不足，也缺乏心理辅导等个性化服务，学术交流的公共空间与设施偏少。

薪酬激励机制不完善。根据2016年的薪酬数据调查，我国高校中教授的平均年收入为18万元，大致为美国著名研究型大学的23%。同时，高校形成了以人才称号确定薪酬待遇的定价机制，高校高层次人才收入是全体教师收入的2.6倍，客观上不利于激发广大教师的积极性，削弱了人才工程的正面效应。

二、改革人才体制机制的建议

（一）加大高层次外籍人才引进力度，建立符合国际惯例的保障体系

把眼光从面向华人优秀学者拓展到瞄准全球同学科同年龄段最优秀的学者，切实加大高层次和

顶尖外籍人才引进力度。

制定《移民法》等法律法规。充分借鉴发达国家吸引外籍人才的相关政策，重点完善技术移民制度，加大对在全世界科学、艺术、文化、体育、商业等领域取得突出成绩的顶尖人才的引进，让其享有各项国民待遇，并着手研究移民配额制和论证顶尖人才准入制度。

认可学校聘用的外籍人才的教师身份。去掉教师必须为中国公民的要求，或者加上获得中国长期居留许可的外国公民，通过国家教师资格考试，经认定合格，也可以取得高等学校教师资格；承认自动离职出国人员在离职前的工龄，允许机关、事业单位认定其工龄可以合并计算为连续工龄。

提供国际化的支撑水平，营造良好的科研环境。在硬环境方面给予科研经费支持和政策倾斜，协助其搭建团队和平台；项目评审国际化，实施国际评审制度；放宽经费使用条件，强调目标管理；培养科研团队创新思维能力，加强国内外的学术交流；增强不同文化的包容力，包容价值观、思维方式、宗教信仰和生活习惯等方面的差异。

（二）提高职工队伍的职业化、专业化水平

围绕建设世界一流大学的发展目标，构建职工队伍人力资源体系，提高职工队伍专业化和职业化的水平。确实加强高校治理能力，为人才事业发展提供高质量的管理和服务。进一步简化管理环节，优化管理过程，减少教师不必要的事务性工作，使人才能够把时间和精力更多地用于学术工作。

（三）为教师职业发展提供全方位支持

为人才创造安心从事学术的良好环境，支持教师职业发展。建设校级高水平公共支撑平台，提高平台利用率，提高科研工作效率和成果产出；建立合理的竞争性经费与非竞争性经费相结合的科研经费分配体系；要充分发挥人才在学校学术事务中的重要作用，为人才发挥学术影响搭建平台；推行和完善教师学术休假制度，支持教师利用学术休假从事高水平科研合作与交流；建立青年教师的导师制度，帮助指导职业发展规划和一些具体问题。

（四）为高层次人才提供良好的生活保障

完善高层次人才薪酬体系。在典型岗位上探索实行协议薪酬制度，按照市场供求实施协议薪酬制度，并逐步推广；将引人用人的考核重点由“帽子”转到人才的创新能力和潜力上，让人才头衔与薪酬脱钩，逐渐建立与职业特征相适应的薪酬体系和合理的绩效奖励制度，注重岗位责任和业绩成果，加强内在激励；整体提高高校教师薪酬水平，按照地区收入水平和高校建设层次设定薪酬调节系数，增强薪酬水平的国际竞争力和行业竞争力；提高福利收入比重，探索多样化福利形式；鼓励技术成果转移和转化的多元分配形式，体现创新创造人才的知识价值。

我国本科教育的“第一代”特征

邬大光

2018年10月，教育部印发《教育部关于加快建设高水平本科教育 全面提高人才培养能力的意见》等文件，决定实施“六卓越一拔尖”计划2.0。该计划明确提出了2.0的总体思路、目标要求、改革任务和重点举措。作为政府的一项政策，本科教育2.0计划的提出，既体现了政府对本科教育“关注点”的变化，也说明了现实中的本科教育有明显的1.0特征。因此，厘清当下本科教育中的哪些做法属于1.0版？对于全面落实教育部提出的“六卓越一拔尖”2.0计划的有效实施有重要的意义。

一、我国本科教育的“第一代”特征

改革开放四十年，我国高等教育发生了天翻地覆的变化。从时间节点看，恢复高考以来造就的“第一代”大学生，成为这一历史变迁的见证者和参与者，他们身上反映出明显的高等教育时代特征，并且作为遗传基因深深镌刻在我国本科人才培养的全过程之中。即便是四十年后的今天，反观和回顾这段历史，不难发现我国本科教育仍然或多或少的带有鲜明的“第一代”特征，这些特征又或重或轻地渗透在专业设置、教学体系、教学管理中和课堂教学、教育评价、学生就业等一系列本科教育之中。

（一）从专业设置看“第一代”特征

根据139所已接受审核评估的高校专业设置统计，2017年在我国139所高校中：211工程院校平均专业数是61.6个，专业覆盖学科门类数是7.2个，占学科门类数的60%；985工程院校平均专业数是81.7个，专业覆盖学科门类数是9.1个，占学科门类数的75.8%；一般本科院校平均专业数是50个，专业覆盖学科门类数是6.6个，占学科门类数的55%。总体上看，139所高校的平均专业数是60.2个，专业覆盖学科门类数是7.3个，占学科门类数的60.8%。这些数据说明，我国传统的单科性院校基本消失，各高校已经形成了较为完备的专业体系。但问题是，在诸多单科性院校的学科专业急剧扩张之后，学科专业综合了吗？课程体系综合了吗？学生的知识结构综合了吗？本科生享受到了综合性大学的跨学科和综合性教育资源了吗？

邬大光，厦门大学原副校长，特聘教授。

从大类专业设置看，根据141所已参加审核评估的高校数据统计，有56所高校按专业大类招生，涉及2 045个专业，占高校本科专业数9 403个专业的21.7%。从学生参加辅修看，根据2017年397所高校教学状态数据显示，各高校参加辅修人数162 369人，校均参加辅修人数409人，辅修人数占在校生比例平均为1%，占当年本科生招生人数比例平均为3.9%。再根据2017年397所高校教学状态数据统计，397所高校大类专业数是2 045个，本科专业数是9 403个，大类专业占本科专业总数之和为21.7%。这些数据证实，专业设置过窄过细是许多高校的通行做法，且延续至今。这既是本科专业设置的“通病”，也是当前亟待解决而又难于破解的一个问题。

之所以出现专业划分过细的问题，与传统计划经济体制下形成的办学体制有关。众所周知，受苏联教育模式影响，我国高等教育形成了两个基本特征：一是集中管理的计划模式，二是高度专门化的教学体系。前者表现为全国统一专业设置、统一教学计划、统一教学大纲、统一教材、统一教学管理。后者，即专门化的教学体系源自1954年参考苏联高校的专业目录，制定了我国第一个国家层面的专业目录——《高等学校专业目录分类设置》。之后，这一专业目录成为高校专业设置指南、分配招生计划、就业计划、统计毕业生的重要工具，也成为高校配置资源、安排教师、课程、建立院系的依据。显然，专门化的教学体系适应了当时计划经济的发展需求，集中管理的计划模式又强化了专门化教学体系。而且在实践中，我国按照自己理解的方式，又把这种专门化教育推向了极端。

尽管在经济领域，我国已经从计划经济走向市场经济，但在教育领域，这一“计划”模式的惯性依然没有改变。基于“计划和管理”的专业设置思路，带来的后果就是学科专业壁垒加深，藩篱增多；资源共享困难，人才培养就会越割裂。总之，在很大程度上，专业教育沿袭着苏联模式，带有顽强的计划经济的思维惯性和烙印。专业设置的“第一代”特征，是我国本科教育走向2.0计划的深水区。正是基于这个原因，长期以来提倡的跨学科专业、交叉学科专业设置等问题，在我国一直没有得到很好的解决。

（二）从教学体系看“第一代”特征

近代以来，我国高等教育发展主要是以借鉴、模仿他国经验为主。民国时期，我国大学学习欧美模式，建立校院二级组织管理体系，以学院为单位组织实施教学。中华人民共和国成立后，我国高等教育管理体制全面学习苏联经验，建立了校系二级组织体系，以系、教研室为单位组织教学。20世纪90年代以来，通过实施学院制，高校逐渐恢复了校院二级组织体系，但由于制度惯性和路径依赖的影响，教学组织仍然以系为单位，由“系”甚至“教研室”组织教学。

从课程体系设置看，1950年第一次全国高等教育会议，颁布《关于实施高等学校课程改革的决定》，提出课程实施的专门化，以学系为培养专门人才的教学单位，实施学年制。明确要求高校各系应分别规定修业年限，以三年至五年为原则，学生每周学习时间（包括自习及实验）以五十小时为标准，最多不得超过60小时。可以说，高校今天普遍采用的教学计划、教学大纲、教学进度表、教材讲义、教学工作量制度、教学编制等最为基本的教学管理制度，都是在20世纪50年代形成的。尽管后来实施了各种各样的教学改革，但从总的方面而言，没有跳出20世纪50年代形成的教学基本框架。

在这样一种教学体系下，我国本科人才培养出现了许多特有的现象：一是“世界第一现象”：

与很多高等教育发达国家相比，我国本科教学计划的学分（学时）世界第一、理论学分（学时）世界第一、必修课学分（学时）世界第一、上课教学周数世界第一、课堂教学时数世界第一。二是本科教学计划的“壁垒现象”，包括：必修与选修的壁垒、主修与辅修的壁垒、公共课与专业课的壁垒、课内教学与课外活动的壁垒。三是教学管理的“课程化”现象：包括心理健康教育课程化、体育教育课程化、形势政策教育课程化、创新创业教育课程化……显然，这些做法容易看到工作的成效，也易于组织管理，但这种简单的方式导致课程无限膨胀，课程体系成为一个五花八门的“大杂烩”。四是学生自主选择空间小。根据统计：我国不同类型高校平均学分数是156.9，选修课平均学分为29.8，占比为19.0%，平均学时总数是2 495.0，选修课平均学时数是500.3，占比为20.1%。五是重理论轻实践现象突出，课外科技活动学分占比相对较低。我国不同类型高校，本科教学计划平均实践总学分为174.7，其中集中实践环节平均学分为29.1，占比为16.66%；实验教学平均学分为21.0，占比为12.01%；课外科技活动平均学分为4.1，占比为2.36%。

基于上述现象，不难发现：我国高校本科教学计划的设计思路是基于管理方便，不同部门试图从各自要求出发，提出自己的课程设置要求。从表面上看，这种教学计划似乎要让学生多学一些，无所不学、无所不会、无所不能。但从实际上看，缺乏对学生所必需的最有价值知识体系的系统考虑，学生被动地接受教育教学资源。

（三）从教学管理制度看“第一代”特征

从20世纪80年代初开始，学分制就一直被视为本科教育改革的重点，但推进一直缓慢，真正做到“完全学分制”的高校凤毛麟角。最近西南某省明确要求所有高校尽快实现“完全学分制”。此举措至少说明两个问题：一是大家基本有一个共识，就是当前的学分制并非是真正意义上的学分制，因此便有了“完全”一说；二是当把“完全学分制”作为终极目标时，也就偏离了学分制的初衷。因为，学分制就本质而言，是最大限度地扩大学生的学习自由，其中包括：选课自由、选科自由、选择学习进程自由、选择学习方式（全日制与非全日制）自由。但从实际实施情况看，这种学习自由是极其有限的。从选修课比例看，在我国不同类型高校选修课的比例中，选修学分比例平均约占20.46%，明显偏低。根据抽样统计：18所985院校的平均总学分是165，平均选修学分是37，占比为22.33%；35所211院校的平均总学分是164，平均选修学分是36，占比为21.69%；332所普通本科院校的平均总学分是166，平均选修学分是35，占比为20.88%；259所新建本科院校的平均总学分是162，平均选修学分是32，占比为19.43%；179所独立学院的平均总学分是159，平均选修学分是30，占比为18.57%。

除选修课比例之外，本科生转专业的比例明显较低。根据718所不同类型高校学生转专业统计，平均学生转专业占在校生人数比例为1.9%。其中，34所985院校与18所211院校相对较高，占当年招生比例分别为14.5%、16.6%；其次是292所普通本科院校，其转专业人数占在校生人数比例为2.0%，占当年招生比例为7.6%；再次是143所独立学院，其转专业人数占在校生人数比例为1.9%，占当年招生比例为7.6%。而231所新建本科院校转专业人生占在校生人数比例仅为1%，占当年招生比例仅为3.5%。

再从学生弹性学习来看，与发达国家相比，我国高校本科生的毕业率和学位授予率同样具有明显的“第一代”特征。根据有关统计，各高校平均毕业率为96.7%，平均学位授予率为96.4%，不同类型高校间呈现细微差别。再根据2002—2017年我国大学毕业率与学位授予率情况统计，本科生毕业率与学位授予率的“剪刀差”现象逐渐消减，自2012年起毕业率与学位授予率接近持平。

上述现象说明：尽管我国从20世纪80年代以来就开始推行学分制，但学分制只是发挥了作为计算“学习量”的功能，学分制带有明显的“名不符实”。这种现象难以改变的真正原因是，当以“计划和管理”以及专业教育为目的的教学体系没有突破时，任何实现学分制的措施只能是事倍功半。例如，一方面，高校试图推进学分制；另一方面，在推进过程中又试图做些“本土改造”，典型例子就是重修与补考并存，补考之后还可以再补考，再补考之后还会有“清考”，完全背离了学分制的取向。根据2014年对全国145所高校（含18所985工程大学、35所211工程大学，92所地方本科高校）的调查，各高校总体“清考率”68%，985工程大学“清考率”为66.7%、211工程大学“清考率”为65.7%、地方本科高校“清考率”为70.6%。2017年再次调查129所高校（含20所985工程大学、26所211工程大学、83所地方本科高校）中，总体“清考率”45%，985工程大学“清考率”为20%、211工程大学“清考率”为46.2%、地方本科高校“清考率”为68.7%。该现象值得深刻反思。

（四）从课堂教学看“第一代”特征

在信息技术快速发展的今天，教育技术正在改变课堂教学范式。但在过去几年，我参加了24所高校本科教学评估，听课100节左右，没有看到一节课是在使用慕课或翻转课堂教学。是我们技术硬件不够，还是教师对此漠不关心？让人难以应答。我国本科教学在教学方式方法上，是否真正满足了学生需求，适应了教育技术进步？需要画一个问号。当前国内学界对于教育技术的研究虽然很多，但教学实践中信息技术的应用却远远不够。其中既有教师教学观念转变的问题，也有技术本身的传播问题，很多倡导教育技术的学者本身并不会使用。

根据教育部日前公布的统计数据显示，我国的慕课建设与应用呈现爆发式增长，多所高水平大学陆续在国际著名课程平台开课，有关高校和机构自主建成10余个国内慕课平台，460余所高校建设的3 200余门慕课上线课程平台，5 500万人次的高校学生和社会学习者选学课程，我国慕课数量已位居世界第一。[1]同时，相关数据显示，国内仅有50%的大学教授愿意花时间去录制慕课并提供分享，仅有10%的名教授愿意加入慕课行列。据某高校透露，一个完整的MOOC视频需要有制作人、摄制团队、后期制作等工种，整个制作流程堪比电影的制作，并不轻松。另据了解，清华、北大在每门MOOC课程上平均的投入是20万元人民币。而在美国，投入的所谓“课程装修费用”甚至高达上百万人民币。

由此看来，高校教师都听说过教育技术，但会使用的教师太少。能够使用某种单独的教育技术，但无法实现教育技术的整合。大多数教师在观念上并没有接受教育技术，比如学生的慕课学分在目前还很难被认可，这使得教育技术的潜力难以发挥。教育技术与教育理念处于分隔状态：教育理念无法指导教育技术，教育技术没有真正的“服务于”教学。

另从课程班级规模看，无论是精英时代还是大众教育时代，班级规模一直是衡量个性化教学的重要指标。但是我国，无论是公共必修课、公共选修课、专业课的班级规模均在50以上，大班授课成为“第一代”特征并作为“传统”延续。显而易见，当班级规模越庞大时，就会导致批量生产，这无疑会降低个性化培养，更无法做到因材施教。

除班级规模大之外，课堂的“沉默”也是我国本科教育“第一代”的典型特征。在我国高校本科教学评估中，有国外专家就指出：“无论是在中文教学还是英文教学课堂，学生都比较安静被动，学生很少做笔记、提问或举手，这点让我很惊讶。”“老师问一个问题后，课堂常常鸦雀无声，或者至多有一部分同学小声说出一个显而易见的答案。如果这一问题不解决，学生将完全无法适应工作环境，更不可能适应一个重视思想交流的国际工作环境。课堂上应该为学生创造培养批判性思维的机会。教师应当多鼓励学生对于理论知识提出批判，使得这个课堂变成一个思维碰撞的舞台。在教学过程中，教师应当鼓励学生发散性思考问题，学习的过程不是简单的寻找标准答案的过程。”

以上现象说明：从传授知识的角度，课堂教学质量总体有保障，但“知识导向型”的教学在课堂占压倒性地位，学生的归纳能力、解决问题和分析问题能力、表达能力、批判性思维及能力是我国课堂教学的软肋。教师数字化素养缺乏，教师的教案或讲稿是简单的教材搬家。因此，几年前就有学者呼吁“课堂革命”，如今，“课堂革命”已经上升为教育主管部门的呼吁。

（五）从通识教育看“第一代”特征

在本科教育阶段实施通识教育是世界高等教育的共识。20世纪90年代以来，我国高校开始引入通识教育理念，北京大学、清华大学等都先后提出了通识教育+专业教育的改革思路。但从实践层面看，我国高校的通识教育仍然呈现出“第一代”的特征。

根据对111所高校培养方案的分析，88%的高校把公共课作为通识教育课程。相当一部分工科院校把通识教育理解为素质教育，把专业选修课作为通识课程。许多工科院校开不出真正的通识教育课程。根据不完全统计，有9所一流大学建设高校和2所一流学科建设高校单独设置通识课程，其中通识教育学分占总学分平均比例分别是8.15%和5.72%，通识选修课占通识教育学分平均比例分别是51.42%和100%；61所地方本科院校、18所一流大学建设高校和19所一流学科建设高校将公共必修课转入通识课，其中通识教育学分占总学分平均比例分别是30.4%、32.07%和33.42%，通识选修课占通识教育学分平均比例分别是18.69%、18.02%和19.44%；另外，分别有1所地方本科院校和一流大学建设高校把政治课转入通识课，其通识教育学分占总学分平均比例分别是15%和12.33%，通识选修课占通识教育学分平均比例分别是25.93%和22.22%。

从表面上看，课程结构的不同设计反映了对通识教育的不同理解。但从内在本质而言，则反映了人们对于通识教育核心概念的混淆，这正是我国本科教育“第一代”特征导致的结果。因为长期以来，专业教育的制度基础与文化基础已经根深蒂固，这使得我们不仅缺乏通识教育的思维，而且对通识教育的认识和理解也相对狭隘。那么，什么是真正的通识教育呢？

1996年，联合国教科文组织发表的一系列报告，例如《教育——财富蕴藏其中》就提出了新的通识教育理念：“教育四大支柱：学会认识、学会做事、学会共同生活、学会生存”。[2]20世纪90年代以来，增值价值观迅速成为高等教育质量评价的主要方式。2015年，联合国教科文组织发布了《反思教育：向全球共同利益的理念转变》，报告再次强调了“四大支柱”的普遍意义，并列出了所有青年都必备的三类主要技能：基础技术、可转移技能和职业技术技能。[3]所有这些说明，大学的通识教育应该基于“增值”和“能力”的理念，应该教给学生终身学习的能力，并为学生未来一生的发展做准备。从这些要求上看，我国高校离真正意义的通识教育还有相当的距离。

（六）从毕业率、就业率看“第一代”特征

大学生毕业率和就业率是衡量人才培养质量的重要指标。但在我国，是坚持高的毕业率和就业率还是降低毕业率和就业率，一直有很大的争议。根据2016年专业平均毕业率，全国平均值为89.2%，工学毕业率最高为90.4%，历史学毕业率最低为85.4%。此外，法学和建筑学毕业率均为86.3%，教育学毕业率为87.1%，医学毕业率为87.3%；经济学、理学和艺术学毕业率大致相当，分别是88.8%、88.6%和88.5%；管理学、农学、文学以及哲学毕业率在全国均值左右，分别为89.3%、89%、89.1%和89.4%。根据2016年高校专业就业率统计，全国高校总体就业率为89.2%，独立学院最低为87.4%，新建本科最高为90.4%。此外，211院校、985院校、普通本科院校专业就业率分别为89.6%、90.1%和89%。但同时也发现，在本科就业率持续走高的态势下，其专业对口率则持续下降。根据2012—2016届工理农医类本科毕业生工作与专业相关度变化趋势，医学、工科专业与就业对口率相对较高，前者均在80%以上，后者均在70%以上；而农学、理学专业与就业对口率相对较低，但均超过50%。

从表面上看，较高的毕业生和就业率似乎反映了我国高校人才培养是一种极其有效的培养模式。但在虚高的就业率下，专业对口率呈现了持续下降的趋势。那么，我们是否需要反思：我国本科教育的高毕业率是否真正有效，本科教育是否真正满足了学生需求，是否满足了社会的需求？是否让学生有学习的获得感和满足感？或者说，本科教育仅仅是让学生获得了一张文凭，而对于文凭背后的含金量似乎并不重要，我国本科教育是否应当从学历教育转向能力教育？

二、对本科教育“第一代”特征的思考

以上从六个方面，通过一些基本数据，简单描述了我国本科教育呈现出的诸多“第一代”特征。事实上，这些“数字化”的特征只是一些表面现象，更需要我们反思的是，这些数字现象背后的本科教育模式是否需要改进？是否可以把上述特征归纳为“第一代”的本科教育特征？从本科教育的实践出发，从理论上可以对上述“第一代”特征做如下思考。

第一，我国本科教育是“被专业”的教育。在现有本科教育模式下，我国高校每一个受教育者都会带上极强的专业烙印，每一个本科生除了学校的标签之外，同时都贴上“专业标签”，并自然而然地分流到与之相应的各行各业。显然，在计划模式下，这一特征有其制度的优势，但在社会行业产业结构不断变换的今天，这一“被专业”的本科教育无疑需要深刻的变革。

第二，我国本科教育是“被计划”的教育。在现有本科教育模式下，高校从招生计划到教学计划，从教学计划到就业计划，都带有很强的“计划”思维，高校在“计划”面前缺乏自主权，学生在“计划”面前缺乏选择权。一方面，带来了我国高校本科毕业生的毕业率和就业率“虚高”；另一方面，人才培养质量却难以提高，拔尖创新人才尤其匮乏。

第三，我国本科教育是“被选择”的教育。在现有本科教育模式下，一方面，我国本科教育中引入了国外大学常见的学分制、选修制等制度安排；但另一方面，大学生在专业选择、课程选择、教师选择，甚至是学习进程中，又都是事先被预设的，学生缺乏选择的空间和机会。由此导致了高校人才培养的同质化严重、个性化缺失。

第四，我国本科教育是“被大众”的教育。经过近20年的大发展，我国高等教育已经进入高度大众化阶段，很快即将迈入普及化。尽管在数量上已经大众化，但由于人才培养的观念、模式、体制和质量标准缺少精英教育的基因，导致数量上的大众化缺乏精英教育的支撑。特别需要指出，没有精英教育支撑的高等教育大众化乃至普及化，对一个国家的社会和经济发展没有实质的意义。这里的精英不是数量的精英，而是质量的精英，即2.0版的本科教育，应该考虑如何为天才创造机会，给怪才异才留下空间。

三、几点结论

以上从不同方面对我国本科教育的“第一代”特征进行了概括。那么，为什么要探讨本科教育“第一代”特征，探讨本科教育“第一代”特征的价值到底在哪里呢?

第一，我国本科教育的“第一代”特征，不是单纯时间意义上的概念，还是一个衡量制度、文化等大学“成熟度”的概念。作为后发外生型国家，虽然我国高等教育规模世界第一，但由于规模扩张是在极短的时间内完成，与西方国家经过几百年发展，相对成熟的高等教育系统相比，我国高等教育在整体上仍处在不太成熟的“第一代”，这是我国高等教育发展的客观存在，也是不可逾越的历史发展阶段。

第二，我国本科教育的“第一代”特征，集中概括了整个高等教育系统前一阶段的发展轨迹，其特点就是依靠模仿、借鉴、经验和惯性来发展。反思与回顾这一段发展历程，其目的在于提升我国本科教育的自觉意识，实现从模仿、借鉴到自主、创新，从经验和惯性到依靠规律办学，依靠科学管理办学。

第三，探讨我国本科教育的“第一代”特征，并不意味着否定过去，而是在充分总结经验和深刻反思的基础，为走向“第二代”或者2.0版提供路径，使2.0版能够走得更好更远。不可否认，我国的制度优势和财力保障，可以使硬件建设很快走向2.0版。但并不是所有的1.0版问题都可以由钱解决，本科教育从“第一代”向“第二代”的转变，更多的是需要理念的更新、制度的重新设计以及教学体系的重新构建。

总之，当前，高等教育在全力推进双一流建设和加快实现高等教育内涵发展，特别是在坚持“以本为本”和“以生为本”的理念转变的大前提下，需要我们在深刻认识本科教育“第一代”特征的基础上，重塑本科教育的精英意识、突破原有教育观念的藩篱、坚持扎根中国大地办大学、自觉提升教育引领意识。

参考文献

[1]中华人民共和国教育部.介绍首批“国家精品在线开放课程”有关情况[EB/OL]. http://www.moe.gov.cn/jyb_xwfb/xw_fbh/moe_2069/xwfbh_2018n/xwfb_20180115/wzsl,2018-01-15/2018-11-02.
[2]联合国教科文组织丛书.教育:财富蕴含其中[M].北京:教育科学出版社,1996.
[3]联合国教科文组织丛书.反思教育:向全球共同利益的理念转变[M].北京:教育科学出版社,2017.

关于一流大学建设与大学治理现代化的理性思考

眭依凡

一

关于世界一流大学建设，我形成了三个学术观点：其一，在国与国的激烈竞争中，败下来的无一例外都是或将来一定是高新知识落后的国度。大学作为高新知识的创造者、传播者、垄断者，在很大程度上拥有决定国家前途命运的知识权力。国家兴衰，大学负有重大责任。这是一个关于高新知识及与其高度相关的大学之价值的判断。其二，世界一流大学建设有必要充分发挥我国体制"高度集中带来的高效率"这一中国特色社会主义的优势，中央政府要在制度供给侧为大学按规律办学治校创造必要的体制机制环境的前提下，做出以资源配置为激励手段、以提高大学竞争效率为目的的政策选择和制度设计，即以"目标明确、重点突出""数量控制、资源集中""效率优先、实力取胜""机会公开、竞争择优"[1]的原则遴选"一流大学和一流学科"，彻底改变传统学科的概念及"多多益善"的思维方式和决策模式。这是对关于"双一流"建设高校如何遴选给予的宏观决策建议。其三，当有利于世界一流大学建设的外部条件（包括良好观念与制度环境及充足经费投入等）完全具备且稳定后，一流大学建设的得与失、成与败则取决于大学自身如何治理。这涉及大学内部治理之于一流大学建设的关系以及如何治理才有利于一流大学建设的现实操作问题。

关于大学内部治理对一流大学建设是否具有影响和制约以及具有什么影响和制约，笔者亦有如下的思考：第一是大学能否自觉按一流大学应有的规律办学治校育人，这属于大学治理之理念层面的问题，笔者在《世界一流大学建设六要素》（《探索与争鸣》2016年7期）予以了专门阐述；第二是大学能否充分利用资源优势，确保资源高效率利用，这是关于大学资源如何科学配置以及提高资源利用效率的问题，笔者在《关于"世界一流大学建设"的理性思考》（《高等教育研究》2017年9期）及《学科还是领域："双一流"建设背景下"一流学科"概念的理性解读》（《高等教育研究》2018年4期）予以了富有创见的讨论；第三是大学必须构建有利于一流大学按规律办学治校、"效率优先"的治理结构，这是涉及大学治理模式的问题，笔者在《论大学的善治》（《江苏高教》2014年6期）一文率先提出了大学善治结构的建构必须遵循"效率优先，整体设计，民主管理，依法治校"[2]的治理原则。

眭依凡，浙江大学高等教育研究所所长、教育学院博士生导师，教育部长江学者特聘教授。

在笔者看来，大学理性、物质基础及治理模式这三个要素构成对一流大学建设发生影响的金字塔（如图1所示），顶部是大学理性，中部是资源基础，底部是治理模式。对一流大学要素金字塔可以做如下解读：首先，大学的学术属性决定了其必须是一个自觉自律的理性组织，其行动受制于大学理性且其行动结果很大程度是被大学组织及其成员所持的理性预先决定的。所以，一流大学建设必须以诸如遵循大学办学治校育人的属性及规律为指导。因此，大学理性之于一流大学建设中具有置顶的重要性。其次，大学是需要靠消耗大量资源以支撑的贵族型学术组织，对巨大资源的依赖是一流大学建设不可或缺的资源基础。由于资源之于任何一所大学都是有限的，并非取之不尽、用之不竭，所以即便在西方高等教育强国，一流大学也只能是少数大学的理想和目标。其三，上述两个要素具备后，一流大学能否建成则完成取决于大学的内部治理模式，所以治理模式是一流大学建设底部厚重的、不可逾越的操作性基础，对一流大学建设的得失成败具有决定性作用。

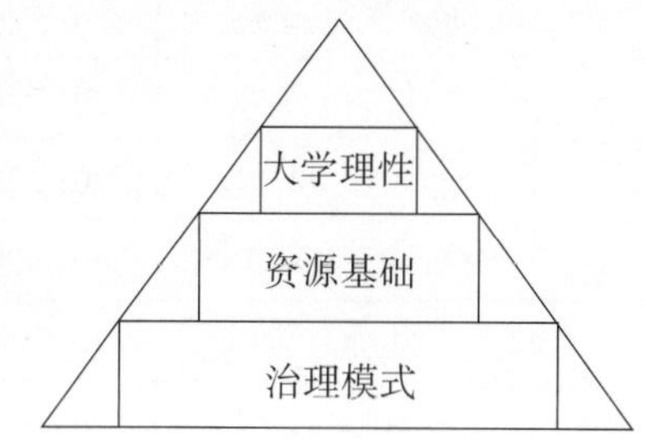

图1　一流大学竞争要素金字塔结构

大学理性的问题学界已经讨论很多了，不必赘述。关于一流大学建设资金投入情况，如表1所示，近3年我国在经费预算排名前10位的一流大学建设高校基本呈逐年增加的趋势，至2018年预算最低者武汉大学也达93.5亿元人民币，而清华大学高达269.5亿元人民币。尽管从决算情况看，上述大学都有不同程度的降低，但总体而言，无论是预算还是决算绝大多数大学都呈逐年增加的趋势，有些大学增速还十分惊人。譬如清华大学2017年的预算比2016年增加了51.1亿元，决算增加了24.99亿元，每年预决算增加数亿元及上10亿元的大学亦非少数。为了便于与欧美一流大学对照，笔者请从美国波士顿学院访学归国的熊万曦博士据相关大学官网公布的最新数据，就2018年US. News世界大学综合实力排名前10位大学的年度经费开支情况制作了表2。其中年度开支最高的是斯坦福大学为58.53亿美元，折合人民币406.3亿元，普林斯顿大学最少为14.67亿美元，折合人民币101.8亿元。由此可以得出，无论中国还是欧美凡一流大学无不是强资源依赖型学术组织。

表1　42所一流大学建设高校近三年总预算数据(单位:亿元)

序号	学校	类型	2016年	2017年	2018年
1	清华大学	A类	182.2	233.3	269.5
2	浙江大学	A类	154.3	150.5	154.6
3	上海交通大学	A类	118.0	140.8	144.9
4	中山大学	A类	74.0	116.4	134.9
5	同济大学	A类	60.1	76.6	134.2
6	北京大学	A类	153.1	193.5	125.5
7	复旦大学	A类	78.8	100.4	108.9
8	华中科技大学	A类	70.5	84.2	98.0
9	吉林大学	A类	52.2	88.0	97.7
10	武汉大学	A类	78.2	87.5	93.5

资料来源：https://baijiahao.baidu.com/s?id=1611303366394023444&wfr=spider&for=pc

表2　全球10所顶尖大学的年度开支情况

序号	学校	财政年度	名称	经费总额	折算人民币
1	斯坦福大学	2017/2018	Total expenses	\$5.853 billion	¥406.3亿
2	哈佛大学	2017/2018	University Expenses	\$4.5 billion	¥312.4亿
3	哥伦比亚大学	2017/2018	Total expenses	\$4.384 billion	¥304.3亿
4	麻省理工学院	2016/2017	Operating expenditures	\$3,349 billion	¥232.5亿
5	加州理工学院	2017/2018	Revenues	\$2.9 billion	¥201.3亿
6	加大伯克利分校	2018/2019	Total expenses	\$2.8 billion	¥194.3亿
7	约翰霍普金斯大学	2016/2017	Total expenses	\$2.431 billion	¥168.77亿
8	剑桥大学	2016/2017	Total expenses	£1.807 billion	¥160.8亿
9	牛津大学	2017/2018	Total expenses	£1.397 billion	¥124.4亿
10	普林斯顿大学	2017/2018	expenditures	\$1.467 billion	¥101.8亿

备注：数据来源于上述大学的官网。

二

就经费投入而言，我国排名居前的一流大学建设高校已经接近或不输于世界综合实力排名靠前的欧美大学。若考虑到我国一流大学建设的资源条件的极大改善是以下政策制度背景下的结果：一是在中央高层基于提升我国教育发展水平、增强国家核心竞争力、奠定长远发展基础的国家战略发展需要；二是在中央深改组对此专题研究后于2015年10月由国务院制定推出了《统筹推进世界一流大学和一流学科建设总体方案》，仅一年后的2017年1月，又由教育部、财政部、国家发展改革委联合印发《统筹推进世界一流大学和一流学科建设实施办法（暂行）》，并在同年10月把加快“双一流”建设作为实现高等教育强国的战略目标写进党的十九大报告。由此可以断言，新一轮的世界一流大学建设无论在中央政府的制度供给方面还是资源供给方面均极大满足了一流大学建设的需要，时下是我国的一流大学建设适逢其时的最好时期和最好环境。

然而，若要在较短的时间内把建成世界一流大学这一仰望星空的理想变为脚踏实地的现实并非易事。如图2所示，笔者把改革开放后40年我国的世界一流大学建设分为两个阶段：第一轮的世界一流大学建设从1998年提出，是“985”“211工程”建设阶段；第二轮的世界一流大学建设从2015年开始，是“双一流”建设阶段，两个阶段正好相隔20年。在世界一流大学建设两个阶段的20年间我们都遇到了建设发展中的瓶颈：第一阶段的瓶颈是“985”“211工程”期间的“经费短缺”，该阶段我国主要通过加大投入解决一流大学建设的资金困窘问题。但由于长期积淀下来的高等教育投入不足缺口较大，这一轮的世界一流大学建设的经费更多是用于整体办学条件的改善；第二阶段的瓶颈是进入“双一流”建设阶段后如何解决“治理效率不高”的问题，因为在制度供给和资源供给的问题都已经得到根本解决的前提下，如果我们的“双一流”建设成效不佳就不能再以制度供给不足、资源不足等外部环境不够好为借口加以推脱了。若真是这样，中央高层以“双一流”建设取代“985”“211工程”的意义和价值就会受到人们的质疑。

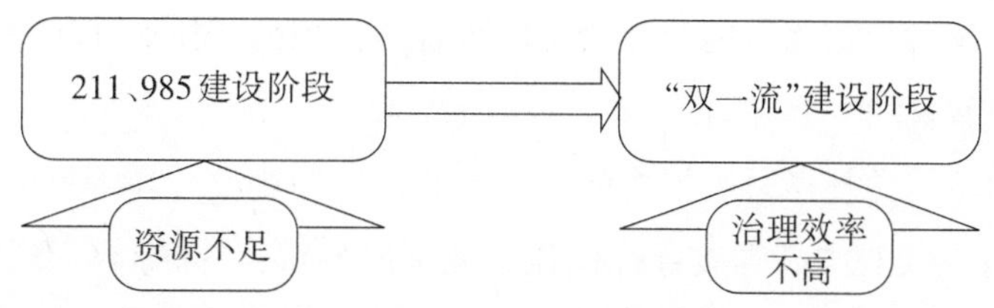

图2　一流大学建设的瓶颈

事实上，就上述两个发展瓶颈而言，资源充足仅是一流大学建设的必要条件而非充分必要条件，换言之，资源充足并非一流大学建成唯一的必要条件。相对而言，富有效率的大学治理体系及与其高度相关的大学治理能力之于一流大学的建成更加重要，否则大学的资源优势就会因为治理效率的低下而消减甚至变成沉默成本。在资源问题解决之后，一流大学建设的得失成败就没有了资源困窘的借口，其内部治理体系的优与劣则成为决定大学竞争胜负的实力所在。在世界一流大学建设及其竞争中，我们大学内部治理体系效率不高的问题已经暴露无遗，若不对大学内部治理体系加以以效率优先为价值引领的改革即致力于大学内部治理体系的现代化，恐怕其不仅难以肩担好以具有国际比较优势为特征的世界一流大学建成的重任，甚而连建成一所富有办学效率之大学都难以成为可能。在一流大学的建设进程中凡办学治校者必须认识到，旨在一流大学建设目标的大学竞争，其竞争力提升与资源困窘的矛盾已经发生了向竞争力提升与内部治理体系落后之矛盾的转化，进入一流大学建设生态群的大学竞争，决定其成败的是大学内部治理体系的竞争。不解决大学内部治理体系现代化以提升治理能力的问题，在一流大学的激烈竞争中，我们就可能由于一流大学竞争要素金字塔结构中具有底部承重作用的治理模式的不足而功亏一篑。

三

关于大学治理体系现代化讨论，首先需要厘清和明晰现代化的概念。一份发表在《教育研究》2018年第8期题为"2017中国教育研究前沿与热点问题年度报告"的文章，其在"加快教育现代化建设教育强国"的前沿热点标题下，专门辟有"教育现代化的内涵与标准"的内容，关于教育现代化的内涵的界定，该文引用了三位学者的观点，在此不妨全文附上：其一，"教育现代化的本质是教育现代性的增长。教育现代化存在的合理性在于其有效增进社会的现代化和人的现代化。教育现代化评价的切入点是教育形态，是对教育管理、教育体系、课程与教学、教育资源等的评价以及对教育结果的评价。教育现代化任重道远，须促进教育发展方式的转变，真正实现教育的健康发展"；其二，"教育现代化的内涵应从'公益性'和'公共产品'概念转向'共同利益'概念，受教育者的选择权和学习形式应走向多元、平等，学习者的学习应具有终身性、连续性和自主性，应将人的全面发展的各个方面纳入政策视野"；其三，"教育强国必定强在质量上，教育竞争力评价指标体系，包括教育公平、教育质量、教育保障和教育贡献四个维度"。[3] 上述关于教育现代化内涵的表述，让笔者只能更加坚信"现代化"在学术上是个意义边界不清的模糊概念。事实亦然，在2013年由中国高等教育学会举办的主题为"高等教育现代化"《高等教育国际论坛》上，应邀在大会主会场和分论坛做学术报告的五位外国学者，无一人直接讨论现代化的概念，他们全部脱离论坛的主题自说自话言论高等教育不同领域的问题。会议期间，笔者专门问及个别海外学者为何不根据论坛主题需要讨论高等教育现代化的问题？回答是关于现代化的概念不好把握。其实在西方学界多是把高等教育现代化“当作以某种价值为取向的社会发展进程来认识的，比如高等教育的普及化、网络教育等等，这是代表高等教育的发展方向”[4]。

基于研究规范和给本届论坛做总结报告的需要，我没有回避给“高等教育现代化”的内涵予以明确的努力，于是就有了我对“高等教育现代化”如下的界定：“高等教育现代化是以国际高等教育最高水平、最先进状态为参照的目标体系和追求，是具有时空局限性的相对概念，反映未来某阶段或现实高等教育发展的最高水平及其综合实力的最强状态。”[5]进一步的认识是：高等教育现代化既是高等教育未来发展的方向和目标，又是高等教育发展的进程和状态，高等教育现代化既是适于国家竞争和国家现实需要，又引领国家现代化发展并构成国家现代化不可或缺的基础。为了有利于指导高等教育现代化的发展方向，在这个报告中我又具体提炼出对高等教育现代化具有操作意义的六大要素：高等教育的普及化、高等教育的高质量、善治的高等教育结构、高等教育的国际化、高等教育的信息化及高等教育学习化社会。其中善治的高等教育治理结构具体到高等教育的实施者而言即属于大学治理现代化的问题，这个问题过去被我们诸多大学所忽略，而现在到了不得不加以高度重视的时候了。有了对“高等教育现代化”这一上位概念的认识，关于本文“大学治理现代化”之概念的界定就有了如下的借用：所谓大学治理体系现代化是大学从以控制为手段的传统管理模式向以效率为目的现代治理模式变革和转型的过程，是按大学应有规律办学治校育人的，以人才培养及知识创新的高质量、高水平、高效率为目标追求的，富有竞争力的大学治理模式。大学治理体系现代化的要素包括：大学治理理念的现代化、大学治理结构的现代化及大学治理能力的现代化。上述关于大学治理体系的理解，无疑要比“大学治理现代化指以累积治理有效性来强化其合法性的过程”[6]这一仅仅强调大学治理现代化的关键是提高治理有效性之说，更全面且更贴近大学治理体系现代化的内涵界定。

为了加深对大学这一特殊的社会组织之治理体系现代化的认识和理解，笔者借用物理学的“场论”“耦合”两个概念及其理论对大学治理体系现代化问题予以形象化的说明。何谓“场论”？物理学中把某个物理量在空间的一个区域内的分布称之为场，如温度场、密度场、引力场、电场、磁场等，任何物理场均有其势能且彼此会产生相互影响和相互作用；而“耦合”是与“场论”彼此密切关联的概念，即在现实世界中存在许多的物理场，物理学要解决的是这些物理场的叠加问题，即场与场之间能量的传递和接收，这种多个物理场相互叠加的问题就叫耦合。物理学的场论可以引进到社会组织系统的治理，借鉴这一理论可以把大学视为由诸多组织形式的能量场构成的巨大系统，为了讨论方便，笔者把大学组织系统简单划分行政子系统和学术子系统，但就权力体系而言大学是个复杂系统其内部的场远不止这么简单。大学内部的行政子系统与学术子系统都是具有能量且彼此影响的势场，但两个系统在大学内部的职能约定不一样，如行政系统专司管理职能，其通过建立一套规则对学术系统施加影响以维护大学组织必要的运行秩序；而学术系统专司人才培养和知识创新的组织职能，大学对社会的贡献主要取决于学术系统的能量大小及其作用发挥，但在大学这个大系统中学术系统受制于行政系统的影响。所以有什么样的大学内部治理体系就有什么样的大学，若大学的行政体系像个官僚机构，大学就是一个难以按大学应有规律办学治校育人的官僚机构至少是仿版官僚机构，学术系统的社会贡献因此就会受制。之于一流大学建设而言，只有该大学的行政系统和学术系统成为相互配合的协同系统，即两者形成的能量场发生高度耦合，一流大学建设的目标设计与大学内部治理的结构安排，两者的逻辑才能自洽，在这样一种治理状态下，一流大学的建设成效才能达至最佳。有了上述关于大学治理体系现代化的感性认识后，下面简洁讨论一流大学建设与大学治理体系现代化的三个问题。

1.一流大学建设与治理理念的现代化

关于大学治理理念的现代化的强调和认同，首先要回归对大学组织基本属性的认识。大学是高度依赖个人创造力的教育和学术机构，对什么是世界一流大学的特征笔者曾做过如下的定义：除了其所有要素都必须是世界一流外，世界一流大学必须具备这样三个特征：具有世界最高水平的学术实力，在学术上做出了世界最高水平的知识贡献，因此获得了国际最高评价且广泛认同的社会声誉。根据这些特征可以得出一个结论：卓杰教师的遴选及其价值体现之于一流大学建设具有决定性作用。由于经典意义上的大学是几近一千年发展历程已经高度成熟的理性组织，就大学组织属性等理念而言，其所谓的现代化就是对其认识的返璞归真。比如大学作为知识传承和创新的学术组织，对其具有决定性的要素就是人才。一流大学是一流人才支撑的结果，如果一流大学希望在学术系统中的教师其积极性及聪明才智得到充分发挥从而为国家做出更大贡献，那么大学的行政系统要回答如下问题：学术系统及其成员在现有的治理体系下能做什么以及能否做得更好？我们是否有能够遴选和延聘到卓杰人才的制度设计？以及这些专业卓杰者是否处在受尊重且其聪明才智可以得到充分发挥的文化环境中，等等。美国为什么能够拥有全世界最强大的高等教育体系，因为他们的大学校长均持有这样的治校理念并以此引领其治校：聘用最优秀教师并让他们心情舒畅地留下来安心工作。2018年6月我带着教育部重大课题攻关项目《高校内部治理体系创新的理论与实践研究》课题组的几个同事到斯坦福大学和加州大学总校及伯克利分校去调研，在对硅谷的创建者、计算机图灵奖得主、斯坦福大学前校长约翰·亨尼西先生的访谈中，他对关于“大学治理最重要因素是什么”的问题做了如下的回答：如果要我选择一个最重要因素的话，那就是信任教师并与教师保持良好合作关系。如果教师不信任你，认为你不重视他们的利益诉求，大学将一事无成。事实上，如果你回顾美国大学发展的历史，大多数失败或被迫辞职的校长的主要原因在于教师对你提出了异议而非董事会。在对关于“学术权力与行政权力的关系”问题的回答，他的重点依旧在教师以及学生：我们一直努力确保教师和学生能够做得最好，即教师从事最好的研究，学生获得最好的学习机会。就我和教务长而言，我们一直认为我们的工作是为教师服务，我们一直视自己为教师的服务人员。当然，关于教师及其学生之于一流大学建设意义和价值的认识并不是大学治理理念现代化的全部，但它们是最具引领性的，脱离了教师和学生，大学将失之存在的意义也失之存在的基础，一流大学尤其如此。

2.关于一流大学建设与治理结构的现代化

在推进大学治理结构现代化的进程要克服两个误判：其一，把加强大学内部的管制与大学的秩序混为一谈，以为加强对大学内部的管制就能强化了大学的秩序；其二，大学的行政权力是指向效率的而学术权力是有悖于效率的，所以学术权力必须服从行政权力。大学是一个以智力劳动为特征的学术系统，过度控制带来的所谓秩序只会导致对学术生态的伤害和学术活力的窒息。关于大学治理效率的最终判据绝非取决于大学的行政权力的效率本身，而根本取决于由大学学术系统决定的人才培养的高质量和知识创新的社会贡献度。所以，一流大学其治理结构现代化的价值取向应该是：行政系统不再是对学术系统的简单管控而是通过共同治理方式让两个系统形成的能量场高度耦合，行政系统的价值所在是让学术系统的能量得以充分的释放而不是相反。大学治理结构现代化的行动方案应该做出如下的选择：建立健全校院两级学术委员会等学术权力机构并通过《大学章程》明确其权力责任及其合法性，特别是要积极推进治理重心向学术系统的下移及治理权力的下放这一治理结构调整，让学院（学部、学系）更多地决定和管理自己的学术事务。如同大学向政府提出自主办学的诉求一样，大学内部的学术机构也有类似的诉求。一流大学在治理结构现代化的进程中，其领导层对来自诸如学院（学部、学系）等学术组织的这一权利诉求不仅要予以理解，更为重要的是付诸行动。关于斯坦福大学的治理结构约翰·亨尼西先生如是说：斯坦福大学的决策及其治理实行分权制，董事会在斯坦福大学的权力构架设计中具有最终权力，校长和教务长在诸如财政等事务上也有一定权力，但诸如教师招聘、学位授予和课程设置等学术事务则由教师他们自己的学术权力系统决定。大学人才培养和知识创新的主体在学院，斯坦福大学一方面赋予院长很多权力以便其开展工作，另一方面注意招聘那些具有领导力的能够引领学院开展开拓性工作的学术领导者，以便他们能够很好地担负起诸如决定学院预算等学院治理的事务。

3.关于一流大学建设与治理能力现代化

量子力学创始人德国物理学家普朗克以科学家的睿智和敏感发现人类在对世界认识上的一个不足，他说：科学是内在的统一体，它被分解为单独的部分，不是由于事物的本质，而是由于人类认识能力的局限性。系统论与普朗克的观点不谋而合并有了自己的发展，其强调两个基本观点：系统具有整体性，系统要素的结构决定功能。可以说具有方法论意义的系统理论的出现，改变了人们碎片化的思维方式并以结构主义特有的高屋建瓴对社会系统的重大决策开始注重顶层设计、整体思维。大学治理尤其是一流大学治理的有效性与大学治理要素间的关联性即结构高度相关，在大学治理现代化的问题上绝不能用头痛医头脚痛医脚的就事论事方式进行简单处理，因为大学治理结构本身就是对大学建设不可或缺的重要影响力。但必须指出的是大学治理结构并非是与大学治理能力提升唯一相关的要素，当大学的治理结构确定后谁担任治理主角对大学的治理成效影响也甚大。组织理论及社会行为学、领导力理论认为：治理者的治理能力即领导力之于治理成效与治理结构同样重要，中外都循此规律。英国华威大学Amanda Goodall教授在其关于“研究型大学与校长的关系”追踪研究发现：优秀学者担任校长与大学领导力的关系呈正相关。习近平总书记在有关国家治理体系及治理能力现代化的问题上特别强调了人才的重要性：“国以人兴、政以才治” ，“治国之要，首在用人”。[7]基于上述认识笔者建议，关于一流大学治理能力的现代化建设，必须根据大学之学术组织和复杂组织的基本属性和特殊规律，一方面要用更高标准的德才素质能力体系遴选大学及其学院（学部、学系）、职能部门的领导者、负责人，另方面要通过一定的有效形式不断针对性地加强大学及其学院（学部、学系）和职能部门领导和管理人员办学治校能力的提升。一流大学建设必须靠一流德才品质的大学领导者和管理者去引领去建设。

唯有大学内部治理体系现代化之时，才会有中国一流大学建成之日。

参考文献

[1]眭依凡.关于“世界一流大学建设”的理性思考[J].高等教育研究,2017(09):1-8.

[2]眭依凡.论大学的善治[J].江苏高教,2014(06):15-21+26.

[3]本刊编辑部.2017中国教育研究前沿与热点问题年度报告[J].教育研究,2018(2):10-24.

[4][5]眭依凡.关于高等教育现代化的理性思考[J].高等教育研究,2014(10):1-10.

[6]李家德、周湖勇.大学有效治理研究[M].北京:中国社会科学出版社,2016.24.

[7]习近平的用人观:治国之要 首在用人[EB/OL]. http://cpc.people.com.cn /xuexi/n/ 2015/0804/c385474-27405703.html

积极探索符合新时代特征的本科教育改革

俞立中

高等教育的根本任务是人才培养。全面提升高等教育质量，首先是要提高人才培养的质量。面对日益激烈的教育国际竞争，需要我们立足本土、拓宽视野，借鉴世界一流大学的经验，积极探索人才培养模式的改革。要积极探索符合时代特征的本科教育模式，这个时代特征不仅仅是指当下，也指未来。我们生活在一个快速变化的时代，要让学生做好这样的准备：毕业后投身目前根本不存在的工作，使用现在还没发明出来的技术，以解决我们从未想到过的问题。这个时代发展的特点，简单归纳一下，大致有三个方面。第一是全球化的时代，全球化进程从来没有停止过。需要培养学生对多元文化的理解，用全球视野理解全球问题，同时，也需要学生具有跨文化的沟通交流合作能力，这就是今天讲的全球胜任力。第二是信息化时代，计算机、网络、通信技术的发展，给我们的工作、生活和学习带来了很大的变化。大数据、智能化很大程度上改变了今天的学习模式，实际上也在改变着教育的模式。第三是知识经济时代，在知识经济时代，我们已经不可能在大学里面完成未来职业发展所需要的各种知识和能力，所以今天的大学教育更重要的是培养学生的学习能力、合作能力、选择能力，这是未来发展终身学习一个很重要的保障和基础。

20世纪90年代中国高等教育进入快速发展的阶段，从精英化进入到大众化，现在即将进入普及化的阶段，社会发展对高等教育的需求是不言而喻的。党的十九大提出中国进入了新时代，我们正在走向世界舞台的中心，中国在全球事务中承担着越来越重要的责任，需要一代一代年轻人努力参与全球事务，为参与全球事务做好准备。教育现代化需要从三个维度去考虑：一是国际化，二是信息化，三是多样化。教育的国际化是社会架构的变迁所提出的问题，教育的信息化是技术革命、技术发展对教育提出的要求，多样化是教育本身的发展与人才培养提出的要求。这三者之间是相互关联的，所有教育的问题，如优质教育资源问题，教育公平公正问题，个性发展问题等，都可以在这个框架下考虑，找出解决方案。

今天，高等教育发展的关注点是提供高质量，办出高水平的大学、有特色的大学。要实现这样的目标，不仅要有改革的勇气，同样也需要选择合适的路径。我认为，中国高等教育的良性生态环境应该是多样化的环境，即每所大学都有各自的目标定位。只有大学提供更多的选择，才能让每个学生找到适合自己的学习模式和发展模式。同样，社会各行各业对人才的需求也是多样化的，不同层次、不同类型的岗位，对人才的要求也不一样，只有教育多样化才能满足经济社会发展的要求。

俞立中，上海纽约大学校长、教授。

回到本科教育改革的主题，本科教育改革有几个不同的层面值得我们思考。第一，最基础是课程、教材和课程体系的问题，这也直接关系到专业的问题。但是大学本科教育过程中太强调专业，实际上是不利于学生发展的，也不利于满足社会需求。第二个层面是教师与教学方法。同样的教材，不同观念的教师来从事这样的教学活动，用不同的教学方式，效果是不一样的。所以我们的改革必须从教师层面去考虑。归根到底，需要在教育理念上有大的变革，才能推动本科教育的改革。这个过程是非常艰苦的，需要冲破很多传统的思维，冲破很多传统的认识。这是所有高校、所有教育者面临的一个很艰巨的挑战。

今天的本科教育可能还停留在学生的固定性思维模式上。如果我们认为自己的智力和能力是一成不变的，而整个世界就是由一个个为了考察我们智力和能力的测试组成的，那么我们拥有的就是固定性思维。在本科教育上、在观念上要有很大变革的话，我们应该着力于培养具有成长性思维模式的学生。这样的思维模式对社会发展一定是有益的，对人才成长也一定是有益的。没有探索就没有变革，中外合作办学是多样化办学模式中的一类，其价值在于探索、改革、创新，其优势是可以不局限于已有办学模式。习近平主席在“一带一路”国际合作高峰论坛主旨演讲中指出：“在和平合作，开放包容，互学互鉴，互利共赢的原则下。推动教育合作，扩大互派留学生的规模，提高合作办学水平。”中外合作办学的优势是可以借鉴世界一流大学的理念，同时又可以立足中国的本土来探索全球化时代需要的创新人才培养的模式。

促进学生全面发展　致力一流人才培养

许唯临

四川大学人才培养总的目标就是要促进人的全面发展，具体来讲就是努力培养具有崇高的理想信念、深厚的人文底蕴、扎实的专业知识、强烈的创新意识和宽广的国际视野的高等人才。以社会主义核心价值观统领人才培养全过程、全课程，将创新创业教育贯穿到人才培养的全过程、全课程。学校瞄准世界一流大学建设的总体目标，提出通过10个一流建设来支撑总体的世界一流大学建设。在10个一流建设里面，首要的就是一流人才培养。

创新人才培养体系概括为“323+X”，其中第一个“3”就是重点培养三大类创新人才，一是综合创新人才，二是学术拔尖创新人才，三是特长型的“双特生”人才。所谓“2”是个性化教育两个阶段的培养过程，分别是通识教育阶段和专业基础教育阶段。第二个“3”是指对应上述目标，实施三大类的课程体系，分别是学术研究型课程体系、创新创业型课程体系、实践应用型课程体系。为支持“323”体系，学校实施了一系列的支撑计划，即“X”。为了保证“323+X”体系落到实处，特别强调了两个方面：一方面是优秀的师资要投身到本科教育当中，一是优秀的老师本人要投入，二是优秀的团队和平台要投入。另一方面是质量保障体系的建设。学校始终遵循以学生为中心和持续改进的理念，在这样的理念下着力建设“五位一体”的质量保障体系。一是进行状态数据的常态监测，发布年度质量报告，面向社会公开。二是进行教学督导、学生评教、干部听课、评奖评优、事故处理，构建常规的质量监控体系。三是开展工程教育专业认证和专业评估，支持开展专业国际认证。四是开展院系的自评、专业的自评、基础教学的组织、学院的督导等专项工作，形成校、院、系三级的质量保障。还开展第三方评估，发布第三方评估报告，实施针对性的整改。

四川大学人才培养的特色主要体现在以下3个方面。

1.汇聚多学科的优势

一是制定的人才培养方案体现多学科交叉的特点。具体包括五大通识文化课程，分别是人文艺术与中华文化传承、科学探索与生命教育、国际事务与全球视野、工程技术与可持续发展、社会科学与公共责任。同时还提出跨学科课程辅修的要求，要求学生至少修两门以上非本专业类课程，还要求把创新创业教育纳入到学生的培养方案当中。二是构筑跨学科交叉的培养平台。现在学校共有跨学院、学科交叉人才培养平台和交叉人才培养的计划21项。三是体现在提升科研创新能力，推行

许唯临，四川大学副校长、教授。

了面向学生和教师的“三进三结合”，使科研成果入教材、进课堂。自然科学基金等重要的科研项目供本科生进行科研训练。高水平实验室、校企联合研发中心都向本科生开放。还鼓励本科生参加学术报告、学术会议，为此还提供了专门的资助项目。四是涵育深厚的人文素养，从2006年开始就要求每个学生必修中华文化课，从2010年开始举办四川大学人文大讲堂。根据现实中一些问题，跨学科组建教学团队，让不同专业的学生通过修读课程的方式来参与项目研究，关注社会需求，关注人类发展，同时聚焦政府、企业、社区的具体问题，组织开展创新研究和实践。

2.探究式、小班化教学推动课堂革命

具体举措有三个：一是开展探究式、小班化教学。把新生按照25人左右的规模编班，现在已开设小班课超过9 024门次，占课程总数的70%。学校投入2亿多元推进教室革命，建成了包括互动教室、灵活多变的组合教室、移动网络互动教室等各种类型的智慧教室400间，超过学校教室总数的80%。还全面推行启发式讲授、互动式交流和探究式讨论的课堂教学改革，让学生真正把头抬起来、坐到前排来、提出问题来。二是推进非标准答案考试（非标准答案考试不包括数学）。对那些能够推行非标准答案的考试、让学生多思考的课程，推行非标准答案考试。原来这些课程学生主要是把书本读好了就能够考高分，我们要改变这样的状态，让学生真正用脑用心，根据不同学科专业的特点，实行开放式命题，促进学生真学、想学、真领会，让背书就能考高分成为历史。为了做到这一点，学校还专门出版了《非标准答案考试试题的系列丛书》，引导教师进行非标准答案的考试。三是实施全过程的学业评价考核。加大过程考核成绩的比重，把期末考试成绩的权重降低到不超过50%，平时成绩的分布在6次以上，全部的课程都实现了全过程的考核，学生的平时不努力，考前临阵磨枪的状态不再出现。

3.激励+培训，增强教师教书育人的动能

一方面，学校对一线教师给予重奖，让他们全身心投入到一线教学，积极开展教学改革。教师不仅要有教师资格证，还要有教学能力培训合格证才能上讲台。这个合格证是教学方案中心颁发的，五年来参评教师已经达到了300多人次。另一方面，拓展学生的国际视野，提升学生的国际竞争力。一是开展了“国际课程周”，从2012年开始，每年投入大量经费开展这个活动，把世界一流大学的知名教授请进来。7年来请了800多位海外高水平的教授，为学生开设了1 100门次的课程，每年因此受惠的学生超过两万人。二是2018年开始实施“大川视界”等大学生海外交流计划。“国际课程周”是请进来，这个计划是走出去，每年资助3 000名以上的本科生走出去，到海外高校考察交流，到国际组织见习实习和到海外基地开展实践活动。

比较视角下STEM高等教育政策与STEM项目跨学科趋势研究

［日］山田礼子
张文雅（译）

一、引言

近年来，知识经济在全球化中的影响力不断增强，人们对大学科研创新的期望和需求也越来越高。在这一背景下，STEM将成为推动创新的主力。尽管STEM一词在日本社会中还不流行，但在过去几年中，科学、技术、工程和数学（STEM）融合的概念已经得到了越来越多的认可。

随着经济与合作发展组织（OECD）成员国大力推动科技政策的发展，中国、韩国、马来西亚和印度等一些亚洲国家发布了增加STEM学位大学毕业生人数的政策。[1-4] 2015年，日本文部科学省（MEXT）向公众发布科技人力资源开发战略。2016年，内阁办公室宣布“第五个科学技术基础计划”。这两项计划的立足点就是科技人力资源与社会创新息息相关。世界其他国家也都采用了类似的STEM导向政策。众所周知，科学和创新能提高生产力，带来高薪工作，提高竞争力，从而促进经济增长。澳大利亚首席科学家办公室报告称，过去50年来，美国和澳大利亚的经济增长主要归功于科学和技术的进步，增长领域中有75%的职业需要STEM专业背景。[3]

无论哪国进行STEM学科研究，在内容、创新和未来方向上都有许多共同之处。因此，世界各国的研究人员都可以相互竞争，提交英语论文发表在国际著名期刊。录用率和引文率是决定一所大学全球排名的重要指标。由此可见，与STEM相关的政府政策与大学在世界排名中的竞争力密切相关。工程教育尤其普及，“华盛顿协议”确立了工程教育标准，具体包括学习成果、课程和教学方法，就正好证明了这一点。还比如，日本工程教育认证委员会（JABEE）制定的教育标准与“华盛顿协议”规定的标准相符。显然，全球化加速了工程标准的趋同。与此同时，STEM专业的大学生人数，包括出国留学和海外实习的工科学生，近年来不断增加。在海外工作和从事研究的STEM专业毕业生的数量也呈类似增长态势。

山田礼子，日本大学教育学会会长，同志社大学社会学院院长、教授，日本中央教育审议会委员；张文雅，中国社会科学院马克思主义研究院博士后研究人员。

原文出处：YAMADA R. Educational policy across the world: how STEM disciplines deal with twenty-first century learning outcomes and challenges ［M］// HAWKINS J N, YAMADA A, YAMADA R, et al. New directions of STEM research and learning in the world ranking movement: a comparative perspective. London: Palgrave Macmillan, 2018: 1–16.

本文发表得到了山田礼子教授的授权。

本研究从比较视角分析全球化和知识经济如何影响全球范围内与STEM有关的人力资源政策的推广，并考察STEM专业大学生对跨学科能力的需求。

二、STEM高等教育政策比较研究

笔者研究了美国、澳大利亚、英国和日本与科技政策相关的官方报告，发现了这些国家在STEM高等教育政策方面的共同趋势。

（一）美国的STEM教育政策

就美国而言，本研究关注的是其前任总统奥巴马的特别咨询委员会，即总统科技顾问委员会（PCAST）发布的一系列官方报告。

美国总统历来有成立科学、技术和医疗领域咨询委员会的传统。2009年，前总统奥巴马增设了一个特别咨询委员会，即PCAST，由杰出的科学家和工程师组成，以增强白宫、内阁和其他联邦机构通过促进科学、技术和创新支持经济发展的能力。咨询委员会发布了多份官方报告，给出了许多具体建议。PCAST的职权范围包括所有科学和技术政策，2010年和2012年发布的报告重点关注并吸纳了与STEM教育有关的建议。2012年发布的报告题为“参与超越：再多培养100万名拥有科学、技术、工程和数学学位的大学生”，报告指出，“经济预测表明，未来10年，STEM专业的大学毕业生要比目前预期多出大约100万人”①。美国经济预测表明，美国大约还需100万名STEM专业人员。

凯尔文·K·德莱格梅尔（Kelvin K.Droegemeier）说：“一些对STEM劳动力的普遍定义排除了学历水平低于本科的群体，且大多数对STEM劳动力的定义是根据学位或职业分类的。”[5]然而，德莱格梅尔预测，不管定义如何，STEM劳动力的规模都将发生巨大变化。[5]他认为，虽然2010年美国1.39亿劳动力中只有540万人从事与STEM相关的工作，但是据美国劳工统计局统计，有1 950万人在STEM领域获得了学士或更高的学位。根据2014年（美国）国家科学基金会（NSF）的数据，有1 650万人认为他们的工作需要学士级别的STEM专业知识[5]。德莱格梅尔最后总结：“如果我们希望更广泛地了解STEM技能如何运用于工作，以及这些劳动力如何对发展创新和提高国家竞争力做出贡献，那么从全面的角度思考STEM劳动力尤其重要。”[5]这一结论似乎对目前STEM教育和STEM人力资源战略在高等教育层面的有效性提出了批评。

为达到100万人取得STEM学位的目标，获得该学位的大学毕业生人数需增34%。在PCAST编写2012年报告时，美国每年约有30万获得STEM学士和副学士学位的毕业生，但留用率不足40%。因此，为实现增加100万名STEM毕业生的目标，留用率必须提高至50%。[2]PCAST注意到，STEM专业留用率低的原因是传统的入门课程不能激发学生的学习动机，即将入学的大学生在数学预备课程方面也存在差距。PCAST认识到有必要改进高等教育前两年STEM学生的录取和留用战略，并提出改革STEM本科教育的5条建议。这些建议涉及从高中到大学的过渡阶段，具体为：①推动广泛采用经验验证的教学实践；②倡导和支持以发现为基础的研究课程取代标准的实验室课程；③在中

①引自PCAST联席主席约翰·P·霍尔德伦（John P. Holdren）和埃里克·兰德（Eric Lander）给美国总统巴拉克·奥巴马（Barack Obama）的信，这封信附在报告中没有编排页码。

学数学教育中开展全国实验，弥补数学预备课程方面的差距；④鼓励股东之间建立伙伴关系，促进STEM职业道路多样化；⑤建立一个由学术界和商界领导的STEM教育总统委员会，为STEM本科教育的改革和可持续变革提供战略领导。[2]

针对这5条建议，和每条建议的具体行动计划，Yuichi Senda指出，对于建议一，应基于教学理论实施具有明确教育效果的教学方法，并需要以数据显示教育的有效性。[6] 他认为，主动学习法作为一种有效的教学方法，需求会越来越大。[6] 然而，正如PCAST报告所述，“推广循证教学法的一个巨大障碍是，大多数教师没有使用这些方法的经验，而且他们并不熟悉能够表明这些方法对学习影响的大量研究”[2]。因此，实施这些新的教学方法将需要很长时间。预计联邦政府将为教员提供培训机会，支持编写教材和改善教学环境。Senda还指出，有必要制定一些指标来衡量STEM教育是否达到上述目标的有效性。[6]

2012年，美国前任总统巴拉克·奥巴马决定耗资1亿美元启动两个国家科学基金会（NSF），它们均是与STEM相关的本科教育和实践项目：扩大以循证为基础的改革实施与示范（WIDER）；转变本科STEM教育（TUES）。这些支持STEM教育改革的计划由社区学院和四年制大学推动。2013财政年度预算中还增加了6 000万美元，用于联邦政府和国家科学基金会之间的合作，以改善数学教育。奥巴马总统迅速通过了该行动计划，希望借助发展STEM教育来培养人力资源，提高美国竞争力。

（二）澳大利亚的STEM教育政策

澳大利亚认识到，“科学和创新是提高生产力、创造更多更好就业机会、提高竞争力和加速经济增长的关键”[3]。因为《首席科学家》（Chief Scientist）发现，澳大利亚没有任何与科学、技术和创新有关的国家战略。因此，2014年该刊物的“国家报告”阐述了政府投资STEM的必要性和重要性。报告介绍了4种提高澳大利亚经济竞争力的手段——教育、培训、研究、国际参与。在此，我们总结了报告在“教育”“培训”和“研究”章节中所说的内容。

报告的“教育”“培训”章节列出了以下国家目标：“澳大利亚正规教育和非正规教育将培养一支技术熟练、充满活力的STEM劳动力队伍，为社会终身普及STEM奠定基础”[3]。这一目标的背后是澳大利亚政府对高等教育阶段主修科学和数学的学生人数不断下降的担忧。Brigid Freeman指出，造成这种下降的主要原因是大学课程选择广泛，中学阶段可修的大学入门必修课程数量少。[7] 澳大利亚学生在国际学生评估方案（PISA）中的得分低于其他国家学生。因此，必须提高从小学、中学、大专到终身教育各级教育的科学素养，发展以STEM相关产业为重心的国民经济。虽然在高等教育阶段，医学和卫生科学专业的学生人数略有增加，但信息技术和工程专业的学生人数正在下降。因此，当前一项紧迫目标是增加STEM专业学生总数，提高STEM专业女学生和少数民族学生的比例，要实现这些目标，政府也应加大投入力度。[3] [7]

研究报告展示了澳大利亚未来的研究战略计划，并提出了若干具体建议。澳大利亚政府宣布，研究与创新的发展是一项国家目标，并表明政府有意在重要领域投入一定比例的研究支持。政府希望促进未来STEM相关领域的研究发展与创新。因此，提供STEM教育和培训，增加STEM教师的数量，都是与研究发展密切相关的目标。[3]

（三）英国的STEM教育政策

2012年，英国上议院发表了题为“科学、技术、工程和数学（STEM）学科的高等教育”的报告，提出了33项教育政策建议。虽然该报告所提出的政策建议与美国和澳大利亚政府的提倡有许多共同之处，包括STEM相关领域未来劳动力供求的预测，以及提高合格STEM专业教师素质和教育质量的需要，但有几点建议是英国政府所独有的。报告指出，在中学教育向高等教育过渡阶段存在数学技能差距。“2006年，皇家学会认为学生进入大学时的数学技能与取得STEM学士学位所需的数学技能之间存在差距，这是一个问题。一是数学基本技能不熟练，二是事实上一些A级课程大纲允许排除一些与学士学位课程相关的主题。”[4] 政府建议所有16岁以上的学生都必须以某种形式学习数学，并要求计划在高等教育阶段学习STEM专业的学生学习A2级数学。报告指出，有很多外国学生在英国主修STEM专业，他们中许多人毕业后留在英国并在STEM领域找到工作。该报告还涉及修订移民规则，特别是外国学生毕业后的签证状况。报告预计政府需要修订工作签证资格条例，以维持STEM相关专业人员的供应。

报告还就质量保证提出了许多建议。如更新高等教育质量保证局（QAA）的教学质量保证机制，加强QAA与相关科学和工程协会的合作，更新STEM不同学科的课程和学习成果评估。此外，鉴于有关研究生就业情况的数据很少，报告指出，进一步收集和分析有关研究生就业状况的数据可以掌握更多信息。

（四）日本的STEM教育政策

2015年日本文部科学省提出的科技人力资源开发战略包括三个战略方向。[8] 战略方向一旨在加强高等教育机构的教育和研究职能。在这一方向上有4个优先问题：①加强职业领导人才培养体系建设；②促进全球教育功能；③与区域工业和企业保持合作以实现可持续创新；④通过重组和重新安排国立大学法人的教育和科研职能，培养与STEM相关的人力资源。战略方向二是关于更积极地任用STEM领域的妇女和专业人员。具体而言，该战略方向是在初等和中等教育中开发STEM相关的人力资源，增加从事STEM领域工作的妇女和专业人员的人数。战略方向三是促进产业、政府和大学之间的合作。

2016年日本政府发布“第五个科学技术基础计划”，反映了其推动科技创新政策的坚定决心。就高等教育而言，该计划敦促各机构修订并重新确定其职能和使命。因此，2016—2020年期间，研发投资的预算占国内生产总值的比重增加4%以上。

2008年以后，包括美国、日本、法国、意大利和加拿大在内的大多数经合组织成员国用于研发的预算都有所下降，2008—2015年的韩国和2013—2014年的英国除外。[9] 大多数国家对研发预算的减少感到担心，这种担心反映在其科技政策上。

（五）21世纪学习成果

在当今的知识经济社会中，世界正普遍从以知识素养为导向的教学向新教育方法转变。传统的以知识传授为导向的教学是获取基本技能、标准化技能、学习知识和培养适应能力的有效途径。然而，越来越多人认识到，基于传授知识和死记硬背的学习在培养学生多样性、创造性、挑战性、独立性、主动性和领导能力等方面存在不足。实践知识和适应性知识的获取与主动学习方法密切相关。

Chickering和Gamson列举的说、写、建立联系和应用学习的行为也是通用技能、综合学习经验和创造性思维技能的结果，其中包括沟通技能、定量技能、信息素养、逻辑思维能力和解决问题的能力。[10] 这些也是2011年美国大学协会（AAC&U）提出的“基本学习成果”（ELO）和“本科学术能力”中发现的能力。[11] STEM教育改革的方向受AAC&U的指导，重点培养沟通技巧，促进文化理解，以解决全球性问题。根据AAC&U推出的“自由教育和美国承诺”（LEAP）的指导方针，STEM课程应提供与能源、空气和水质量、全球变暖有关的知识，并为学生提供分析、实践和实际解决问题的真正机会。[12] 这一做法更能有助于其基于全球和地方文化提出解决方案。因此，目前STEM学生参与留学项目的重要性比以往任何时候都更加凸显。同时认识到，解决影响世界的复杂问题不能仅靠STEM领域的专业知识，还需要来自不同学科的想法和方法。因此，STEM教育急需吸纳人文社会科学的跨学科课程。目前，在通识教育层面上，ACC&U正在开发涉及STEM与其他学科的综合课程，并鼓励在低年级和高年级开设与设计思维有关的课程。事实上，2012年PCAST行动计划鼓励采取行动，倡议与国家科学基金会（NSF）合作，增加学生在通识教育课程中选修科学研究和设计思维课程的机会。[2]

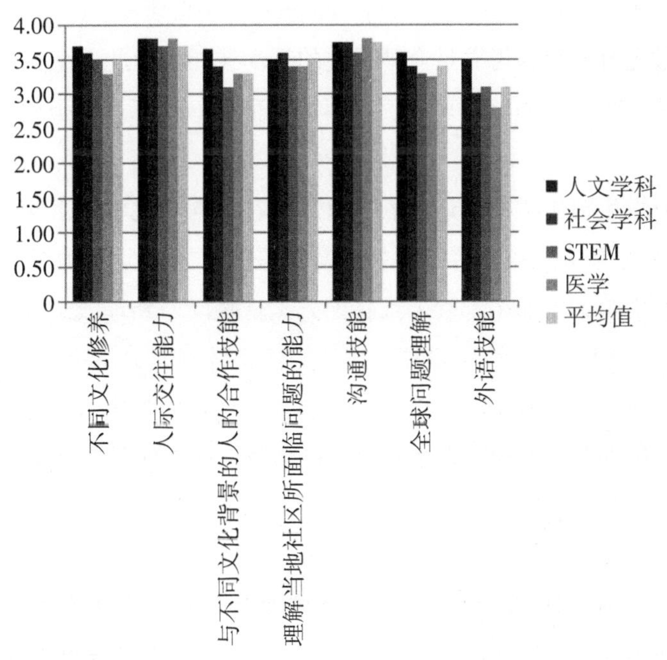

图1 按学科分类的21世纪以技能和能力作为学习成果的自我报告评价

日本的工程教育采用了由日本工程教育认定机构（JABEE）发起的设计思维改革。JABEE曾申请成为“华盛顿协议”的成员，因日本的工程/设计教育不强盛而颇受微词。此后，JABEE一直鼓励成员大学和项目根据以下标准改革其工程/设计课程：①课程/项目是否确立设计能力目标；②学生是否有机会学习设计思维和解决问题；③课程/项目提供的设计思维课程是否向学生提出全面的挑战，是否能够培养学生不同的能力①。许多国家进行工程教育改革似乎也有类似的目标。尽管如此，过去很少有研究将重点放在STEM领域所需的全球能力上。特别是没有关于21世纪技能和能力（如

① 此内容源自对JABEE工作人员的访谈。

跨学科知识和跨文化理解）与STEM高等教育之间关系的研究。图1显示了按学科分类的21世纪学习成果自我报告评估结果①。4个学术领域之间无显著差异。然而，STEM学科的学生在“人际交往技能”方面的得分低于其他学科学生。与人文社会科学专业的学生相比，STEM学生在“与不同文化背景的人的合作”技能方面的评价尤其低。此外，STEM学生在“沟通技能”上的评价也低于平均水平。由此可见，STEM学生要获得21世纪技能和能力的难度相对较大。由于许多国家的STEM课程是高度结构化的，这与掌握材料所需的高水平专业知识和技能有关，在课程中融入鼓励学生站在全球化视角行动的经验并非易事。这是所有STEM领域的共同挑战。

三、日本STEM高等教育政策案例分析

笔者把斯坦福大学的“必应海外留学计划”（BOSP）作为一个研究案例进行分析。基于STEM的跨学科项目也是面向21世纪的必由之路。因此，目前日本文部科学省正推行以SETM为基础的跨学科课程开发政策。本节将对由文部科学省资助的领先研究生项目进行解释。

（一）斯坦福大学必应海外留学计划（BOSP）

“必应海外留学计划”（Bing Overseas Studies Program）是斯坦福大学工程学院为工科学生提供的海外学习项目，让学生有机会获得立足全球视角的行动技能。因此，工科学生可利用BOSP项目，在澳大利亚、佛罗伦萨、牛津、柏林、京都、巴黎、开普敦、马德里和圣地亚哥等地，完成学业总课程的1/4。[13]

该项目旨在为工科学生提供机会，让他们不仅可以在不同文化背景下获取知识和技能，而且能够培养自己的国际化行为意识。建立这一项目的基础是斯坦福大学认为工程师的工作应与国际接轨。事实上，许多工程学院的毕业生都驻外或在国外担任顾问、经理或工程师。这类工作既需要文化知识，也需要跨文化知识。因此，斯坦福大学认为留学计划是必不可少的。实际上，BOSP京都项目就设立于同志社大学的斯坦福中心，工科学生和其他专业的学生可以选修日语语言、日语文化课程以及同志社大学提供的其他课程，学生有很多机会通过这个项目去日本公司实习。

（二）日本领先研究生院项目

2013年，日本领先研究生院项目在文部科学省资助下启动。该项目旨在培养能够活跃于工业、科研和政府部门的全球领导者。该项目整合硕士和博士课程，具有跨学科和多学科结构的特殊性。

该项目旨在培养人才的4种能力：①成为非研究领域的领导者，包括国内外产业、公共组织和非营利组织；②具有开阔的国际视野和跨学科意识，能够对事物形成概观，带头挑战并解决社会问题；③具有扎实的研究能力，能够管理推动创新的项目；④能够主动制定目标，并协调和团结国内外各利益相关者以实现这些目标。

该项目由全面类别、复合类别和单一类别组成。（见图2）至2014年，在日本文部科学省的资助下，共选定了62个项目，为期7年。目前，所有入选的62个项目都处于最终评估阶段。全面类别

① 这些数据出自本研究在2012年进行的日本大学生调查（JCSS），样本为26所四年制大学的5 786名学生，最高分是4.0。

和复合类别大多是跨学科类或兼有人文社会科学的STEM类。在实验室之外，不同专业领域的教师提供研究指导和经验总结是很常见的。因此，这种合作能带来新的想法和创新，推进研究的进展。

领域的融合要取得进展是不容易的。日本领先研究生院项目作为21世纪全球化背景下具有竞争力的基金项目，被定位为研究生教育改革的关键。我们可以看到，在试图培养能够应对知识型社会挑战的人才时，也会有一些问题在融合过程或不同领域的融合过程中不能自主地取得进展。同时，随着该项目的结束，活跃于全球社会的人力资源数量也会不断增加，这类人力资源有望稳步增长。

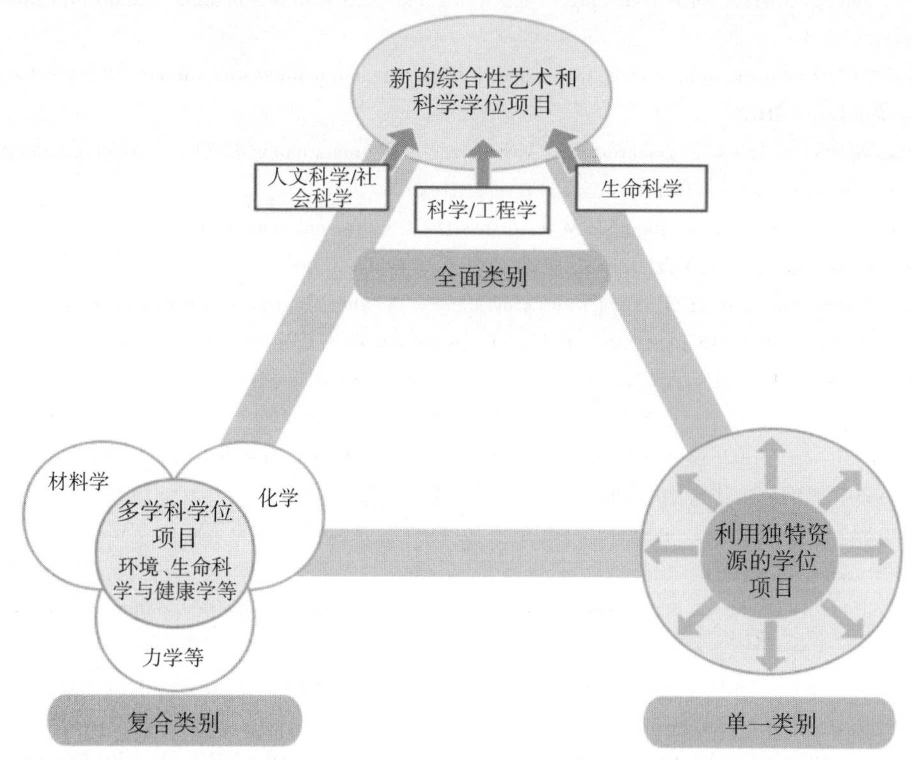

图2 项目的3个类别[14]

四、结语

在知识经济时代和全球化浪潮中，世界各地的大学不得不关注自身的全球排名，因为这影响他们的研究经费数额、留学生人数、国际声誉以及获得国家资助的能力。在这一背景下，STEM学科受到了全世界的广泛关注。美国、英国、澳大利亚、新加坡、中国和日本等许多国家都越来越重视科学技术政策。从基础教育到高等教育各个时期的STEM教育和STEM教育改革，变得越来越重要。许多国家已采取政策，增加STEM相关学科本科生和研究生人数，并将大学研究与产业发展联系起来，从而为未来就业市场奠定基础。与此同时，全球化世界中出现了一些新的问题，这些问题的解决需要跨学科的知识和技能。为了解决这些问题，我们必须改革STEM教育，特别是STEM工程教育。STEM领域必须与人文、艺术和社会科学等其他学科相结合。此外，STEM专业的学生要在全球就业，必须获得跨文化素养。然而，世界各地的STEM课程都高度结构化，且侧重于单一学科，所以学生在国外学习和在当地社区获得实际经验的可能性较小。借鉴国际经验，世界各地的教育机构都面临着共同的挑战，即如何改革包括工程学在内的STEM学科的高度结构化课程。

参考文献

[1] President's Council of Advisors on Science and Technology.K-12 Education in science, technology, engineering, and math for America's future[R]. Washington D.C.: Executive Office of the President, 2010.

[2] President's Council of Advisors on Science and Technology.Engage to excel: producing one million additional college graduates with degrees in science, technology, engineering and mathematics [R]. Washington D.C.: Executive Office of the President, 2012.

[3] Office of the Chief Scientist. Science, technology, engineering and mathematics: Australia's future[R].Canberra: Australian Government, 2014.

[4] House of Lords. Higher education in science, technology, engineering and mathematics subjects[R]. London: The Authority of the House of Lords, 2012.

[5] National Academies of Sciences, Engineering, and Medicine. Developing a national STEM workforce strategy: a workshop summary[M]. New York: The National Academies Press, 2016:13.

[6] SENDA Y. The plan to increase 1million STEM graduates:The US strategic planning of science and technology[J]. Science and Technology Movement, 2013(Jan/Feb): 4-26.

[7] FREEMAN B. Federal and state STEM policies and programmes spanning Australian education, training, science and innovation[M]// FREEMAN B, MARGINSON S, TYTLER R. In the age of STEM: educational policy and practice across the world in science, technology, engineering and mathematics. New York: Routledge, 2015: 178-200.

[8] Ministry of Education, Culture, Sports, Science and Technology. The strategy of developing human resource in science and technology[EB/OL].(2015-03-13) [2017-01-10]. http://www.mext.go.jp/component/a_menu/ education/ detail/__icsFiles/afieldfile/2015/03/13/1351892_02.pdf.

[9] Organization of Economic and Co-operative Development (OECD). Education at a Glance 2017: OECD Indicators[EB/OL].[2017-01-12].https://read.oecd-ilibrary. org/ education/education-at-a-glance-2017_eag-2017- en#page1.

[10] CHICKERING A W, GAMSON Z F. Applying the seven principles for good practice in undergraduate education[M]. San Francisco, CA: Jossey-Bass, 1991.

[11] AAC&U. The leap: vision for learning, outcomes, practices, impact, and employers' views, liberal education & America's promise[R]. Washington D.C.: AAC&U, 2011.

[12] AAC&U Cabinet Office. The 5th Science and Technology Basic Plan[EB/OL].(2016-04)[2017-01-10].http://www8.cao.go.jp /cstp/kihonkeikaku/5honbun.pdf.

[13] Stanford University. Undergrad [EB/OL].[2018-05-13].https://undergrad.stanford.edu/advising/student-guides/canengineers-study-abroad.

[14] JSPS. Pamphlet: program for leading graduate schools[EB/ OL].[2018-10-20]. file:///C:/Users/yamad/Downloads/Program_for_Leading_Graduate_Schools_Pamphlet_Eng.pdf.

国际精英高校成长支持体系背景下的“双一流”大学研究

陆明彦

一、引言

中国已开始实施科技强国和高等教育强国战略。该战略的重要举措之一是重点建设一批一流大学。中国的一流大学建设先后经历了“211”工程、“985”工程和“双一流”工程。三者的区别在于，入选“985”和“211”工程的高校名单是静态、终身的。一旦入选，身份便被固化下来。而“双一流”工程则不同。该工程采用动态调整机制，强调对建设过程的动态监测和动态管理，实现有进有出，打破身份固化。“双一流”建设还提出了中国高等教育直到2050年发展的远期目标。

“双一流”战略的远期目标是到21世纪中叶，推动一批有实力的高水平大学和学科进入世界一流行列。这意味着与其他国家相比，中国需要拥有更多排名世界前列的大学以及学科。在提高科研及高等教育整体水平的同时，“双一流”战略提出高等教育改革的主要任务之一是要加强与海外大学和学术机构的合作。只有加强与世界一流大学和学术机构在科技与教育等方面的交流合作，中国高校才能参与国际教育规则制定，提高中国高等教育的国际竞争力和话语权。

二、英美高等教育体制概览

在2018年上海软科世界大学排行榜中，美国有46所高校位居前100名。美国的精英大学包括私立大学和公立大学，其中位居排行榜前50名的往往是私立大学，而公立大学的排名则集中在50—100名。美国大学的教育经费既包括政府部门的拨款，又有私营机构的捐赠。虽然常春藤联盟的学校声名显赫，但其经费也得不到绝对保障。比较独特的是，美国高等教育经费很大程度上依赖于捐赠（表1）。一般来说，即便是排名中等的高校都有10%的运营经费来自于捐赠，而常春藤盟校大学的捐赠收入可以承担学校50%的运营支出。这些捐赠收入也大幅提高了美国高额科研经费投入水平。2018年美国对科研的投入占GDP的2.7%。因此，美国大学对科研的自主投资或多或少可以比肩联邦政府大学对科研经费的投入水平。

与美国高校不同，英国高校在2018年上海软科世界大学排名中占据了前100名中的8名。但是

陆明彦，宁波诺丁汉大学执行校长、英国诺丁汉大学副校长、教授。

英国教育慈善事业的大环境还不太成熟，除牛津大学和剑桥大学以外，其他高校经费更依赖于学费收入和竞争性的科研经费。表2列出了资金力量最为雄厚的英国大学的捐赠收入，该表格也印证了上述观点。

表1　2018年美国常春藤盟校捐赠收入(来源:维基百科)

高校名称	捐赠收入 (美元,单位:10亿)	上海软科排名
布朗大学	3.5	105
哥伦比亚大学	10	8
康奈尔大学	6.8	12
达特茅斯学院	5	270
哈佛大学	37	1
宾夕法尼亚大学	12	16
普林斯顿大学	24	6
耶鲁大学	28	12

表2　英国高校2018年捐赠收入

高校名称	捐赠收入 (美元,单位:10亿)	上海软科排名
牛津大学	5.6	7
剑桥大学	4.9	3
爱丁堡大学	0.4	32
曼彻斯特大学	0.2	34
伦敦国王学院	0.2	56

英国的精英集团——“金三角”（牛津大学—剑桥大学—伦敦大学联邦），罗素大学集团等，它们其实并没有与其精英大学身份相匹配的配套经费，却承载着要不断增强品牌实力的使命。政府提供了所谓的“双重支持”：公式化的研究经费（基于国家评级）和竞争性项目资金。2018年英国政府向高校提供10.5亿英镑的专项研究基金以及16.65亿英镑的竞争性资金。用于知识转移层面的拨款是2.1亿英镑，按每个大学知识转移活动的体量进行分配。

英国高校对公共科研经费的长期竞争以及高度完善的同行评审体系意味着英国科研人员在赢得欧盟科研经费方面也比较成功（仅次于德国），在欧盟委员会各类竞争性拨款中也成为“赢家”。在英国脱欧前，所获的科研经费比本国政府所贡献的高出60%多。

英国对高校研究质量的专项拨款分配是由英国高等教育科研评估（RAE）的国家级评估机制的评审结果来决定的。该机制以学科为基础对每个大学的科研活动质量和数量进行评估。它始于1986年，最初以三年为周期，之后周期逐渐延长，反映了该机制的实施在准备周期和评审阶段所需的巨大成本投入。英国高等教育科研评估机制使研究质量专项资金的分配透明化，刺激了那些科研活动不活跃的高校，使其专注于高质量的科研活动。类似的国家评审排名机制逐渐被其他地区引进，不过对其所带来的“益处”[1]一直存有争论。该机制的评审漏洞，被一些高校利用，而高校间优秀科研人员和其团队的“转会”带来了不少法律纠纷和人事方面的严峻挑战，导致该机制的声名狼藉。与此同时，对期刊文章同行评审的过度关注导致了许多高校的重心向基础科研偏移，知识转移与交流相关领域的重要性被降级。2014年，英国高等教育科研评估正式被科研卓越框架（REF）所取代。它引入了“影响力”因素来衡量科研的长期效益，致力于建立可追溯和可认证的科研成果商业化模式。作为国家级评审，科研卓越框架需要较大的成本投入。2014年科研卓越框架的一次独立审计将其成本定为2.46亿英镑，其中只有1400万为政府财政支出。研究质量专项资金分拨给全英130个高等教育机构。以2018年为例，牛津大学获得了7 900万英镑，诺丁汉大学3 500万英镑，诺丁汉特伦特大学330万英镑，资金的分配反映了这三所高校的科研实力。

值得注意的是，罗素集团的24所大学占据了科研卓越框架排名中的前24位，并因此获得了67%的专项资金。同样值得关注的是，该集团内的大学也获得了相近比例的竞争性科研资金，这使我们不可避免地得出以下结论：类似的专项科研资金的分配可通过增加竞争性科研资金的管理成本来实现。

三、论激进变革

常有观点认为，英国的研究质量基金维持着英国高等教育现状，并在高等教育领域维持“啄食顺序”。越成功的大学越容易获得大量经费，因此更有能力投资设施和引进顶尖人才。要从根本上改变系统、打破旧俗必须进行更激进的变革。例如，进行大范围的海外扩张（例如莫纳什大学），进行兼并和收购（例如曼彻斯特大学）或彻底改变教育模式（例如墨尔本大学）。

曼彻斯特大学成立于2004年，由曼彻斯特理工大学与曼彻斯特维多利亚大学合并而成。二者合并产生的集群效应十分具有影响力，可能是近年来最成功的大学合并案例。曼彻斯特大学得益于非常强大的理科、工程学科和商科，现有员工中有4位是诺贝尔奖获得者。雄心勃勃的市政府和世界著名的足球队增强了它的总体实力与知名度。在合并后的5年里，曼彻斯特大学在上海软科世界100强大学排行榜上攀升了近50个位置（图1），这一成绩可以说前所未有。

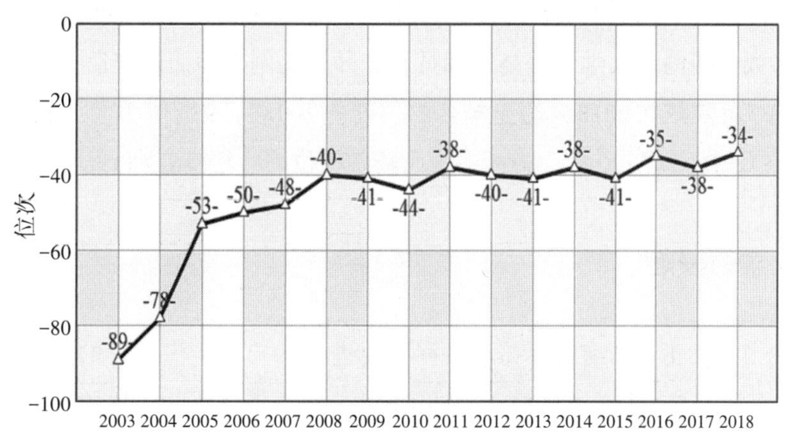

图1　曼彻斯特大学，上海软科世界排名

以“双一流”建设指导意见为方针，中国大学将根据自身特点及当地情况进行规模合理化改革。湖北省将探索整合和重组本省几所省级高等教育机构的可能性，预计2030年打造至少2所超精英大学。其他地区也将采取同样的方法，总体趋势是减少高校和学科的数量。①

① https://internationaleducation.gov.au/International-network/china/PolicyUpdates-China/Pages/Implementation-measures-released-for-Chinas-new-world-class-university-policy.aspx

四、论中国模式

中国政府在高等教育领域目前面临着重重挑战。中国希望建设世界领先的高校，从不断提高的国际科研和教育影响力中受益；同时，中国也需要提高较贫困省份的教育和科研能力，通过创新和人才发展实现经济增长。第一个目标只能通过将资源集中在少数精英高校来实现。第二个目标需要在二三线城市进行长期投入以加大体量建设，尤其是中国西部，因为这些地方不太可能很快在高校排名中占据一席之地。对“双一流”名单稍作分析，就不难看出地处北京的高校在“双一流”名单中占主导地位，42所“一流大学”中北京有8所。事实上，北京、上海和南京几乎包揽了名单中一半数量的一流大学；而欠发达的省份，如青海、甘肃、广西、内蒙古、宁夏一般都只有一所一流学科。还有一些有意思的反常现象，深圳这个目前在全国国民生产总值排名中位列第五的城市，却没有一所高校上榜，而其他相对富裕的城市，如苏州，无锡，宁波都只拥有1个一流学科，而佛山（国民生产总值排名全国第16位）也没有学科上榜。类似的分析也可以从人口数量的角度进行，广东有几个非常大的城市，如深圳、汕头、东莞却没有一座城市拥有一流大学或者一流学科。浙江省尽管财富和人口都很可观，但也仅有3所高校进入“双一流”名单：浙江大学被列为42所一流大学之一；宁波大学的力学被评定为一流学科；中国美院的美术学被评定为一流学科。

五、世界级大学的特点

世界排名前1%常用来作为评定世界级大学的标杆，大概就是世界排名前200左右的大学。泰晤士高等教育的记者在2014年刊登了泰晤士高等教育排行榜对世界排名前200大学主要特点的概括：每位学术老师的年均收入是751 139英镑，学生与老师的比率为11：7，拥有20%国际教员，每位学术老师的科研收入是229 109磅，国际合作出版物占比43%，拥有19%国际生比例。

很明显，大多数中国内地大学在提高国际员工和师生比例方面面临着巨大挑战。尽管如此，在一流大学名单中有7所院校在2018泰晤士排名中位列前200名，9所位于上海软科世界最好大学排名前200名，6所在QS排名前200名，60所中国大陆院校位列泰晤士亚洲大学排名350强。

六、中国大学的崛起

毫无疑问，中国大学正在所有国际排名中稳步前进。2010年上海软科的世界大学排名前200名中，仅有4所中国大学（其中只有2所位于中国大陆）。2017年这个数字增加了到9所。通过分析院校的发展轨迹，两种截然不同的组别出现了。一是长期占据上海软科排名的大学——清华大学、北京大学、复旦大学、中国科技大学等，这些大学以每年15名左右的速度在表单上前进并逐渐向世界级的大学迈进。[2] 二是加入上海软科榜单不到10年的新进者——哈尔滨工业大学、四川大学、北京师范大学，这一组别的进步非比寻常，每年约前进40个名次（表3）。

表3　上海软科排名前十中国大学的进步情况

高校名称	年平均上升位数
清华大学	13.6
北京大学	16.0
复旦大学	16.4
上海交通大学	22.8
中国科学技术大学	13.6
浙江大学	19.2
哈尔滨工业大学	48.3
四川大学	32.5
中山大学	33.3
北京师范大学	43.3

为了更好理解高校发展的潜在因素，以其他同类院校作为标杆进行比对。香港的一流高校表现出更加明显和有规律的上升势头，“五大”院校以每年10名左右的速度向上移动。但是值得注意的是，上海软科、泰晤士高等教育和QS排名之间的计算方法差异会导致香港高校的绝对排名完全不同（表4）。

表4　香港高校在上海软科排名与其他排名体系中的进步情况

高校名称	上海软科年平均上升位数	上海软科 2017	QS 2017	泰晤士高等教育 2017
香港大学	12.1	101—150	25	40
香港中文大学	12.1	151—200	46	58
香港城市大学	7.1	200—300	55	119
香港理工大学	12.1	200—300	106	192
香港科技大学	0.7	200—300	37	44

那么问题就来了，上海软科的世界大学学术排名是评估中国内地大学上升进度的可靠指标吗？表5对位列上海软科排名前十的中国大学，在上海软科、泰晤士高等教育以及QS世界大学排名中的数据排名进行了比较分析。该名单可分为三组：1）清华大学和北京大学这对精英高校，显然是在国内竞争范围内无可争议的。但与泰晤士高等教育和QS国际指标相比，两者在上海软科的排名都有所下降①。2）新兴巨头复旦大学、上海交通大学、浙江大学和中国科技大学在每个名单中排名前200位，这反映了某种共性。3）排名较低的大学在表格中的排位差异相对较大，而正是在这段区域内上海软科的排名与泰晤士高等教育及QS排名相比，更加推崇中国内地大学，而降低亚洲其他地区高校的排名。上海软科排名前100中亚洲院校有5至7所（其中有2所位于以色列），而泰晤士高等教育大学排名中有9—12所，与此同时QS世界大学排名中有20—25所。

①值得注意的是，与QS和泰晤士高等教育排名相比，上海软科世界排名往往不利于亚洲大学。最近的上海软科排名前100位名单中只出现了5—7个亚洲大学（其中2个通常在以色列）而同一时期的泰晤士高等教育排名和QS排名中，亚洲大学的上榜数分别为9—12个和20—25个。

表5 上海软科排名前十国内高校在上海软科、泰晤士高等教育及QS世界大学排名中的表现

高校名称	2017泰晤士高等教育排名	2017 QS世界大学排名	2017上海软科排名
清华大学	30	17	48
北京大学	27	30	75
复旦大学	116	44	130
上海交通大学	188	59	130
中国科学技术大学	132	98	140
浙江大学	177	68	110
哈尔滨工业大学	501—600	285	170
四川大学	601—800	601—650	200
中山大学	351—400	295	170
北京师范大学	351—400	292	240

七、中国高等教育的相对世界排名

瑞恩·M·艾伦在《从全球大学排名看中国“九校联盟”与其他精英大学群体的比较》[3]一文中，分析了中国大学在上海软科世界高校排名中的综合表现，特别关注了中国“九校联盟”，并有针对性地将其与英国罗素大学集团，澳大利亚八校集团，加拿大十五所高校联盟和美国常春藤联盟等精英大学群体进行了比较。图2以艾伦的时间序列，完美反映了中国“九校联盟”取得的惊人进展，它已经超越了加拿大高校联盟，并缩小了与美国和英国精英联盟间的差距。

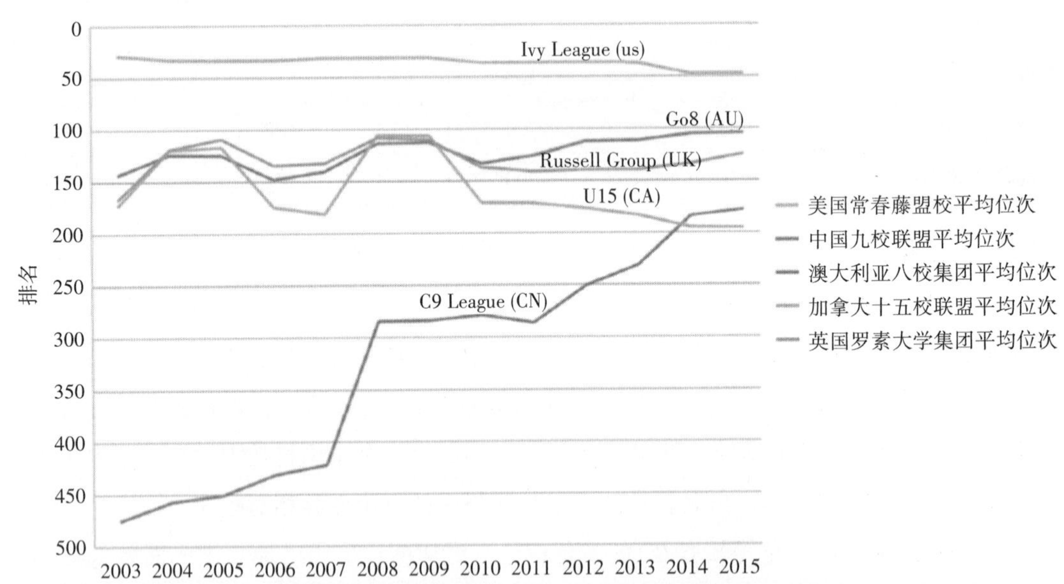

图2 全球精英大学联盟的上海软科世界排名

（引自瑞恩·M·艾伦文章《从全球大学排名看中国“九校联盟”与其他精英大学群体的比较》）

虽然排名前10位大学的表现总能占据头条新闻，但它无法解决国家体系内的“高等教育强国”问题，特别是像中国这样高校基数庞大的国家。2018年的Universitas 21（简称“U21”）排名将中国排在第30位，6年中上升了10个位次（图3）。在这里，我们逐字引用2018年U21排名报告：“整

体排名情况结合了资源排名44位，环境排名16位，连接度排名44位和产出排名22位。在资源类别中，高等教育在国民生产总值中所占的总支出排在第32位。在连接度类别中，商业知识成果转移排名第22位，与产业界人士共同发表文章份额排名第39位。虽然与国际合作者一起撰写的文章比例在所有国家中排名倒数第三，但与往年相比却上升了5个百分点，达到23%。在产出方面，中国在总出版物中排名第二，但人均排名仅为第43位。大约一半的著作出自前10%的高校。中国最好的三所大学的质量排在前四位。在博士学位完成度方面中国排名第二，但按人均基数计算，这个排名降至第42位。将国内人均生产总值水平纳入考量，中国的整体排名提升至第18位，相对收入水平来说，中国大学的总体排名是高于预期的。”

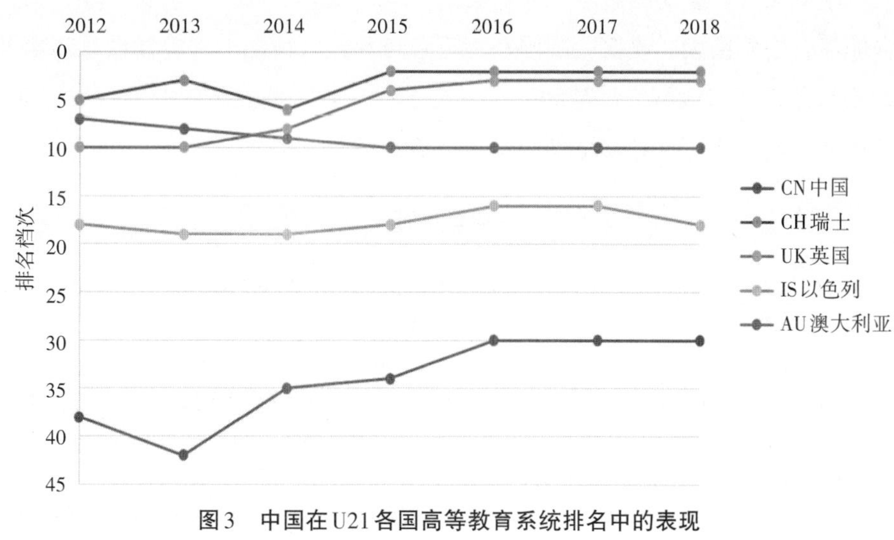

图3　中国在U21各国高等教育系统排名中的表现

八、成功案例借鉴

虽然我们很难将他人的例子直接移植到另一个完全不同的国家背景中，但是我们可以从体制层面分析其他区域的成功经验。这里我们特举澳大利亚和以色列两个例子。

2003年只有两所澳大利亚大学跻身世界大学学术排名前100位（澳大利亚国立大学和墨尔本大学）。15年后的今天，澳大利亚37所大学中有6所稳居前100强。[4] 自1987年高等教育格局发生巨变后，澳大利亚创建了37所研究型大学。[4] 如今，该国高等教育以高水平国际化为特征，具体表现为高比例的国际学生、学者、教员及合作者。这些因素，无论是直接还是间接都为发展贡献了必要资源，在一定程度上推动了其大学排名的提升。大学也因此获得了充足的资源——高学费和高国际生数量意味着学生提供了异常高比例的教学成本，同时许多高校使用科研经费交叉补贴的体系。澳大利亚研究人员也表现出较高的科研生产力——单位投入的产出水平高于英国、德国和美国，且由于政府将大量专项补助转为竞争性经费，使得所处的工作环境竞争也相对激烈。澳大利亚的精英大学联盟——澳大利亚八校联盟（G8）的相对成功在上文图表中有所体现。

以色列的独特之处在于全国仅有9所大学而其中4所高居世界排名前150强。国家科研支出总体较高，占国民生产总值的4.3%，彭博创新指数排名第5，且拥有全世界最高的研究人员比例。以色列经济发展或多或少依赖于科学技术。国家对高新技术的强烈关注和研究密集型产业的高度集中使其在知识交流活动方面取得了瞩目的成就。46%的国民高等教育上学率也反映了犹太民族对高等教育的强烈文化情节。

九、总结

中国对精英高校的选择性投资政策促使其顶尖高校在国际排名上取得了持续且可观的提升。通过“双一流”建设的持续投入，中国的九校联盟（C9）在国际排名方面极有可能与英国罗素大学集团和澳大利亚八校联盟比肩。我们可以从国际上培育精英高校的高等教育体制中总结出若干成功经验，毫无疑问，资源投入仍是重要的一项，尤其是将主要竞争性经费留给科研项目，这对提高科研质量和研究人员生产力有着重要的影响。而后者是“双一流”建设中的重要一环，因为这很可能打破既定的啄食顺序，引发巨大的改变。中国在地理环境和经济情况上的多样性意味着其一流大学往往集中在东部沿海地区和特大城市。被纳入“一流学科”将对偏远地区的经济发展起到重要作用，当地政府能够将高等教育建设与地方经济发展需求结合起来。

参考文献

[1] Li, J. 2016. The global ranking regime and the reconfiguration of higher education: Comparative case studies on research assessment exercises in China, Hong Kong, and Japan. Higher Education Policy 29 (4): 473-493.

[2] Luo, Y. 2013. Building world-class universities in China. In Shin, J.C. and Kehm, B.M. (eds.). Institutionalization of World-Class University in Global Competition. Dordrecht: Springer Netherlands, 165-183.

[3] Allen, Ryan M. 2017. A Comparison of China's "Ivy League" to Other Peer Groupings Through Global University Rankings. Journal of Studies in International Education 21 (5): 395-411.

[4] Lacy, W.B., Croucher, G., Brett, A. and Mueller, R. (eds). 2017. Australian Universities at a Crossroads: Insights from their Leaders and Implications for the Future. Berkley Centre for Studies in Higher Education, University of Melbourne.

2018高等教育国际论坛年会总结报告

袁振国

各位专家、学者，各位嘉宾：

大家好！

2018高等教育国际论坛年会盛况空前、精彩纷呈、影响深远，参会嘉宾和代表充分表达自己的学术观点和研究成果，与会人员交流充分，会议反响热烈。本人从个人的角度对此次论坛的举办阐明认识与体会，并将之概括为五个特点、六个问题。

一、五个特点

第一，这是一次深入学习习近平总书记在全国教育大会上关于教育工作的重要指示的大会。在全国教育大会胜利召开之际，习近平总书记全面总结了党的十八大以来我国教育事业取得的历史性成就，科学概括了我国教育发展“九个坚持”的宝贵经验，深入分析了教育工作面临的新形势新任务，科学回答了我国教育改革发展的重大理论和实践问题，对今后教育的发展做出了一系列指示。目前，教育大会上提及的“九个坚持”（坚持党对教育事业的全面领导，坚持把立德树人作为根本任务，坚持优先发展教育事业，坚持社会主义办学方向，坚持扎根中国大地办教育，坚持以人民为中心发展教育，坚持深化教育改革创新，坚持把服务中华民族伟大复兴作为教育的重要使命，坚持把教师队伍建设作为基础工作）、“五个要”（要努力构建德智体美劳全面培养的教育体系，形成更高水平的人才培养体系，要把立德树人融入思想道德教育、文化知识教育、社会实践教育各环节，贯穿基础教育、职业教育、高等教育各领域，学科体系、教学体系、教材体系、管理体系要围绕这个目标来设计，教师要围绕这个目标来教，学生要围绕这个目标来学）的思想正在全国各高校如火如荼地开展学习并积极贯彻。

此次大会的报告嘉宾以教育大会的精神为引导，紧紧围绕当前中国高等教育现状，基于他们的理论积淀、实践经验，从学术、行政等多个层面和参会学者交流研究成果、办学经验。个人认为，这是一次深入交流、学习全国教育大会精神的盛会。

第二，这次是一个大力推进“双一流”建设的大会。中国高等教育学会会长杜玉波同志对高校“双一流”的建设提出了五点意见。所谓“双一流”，首先就是立足于人才培养为本，培养德智体美

袁振国，中国高等教育学会学术委员会副主任，中国教育学会副会长，华东师范大学终身教授。

劳全面发展的社会主义建设者和接班人。其二，“双一流”的大学要有国家担当、国家使命，要与整个经济社会发展同呼吸、共命运。其三，“双一流”的大学，对国家、社会、民族的贡献，决定了大学的地位。其四，要继续扩大教育开放，进行广泛的国际交流与合作，继续从世界先进教育中吸取精华的“请进来”，同时把我们的经验介绍的“走出去”；世界一流的大学一定是合作交流的大学。其五，高校必须是坚持党的领导，保持大学正确的方向。学者们也从不同方面探讨了一流大学建设的经验、体会和做法，使我们受益匪浅。

第三，这是一次高校改革开放的再深入，强化高水平大学的国际化交流大会。此次来自15个国家和地区的近50位外国专家，以及国内“双一流”高校及相关机构的校长、专家学者带来了54场不同专题的报告。报告中，有的是经验分享、有的是做法试行、有的是愿景展望，这是创办一流大学、管理一流大学、追逐一流大学的宝贵财富。与会嘉宾也通过大会与众多海内外的高等教育领域学者进行了激烈的思想碰撞、经验交换，并对中国高等教育的未来产生了积极的憧憬。可以说，这是一次真正的高水平的国际交流与合作。

第四，这是一次政治站位高、报告内容质量高、青年学者参与度高的大会，是一次培养青年、奖励青年的大会。本次大会的报告，是专家学者多年积累、研究与前期精心准备而成。比如，几位高校领导领衔的报告，思想深刻、内容精辟，值得我们学习。这次大会收到参会论文270多篇，博士生论文100多篇，开幕式、三场主论坛有近50位专家做报告，四场博士生论坛有33位博士生做了报告，13位博士生导师为博士生的报告做了不同层面的点评和指导。博士生报告场次、博士生导师的出席情况创历年之最。众多年轻博士生积极参与本次大会，他们以专业为抓手，围绕高等教育发展中的种种现状做了深度剖析并结合国际先进的高等教育经验纷纷建言献策，体现了中国高等教育学术研究的繁荣发展和后继有人。此外，除会场的1 100名参会人员，会场外还有五万多观众收看会议直播，本次大会的场外关注度极高。

第五，这是一次思想创新、方法创新的会议。与会专家提出的新问题、新观点、新方法，值得会后深入研究、深入探索、深入实践。值得一提的是，专家学者学术思维的碰撞、专业思想的交流、各家观点的交融、不同立场的交锋更是本次大会的价值所在，并将在继承经验、发现问题的基础上继往开来。

二、六个问题

第一，“双一流”高校的建设是长期战略，非一日之功。“双一流”的建设需要长时间艰难探索，是阶段性的推进过程。在此过程中，国家发展将迈入新阶段，世界格局不断变化。高等教育现代化如何与国家现代化、社会现代化保持一致，支撑和服务国家经济发展，就必须以“双一流”建设为契机，深入推进世界一流学科建设，加强国际交流与合作，不断提高人才培养质量，整体提升我国高等教育水平，走出一条具有中国特色的高等教育之路。所以，中国高等教育未来发展的趋势需要正确预测，方向要严谨规划，要做好长期建设的心理准备。

当前，社会对大学的期望、要求、约束更多，来自不同层面的诉求都有它存在的意义，但这些意义又不能叠加，其中很多内容相互矛盾、相互冲突，甚至相互对立。比如，大学排行榜问题。社会对大学排行榜十分关注，但这些侧重不同的排行榜，每过一个周期更新一次排序，每个排行榜自称是最权威、最有影响力、最专业的大学排名但又究竟能把大学引导到哪里？这次大会强调牢固树立人才培养中心地位，狠抓本科生教学，是当前高等教育的大趋势，也将成为我国高等教育的一种文化。当然，在体制机制、管理方法、教学改革等方面任重道远。

第二，一流大学不是少数大学的事情，是全国高等教育系统的事情。一流大学不是几所高校的事情，是所有高校都应该积极争取并努力推进的当务之急，是无时无刻都应该主动向前发展的大势。如果一部分大学发展很好，一部分大学反而发展得不好了，这个局面并不是理想的结果。预防这种情况的出现，缓解校际发展的不平衡现象，兼顾学校个体性和整体性，都是当前高等教育发展与改革所面临的现实问题。

第三，各级各类学校如何坚持办学特色，办出水平？当前，形色各异的大学排行榜非常不利于大学特色发展。一所大学应有其特点与定力，要按照自己办学的模式、任务、目标来规划其特色发展。许多高校都在推出一系列举措，提升学校的工作水平，效果开始显现。但是，推进一流大学建设过程中，相关政策如何保护这些学校稳健的发展？

第四，从大众化走向普及化的过程中，如何以“双一流”建设为引导，形成汇聚全体学生的教育价值观。如何调整布局、调整学科、调整专业，让每一个学生有更多的选择，有更加个性的发展，为终身的幸福和成功打下稳固的基础。这是一个需要长期探索的问题。

第五，如何在合作与竞争的世界格局中找准自己的定位，正确认识优势，冷静分析差距，科学确定目标，继续改革开发，引进先进经验，同时向世界推介我们的优秀成果和办学经验，真正办出世界一流的大学。这是一个值得深思的问题。

第六，如何在新形势下改变大学的评价观，克服不科学的评价指标、方法带来的消极影响，让学校在一个可持续发展环境中健康成长。

这些问题需要理论上的讨论、政策上的研究、工作上的探索，此类话题也将不断深入、不断拓展。相信在各位教育同仁的共同推进之下，中国高等教育国际论坛年会将越办越好，对中国高等教育的贡献也会越来越大。

谢谢大家！

加快“双一流”建设 实现内涵式发展

——2018高等教育国际论坛年会综述

高晓杰　魏晓艳

2018年11月2日至4日，由中国高等教育学会主办的2018高等教育国际论坛年会在宁波召开。本届论坛的主题是“加快‘双一流’建设，实现内涵式发展”，来自美国、英国、法国、日本、澳大利亚、巴基斯坦等15个国家的近50位外国专家以及国内300余所高校及相关机构的专家学者，共1 100多人参会。与会专家学者围绕新时代高等教育发展战略、加快世界一流大学和一流学科建设、实现高等教育内涵式发展的路径选择等重要议题，从理论和实践层面进行了广泛而深入的交流研讨。

一、以高质量的高等教育服务区域和国家发展战略

办好中国特色社会主义高等教育是根本遵循。办好中国特色社会主义高等教育是新时期高等教育的重要使命。习近平总书记指出，我国独特的历史、独特的文化和独特的国情，决定了我国必须走自己的高等教育发展道路，扎实办好中国特色社会主义高校。会议期间，中国高等教育学会会长杜玉波强调，中国特色社会主义最本质的特征是中国共产党领导，中国特色社会主义制度的最大优势是中国共产党领导。高校要贯彻落实习近平总书记在全国教育大会上的重要讲话精神，把抓好学校党建工作作为办学治校的基本功，把党的教育方针全面贯彻到学校工作各方面，在全面加强党的政治建设、全面加强基层党组织建设、全面提升高校治理能力和水平上下功夫。厦门大学别敦荣教授认为，始终坚持党对高等教育事业的领导，是我国高等教育发展的重要特征和基本经验。我国高等教育之所以能够维持长期稳定并取得长足发展，与坚持党在思想、组织等方面的领导密不可分。关于如何坚持和加强党的领导，北京师范大学原党委书记刘川生认为，要切实提升思想政治教育亲和力和针对性，满足新时期学生成长发展需求和期待。四川大学副校长许唯临认为，要以社会主义核心价值观统领高校人才培养的全过程、全课程。

关于如何办好中国特色社会主义高等教育，杜玉波会长认为，应着眼世界水平、着力中国特色，把培养一流人才作为核心使命、把服务国家需要作为责任担当、把对国家和社会的贡献作为价值追求、把扩大国际交流合作作为办学方略、把加强党的建设作为根本保证。教育部高等教育司司

高晓杰，教育学博士，中国高等教育学会秘书处学术部主任，主要研究领域为高等教育管理；魏晓艳，教育学博士，上海工程技术大学高等教育研究所副研究员，主要研究领域为高等教育基本理论。

长吴岩认为，新时期应着力建设中国特色、世界水平的现代高等教育，扎根中国、解决中国问题、探索中国道路，贡献中国经验、提供中国方案、分享中国模式。厦门大学原副校长邬大光认为，应重塑本科教育的精英意识，坚持扎根中国大地办大学，自觉提升教育引领意识。浙江工业大学副校长陈杰认为，要从中华民族伟大复兴的战略高度建设高等教育强国、办好社会主义大学，扎根中国大地、坚持中国特色建设世界一流大学和一流学科。中南大学金一粟副教授认为，要全面领会落实党的路线方针政策，以准确把握教育历史定位，明确教育根本任务，培养出德智体美劳全面发展的社会主义建设者和接班人，为实现中华民族的伟大复兴提供人才支撑。西华师范大学张晓明认为，要在用习近平新时代中国特色社会主义思想解决我国重大现实问题中切实坚持党的领导，从而实现先进理论对现实的改造作用。

服务区域和国家经济社会发展是一流大学的基本任务。党的十九大报告指出，中国特色社会主义已经进入新时代，全面建成小康社会、全面建设社会主义现代化国家成为新时代的战略任务。面向新时代新征程，高校应深刻体认高校服务国家和社会的时代要求，认真思考自身的使命和愿景，全方位服务国家战略需要和区域经济社会发展，用实际行动肩负起时代赋予高校的责任和担当。[1] 清华大学Hamish Coate教授认为，新时期高等教育要在服务社会发展中释放出自身的崭新价值。习近平总书记在全国高校思想政治工作会议上的讲话中提到，“我国高等教育发展方向要同我国发展的现实目标和未来方向紧密联系在一起，为人民服务，为中国共产党治国理政服务，为巩固和发展中国特色社会主义制度服务，为改革开放和社会主义现代化建设服务”。对此，郑州大学校长刘炯天认为，“四个服务”的提出既是党的教育方针在新时代的创新发展，也是新时代对我国高等教育使命的新要求。为此，高校要以文化引领、人才支持和科技支撑为行动框架，形成高校服务国家和社会的行动自觉，全面实现高等教育内涵式发展。

全面提高人才培养质量是一流大学建设的核心。以全面提高人才培养能力为核心点，加快形成高水平人才培养体系，培养德智体美劳全面发展的社会主义建设者和接班人，是新时期高等教育的核心战略任务。上海交通大学党委书记姜斯宪提出，要坚持科学选材、育人为本，进一步实现招生培养一体化，培育更多拔尖创新人才。南京大学原校长陈骏认为，应聚焦“培养什么人、怎样培养人”的重大问题开展创新创业教育，坚持立德树人，引导青年学生自觉地把个人命运与国家命运、把创新创业梦与中国梦紧密联系在一起，努力成长为又红又专、德才兼备的有为人才。上海纽约大学校长俞立中认为，高校的根本任务是人才培养，本科教育是人才培养中基础的基础，要把时代的发展特征和人才培养的需要良好结合，积极探索符合时代特征的本科教育改革。

二、建设一流大学和一流学科是当前高等教育的核心任务和主要目标

加快世界一流大学和一流学科建设，是我国建设教育强国的长期任务和加快教育现代化的关键举措。习近平总书记强调：“高等教育发展水平是一个国家发展水平和发展潜力的重要标志。实现中华民族伟大复兴，教育的地位和作用不可忽视。我们对高等教育的需要比以往任何时候都更加迫切，对科学知识和卓越人才的渴求比以往任何时候都更加强烈。党中央做出加快建设世界一流大学和一流学科的战略决策，就是要提高我国高等教育发展水平，增强国家核心竞争力。”实际上，实施一流大学建设计划不仅是我国新时期高等教育发展的战略选择，也是世界诸多国家发展高等教育

的共同战略选择。许多国家都制定了我国“双一流”建设类似计划，例如韩国的韩脑计划、日本的COE计划、德国的精英倡议计划、法国的卓越大学计划、印度的卓越大学计划、俄罗斯“97所重点高校”建设等，并将其战略地位进一步上升到国家战略层面。[2]

（一）“双一流”建设的内涵特征和推进机制

内涵是事物本质属性的整体和总和，反映了事物的主要和根本属性。推进“双一流”建设首先要清晰把握其内涵和基本特征，才能对实践进行有效指导。吴岩司长、清华大学姚强教授、浙江外国语学院党委书记宣勇等专家学者一致强调，“双一流”建设必须“形神兼备”。姚强教授援引该校校长邱勇的观点，认为“一流”应该具有三个主要特征，即引领、独特和贡献影响力。湘南学院校长王晓萍认为“双一流”建设的基本特征应包括追求卓越价值观的办学理念、巩固学科建设的基础地位、落实人才培养的中心工作、重视综合改革的关键地位。关于如何推进“双一流”建设，宁波诺丁汉大学执行校长Chris Rudd提出，应将相关政策目标细化为实践性和可衡量成果。中国人民大学李立国教授指出，“双一流”建设的推进机制包括建设机制、实施机制、治理机制和评价机制。杭州电子科技大学邱均平教授则对我国高校“双一流”建设的推进机制和成效评估进展进行了实证研究。

（二）一流学科建设是“双一流”建设的关键举措

如何建设和评价一流大学和一流本科是本次会议研讨的重要内容。关于如何建设一流学科，武汉理工大学马延奇教授指出，应从学科建设理念、学科体系、学科组织等方面推进学科建设模式创新，以适应知识生产模式转型的新要求。河南大学孟艳副教授认为，一流学科建设需要综合考量历史传统、学术发展、社会需要的基本逻辑，建设路径主要包括：不同类型高校学科建设的差异化发展、不同学科建设的生态与特色发展以及不同区域高校学科建设的地方化发展等。上海师范大学张继龙副教授对“双一流”建设中的学科发展规划进行了案例分析。关于如何评价一流学科，浙江师范大学刘尧教授指出，“双一流”建设目标达成的关键在于评估。“双一流”建设评估绕不开世界大学排名但不能被排名牵着鼻子走，要彰显中国特色，构建多元评估机制；慎用优胜劣汰，引导高校分层定位与分类发展。江西师范大学刘小强教授认为，现有学科评价是基于学科投入要素的评价或基于学科产品的评价，导致一流学科建设表现出“粗放型”的学科生产投入要素建设和“学术GDP”导向的学科产品建设两种错误倾向。为引导学科建设转向学科生产能力建设，应转变学科评价的价值取向，以一流学科的生产能力为评价价值取向。唐山师范学院冯用军教授在对中国特色世界一流大学、一流学科建设战略结构，对我国大学进行客观分类和特征质化的基础上，进一步构建了中国特色、世界接轨的“双一流”建设标准及绩效评价体系。

（三）一流本科教育是“双一流”建设的核心任务

关于一流本科教育的战略地位和重要性，与会学者一致认为，一流本科教育是“双一流”建设的根本出发点和核心落脚点，衡量高校“双一流”建设水平应该以本科人才培养质量为根本标准。对此，吴岩司长指出，“回归本科教育”已经成为国际高等教育的共识和趋势。旅美华人院校长协会会长李明认为，建设世界一流大学应以本科教育为核心使命。常州大学徐高明教授认为，一流本科人才的培养能力和水平是衡量一流大学办学水平的根本标准，应在“双一流”建设过程中进一步强化一流本科教育地位。大连理工大学李枭鹰教授和苏永建博士认为，建设世界一流大学短期内可以靠高水平的科研产出，但长期来看还是必须建立在高水平本科教育基础之上，“内（本科教育）外（科学研究）兼修”是建设高等教育强国的必然选择。绍兴文理学院付八军教授认为，大学以人才培养作为基本目标，是大学能够穿越历史迷雾依然熠熠生辉的根本原因。

关于如何建设一流本科教育，吴岩司长认为，必须推动“双一流”建设高校率先建设一流本科，准确把握高等教育发展的阶段特征，以全面振兴本科教育。厦门大学原副校长邬大光从专业设置、教学组织、培养方案等方面总结了我国本科教育的“第一代”特征，提出新时期本科教育应注重重塑本科教育、突破原有教育观念藩篱、坚持扎根中国大地办大学以及自觉提升教育引领意识。华东师范大学袁振国教授指出，“双一流”建设须正确处理好长期性与复杂性、全局性与局部性等多种冲突。此外，俞立中校长从课程与教材、教师与教学方法、学生培养模式等方面介绍了上海纽约大学本科教育改革的探索与实践，中国石油大学（华东）副校长刘华东介绍了该校系统构建“三三三”本科教育培养体系、全面打造一流本科教育的改革实践，中南大学金一粟副教授介绍了中南大学以“四个回归”为指引推进教育教学综合改革，打造一流本科教育的实践探索，南昌大学教务处介绍了该校创建一流本科教育的思考和举措。

（四）地方高校在“双一流”建设中的角色定位和路径选择

地方高校在“双一流”建设中的角色定位和路径选择是地方高校参会代表关注的热点问题。电子科技大学谢辉祥通过对高水平行业特色型大学建设世界一流大学的可行路径进行案例研究，认为我国一些高水平行业特色型大学已经初步具备了跻身“世界水准”大学行列的实力。北京工业大学王超副教授指出，地方高水平大学作为区域高等教育的先行者和地方高校的龙头，应抓住机遇积极构建符合自身实际发展的“一流学科”建设模式，以学科建设带动学校整体实力的提升，进一步提升自身的核心竞争力和综合实力。东莞理工学院黄彬副研究员探讨了“双一流”背景下地方高校学科建设的逻辑转向和路径选择。江汉大学刘义研究员认为，地方高校“双一流”建设必须突破发展同质化倾向以及学科建设缺乏亮点、定力、合力和动力等建设瓶颈。河北美术学院张凤认为，地方高校应结合自身的学科建设基础和区域经济社会发展的需要，培育学科优势，建立科学的管理机制，加强与校、社会、国际的合作交流。此外，一些学者对省域双一流建设的实施路径进行了深入探讨，反映了相关高校领导和专家学者在积极贯彻落实国家战略、推进战略实施方面的理论思考和实践探索。例如，广州大学刘子云博士通过分析省域一流学科建设的政策逻辑和实践逻辑，认为一流学科建设的方案要落到实处，必须加强省域一流学科建设。吉林师范大学王鹏副教授通过对22个省（市）的“双一流”建设实施方案进行文本分析，探讨了在省域“双一流”建设进程中创建“一流本科教育”的有效路径。浙江工业大学徐吉洪副研究员则探讨了我国边疆民族地区“双一流”建设的困境和路径。

（五）“双一流”建设的国际经验与中国实践

会议期间，部分学者围绕“双一流”建设的理念、路径和评价模式等展开研究，为我国双一流建设提供了丰富的国际经验和国内实践案例。英国诺森比亚大学副校长Steve Leggetter介绍了该校以信息技术创新助力"双一流"建设的经验做法，哈萨克斯坦大学联盟副主席Kozhakov Assan介绍了哈萨克斯坦高等教育质量提升和发展战略，芬兰赫尔辛基大学Heidi Hyytinen副教授探讨了绩效评估在提高高等教育质量中的重要作用。澳门理工学院陈志峰副教授分析了澳门高等教育自2013年以来的主要发展举措和发展成效，西南大学副校长崔延强和邓磊副教授通过梳理美国高等教育体系建构史为我国"双一流"建设提供了若干借鉴和反思，西安体育学院刘子实副教授总结了斯坦福大学建设世界一流大学的经验，郑州大学靳培培博士以新加坡南洋理工大学为例，总结了后发型世界一流学科建设的经验。此外，四川大学许唯临教授、上海交通大学杨颉研究员、北京工业大学王超副教授、上海师范大学张继龙副教授、西安建筑科技大学赵光华副研究员等国内专家学者分享了我国若干高校推进"双一流"建设的实践探索和经验反思。

三、高等教育内涵式发展是"双一流"建设的必然选择

（一）充分认识高等教育内涵式发展的内涵是实现高等教育内涵式发展的前提

所谓高等教育内涵式发展，是以提高人才培养水平和质量为核心目标，由主要依靠学校数量的增加和招生规模的扩大向主要依靠教师素质的提高、教育内容和手段的优化、教育管理体制机制的创新转变。[3] 浙江外国语学院宣勇教授认为，实现高等教育内涵式发展就是大学通过内涵建设提升大学能力的路径，"双一流"要注重大学能力建设。华南师范大学卢晓中教授认为，高等教育内涵式发展的核心是人才培养质量，关键是体制机制创新，高度是文化价值建设。会议研讨过程中，与会专家学者一致认为，走内涵式发展道路是我国高等教育发展的必由之路。关于如何加快实现内涵式发展，学者们认为，为加快实现高等教育内涵式发展，关键要在深化本科教育和人才培养模式改革、深入推进国际交流与合作、大力推进教育公平、优化高校内外部治理结构、加强和改进师资队伍建设以及繁荣高等教育学研究等方面下功夫。

（二）深化本科教育和人才培养模式的改革创新是实现高等教育内涵式发展的核心

人才培养是新时期高等教育内涵式发展的核心使命。只有培养出一流人才的高校，才能成为世界一流大学。会议期间，吴岩司长指出，办好我国高校，办出世界一流大学，必须牢牢抓住全面提高人才培养能力这个核心点并以此来带动高校其他工作。上海交通大学杨颉研究员认为，内涵式发展具有本质性和内在性。要实现内涵式发展，就要在双一流建设中注重塑造世界一流大学的精神气质，以"增值"为逻辑起点，考量一所学校在人才培养、知识创造等方面的增值如何。关于如何深化本科教育和人才培养模式改革，云南师范大学韦颖副教授认为，高等学校要主动适应社会经济需求，主动对接国家重大战略需求，解决重大战略问题，储备战略人才为经济社会的发展提供坚强的人才支撑和智力保障。中国人民大学胡莉芳教授认为，完善高校课程教学治理体系、构建大学学科专业课程的协调体系是形成高水平人才培养体系、构建高校核心竞争力的重要环节。宁波大学吴小鸥教授认为，作为承载大学如何培养人的重要载体和实现高等教育内涵式发展的核心文本，大学教材具有文化创新使命。此外，许唯临副校长介绍了四川大学构建本科"323+X"创新人才培养体系及其质量保障体系建设的探索与实践，南京审计大学徐波副研究员探讨了我国高校书院的主要模

式、基本要素和发展走向，青岛理工大学戴吉亮副教授探讨了高水平理工科大学人才培养体系的构建路径。

（三）强化高等教育国际交流与合作是实现高等教育内涵式发展的有效路径

教育国际化是实现高等教育内涵式发展的必然路径。荷兰斯坦顿大学Robertus Johannes Coelen教授认为，国际化是全球教育质量持续提升之道。澳大利亚驻华大使馆公使衔参赞Brooke Hartigan认为，高等教育国际化是中国特色社会主义一流大学的题中应有之义。浙江传媒学院副校长徐小洲认为，改革开放40年来，我国教育对外开放成效显著。面向2050，教育对外开放必须明确目标、前瞻谋划、优化布局、内涵发展。昆山杜克大学常务副校长Denis Simon认为，构建全球化大学要更加关注教育质量和多元利益相关者的深度参与。清华大学宋梦婷认为，推进国际交流合作任务是“双一流”建设的有机组成部分，应注重探索高校国际科研合作的有效创新机制。北京航空航天大学刘扬副教授提出，为切实提高我国高等教育的国际竞争力和话语权，应重视我国一流大学教师的国际能力。此外，越南驻华大使馆公使衔参赞Nguyen Thi Thai Thong介绍了越南高等教育以加强国际合作为重要手段，促着力推进越南高等教育现代化、国际化的发展进程。

（四）追求更有质量的高等教育公平是实现高等教育内涵式发展的基本方向

教育公平是我国教育政策的长期基本方向和高等教育内涵式发展的应然追求。入学机会公平是我国大力推进高等教育公平的重要方面。习近平总书记指出：“深化考试招生制度改革，总的目标是形成分类考试、综合评价、多元录取的考试招生模式，健全促进公平、科学选才、监督有力的体制机制，构建衔接沟通各级各类教育、认可多种学习成果的终身学习立交桥。”教育部考试中心贾洪芳副研究员认为，教育考试公平是实现教育公平的重要保证。厦门大学郑若玲教授和华东政法大学万圆博士认为，我国一流大学应坚持以人民为中心，加强选才过程的公正性和透明性。许多学者围绕现有不同招生制度及其方法的有效性进行了理实结合的深入研讨。上海交通大学党委书记姜斯宪对我国一流大学在招生选拔和人才培养方面的制度和模式创新进行了系统梳理和深入探讨。北京大学马莉萍副教授探讨了自主招生作为一种人才选拔方式的有效性。电子科技大学沈华教授提出，“双一流”高校自主招生录取应注重教育机会的再分配，向农村地区考生适当倾斜。上海市教育科学研究院杜瑛副研究员探讨了新高考背景下高校招生录取制度面临的现实困境和改革路径。复旦大学牛新春研究员从招生倾斜政策的视角，探讨了高考分数和高中排名在招生中的甄别价值。重庆师范大学袁潇副教授认为，实施分类考试招生、逐步脱离普通高考自成体系是高等职业教育考试招生政策发展的趋势与方向。此外，性别、地区、资源分配等不同层面和维度的高等教育公平也是本次会议专家学者关注的重点。台湾昆山科技大学黄扬婷教授介绍了台湾大学生的入学选拔制度，福建师范大学王伟宜教授就高等教育机会获得的性别不平等及其变化做了实证研究。

（五）优化高校治理结构是实现高等教育内涵式发展的必由之路

结构是高等教育内涵式发展的基本依托①，优化高校内外部治理结构是新时期实现高等教育内

① 张德祥，林杰．“高等教育内涵式发展”本质的历史变迁与当代意蕴［J］．国家教育行政学院学报，2014，11:3—8.

涵式发展的必由之路。高等教育外部治理方面，北京师范大学副校长周作宇和毛金德博士探讨了政府高等教育资源配置方式对教师参与大学治理的影响。北京大学教育学院党委书记阎凤桥认为，办学自主权、学术自由、价值理性等有助于实现高等教育的内涵式发展。华中科技大学张应强教授认为，为实现高等教育内涵式发展，应转变高等教育质量治理思想，从问责治理走向合作治理。清华大学刘路认为，具有中国特色的现代大学治理制度体系正在形成之中。实践方面，济南大学宋旭红教授认为，高等学校分类发展是高等教育内涵发展、特色发展的基本保障。宁波教育局副局长胡赤弟则介绍了以绩效评价促进高等教育质量保障体系建设的“宁波实践”。高校内部治理方面，浙江大学眭依凡教授认为，当一流大学建设的外部条件充足后，其制约主要来自内部，包括理念层面问题、资源手段问题、治理模式问题等。兰州财经大学何晓雷副教授认为，高校要严格树立章程意识，完善章程建设，突出特色，遵从章程，依章治校。南通大学吉明明研究员认为，基础性、学术性、自主性是二级学院治理的基本特征。沈阳工业大学苏东海探讨了如何深化地方高校两级管理体制改革。此外，扬州大学查永军教授探讨了高校内部管理权力重心“下沉”的多重阻力，浙江师范大学刘爱生副研究员探讨了教师参与大学治理意愿不强的原因解析及提升策略，西安财经学院钟海副研究员等介绍了本校探索基层学术组织治理等高校内部治理的实践经验与反思。

（六）加强和改进高校师资队伍建设是实现高等教育内涵式发展的关键所在

教师是高等教育内涵式发展的实践主体，实现高等教育内涵式发展，要从培养社会主义建设者和接班人的高度考虑大学师资队伍的素质要求、人员构成、培训体系等。[①]关于高校师资队伍建设的重要性，泰国博仁大学执行院长、格乐大学管委会主席王长明认为，教师是授课和科研的主体，也是传承知识、传播文化的主体，打造一流的师资队伍是“双一流”建设的基础。美国佛罗里达州立大学Benjamin D. Koen教授认为，提升高等教育质量和人才培养水平的核心主题是发掘教师自身能力、激发教育活力、挖掘学生潜力。关于如何加强和改进高校师资队伍建设，服务高等教育内涵式发展。清华大学副校长王希勤提出，中国特色一流大学要在人才战略上做到“人尽其才、才尽其用”，为中国各项事业的发展提供智力支持和人才保障。华东师范大学阎光才教授指出，遵循学术创新活动规律并改进相关制度，对改进高校教师学术创新表现、促进我国高等教育及学术事业繁荣有重要作用。北欧亚洲研究中心关联研究员Jesper Schlæger呼吁重视通过制度化管理，充分发挥外国专家对提升中国研究型大学的创新能力及促进经济社会转型发展的重要作用。武汉理工大学李志峰教授认为，高层次人才是建设一流大学和一流学科的有力保障和高品质高等教育的决定性因素，推进“双一流”建设，需要引进拥有较高学术权力的学科领头人来优化中国学术梯队和学术系统。西安工业大学徐光明副教授提出，要充分考虑教师的有限理性人角色，充分平衡好教师的短期预期收益与长期预期收益。此外，黑龙江省教育科学研究院孙凯副研究员、天津教育科学研究院张丽副研究员等与会学者围绕“双一流”建设中高校教师流动意向、跨国流动特征、人力资源开发和国际竞争力提升模式等进行了实证研究，西安理工大学沈璿教授、厦门大学郑宏副教授则围绕习近平总书记关于教师和师德的重要论述进行了相关研究和探讨。

---

① 光明日报评论员：培养社会主义建设者和接班人是根本任务［N］光明日报，2018-05-04.

四、高等教育研究应充分发挥引领作用

繁荣高等教育研究，助推高等教育发展。会议过程中，不少学者就高等教育学的责任担当和发展思路进行了深入探讨。湖南大学余小波教授认为，我国高等教育思想经历了人才观从重视知识传授，到强调能力发展，再到注重全面素质提升；价值观从服从政治需要，到服务经济建设，再到主动促进人和社会的发展；发展观从外延式发展到内涵式发展；改革观从单一局部改革到全面综合改革的演进，呈现出由表及里、由浅入深、由宏观到微观、由外部到内部的演化发展逻辑。湖南科技大学张晓报博士认为高等教育学的生存逻辑应为“知行统一——先善其身——兼济天下”。福建师范大学王旭辉博士从批判方法论的视角对我国高等教育研究进行了反思，认为我国高等教育学的学者应致力于批判性研究的本土化和创造“实践的理论”。此外，南京大学原校长陈骏院士以南京大学“五四三”创新创业教育体系为例，介绍了我国综合性大学创新创业教育改革的探索与实践。南京师范大学王建华教授、厦门大学武毅英教授、吉林农业大学林琳副研究员等专家学者，从创新创业教育改革、高校智库建设等方面，为新时代我国高等教育实现内涵式发展提供了许多或高屋建瓴或鞭辟入里的学术观点和见解。

作为中国高等教育学会“学术立会、服务兴会、规范办会、创新强会”的重要形式，高等教育国际论坛已经连续成功举办18届，成为学会重要的学术活动。本次会议是中国高等教育学会组织举办的第18届高等教育国际论坛。中国高等教育学会坚持把繁荣学术思想作为立会之本，不断深化高等教育领域学术交流、持续推动高等教育研究服务教育改革实践发展，对推动高等教育领域学术研究服务于我国高等教育实践改革发展做出重要贡献。新的时代背景下，也将不忘初心、牢记使命，继续发挥学术交流平台作用，续写中国特色哲学社会科学发展新华章。

参考文献

[1]刘炯天.新时代高校服务国家战略和区域经济社会发展的思考[J].中国高教研究，2018(04):9-11+54.
[2]清华大学发展规划处处长姚强在2018高等教育国际论坛年会上的发言内容。
[3]北京市习近平新时代中国特色社会主义思想研究中心.以内涵式发展推动“双一流”建设[N].光明日报，2018-10-30.

第一篇

新时代高等教育发展战略

习近平有关教育论述的显著特点

邓党雄　何基生

习近平有关教育论述是习近平总书记治国理政思想的重要组成部分。习近平总书记在治国理政过程中，高度重视教育在社会主义现代化建设中的地位和作用。党的十八大以来，他在各种会议上和考察学校时，对教育工作发表了许多富有创见的新理念、新思想、新观点，深刻论述了新时期我国教育改革和发展的重大理论问题和实践问题，构成了其教育思想理论体系，即习近平有关教育论述。习近平有关教育论述是中国特色社会主义教育理论发展的新成果，是我们党对教育规律的新认识。深入学习和研究习近平有关教育论述，对于建设中国特色的现代教育理论体系，指导我国教育事业的改革发展，具有重要的理论意义和实践意义。

深入学习习近平有关教育论述，不仅可以了解习近平总书记丰富的教育思想内容，还可以体会到习近平有关教育论述的本质特点。我们通过学习，总结出习近平有关教育论述的几个显著特点，以求教于方家。

一、鲜明的政治立场

毋庸置疑，在阶级社会里教育永远具有阶级性，教育受政治的影响，教育要为政治服务。而习近平有关教育论述其鲜明的政治立场特点概括起来就是教育要为人民、为国家、为政党、为发展服务，为中华民族的伟大复兴和中华文化传承服务，具体体现在三个坚持：（1）坚持社会主义办学方向；（2）坚持马克思主义指导地位；（3）坚持党对教育工作的全面领导。

“中国特色社会主义最本质的特征就是坚持中国共产党的领导，办好中国的事情，关键在党。各级各类学校都要加强党的领导，在党的旗帜下推进教育事业的发展，离开了这一点，就会走偏方向。”习近平总书记的这些论述，为全面提升教育系统党的建设科学化水平，把党对教育的领导落实到办学治校全过程，牢牢坚持社会主义办学方向，提供了强大思想武器。

习近平总书记对高等教育的定位也有一个全新的表述：“为人民服务，为中国共产党治国理政服务，为巩固和发展中国特色社会主义制度服务，为改革开放和社会主义现代化建设服务，这是最大的实际，也是办学的根本。”习近平总书记认为，办好我国高等教育，必须坚持党的领导，牢牢

邓党雄，湘南学院党委书记，主要从事教育管理和艺术社会学研究；何基生，湘南学院教授，主要从事高等教育研究。

掌握党对高校工作的领导权，使高校成为坚持党的领导的坚强阵地。党委要保证高校正确的办学方向，掌握高校思想政治工作的主导权，保证高校始终成为培养社会主义事业建设者和接班人的坚强阵地。各级党委要把高校思想政治工作摆在重要位置，加强领导和指导，形成党委统一领导、各部门各方面齐抓共管的工作格局。习近平总书记还强调，在历史和人民的选择中，马克思主义成为我们立党立国的根本指导思想，也成为我们高校的鲜亮底色。要下大决心培养一批立场坚定、功底扎实、经验丰富的马克思主义学者，特别是要培养一大批青年马克思主义者。在马克思主义指导下，应该提倡各种学术思想和学术流派切磋交流，提倡对各种思想文化广纳博鉴，形成百花齐放、百家争鸣、创新发展的生动局面。

为落实教育始终坚持正确的政治立场，习近平总书记特别注重思想政治工作队伍的建设。就高等教育而言，习近平总书记指出，长期以来，高校思想政治工作队伍兢兢业业、甘于奉献、奋发有为，为高等教育事业发展做出了重要贡献。要拓展选拔视野，抓好教育培训，强化实践锻炼，健全激励机制，整体推进高校党政干部和共青团干部、思想政治理论课教师和哲学社会科学课教师、辅导员班主任和心理咨询教师等队伍建设，保证这支队伍后继有人、源源不断。各级党委、政府和高校要像关心教学科研骨干的成长一样关心思想政治工作队伍成长，使他们工作有条件、干事有平台、待遇有保障、发展有空间，最大限度调动他们的积极性、主动性、创造性。

具有鲜明的政治立场是习近平有关教育论述非常显著的特点之一，教育事业这些年能健康快速发展，根本原因也在于习近平有关教育论述这一显著特点的体现，尤其是加强了党的领导。

二、严格的立德要求

习近平总书记特别强调立德树人是教育的根本任务，因此在其教育思想中提出了严格的立德要求，具体体现在学生的德育问题和教师的师德问题两个方面。而二者又是紧密联系的，故提出了“两个重要标准”：（1）要把立德树人的成效作为检验学校一切工作的根本标准，人才培养一定是育人和育才相统一的过程。育人是本，育人的根本在于立德。（2）要把师德师风作为评价教师队伍建设的第一标准。

就学生的德育问题，习近平总书记反复强调，教育最根本的任务就是要完成好、履行好立德树人的职责，培养造就中国特色社会主义事业建设者和接班人。立德树人就是要坚持以人为本、德育为先，始终坚持正确政治方向，培育和践行社会主义核心价值观，引导学生扣好人生的第一粒扣子。思想政治教育是一个信息输入与输出的过程，而受教育者在这一过程中收获多少，在一定程度上受要求标准是否严格的影响。高校思想政治教育就是把立德树人的目标，落实到具体的教育教学环节中，分解到每个岗位和每位教育工作者身上，这就要求“严”字把关，确保思想政治教育取得实效。一要严格标准，把顶层设计和教育教学活动实际有机结合起来，明确教学目标，既要注重理论素养的提升，又要注重实践能力的提升；二是严格纪律，广大教师要把思想政治教育融入专业教育，全方位锤炼学生的思想品德，实现教育的思想品德目标与专业技能目标的统一，教师的授业解惑责任与传道释疑责任的统一，以身作则、以德立身、以德立学、以德施教，构建和谐的师生关系。习近平总书记对立德树人和教育培养目标的论述，着眼全局、把握关键、立意深远、要求严格，鲜明揭示了我国教育的社会主义性质，进一步回答了新形势下教育培养什么样的人、怎样培养人、为谁培养人这个重大问题。

就教师的师德问题，要把师德师风作为评价教师队伍建设的第一标准，由此习近平总书记对教师提出了许多要求。习近平总书记叮嘱教师承担神圣使命：担起学生健康成长指导者和引路人的责任。教师要承担这一神圣使命，完成立德树人这一根本任务，对自身就必须要有要求，在全国高校思想政治工作会议上，习近平总书记对教师队伍提出了明确的要求："传道者自己首先要明道、信道。""高校教师要坚持教育者先受教育，努力成为先进思想文化的传播者、党执政的坚定支持者，更好担起学生健康成长指导者和引路人的责任。"提出要加强师德师风建设，坚持教书和育人相统一，坚持言传和身教相统一，坚持潜心问道和关注社会相统一，坚持学术自由和学术规范相统一，引导广大教师以德立身、以德立学、以德施教。

综合起来习近平总书记对好老师的标准提出了四点要求：(1) 要有理想信念。这个理想信念指的就是中国特色社会主义向心力。(2) 要有道德情操。尊师重教，核心是师德师风。没有师德，难以重教，难以尊师。(3) 要有扎实学识。为学生传授真知、解疑释惑，满足学生学习需求，教师自己要有真本领。(4) 要有仁爱之心。教育是最有爱心的事业，没有爱心别当老师，没有爱心别搞教育。习近平总书记在全国教育大会上还提出了教师要在六个方面"下功夫"：(1) 要在坚定理想信念上下功夫；(2) 要在厚植爱国主义情怀上下功夫；(3) 要在加强品德修养上下功夫；(4) 要在增长知识见识上下功夫；(5) 要在培养奋斗精神上下功夫；(6) 要在增强综合素质上下功夫。

习近平总书记之所以提出严格的立德要求，是因为总书记一直非常重视德育在整个教育中的地位和作用，一直坚持德育为先。习近平总书记在深刻分析世界发展形势的基础上提出"人类命运共同体"的主张，论述了教育在为未来社会培养人才，促进人类和平与发展中的作用。"教育应该顺此大势，通过更加密切的互动交流，促进对人类各种知识和文化的认知，对各民族现实奋斗和未来愿景的体认，以促进各国学生增进相互了解、树立世界眼光、激发创新灵感，确立为人类和平与发展贡献智慧和力量的远大志向。"习近平总书记的这段论述，使我们认识到教育的本质和作用，教育的本质就是通过传授知识、提高品德、启迪智慧，培养促进社会发展的人才，是提高每个人的生命质量、提升生命价值的重要途径。在经济全球化背景下，无论是坚持和平，还是战胜贫困、改善环境，都要依靠教育培养有远大志向、能为人类造福的人才。

严格的立德要求需要一定的途径来实现，习近平总书记也非常重视立德树人的实施途径，他强调要把社会主义核心价值观贯穿办学育人全过程，用社会主义核心价值观引领知识教育、引领师德建设，引导广大师生做社会主义核心价值观的坚定信仰者、积极传播者、模范践行者。他还提出了许多具体的实施途径（在此只列其中三点）：

(1) 狠抓校风和学风。习近平总书记说："一所高校的校风和学风，犹如阳光和空气决定万物生长一样，直接影响着学生学习成长。好的校风和学风，能够为学生学习成长营造好气候，创造好生态，思想政治工作就能润物无声给学生以人生启迪、智慧光芒、精神力量。教师要精心从教、学生要精心学习，通过学问提升境界，通过读书学习升华气质，以学养人、治心养性。学习是学生的主要任务，学习过程也是学生锤炼心志的过程，学生的不少品行要在学习中形成。好校风、好学风来自师生共同努力，而其基础在于学校办学方向和治理水平。"

(2) 用中国梦激扬青春梦。习近平总书记说："青年一代有理想、有担当，国家就有前途，民族就有希望。当代学生建功立业的舞台空前广阔，梦想成真的前景无限光明。正确认识时代责任和历史使命，用中国梦激扬青春梦，为学生点亮理想的灯、照亮前行的路，激励学生自觉把个人的理想追求融入国家和民族的事业中，勇做走在时代前列的奋进者、开拓者；正确认识远大抱负和脚踏实地、珍惜韶华和脚踏实地，把远大抱负落实到实际行动中，让勤奋学习成为青春飞扬的动力，让增长本领成为青春搏击的能量。"

（3）教师要成为"大先生"。习近平总书记说："教师做的是传播知识、传播思想、传播真理的工作，是塑造灵魂、塑造生命、塑造人的工作。教师不能只做传授书本知识的教书匠，而要成为塑造学生品格、品行、品位的'大先生'。教师教给学生的知识，多年以后可能会过时，可能会遗忘，但教给学生为人处世的道理是学生一生的财富，会让他们终生难忘。"

三、浓厚的民本情怀

"以人民为主体"是习近平总书记治国理政的基本原则，是他在治国理政中处理各种复杂问题的出发点和落脚点。"以人民为主体"落实到教育上，就是中国发展教育一定要树立和落实以人民为中心的发展思想，习近平的教育思想中充满着浓厚的民本情怀。把教育摆在优先发展的战略地位是促进教育公平、改善民生的需要。习近平总书记始终把人民群众的利益放在第一位，他说："人民对美好生活的向往，就是我们的奋斗目标。"他指出，教育公平是社会公平的重要基础，要不断促进教育发展成果更多更公平惠及全体人民，以教育公平促进社会公平正义。习总书记强调，要努力让每个孩子享有受教育的机会，努力让13亿人民享有更好更公平的教育。发展教育就是要为人民服务，让每一个适龄儿童都有人生出彩的机会，有实现抱负和梦想的机会。

关注教育公平，还要特别关注贫困地区的教育发展。习近平总书记强调，我们再穷也不能穷孩子，再穷也不能穷教育。扶贫先扶智，在脱贫攻坚战中，在决战全面小康中，教育是阻断贫困代际传递的根本途径。我们称之为"挖断穷根"。习近平总书记的这些论述，着眼于保障和改善民生、维护公平正义，充分体现了我们党全心全意为人民服务的根本宗旨，体现出深刻的为民情怀，彰显了人民至上的价值取向。

习近平有关教育论述中蕴含的民本情怀具体体现在以人为本，即以学生为本，以教师为本。在以学生为本方面，习近平总书记特别重视学生各个阶段教育的重要性，不管是学前教育、基础教育，还是高等教育。提出了"学有所教、幼有所教"的思想。强调基础教育是全社会的事业，需要学校、家庭、社会密切配合，学校要负主体责任，对学生负责，对学生家庭负责；要把握青年学生成长成才规律，努力培养中国特色社会主义事业合格建设者和可靠接班人；要"重视青年、关怀青年、信任青年，对青年一代寄予殷切期望"，等等。

在以教师为本方面，习近平总书记特别重视教师队伍建设，关心教师的健康成长，关心教师的待遇地位，倡导全社会尊师重教。"全党全社会要弘扬尊师重教的社会风尚，努力提高教师政治地位、社会地位、职业地位，让广大教师享有应有的社会声望，在教书育人岗位上为党和人民事业作出新的更大的贡献。""一个人一生遇到一个好老师，这是一个人的幸运；一所学校拥有一些好老师，这是这个学校的光荣。"并为教师的培养和专业成长指明了方向，对怎样才能成为好老师提出了四条标准：要有理想信念、要有道德情操、要有扎实学识、要有仁爱之心。经常鼓励教师做学生锤炼品格的引路人、学习知识的引路人、创新思维的引路人、奉献祖国的引路人。

四、明确的笃行导向

习近平总书记以非常明确的语言告诫我们："空谈误国，实干兴邦。"务实是习近平总书记实干的治国理政风格，也是习近平有关教育论述中坚持笃行导向的体现。他结合自己的成长历程总结出"社会主义是赶出来的"，他也多次强调："幸福不会从天而降"，"实干才能梦想成真"。培育和践行社会主义核心价值观，让每个公民都能够自觉自愿地遵循、践履这样的价值目标、价值取向、价值准则，才能在公民最大的共识和最大的参与中治好国理好政。

习近平总书记在其教育思想中也特别强调要坚持明确的笃行导向，特别注重实干，要求教师身先士卒，身体力行；要求学生知行统一、学以致用、理论联系实际、在实践中长才干。

习近平总书记希望广大教师当好学生"引路人"。"广大教师要做学生锤炼品格的引路人，做学生学习知识的引路人，做学生创新思维的引路人，做学生奉献祖国的引路人。"教师要立德树人，不仅要教知识，还要用自己的人生阅历和经验，结合学生的特点为其"量身定制"适合他的成长道路。教师要成为学生做人的镜子，以身作则、率先垂范，以高尚的人格魅力赢得学生敬仰，以模范的言行举止为学生树立榜样，把真善美的种子不断播撒到学生心中。

习近平总书记指出："当今世界的综合国力竞争，说到底是人才竞争，人才越来越成为推动经济社会发展的战略性资源，教育的基础性、先导性、全局性地位和作用更加突显。"因此，必须坚持把教育摆在优先发展的战略地位，普及教育，培养具有创新实践能力和国际视野的高品质人才。

注重实践，并在实践中育人。习近平总书记强调，要教育引导学生正确认识远大抱负和脚踏实地，把远大抱负落实到实际行动中，让勤奋学习成为青春飞扬的动力，让增长本领成为青春搏击的能量。要更加注重以文化人、以文育人，广泛开展文明校园创建，开展形式多样、健康向上、格调高雅的校园文化活动，广泛开展各类社会实践。要运用新媒体新技术使工作活起来，推动思想政治工作传统优势同信息技术高度融合，增强时代感和吸引力。"青年要成长为国家栋梁之材，既要读万卷书，又要行万里路。高校学生支教、送知识下乡、志愿行动等活动，都展现了学生的风貌和服务社会、报效祖国的情怀。许多学生正是在这样的社会实践和社会活动中树立了对人民的感情、对社会的责任、对国家的忠诚。"

特别注重学生，尤其是大学生的创新、创业。习近平总书记经过深入的调研和思考，认为要推动经济持续健康发展，关键在创新。他把创新驱动放在突出位置，提出要用创新驱动取代要素驱动的新思路，把"互联网+"看作是创新、创业的无限空间，明确要以同现代化、信息化相联系的创新、创业来破解经济新常态下我国经济发展遇到的各种复杂问题。诸如此类决策和举措，是习近平治国理政思想中重要组成部分，也是习近平有关教育论述的重要组成部分。

综上所述，习近平有关教育论述的显著特点反映了从新的历史起点出发的中国教育的时代要求，体现了丰富的并有内在逻辑联系的教育思想内涵，深刻认识习近平有关教育论述的显著特点，能够使我们深入把握我国新时代的教育规律，从而有针对性地有效地指导我们的教育实践。

参考文献

[1]习近平在全国高校思想政治工作会议上的讲话(2016年12月7日至8日).
[2]习近平在北京市八一学校考察时的讲话(2016年9月9日).
[3]习近平在北京师范大学师生代表座谈时的讲话(2014年9月9日).
[4]习近平在北京大学师生座谈会上的讲话(2018年5月2日).
[5]习近平在北京海淀区民族小学座谈会上的讲话(2014年5月30日).
[6]习近平给北京大学学生回信:勉励当代青年勇做走在时代前面的奋进者开拓者奉献者(2013年5月2日).
[7]习近平向全国广大教师致慰问信(2013年9月9日).
[8]习近平在全国教育大会上的讲话(2018年9月10日).

习近平高校教师队伍建设思想论略

张继华　黄正夫

党的十八大以来，习近平总书记通过慰问信、考察、会议、座谈会等不同形式，发表了关于高校教师队伍的系列重要讲话，饱含了党中央对高校教师的殷殷期望和深切关怀，形成了内涵丰富、情怀深厚的高校教师队伍建设思想体系。习近平新时代高校教师建设思想站位高远、视野开阔、思想深邃，是高校教师队伍建设的根本遵循。

一、高度阐释高校教师队伍神圣使命

党的十八大以来，习近平总书记高度重视教师队伍建设并发表了一系列重要论述，对教师的神圣使命和职业追求做出新的阐释：充分肯定教师在把社会化的个体塑造成为社会有用人才、在“办好人民满意教育”的过程中的重要作用，“承担着让每个孩子健康成长、办好人民满意教育的重任”[1]；从教师对个人成长、学校发展、民族进步影响进行了高度赞扬，将教师地位提到了历史的新高度，“一个人遇到好老师是人生的幸运，一个学校拥有好老师是学校的光荣，一个民族源源不断涌现出一批又一批好老师则是民族的希望。”[2] 习近平通过深刻分析教师的角色特征，对教师队伍建设提出新的更高要求：“教师是人类灵魂的工程师，是人类文明的传承者，承载着传播知识、传播思想、传播真理，塑造灵魂、塑造生命、塑造新人的时代重任。”[3]

在社会主义新时代，我国高等教育正在走向世界中心，高等教育的地位作用、体量规模、结构类型、对象群体、环境格局都正在发生着深刻的变化，高校教师的地位和责任呈现前所未有的新内涵。习近平总书记希望高校教师应重新审视自己应该承担的社会责任，准确把握国家和民族的重大需求，把自己的发展与国家发展紧密联系，教师应“立时代之潮头、通古今之变化、发思想之先声，积极为党和人民述学立论、建言献策，担负起历史赋予的光荣使命。”[4] 习近平总书记要求高校教师要具有“勇立潮头、引领创新”的品格和保持“天下为公、担当道义”的情怀，为国家繁荣、民族振兴、社会进步发挥重要助推作用，成为“先进思想的倡导者、学术研究的开拓者、社会风尚的引领者、党执政的坚定支持者”。[5] 为此，习近平要求“坚持把教师队伍建设作为基础工作”，他指示高校教师要以高远的理想、开阔的视野、深刻的见地、卓越的智慧、深邃的思想和超

张继华，博士，绵阳师范学院发规处处长、高教所所长、教授、硕士生导师，主要从事教育学与逻辑哲学研究；黄正夫，博士，绵阳师范学院高教所教授、硕士生导师，主要研究方向：高等教育、教师教育。

拔的眼光，传承文明、涵养人文精神，坚守精神家园，文以载道，以文化人，成为塑造学生品格、品行、品味的“大先生”，“更好担起学生健康成长指导者和引路人的责任”。[6]

二、清晰诠释高校教师队伍建设目标

面对新方位、新征程、新使命，我国高等教育改革发展取得重要进展，但教师队伍建设还不能完全适应事业发展的需要，“钱学森之问”拷问着教师队伍的使命和担当。习近平总书记将当前高校教师队伍中出现的问题总结为：“有的高校存在重教书轻育人、重智育轻德育、重科研轻教学等现象，个别教师不能教书育人、为人师表。”[7] 为此，习近平明确提出高校教师队伍的建设目标：“大力培养造就一支师德高尚、业务精湛、结构合理、充满活力的高素质专业化教师队伍。”[8] “师德高尚”是高校教师队伍建设的源头和基点，基础不牢，地动山摇。高校教师队伍建设要把师德建设放在首位，确保每位教师能积极弘扬高尚的师德精神，具有明确高远的教育理想，正确的自我价值实现尺度，重视良好师德师风对学生的引领和导向作用，恪守职责和义务，形成教师师德的内在自觉；“业务精湛”体现教师职业的本质属性，要求高校教师具有明确的教育理想，积极的教育情感，深邃的教育智慧，良好的专业能力，能用专业的思维思考教育问题，心无旁骛地致力于高深学问的探索和传承。“结构合理，充满活力”是对高校教师队伍建设成效的高度概括，要求高校教师队伍建设要完善教师管理制度，科学配置教师资源，使队伍的职称、学历、年龄、学缘符合教师教育事业发展的需要，保证各级各类教师队伍人尽其才、百花争艳，“形成优秀人才争相从教、教师人人尽展其才、好教师不断涌现的良好局面”。

三、科学界定高校教师队伍建设内涵

（一）基本要求：三个牢固树立

2013年9月9日，习近平总书记向全国广大教师致慰问信，希望全国广大教师“牢固树立中国特色社会主义理想信念，带头践行社会主义核心价值观，自觉增强立德树人、教书育人的荣誉感和责任感，学为人师，行为世范，做学生健康成长的指导者和引路人；牢固树立终身学习理念，加强学习，拓宽视野，更新知识，不断提高业务能力和教育教学质量，努力成为业务精湛、学生喜爱的高素质教师；牢固树立改革创新意识，踊跃投身教育创新实践，为发展具有中国特色、世界水平的现代教育作出贡献。”[9] “三个牢固树立”是当前高校教师队伍建设的基本要求。第一个牢固树立既体现教师政治立场，更是新时代教师的基本道德理想；第二个牢固树立生动表述教师的职责任务和工作要求；第三个牢固树立是面对高等教育发展的新形势、新机遇、新挑战，希望高校教师走在时代发展前列，紧跟知识前沿，始终处于学习状态，刻苦钻研、严谨笃学，不断充实、拓展、提高自己，与时俱进提升业务素质，更要教师立足教育教改前沿，确立教学学术理念，推动教育创新发展。“三个牢固树立”言简意赅、立意深远，为建设能“顶天立地”的高校教师队伍树立了标杆。

（二）价值准则：四有好教师

习近平指出："做好老师，是每一个老师应该认真思考和探索的问题，也是每一个老师的理想和追求。"[10] 2014年9月10日，习近平同北京师范大学师生代表座谈时的讲话对好老师的素养做了进行的清晰诠释，"有理想信念、有道德情操、有扎实学识、有仁爱之心"[11]。"四有"从思想素质、道德行为、学识能力和师生关系等方面界定了"好教师"的基本标准，反映了教育事业发展和教师队伍建设的现实需要，为造就高素质的优秀教师提供了价值导向，为评价好教师提供了操作模式。四有"好老师"的价值准则要求高校教师根据自己的价值观念、情感态度认同教师身份、拓展精神空间，提升道德智慧，高扬自我价值，赋予教师心灵成长的自由，拓展教师的心灵世界和精神空间，提升教师的道德智慧，增强广大高校教师师德修养自觉，引导高校教师对治学施教过程和行为进行自我反思，增进教师个体生存状态的完满。

（三）根本任务："四个引路人"

2016年9月9日习近平在北京市八一学校考察时，提出了好教师要"做学生锤炼品格的引路人，做学生学习知识的引路人，做学生创新思维的引路人，做学生奉献祖国的引路人"[12]。大学是智慧的殿堂，高校教师任务不仅在于传授本领，而在于对学生的激励、唤醒和引领。"四个引路人"要求高校教师努力在是非、善恶、曲直、义利、得失等方面为学生做出榜样，以自己的智慧启迪学生的智慧、以自己的人格涵养学生的人格、让自己的高雅文化熏陶学生，让自己的高尚人格感染学生，在教书育人的过程中重视学生优良品行与健全人格的培育，敬畏课堂，潜心教育，成为学生学习的向导，帮助学生去寻找和索取知识，将传授高深学问与提升智慧有机结合，鼓励学生的创新行为，学会创造性地思考与实践，教育学生在追求个人价值实现的基础上，形成服务社会，兼济天下的大格局、大视野。

（四）价值追求："四个相统一"

2016年12月，习近平总书记在全国高校思想政治工作会上强调："要加强师德师风建设，坚持教书和育人相统一，坚持言传和身教相统一，坚持潜心问道和关注社会相统一，坚持学术自由和学术规范相统一，引导广大教师以德立身、以德立学、以德施教。"[13]"要师德师风"蕴含着教师的政治素质、师德修养、道德情操和精神追求，"四个相统一"要求高校教师坚守育人之道，通过自身的舌种笔耕、循循善诱的育人活动关注知识背后的人性光辉，为学生提供足够的知性空间，始终保持对学生的关怀意识、营造自由生动的教育生态，用大学理性自由之光温暖润泽每位学生的心灵，启迪学生追求崇高的道德理想。"四个相统一"要求高校教师应重新审视自己应该承担的社会责任，准确把握国家和民族的重大需求，把自己的教育科研与国家要求紧密联系，知行合一，将个人价值与责任担当相统一，主动融入推动经济社会发展洪流，勇于在变革中承担责任，以正确价值观影响和引导社会及公众，以实现社会、国家和人民的福祉。

（五）素质结构：政治素质过硬、业务能力精湛、育人水平高超

2018年5月2日，习近平总书记在北京大学师生座谈会上发表重要讲话提出，建设"政治素质过硬、业务能力精湛、育人水平高超”的高素质教师队伍是大学建设的基础性工作。[14]“政治素质过硬”是保证教师队伍建设正确的政治方向，把教师思想政治工作摆在更加突出的位置。加强教师思想政治教育，强化政治理论学习，开展形势政策教育，不断提高教师的思想政治素质和道德修养；“业务能力精湛”要求高校教师有扎实的知识功底、过硬的教学能力，给学生创设宽松的学习环境、给学生自主选择的机会，用大学精神文化去规范、约束、指导自己的教书育人活动，使师生在教学相长的过程中实现智慧生成、灵魂渗透、道德构建。“育人水平高超”充分体现了总书记“育人为本”的教育思想，是要求高校教师“从培养社会主义建设者和接班人的高度”，始终保持对教育的激情，保持对教书育人活动的执着与投入，全面客观研究分析学生，对学生独特个性和能力精心培养，对学生丰富而均衡的精神世界进行有效关怀。在高校教师素质结构中“政治素质过硬”居首位，“业务能力精湛”是核心，“育人水平高超”是教师教育活动效果达成规定，三者相互辅成，相互促进，形成有机整体。

三、明确指出高校教师队伍建设方略

（一）加强精神关怀，引导教师珍惜教师职业

习近平总书记指出：“人民教师无上光荣，做老师，就要执着于教书育人，每个教师都要珍惜这份光荣，爱惜这份职业，严格要求自己，不断完善自己。”[15]在高校中，学生是立学之本，学者是立学之道，学术是立学之魂。教师善于反思和内省，强化道德自觉和道德自律，通过“心灵契约”，明确自己所负的育人使命，反思和重建自己的教师职业意识和职业行为，使自己成为自觉创造教师职业生命和职业内在尊严的主体，在实践中完善自我、叩问自己的职业良心。用温情、尊重和理解去造就教师，调动教师的自我反思、自我评价的系统，激发教师师德建设的自主性，增强对教书与育人的深刻理解，保持对教育规律的敬畏与尊崇，让教师在灵动的教育生活中体味爱与责任的伦理要求，感受美丽诗意的生命意蕴，绽放治学施教的理性光芒，体验到职业带给自己的内在欢乐与价值。

（二）促进专业发展，让教师不断完善自己

习近平总书记指出：“好老师不是天生的，而是在教学管理实践中、在教育改革发展中锻炼成长起来的。”[16]学习是教师发展之本、提高之策、进步之源、成事之基。高校教师队伍建设要保证每位教师都具有持续学习的愿望、机会和能力，使广大教师“勤于学习、善于实践，在工作上兢兢业业、精益求精”[17]。高校教师队伍建设要认真贯彻教师教育振兴行动计划，加强教师教育体系建设，“根据各级各类教师的不同特点和发展实际”创新教师培训方式，“加强教师培训需求诊断，优化培训内容，推动信息技术与教师培训的有机融合”[18]。高校教师队伍建设要以师德为先，能力为要，以实践为导向优化教师教育课程体系，彰显教师教育时代特色，通过大平台、大团队、大项目、大格局、大舞台引才聚才，引导教师时刻铭记教书育人的使命，“牢固树立改革创新意识，踊跃投身教育创新实践”[19]，很好地把实践和学习结合起来，针对教学实践中的问题开展专业发展性的行动学习，使高校教师有定力、有坚守，以学术造诣开启学生的智慧之门。

（三）增加教育投入，改善教师待遇

习近平总书记十分关心教师队伍的建设和待遇问题，要求全党全社会“努力提高教师政治地位、社会地位、职业地位，让广大教师享有应有的社会声望，在教书育人岗位上为党和人民事业作出新的更大的贡献”[20]。高校教育投入要更多向教师倾斜，不断提高教师待遇，让广大教师安心从教、热心从教，这些重要而明确的要求充分彰显了“尊师重教”的实在分量。高校教师队伍建设重在鼓励和支持教师站好三尺讲台，承担好发现知识、应用知识、传授知识的职责，深化人事制度改革，激励优者从教，落实教者从优，关爱教师成长，提高教师待遇，维护教师权益，未来也将一如既往地关心教师、尊重教师，发扬传统、发挥优势，感情留人、待遇留人、事业留人、平台留人，为教师施展才华提供机会和舞台，使他们的事业和学校的事业共同发展，从而使广大人民教师“在岗位上有幸福感、事业上有成就感、社会上有荣誉感”，“使教师成为最受社会尊重的职业”。[21]

参考文献

[1]习近平. 向全国广大教师致慰问信(2013年9月9日)[N]. 人民日报,2013-9-10.
[2]习近平. 在北京市八一学校考察时的讲话[N]. 人民日报,2016-09-10.
[3]习近平. 在全国教育大会的讲话[N]. 人民日报,2018-09-10.
[4]习近平. 在哲学社会科学工作座谈会上的讲话[N]. 人民日报,2016-05-19.
[5]习近平. 在哲学社会科学工作座谈会上的讲话[N]. 人民日报,2016-05-19.
[6]习近平. 在全国高校思想政治工作会议上的讲话[N]. 人民日报,2016-12-9.
[7]习近平. 在全国高校思想政治工作会议上的讲话[N]. 人民日报,2016-12-9.
[8]习近平. 做党和人民满意的好老师——同北京师范大学师生代表座谈时的讲话[N]. 人民日报,2014-9-10(2).
[9]习近平. 向全国广大教师致慰问信[N]. 人民日报,2013-09-10.
[10]习近平. 做党和人民满意的好老师——同北京师范大学师生代表座谈时的讲话[N]. 人民日报,2014-9-10(2).
[11]习近平. 做党和人民满意的好老师——同北京师范大学师生代表座谈时的讲话[N]. 人民日报,2014-9-10(2).
[12]习近平. 在北京市八一学校考察时的讲话[N]. 人民日报,2016-09-10.
[13]习近平. 在全国高校思想政治工作会议上的讲话[N]. 人民日报,2016-12-9.
[14]习近平. 习在北京大学师生座谈会上发表重要讲话[N]. 人民日报,2018-05-03.
[15]习近平. 做党和人民满意的好老师——同北京师范大学师生代表座谈时的讲话[N]. 人民日报,2014-9-10(2).
[16]习近平. 在知识分子、劳动模范、青年代表座谈会上的讲话[N]. 人民日报,2016-04-30.
[17]教育部等五部门. 关于印发《教师教育振兴行动计划(2018-2022年)》的通知[EB/OL]. (2018-03-28)http://www.gov.cn/xinwen/2018-03/28/ content _5278034. htm.
[18]习近平. 向全国广大教师致慰问信[N]. 人民日报,2013-09-10.
[19]习近平. 在全国教育大会的讲话[N]. 人民日报,2018-09-10.
[20]习近平. 在全国教育大会的讲话[N]. 人民日报,2018-09-10.
[21]中共中央国务院. 关于全面深化新时代教师队伍建设改革的意见[EB/OL].(2018-02-01)http://news.gmw.cn/2018-02/01/content_27542952.htm.

习近平新时代师德师风教育伦理论述刍议

沈璿

科学技术以其飞速发展态势不断冲击和颠覆我们生活的新时代，教育作为人类社会一个古老且传统的生活内容，不可避免受到影响。尽管从表面上看，学校教学系统依然固守旧有的管理模式，运行了近五个世纪的班级授课制依然按部就班，但在信息多元、资讯爆炸的今天，教育教学正发生最实质的变化：教师不需要教给学生更多信息，甚至不需要再教给学生更多技能。因为今天学到的技能有可能很快就被淘汰，学生通过互联网获得的信息更丰富。对今天的教师而言，需要教给学生的是如何判断哪些信息更重要，并结合方方面面、点点滴滴的信息，形成一套完整的世界观。然而现在的教师多半也是旧教育系统下的产物，因此，比改善教育教学方法更应先行一步的是教师首先应更新自身教育理念，并形成与时俱进的精神面貌与道德风尚。

党的十八大以来，以习近平同志为核心的党中央高度重视教育工作，高度重视教师工作，将教师队伍建设特别是师德师风建设提到了一个前所未有的战略高度。在全国教育大会上，习近平总书记在充分肯定广大教师为国家发展和民族振兴做出重大贡献的同时，再次对广大教师提出殷切期望。不仅为新时代教师队伍建设指明了方向，也对师德师风建设提出了新的更高的要求。

一、习近平新时代师德师风教育伦理论述的体现

师德师风教育伦理论述在习近平总书记系列讲话的集中体现：

· 2013年第二十九个教师节，习近平总书记向全国广大教师致慰问信：“是立教之本、兴教之源。”

· 2013年习近平总书记在联合国“教育第一”全球倡议行动一周年纪念活动上发表视频贺词：“国将坚定实施科教兴国战略，始终把教育摆在优先发展的战略位置。”

· 2014年第三十个教师节，习近平总书记号召全国广大教师做党和人民满意的好老师：“有理想信念、有道德情操、有扎实知识、有仁爱之心”的四有教师。

· 2015年第三十一个教师节，习近平总书记指出：“做教育改革的奋进者、教育扶贫的先行

基金项目：2018年度陕西省社会科学基金项目“以‘协调发展’新理念为指导建设法治高校研究”（2018Q19）的阶段性成果。

沈璿，博士，西安理工大学高等教育研究所教授，主要研究方向：教育学原理、教育伦理学。

者、学生成长的引导者。”

· 2016年习近平总书记强调把论述政治工作贯穿教育教学全过程，“传道者自己首先要明道、信道”。坚持教书和育人相统一，坚持言传和身教相统一，坚持潜心问道和关注社会相统一，坚持学术自由和学术规范相统一。

· 2016年第三十二个教师节，习近平总书记提出广大教师要做学生锤炼品格的引路人，做学生学习知识的引路人，做学生创新思维的引路人，做学生奉献祖国的引路人。

· 2017年习近平总书记在中国政法大学考察，要求教师深入研究和解决好为谁教、教什么、教给谁、怎样教的问题。

· 2018年，教师节的主题依然是“弘扬高尚师德 潜心立德树人”，足以见得习近平总书记在推进治国理政进程中始终把教育摆在突出位置，始终把加强师德师风建设放在首位，始终从战略高度来认识重在学养、贵在师德的为师之道的重要性，始终把加强教师队伍建设作为基础工作来抓。

· 2018年九月份，习近平总书记在全国教育大会上指出：让广大教师享有应有的社会声望——全党全社会要弘扬尊师重教的社会风尚，努力提高教师政治地位、社会地位、职业地位，让广大教师享有应有的社会声望，在教书育人岗位上为党和人民事业做出新的更大的贡献。并提出九个坚持：坚持党对教育事业的全面领导，坚持把立德树人作为根本任务，坚持优先发展教育事业，坚持社会主义办学方向，坚持扎根中国大地办教育，坚持以人民为中心发展教育，坚持深化教育改革创新，坚持把服务中华民族伟大复兴作为教育的重要使命，坚持把教师队伍建设作为基础工作。

二、习近平新时代师德师风教育伦理论述的研究意义

曾经的师道如光，曾经的师德如命。习近平总书记系列师德论述，将教师道德这个古老厚重的话题赋予了崭新的时代意义，同时也加增了国家给予教师的谆谆厚望。师德问题不仅仅是职业伦理问题，不仅仅是属于情感范畴的感性问题；而是从职业到志业的哲学问题，应上升到理性认知的责任伦理层面，这是我们研究习近平新时代师德师风教育伦理论述的时代意义。

（一）习近平新时代师德师风教育伦理论述研究的学术价值

关于教师责任，习近平同志谈道：教师是立教之本、兴教之源，教师有教书育人的荣誉感和责任感；他认为好老师虽然没有统一的模式，但高尚的师德一定是共同的、必不可少的特质。教师的工作要遵循政治工作规律、遵循教书育人规律、遵循学生成长规律；关于教师使命，做教育改革的奋进者、教育扶贫的先行者、学生成长的引导者。在教师道德要求上，习近平提出坚持教书和育人相统一，坚持言传和身教相统一，坚持潜心问道和关注社会相统一，坚持学术自由和学术规范相统一。关于教师素养，广大教师要做有理想信念、有道德情操、有扎实知识、有仁爱之心的“四有”之师。习近平对教师职责的总结，包含着深刻的哲学论述，形成了现代教育伦理论述体系，对新时代师德师风教育伦理理论的发展与完善，具有重要的理论意义。

（二）习近平新时代师德师风教育伦理论述研究的应用价值

在中国社会不同历史时期，教师伦理道德呈现出不同的价值取向和话语体系。在现代社会及教

育活动发生巨大变迁的今天，教师伦理道德再一次成为大众关注的热点。近年来，与教师有关的种种责任伦理问题越来越频繁，一些事件的发生及影响，使得教师道德水准和教师职业形象成为全社会关注的焦点，社会媒体及大众舆论中充满了关于师德问题的争议。第三十个教师节习近平在北京师范大学考察时指出：长期以来，广大教师自觉贯彻党的教育方针，教书育人，呕心沥血，默默奉献，为国家发展和民族振兴做出了巨大贡献，赢得了全社会广泛赞誉和普遍尊重；然而这些年，媒体报道了个别老师道德败坏、贪赃枉法的事，对这些害群之马要清除出教师队伍，并依法进行惩处，对侵害学生的行为必须零容忍。习总书记这种“零容忍”的决心，恰好是制定教师伦理规范的依据，为我们制定教师伦理的正式制度和非正式制度提供参考，为教师行为加以界定。

（三）习近平新时代师德师风教育伦理论述研究的社会意义

以习近平同志为核心的党中央高度重视教师队伍建设。他希望教师肩负中华民族伟大复兴中国梦的使命和责任，努力为发展具有中国特色、世界水平的现代教育，培养社会主义事业建设者和接班人做出更大贡献。他希望广大知识分子自觉做践行社会主义核心价值观的模范，坚持国家至上、民族至上、人民至上，身体力行带动全社会遵循社会主义核心价值观；他关心教师待遇、关心教师健康，让广大教师在岗位上有幸福感、事业上有成就感、社会上有荣誉感，让教师成为让人羡慕的职业。

目前，对习近平总书记师德师风教育伦理论述研究尚处于起步阶段，无论是系统性研究还是分类研究，理论成果相对还比较少，研究空间非常广阔，仍有许多需要进一步深入研究的问题。具体体现在：第一，习总书记数次提到教师道德在教育过程中的地位和作用，但目前国内文章多集中于关于师德师风具体论述的描述和阐释，缺乏对习近平总书记师德师风教育伦理论述理论体系的宏观理论分析和把握。第二，习近平总书记师德师风教育伦理论述富有深厚的理论根基，这无疑来源于其丰厚的中国传统文化基因和历史、哲学等论述积淀，对习近平总书记师德师风教育伦理论述的传统文化渊源，还有待于深入研究和挖掘。第三，习近平总书记分析师德师风问题的世界视野、战略眼光、政治智慧和思维艺术，其教育伦理论述所蕴含的实践特色、理论特色、民族特色和时代特色，不仅仅局限于中国和中华民族，对于习近平总书记的教育伦理论述需要从世界影响全面估量。第四，习近平总书记非常关注师德师风问题，连续几年展示了富有创见的新理念、新论述、新观点，充分体现了党中央对广大教师的亲切关怀和殷切期望，是新时期进一步加强教师队伍建设的重要遵循，凸显了新时代习近平教育伦理的论述特色和理论品格，是对新时代教育伦理的重要理论补充和更新。这些新理念、新论述、新观点值得我们上升到道德哲学高度深入研究。

三、习近平新时代教育伦理论述研究体系刍议

习近平总书记在治国理政过程中，高度重视教育在社会主义现代化建设中的地位和作用。将习近平教育论述与教育哲学、教育伦理学、教育社会学等专业理论相结合，生成习近平教育伦理论述，并从其生成逻辑、理论体系、理论品格、战略意蕴进行解构，为正确领悟和贯彻习近平教育伦理论述提供理论依据。

（一）习近平新时代师德师风教育伦理论述的生成逻辑

反思当前教师群体中部分人内在价值追求丧失、外在行为规范失效的状况，倒逼我们必须同时从两条渐或迷失的道路上找回教师往日的荣光，这两条道路我们并不陌生，那就是“师道”和“师德”。在伦理学意义上，“道”通常指事物运行必须遵循的普遍规律，亦指世界万物的本源或本体，是人们所共同遵循的普遍原则；“德”是得之于“道”的特殊性质，特指合乎“道”的行为和品德。师道乃是社会发展的自然结果，是一种隐性存在，意味着教师职业的本然存在方式，属教师精神内涵层面；而“师德”为人定之事，是师道本然的最好表达方式，呈规范性的显性表达，它规定了教师职业道德规范，向教师提出如何去做的要求。师道与师德师现代教师职业生活中“自然”与“约成”的一对范畴，二者并行，合二为一，方可建构我国教师伦理规范的合理内核。

在2018年9月的全国教育大会上，习近平总书记高度重视教师队伍建设，指出坚持把教师队伍建设作为基础工作。习近平总书记对教师工作重要性的论述不是朝夕之间形成的，从2012年党的十八大习近平总书记关于教育重要性的定位开始，习近平教育伦理论述逐年丰富，日趋完善。习近平教育伦理论述不仅有博大精深的中华优秀传统文化基因，还有身后的马克思主义哲学底蕴，其日渐成熟的教育伦理论述体现出实践逻辑与理论逻辑、历史逻辑与现实逻辑、外在逻辑与内在逻辑的统一。

（二）习近平新时代师德师风教育伦理论述的内容体系

习总书记指出，新时期党和国家赋予教师的重大责任和神圣使命，就是带头践行社会主义核心价值观，这是教师不可推卸的社会责任。教师责任，及其根本是对学生的关怀的责任，是一种道德责任。《中国大百科全书》将道德责任解释为：“人们在一定的社会关系中所应该选择的道德行为和对社会、对他人所承担的道德义务。”对教师的道德责任可以从五个方面来理解：其一，教师道德责任是人们在社会生活中承担教育这一特定社会角色而具有的和角色身份相符的道德规定和要求。其二，教师道德责任是人们对于自己所从事的教书育人工作与学生、他人及社会之间发生客观伦理关系的一种自觉认识，从而自觉地从道德意义上担负起对学生及社会的责任。其三，教师道德责任是人们从道德层面对不道德行为及其后果的一种责任追究。其四，教师道德责任是一种重要的道德品质，而且这种道德品质对其他道德品质的形成具有基础性作用。其五，教师道德责任是一种道德能力，这种能力体现在道德责任的认知、判断、选择和实践等方面。教师道德责任将道德固定于个体意识中，这是他们每个人的行为基础，其他一切都建立在这个基础之上。

习近平总书记对教师的道德认知高屋建瓴，总是把教师道德摆在第一要位；对教师工作的辛苦付出，习总书记有深厚的感情认同；在谈到作“四有”教师时，习总书记将理想信念放在最前列；当面对个别教师有悖道德规范，甚至有侵害学生的行为时，习总书记连续八次坚定地表示零容忍的道德态度和坚决惩处的道德意志；教师是大爱的撒播人。归纳习总书记的教育伦理论述，可以看出关于教师的道德认知、道德情感、道德信念、道德意志和道德行为等系列伦理理论体系雏形。

（三）习近平新时代师德师风教育伦理论述的理论品格

自古中国教育就注重人学，虽说每种职业都既有技艺性一面，也有道德性一面，但是整个社会对教师的道德尤为看重，为师的标准即是“应为一具有之通才”。教师的工作需要以自身为职业，其品德行为都是影响学生价值取舍及世界观形成的重要因素。积极的教师智慧使人朝向正直；如若不然，教师言行失范可能导致害人害己的至深后果。每一位教师个体的美德既是一项合格行为得以完成的前提，同时也是制度、秩序、规范的社会约束体系能够真正产生约束作用的前提。只有那种符合教师伦理标准且本身就是一个品行良善的人以他美好职业德行所采取的教育行动，方能称得上是正确的教师伦理行为。教师道德的重要程度甚至凌驾于对学生专业知识获得和能力培养之上，教师只有在道德上是可信的，教育方能算是真正成功。

推进教育均衡、公平发展，满足人民日益增长的对优质教育的需求，是新时代赋予教育战线的新使命。习总书记强调全党全社会都要更加关心教育、关心教师，要从战略高度来认识教师工作的极端重要性，要把加强教师队伍建设作为教育事业发展最重要的基础工作来抓，提升教师素质，改善教师待遇，关心教师健康，维护教师权益。这些论述立足于实践、立足于时代、充满理论智慧、富含民族风格，体现了其论述的鲜明个性和独特品格。

（四）习近平新时代师德师风教育伦理论述的战略意蕴

合理的社会价值理性信念的确立和自觉践履，是每一个民族的文化走向成熟和圆融的标志。教师作为人类文化科学知识的继承者和传播者，是学生智力的开发者和道德的塑造者，是培育和践行社会主义核心价值观的重要承载。教师，作为一种古老的职业，作为人类精神文明和历史文化传承的主要渠道，虽然具有全球化教师职业的“同道性”，但其伦理内核不可能超越特殊文化与传统语境之外，更是一种特属于中国传统并蕴含历史文化的教师道德伦理。对师道师德的回望，是以道德之历史叙事方式来形成中国特有的教师伦理道德谱系。

习近平总书记在推进治国理政进程中，把教育工作摆在突出位置，系统回答了一系列方向性、全局性、战略性重大问题，构成了科学完整的习近平教育论述理论体系。习近平教育论述是中国特色社会主义教育理论发展的最新成果，同时也标志着我们党对教育规律的认识达到了时代新高度。

习近平新发展理念在新建地方本科院校转型发展中的价值

王国平　毛文婕

习近平“创新、协调、绿色、开放、共享”新发展理念，是我们党对发展规律认识的新境界。当前，新建地方本科院校在其办学进程中，普遍遇到了发展的瓶颈，寻求转型发展是理性的选择。正确认识新发展理念的深刻内涵，分析新建地方本科院校转型发展中存在的问题，进而以新发展理念指导其成功转型，不仅是国家“双一流”建设的战略需要，也是新建地方本科院校转型发展的内在要求。

一、习近平新发展理念的深刻内涵

习近平新发展理念有着深刻的内涵，在新建地方本科高校转型发展中，如何融入新发展理念，以实现更有质量、更高水平的发展，不仅是一次思想认识的升华，更是一次实践的有益探索。

（一）创新发展，激发动力

创新发展追求高质量和高效益。创新是引领发展的第一动力。抓住了创新，就抓住了牵动经济社会发展全局的“牛鼻子”[1]。纵观世界经济发展的进程，以科技和产业革命作为推动力，主要依靠资源和低成本劳动力等“后发优势”“比较优势”等红利要素的传统发展模式和经济体制已经不能适应新的经济发展要求，国际竞争力体现在创新能力上。抓创新就是抓发展，谋创新就是谋未来。[2]

（二）协调发展，实现均衡

作为一种辩证和系统的发展，协调发展追求的是平衡性、协调性和可持续性。协调的范围是整体，协调的方式是发挥整体效能，协调的目的是增强发展的整体性和全局性。协调既是发展手段又是发展目标，同时还是评价发展的标准和尺度，协调是两点论和重点论的统一，协调是发展平衡和不平衡的统一，协调是发展短板和潜力的统一。[3] 坚持协调融合，在协调发展中强化短板意识，优化发展结构，以实现整体功能的最大化。

基金项目：国家社会科学基金“十二五”规划2015年度教育学一般课题“价值管理在高校绩效评价中的应用研究”（课题编号：BIA150093）的阶段性成果。

王国平，南京邮电大学教育科学与技术学院研究员，硕士生导师，主要从事院校管理、高校品牌战略管理、高校价值管理研究；毛文婕，南京邮电大学教育科学与技术学院硕士研究生，主要从事高等教育管理研究。

（三）绿色发展，促进和谐

作为一种追求和谐、效率和可持续的发展方式，绿色发展的设计理念和方法坚持节约资源，以人为本，注重对生态环境的保护。环境就是民生，青山就是美丽，蓝天也是幸福，绿水青山就是金山银山；保护环境就是保护生产力。[4] 绿色发展的目标始终坚持经济、社会和环境的可持续发展，将"生态化""绿色化"作为绿色发展的主要内容和途径，在经济活动的过程和结果中，注重人与自然的和谐发展。

（四）开放发展，推动联动

开放发展，就是要在"打开大门""走出大门"上双向联动，注重融入，实现优化。实践告诉我们，要发展壮大，必须主动顺应经济全球化潮流，坚持对外开放，充分运用人类创造的先进科学技术成果和有益管理经验。[5] 实行合作共赢的开放战略，就是要积极应对外部环境变化，坚持引进来和走出去并重，加强内外之间的协调，增进战略互信，加强人文交流和相互合作的深度融入，形成互利合作深度融合的局面，推进开放型经济建设。

（五）共享发展，确保公平

共享发展，关注的是发展的目的性、竞争的协同性和整体的优化性。共享理念的实质就是坚持以人民为中心的发展思想，体现的是逐步实现共同富裕的要求。[6] 发展的目的为了人民，发展的力量来源于人民，发展的成果由人民共享，是共享发展理念的核心要义。因此，要维护社会的公平正义，必须制定切实有效的制度，以保证人人享有平等参与、平等发展的权利，在共建共享中有更多的获得感，增强发展的动力。

二、新建地方本科院校转型发展中存在的问题

自20世纪90年代末期以来，新建地方本科院校经过近20年的发展，数量不断增加，规模逐渐扩大，在我国高等教育体系中占有很大比重，推动了我国高等教育事业大众化进程。然而，随着高等教育大众化时代的到来，在其外延扩展的过程中所存在的一些深层次问题开始显现。

（一）动力不足，转型发展缺乏创新活力

长期以来，中国高等教育一直处于卖方市场，巨大的市场需求掩盖了高校的生存危机。对于新建地方本科高校而言，普遍存在开拓创新精神不够强，面对转型发展，求稳怕乱，缺乏锐意进取、敢闯敢试的开拓精神，创新的动力不足。一是办学理念更新不够。习惯于"眼睛向内思考问题"，"出台政策盯住他校"，缺少创新的思路和先进的理念。二是内部管理创新不够。现代化大学制度尚未完全建立，精细化、规范化、科学化管理的水平不高，资源配置的公开性不够，公平性欠缺，民主监督有待加强。三是科技创新活力不够。科研工作是新建地方本科院校的"短板"，科研力量薄弱，主动与地方经济结合不够，接不上"地气"就借不到"地力"。四是文化建设底蕴不厚。文化创新本质上是"软实力"创新，新建地方本科高校由于其建校历史短，文化建设普遍滞后，迫切需要培植具有本校特色的校园文化。

（二）发展不均，转型发展缺乏政府引导

我国高等教育发展的不平衡已经成为制约高等教育再上新台阶的障碍。一方面，院校之间不平衡。受传统计划经济的影响及办学历史的不同，形成了“985”“211”和普通本科院校这种中国式的高校等级，新建地方本科院校，办学历史较短，办学层次、办学水平参差不齐。另一方面，区域发展不平衡。由于教育资源分布的不平衡，我国大学竞争力在各地区之间存在很大差别[7]，尤其是中西部省份，无论是大学数量还是质量，都比东部地区落后很多。政府作为我国公立高校的举办者，是高校财力的主要提供者，尽管当前高校筹资渠道多元化，但是财政投入仍然是绝大多数高校最主要的经费来源。新建地方本科院校处在本科层次的最底层，转型所需要的经济基础薄弱。在建设“双一流”的发展战略中，高校间发展的不平衡加剧了新建地方院校转型的难度，为了获得政府更多的投入，在这些院校中出现了盲目攀高求全的现象，高校特色流失，趋同严重，迫切需要政府通过出台相关法律政策来引导和规范，通过财政投入来给予协调和平衡，从而推动新建地方本科院校向应用型大学的转型发展。

（三）成色不足，转型发展缺乏绿色底蕴

新建地方本科院校大多是成立于20世纪90年代末期，其产生的背景是经济快速发展，人才市场激发了高等教育市场的巨大需求，外延的快速扩张是其共性。这些院校办学基础比较薄弱，升格成本科院校的时间较短，与老校和名校相比，以效率、和谐、持续为目标来衡量地方新建本科院校的转型，明显缺乏绿色的底蕴。一是发展的模式过于粗放，办学后劲不足。突出表现在专业学科建设中，在发展的初始阶段存在一哄而上的现象，造成一些专业缺师资、无特色，进一步的发展遇到了瓶颈。二是发展的进程不够和谐，办学活力不够。发展的初期，主要走扩大规模外延性发展方式，外延与内涵发展不匹配，内涵建设跟不上发展的步伐。三是管理学校的水平亟待加强，办学效益不高。突出表现在绿色校园建设水平不高，投入不计成本，缺乏低碳节约发展的意识，各种浪费现象比比皆是，财力的不足也制约着学校发展目标的实现。

（四）开放不够，转型发展缺少社会参与

新建地方本科院校的转型涉及众多的利益相关者，除了政府的有效引导和自身的积极主动外，还需要得到包括用人单位、社区组织、校友、债权人和捐赠者等社会各界的广泛参与。受自身条件的制约，这些院校的开放办学做得还不够好。从学校自身来看，院校主动对外开放的意识不够，习惯于立足校内办学，从专业设置到人才培养方案的制定，从师资队伍的建设到教学计划的安排，都与社会的需求相脱节。加至开放办学缺少政策性机制的支持，高校办学的自主权缺失。从社会参与层面来看，社会各方对其转型发展的积极性不高。转型发展最重要的合作方式——校企合作机制尚未建立。合作形式仅限于合作科研项目、接收学生实习等浅层次合作，企业参与院校实质性转型的就更少，参与学校的转型投入高、周期长、风险大，部分企业不愿意参与到院校的转型中。此外，受传统思想和精英化高等教育模式的影响，社会上还没有形成一种尊重技术的良好氛围，大众舆论存在着尊重学术性高校、贬低应用型高校的现象，应用型人才得不到应有的尊重，给转型发展带来了一定的外部困扰。

（五）共享欠缺，转型发展缺少内部支持

新建地方本科院校在其发展的过程中，提高办学水平和办学效益，需要人力、财力、物力的有力支撑，共享不够成为阻碍发展的又一因素。学校领导层在调动师生员工的积极性，统一思想、共谋发展方面的工作做得不够；在学校事业发展中资源配置尚欠合理，极易挫伤师生员工的积极性和创造性。共享发展具有鲜明的导向性、包容性。[8] 共享不够，使得这些院校在转型发展中存在两个方面的不足：一是在以师生为中心的价值目标导向性上出现偏差，“学生第一”“教师第一”“服务第一”的理念不够牢固，重管理、轻服务，容易挫伤师生员工的积极性和创造性。二是包容性上出现偏差，资源配置不尽合理。资源更多地流向了科研工作、优势学科、光环人士等。发展的成果不能共享，各方的积极性就难以调动起来，也就形不成内部的合力，转型发展得不到全校师生员工有力的支持。

三、用习近平新发展理念引领新建地方本科院校的转型发展

当前，中国高等教育正在全面地推进“双一流”建设，新建地方本科院校面临着更加严峻的挑战和艰巨的任务，如果按部就班，沿袭原有的思路，则难以超越现实。唯有适应形势，用习近平新发展理念指导转型，才能实现跨越式发展。

（一）更新“发动机”，注入发展的新动力

转型发展是一项系统性的改革工程，需要有新的推动力，必须更换“发动机”，注入新动力。

以创新的理念引领发展。对转型高校而言当前迫切需要更新的理念主要“创新发展”的理念、“有所为有所不为”的理念、“特色办学”的理念、“开放办学”的理念、“共享发展”的理念以及“绿色发展”的理念等，理念的更新促进体制和机制的创新。

以创新的机制促进发展。激发创新主体的活力，必须从机制创新这个“原动力”着手。建立和完善现代大学制度，严格按新制定的《大学章程》办学，创新内部管理模式，充分发挥管理创新对高校科学发展的推动作用。实施内部治理工程凝聚人心，协同制衡学术权力和行政权力，强化科学决策，优化资源配置，强化民主监督，不断提升学校整体运行的质量和效率。

以先进的文化支撑发展。作为创新的基础，文化创新能够提供源源不绝的精神动力。如何使本校的传统校园文化与新时代的大变革、大转型有机结合起来，让学校历史的品质焕发出时代的光辉，是转型高校校园文化创新迫切需要做的事情。学校的领导层，要牢固树立文化铸校的理念，将文化建设放到重要的位置，并积极组织实施具有地域特色的文化建设工程。

（二）补齐“短木板”，建立发展的新平衡

根据管理学中的“木桶原理”，水桶的盛水量取决于最短的木板。协调发展的核心就在于补齐短板，实现发展的均衡性。无论是国家层面的“双一流”建设战略，还是高校内部的学科建设，都面临着优先与均衡之间的矛盾，因此，新建地方本科高校的转型需要确立协调发展的理念。

办出特色补短板。人才需求的多样化决定了高校发展的道路是多元的。新建地方本科院校要主动适应社会需求，在办学定位中找准特色，实施差异化发展战略，立足高校历史，把握地域特征，

找准比较优势，优化特色结构，创新人才培育特色，繁荣文化引领特色，形成特色优势群，以特色“拉长”自身的短板。

优势带动补短板。从国家层面来讲，“双一流”建设将会给传统名校带来更多、更稳定的财政资源投入，而新建地方本科院校的投入主要来源于地方政府的财政，各地区之间财力不均衡性决定了教育投入存在着较大的差距。从学校内部层面讲，各校在集全校之力打造“一流学科”建设的过程中，也会使传统强势学科更强。因此，无论从国家层面还是学校内部，都要有相应的政策措施相配套，鼓励传统名校、强势学科通过各种形式的合作带动、支持新建地方本科院校和薄弱学科的发展。

政策扶持补短板。办学经费不足、科技创新能力欠缺以及高层次人才稀缺等因素制约着新建地方本科院校转型发展，地方政府在财政、土地、贷款、税收优惠等方面，有着强有力的话语权，因此，需要政府给这些高校在人才引进、财力物力资源获取等方面更多的办学自主权，使其获得更多的政策性支持，不断增强院校自我发展的能力。

（三）贴上“绿标签”，实现发展的新境界

绿色发展在狭义上指发展经济的同时注重保护环境和修复生态，发展低碳技术，实现循环经济，使经济社会发展与自然相协调。就新建地方高校转型发展而言，其绿色发展的理念主要体现在以下几个方面：

绿色理念引领发展。绿色发展理念的精髓在于发展要遵循客观规律，从这个意义出发，新建地方本科院校的发展也要从本地本校的实际出发，规模的扩大、专业学科的拓展，要从学校自身的物质资源、师资结构和水平、学校所处的自然社会环境以及学科之间的生态平衡等方面综合考虑，切不可盲目攀比高大上，而要充分挖掘现有的资源，力求以最少的投入获得最大的效益。

绿色标准评价发展。对学校运行绩效进行评价将成为一种常态工作。学校的自评估是一种自我诊断、自我完善的过程，要改变传统的聘专家进校评估方式为基于网络和数据的常态监测，突出绿色的数据在学校运行质量评价中的地位与作用，利用“绿色指标”，用数据说话，实现学校发展的绿色评估，减少评估过程中的人为干扰，减小对学校日常工作的影响，使得评估的过程更加绿色和便捷，评估的结果更加客观和公正。

绿色低碳节约发展。建设节约型的校园，树立节约、集约、循环利用的资源观，全面节约和高效利用资源，研发节约资源的科技、完善节约资源的政策等方式，在学校运行的各个方面全面实行节能减排和节能降耗措施，切实降低办学成本，以实现绿色发展的基本目标。

绿色校园清洁发展。校园是师生学习生活和工作的公共空间，也承担着生产生活的废弃物，生态阈值决定了环境有限的承载和自我净化能力，因此，美化环境，清洁发展，既是环境育人的客观要求，也是可持续发展的必然选择。在校园环境的治理上，加大环境治理力度，以提高校园环境质量为核心，实行最严格的环境保护制度，减少废物的排放，使其资源化和无害化，促进环境友好型校园的建设。

（四）打开“隔离墙”，拓展发展的新空间

在开放办学体制下，大学之间的质量、声誉竞争决定了高等教育资源配置，只有开放办学才有优化调整的空间和可能性，开放发展的理念主要体现在以下几个方面：

主动开放，从被动服务走向主动出击。从战略思维的高度更新开放办学的理念，从"被动开放"向"主动开放"转变，从习惯于"对接式"的被动服务向"挖掘式"的主动合作转变，根据自身的办学条件和特色优势，寻找到自己的目标市场，主动融入地方经济建设，关注所在区域发展战略、产业结构和用人需求，从外部环境中收集或争取一切可能的资源来完成设定的目标，在开放办学中争取主动权和话语权，不断提升学校的核心竞争力。

双向开放，从单边合作走向双边互惠。新建地方本科院校的学科建设必须以地方经济发展需要为立足点和出发点，在为地方经济服务和解决问题中，凝练学科方向，调整专业学科结构，建立新兴的学科，提升学科水平。要使这样的合作能够保持长久的生命力，必须要建立合作互惠的机制，让社会组织和企业在合作过程中也获得自身的利益，以服务共赢换资源、求发展。

深度开放，从简单合作走向协同创新。随着建设创新型国家的需要，"各自为战""双边合作"等简单合作式的研究已成为过去式，强调校企之间、校地之间、校所之间、校校之间、国际合作单位之间以及校内各个学院（研究中心、所）之间的深度融合与协同创新，突破众多创新主体间形成的合作壁垒，使得"人才、资本、信息、技术"等创新要素的活力得到充分释放，形成创新的合力，从原始创新向集成创新转变，再向融合再创新升华。

（五）共享"大蛋糕"，凝聚发展的向心力

新的发展理念将共享作为追求的目标，共享既作为发展的一种理念，也作为发展的行动；既作为发展的出发点，也作为发展的落脚点。只有通过共享改革发展的成果，才能在转型的进程中凝心聚力。共享发展的理念主要体现在以下两个方面：

把"蛋糕"做大。共享建立在共建的基础之上，高质量的共享离不开高水平的共建。就新建地方本科高校的现状而言，现有的"蛋糕"不仅不够大，而且还不够好。在共建"蛋糕"的过程中，尊重师生员工的主体地位，善于调动师生员工积极性和创造性，集聚民智，激发民力，让每个人都有参与的机会和施展才能的平台，人人都有成就感，学校事业发展了，共享的"蛋糕"也就做大了。

把"蛋糕"分好。"蛋糕"做大了，同时还要把"蛋糕"分好，"蛋糕"分好了，让每位师生员工都有更多的获得感，才能充分调动师生的积极性和创造性，创造出更大的"蛋糕"。分"蛋糕"主要体现在资源的配置和利益的分配上，特别要处理好整体与局部、重点与一般、教学与科研、文科与理科、学校发展与师生生活改善等关系，兼顾效率与公平，做出更有效的制度安排，使得人人都有平等发展的权利，人人都有人生出彩机会，以保障共享发展得以实现。

参考文献

[1]习近平.深入理解新发展理念.习近平谈治国理政(第二卷)[M].北京:外文出版社, 2017(11):201.
[2]习近平.深入理解新发展理念.习近平谈治国理政(第二卷)[M].北京:外文出版社, 2017(11) :203.
[3]习近平.深入理解新发展理念.习近平谈治国理政(第二卷)[M].北京:外文出版社,2017(11) :205-206.
[4]习近平.深入理解新发展理念.习近平谈治国理政(第二卷)[M].北京:外文出版社, 2017(11) :209.
[5]习近平.深入理解新发展理念.习近平谈治国理政(第二卷)[M].北京:外文出版社,2017(11) :211.
[6]习近平.深入理解新发展理念.习近平谈治国理政(第二卷)[M].北京:外文出版社, 2017(11) :215.
[7]董海军,曾东霞.区域梯度教育结构与对口支援西部高校的反梯度[J].科学·经济·社会, 2009, 27(4):13-15.
[8]周振国.学习贯彻党的十八届五中全会和省委八届十二次全会精神理论专论:牢固树立共享发展理念[N]河北日报,2015-12-16(07).

提升新时代思想政治理论课亲和力和针对性研究

张梅

2016年12月，习近平总书记在全国高校思想政治工作会议上的重要讲话中指出：“要用好课堂教学这个主渠道，思想政治理论课要坚持在改进中加强，提升思想政治教育亲和力和针对性，满足学生成长发展需求和期待。”[1] 这一重要论述为加强高校思想政治理论课建设指明了方向和途径。2018年4月，在教育部印发的《新时代高校思想政治理论课教学工作基本要求》（以下简称《基本要求》）中强调，要把高校思想政治理论课（以下简称“思政课”）教学工作摆在更加突出的位置，更加重视加强和改进教学管理，更加重视提升教学质量，不断提升思政课的亲和力和针对性，全面推动习近平新时代中国特色社会主义思想进教材进课堂进学生头脑。《基本要求》是新时代高校思政课教学工作的纲领性文件。

思政课在高校育人过程中，既是巩固马克思主义指导地位的主阵地，也是培养德智体美全面发展的社会主义事业建设者和接班人的主渠道，应当从全局视野、战略高度认识和看待思政课的特殊重要性。高校思政课“05” 方案实施以来，思政课得到全面加强和改进，在党的十九大召开之后，思政课教材又做了全新改版，在深入推进习近平新时代中国特色社会主义思想进教材、进课堂、进学生头脑等方面发挥了重要的作用。同时，也必须清醒地看到，面对新的时代，思政课建设也还存在许多困难和不足，我们必须强化问题导向，弘扬改革创新精神，在提升思政课的亲和力和针对性上下功夫，才能切实增强新时代思政课的实效性，把思政课建设成学生真心喜爱、终身受益的优秀课程。

一、在提升思政课亲和力上下功夫——聚焦教材、教师、教学、考核

亲和力，“原本是一个染料化学术语，是指能使纤维及其他材料着色的有机物质特性的一种定量表示方法，后来发展为指两种或两种以上物质结合成化合物时相互作用的力。”[2] 从心理学角度讲，亲和力是指在人与人相处时所表现出来的亲近的动机、行为和能力。而思政课亲和力，是指思政课对大学生所具有的亲近力、吸引力，以及大学生对思政课产生的亲近感、趋同感。“亲其师，信其道，践其行”是对思政课亲和力真实的写照和要求。

当前，思政课缺乏亲和力，主要表现为教材转化不到位，教师内功修炼不够，教学方法不灵

张梅，华北水利水电大学马克思主义学院教授，硕士生导师，研究方向为高校德育、意识形态安全。

活，考核形式太单一等。因此要提升思政课亲和力，必须在教材、教师、教学和考核上下功夫。

（一）提升教材亲和力——前提基础

要使大学生对思政课产生亲近感、亲切感，拉近思政课与大学生的距离，就必须在教材编写上下功夫。通过教材形式的变革、内容的创新和话语的转换，编写出形式新颖，学生能读得进、记得住、用得上的好教材。自"05方案"实施以来，全国思政课要求统一使用马克思主义理论研究和建设工程编写的教材，这的确保证了教材的权威性、科学性。但由于较多地运用学术话语、文件话语和书面话语，过于理论化、概念化和抽象化，在一定程度上缺乏对大学生的吸引力和感召力。另外由于时间差等因素的存在，有些内容未能及时反映马克思主义中国化的新成果，出现内容滞后于形势发展需要的问题。

"05方案"的教材在使用十多年后，国家终于在2018年对思政课教材进行了全面修订。一是以党的十九大精神为指导，将习近平新时代中国特色社会主义思想进教材，这充分反映了马克思主义中国化最新成果和中国特色社会主义最新实践。二是在一定程度上吸收了高校一线教师的意见和建议，进一步增强了说理性、说服力和可读性、耐读性，增强了统编教材的亲和力和吸引力。但由于考虑到统编教材的科学性、严谨性，2018版教材在形式上还是比较保守，缺乏创新，缺乏学生乐于接受的语言风格，从而拉近与学生的距离，使大学生对思政课产生亲近感亲切感。因此，为了弥补统编教材的不足，我们可以鼓励地方和学校编写出与统编教材相配套的具有地方特色的本土化实践教材，以弥补和丰富统编教材的不足，使教材形式更具多元化，更具亲和力。

（二）提升教师亲和力——关键因素

思政课亲和力的提升关键在教师。"在思想政治教育活动中，教育对象是双重身份的统一体。对于教育者的施教活动而言，教育对象表现出客体身份的一面，……在接受、实践思想政治教育内容的过程中，教育对象则以主体的身份出现，他自觉地以主体视角体察教育者的实际活动及其所表达的意义，以自己的认知图式诠释、选择、内化教育者所传递的思想政治教育内容，并通过自己的实际活动来实践思想政治教育内容所具有的行为指令意义。"[3] 从这个意义上说，思政课教师的亲和力影响甚至决定学生是否能主动积极接纳甚至内化思政课的教学内容，是否能促进学生世界观、人生观、价值观的形成与发展。提升思政课教师的亲和力，既能加强课程的感染力和吸引力，又能真正使思想政治教育深入学生心中，增强思政课的实效性。

一是加强自身的理论素养，注重教学研究。面对当前意识形态斗争的尖锐性，教师只有自己对马克思主义理论做到真学、真懂、真信、真用，加强内功修炼，讲起课来才能有理有力、生动自如，才能做到"居高"而"临下"，"深入"而"浅出"，使思政课从"天上回到人间、从空中回到地上、从文本进入学生心中"，[4] 从而内化为学生实践的方向和准则。为此思政课教师首先应是"专家"，要具备较为扎实的理论功底，只有具备较高理论素养的人，才能综合把握马克思主义的精髓，展现马克思主义的理论魅力，释放马克思主义的时代风采。同时思政课教师还应是"杂家"，要具有较为丰富的人文社会科学知识，对自然科学也要有所了解。深厚的理论功底和丰富的知识储备才能使教师做到旁征博引、见解独到、立意高远、引人入胜。另外，教师在教学上还应力求精益求精，尽力让每一堂课都是"精彩一课"。要做到学术研究无禁区、课堂讲授有纪律，教师课堂上讲的每一句话都要经得住推敲，每一个案例都要真实可靠，每一份课件都要精心制作，每一堂课都是精心设计。教师只有用真心、真情、真意投入教学，才能吸引学生、打动学生。

二要加强师德修养，提高人格魅力。首先要有崇高的理想和强烈的事业心。崇高的理想信念本身就很具有感染人、具有激励人的作用。尤其对于充满激情、充满想象的青年大学生来说，志存高远、胸怀天下、心系国家和民族并付诸行动的教师具有强烈的亲和力和感召力。其次，要培养积极向上的人格魅力。教师通过教学活动展示自己积极的人生态度以及对国家对民族对社会高度的责任感，学生才会“亲其师”而“信其道”。再次，要有仁爱之心。“爱是教育的灵魂，没有爱就没有教育”，最安全、最有效的教育手段就是爱的传递。思政课教师对学生要有仁爱之心，有了爱，教师才能变居高临下的教导者为严慈有度的引路者、服务者，才能给予学生尊重，才能有对学生真正的理解和包容。教师具有了仁爱之心也就具有了对学生的亲和力。

（三）提升教学亲和力——基本环节

要认真抓好课堂教学这一基本环节，不仅要在教学内容上下功夫，也要创新教学形式，努力做到教学内容丰富饱满、教学形式新颖活泼，切实提高到课率、抬头率和满意率，为思政课“入耳、入脑、入心、入行”打开通道。

一要在教学内容上下功夫，必须注重两个转化，即注重教材体系向教学体系转化，注重教材话语体系向教学话语体系的转化。这就要在吃透教材理论基础上，做到融会贯通并能熟练驾驭，同时将教材的书面语言转化为通俗的生活语言，精辟讲解，切实讲出理论的力量、理论的魅力，体现思政课的学术深度与理论高度，以深厚的理论功底、学术涵养而不是野史轶闻吸引学生，引领学生增强道路自信、理论自信、制度自信和文化自信。

二要突出问题意识，通过对大学生关心的热点、难点、焦点问题的透视，强化引导，厘清模糊认识。为此我校提出专题化教学，即时代主题+教材主题=教学主题，采用“三模块”教学法。即把每次课分成三个教学模块，第一模块教师精讲45分钟，把主要理论讲深讲透；第二模块学生分组讨论20分钟，围绕教师精选案例或社会热点问题，运用所学理论展开讨论；第三模块学生分组典型发言20分钟，教师最后点评5分钟。当然了，三模块教学法中的教师精讲环节，是要求教师在集体备课确定专题后，教师围绕专题精心准备的基础上精讲的。在小组讨论阶段是要求教师提前布置专题讨论题目，学生课下查阅资料，课堂围绕专题分组展开讨论。在第三阶段每个小组的发言人也是轮流的，让每个同学都愿意积极主动参与课堂。

三要突出方法创新，不断改革教学方法，逐步形成课堂教学、实践教学相互支撑，理念先进、方法多样的“四课联动”教学新模式，实现方法创新与教学内容的完美结合，以创新的形式吸引学生、感染学生、教育学生。

为此，我校对四门思政课课堂教学与实践教学进行了顶层设计，统筹各教研室人员和课程，根据课程内容、课程特点和性质，推出了由课堂实践教学延伸到课外的大型校内实践教学品牌“尚德·鉴史·明理·筑梦”，即：在第一学期《思想道德修养和法律基础》教学中开展“尚德杯”演讲大赛；在第二学期《中国近现代史纲要》教学中开展“鉴史杯”历史情景剧大赛；在第三学期《马克思主义基本原理概论》教学中开展“明理杯”课程辩论赛；在第四学期《毛泽东思想和中国特色社会主义理论体系概论》教学中开展“筑梦杯”微视频大赛。从而达到课程联动、师生联动、部门联动、第一课堂与第二课堂联动，真正实现教师全程指导、学生全员参与、活动全面覆盖的思政课实践教学的联动。

我校"四课联动"教学模式实施4年以来，参与学生人数达到2.5万人，滚动调查数据显示，80%的学生对这种教学模式持支持态度，76%的学生认为通过这些活动极大地提高了他们对思政课的兴趣，61.6%的学生认为通过这些活动锻炼了自己各方面的能力。

（四）提升考核亲和力——导向功能

考试的一个重要功能就是导向作用，它好比教学的显示器，就像一个指挥棒，决定着教师教什么、怎样教和学生学什么、怎样学。过去的思政课没有吸引力，其原因还与考试内容重知识、轻能力，重记忆、轻创新，考试方式闭卷多、开卷少，一次考试定结论多、数次考试综合评价少等问题密切相关。所以学生上课就是为了应付考试过关，导致出现"知行分离"等比较严重的现象。应进一步创新考试考核办法，探索建立科学评价体系，通过考核过程全程化、考核形式多样化、考核内容生活化，增强思政课亲和力。

一要考核过程全程化。加大过程考核的力度，例如我校就实施了过程性动态考核方式，平时考核要素包括学生出勤、课堂表现、课堂讨论、课堂演讲、课堂辩论、微视频作品、社会实践调查等，满分100分，按50%折算到期末成绩中。这种模式使考核真正成为教学的内在环节，从而形成学生全程参与学习的倒逼机制。

二要考核形式多样化。思政课的考核要改变过去"一纸试卷定终身"的模式，考核形式要多样化。我校考试方法改革后，实行新的评价体系，思政课的最后成绩由三部分组成，一是课堂考核，以学生课堂表现为主，侧重学习态度考核，占比30%，二是实践考核，以学生参加社会实践活动、志愿者活动、社团活动和日常行为表现为主，侧重行为考核，占比30%；三是试卷考核，以知识考核为主，侧重评估学生对马克思主义基本知识的掌握程度和理论运用能力，占比40%。

三要考核内容生活化。考核内容要围绕教学目标、围绕学生生活实际、围绕社会关注热点来设计，注重开放性、实践性，注重激发学生进行自主性的探究式学习，实现考试和学习深度贯通。题型由过去侧重知识性命题改为注重能力型命题，取消死记硬背的客观题型，改为材料分析和案例分析题。

二、在提升思政课的针对性上下功夫——围绕"四为服务"、遵循"三大规律"、满足学生需求

"针对性"是指事物的指向性，强调指向事物的核心、抓住事物的本质。思政课的针对性就是指思政课教师要围绕"四为服务"的根本目标，以"三大规律"为基本依据，以满足学生需求和期待为根本目的，培养中国特色社会主义事业合格建设者和可靠接班人。

（一）围绕"四为服务"——根本目标

鲜明的政治立场，是我国高校思政课的突出特征。作为大学生的必修课，思政课承担着对大学生进行系统的马克思主义理论教育的任务，是我党的优良传统，也是我国高校的特色课程。作为培养人、教育人和引导人的思想政治工作，首先要思考的就是"为谁培养人"这一前提性问题，也就

是从什么样的立场、从什么样的目的出发来培养人，以及培养出来的人要服务于什么样的事业。简言之，就是要解答人的发展的政治方向和阶级立场这一重大问题。我国有独特的历史、独特的文化、独特的国情，这就决定了高校思政课必须围绕习近平总书记所强调的"为人民服务，为中国共产党治国理政服务，为巩固和发展中国特色社会主义制度服务，为改革开放和社会主义现代化建设服务"的根本目标，在坚持中改进，切实提升思政课的目标针对性。

（二）遵循"三大规律"——基本依据

规律是对事物内在联系的深刻把握，只有遵循规律，才能切实增进思政课教学效果。正如习总书记指出的："做好高校思想政治工作，要遵循思想政治工作规律，遵循教书育人规律，遵循学生成长规律，不断提高工作能力和水平。"遵循"三大规律"是提升思政课教学针对性的基本依据。

思政课是立德树人的主渠道，既要遵循教书育人和学生成长的一般规律，更要遵循思想政治工作的特殊规律。特殊规律寓于一般规律之中，一般规律通过特殊规律来体现。高校思政课不是一般的人文素质教育课，除了传授知识外，更注重课程的政治性和意识形态性，在思政课教材和教学中，人文知识只是作为意识形态的载体而存在，只是实现精神塑造的手段，最终目的是达到思想引领和价值观养成。

此外，在不同的社会制度下，智育、体育、美育的内容有很大一致性和相通性，有着共同遵循的教育教学一般规律。唯有德育的内容和标准是由社会占统治地位的意识形态决定的，且和教育者的思想体系及"三观"联系在一起，体现了不同社会制度意识形态和核心价值观。培养与我国发展的现实目标和未来方向紧密联系在一起的、体现"四为"培养目标的人才，是中国德育的特色，是高校思政课的使命所在。因此，思政课教学既要遵循教育的一般规律，更要强化我国德育的特殊规律，把德育作为培养人才的根本，这是高校坚持正确政治方向、践行立德树人宗旨的根本体现。

（三）满足学生需求——根本目的

思政课教学关系高校培养什么样的人、如何培养人以及为谁培养人这个根本问题，从根本上说是做人的工作，其出发点和落脚点都是学生。因此，思政课教学就要针对学生需求和愿望，从学生实际出发，想学生之所想、解学生之所惑，抓住围绕学生、关照学生、服务学生、满足学生需求这一根本目的，不断提高学生思想水平、政治觉悟、道德品质、文化素养，使思政课"切实管用"。

满足学生需求，就要深入研究当代大学生的实际需求。"95后"大学生是互联网的原住民，他们思维活跃、视野开阔、个性张扬，网络在线成为其生活与交往的方式，他们习惯于网上交流，习惯于通过网络关注新鲜事物，习惯于网上观看影视作品等等。但在某种程度上，他们又缺乏对网络信息的辨识与分析批判能力，急于求成与浮躁的心态，使得他们无论在学习上还是为人处世上都有较强的功利性。要引领这样的"95后"大学生，就要看得见他们的诉求，听得到他们的心声，才能实现最佳的引领效果。因此，思政课教师要学会站在他们的角度去思考问题，用新鲜典型的案例，生动活泼的语言讲好中国故事，讲好党的故事，用事实和真情打动学生，既尊重学生爱听故事的需要，又尊重教师按照党的要求培养学生思想政治素质的需要，建立有效链接，让学生如沐春风，感受到被尊重，而不是被训导，内心主动接受思想政治教育。

满足学生需求，还要深入分析大学生思想观念、价值取向、行为方式，把握学生心理发展规律、接受机制和成长成才规律，使思政课既能针对学生思想发展的实际，又能结合中国特色社会主义实践中的重大现实问题进行解疑释惑，教育引导学生正确认识世界和中国发展大势，不断树立为共产主义远大理想和中国特色社会主义共同理想而奋斗的信念和信心；正确认识中国特色和国际比较，全面客观认识当代中国、看待外部世界；正确认识时代责任和历史使命，激励学生自觉把个人的理想追求融入国家和民族的事业中，勇做走在时代前列的奋进者、开拓者；正确认识远大抱负和脚踏实地，把远大抱负落实到实际行动中，让勤奋学习成为青春飞扬的动力，让增长本领成为青春搏击的能量，为实现中国梦贡献青春力量。

参考文献

[1]习近平.把思想政治工作贯穿教育教学全过程开创我国高等教育事业发展新局面[N].人民日报,2016-12-09.
[2]朱智贤.心理学大词典[M].北京:北京师范大学出版社,1998.
[3]沈壮海.思想政治教育有效性研究[M].湖北:武汉大学出版社,2002.79.
[4]陈宝生.打一场提高高校思政课质量和水平的攻坚战[EB/OL].http://www.moe.gov.cn/jyb_xwfb/gzdt_gzdt/moe_1485/201612/t20161205_290870.html,2016-12-05/2016-12-10.

应用SPOC翻转课堂提升高校思想政治理论课教学亲和力与针对性的实践探新

赵晓春

在全国高校思想政治工作会议上，习近平总书记提出："思想政治理论课要坚持在改进中加强，提升思想政治教育亲和力和针对性，满足学生成长发展需求和期待。"[1] 党的十九大报告指出，我国已经迈入中国特色社会主义新时代，我国高等教育也面临着新特征、新挑战和新任务。面对新时代新变化，高校思想政治理论课（以下简称"思政课"）教学应因事而化、因时而进、因势而新，要运用新媒体新技术，推动思想政治工作传统优势同信息技术高度融合，增强时代感和吸引力。

一、应用SPOC翻转课堂提升思政课亲和力与针对性的优势

SPOC，是英语Small Private Online Courses的首字母简写，意指小规模限制性在线课程，它融合了传统课堂教学与MOOC各自优点，是将线上和线下教学有机结合起来的一种混合式教学模式。SPOC由美国加州大学伯克利分校Armando Fox教授首次提出并将其运用到实际教学中。从2013年开始，美国的众多名校都展开了SPOC实验，并且取得了比MOOC更好的效果。[2] SPOC主要有两种模式，一种是根据准入条件从全球选取一定数量 (通常500人左右) 的申请者严格要求他们完成整个学习过程以取得相应证书；另一种是针对学校教育环境的线上学习与实体课堂深度结合的模式，本质是借助线上学习优势变革教学结构实施翻转课堂教学。SPOC翻转课堂充分融合了当代教育要朝向国际化、信息化和个性化发展的特点，该模式混合了不同的教学理念、教学资源、教学活动、评价方式，搭建了个性化、多元化、互动化的知识建构型教学环境，实现了从教师中心到学生中心、从被动接受知识到主动参与建构、从浅层学习到深层钻研、从个体学习到协作探究等的多维翻转。作为"后MOOC时代"的典型课程范式和教育信息化的时代潮流，SPOC翻转课堂已成为国内外高校教学模式改革的主要方向。[3] 由于思政课在国家意识形态安全、三观（世界观、人生观、价值观）塑造等方面具有特殊性，相对于MOOC和传统教学方式，采用SPOC更适合思政课教学的发展和走向。SPOC翻转课堂应用于思政课，对提升思政课教学亲和力和针对性具有重要意义和独特优势。

基金项目：2017年度中央高校基本科研业务费专项资金资助项目（26120182017B46414）、2018年度江苏省高校哲学社会科学专题研究项目（2018SJSZ006）、2018年度河海大学小型教学管理研究项目"高校思想政治教育'三全育人共同体'机制的创新与实践"的阶段性成果。

赵晓春，河海大学人文社科部副教授，研究方向为高校思想政治教育。

（一）高契合的教学方式

SPOC翻转课堂在教学方式上更契合当代大学生的学习特点，能有效增强思政课教学的亲和力。当今在校大学生群体基本为“95后”，“00后”大学生也正大规模入学。这些“新新人类”受到自媒体、信息化影响，尤其是“00后”大学生更加具有全球化视野、个性化表达习惯，对高校思政课教学有更高要求。这些网络信息时代的大学生有着明显的“快”而“碎”的阅读习惯，要使他们通过思政课堂的学习使知识内化于心、外化于行，仅靠传统的灌输方式是难以实现的。思政课运用SPOC翻转课堂模式，在教学形式上契合了当代大学生碎片化的学习习惯，多元立体的教学方式使思政课教学更为丰富多彩。

（二）高颜值的教学内容

SPOC翻转课堂尤其注重教学内容的选择与更新，使之因时而进、因材施教，极大提升思政课教学的针对性、亲和力。中宣部和教育部要求高校思政课做到将马克思主义的最新理论成果“进教材、进课堂、进头脑”，而SPOC教学模式为达到这样的教学要求提供了有利条件。相对于MOOC，SPOC教学模式学习对象是小规模的，可实现依据学生的具体情况有针对性地进行课程设计，也有利于分析学生的学情。同时，马克思主义的最新理论成果以及与教学相关的新闻、案例、动漫等，可以及时上传到SPOC线上平台，教师也可依据教学需要、学生专业背景及学科特点录制、制作个性化的视频上传。这些短小精致、生动丰富、时效性强的“高颜值”思想政治教育视频和教学资源可以反复观看，有助于激发学生的学习兴趣与热情。

（三）高互动的教学过程

SPOC翻转课堂贯彻 “以学生为中心”的教学理念，[4] 注重激发学生自主学习能力，形成师生互动、生生互动、组内互动、组组互动的高互动课堂。目前多数高校思政课教学仍采取传统的教学模式，以理论灌输为主将知识传递给学生，学生学习基本处于被动、消极状态；而MOOC教学模式是以大规模开放性为主要特点，学生数量庞大，教师难以关注所有学生学习的实际情况和个性发展需求。SPOC教学模式结合两者优势，充分运用任务驱动式、研讨式、竞争式、线上线下混合式等教学方法，实现了大学生的泛在式学习、即时性反馈，构建了“思想政治教学学生中心化”“互动活动多维化”和“教学环境泛在化”的教学模式。即时性反馈的SPOC式课堂有较强大的互动功能，可借助APP开展签到、抢答、投票、测验、讨论、答疑、小组任务、评分等互动活动，能很好地调动学生的积极性。同时，以小组为单位在线下课堂汇报交流，开展成果展示、质疑答辩、生生互评的活动，更进一步实现了“人人有角色、事事有落实”“人人参与、个个动脑、同享进步、共同发展”的高亲和力育人目标。[5]

（四）高精准的教学评价

SPOC翻转课堂对手机端教学平台的应用，使得学习过程的数据采集更为高效、便捷、客观，教师依据数据分析结果，可优化教学内容和教学设计，进行高精准教学评价以及教学反思，提升思想政治教学的针对性和亲和力。比如利用后台数据，可以计算出每节课或者某时段教师与学生互动率、学生到课率、活动参与率、互动交流率、小组活动率，大数据可视图表可以清晰显示出学生对某教学资源的敏感度，依据这些指标，教师可以快速判断、及时调换、重组教学资源，优化教学设计，为后续班级做教学准备。同时，在学生学习情况掌控方面，SPOC运用大数据技术，对学生网络学习全过程生成智能成绩统计，构成学生总成绩的重要部分。SPOC教学模式对教学效果的评价更加全方位，更符合教育部在《新时代高校思想政治理论课教学工作基本要求》的通知中所提“注重过程考核”的要求。[6]

二、应用SPOC翻转课堂提升思想政治理论课亲和力与针对性的实践

（一）实施过程

课前，教师应认真建设思政课程在线平台并持续更新。线上完备的课程门户包括详细的课程目标、课程要求、课程大纲等，教师还应编辑好每章节的PPT、知识要点、微视频、作业、思考题及参考资料等。经典案例、人物介绍、热点问题等资料可随时上传或链接到平台的资料库。从中国大学MOOC网、爱课程网等网站甄选出的与课程相关的网络资源也可作为学生预习的材料。

课堂教学伊始，将学生以6到8人分组，并推选出组长，采用小组合作学习法进行教学，小组具备课堂管理、课堂展示、课堂讨论、课外学习以及实践活动等多重功能。[7] 教师按章节内容和进度，同时考虑时事热点和学生水平，确定十个左右翻转课堂专题，由学生自主选择、课后准备、课堂展示以及答辩互评。教师应做好小组专题的辅导工作，通过班级QQ群、电子邮件等方式对小组的汇报材料进行审核并提出修改意见，与学生共同探讨、分析，切实提高小组专题学习成果展示的质量。

需注意的是，在翻转专题的选择上，应充分考虑学生已有的知识水平和能力，使选题更具亲和力。以《马克思主义基本原理》课为例，这门学科高度抽象，各种概念较难把握，学生的自主学习容易受挫。可以根据学生实际情况，选择学生易于驾驭的专题，比如“实践在认识中的决定作用”“人民群众创造历史”“资本主义为社会主义所代替的历史必然性”等。对马克思主义的基本原理、基本观点的分析和阐述，则还应利用课堂讲授教学的方式做有针对性的讲解。线上线下的学习量大约是2：3，这样，既保证了学生自主学习探索的积极性，又能有效发展学生深度学习能力。

课后，教师充分运用在线平台提供的“讨论”功能，使大学生们有了畅所欲言的空间。“提问”和“回答”的情况都会被系统排名，精彩的发言帖还会被教师标注“精华”“置顶”。这在很大程度上调动、激发了学生参与讨论、深入思考的积极性和能动性。在“原理”课的在线讨论区，年轻学子们对剩余价值论、共产主义理想等理论进行思想碰撞，就“一带一路”、党的十九大、中美贸易战等时事热点交流看法。经统计，试点教学班平均每人参与讨论达到10次以上。有的学生可就一个问题一口气写出七百左右的文字来参与；还有的同学能不断提出新颖、有深度的问题激发大家思考、回应，其热烈程度不亚于甚至超过课堂讨论。在线讨论区俨然成了这些年轻学子互相交流、彼此促进的平台。正如高夏溪同学所言，“课后的网上讨论十分活跃，网络平台也提供了一个方便、快捷、自由的空间，可以看到大家对某一话题的不同见解。课程内容与时事结合紧密，在了解时事的同时，可以更深入地看见事件的本质。”

除了学生们自发提问、讨论，教师也可就一些当前热点话题、时事政策组织学生讨论。对学生的困惑、质疑，教师应及时答疑引导，使讨论区始终充满正能量。在讨论平台上，教师能及时发现学生们对知识掌握的盲点、思想中的困惑，课堂教学过程中及时指导学生进行有针对性的深入讨论和研究，真正实现“以学生为中心”的课堂。

（二）成效显著

笔者自2015年起建设SPOC翻转课堂，迄今已对1 200余名大学生进行了翻转教学，取得了良好的教学效果和社会影响。[8] 2017年10月到12月期间，课题组在H学校抽取了320名思政课学生进行问卷调查，其中200名是在传统教学法下学习的学生，120名进行的是SPOC翻转课堂学习，经过一学期的思政课学习，传统教学法下，44%的学生“喜欢”或“非常喜欢”思政课，还有51%的学生表示“一般”，专注课堂、认真听课率为65%；而参与SPOC翻转课堂学习的有80%的同学“喜欢”或“非常喜欢”思政课，专注课堂、认真听课率达到92%。在课程获得感方面，传统教学法的学生选择“很多”“较多”的为53%；而SPOC翻转课堂下，有85%的学生表示有“很多”或“较多”的获得感。

课题组还对思政课程改革模式下学习的学生进行走访调研、个别访谈，并查阅了学生的学习心得和课程评教，进一步发现大多数学生对SPOC翻转课堂的态度积极、高度认可。下面是部分学生的主观报告：“翻转课堂在书本内容的基础上向外拓展了很多，老师也在网上发布了许多视频和文章。通过这些内容形式多样化的课外素材，在加深刻理解理论内容的同时，也给我的学习带来了快乐。”“各个小组展示的活动生动有创意。同学们都很投入，各显神通，有节目播报、辩论、微电影、情景剧、诗歌创作、歌曲翻唱等等，课堂气氛轻松而活跃，真是既有意义又有意思。这样的课，我很期待。”“我认为翻转课堂很好，让学生也可以感受到老师讲课不容易，上课更容易认真听讲；能帮助学生更好地学习知识、理解知识、记忆知识，还能锻炼学生的演讲能力，提高自信心；翻转课堂也提高了课堂的趣味性，让学生对课程有兴趣，能更好地完成学习任务，也有机会发展学生的爱好。”

从考试检验学习效果的角度看，相同试卷，翻转教学试点班的成绩普遍好于传统授课班级，不但消灭了不及格，优秀率也比传统授课班平均高出1/3。学生对思想政治理论的理解更深刻，运用理论分析现实问题的能力也有大幅提高，思政课的SPOC翻转课堂对于他们来说不再是空洞、说教、无趣的代名词，而是充满期待、乐趣、成长的舞台。

应用SPOC翻转课堂于思政课教学的四年实践充分表明，在提升思政课亲和力与针对性方面，SPOC翻转课堂成效显著、大有可为。高校思想政治理论课教学应用SPOC翻转课堂教学模式应有较为广阔的应用前景。

三、SPOC翻转课堂应用于思政课教学的反思

SPOC翻转课堂是舶来品，在国内高校应用于思政课教学也只是近几年的事，存在许多改进、提升的空间，以及教师、学生、学校适应、协同的问题。结合实践探索的经验，SPOC翻转课堂在应用于思政课教学应在如下几方面有待完善。

（一）教师需转变教学观念、创新实践，持续提高教学能力。

SPOC翻转课堂作为新鲜事物，一部分思政课教师对该种教学模式不熟悉、不了解、不认可，又由于其精力投入大、技术门槛高，多数思政课教师存在怀疑、观望甚至抵触、排斥的心态。翻转课堂教学模式虽然减少了教师课堂理论授课时间，但对教师引导课堂教学的技巧以及随机应对学生问题的能力要求较高，对教师有更高挑战。面对这项教学改革的压力，作为互联网+时代的思政课教师应该迎难而上，树立创新教育理念，自觉进行教学方法的改革，以责任担当和无畏勇气迎接新时代思政课教学的要求和挑战，突破传统、惯性教学模式，探索适应当代大学生思想行为特点的思政课SPOC翻转课堂教学模式。此外，思政课教师还应不断提高知识贮备和驾驭课堂的能力，同时加强团队建设，以团队的力量共同建设、完善SPOC翻转课堂。

（二）学生应加强对思政课的重视度，逐步适应SPOC翻转课堂。

对于多数高校学生来说，思政课的难度不大，通过率较高，学生不够重视的现象较为普遍。SPOC翻转课堂需要学生在课外投入比传统教学更多的时间、精力，会引起部分学生出现不满情绪，抱怨课后任务多。思政课教师要加强与学生的沟通、交流，引导学生对思政课的投入，引导学生善于“化整为零”，利用课后零散时间自学。同时，多激发学生课上的表达欲，依托网络平台与实体课堂共同打造立体多维的学习环境，寓教于乐地使学生尽快适应SPOC翻转课堂。另一方面，不断提高在线教学平台内容的“颜值”，以短而精、生动有趣、富有亲和力和针对性的内容吸引学生、提高其学习兴趣。同时，加大在线学习为重要组成部分的平时成绩占总成绩的比重，可达60%以上，引导学生注重学习过程。此外，将思政课的学习成绩作为推优、入党、班干和党团干部选拔的一项重要指标，也会激励大学生重视思政课的学习、配合SPOC翻转课堂的教学。

（三）高校应鼓励教师投入教学改革，不断完善信息化水平。

当前，许多高校对教师评价指标有明显的重科研轻教学的导向，教师忙于科研，从事教学改革的积极性不高、投入不足。而SPOC翻转课堂恰恰需要思政课教师的高投入，由于思政课时效性强的特点，教材、案例等教学内容经常因时而变，在备课量本身就很大的情况下，再花精力投入翻转课堂建设的确面临矛盾和困难。因此，学校对教师的评价指标应以科研和教学两种体系并行来纠正重科研轻教学的评价导向，保证教学改革业绩突出的思政课教师能够晋升职称，甚至同等条件下享有优先权，引导教师愿意将时间和精力投入到教学改革中来。[9]

此外，SPOC对学校的教学条件来说也是一种考验。为确保SPOC在思政课中科学、有效地发挥作用，取得预期的教学效果，学校对思政课网络教学的支持是重要的前提和基础。学校应努力满足SPOC技术化较强的教学要求，提供有力的技术配备和经济支持。

综上，高校思政课教学应用SPOC翻转课堂的教学实践表明，SPOC翻转课堂对提高思政课的亲和力、针对性有明显成效，虽然在教师、学生、学校等方面存在不适应、不协调，面临种种压力、困难与障碍，但作为思政课教师，应弘扬改革创新的时代精神、不计名利的奉献精神，大胆实践、勇于探索，不断推进新时代高校思想政治理论课SPOC翻转课堂教学改革，为提高思想政治理论课的亲和力、针对性和教学实效做出自己应有的贡献。

参考文献

[1]习近平在全国高校思想政治工作会议上强调:把思想政治工作贯穿教育教学全过程 开创我国高等教育事业发展新局面[N]. 人民日报,2016-12-09.

[2]聂勇.后MOOC时代高校思想政治理论课SPOC教学研究[J].内蒙古师范大学学报(教育科学版),2016,(02):65-67.

[3]李敦东.基于SPOC翻转课堂的大学生中国文化传播能力培养研究[J].江苏第二师范学院学报,2017,(04):7-11.

[4][美]PJ.开普希,托德·维特克尔.以学生为中心的翻转教学11法[M].北京:中国青年出版.2016:36.

[5]杨东杰,闫亮亮,胡锐.高校应用"移动云课堂"提升思想政治教育亲和力探析[J].甘肃理论学刊,2018,(03):23-28.

[6]教育部教社科[2018]2号. 新时代高校思想政治理论课教学工作基本要求[EB/OL]http://www.moe.gov.cn/srcsite/A13/moe_772/201804/t20180424_334099.html.

[7]赵晓春.大班小组法在思想政治理论课实践教学中的运用[J].文教资料,2015,(01):145-147.

[8]中国教育和科研计算机网.河海大学常州校区思政课"活"了! 低头族不见了.[EB/OL]. http://www.edu.cn/xxh/xy/xytp/201707/t20170714_1540444.shtml.

[9]王红艳.高校思想政治理论课翻转课堂教学改革的障碍及破解[J].学校党建与思想教育. 2016,(03):62-64+80.

深度学习视角下高校思政课课程目标达成研究

张吉

为深入贯彻落实习近平新时代中国特色社会主义思想和党的十九大精神，进一步巩固马克思主义在高校意识形态领域的指导地位，全面推动习近平新时代中国特色社会主义思想“三进”工作，加强新时代高校思想政治理论课（以下简称“思政课”）建设，教育部对此专门印发《新时代高校思想政治理论课教学工作基本要求》，强调将高校思政课教学工作摆在更加突出的位置，更加重视加强和改进教学管理，更加重视提升教学质量。这为高校加强和改进思政课教学质量工作指明了攻坚方向，提出了新的要求。至此，高校思政课教学迎来了新的改革与研究热潮。

在思政课课堂教学研究中，课程目标是我们判断课堂教学是否有效的重要标准。但是在实际操作中，我们发现高校在评价思政课课程目标达成度上存在不少问题，导致评价结果未能如实地反馈学生实际所获得的发展与进步。如何对课程目标达成度进行客观、全面地评价，是高校在思政课课堂教学改革与研究中亟须破解的难题。本文结合深度学习理论，重点论证学生进行深度学习能够有效促进课程目标的达成，提出以学生进行深度学习作为课程目标达成度的评价依据。

一、高校思政课课程目标达成度评价概述

（一）高校思政课课程目标

课程目标直接反映一个国家的教育方针政策，体现一定的课程取向和文化观念等主流价值观。[1] 高校思政课课程目标是党和国家培养社会主义建设者和接班人思想的具体化，也是作为评价课堂教学有效性的重要标准，对学生的质量规格提出具体要求。

为了进一步全面认识该课程目标，本研究参照2005年下发的国家文件《关于进一步加强和改进高等学校思政课意见》（以下简称“05方案”）中对课程目标的规定，并依据泰勒所提的课程目标包括“内容”与“行为”这一原则，对上述课程目标进行进一步精细化梳理，总计归纳出22个具体目标（见表1）。

张吉，浙江交通职业技术学院助教、专职辅导员，主要从事思想政治教育研究。

表1 高校思政课各课程目标图谱

目标分类	课程具体目标
目标1	帮助大学生掌握中国特色社会主义的理论体系
目标2	帮助大学生掌握中国特色社会主义的基本观点
目标3	帮助大学生用马克思主义世界观和方法论去认识问题
目标4	帮助大学生用马克思主义世界观和方法论去分析问题
目标5	培养马克思主义人生观
目标6	培养马克思主义价值观
目标7	培养马克思主义道德观
目标8	培养马克思主义法制观
目标9	树立高尚的理想情操
目标10	养成良好的道德品质
目标11	树立中华民族优秀传统和时代精神的价值标准
目标12	树立中华民族优秀传统和时代精神的行为规范
目标13	帮助学生了解国史
目标14	帮助学生了解国情
目标15	领会历史和人民是怎么样选择了马克思
目标16	领会历史和人民是怎么样选择了中国共产党
目标17	领会历史和人民是怎么样选择了社会主义道路
目标18	掌握党的路线
目标19	掌握党的方针
目标20	掌握党的政策
目标21	帮助学生正确认识国内形势
目标22	帮助学生正确认识国外形势

我们发现上述每个课程目标都有其层级类别。如目标3“帮助大学生用马克思主义的世界观和方法论去认识问题”与目标1“帮助大学生掌握中国特色社会主义的理论体系”相比，在目标层级上目标3高于目标1。与此同时，我们应意识到高等院校实质上应是高深学问传递的场所，正如布鲁贝克认为“高等教育与中等、初等教育的主要差别在于教材的不同：高等教育研究高深的学问”[2]。高校思政课作为高等院校开设公共必修课程之一，其课程目标要求相对于学生学习来讲，在目标的层级上属于高阶目标。因此，本研究以布鲁姆的教育目标分类法为依据，对该课程目标进行分层，尝试着概括出低阶与高阶课程目标。

具体操作来看，笔者将表1中22个课程目标依据教育目标分类法进行对应建模，获得高校思政课目标具体分层。从表2中可见，高校思政课课程目标分为两大类，分别是高阶课程目标和低阶课程目标。其中低阶课程目标包括目标1、2、13、14、15、16、17、18、19、20，高阶课程目标包括目标3、4、5、6、7、8、9、10、11、12、21、22。

表2　高校思政课类课程目标分层

	教育目标分层	思政课目标分层	目标分层
认知领域	1.知道 2.领会	目标:13、14 目标:1、2、15、16、17、18、19、20	低阶目标
	3.运用 4.分析 5.综合 6.评价	目标:3 目标:4 目标:21、22	高阶目标
情感领域	1.接受 2.反应		低阶目标
	3.价值倾向 4.组织 5.价值或价值复合体的特征化	目标:5、6、7、8 目标:9、10、11、12	高阶目标

（二）思政课课程目标达成评价主要存在的问题

重视课程目标评价、提升评价质量成为高校在思政课教学改革中攻坚方向与核心要求。具体而言，就是将上述不同层级类别课程目标与学生在各方面的具体发展程度做横向的比较，研判其在不同层级类别的达成情况。然而，我们发现高校在思政课课程目标达成度评价上的理念与实践存在落差，主要表现在以下三方面：

一是评价方式单一。几乎所有的高校通过平时学业表现以及期末考评来对学生进行评价，尤其部分学校在结业考试中采用“机考”形式对学生进行考评，成绩分数高就理所当然地认为课程目标达成度较高。这种以知识的掌握程度来对目标达成度进行评价的方式是不客观的，它仅能研判学生在知识思维类的低阶课程目标达成情况，无法研判其他高阶课程目标达成度。

二是评价结果失真。高校思政课承担着对大学生进行系统的马克思主义理论教育的任务，是大学生思想政治素质培养和提升的主渠道。但由于思想政治教育效果的滞后性，思想类、素质类、能力类、品质类等形成是一个逐渐发展过程，若只仅仅通过知识的掌握程度进行考量，必然导致评价结果失真，无法真实地反馈学生的学习质量与结果。

三是评价指标泛化。高校思政课作为一门由国家统一设置的公共必修课，其课程目标也由国家明确规定。高校在评价课程目标达成过程中，其评价指标也多依据“05方案”中所提该课程目标要求分解而来。通过表2我们发现此课程目标既强调学生知识结构的完善与批判思维的训练，也重视学生能力结构的完善和解决实际问题的能力提高，但内容陈述过于笼统、宽泛，对于具体课程目标达成度评价不具备较高的指导与参考价值。

综上所述，如何客观、全面地对课程目标达成度进行评价，尤其是对涉及思想类、素质类、能力类等发展性课程目标达成度进行评价，是摆在高校面前的一道亟须破解的现实难题。

二、基于深度学习的高校思政课目标达成探索

（一）深度学习内涵

深度学习是一个不断变化的概念。究竟什么是深度学习，国内外并没有给出一个统一的概念。

关于深度学习的内涵学界莫衷一是，但总的来看存在以下两种界说。

第一类界说认为深度学习是学习者在学习过程中一种具体的学习方式。国外学者比格斯（Biggs）提出深度学习是相对于浅层学习的学习方式，“深度学习包含高水平或者主动的认知加工，对应的浅层学习则采用低水平认知加工，如简单记忆或者机械记忆”。[3] 在国内持该立场的黎加厚教授是主要代表人物，他提出“学习者能够批判性地学习新的思想和事实，并将它们融入原有的认知结构中，能够在众多思想间进行联系，并能够将已有的知识迁移到新的情境中，做出决策和解决问题的学习”。[4]

第二类界说侧重于能力的培养，认为深度学习是培养学生的高阶能力与思维。在国内关于深度学习内涵界定以张浩为代表，他指出：“深度学习要求学习者掌握非结构化的深层知识并进行批判性的高阶思维、主动的知识建构、有效的迁移应用及真实问题的解决，进而实现问题解决能力、批判性思维、创造性思维、元认知能力等高阶能力的发展。”[5] 由学者威廉和弗洛拉休利特基金会发起、美国研究院组织实施的SDL项目，对深度学习的研究具有重大意义。文中威廉指出深度学习是“让学生灵活地掌握和理解学科知识以及应用这些知识去解决课堂和未来工作中的问题，主要包括掌握核心学科知识、批判性思维和复杂问题解决、团队协作、有效沟通、学会学习、学习毅力六个维度的基本能力”。[6]

纵观上述对深度学习内涵的界定，国内外学者主要围绕“学习过程说”或“能力发展说”两方面进行论述，其中持“学习过程说”的学者们更加强调学生在知识学习过程中所表现出来的行为，持“能力发展说”的学者们更加关注学生学习的结果，学生进行深度学习后所获得的高阶认知技能、高阶思维等。这两种界定的侧重点有所不同，但毫无疑问的是“能力发展说”是在“学习过程说”的基础上所提出来的。因此两种内涵界定具有一定的共性，那就是聚焦学生在学习过程中的行为表现，即深度学习是具有主动性与批判性的、进行高水平知识加工的一种一般意义上的具体学习方式。

（二）基于深度学习的高校思政课课程目标达成论证

通过对表2思政课课程目标的梳理，我们可以发现各层级的课程目标实质上大致涉及相关知识的传授、核心价值观塑造、能力与技能习得、思想态度形成等四方面。从认知心理过程来看，当知识内化为观念、价值、能力、素养等时，必定对知识进行了深加工。而对知识进行深加工的行为是深度学习的主要特征，因此可以说不经过深度学习上述转化也是无法实现的。具体来看：

1.态度品德的形成必须经过深度学习

态度品德的形成属于情感领域的学习，班杜拉通过用个人因素、行为和环境三者互相作用的观点解释个体态度与品德形成和改变的过程，而学者凯尔曼认为“态度品德的形成的一般过程分为三个阶段，分别为依从、认同和内化”。[7] 依从阶段是个体按照社会要求、群体规范或他人意志而采取的表面服从行为；认同阶段是个体自觉地接受他人观点、态度、品德等，并与他们形成一致性；内化阶段是个体真正从内心接受他人的观点，并转化为自己的态度品德。

根据凯尔曼的态度品德形成的三阶段理论推论，大学生在思政课课堂教学中形成的态度品德也要经历依从、认同、内化三个阶段。这意味着在思政课课堂教学中大学生态度品德的改变也是从依从开始的，从被迫服从到逐渐形成习惯，最终转化为自觉地服从。

从认知心理来看，有学者提出“态度和品德由认知、情感和行为倾向三个成分构成”[8]，态度品德的形成是知识内化为态度品德的过程，依从、认同、内化三个阶段是对知识进行内化程度的表现，其中内化阶段是学生态度品德真正形成或转化的阶段，也是知识内化最为深刻、彻底的阶段。而学生对所学知识的内化实质上是对知识深加工的过程，这些过程的完成必须经过深度学习。因此，我们认为学生态度品德的形成也必须经过深度学习。

2. 知识的理解与转化必须经过深度学习

关于知识的理解与转化，皮连生根据现代认知心理学的知识分类理论和认知学习理论提出了广义知识学习与分类模型（见图1）。该模型将学生在认知领域中相关知识的学习过程分为三个阶段，依次是新知识习得阶段、知识的巩固和转化阶段、知识的迁移和应用阶段。

依据皮连生的知识学习模型，我们以目标1“帮助大学生掌握中国特色社会主义的基本观点”为例，阐述为达成目标1，在思政课课堂教学中学生是如何进行学习的。具体来看：

首先，是新知识的习得。大学生在高校思政课学习过程中，首先识记中国特色社会主义基本观点的概念与知识；其次是知识的巩固与转化。当大学生完成中国特色社会主义的本观点的识记后，将这些知识进行同化或者顺应，清晰地复述出所学知识；再次是知识的迁移与应用，当被提问中国特色社会主义基本观点包含的内容时，大学生能够做到快速地调取相关知识进行回答。综上，通过上述三个阶段解释了学生对中国特色社会主义基本观点的知识学习过程，这种学习过程注重进行理解与转化，以帮助学生更好地学习相关知识。而理解与转化是高水平的认知加工，也是深度学习的主要特征之一。因此，可以说相关知识的理解与转化必须经过深度学习。

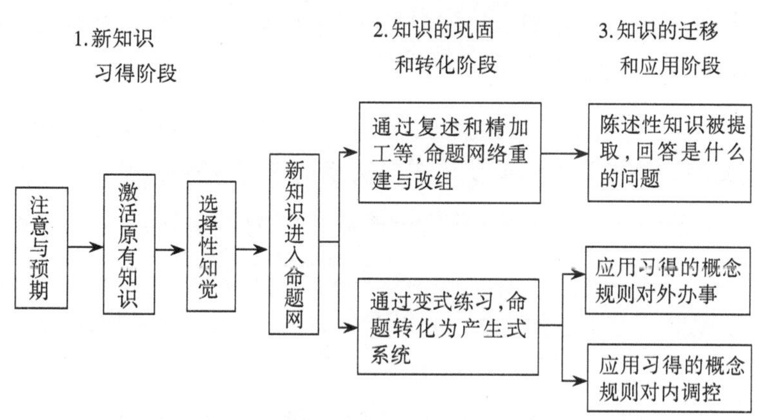

图1　广义知识学习阶段与分类模型

3. 能力与技能的习得必须经过深度学习

关于能力与技能的习得，心理学家费茨和伯纳斯概括了较为成熟的能力与技能习得的一般过程，分别为联系、认知、自动化阶段。其中认知阶段主要是理解学习任务，以形成目标意象与期望；联系阶段是使适当的刺激与反应形成联系；自动化阶段是能力与技能能够熟练地运用，无须特意地注意与纠正。[8]

依据能力与技能习得的三个阶段，我们以目标4“培养学生运用马克思主义理论分析和解决实际问题能力”为例，论述为达成该目标在思政课课堂教学中学生是如何进行学习的。具体来看：

在认知阶段，首先要通过对他人运用马克思主义理论分析和解决实际问题的动作进行观察，以刺激情境知觉形成一个内部的动作意象，来作为实际分析、解决问题时的参照；其次，当形成意象后，学生结合自身的能力与经验，形成操作水平期望，即对能否熟练地运用马克思主义观点分析、解决问题有一自我认知。

在联系阶段，当学生一旦面对复杂问题时，会知道运用马克思主义理论的世界观去分析该问题，同时又会运用马克思主义方法论去解决该问题。反过来，学生在解决问题中形成的联系又会变成新一轮的刺激。

在自动化阶段，大学生面对复杂问题时，会自动地、无意识地运用马克思主义理论和观点去分析和解决问题，这一动作无须特殊的纠正和引导。这也是能力与技能的习得进入第三阶段的特征。

综上，上述三个阶段解释了学生运用马克思主义世界观与方法论去分析和解决问题能力的习得过程，实质上是知识内化为能力的过程。这一过程注重对知识的迁移与应用，强调将所学知识运用到实际生活中。而这一过程正是深度学习的主要特征之一，因此可以说学生能力与技能的习得必然进行了深度学习。

4.“三观”的形成必须经过深度学习

对于价值观的形成过程，美国学者拉思斯提出价值澄清理论，将价值观的形成分为选择、珍视、行动三个阶段。而学生只有从头至尾地完成这一过程，才能说其真正确信并具有某种价值观。

首先，知道“选择”——当面对与已有价值观冲突的境遇时，做出正确的选择。现代社会各种价值观念及其文化意识形态相互碰撞、排斥和融合，导致大学生常常进入一种以道德冲突为前提的选择境遇，且该选择境遇是对立的、不相容的。如何做出正确选择，对大学生群体而言是个较困难的挑战。因而要求教会学生进行选择，并在选择时做到：其一，知道根据自己的价值观进行自由的选择；其二，面对多种选择时，知道对这些选择进行利弊的权衡；其三，知道对选择后果进行分析与思考，以做出正确的、明智的选择。

其次，学会“珍视”——珍惜自己的选择并感到满足。不少大学生在人前人后、校内校外表现不一，从心理学角度来讲，这实质上是大学生不愿为非出于自身意愿的、没有情感介入的行为负责。根据拉思斯的观点，他认为“价值源自我们乐意做出的选择”[9] 话说只有在审慎地思考和对选择的结果珍视的基础上，大学生才会言行一致地对自己的选择负责。因此在这一阶段要求学生做到：其一，学会对自己做出的选择感到满意，并以充分的理由肯定自己的选择；其二，愿意公开承认这一选择。

最后，付诸“行动”——按这一选择行事，并作为一种生活方式加以重复。大学生在面对选择时做出了理智的选择且备加珍视，但是这些并不能够让大学生形成正确的价值观。拉思斯认为学生要建立真正的价值体系，“必须把珍视的选择付诸行动，使行动反映出所选择的价值取向”[9]。基于此，在该阶段要求学生做到：其一，把珍视的选择付诸行动，使行动反映出正确的价值观取向；其二，能够反复地把正确的价值观取向付诸行动，使之成为一种生活方式。

综上，拉思斯认为通过选择、珍视、行动，学生的价值问题得到了评价与澄清，从而产生正确的价值观。价值澄清理论虽是西方价值观教育理论，但鉴于价值观是人类社会普遍存在这一特性，因而价值观的教育方式必然存在共通之处。这也为我国高校思政课课程目标中大学生“三观”的形成提供了现实的可操作性。

因此，大学生正确“三观”的形成可借鉴价值澄清理论中由选择到珍视、由珍视而行动的过程。然而这一过程从认知心理来看，实质上是知识转化为价值的过程，其中一定有学生情感、意志等心理成分的投入。我们以“选择”阶段为例，学生面对与自身价值观冲突的问题时，会运用马克思主义理论观点对选择进行利弊权衡、对选择的后果进行思考与分析，而深度学习强调学生能够评价、整合、批判性地分析所学知识，可以说大学生正确“三观”的形成离不开深度学习。

三、结论与展望

通过对学生思想品德形成、相关知识理解与转化过程、能力与技能习得、正确三观形成等课程目标的达成过程与规律的分析，发现学生若要达到上述目标必须经过深度学习。由此我们可以得出以下结论：激发学生深度学习行为发生的教学可以有效促进课程目标的达成，尤其是发展性课程目标的达成。换言之，发展性课程目标的达成必须经过深度学习。

从两者契合的价值存在来看，以评价学生是否进行深度学习与高校传统课程目标达成度评价方式相比，在评价结果上前者能够更为全面、客观地反馈学生的学习质量与结果。因此，本研究提出以学生进行深度学习作为思政课课程目标达成度的评价依据。

然而在实际思政课教学过程中，教师应如何激发学生深度学习、学生应如何进行深度学习以促进课程目标的达成？如何判断学生进行了深度学习？关于这些内容是接下来研究工作的重点攻坚方向。

参考文献

[1]韩辉，李学.课程目标的评价内容、标准与策略[J].当代教育论坛(学科教育研究),2008(06):120-122.

[2]布鲁贝克.高等教育哲学[M].王承绪，译.杭州:浙江教育出版社, 2002.

[3]Biggs J. B. Individual differences in the study process and the qualityof learning outcomes [J]. Higher Education, 1979 (08): 381-394.

[4]何玲，黎加厚.促进学生深度学习[J].计算机教与学,2005(5):29-30.

[5]张浩，吴秀娟.深度学习的内涵及认知理论基础探析[J].中国电化教育,2012(10):7-11.

[6]William and Flora Hewlett Foundation. Deeper learning competencies [DB/OL].http://www.hewlett.org/uploads/documents/Deeper Learning Defined April 2013.pdf.

[7]丁家永.现代教育心理学[M].广州:广东高等教育出版社,2004.

[8]皮连生.教育心理学[M].上海:上海教育出版社,2004.

[9]路易斯·拉思斯.价值与教学[M].谭松贤译.浙江:浙江教育出版社,2003.

高校"课程思政"的内涵、要义和路径

刘玲

在新时代，为深入贯彻落实党的十九大精神和全国高校思想政治工作会议精神，不断巩固马克思主义在意识形态领域的指导地位，全面推进习近平新时代中国特色社会主义思想进教材、进课堂、进学生头脑，不断加强思政课的教育教学改革显得尤为重要。"课程思政"作为新命题，是高校思想政治教育工作与当下时代要求的紧密结合，也是思想政治教育工作发展阶段的新产物。"课程思政"落实"把思想政治教育的育人功能贯穿于高校的所有课程之中"的要求，实现知识传授与价值引领的统一。改革在上海率先启动铺开，探索由"思政课程"向"课程思政"转变。

一、"课程思政"的内涵

目前，在研究与实践中，从教育传统、课程理念、课程体系、课程目标等方面来认识"课程思政"，呈现出以下几种观点。

（一）回归观

秉持回归观的汪青松教授认为，"课程思政"改革的指向是回归教育传统，即韩愈在《师说》中："古之学者必有师，师者，所以传道授业解惑也。""传道"是第一位的，亦是教育教学的第一任务。近些年，高校中"只教书不育人、知识传授重于价值引领"的现象较为普遍，重教育、轻育人，重教学、轻德育，背离了优良的教育传统。倡导"课程思政"，就是要依托课程立德树人，重新确立"传道"在教育教学中的核心地位。道，迥异于传统的"道"，而是培育和践行社会主义核心价值观，不断巩固马克思主义在意识形态领域的指导地位。高校教师则要回归成为"人师"的传统，把"道"融入课程和课堂教学当中，发挥好专业、学科的育人作用，教书育人，润物细无声。一名优秀的老师，应是"经师"和"人师"的统一，既要精于"授业""解惑"，更要以"传道"为责任和使命。"传道"先要"明道"，教师心中要有国家和民族，明确自己肩负起培养堪当民族复兴大任的时代新人的使命和责任。

刘玲，宁波城市职业技术学院思政部/基础部主任、副教授，天津大学2015级博士生，主要研究方向：学生思想政治教育。

（二）理念观

从课程范畴来看，根据建构主义教育思想出发重构“课程思政”。学者邱伟光提出，“课程思政”作为一种课程观，指向一种思想政治工作理念以及教学理念，即“课程承载思政”与“思政寓于课程”，旨在解决“德育”和专业教学“两张皮”的现象。把思政课程的内容融入通识课程以及专业课程当中，让课程的知识传授与强调价值取向、思想引导相结合。这一理念注重在价值传播中凝聚知识底蕴，在知识传播中强调价值引领，注重课堂教学、社会实践、网络运用三维课程的统一。将显性的思想政治教育与隐性的思想政治教育结合起来，形成合力，促进学生的人格、人品、创新创业能力提升。[1] 学者顾晓英认为，秉持这一理念，推行课程思政改革，逐渐形成一种创新的课程文化，成为高校课程改革的重要参考，进而成为校园主流文化。[2]

（三）体系观

学者高德毅、宗爱东提出，课程思政要从战略高度构建高校思政教育课程体系，显性课程与隐性课程要形成360度大德育熔炉合力作用。[3] 功能是由结构所决定的，要发挥全课程育人的功能，必须从课程结构入手，构建具有学科和专业特色的课程思政教育教学体系来改善功能，显现出课程体系的价值本源。思想理论课（思政通识课程）、通识类课程、专业课的作用，成为三位一体的“课程思政”体系。思政理论课与其他课程犹如领唱与合唱的关系。思想理论课（思政通识课程）具有龙头作用，通识类课程具有基础性作用，专业课具有主干作用。通过课程体系构建，体现出思政教师与通识类教师、专业教师的通力合作，同向同行。从课程论视角下看专业课程思政这最为关键和最难解决的部分。学者余江涛等探讨了理工科课程老师实践课程思政的逻辑及其要领。[4]

（四）素质观

课程教学目标包括素质目标、知识目标和能力目标。素质目标在三者之间是软性目标，常常被轻视与忽略，“课程思政”就是要将软性目标“硬”起来，落实素质目标来引领知识目标和能力目标。素质目标包括思想政治素质、文化意识、价值取向等。通过“课程思政”，就是要显示出各学科承载的精神塑造和价值观教育职能，塑造学生的良好思想政治素质和道德素质，培养学生既具有个人的小德，也具有国家、社会的大德，树立价值观自信，确保高校立德树人根本目标的实现。[5] 引导学生在课堂中不仅学到知识技能，而且学会做人做事，使课堂教学的过程成为引导学生学习知识、锤炼心志及养成品性的过程，充分体现课堂教学的育人功能，将素质目标落到实处，实现育人效果最大化。

以上观点，从多视角探讨了“课程思政”的内涵，具有一定的科学性，符合思想政治教育的原则，反映了思想政治教育的规律。总的来看，“课程思政”建设时间较短，理论认识上呈现出片面化、绝对化的倾向，尚未完全把握“课程思政”的内涵。笔者认为，“课程思政”，就是一种课程观，是以课程教学活动为载体，课程内容承载思想政治教育的目的、任务、原则、内容等信息，课程教学过程中教师结合课程内容对学生开展思想政治教育，将社会要求的思想观念、价值观点、道德规范转化为学生的思想道德素质，从而实现思想理论课（思政通识课程）、通识类课程、专业课的价值教育全覆盖。“课程思政”，从历时性看，思政教育覆盖高等教育整个课程的教学活动，包括课前、课中和课后，直至课程结束；从方法论看，善于选择和运用思想政治教育的方法，融入课程教学，实现课程育人功能；从主体性看，教师为主体，学生为客体，教学相长。切实把握好"课程思政"的内涵，才能避免认识上的混乱、实践工作中的随意性，有利于"课程思政"的有效实施。

二、"课程思政"的核心要义

（一）实现价值引导

1.把握好"思政课程"与"课程思政"的辩证关系

积极推进课程思政改革，不是要忽视或轻视思政课程的作用，而是要处理好两者之间的关系。思政课程是基础，承担着传播和巩固马克思主义意识形态主阵地的作用，是课程思政的价值引领的基础。离开思政课程这个主阵地，课程思政改革就会缺乏根基，在价值引领上则"罔"。课程思政则是传统思想政治教育的延伸和拓展，就是古代教育的道德文章，重在品德教化，方法就是教学过程中的循循善诱的渗透，春风化雨，无声胜有声。离开课程思政，在价值引领上则"空"。因此，在推进高校课程思政改革中，既要充分发挥思政课程的主渠道、主阵地作用，也要充分发挥课程思政的育人张力，各自守好一段渠、种好责任田，优势互补，打造大思政格局。

2.处理好价值引领和价值转换的关系

倡导"课程思政"，就是要避免课程中的价值无涉、价值中立等观念，实现课程价值引领、素质提升、能力培养、知识传授相统一的目标。而在实现价值引领过程中，要处理好价值引领与价值转换之间的关系。"课程思政"要以课程为平台，实现学科间、专业间的育人价值的勾连，实现课堂内外的联动，达到"在价值传播中凝聚知识底蕴，在知识传播中实现价值引领"的育人价值的聚焦。正如著名哲学家冯契提出的"化理论为德性""化理论为方法"。基于此，"课程思政"要在传授课程知识的基础上引导学生将所学的知识转化为内在德性，转化为自己精神系统的有机构成，转化为自己的一种素质或能力，成为个体认识世界与改造世界的基本能力和方法。[6]

（二）实现系统性开发

"课程思政"引发的高校教育教学改革是全方位的。遵循"课程思政"的生成规律，树立分类改革理念，秉持系统思维、借助周详计划和规划，加以实施推进，推动"课程思政"顺利实施。将思想政治教育的原则、内容和要求与课程设计、教材开发、课程实施、课程评价等有机结合起来，充分挖掘和激发各类课程的思想政治教育内涵，有序开展大思想政治教育。从而打破思政课的"孤岛"效应，实现从思政课程向"课程思政"的转变。

1.主导与主体形成协同效应

"课程思政"的实施主体是专任教师，要遵循高校教育规律、思想政治教育规律、学生成长成才规律，通过教育引导、制度规范、考核激励来提升教育理念，充分发挥教师在课程教学中的育人作用，促进学生知识、能力、素质和价值观的全面协调发展。积极开展探究式、项目式、案例式、合作式教学，并充分发挥"互联网+"教育和现代教育技术的作用，积极探索混合式教学与翻转课堂教学改革。

2.分层分类开展“课程思政”设计

从整体改革的视角，从高校实际出发，针对思想理论课（思政通识课程）、通识类课程、专业课三类不同属性的课程，开展系统性和整体性改革，使思政课程与专业课程形成同心同向的育人格局，处理好领唱与合唱的关系，汇成优美的多声部混声合唱的旋律。

3.形成优质“课程思政”教学团队

“课程思政”改革有效实施的关键是教师。为了确保“课程思政”德育元素的挖掘，使改革顺利推进，必须针对课程性质全覆盖培训引导教师进课堂的一言一行都涵盖着对学生品行修养的教化功能，比如包含礼义的体态语，慈爱、谦逊、礼让和授课时体现出的忠诚，就是一丝不苟精益求精的敬业精神，这些都是每一位教师“课程思政必须做到的内容”。对此，改革中拟定期开展课程教学研讨和培训，从内容到方法，从线上到线下，学习先进理念与方法，全面提升教师“课程思政”教学水平，增强亲和力和说服力。

三、“课程思政”的建设路径

（一）提升思政课质量

通过整合教学内容、创新教学方式方法、改革考核评价体系和加强形势政策教育，推进思政课课堂教学改革；通过教学组织改变、优化思政课的教学组织与管理；通过深化思政课实践教学内容与形式、强化与暑期社会实践对接及加强思政课实践基地建设，提高思政课实践教学成效；增加思政课专任教师数量与质量、提升政治理论服务能力、拓宽教师成长渠道，加强思政课教师队伍建设；全面提升思政课教学质量与教学效果。

（二）实施“课程思政”设计与教学

积极开展课程思政大讨论和专题教研活动。运用课程教学理论，开展每门课程的“课程思政”整体和单元教学设计活动，明确每一门课程、每一个单元、每一堂课的德育功能，落实每一位教师的育人职责。分别明确三类课程的课程思政教学目标，选定内容、设计思路、制订育人教学规范和评价标准，编制课程教学指南。立足构建有效的大思政格局，充分挖掘专业课程中的思政基因，上出“思政味”，体现教书育人品格和化育功能。开发“课程思政”的立体化教材。

（三）建设“课程思政”网站

建设“课程思政”网站，就是要搭建“课程思政”合作创新育人平台，营造课上与课下、校内与校外、理论与实践等多种跨学科的育人创新模式，通过对话、反思、实践使学生在学习中充满获得感。从多学科角度下审视“课程思政”教学工作的运行现状，并根据育人目标、课程开发的现状以及实现的路径搭建“课程思政”网站内容体系。拟网络平台内容分为五大模块，思想理论课（思政通识课程）模块、通识类课程模块、专业课模块、案例教学、学生自我测评等五个方面，全面展示高职院校“课程思政”的工作体系。

（四）建立“课程思政”质量保证机制

明确示范机制。通过示范课程公开课或在线开放课程的引领示范作用，带动其他课程的改革和建设。对示范课程给予一定的经费支持。选拔优秀“课程思政”课程或教师进行奖励。对于专业教师和思政课教师联合申报的“课程思政”教学改革项目或思政专项课题在保证质量的前提下，优先予以立项。强化考核机制。将“课程思政”的德育元素和育人效果作为“学评教”“同行评教”等教师教学效果评价中的重要内容。通过课程思政说课、听课、学评教、同行评价、教学日常管理和教师教学效果评估等，加强督导检查、考核评价，并定期公布。形成协同机制。“课程思政”工作需要教务处、思政理论课教学部/基础课教学部以及各二级学院及学校相关部门协同配合方能取得预期成效。要形成协同机制，共同配合，同向同行，才能真正将“课程思政”工作落到实处。

（五）开展“课程思政”有效性评价

“课程思政”改革在高校刚刚起步，可借鉴经验少，给“课程思政”改革带来挑战，也影响着课程教学效果。“课程思政”就是运用马克思主义哲学的方法论，中华传统文化的立德修身观，引导学生正确做人和做事，达成教学任务和教育目标。如何评价“课程思政”改革的影响力，如何在“课程思政”的复杂性和教育对象的层次性之间建立对应关系，涉及如何从伦理学、哲学和教育教学等理论的角度进行“课程思政”内涵和价值进行研究、调研访谈，开展信度与效度调研。在课程教学当中，要将“课程思政”的考核纳入课程过程性评价之中。同时，通过微信等平台等信息化形式，把课程思政带进课堂，带入学生的生活领域，尝试性考察“课程思政”对学生学习生活的影响，以及他们对课程思政改革的态度。

参考文献

[1][5][6]邱伟光.课程思政的价值意蕴与生成路径.思想理论教育[J],2017(07):10-14.

[2]顾晓英.创新思政课程 培育合格人才[J],思想政治工作研究,2017(01):23-24.

[3]高德毅,宗爱东.课程思政:有效发挥课堂育人主渠道作用的必然选择[J].思想理论教育导刊,2017(01),31-34.

[4]余江涛,王文起,徐晏清.专业教师实践“课程思政”的逻辑及其要领——以理工科课程为例[J].学校党建与思想教育,2018(01):64-66.

[7]陈万柏,张耀灿.思想政治教育学原理[M],高等教育出版社,2001.

第二篇

加快世界一流大学和一流学科建设

世界一流大学建设："中国元素"和"世界水准"

——以高水平行业特色型大学为例

谢辉祥

在"双一流"建设中，"中国特色"和"世界一流"被反复提及。从历史的维度来审视"中国特色世界一流大学"理念，其核心要义可以理解为：我国要创建的是凝聚着"中国元素"和"世界水准"的大学，而不是"仅在国际可比指标上达到一流"的世界大学，前者是对自身发展路径的自信，后者是对已有世界一流大学的学习。作为在中国特定历史时期产生的大学类型，行业特色型大学无论是从数量还是从曾经发挥的作用来看，都在我国高等教育体系中占据着重要地位，这类大学的发展状况在很大程度上决定了中国高等教育未来的面貌。行业特色型大学与高等教育的"中国元素、世界水准"有怎样的关系？行业特色型大学在世界一流大学建设中能扮演怎样的角色？行业特色型大学如何建设兼具"中国元素"和"世界水准"的大学？对于这些问题的探讨，一方面有助于加深对行业特色型大学这类高等教育组织形态的理解，另一方面有益于探索一条适应行业特色型大学本质特征的世界一流大学发展路径。

一、世界一流大学建设兼顾"中国元素"和"世界水准"的历史审视

（一）中国近现代高等教育向西方学习的历史经验与教训

回顾中国近现代高等教育的发展史，将西方先进经验与中国本土国情相结合，对一些大学的发展起到过积极作用。蔡元培执掌北大期间，一方面继承德国洪堡大学理念，把北大办成了"研究高深学问，养成硕学闳才"的一流学府；另一方面，面对国家政局失序、社会急剧变革、新旧文化思想激烈冲突的时代背景，推行"思想自由、兼容并蓄"的办学方针，使北大成为中国新文化运动的摇篮。延安时期，徐特立不拘于苏联学者的"教育是社会上层建筑"理论，提出"教育既是社会的中心、又是生产的中心"，成为"教育具有生产性"的理论先驱。[1] 他提出的教育、科研、经济"三位一体"办学理念对中国共产党创办高等教育产生了重要影响，促进了延安自然科学院等高等教育机构的发展。

基金项目：四川省哲学社会科学重点研究基地科研项目"高水平行业特色型大学核心竞争力影响因素研究"（项目编号：CJF18040）。

谢辉祥，电子科技大学发展规划与学科建设处副处长，华中科技大学教育科学研究院博士研究生，主要从事高等教育管理研究。

相反，限于依附论①的框架，单纯模仿他国的发展模式，没能让中国大学从世界高等教育的边缘走向中心。从19世纪中叶开始，中国不断向别国学习高等教育的办学治学经验，但对于“学习谁、怎么学”一直存在着争论、摇摆与反复。王义遒先生认为中国大学“在民国初期借鉴欧洲模式，此后转向以清华为代表的美国模式，到中华人民共和国成立后效仿苏联绕回欧洲模式，再到改革开放后大体上又回到了美国模式”[2]。然而，民国时期曾经被倡导的“全盘西化”和新中国建立初期实行的全盘苏化，不仅没有推动国内大学达到“世界水准”，反而在一些时期让中国大学走了弯路。朱九思先生反思20世纪50年代初中国照搬苏联高等教育体制的做法后，认为：“理工分家，重理（实际上是重工）轻文，全国一刀切，违反教育和科学技术发展的客观规律。”[3]

（二）西方国家创建世界一流大学的历史过程体现了兼顾本国元素与世界水准的发展规律

即便是处于相同或相似文化圈的西方国家之间，在建设世界一流大学上也有一个先模仿借鉴、再独立创新的过程。11世纪，意大利博洛尼亚大学诞生，其被视为世界第一所现代意义上的大学，成为此后数百年欧洲各国建立大学的样板。18世纪，法国工商业发展迅速，加上频繁的对外扩张，工程技术人才需求激增，而保守的中世纪大学难以适应需要，大学校应运而生。大学校契合法国中央集权教育制度下“教育为国家服务并提供受过训练的忠诚的行政官员”的要求[4]，培养“通专结合”的高级专门人才，坚持“少而精”的招生制度和杰出的学业评价标准，为法国成为欧洲强国做出了重要贡献，对德、美等国开办近代科学技术教育产生了深刻影响，巴黎综合理工学院、巴黎高等师范学院等大学校业已成为世界一流大学。19世纪后期，美国全面学习借鉴德国高等教育经验，形成了“学术高原”，却未形成“学术高峰”，其中一个重要原因是“19世纪自由市场式的美国高等教育体制与德国的国家控制和国家提供经费的大学体制有天壤之别”[5]。直至本国高等教育理念与实践取得突破，包括崇尚实用与科学相均衡、追求卓越与普及并行，以及建立联邦立法与大学自治相结合的高等教育管理体制、市场主导的高等教育资源配置机制和多样性的高等教育结构体系[6]，美国才在20世纪中叶成为高等教育强国。麻省理工学院前校长查尔斯·维斯特曾评价：“美国在德国模式的基础上增加了知识更新的使命……才创造了独一无二的美国研究型大学。”[7]

（三）中国建设世界一流大学的历史方位：兼具“中国元素”和“世界水准”的大学

从大学组织的历史演变来看，大学发展受到两种逻辑的支配。一是社会逻辑，即大学要能回应并满足国家和社会需求，这构成了大学存在的合理性基础；二是学术逻辑，即大学作为探究高深学问、培养专门知识生产者的场所，知识的变革、学科类别与范式的转变为大学提供了发展动力。基于社会逻辑，世界一流大学的评价标准是主观的，是有国别特征的。基于学术逻辑，世界一流大学的评价标准是客观的，是国际可比的。回溯中西方国家建设世界一流大学的历史，我国当前建设世界一流大学需要注重社会逻辑和学术逻辑的辩证统一。一方面，立足中国的历史条件与现实基础，把世界一流大学建设同服务国家和民族的需求结合起来，并为之做出积极贡献，遵循社会逻辑，彰显世界一流大学建设的“中国元素”。另一方面，借鉴和吸取先前世界一流大学的办学经验，适应

---

①阿特巴赫认为，第三世界高等教育之于发达国家高等教育的关系的性质是依附与被依附的关系，在国际学术领域里第三世界之于发达国家的关系是边缘与中心的关系。对第三世界国家来说，教育的全球化更多地意味着引进西方发达国家的教育经验和教育模式。

和融入全球大学的评价体系，引领世界科技与文化进步，遵循学术逻辑，在显性指标上达到“国际水准”。菲利普·阿特巴赫认为：“大学存在于国家和全球背景下，一流理念必须根植于国家需求和地区实际。”[8] 相比于中国经济必须跨越“中等收入陷阱”，当前我国高等教育正处在跨越“高原陷阱”的关键期，在世界一流大学建设中既要摆脱“依附理论”的影响，也要避免陷入“文化孤立主义”的误区，更要超越曾经或现有的世界一流大学发展模式，创建兼具“中国元素”和“世界水准”的大学。

二、高水平行业特色型大学：中国元素和世界水准的有机融合

（一）行业特色型大学彰显高等教育体系的“中国元素”

从大学发展的社会逻辑来看，行业特色型大学是我国高等教育适应国家战略和行业发展需求、极具中国元素的高等教育改革历史的产物。

1. 支撑国家行业发展和产业结构优化升级

中华人民共和国成立伊始，为适应国家工业化发展的需要，全国高等教育系统进行了三次院系调整，从而催生了大批行业特色型大学的产生。当时诸多行业部委的司长乃至部长曾兼任或转任行业特色型大学的建校筹备组长或校长（院长），如地质部部长李四光兼任北京地质学院筹备组组长，第二机械工业部第七局局长吴立人担任成都电讯工程学院筹委会主任、首任院长兼党委书记等。这也意味着行业特色型大学在建校伊始就肩负服务国家战略和经济建设的重任，并成为行业高等教育的发起者和实施主体。在多年的办学实践中，行业特色型大学与行业之间形成了相互依存的关系，在与本行业相关的主干学科领域具有明显的比较优势。譬如，在2007年最后一轮国家重点学科评选中，行业特色型大学在工、农、医3个学科门类的国家一级重点学科数占比分别达到46%、82%和67%。2005—2012年，校企联合申请发明专利数最多的10所部属高校中，有8所为行业特色型大学。[9] 2002—2016年，以高校作为第一完成单位的1 357项国家技术发明奖和国家科技进步奖（通用项目）中，由行业特色型大学牵头的获奖项目有722项，占比超过50%。

2. 奠定中国高等教育的基本格局

行业特色型大学伴随着新中国工业、文化、社会体系的建立应运而生，我国由此形成了门类较为齐全、与国家工业发展布局相配套、“条块结合”的高等教育管理体系，构成了独具一格的“文理科综合大学—多科性工科院校—单科性行业特色型院校+师范类院校”高校设置模式并大体延续至今。这种格局与当时的经济行政管理体制是协调的，有利于高等教育发展与产业结构建立及升级之间的衔接互动，对于各部门和地区发展高等教育起到过重要作用，满足了中国大规模经济建设对各类行业性人才的急需。长期面向行业办学，也使行业特色型大学在组织环境、组织目标、组织文化和核心技术等基本组织要素方面，体现出与其他类型高校不同的组织特质，包括：与行业部门的共生性强，建立了多样化的联系机制；发展现状和发展目标突出传统优势学科，具有显著的行业特色；行业组织文化印记深刻，社会声誉偏重行业认可度等。[10] 到20世纪90年代高等教育管理体制改革前，由行业部委举办和管理的行业特色型大学有570多所，尽管此后经历了不同程度的调整与合并，但加上地方政府设立的行业背景院校，如今行业特色型大学的数量仍约占全国公办普通本科

院校总数的一半。[11] 因此，作为中国高校的主流形态，行业特色型大学的发展状况将在很大程度上决定中国高等教育未来的面貌。

（二）若干所行业特色型大学有实力跻身“世界水准”

在学术逻辑和社会逻辑的共同驱动下，高水平行业特色型大学能够在世界一流大学建设中扮演重要角色。1993—2004年，伴随国家经济体制和政府机构改革的进程，我国实施了高等学校管理体制改革，原行业部委直属院校中的大多数被划归地方管理，只有少数重点大学仍隶属中央部委，后者被称为高水平行业特色型大学。这些高校之所以被冠以“高水平”，主要缘于两类判断。一是技术判断，这些大学呈现优势学科群的整体实力处于国内领先、人才培养与科研工作对行业发展的贡献度高、行业相关领域的知名学者集聚等特征。二是身份判断，这些高校在国家高等教育重点计划的竞争中胜出，获得了“211工程”“985平台”甚至“985工程”“一流大学建设高校”等重点建设项目的支持。一批高水平行业特色型大学在世界大学与学科排名中表现不俗。例如，2018年ARWU世界大学学术排名，中国内地51所大学跻身世界前500名，其中有21所行业特色型大学。截至2018年11月，国内有50所大学（不含中国科学院大学）的103个学科进入ESI全球排名前1‰，其中包括24所行业特色型大学的31个学科。

纵观世界高等教育发展史，一个国家的大学能否达到“世界水准”，除了通过大学自身的努力在人才培养和科学研究上成就卓越，获得世界认可的影响力和号召力之外，还与国际格局变迁、国家实力消长有密切关系。一个整体上强大的大学系统并不能仅由研究上的卓越来实现，而应该从根本上符合社会的需求（demands）和需要（needs）。[12] 中国工程院的研究认为，我国在2030年前将保持工业倚重型的经济形态，国家发展仍需依靠工业化进程中各行各业的科技进步。[13] 与综合性大学更偏重于基础理论研究相比，行业特色型大学更擅长实践应用导向的工程科技研究，且与行业具有天然的联系，它们将在中国未来的工业化进程和产业转型升级中发挥重要作用。伴随着中国工程科技在世界上逐步实现从“跟随”到“领跑”的超越，一批高水平行业特色型大学也将跻身世界一流大学行列。

三、高水平行业特色型大学建设世界一流大学的路径分析

以凝聚着“中国元素”和“世界水准”的大学为建设目标，坚持社会逻辑和学术逻辑相结合，在办学中体现战略技术及产业发展的国家意志、服务行业和区域经济社会发展的多元需求，又坚持用国际学术标准来衡量、引领和推动各项事业发展，在国际可比的客观学术指标上有杰出表现，促进知识创造和服务国家的有机统一，是高水平行业特色型大学创建世界一流大学的可行路径。

（一）加固“冰山之基”，缔造学科巅峰

行业特色型大学是围绕国民经济中产业结构的建立和发展而创办的，在办学实践中侧重于遵循社会逻辑，学科分布类似于电路中的“串联”，学科围绕着行业发展需求而设置，学科之间的联系更紧密，也更容易形成支撑。综合性大学因更倾向于遵循学术逻辑，学科分布类似于电路中的“并联”，学科之间虽然有一定程度的交叉，但大体呈彼此并行的状态。从校内各个学科的生态位和支

撑关系来看，行业特色型大学的学科结构又类似于"冰山"。浮于海平面之上的是最具优势的"拳头"学科，在海平面之下还有大量相关学科对其进行支撑（见图1）。冰山型结构下的高水平行业特色型大学尽管在一流学科总量上不及综合性大学，但其具有行业特色的优势学科却能在国内名列前茅。在全国第四轮一级学科评估中，76所高校（不含军事院校）拥有A+学科，其中48所是行业特色型大学，占比63%。

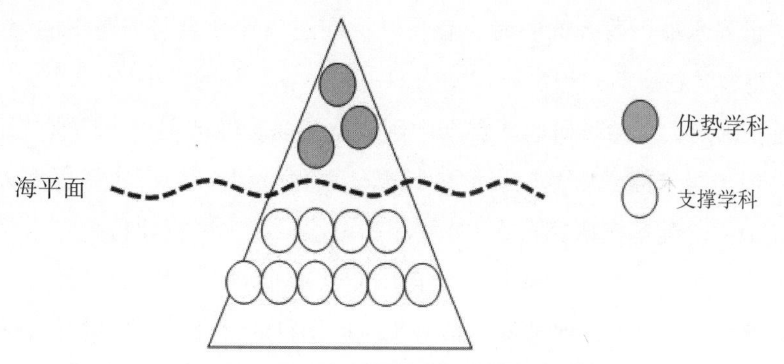

图1　行业特色型大学冰山型学科结构

如何既巩固和加强传统优势学科，又能有序拓展学科结构是高水平行业特色型大学学科建设面临的最大挑战。对此，建议采取"倾斜—共生—融合—提升"的学科建设策略（见图2）。"学科倾斜"策略旨在增强优势学科的行业贡献度和学术竞争力，兼顾"三个面向"推动传统优势学科跻身世界前列，使"冰山"顶部达到新高度。"学科共生"策略旨在突破资源约束条件，在发展传统优势学科的同时，前瞻性地把握科学前沿动态、行业发展趋势和人才需求的变化，适度创办具有战略意义和发展潜力的新学科，稳定和扩充"冰山"底座。"学科融合"策略旨在推动优势学科与新学科的交叉融合，特别是选择主干学科以外的异质性学科，通过提高其发展的规模与质量，使其达到与传统优势学科对话的临界点，在各学科之间形成网络协同关系。"学科提升"策略旨在有针对性地将部分新学科列为战略发展重点，加大扶持力度使其成长为新的优势学科，让更多"冰山"冒出海面。

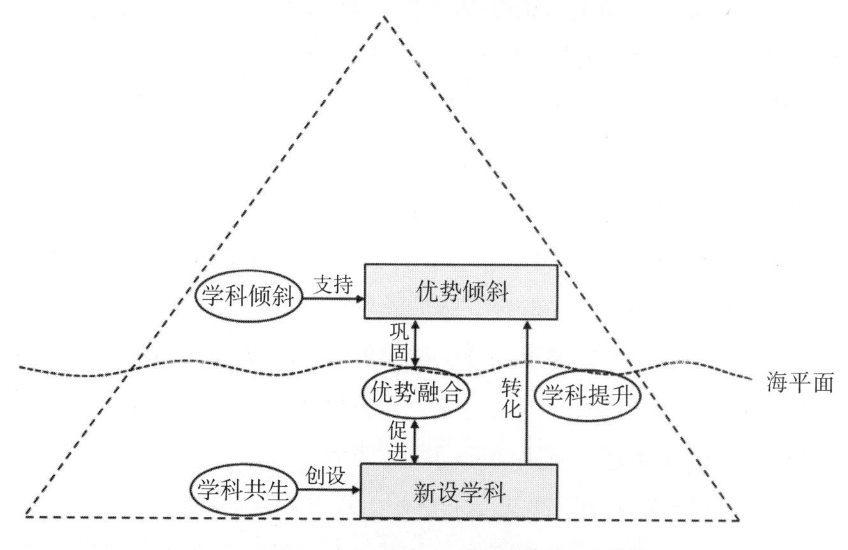

图2　"倾斜—共生—融合—提升"的学科建设策略

（二）强化有组织的科研行为，激活知识生产"动力源"

在人类历史上，尚无一个超过3亿人的国家全面实现过现代化。中国作为有近14亿人口的大国，在现代化进程中会出现许多独特问题。因此，高水平行业特色型大学需加强“问题导向”的原创性科研，发现和解决制约中国经济社会发展尤其是制约产业发展的瓶颈性科技问题。问题驱动型研究范式具有满足国家经济和社会需求的应用性、原创性和战略性等特征[14]，而产业技术的显著特点是集成性，这意味着行业特色型大学知识生产的组织模式是跨学科、集体性、合作式的，需通过有组织的科研行为把学科发展和知识生产置于统一目标的牵引下实现共同发展。在国际可比的科研产出指标上向“世界水准”看齐的同时，在科学内在逻辑和社会需求逻辑的交叉点上取得突破，是高水平行业特色型大学在激活知识生产“动力源”时不容忽视的“中国元素”。

立足学术前沿。国内大学的科研职能在新中国成立初期曾经被剥离给科研院所，此后虽然逐步恢复了科研业务，但一直未能经历基础研究的长期体制化进程。[15]行业特色型大学长期以应用研究或应用基础研究为主，纯基础研究存在“短板”。对此，高水平行业特色型大学需将服务国家目标与鼓励自由探索相结合，自上而下地推动有组织的学术创新，尤其是从重大工程应用中凝练定向性基础科学问题并持续开展研究，促进基础学科和应用学科的结合，催生世界级学术成果。

立足国家需求与行业发展。为关系国家安全、国民经济命脉的重要行业和关键领域提供前瞻性技术支撑、解决行业共性关键技术问题是行业特色型大学的责任。然而，中国在增加研发投入的同时，将企业纳入了创新主体，再加上公立科研机构，高校在国家研发投入中的占比不断下降，“科研漂移”现象预示着大学有可能逐步远离创新活动密集的中心地带。对此，高水平行业特色型大学需要加强校内研发力量的整合和协同，通过组建跨学科、跨学院、跨团队的研究中心，发挥其“磁场”作用，对内汇聚因行政体制分割而分散在各个院系的技术力量，推动跨界整合与协同攻关；对外聚焦某个领域的系统级应用需求，依托系统级项目在产业技术创新的“关键点位”与“核心领域”实现突破，牵引学校科研竞争力的整体提升。

（三）推动教育目标重识与流程再造，培养面向产业技术和专业学术的行业精英人才

与20世纪中叶完成工业化且当前信息化程度较高的欧美发达国家相比，中国尚处于工业化中后期，面临着既要完成工业化，又要加快信息化，还要推动两化融合的多重任务。当前，具有高渗透性、高带动性的信息技术与各行各业的深度融合，正在引发产业变革，形成新的生产方式、商业模式和经济增长点。[16]在以分享经济和跨界融合创新为特征的新经济时代，高水平行业特色型大学不能再专注于细分的专业，以培养“专业对口的技术人员”为主要目的，也不能照搬综合性大学“注重宽口径、强调理论型”的培养方式，而需构建面向产业技术和专业学术为主的精英人才培养体系，尤其是强化跨学科教育和多学科融合，帮助学生形成对复杂工程的系统视野和跨学科知识结构，养成交叉思维方式，加强学生的知识综合、技术集成和跨界整合的能力培养。高水平行业特色型大学还可发挥在对应行业领域的集成创新优势，推动学科与产业的融合，培养学生在复杂多元的真实科研、生产和销售情景下创造性解决实际问题的能力。当前，新经济的创新周期越来越短，技术开发和产业化的边界日趋模糊。[17]这就要求毕业生具有创新创业精神和能力。相对于自上而下的科研组织方式，高水平行业特色型大学可探索自下而上的创新创业育成模式。首先，创造条件让若干具有不同专业背景的、具备创新潜力的青年学生聚在一起，不受思维定式的约束，在相互碰撞、交流的基础上提出创新的思想和理念；其次，让具有创新思维与能力的青年导师加入，对学生团队进行指导并形成概念设计方案（模型），完成从思想到技术的“飞跃”；最后，引入高水平科技

平台或科研团队的软硬件资源，将概念设计方案（模型）转化为实际的工程方案或者产品。除了坚持教育的主体性，行业特色型大学还可以围绕“一带一路”等国家总体对外开放战略，拓展学生赴海外一流大学交流学习的通道，通过开展高水平的中外合作办学和参加国际等效的专业认证，提升人才培养的国际竞争力。

（四）增强知识溢出能力，服务产业转型升级

面对印度、越南等新兴经济体对我国低成本竞争优势的替代和欧美发达国家“再工业化”战略的实施，中国制造业正陷入“两头挤压”的局面，迫切需要依托技术创新来推动产业转型升级。大学作为知识生产组织，当其能够资本化的知识积累量达到一定值时就会向外溢出，溢出的知识既能为产业所用，也能改进原有技术或生成新技术。[18] 虽然行业研究院所和企业研发机构在相应行业中拥有较为完整的技术链和创新链，但高水平行业特色型大学的学科广度更宽、跨度更大，尤其是汇聚了具有创新思维的教师和创新潜质的学生，因此具备更大的技术创新潜能。

20世纪中后期，斯坦福大学、麻省理工学院等美国高校探索了“大学—产业—政府”三螺旋关系模式，建立了知识创造、知识传播、知识整合和知识应用协同运作的复杂系统。我国行业特色型大学依托行业而生，与行业主管部门和企业建立了相互依存的关系，形成了面向行业需求开展教学科研的思维习惯和大学文化，易于建立“大学—产业—政府”三螺旋协同创新。但是，中国行业特色型大学既面临着与美国大学创业活动兴起时相似的社会需求，也面对着不同的国情，如中国政府在社会运行体制中发挥着主导作用，在高校系统之外存在规模庞大的独立研究院所等。因此，高水平行业特色型大学在推动产学合作创新和服务产业转型升级时，宜采取“政府宏观调控政策引导下的大学—产业—研究院所结合”的运行方式。

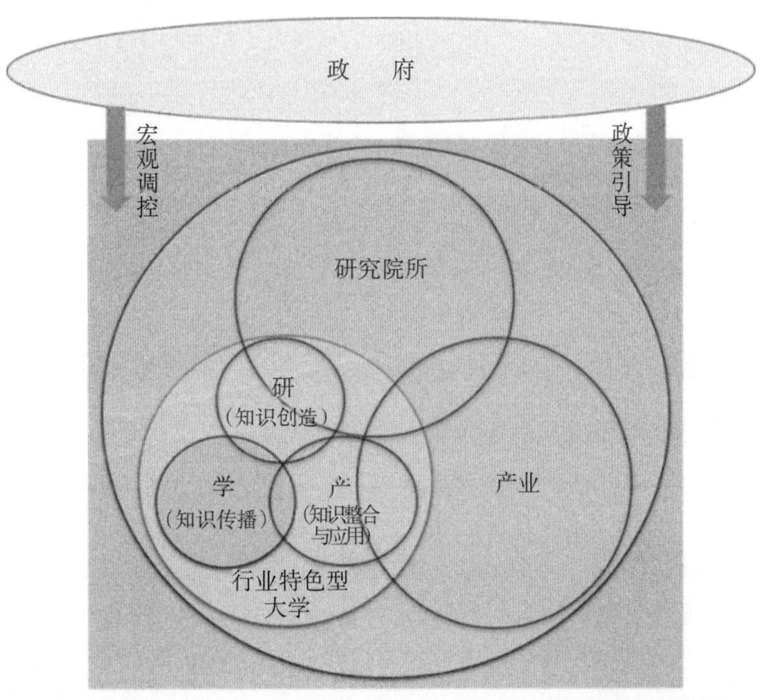

图3　政府宏观调控政策引导下的大学—产业—研究院所结合运行图

如图3所示的动态耦合的创新生态系统中，产业界、政府和研究院所均对高水平行业特色型大学的知识生产提供动力。其中，产业界和政府对行业特色型大学知识生产的推动经历了从“资源供

给”到“资源供给与制度供给相结合”的过程；科研院所作为行业特色型大学知识创新的战略伙伴，双方在竞争合作进化博弈过程中共同促进技术进步。高水平行业特色型大学在保持自身相对独立性的同时，主动与产业界、政府开展协同创新，在持续完善知识生产组织结构的同时，把学术机制、市场机制和政府机制一并融入知识生产的过程，使行业特色型大学成为创新生态系统中“关键的制度性主体”[19]——这有利于形成政府、产业界和师生共同推动大学知识生产的格局，从而加速高水平行业特色型大学跻身“世界水准”大学的进程。

参考文献

[1]候光明.徐特立教育思想的启示[EB/OL].新华网,http://news.xinhuanet.com/2010-10/14/c_12660608_2. htm,2010-10-14.

[2]肖舒楠.真正的一流大学要能对国家起到引领作用——访王义遒教授[EB/OL].中国教育新闻网,http:// www. jyb.cn/high/gdjyxw/200812/t20081225_231376.html,2008-12-25.

[3]朱九思.竞争与转化[M].武汉:华中科技大学出版社,2001:99.

[4]博伊德.西方教育史[M].任宝祥译.北京:人民教育出版社,1985:328.

[5]阎凤桥.我国高等教育“双一流”建设的制度逻辑分析[J].中国高教研究,2016(11):46-50.

[6]SALMI J. The Challenge of Establishing World-Class University[R].Washington:World Bank,2009:28.

[7]查尔斯·维斯特.麻省理工学院如何追求卓越[M].蓝劲松译.北京:北京大学出版社,2013:67.

[8]Altbach, Philip G.The Costs and Benefits of World-Class Universities[J].Journal of Higher Education,2004,90(1):23.

[9]吴伟等.协同创新视阈下部属高校合作专利产出发展探析[J].中国高教研究,2013(9):12-18.

[10]李爱民,周光礼.高水平行业特色型大学组织特质研究——基于北京16所高校的实证调查[J].中国高教研究,2017(01):27-31.

[11]李言荣.双一流大学建设,行业特色高校不可或缺[N].中国科学报,2017-3-21(3).

[12]OECD(2010).Higher Education in Regional and City Development Amsterdam The Netherlands 2010[EB/OL].http://www.oecd.org/dataoecd/20/6/46006696.pdf,2012-08-20.

[13]中国工程科技中长期发展战略研究项目组.中国工程科技中长期发展战略研究[R].北京:中国科学技术出版社,2015:3.

[14]王嘉毅,陈建海.从研究型大学到创新性大学[J].高等教育研究,2016(12):33.

[15]朱冰莹,董维春.大学知识生产“动力源”解读——对美国研究型大学科研崛起的分析[J].高教探索,2013(06):78-83.

[16]李言荣.“电子信息+”就是金山银山[N].中国科学报,2017-4-11(1).

[17]吴爱华,侯永峰等.加快发展和建设新工科 主动适应和引领新经济[J].高等工程教育研究,2017(1):1-9.

[18]周春彦,亨利·埃茨科维兹.论充分发挥大学创业作用实现区域自主创新——麻省理工学院与新英格兰区域创新案例分析及启示[EB/OL].中国科技论文在线网站,http://www.paper.edu.cn/html/releasepap er/2006/07/255/,2006-07-25.

[19]王志强.研究型大学知识生产与扩散方式的变革:基于国家创新系统的分析[J].全球教育展望,2014(8):65-73.

知识生产模式转型与学科建设模式创新

马廷奇 许晶艳

知识生产模式即知识生产和创造出来的方式，是解释知识形成和发展的框架[1]。随着时代特征的演变，知识生产自洪堡创建柏林大学以来经历了由模式1到模式2再到模式3的逐渐转型。学科作为已有知识范畴的一种组织和管理状态，以及知识体系的专业化形式也在发生相应的演变。实践中，大学作为知识生产的关键机构，其学科建设模式也要突破原有路径以及体制机制的制约，以适应知识生产模式转型的要求。

一、知识生产模式与学科建设的相关性分析

“知识是永恒的，学科却只能是历史的。”[2] 知识是学科的逻辑起点，学科是探索知识过程中知识的暂时分类，在探索知识过程中逐步形成了关于知识生产的规律性框架，即知识生产模式。[3] 因此，知识生产模式与学科建设紧密相关，二者互相促进，相辅相成。一方面，学科建设有助于总结知识生产规律，进而促进知识生产模式转型，另一方面，知识生产模式转型有助于促进学科建设和发展，学科建设为适应知识生产模式转型而进行适应性变革。

自洪堡创建柏林大学以来，知识生产经历了由模式1到模式2再到模式3的历史与实践的逻辑演变过程。模式1又被称为“洪堡模式”，它是一种理念、方法、价值以及规范的综合体，掌控着牛顿学说所确立的学术范式在越来越多的学科领域传播，并遵循所谓的“良好的科学实践”，是以被制度化的学科知识研究为核心的生产模式。[4] 在模式1中，知识生产的唯一主体是大学内的学术共同体；知识生产的目的是为了学术自身的发展，即“为知识而知识”，不考虑其他功用；知识体系存在于不同的学科框架内；知识生产以制度化的单一学科为基础。这种知识生产模式下的学科发展遵循传统建制的学科模式，学科界限清晰。然而，随着科学技术与社会经济之间的联系日益密切，大学无法继续垄断知识生产，模式1以发展学术为目的的知识生产方式，已经不能满足国家和社会经济发展的需求，面对这种冲突，从所谓的以科学为基础的科学“模式1”转变成以研究为基础的应用“模式2”就成为了历史的必然。[5]

知识生产模式2这一概念最早于1994年由迈克尔·吉本斯等人所著《知识生产的新模式——当代社会科学与研究的动力性》一书中首次提出。在知识经济时代，知识生产和应用突破了学科自治

马廷奇，教育学博士，武汉理工大学教育科学研究院副院长、教授，主要从事高等教育理论、高等教育管理与政策研究；许晶艳，武汉理工大学教育科学研究院硕士研究生，主要从事高等教育管理研究。

和精英学术的传统模式，越来越多地围绕具体实践问题展开。在知识生产模式2下，知识生产主体不再局限在大学，而是形成了大学—政府—产业的“三重螺旋”模式。在三重螺旋中，大学、政府、产业部门三者通过各种网络紧密地联系在一起：大学的角色是生产知识，政府提供制度环境和基础设施的保障，繁荣大学与产业之间的关系，产业部门是利用知识者。[6] 这三者相互作用，彼此联系，共同构成了模式2的知识生产主体网络。此外，知识的发现、应用和使用被紧密地整合在了一起，知识生产的目的转向了通过应用知识来解决实际问题，大学由学科型组织转化为以诉求为导向的服务型组织，大学中的知识生产由传统型基础科学研究向基础和应用型科学研究相结合的方向转型。[7] 模式2既然要解决应用情境中的问题，最终的解决办法通常会超越单一学科的限制，这也就是知识生产模式2 “跨学科性”的特点。这里的“跨学科性”不同于单学科和多学科，跨学科真正实现了各学科理论的整合和重组，打破了学科界限，而多学科则仍然是以单一学科研究为基础，侧重从不同学科出发提出各自观点而不存在互动和融合关系。

当前，随着资源日益紧缺和国际竞争日益激烈，世界经济发展模式由“要素驱动”和“效率驱动”向“创新驱动”转型，而驱动创新的核心要素就是知识，知识生产模式3在这一背景下应运而生。模式3最早由埃利亚斯・G・卡拉雅尼斯于2003年在《创造+创新=竞争力?》一文中提出。模式3的基本内涵是：“知识生产系统是一个多层次、多形态、多节点、多主体和多边互动的知识创新系统……它强调大学、产业政府和公民社会实体之间以多边、多形态、多节点和多层次方式的协同创新，并以竞合、共同专属化和共同演进的逻辑机理驱动知识生产资源的形成、分配和应用过程，最终形成不同形态的创新网络和知识集群，实现知识创新资源动态优化整合。”[8] 简单来说，模式3的知识生产主体包括大学、产业、政府及公民社会这四个要素，即“四重螺旋”，其中第四螺旋是指基于媒体和文化导向的公众和公民社会。[9] 公众和公民社会作为知识创新的用户群体，具有知识生产和应用的高度相关性，在知识创新中具有重要价值，在“三重螺旋”的基础上增加了赖以生存的适应性情境，即公民社会环境，生成了新知识创新生态系统图谱[10]；在这一创新生态系统中，大学、产业、政府及公民形成社会利益关系链，协同影响大学知识生产，知识生产的目的就在于平衡各个群体的利益，实现公共利益的最大化。[11]

此外，创新网络和知识集群是模式3和四重螺旋创新生态系统的核心构件。“创新网络”即在公共或私营部门环境中，用来培育创意、激励发明、催化创新的现实或虚拟化基础设施联盟和基础技术联盟，如“大学—政府—产业三重螺旋关系”和“公—私部门研发竞合伙伴”等。[12]“知识集群”是由“共同专属性”（能够同时满足具有相互依赖性的利益双方需求的属性）、相互补充性和相互增进性的知识资产以知识储存和知识流动形式生成的知识联盟，具有明显的自组织性、动态适应性和系统开放性，[13] 创新网络的形成为知识集群提供了动力。模式3知识生产的目的就是为实现社会公共利益下的创新生态平衡，解决与公共利益相关的复杂问题。这就必然要突破原有知识的学科边界，将各学科中的碎片化知识形成多层次、多维度、集群式的网状知识群。与知识生产模式3相对应的是超学科的发展。超学科与跨学科的区别在于其出发点为社会公益，且知识和学科之间的边界被进一步打破。在模式3的促进下，超学科跳出了跨学科与超学科的理论辨析范畴，以四重螺旋为动力，依托创新网络形成了自身的独立学科框架。[14]

表1 知识生产模式与学科发展模式演变

	模式1	模式2	模式3
知识生产主体	大学学术共同体（单螺旋/双螺旋）	大学、政府、产业（三重螺旋）	大学、政府、产业、公民社会（四重螺旋）
知识生产目的	发展学术	实际应用	公共利益
知识生产基础	单一学科知识	跨学科交叉知识	多维网状知识群
学科建设模式	单学科/多学科	跨学科	超学科

从历史逻辑来看，知识生产模式1到模式2再到模式3的演变，是随着社会经济发展和知识生产背景的变化而逐步实现转型的过程。但三者并不是非此即彼、简单替代的关系，实践中，可以根据不同知识生产价值取向和外界需求而实现三种模式并存，相应地，基础学科、应用学科、跨学科、超学科也可以时空并存和协同发展。[15] 此外，从单学科、多学科到跨学科再到超学科的学科形态演进与知识生产模式1、2、3的转换在时间概念上并不完全同步或一一对应关系，但知识生产模式与学科发展模式之间存在互相促进协同共生关系。

二、知识生产模式转型背景下学科建设实践要素之间的张力与矛盾

前述可知，随着知识生产模式的转型，学科建设模式必然要随之进行调整，然而这种调整不可能一蹴而就，而是要在遵循学科发展规律和满足经济社会需求的基础上通过长期积累来实现。实践中，必须清晰认识知识生产环境以及知识生产价值取向的变化，厘清学科建设各相关要素之间的关系。

（一）封闭性与开放性的张力平衡

在知识生产模式从模式1到模式3的转型过程中，学科之间的关系大致经历了从独立封闭走向开放包容的过程。学科之间相互隔离或毫无边界都不是最优化的组织模式，如何在学科封闭性与开放性之间寻求平衡就显得十分关键。在模式1中，知识生产通常在各个学科框架内完成，各学科之间界限清晰，学科越分越细，各学科都有各自独特的研究对象、研究范式或学科建制。学科的封闭性一方面带来了学科的分化和学科框架的建立，为学科发展提供了平台与制度化保障，学科之间相互独立，各安其位。另一方面，学科之间的封闭体制，既阻碍了学科之间的资源共享，也阻碍了学科交融以及跨学科、超学科的发展。随着知识经济时代对知识应用的旺盛需求，封闭型的学科建设模式难以解决复杂性和综合性的社会重大问题，学科的开放与融合成为必然趋势。

科学史证明，相距较远的学科领域的相互交流是科技发展的动力与源泉，不少科学发现不是产生于学科内部，而是产生于学科外部。[16] 不同学科间的深度交叉、融合是促进学科发展的根本动力，打破学科的封闭性障碍已成为学术界的共识。在模式2与模式3中，学科边界不断被突破，学科边界不断互相渗透，学科知识以解决问题为联结点，互相补充，相互借鉴，基于多种学科知识的跨学科和超学科迅速发展，传统的学科结构面临挑战。再加上知识生产模式转型带来的知识形式的变化，从点状、线性、非线性再到网状，知识之间的联系由于解决复杂问题的需要而日益紧密，跨

学科、超学科活动日益频繁。值得关注的是，不同学科之间的整合是以单学科研究为基础的，实践中，跨学科和超学科研究与单一学科研究并不矛盾。因此，学科发展既要走向开放协同，又不能完全无视学科界限，如何实现在封闭性和开放性之间的平衡是学科建设需要关注的实践难题。

（二）理论性与应用性的张力融合

在知识生产模式1中，学科发展遵循传统的学科发展逻辑，学术发展的动力是基于学者的学术兴趣，大学作为知识生产最合法、最权威的场所，被称为"象牙塔"，致力于纯粹的科学研究而不考虑实际的应用及回报，学科的发展完全受制于洪堡的大学理念，即单一的学科研究和追求纯学术、纯理论性的真理。知识生产模式2、模式3的出现，使知识和社会之间的边界日益消融，大学开始与社会和市场形成良性互动，学科知识生产更加强调应用性研究和应用性情境。所谓"应用性情境"，即知识"始终面临不断的谈判、协商，除非而且直到各位参与者的利益都被兼顾为止"[17]。实践中，学科与产业之间的融合性互动表现出典型的学术资本主义特征，在产业利益的介入下，通过限制研究成果公开以获得经济回报，在利益交换中遵循"商业逻辑"，学科知识生产有明确的社会和经济目标导向，强调学科知识生产的多重效应。[18] 2015年10月国务院印发的《统筹推进世界一流大学和一流学科建设总体方案》明确提出，要"以中国特色、世界一流为统领,以支持创新驱动发展战略、服务经济社会为导向"。也就是说，学科建设必须强调应用性，重视提升服务国家创新驱动发展战略、服务区域经济社会发展。

"在知识经济条件下，衡量大学学术知识的重要程度的标准越来越依赖于它在市场上的应用程度，进而演变成为制约大学科学研究方向的生存法则。"[19]

但值得关注的是，如果一味强调学科知识迎合利益相关者合理或不合理的应用性需求，必然会导致学术研究过于世俗化、功利化而失去自身的理论追求。如前文所述，知识生产模式2和模式3的出现并不会取代模式1，知识生产模式转型要求学科发展坚持理论性和应用性并重，任何学科都不可能仅仅专注于纯理论或纯实践性的研究，而要在保持追求纯粹真理的同时强化学科知识在社会实践中的功用。一方面要坚持以探求知识和真理为目的的理论性追求，不因一味迎合市场需求而迷失方向，另一方面要主动适应时代需求，满足社会需求，实现学科知识在理论研究基础上的应用性成效。

（三）知识性与公益性的张力互补

学科发展的目标引领着学科发展的方向，在知识生产模式1下，学科研究的终极目标是学术自身的发展，即"为知识而知识"，知识生产主体仅为本学科发展服务，知识生产的目的是基于学术团体的利益需求，学术共同体控制学术评价权力，同行评价决定知识的合法性及有效性，学科发展的目标表现为纯粹的知识性。随着知识生产模式的转型，大学在知识生产中的垄断地位不复存在，出现了模式2的大学—产业—政府三重螺旋甚至模式3的大学—产业—政府—公民社会四重螺旋的知识生产机制，知识生产主体的多元化必然要为知识生产的利益相关者服务，既包括为学术共同体发展学术的需求服务，也包括为其他主体所关注的社会实际问题服务，体现了学科建设的公益性与知识性目标的统一。

吉本斯在《反思科学：不确定时代的知识和公众》一书中提出，知识生产模式的根本性变化就是从“自治文化”转向“责任文化”，也就是说在新的知识生产模式下，学科知识生产不能故步自封，必须通过大学、产业、政府、公民社会等利益相关者的共同商讨以确保知识的效用，平衡各个群体的利益需求以实现社会公共公益的最大化。在这种背景下，学术性标准只是学科存在的内在合法性基础，学科的发展还必须满足社会的某种需要，因此社会责任是学科存在的外在合法性基础。知识传播者、使用者的多元化是知识功能社会责任的体现，不同主体的知识价值观被置入学科建设过程，就会产生不同的利益诉求。知识生产不仅是知识的发现，还应考虑到知识对人类和社会产生的影响，遵循社会效益最大化的原则。[20] 因此学科知识生产必须将社会责任和学术责任融入自身的知识生产目标和过程之中。实践中，知识性与公益性二者不是互相独立、相互排斥的，而应相辅相成，互相补充，共同推动学科建设与发展。

三、知识生产模式转型中的学科建设模式创新路径

学科建设模式即学科建设过程中选择的路径和方法，对学科建设起着规范和引导作用。知识生产模式与学科建设紧密相关，知识生产模式转型，必然要对学科建设模式进行适应性改革；同时，知识生产模式转型也为学科建设提供了内在动力。实践中，可以从学科建设理念、学科结构、学科组织等方面推进学科建设模式创新。

（一）学科建设理念：以需求为引领，以公益为目标

随着知识生产模式的转型，知识生产与社会需求和公共利益的关系日益密切，“知识不再局限于智力活动，而是进入了生产过程，并且在应用的过程中不断再创造”[21]。模式1的纯理论性学科研究不再适应社会多样化发展的需求，在模式2和模式3中，知识生产由传统的学术共同体内部转移到强调实用化的应用情境中。卡拉雅尼斯将模式3置于知识创新范式、知识系统专业化以及媒体、文化、分型知识相整合的生态系统情境中，表达了知识生产模式应当以社会可持续发展问题、社会大挑战问题、创新创业等人类存在和发展的生态哲学问题为导向。[22] 与之相适应的学科建设模式必然要从为学术而学术转向对社会实际问题的研究。

在新知识生产模式下，大学必然要与产业、政府及公民社会紧密互动，尤其是在知识生产模式3中，作为“第四螺旋”的公民社会不仅是指公民群体，还包括公众的文化、价值观、生活方式、媒体交际方式等要素，一方面公众积极的创新文化能够推动知识创新系统的发展，是知识创新的促生者，另一方面公众话语及媒体信息传播能够帮助公民社会规划知识生产和创新的优先战略，是知识生产的执行者。在知识生产中要体现利益相关者尤其是公民社会的需求，知识生产必须承担起社会责任。与此相适应，学科建设也要强化问题导向和应用研究，服务于社会发展需求，这就要求学科建设正确处理好学科利益与社会利益的关系，平衡学科建设中理论性与实践性、知识性与公益性的关系。此外，由于知识生产主体的变化，学科评价要改变单纯依靠学科内专家或同行对科学成果评价的方式。由于知识生产对经济发展、政府决策、社会公益等产生影响，考核指标不仅要涉及学术价值，还要包括科研活动的经济价值、社会价值；考核主体不仅包括学科专家同行，还应包括产业、政府、公民社会这些知识的使用者和利益相关者。“以需求为引领，以公益为目标”这一理念指导学科建设，在强调应用研究的同时不能忽视基础研究，并且要构建基础研究与实用研究之间的

桥梁，在多主体博弈中既要提升学科建设水平，也要坚持学科建设的社会责任和社会公益。

（二）学科结构：多种学科形式并存

当前，多种知识生产模式依据不同的知识和社会需求而并存，模式3没有推翻模式1和模式2，而是已有知识生产方式和知识生产成果相结合新的环境实现知识生产模式的再创新。其中，模式1的知识生产是以制度化的学科为基础，在各个学科体系内部实现知识的生产和再生产。学科的制度化是指"处于零散状态且缺乏独立性的一个研究领域转变为一门独立的、组织化了的学科的过程"。[23] 随着知识生产模式的转型，这种单一形式的学科结构无法满足学科走向开放性、实践性、公益性的需要，因而随着知识生产模式2和模式3的发展，跨学科、超学科等新型学科结构形式应运而生。

新型学科结构形式由于多种知识生产模式并存，必然与已有学科结构形式在实践中并存，并根据知识生产需求的变化而采用不同的学科结构模式。J·F·克拉默认为，跨学科主要指学科间互相借换、合作解决问题、保持独立分隔学科之间的沟通桥梁、发展不同学科之间运作的综合理论、在各分隔的学科之间共同交叠的范围开发新领域等一系列活动。[24] 也就是说，跨学科运用多种学科的知识解决问题，选取各个学科中有用的知识、有用的方法以及各学科朝同一目标着力，各学科之间联系紧密。超学科以解决社会公共利益的重大现实问题为目标，突破了模式1和模式2以学术兴趣或经济利益为导向的研究，根据问题解决的需要将多种学科知识相结合，并且在跨学科的基础上进一步打破学科边界。跨学科仍保留着各学科知识原有的框架形态，超学科则对各学科知识进行了重组实现了知识集群，知识在大学、产业、政府、公民社会之间灵活流动，形成了创新生态知识群。跨学科和超学科的出现反映了外界社会对于知识生产的新需求，在现有知识生产体制下，提高学科综合实力需要以"基础学科、应用学科、跨学科、超学科"多种学科形式并存的学科结构为基础，统筹优化学科资源，通过学科的交叉融合促进跨学科、超学科发展，形成各种学科形式并存的学科结构。

（三）学科组织：多主体协同创新

从模式1大学垄断学术研究，到模式2大学—产业—政府三重螺旋生产应用性知识，再到模式3大学—产业—政府—公民政府四重螺旋生产与社会重大问题相关的多元创新生态知识，大学在知识生产中的地位经历了从垄断者、参与者再到主导者的变化。在传统知识生产模式1背景下，学科知识生产是大学内学术共同体的特权，学科组织即为大学内以学院或系为基础的学者组成的部落联盟，由于单一学科知识的限制，大学整合知识的能力较弱。随着知识生产模式转型，学科之间的边界互相渗透，大学之外的利益成员如产业、政府、公民社会等开始介入学术研究，跨学科、超学科学术活动成为学术研究的主要形式，由多主体构成的学科组织成为知识生产的主角。

卡拉雅尼斯和坎贝尔认为，模式3下的大学的根本属性是"学术性企业"，其特征体现在五个方面：支持经济与大学之间的良性互动；支持基础研究、应用研究和实验开发的三者平衡；激励企业员工对知识进行逻辑编码；支持科研协同和科研网络；企业研发有限科学化。[25] 当前，我国许多大学已建立了协同创新中心，但是不同学科及其成员之间合作往往流于形式，组织和运行效率较低。相比较而言，"学术性企业"能够更容易与外界合作，组建多主体协同的学科组织。这种学科组织应体现四重螺旋为主要特点的知识生产模式。其中，大学要准确把握学术性企业的需求向度，积极参与社会重大事务，发挥大学知识生产的公益性特征；产业通过行业自觉和企业家精神的约束实现经济利益和社会利益的平衡，政府为公民实现目标提供良好的政治环境，公民社会通过约束公共权力，最大程度实现公共利益。[26] 学科建设从自我封闭走向开放合作是知识生产模式转型的必然选择，大学与各个利益相关者在破除体制性壁垒的基础上，应当通过建立知识联盟的合作伙伴关系，构建多主体协同创新的学科体制。

参考文献

[1][3][14]黄瑶，马永红，王铭.知识生产模式Ⅲ促进超学科快速发展的特征研究[J].清华大学教育研究，2016,37(6):37-45.

[2]王建华.知识规划与学科建设[J].高等教育研究，2013，34(5)：1-11.

[4][17].迈克尔·吉本斯等.知识生产的新模式——当代社会科学与研究的动力性[M].陈洪捷，沈文钦等译.北京：北京大学出版社，2011:3、5-6.

[5]理查德·惠特利.科学的智力组织和社会组织[M].赵万里，等译.北京：北京大学出版社.2011:5.

[6]卓泽林.大学知识生产范式的转向[J].教育学报，2016,12(2):9-17.

[7]Peter Scott. Changing Players in a Knowledge Society[M].//Gills Breton, Michel Lambert(Ed).University and Globalization: Private Linkages,Public Trust[M].Paris: UNESCO Publishing,2003:221-222.

[8]Carayannis E G, Campbell D F J.Mode 3 Knowledge Production in Quadruple Helix Innovation Systems: Twenty-first-century Democracy, Innovation, and Entrepreneurship for Development[M].Springer New York,2012:29.

[9]Carayannis E G, Campbell D F J. "Mode 3"and "Quadruple Helix ":Toward a 21st century fractal innovation ecosystem[J]. International Journal of Technology Management,2009,46(3/4):201-234.

[10][12].武学超.模式3知识生产的理论阐释——内涵、情境、特质与大学向度[J].科学学研究，2014,32(9)：1297-1305.

[11][15][26].黄瑶，王铭.试析知识生产模式Ⅲ对大学及学科制度的影响[J].高教探索，2017(6)：10-17.

[13]Carayannis E G, Campbell D F J. "Mode 3"：Meaning and Implications from a Knowledge system perspective[A].Knowledge Creation, Diffusion, and Use in Innovation Networks and Knowledge Clusters ：A Comparative Systems Approach across the United States, Europe and Asia[C].Westport, Connecticut London:PRAEGER,2006.12,20.

[16]王媛媛.封闭与开放:走向学科研究与跨学科研究的统一[J].高等教育研究,2010,31(05):47-49+38.

[18][20].吴立保,吴政,邱章强.知识生产模式现代转型视角下的 流学科建设研究[J].江苏高教,2017 (04):15-20.

[19]张学文.大学理性研究[M]. 北京：北京师范大学出版社，2013：64.

[21]杰勒德·德兰迪.知识社会中的大学[M].北京：北京大学出版社，2010:127.

[22]武学超.西方学者对模式3知识生产的多视角理论阐释[J].科技进步与对策,2016,33(11):147-151.

[23]李铁君.大学学科建设与发展论纲[M].北京：中国社会科学出版社，2004:12-13.

[24]金吾伦.跨学科研究引论[M].北京：中央编译出版社，1997:30.

[25]David F.J.Campbell, Wolfgang H. Guttel. Knowlegde Production of Firms: Research Networks and the' Scientification' of Business R&D[J]. International Journal of Technology Management, 2005, 31(1/2):152-175.

自组织下的一流学科建设的基本逻辑及实现路径

孟艳

党的十九大报告中强调，要加快一流大学和一流学科建设，实现高等教育内涵式发展。“双一流”建设已成为新时代高等教育发展的重要任务。自从2015年8月，中央全面深化改革领导小组会议审议通过《统筹推进世界一流大学和一流学科建设总体方案》，到2017年9月 “双一流”名单的尘埃落定，“双一流”在社会上形成了一个光环效应。于是高教界掀起了追慕“双一流”的热潮，社会上对“双一流”建设的关注热情也始终不减。[1] 学科建设对于大学发展起着基础性引领作用，与高校的人才培养质量、科研成果以及声誉等息息相关。突出学科建设的基础作用，高度契合“双一流”建设目标和旨向。当然，突出学科建设的基础作用，加强一流学科建设，也是世界高等教育办学的成功理念、有益经验和基本理念。[2] 因此，从理论和实践回答高校学科建设的基本逻辑和路径具有重要的价值。

一、学科建设的自组织性

有学者认为学科建设就是建组织，就是促进组织在知识生产、知识劳动能力的提升。[3] 因此，学科作为大学的一种组织，就是对知识传承、创新、应用，在一定知识劳动平台上进行人才培养、科学研究及社会服务的大学基层学术组织。

（一）学科建设属于自组织

组织形式一般可以分为他组织和自组织两类。一般认为，如果一个系统不是自行组织起来，而是靠外部力量的驱动，就是他组织。如果组织不存在外部干预，协调自动形成有序结构，就是自组织。众所周知，一个组织不可能纯粹内部力量起作用，也不可能只靠外部力量的驱动，而是系统内部力量和外部力量两种力量交织在一起。学者们一致认为，自组织形成有序结构的主导力量来自系统内部，而他组织形成有序结构的主导力量来自系统外部。[4] 也就是说，自组织表现为自行组织起来的力量大于外部驱动的力量，他组织是外部作用的力量大于自行组织起来的力量。

美国学者伯顿·克拉克把一门门的知识称作“学科”，而组织正是围绕这些学科确立起来的。

基金项目：全国教育科学“十三五”规划教育部重点课题（编号：DIA160324）的阶段性成果。
孟艳，教育学博士，河南大学教育科学学院副教授，主要从事高等教育基本理论、课程与教学研究。

学科建设本质上是学科组织在知识生产上的能力，可以说是人们在认识事物的过程中形成的一套系统有序的知识体系。学科组织不仅存在由知识体系产生的内部自发作用，还存在政府和大学引起的外部作用。但由于知识演化生长的力量对学科组织要素的有序化起主导作用，从本体论意义上来讲，学科组织属于自组织系统。[5] 因此，学科组织具有主体性和内生性的特点。一流学科建设要注重知识体系的内在生长和培育，遵循学科发展规律，而不能单纯地依靠外在的建设和规划。

（二）学科建设的内生性

从外延式发展转向内涵式发展是一流学科建设必经之路。一流学科建设需要从注重数量、硬件建设到质量和软实力提升。过去学科建设更多基于投资驱动、权力推进、资源依赖的外延式发展。这种模式能在较短时间内形成规模，并提高学术水平，对于学科平台、基础设施、人才队伍等方面具有重要的作用。但是，过度依靠外部力量驱动发展，忽视学科发展内生性和自主性特点，相应地会抑制学科组织的内在生命力，无法实现向世界一流学科发展的战略。因此，转变学科建设理念，回归学科建设的人才培养、科学研究、社会服务及文化传承的一流影响力的本质，以提高教育质量的内涵发展为目标。

（三）学科建设的生态性

学科生态是一流学科建设的基础和条件。良好的学科生态，能够促进学科发展，否则很难支撑和发展高校的一流学科建设。学科生态是学科之间、学科与环境之间相互作用、相互影响而形成的整体性的生态系统。[6] 也就是说，学科生态不仅包括学科内部之间的关系，还包括学科与外界的信息和能量的关系等。因此，高校的学科布局不仅要考虑到重点学科建设，还要考虑到一些传统学科、新兴学科、交叉学科建设。与此同时，学科建设的资源配置方式还应该多元化，既要关注重点学科建设，还要处理好传统学科与新兴学科、优势学科与边缘学科的关系，以及与地方社会经济、产业结构的关系等。因此，学科建设应优化学科生态的环境，形成良好的学科生态体系，促进一流学科建设。

二、一流学科建设的基本逻辑

社会学家亨利・埃茨科威兹和劳伊特・雷德斯多夫教授提出“大学—产业—政府”三重螺旋理论，主要内容是知识的生产与转化，政府、产业和大学之间的新型互动关系。根据此理论，有学者提出学科建设要遵循行政推动、学术内生和市场引领逻辑。[7] 笔者认为，虽然行政推动对学科发展起着重要的作用，但是由于学科组织具有自组织性和内生性等特点，因此，学科建设要从过去依靠行政推进、量化评价、资源依赖等外部力量，转变为综合考量学科历史传统、学术发展、社会需要逻辑。[8] 学科建设的这三重逻辑的提出是建立在学科的自组织性、学科的内生性与学科的生态性基本特征基础上的，具有一定的合理性。

（一）历史传统是学科建设基点

学科的历史传统与学科发展是密不可分的，是学科生长的土壤，学科建设要充分考虑到学科发展的历史。学科的历史传统主要是指学科创始人精神理念和学术文化等，学者共同研究某一特定的对象，形成比较一致的价值取向、学术话语体系、组织文化信念等。伯顿·克拉克认为：“每一学科都有一种知识传统，即思想范畴和相应的行为准则。在每一个领域里，都有一种新成员要养成的生活方式，在发达的系统里也如此。刚刚进入不同学术专业的人，实际是进入不同的文化宫殿，在那里，它们分享有关理论、方法论、技术和问题的信念。”很多重点学科就是靠传统，靠创始人的人格感召力，形成学科的传统，代代相传。这是学科建设的软实力。[9] 学科组织从内而外组织生长需要长期学术积淀的过程。学科建设从初步建设到发展需要经过漫长道路，例如学科定位与发展目标不断清晰化，团体建设、平台搭建等，才能逐渐成为成熟的、一流的学科。学科建设要扎根于学科的历史传统，立足于本校的实际情况，摆脱学科建设依附行政和其他高校的情况。我们把国内高校其他优势学科来作为自己的强势学科，或者复制其他高校的学科布局和结构，但在实际操作中很难成功，原因在于学科发展需要良好的生态环境，需要有一定的学科生长积淀过程。

（二）学术发展是学科建设内在品质

学术发展是学科建设内在要求。学科建设基于学术之上，在一定程度上学科水平最终取决于学术水平。学科组织作为典型的知识型组织，知识传承、应用与创新是一流学科建设的关键。从学科内部发展需求出发，遵循学科发展的内在发展规律。学科的学术发展更多源于学者对自身所在学科的“忠诚”，例如对本学科的信念、责任感、研究兴趣等，或者仅仅是一种“执着”，凭借学者自己的努力和推动，以不懈的学术成果累积为主要方式使得本学科逐步发展壮大。[10]

学术共同体的形成，是学科组织最为核心的建制。英国学者托尼·比彻把学术共同体形象地称之为学术部落。学术共同体（学术部落）是指致力于某一学科知识领域的学者群体，他们共享着某种价值和文化、态度和行为方式。在不同的学科领地上所栖居的学术部落必然会有许多不同的文化传统、价值信仰及行为方式。[11] 学术共同体形成不仅是知识体系形成的需要，还是学科组织获取合法性的基础。并且解决社会发展的重大问题也需要学术共同体的协作。因此，学术共同体学者们需要更多交流，心思交锋，而不要沉浸在自己的一片学术领地，并逐渐成为高校中“熟悉的陌生人”。[12]

（三）社会需要是学科建设动力

学科发展不仅要考虑学术发展逻辑，还要考虑社会需要逻辑。《统筹推进世界一流大学和一流学科建设双一流建设总体方案》指出要“以中国特色、世界一流为统领，以支持创新驱动发展战略、服务经济社会为导向”。从这个意义上看，学科建设要服务国家创新驱动发展战略、服务区域经济社会发展。现代大学逐渐由社会边缘走向社会中心，与国家和地方社会经济发展紧密相连。学科建设应该考虑地方经济发展的行业、产业结构。现代大学已经发展成为社会的轴心组织，发挥了经济社会发展与进步的动力站作用，尤其是在高新科技革命时代，技术革新和产业转型发展越来越依赖大学的创新型人才培养和科技创新。[13]

现代大学担负国家责任和社会使命。学者研究要基于解决社会发展重要问题，产出一些高质量研究成果，为国家和地方社会经济发展提供决策指导，以保证所在学科发挥出重要价值。并且学科作为大学组织的基本要素，为了获得进一步发展和学科组织建设目标，学科建设发展还需要地方资源的支撑和制度的供给，促进学科建设的可持续发展。我们需要注意，学科建设满足社会经济发展需要的同时，也要注重学科发展内在规律，使两者保持良好的平衡。

三、一流学科建设的实现路径

作为有生命力的组织系统，一流学科建设的成长要综合考量学科的历史传统、学术发展、社会需要，形成有机的合力，从而使学科发展达到理想状态。本文在分析学科建设基本逻辑的基础上，提出优化学科建设的实现路径，促进学科建设走向卓越，向着一流学科发展。

（一）不同类型高校学科建设的差异化发展

不同类型高校的一流学科建设应该体现多样性和差异性的发展目标和使命。一流学科建设不仅是指研究型大学的学科建设，而且还指各种类型的高校学科建设，例如教学研究型大学、教学型院校。“一流”不只是世界的一流，也可以是国内“一流”，抑或区域“一流”。只有不同类型的高校全面发展，我国才能实现从高等教育大国到高等教育强国的转变。因此，我国高等教育发展至今，已由从外部规模的扩张转到对质量的追求，以实现高等教育内涵式发展为目标。

不同类型高校的学科发展要选择不同路径，实现差异化发展。一是国内高水平大学学科建设。这类大学不论学校整体还是学科均有较好的基础和资源，一般有多个学科处于国内领先地位和国际前沿水平，力争向世界一流学科和一流大学发展。例如北大出台的“双一流”的建设方案，要打造“30+6+2”学科布局，30个国内领先、国际一流的优势学科，6个综合交叉学科群，2个前沿和交叉学科领域。这是北京大学学科布局和结构，也是北大学科建设的特色。二是对于教学研究型大学（老牌地方本科院校）。这类大学有一定历史积淀和良好基础，要做强做大优势特色学科，强化学科群建设，加强基础学科建设。同时学科建设要借鉴、学习国内外顶尖高校，并且与国内外高水平大学合作，力求打造一批具备一流水平的优势学科和综合实力位居国内前列的特色学科。三是教学型院校（新建本科院校）。这类学校的综合实力均一般，但这类大学可能拥有某一个高水平的学科，或者在人才培养、服务社会方面具有一定的特色。这类学校要与地方经济社会发展紧密结合，建立学校与地方社会各界深度合作机制。总之，高校在学科建设中要综合考虑学校办学实力，关注学科建设的特色与优势，实现学科建设错位发展。

（二）不同学科建设的生态与特色发展

学科建设还要考虑到学科生态建设，建立良好的学科生态体系。合理的学科结构是学科发展的必要条件，是良好的学科生态基础。学科建设要处理好学科内部之间的关系，例如人文学科与自然学科、优势学科与边缘学科等；处理好学科与学校整体发展的关系；还要处理好学科与地方社会经济产业结构的关系。在完成国家和地方学科建设与发展任务的同时，还要特别注重学校整体建设与发展，建设优良的学科发展生态，以一流建设带动整体办学水平的提高。[14]

依据不同学科的特点，形成学科的特色发展。美国学者托尼·比彻在《学术部落及其领地：知识探索与学科文化》一书中，根据“硬科学—软科学”和“纯科学—应用科学”两个分类维度将学科分为纯硬科学、纯软科学、应用硬科学和应用软科学四大类。并分析了四大类学科在知识特性、价值取向和学科文化方面各自的特点。[15] 纯科学由于追求知识的客观性、普遍性，受知识本身的发展逻辑影响更多，且主要关注未来发展所要解决的社会重大问题。因此，纯科学侧重学术发展，注重学科发展内部规律。而应用科学注重实用性，与国家、地方经济、文化联系直接、紧密，相对受到外部影响较大，学科建设时会侧重社会需要逻辑。但是不论纯科学还是应用科学均遵循历史传统、学术发展、社会需要的基本逻辑，只是在学科建设时侧重点有所差异。

同时要加强学科文化建设。学科文化是一群学者共同默认的一种思维方式和行为取向，它是学科成熟的重要标志。[16] 学科文化对学科生长有着重要的促进作用，影响着教师在学科领域的思维方式和行为方式，从而影响学科的生长。高校的学科建设应采取多种渠道和形式，建立学术共同体，形成良好的学科文化。国内外有远见的办学者都把打造和谐的高水平学术团队作为提高学科水平的重要抓手。[17] 例如我们可以组织教师学术沙龙，开展基层学术组织的教研室活动，建立研究团体等，形成师生学术共同体和教师学术共同体，促进集体交流与融合。

（三）不同区域高校学科建设的地方化发展

高校学科建设路径的选择要结合实际，因地制宜。高校在推进学科建设中，既要考虑国际交流合作，更要注重各个地区在政治、经济、文化及教育上的差异性。不同区域高校学科建设根据学校基础和实际情况，充分考虑各省经济社会发展和产业结构，选择合适的建设路径。高校要培育与区域产业结构相耦合的学科专业，根据省内社会经济现状以及产业结构，持续建设一批目标明确，对接社会需求的亟须学科，形成优势主导产业、战略性新兴产业和服务业发展相适应的学科专业和人才培养新格局。

为了对接国家推进"双一流"战略，各省实施了一流学科建设计划。例如上海市实施了高峰高原重点学科建设计划，广东省实施了"双重点"建设，河南省实施了优势特色学科建设工程。上海侧重于围绕核心载体强化优势，广东侧重于点面结合打牢基础。[18] 河南侧重于以点为切入点和重要抓手，重点对优势特色学科建设。不同省份的学科建设基于各省的经济社会发展实际和各省的高等教育现状，实行特区政策，做出适合本省"双一流"建设路径的选择。

参考文献

[1] 王洪才."双一流"建设:机制·基础·保障[J].江苏高教,2017(06):11-14.

[2] 顾海良."双一流"建设要以学科建设为基础[J].中国高等教育,2017(19):15-16.

[3][9]宣勇.大学学科建设应该建什么?[J].探索与争鸣,2016(07):30-31.

[4]宋爱忠:自组织与他组织概念的商榷辨析[J].江汉论坛,2015(12):42-48.

[5]武建鑫.走向自组织:世界一流学科建设模式的反思与重构[J].湖北社会科学, 2016(11):158-164.

[6]张德祥.高校一流学科建设的关系审视[J].教育研究,2016(08):33-39+46.

[7][10]张胤,温媛媛.行政推动、学术内生与市场引领——一流大学学科建设理论模型及其现实模式研究:高教探索2016(07):57-61.

[8]孟艳,刘志军."双一流"背景下一流学科建设的三重逻辑——以河南大学学科建设为例[J].研究生教育研究,2017(4):67-71.

[11][15][英]托尼·比彻,保罗·特罗勒尔.陈洪捷译.学术部落及其领地:知识探索及学科文化[M].北京:北京大学出版社,2015:4:39-41.

[13][14]别敦荣.论"双一流"建设[J].中国高教研究,2017(11):7-17.

[16]刘慧玲.试论学科文化在学科建设中的地位和作用[J].现代大学教育,2002(02):72-74.

[17]周光礼,武建鑫.什么是世界一流学科[J].中国高教研究,2016(01): 65-73.

[18]徐高明.省域高水平大学建设:内涵、动因及路径[J].中国高教研究,2017(01):38-43.

“双一流”，抑或“三个一流”

——“双一流”背景下一流本科教育的建设依据分析

徐高明

习近平总书记在全国教育大会上强调指出，要形成更高水平的人才培养体系。新时代全国高等学校本科教育工作会议也提出，坚持以本为本，建设中国特色、世界水平的一流本科教育。在加快“双一流”建设背景下，一流大学、一流学科、一流本科息息相关，“双一流”建设与建设一流本科教育的关系随之成为一个热点问题与难点问题。因此，亟须在理论和实践层面上对它们之间的关系进行深入研究，全面梳理“双一流”背景下一流本科教育的建设依据，充分揭示一流本科教育建设对于“双一流”建设及高等教育内涵式发展的重要意义，从而形成统筹推进一流大学、一流学科、一流本科“三个一流”建设的合力。

一、现实由来：“双一流”建设对于本科教育既是机遇也是挑战

分析梳理一流本科教育建设的必要性与重要性，自然不能脱离现实，必须从客观现实出发，以客观事实为依据。当前，“双一流”建设就是我国一流本科教育建设的最大现实背景。2016年3月，在教育部直属高校“十三五”规划编制和中央部门所属高校教育教学改革专项工作视频会议上，教育部党组成员、副部长林蕙青首次提出，一流本科是一流大学的重要基础和基本特征，高校要大力建设一流本科教育，并且要将其纳入“双一流”建设方案。[1] 同年12月，教育部陈宝生部长接受采访时表示，高校回归教学本分、提高教学水平的基础在本科，没有高质量的本科，就建不成世界一流大学。[2] 2017年11月，教育部高等教育司司长吴岩在第十届“中国大学教学论坛”报告中进一步强调，在“双一流”建设中，一流本科是根本，没有一流本科，建设一流大学就是自娱自乐。[3] 清华大学邱勇校长认为，一流本科教育是一流大学的底色。[4] 厦门大学副校长邬大光指出，重视一流本科教育是一流大学成熟的标志。[5] 学者们也普遍认为，“双一流”建设不能缺失本科教育[6]，一流本科教育是“双一流”建设的重要内涵[7]，未来“双一流”建设需要更加重视一流本科教育的建设[8]。

综上可以看出，无论是政府官员，还是大学校长和学者，就一流本科教育与“双一流”建设的关系形成了高度共识，那就是：一流本科教育是“双一流”建设的重要内容和基础，必须统筹推进

基金项目：江苏省高校哲学社会科学研究重大项目（2017ZDAXM019）的阶段性成果。

徐高明，博士，常州大学高等教育研究院教授，主要从事公共管理与高等教育政策研究、院校研究。

一流大学、一流学科和一流本科的建设；一流本科教育也是“双一流”建设的重要命脉和基本特征，是检验“双一流”建设成效的关键性表征。应该说，加快“双一流”建设对于建设一流本科教育是一个良好的机遇，官员、校长和学者的高度共识必将有助于促进一流本科教育的建设。

然而，在当前加快“双一流”建设的情形下，如果缺乏必要的政策引导和机制保障，虽已形成了上述共识，但对一流本科教育建设可能还会产生不小的冲击。一是从世界范围来看“学术漂移”的惯性依旧很大，这将会大大降低高校对本科教育的关注，进而影响一流本科教育的建设。有学者从社会学制度主义的视角，分析了“学术漂移”萌发与泛滥的原因后指出，近年来，遏制“学术漂移”的政策措施几近失效，“学术漂移”在世界高等教育领域依然盛行，治理“学术漂移”是一项长期而又艰巨的任务。[9] 日本学者黄福涛则从历史和比较的视角印证了这一观点，他的研究发现，世界著名大学往往更加强调教师从事世界前沿的研究活动，而且其最发达、最领先的部分是其研究生教育，而不是本科教育。[10] 当前，我国高等教育界的“学术漂移”问题更为严重。客观地说，中国除了国家重点建设大学以外的众多院校，既缺乏发展方向，又常常为资源犯愁，即便如此，大多数院校还是希望建成研究型大学。[11]

二是我国“双一流”建设实行的是一种后发外生型的、重点建设的追赶策略，人们普遍追求立竿见影的“快变量”，而忽视了对系统产生关键作用的“慢变量”。当下，高效的科研产出、学科评估和大学排名等量化指标、短期绩效就是最为重要的“快变量”，而以本科教育为基础的人才培养工作、大学体制机制和文化建设则是典型的“慢变量”。由于“快变量”是见效快、显示度高的“显绩”，可以获得超额收益，从而成为人们追逐的目标，而“慢变量”则是需要一个假以时日的培育和成长的累积过程，是不易见效的“潜绩”，更是难啃的“硬骨头”，人们往往有意无意地给予视而不见的回避。因此，一些高校在办学过程中“重科研轻教学”的问题还比较突出，在本科教育上还存在着领导精力、教师精力、学生精力和资源 “四个投入不到位”现象。[12] 目前，在这些老问题还没有得到很好解决的情况下，加快“双一流”建设的新战略又给一流本科教育建设带来了一些新的挑战，例如，潘懋元先生就指出，我国许多一流大学改革发展过程中往往把科研摆在第一位，研究生教学放在第二位，行有余力时才会应对本科教学。[13] 还有学者也发现，在许多遴选与评估的指标中也很少能看到“人才培养”的硬指标，[14] 我国高校育人为本的根基并不牢固。[15]

通过以上梳理和分析，我们可以看出，一方面，一流本科教育是“双一流”建设不可分割的重要内容，加强一流本科教育的建设可以促进和加快“双一流”建设，一流大学、一流学科、一流本科密不可分、相辅相成。另一方面，由于在“双一流”建设中过度追求“快变量”的显性绩效，可能会在很大程度上遮蔽和冲击一流本科教育的建设和发展，造成“双一流”建设的偏颇，欲速则不达，并最终影响其建设速度和成效。因此，加快“双一流”建设，必须增强改革与建设的定力，保持改革与建设的韧劲，避免快慢失衡、顾此失彼，要协调好改革与建设中的快变量和慢变量的关系，在量化指标、短期绩效等快变量的改革取得成效时，更要致力于一流本科教育等慢变量的改革与建设，矫正高校培养人才、发展科学、为社会服务基本职责严重失衡的畸形现象，摆正它们的位置，并使培养人才成为贯穿其中的主线，引领教学、科研和服务活动，从而使一流大学、一流学科、一流本科取得整体性建设成效。

二、理论本来：以培养人才为中心，开展教学、科研和服务

理论是对现象和规律的解释，可以用来描述和预言事物发展的未来趋势与结果，得出一般性结论，从而帮助人们进行预判和决策。深入阐述一流本科教育与“双一流”建设、内涵式发展之间的逻辑关系，充分揭示一流本科教育对于“双一流”建设、内涵式发展和创新人才培养的重要作用，首先必须要厘清高等学校的主要活动和职能拓展与演变的历史，正确认识和把握关于高等学校职能的一般理论。世界高等教育的起源，最早可以追溯到古希腊智者派在各城邦广收门徒的教育，以及后来柏拉图、亚里士多德等人创办的学园。虽然这个时期的高等教育形式质朴，内容贫乏，也不是制度化的教育，但是，古代学者自由探求和传播知识的理念精髓，却从此成为欧洲高等教育的核心价值传统和宝贵精神财富，并对欧洲高等教育发展产生了深远的影响。世界近现代意义的高等教育起点，是诞生于11—16世纪的中世纪大学，从其发展历程和办学模式等可以看出，中世纪大学“主要是培养人才的职业学校，只是在有限的意义上可以说它是为学习本身的概念而存在的。大学在满足专业、教会和政府对各种人才的需要的过程中不断发展。”[16] 19世纪初，洪堡创立柏林大学，“通过研究进行教学”“教学与研究统一”的思想原则，在柏林大学的办学过程中得到了充分的贯彻与体现，自此科学研究开始进入大学的殿堂。19世纪后半叶，随着英国新大学运动和美国赠地学院运动的兴起，在教学和科研以外，大学又增加了社会服务的新内容。

透过历史我们发现，柏林大学建立以前的古代高等教育时期，大学的主要任务是整理、保存和传播知识，教学活动仅限于讲授、学习和讨论等，主要是培养官吏、牧师、医生和法官，培养格调高雅、心智健康的公民。人们接受高等教育主要是为了追求个人的自我完善和学术完美，推崇自由教育，教堂的钟声就是其生活节律，大学俨然是与世隔绝的“修道院”。虽然在19世纪初期科学研究融入了高等教育，但洪堡认为，大学里的科学研究是其教学活动密不可分的一部分，是不带丝毫功利目的的“纯粹研究”。虽然在客观上这种“纯粹研究”推动了近代科学的进步，并部分地满足了经济社会发展的要求，但科学研究的目的只是发展知识，而不是直接为社会服务。因此，大学“摆脱了外界的束缚，放弃了暂时的利益，成为保护人们进行知识探索的自律的场所”[17]，是与现实社会保持一定张力的“象牙塔”。但是自从19世纪后半叶大学增加了为社会服务的功能之后，经过技术功利主义盛行的20世纪，直到知识经济时代的21世纪，大学已逐步走入社会的中心，并完全融入社会，其功能得到了进一步的强化和延展，成为服务现实、引领未来的新引擎，成为社会持续进步的“服务站”和“动力源”。大学活动和职能的演进过程大致如下表所示。

大学活动和职能的演进过程表

	19世纪以前	19世纪前半叶	19世纪后半叶至今
大学主要活动	教学 （传播知识）	教学+科研 （传播知识+创造知识）	教学+科研+服务 （传播知识+创造知识+运用知识）
大学活动对象	高深学问或专业知识	高深学问或专业知识	高深学问或专业知识
大学主要职能	培养人才	培养人才+发展科学	培养人才+发展科学+为社会服务
大学职能隐喻	修道院	象牙塔	服务站、动力源

“修道院—象牙塔—服务站与动力源”的发展轨迹清晰地表明，大学已从封闭走向开放，从社会的边缘走向社会的中心，并逐步成为社会的轴心，其活动和职能也从单一走向多元。大学的主要活动形式为教学、科研和服务；大学的活动对象是并围绕其高深学问（或专业知识）进行知识传播、创造和运用；大学的主要职能则是培养人才、发展科学和为社会服务。虽然大学的活动以及大学职能的形式和种类是多样的，但大学的基本活动只有教学，基本活动对象只是高深知识（或专业知识），基本职能也唯有培养人才。因为这些基本活动、基本活动对象、基本职能才是决定大学基本性质的关键因素，才是大学区别于其他机构和组织的根本特征，才是大学建立、存在和发展的真正理由。因此，简单地说，大学就是一个围绕高深学问（或专业知识）、主要通过教学而为社会培养各类高素质人才的重要社会机构。

根据高等学校的职能理论，2015年新修订的《中华人民共和国高等教育法》第一章“总则”第五条规定：“高等教育的任务是培养具有社会责任感、创新精神和实践能力的高级专门人才，发展科学技术文化，促进社会主义现代化建设。”第四章“高等学校的组织和活动”第三十一条明确规定：“高等学校应当以培养人才为中心，开展教学、科学研究和社会服务。”《国家中长期教育改革和发展规划纲要（2010—2020年）》第七章第十九条也要求：“牢固确立人才培养在高校工作中的中心地位，着力培养信念执着、品德优良、知识丰富、本领过硬的高素质专门人才和拔尖人才。”依据高等学校的职能理论以及我国高等教育法关于高等学校职能的相关规定，我们发现，培养人才作为大学办学的中心和根本，是大学区别于科研及咨询机构的本质属性，也是大学的存在价值，它在大学各项工作中具有不可挑战的主导作用，教学、科研和服务活动只是培养人才的主要途径和方式，它们必须紧紧围绕该中心，服务于该中心。因此，在“双一流”建设过程中，建设一流本科教育不但不可缺位和削弱，而且还应该得到进一步的强化，一流本科人才的培养能力与水平才是衡量一流大学办学水平的根本标准。

三、政策未来：突出人才培养根本任务，落实立德树人根本标准

政策是国家或者政党为了实现一定历史时期的路线和任务，而制定的奋斗目标、行动原则、一般步骤和具体措施，是阶级利益与意志的实践化反映。我国“双一流”建设政策的目标非常明确，那就是，要推动一批高水平大学和学科进入世界一流行列或前列，显著提升我国高等教育整体实力，基本建成高等教育强国，为实现“两个一百年”奋斗目标和中华民族伟大复兴的中国梦奠定坚实基础，并提供有力支撑。而人类实践活动又是以目的为依据的，并且目的往往贯穿于实践过程的始终。“双一流”建设的目标虽然比较清晰和具体，但它却是我国高等教育改革与发展的特殊性、个别化、阶段性的追求。因此，在“双一流”建设中我们还必须追寻这些建设目标背后的深层次目的，追寻目的之中所蕴含的比较抽象而具有普遍性、统一性、终极性的宗旨或方针。

那么，我国“双一流”建设的目的是什么呢？简单地说，就是立德树人。2015年10月，《统筹推进世界一流大学和一流学科建设总体方案》提出：“坚持立德树人，突出人才培养的核心地位，着力培养具有历史使命感和社会责任心，富有创新精神和实践能力的各类创新型、应用型、复合型优秀人才。”2017年1月，《统筹推进世界一流大学和一流学科建设实施办法（暂行）》也明确要求，世界一流大学与一流学科建设单位要“落实立德树人根本任务”。2017年9月，“双一流”建设

高校和建设学科名单公布后，中共中央办公厅、国务院办公厅印发的《关于深化教育体制机制改革的意见》指出，高等学校要把人才培养作为中心工作，全面提高人才培养能力。

因此，“双一流”建设背景下，加强一流本科教育建设，必将进一步凸显“双一流”建设的目的性，并使其目标服务于目的，并把目的的内涵精神贯穿于“双一流”建设的各个具体目标之中。虽然我国“双一流”建设的目标和目的十分明确与清晰，上述有关政策都清楚地表明，要将学生成长成才作为“双一流”建设的出发点和落脚点，积极构建协同育人机制，进一步提高本科教育质量，从而使高校人才培养的能力和水平得到社会高度认可。但要从决策变为行动，政策的执行才是最为关键的步骤。清晰的政策可以更好地体现国家的意志和主张，并增强政策的规则性和可操作性。然而，由于政策的模糊性、资源的限制性以及时间压力，可能使得基层管理者无法像预期那样执行政策。[18] 纵观我国“双一流”建设的相关政策可以发现，相较于科学研究和社会服务，政策当中关于人才培养部分大多只是一些原则性的表述、笼统性的要求以及模糊化的标准，再加之在五年建设周期之内人才培养又是一种不易见效的“慢变量”，这必将大大影响高校立德树人的实际效果。

当前，在执行“双一流”建设政策过程中，关键是要进行政策的整合，重点防止政策执行过程中的碎片化现象和替代性选择。首先，要确保“双一流”政策的一致性，使每个关键的政策目标达成协同一致。全面提升我国高等教育在人才培养、科学研究、社会服务、文化传承创新和国际交流合作中的综合实力，是我国“双一流”建设的总体目标要求。但这五个方面的目标在一定程度上又是相互竞争和重叠的不同目标，在关注它们差异性的同时，更应该重视它们之间的互补性和协同效应，应让它们从总体上服从和服务于人才培养这个根本任务。除了尽可能地在横向上达成这种目标的互补与协同，还应该在更广范围的纵向政策体系上达成最大限度的一致性，那就是要在法律、法规、条例等体制性安排的宏观层面，在相关纲要、规划等机制性安排的中观层面，以及在各种对策、做法和经验等具体措施安排的微观层面上，构建更加完备和系统的有利于突出人才培养的相关制度体系。

其次，要对“双一流”建设的重要目标进行充分权衡，并对一流本科教育建设提出必要的补充强化措施。2018年5月2日，习近平总书记在视察北京大学时旗帜鲜明地指出，高等学校的根本任务就是培养人，高等学校的根本标准就是立德树人的成效，特别是要形成高水平人才培养体系。[19] 教育部明确提出，贯彻和落实总书记的“两个根本”，是当前和今后一个时期我国高等教育改革发展的核心任务。为此，2018年6月，教育部召开了改革开放40年第一次全国高等学校本科教育工作会议，研究落实总书记讲话精神，全面部署高校落实立德树人根本任务，会议提出，要全面坚持以本为本、推进四个回归、建设一流本科教育，全面高扬人才培养主旋律。会后，教育部出台了《关于加快建设高水平本科教育，全面提高人才培养能力的意见》（新时代高教40条），详细绘就了做好高校人才培养工作的“施工图”。这次会议以及新时代高教40条，就是在对“双一流”建设目标权衡的基础上提出的一种补充性强化措施，就是要形成重视一流本科教育的评价标准和政策机制的明确导向。

因此，在“双一流”建设中，加强一流本科教育建设可以全面提高高校的人才培养能力，更加突出培养人才的根本任务，更好地落实立德树人的根本标准，从而使教学、科研、服务活动更好支撑和保障一流人才的培养。目前，从各建设单位公布的“双一流”建设方案来看，世界一流大学建设高校和世界一流学科建设高校，在各自的方案中不仅确定了学校总体建设的目标，还就学校整体或者学科提出了相互衔接的近期、中期和远期目标，以及各具特色的发展路径、内容和改革举措。但是，在“双一流”建设方案中，回归人才培养本位、回归本科教育基础性地位的关键性措施并不十分显著，“人才培养为本、本科教育是根”的理念并没有得到很好的体现。为此，在今后的“双一流”建设中，高校要把提高人才培养能力与本科教育质量作为其重要内容，推动大学回归本位。

四、结语：把握由来，坚守本来，面向未来

首先，必须直面现实挑战。目前，我国“双一流”建设采取的依然是一种非均衡发展的重点建设策略，这种策略十分强调效率，这就必然导致建设过程中的功利化、投机性现象，甚至片面强调和夸大建设的工具理性，而忽视和遮蔽其建设的价值理性，人们往往追求短期效应和显性指标，而并不太关注其建设目的本身是否合理，更不会反省和批判其目的的价值和意义，甚至为了达成目标还可能会不择手段。而以本科教育为基础的人才培养却具有长期性、滞后性和低显示度的特点，反观我国“双一流”建设的有关政策文件，应该说对于重科研轻教学而忽视人才培养这个问题的认识是清醒的，但解决这一问题的实实在在的政策供给明显不足，“双一流”建设依然存在着片面化、指标化、碎片化的风险，必须保持警惕。

其次，坚决回归本分初心。当今，大学肩负的使命和责任在不断增多，从人才培养、科学研究、社会服务，到文化传承创新、国际交流合作，其承载的目标任务也更加多元、繁复，但正本清源，究其根本，育人才是大学的本分和初心，育人才是大学的价值和灵魂。大学的定力就在对育人的坚守。20世纪90年代以来，以美国为代表的西方发达国家高等教育界通过对大学“失去灵魂的卓越”的深刻反省，已逐步“回归大学之道”。从理论和实践看，大学初心，只在育人。所以，在“双一流”建设中，要“不畏浮云遮望眼”，深刻理解、准确把握高等教育职能理论，并以职能理论为支撑，理直气壮地坚持和倡导一流本科教育在“双一流”建设中的基础地位、前沿地位、战略地位。

第三，努力实现制度之治。非均衡化的重点建设是一种典型的“政策之治”，当下的“双一流”建设依然是这种“政策之治”的延续。虽然“政策之治”具有灵活、高效的显著特点，已经成为我国改革发展的宝贵经验和公共治理的路径依赖。然而，组织场域和制度环境的稳定性才是决定组织变迁方向的关键性力量，“政策之治”也具有短期性、变动性和功利性的致命缺陷。从长远看，“政策之治”并不可持续，最终还会碰到体制机制的“天花板”。因此，党的十八大就明确指出：要“构建系统完备、科学规范、运行有效的制度体系，使各方面制度更加成熟、更加定型。”这就为我国“双一流”建设的制度化治理指明了方向，加速实现从“政策之治”到“制度之治”的过渡，从行政主导转向制度引导，从而保证统筹推进一流大学、一流学科、一流本科“三个一流”建设的稳定性、全局性和可持续性。

参考文献

[1]万玉凤.将建设一流本科教育纳入“双一流”建设方案[N].中国教育报,2016-3-30.
[2]田延辉,邓晖.培养什么样的人,办什么样的大学——对话教育部党组书记、部长陈宝生[N].光明日报,2016-12-29.
[3]吴岩.新时代高等教育面临新形势[N].光明日报,2017-12-19.

[4]邱勇.一流本科教育是一流大学的底色[N].光明日报,2016-06-21.
[5]邬大光.重视本科教育:一流大学成熟的标志[J].中国高教研究,2016,(06):5-10.
[6]马陆亭."双一流"建设不能缺失一流本科教育[J].中国大学教学,2016,(05):9-14.
[7]钟秉林,方芳.一流本科教育是"双一流"建设的重要内涵[J].中国大学教学,2016,(04):4-8.
[8]陈晓宇,杨海燕.新时期我国建设一流大学面临的转变[J].高等教育研究,2017,(11):11-21.
[9]司俊峰,唐玉光.高等教育"学术漂移"现象的动因探析——基于社会学制度主义的视角[J].高等教育研究,2016,(09):38-44.
[10]黄福涛.什么是世界一流大学的本科教育[J].高等教育研究,2017,(08):1-9.
[11]菲利普·G·阿特巴赫(Altbach, P.G.).国际高等教育的前沿问题[M].陈佩,译.上海:上海交通大学出版社,2014.160.
[12]陈宝生.坚持以本为本,推进四个回归,建设中国特色、世界水平的一流本科教育——在新时代全国高等学校本科教育工作会议上的讲话[EB/OL]. http://www.htu.cn/xcb/2018/0628/c2715a123951/page.htm,2018-6-28/2018-7-3.
[13]潘懋元.建设一流本科,全面统筹推进[J].中国大学教学,2016,(06):4-5.
[14]沈红."双一流"建设要澄清多对关系[J].中国高教研究,2018,(01):19-20.
[15]童世骏,瞿振元,等.聚焦2035中国教育现代化(笔谈)[J].中国高教研究,2018,(02):18-21.
[16]伯顿·克拉克,主编.高等教育新论——多学科的研究[M].王承绪等,译.杭州:浙江教育出版社,2001.29.
[17]约翰·S·布鲁贝克.高等教育哲学[M].郑继伟等,译.杭州:浙江教育出版社,2001.16.
[18]吴逊,等.公共政策过程:制定、实施与管理[M].叶林等,译.上海:上海人民出版社,2015.120.
[19]习近平.在北京大学师生座谈会上的讲话[EB/OL].http://www.gov.cn/xinwen/2018-05/03/content_5287561.htm,2018-5-3/2018-7-3.

"双一流"高校教师流动意向的实证研究

——基于整体薪酬理论的视角

孙凯　张志强

教师是教育质量提高的核心，一流的教师是一流大学和学科建设的根基。中共中央国务院在《关于全面深化新时代教师队伍建设改革的意见》中明确地提出，"教师是教育发展的第一资源"，这既体现了教育发展规律的要求，又抓住了当前深化教育改革发展与世界一流大学建设的关键。为响应国家"双一流"高校建设要求，高校之间加大了人才引进力度，使得高校教师流动也愈加频繁。教师队伍的合理流动不仅可以避免大学学术的"近亲繁殖"，有利于教育资源的合理配置，而且还有助于教师队伍整体的结构优化、学术交流及学科发展。然而，人才无序、恶性流动将严重阻碍"双一流"建设的顺利实施，尤其对中西部、东北地区经济欠发达地区高校来说尤其如此。因此，在"双一流"建设背景下，分析"双一流"高校教师流动及其影响因素，对提升我国高校师资队伍建设水平具有重要的意义。本文旨在分析欠发达省份"双一流"高校不同群体教师的流动意向差异，基于整体薪酬的理论视角，分析薪酬要素与高校教师工作满意度与流动意向的关系，拟为改善高校教师流动、流失的现状提供建议。

一、理论框架及相关研究

针对高校教师流动以往学者多从社会学视角进行研究，如由由对公立四年制本科大学全职教师抽样调查，从工作环境感知、工作满意、机会成本的视角，研究了高校教师流动意向的原因[1]；张伟杰从布迪厄场域论视角分析了高校教师无序流动的影响因素[2]；王迪钊基于生态位的视角，提出"双一流"建设背景下高校教师合理流动的对策。[3]

整体薪酬（Total Rewards）理论在我国多翻译为全面薪酬理论，于20世纪80年代兴起后多应用在人力资源管理领域，在教育领域的实证研究相对较少。例如，成琼文将研究型大学教师的薪酬分为直接经济性薪酬、间接经济性薪酬、直接非经济性薪酬、间接非经济性薪酬，并对四类薪酬的激励效果进行分析。[4] 朱菲菲基于全面薪酬理论，实证分析了中小学教师流动意向，认为：内外在薪酬对中小学教师工作满意度有显著正向激励作用，且内在薪酬的激励作用更大[5]。以上研究对本文

基金项目：黑龙江省教育科学规划重大课题"新时期黑龙江省高校教师待遇实证研究"的阶段性成果。

孙凯，黑龙江省教育科学研究院高教所副所长、副研究员；张志强，黑龙江省教育科学研究院副院长、研究员。

具有借鉴意义，但研究或是并未进一步探讨这种薪酬激励效应最终与教师流动意向的关系，或是没有针对“双一流”大学尤其是欠发达地区教师流动问题进行研究，问题与对策研究与当前的“双一流”高校建设背景也不完全吻合。在已有文献的基础上，本文旨在实证分析整体薪酬与高水平大学教师流动意向的关系，探究整体薪酬结构要素对教师工作激励和流动意向的影响机制。

鉴于此，本文从整体薪酬视角对欠发达地区“双一流”建设高校教师流动意向进行分析和讨论。分析有流动意向的教师群体特征是什么，哪些因素是影响教师流动意向的薪酬要素？收入水平是否是欠发达地区教师流动的核心因素？

整体薪酬通常分为狭义定义和广义定义。狭义定义包括薪酬和福利，即指总薪酬（Total Compensation）或全面薪酬；广义定义可以拓展到包含雇主为工作而回报员工的每一件事物。此时整体价值（Total Value）等概念可以和整体薪酬互换。在学术研究领域，以留住高绩效员工、提高组织财务绩效、吸引关键人才为目标的整体薪酬，不同于基于组织设计导向的传统薪酬系统，整体薪酬的设计是站在员工选择的视角来考虑满足员工对薪酬包的个性化需求[6]。

乔瑟夫・J・马尔托奇奥将总薪酬体系划分为“外部薪酬”和“内部薪酬”。外部薪酬包括货币形式的基本工资、生活成本调整、绩效工资、奖金等和医疗养老保险、带薪休假和服务等非货币回报。外部薪酬作为经济性的薪酬，是员工薪酬的基础。[7] 而“内在薪酬”是那些不能以货币形式量化的奖励价值，包括培训机会、晋升机会、吸引人的公司文化、相互配合的工作环境、工作的成就感、良好的人际关系等。[8]

美国薪酬协会将整体薪酬定义为：用以交换员工的时间、天赋、努力和成果而提供给员工的货币形式或者非货币形式的回报，是雇主吸引、激励和留住优秀员工的有效工具。包括了五个关键因素：薪酬、福利、工作-生活平衡、绩效和认可、发展和职业机会。[9] 据此，本文将全面薪酬内容定义为薪酬、福利、发展和职业机会、绩效认可、工作负荷五个方面。

此外，有研究表明，工作满意度是教师流动意向最为显著的解释变量[10]，高校教师工作满意度可以定义为高校教师对其所从事工作的情感取向，工作满意度对高校教师的流动倾向有预测作用，工作满意度中的三个维度———工作本身、领导管理和人际关系对离职倾向有显著的负向影响作用[11]。基于以上梳理，提出本研究的理论框架：整体薪酬对“双一流”高校教师工作待遇满意度产生作用，而工作满意度的高低进而教师的流动意向产生影响。除此之外，整体薪酬结构要素（薪酬、福利、发展和职业机会、绩效认可、工作负荷）还会对流动意向产生直接的作用。

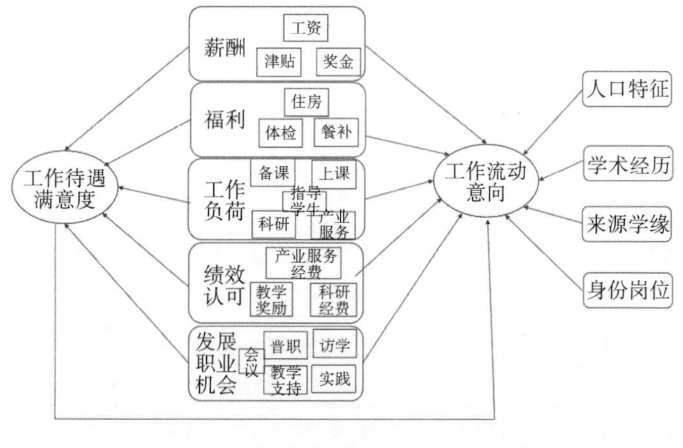

图1　理论框架图

二、数据来源及变量说明

（一）样本选取

以定量研究方式，2018年5月以分层抽样方法调查A省三所“双一流”建设高校非兼职教师，共发放问卷1 000份，回收有效问卷791份，用SPSS 17.0处理数据统计分析。样本描述统计情况如下：男教师占49.7%，女教师50.3%；在年龄分布上，30岁以下教师比例为5.1%，31～35岁教师比例为15.3%，36～40岁教师比例为35.8%，41～45岁教师占20.4%，46～50岁教师占12.4%，51～55岁教师占7.0%，56岁以上教师占4.1%。样本教师拥有高级职称的占6.1%，中级职称教师占53.0%，初级职称教师占31.7%。教师最高学历为研究生的比例为85.7%，本科学历比例为12.1%，无学历比例为1.3%。教师就读高中省份73.2%为本省，26.8%为非本省。

（二）变量说明

本研究因变量为教师的流动意向，描述统计时按照“无流动意向”“离开教师职业”“省内高校流动”“省外高校流动”“国外流动”归类；流动意向的影响因素分析将因变量归纳为“是否有流动意向”二分类变量。

按照教师的人口特征、学术经历、来源地、身份岗位四类寻找有流动意向教师的群体特征；影响因素依据整体薪酬理论框架分五类解释变量——薪酬、福利、发展和职业机会、绩效认可、工作负荷（如表1）。

表1　变量说明

因素	变　量	说　明
人口特征	性别	分类变量，参照组为女性
	年龄	年龄段分类变量，参照组为60岁以上组
学术经历	最后学历	分类变量，参照组为研究生
	最高学位	分类变量，参照组为博士
	第一学历毕业院校层次	分类变量，参照组为“双一流”建设高校
	最后学历毕业院校层次	分类变量，参照组为“双一流”建设高校
来源地	就读高中省份	分类变量，参照组为省外学校
	第一学历毕业院校省份	分类变量，参照组为省外学校
	最后学历毕业院校省份	分类变量，参照组为省外学校
身份岗位	专业技术职称	分类变量，参照组为无职称
	学科	分类变量，参照组为不从事教学工作
	工作岗位	分类变量，参照组为其他岗位
	是否教学骨干	分类变量，参照组为教学骨干
整体薪酬	薪酬	工资、津贴、奖金
	福利	住房、体检、餐补、取暖费
	发展和职业机会	晋职、学术会议、访学、企业实践、教学支持
	绩效认可	教学奖励、科研经费、企业服务奖励
	工作负荷	课时量、备课量、指导学生时间、科研时间、企业服务时间
工作待遇满意度	“您对目前工作的总体满意度程度”的李克特5级量表	
工作流动意向	“您是否有流动打算”虚拟变量	

三、教师流动意向及群体特征

教师总体流动意向强烈，双一流高校教师中有60.1%有流动意向（图2），与全省高校教师流动意向差异显著（卡方检验p=0.000<0.05）：全省教师有流动意向的占54.2%，而双一流高校有流动意向教师比例超过全省总体流动意向约6%。

双一流高校有流动意向教师中，有省外高校流动意向的比例最大，为39.6%，其次是离开教师职业的有11.6%，有国外流动意向的教师占4.6%，省内高校流动意向的比例最低为4.3%。

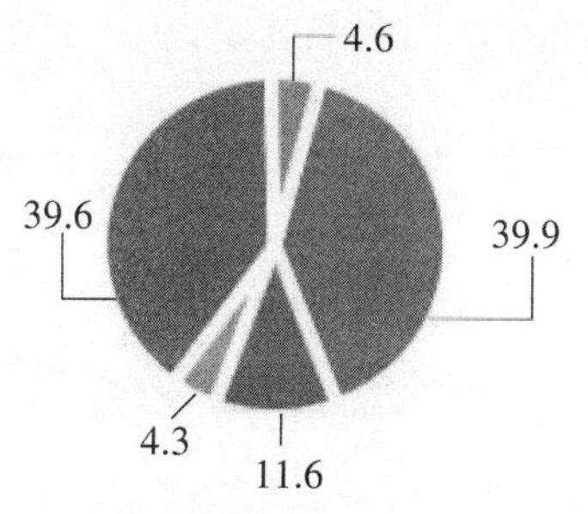

图2 双一流高校教师流动意向比例图

从教师的流动意向的群体特征发现，教师人口特征、学术经历、身份岗位等方面都与教师流动意向显著相关；而教师的来源地是否为本省、学缘情况等与教师流动意向并无显著相关（表2）。

表2 教师特征与流动意向的相关性

		工作流动意向			工作流动意向
性别	Pearson 相关性	-0.046	任教学科	Pearson 相关性	0.071*
	显著性(双侧)	0.192		显著性(双侧)	0.046
年龄	Pearson 相关性	-0.124**	教师编制	Pearson 相关性	-0.025
	显著性(双侧)	0.000		显著性(双侧)	0.484
最后学历	Pearson 相关性	0.181**	工作岗位	Pearson 相关性	-0.086*
	显著性(双侧)	0.000		显著性(双侧)	0.016
最高学位	Pearson 相关性	0.267**	是否教学骨干	Pearson 相关性	0.114**
	显著性(双侧)	0.000		显著性(双侧)	0.007
专业技术职称	Pearson 相关性	0.089*	高中(中师)就读学校省份	Pearson 相关性	0.067
	显著性(双侧)	0.012		显著性(双侧)	0.061
第一学历毕业高等院校层次	Pearson 相关性	-0.013	第一学历毕业院校省份	Pearson 相关性	-0.003
	显著性(双侧)	0.873		显著性(双侧)	0.942
最后学历毕业高等院校层次	Pearson 相关性	0.092*	最后学历毕业高等院校省份	Pearson 相关性	-0.049
	显著性(双侧)	0.011		显著性(双侧)	0.172

**.在0.01水平（双侧）上显著相关；*.在0.05水平（双侧）上显著相关。

（一）人口特征

性别与教师的流动意向无显著相关（r=-0.046，p=0.192>0.05）。年龄与流动意向呈显著负相关（r=-0.124，p<0.001），总体趋势上看，年龄越大流动意向越小，越趋于稳定；流动意向呈现"中间大两头低"趋势。

各年龄段教师流动意向差异显著（卡方皮尔森系数小于0）。中青年教师流动意向最大。36～40岁教师无流动意向比例最低为32.2%，流动意向最强，67.8%教师有流动意向，高于双一流高校教师整体流动意向7.7个百分点。其次是41～45岁和31～35岁教师，流动意向比例分别为63.4%和63.1%。即31～45岁中青年教师流动意向明显大于30岁以下和51岁以上教师，超过50岁的教师流动意向明显降低（图3）。

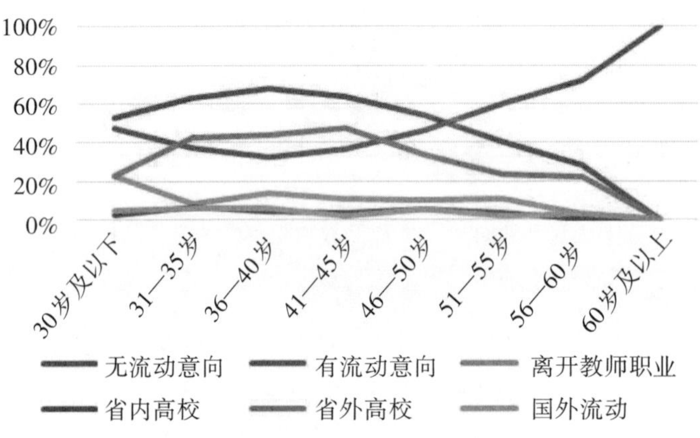

图3 各年龄段教师工作流动意向

（二）学术经历

1.学历

学历与教师流动意向呈显著正相关，学历越高流动意向越强，学历越低流动意向越弱（r=0.181，p<0.001）。

各学历层次教师的流动意向差异显著（卡方皮尔森系数小于0）。具有研究生学历教师流动意向比例最高为63.3%，高于本科学历教师和专科及以下教师（41.6%和40%），且研究生学历教师省外高校流动意向比例最大为43.5%，远高于本科及以下教师流动意向比例（16.8%和10.0%）（图4）。

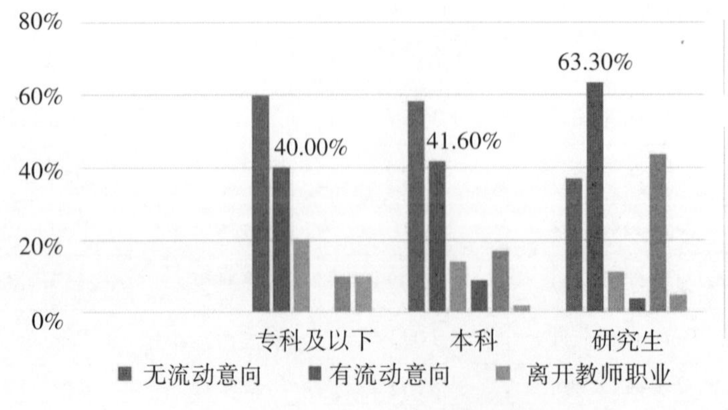

图4 不同学历教师的流动意向

2.学位

学位与流动意向呈显著正相关，学位越高流动意向越大（r=0.267，p<0.001）。

不同学位的教师流动意向差异显著（卡方皮尔森系数小于0）。博士学位教师流动意向最大，共有71.2%教师有流动意向，高于教师整体流动意向11.1个百分点，且流动意向比例最大的是52.9%教师有省外高校流动意向。其次是硕士学位教师流动意向为53.8%，学士及无学位教师流动意向最低，分别为42.1%和35%（图5）。

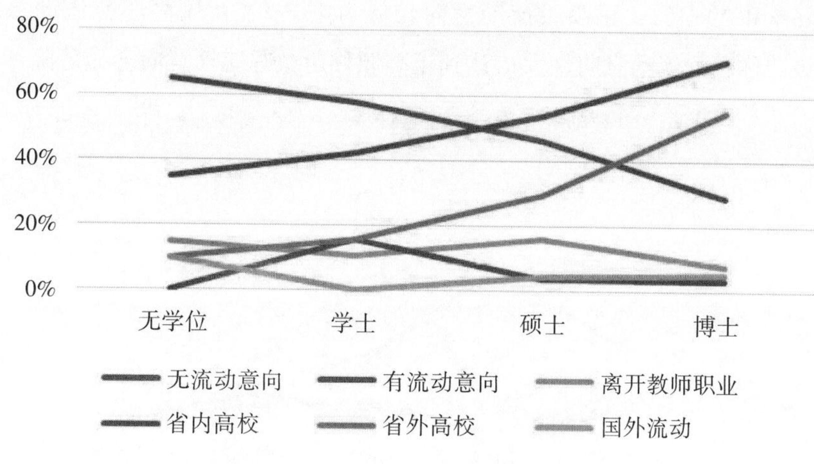

图5　不同学位教师的流动意向

3.毕业院校

第一学历毕业院校层次与教师流动意向无显著差异（r=−0.013，p>0.05），即第一学历是否毕业于名校对教师流动意向并无显著相关，但教师最后学历毕业院校声望与流动意向显著正相关，且差异显著（r=0.092，p=0.011<0.05）。毕业于“985”或“211”高校教师流动意向比例最高为62%，超过毕业于省市属本科院校教师的流动意向（51.1%）10多个百分点，超过专科及以下高校毕业教师流动意向（44.4%）近18个百分点。

无论最后毕业于哪类院校，教师的流动意向最大的都是向省外高校流动，毕业于“985”或“211”高校教师省外流动意向最大为43.1%，远超过毕业于省市属本科高校和专科或高职院校的教师比例（24.4%和22.2%）（图6）。

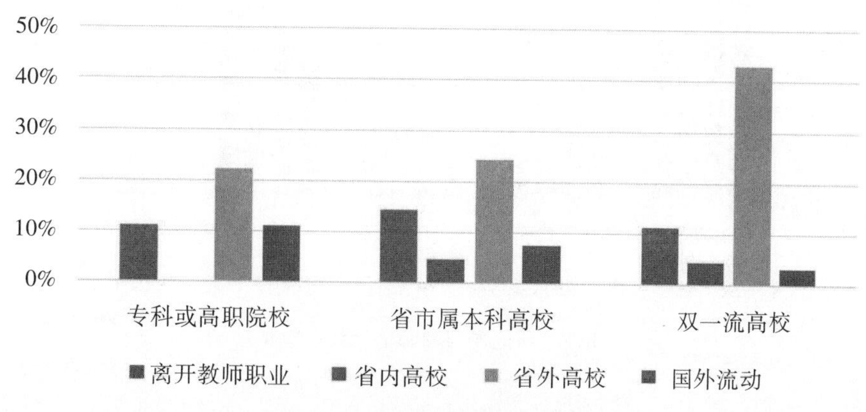

图6　不同毕业院校教师的流动意向

第一学历毕业省份与教师流动意向无显著差异（r=−0.034，p>0.05），最后学历毕业省份与教师流动意向无显著差异（r=−0.049，p>0.05）；高中毕业省份与教师流动意向无显著差异（r=0.067，p

>0.05）。

（三）岗位身份

1.专业技术职称

职称与流动意向呈显著正相关（r=0.089，p<0.001）。各职称教师流动意向差异显著（卡方皮尔森系数小于0）。副高级职称流动意向最大65.3%，其次是中级职称教师63.2%，初级及以下教师流动意向最低（28.6%和29.6%），正高级流动意向较低为43.8%，比副高职称流动意向减少21.5%。可见副高级与中级职称教师流动意向最大，达到正高职称后教师流动意向会显著降低（图7）。

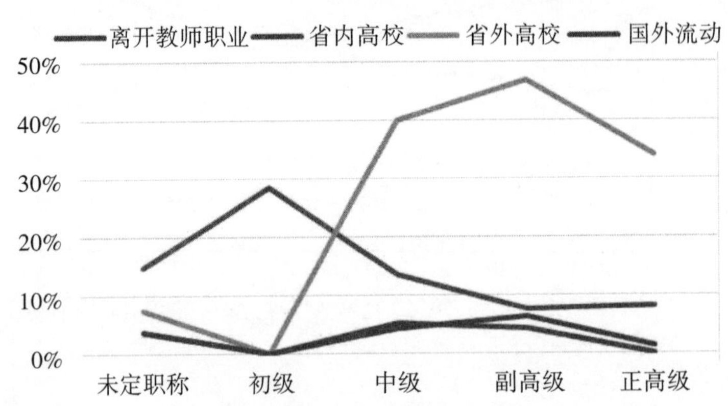

图7　不同职称教师的流动意向

2.学科差异

学科差异与流动意向呈显著相关，人文学科教师想离开的比例最大，为69.6%，其次是理工农医军事类教师，为63.2%。经管法学教育类学科教师相对最稳定，有48.8%教师有流动意向。有省外高校流动意向教师中，理工农医军事类教师最高为45.0%，比流动意向最低的经管法学教育类教师（32.8%）高12.2%；其次为人文学科教师占39.5%（图8）。

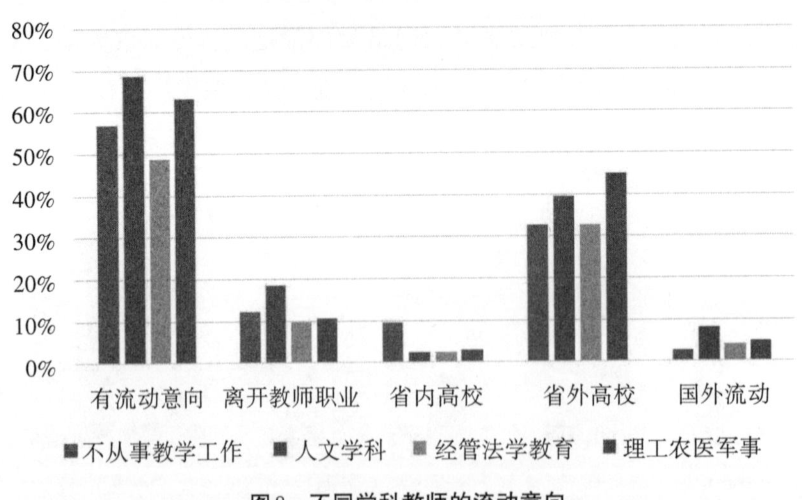

图8　不同学科教师的流动意向

3.工作岗位

编制与流动意向无显著差异，即有无编制对流动意向影响不显著。教师身份为公办在编教师、公办非在编聘任教师流动意向无显著差异（P>0.05），但教师岗位与流动意向显著相关。科研机构人员和专任教师流动意向最大，分别是100%和62.2%，且省外高校流动意向也是最大，分别是

57.1%和44.0%。工勤人员、实验实训教师流动意向向度较低（16.7%、36.7%）。

4.是否教学骨干

获得教学骨干（开精品课程、发表教研文章、获得教研课题等）与流动意向显著正相关（p=0.05），但奖励金额无显著相关。且是否是教学骨干与教师流动意向差异显著。教学骨干教师流动意向比例65.4%，高于非教学骨干教师（57.4%）8%。有流动意向的两类教师中，流动意向最大的均是向省外高校流动，非教学骨干教师和教学骨干教师分别为36.9%和48.8%。欲离开教师职业的教师非骨干教师比例高于教学骨干教师，分别为12.4%和8.3%（图9）。

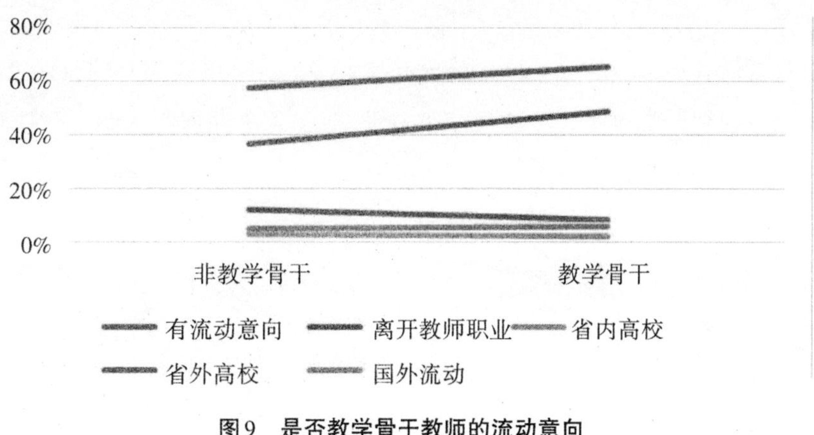

图9 是否教学骨干教师的流动意向

四、教师流动意向的影响因素

将教师的流动意向分为无流动意向与有流动意向二分类变量，因此选择二元Logistic回归（向前LR）方法来分析整体薪酬解释变量对因变量教师流动意向的影响。

表3 教师工作流动意向影响因素显著性检验摘要表

变量名称	B	S.E	Wald值	Df	Sig.	关联强度
实发工资	0.000	0.000	10.737	1	0.001	Cox&SnellR方=0.188 NagelkerkeR方=0.255
岗位津贴	0.000	0.000	7.886	1	0.005	
职称晋升难度	-0.456	0.176	6.738	1	0.009	
境内外进修、访学机会	-0.778	0.216	12.988	1	0.000	
工作待遇总体满意度	2.589	0.651	15.806	1	0.000	
整体模型适配度检验	卡方=157.476 Hosmer-Lemeshow检验值=0.913					

二元逻辑回归结果如表3所示，“工作待遇总体满意度”“岗位津贴”“境内外进修、访学经历”“申报及评聘职称难度”“实发工资”五个自变量对教师有流动意向组别预测的回归模型的整体模型显著性检验的卡方=157.476（p=0.000 < 0.001），达到显著水平，而Hosmer-Lemeshow检验值=0.913（p>0.05）未达显著水平，表示五个自变量所建立的回归模型适配度非常理想。从关联强度系数而言，Cox&Snell关联强度值为0.188，Nagelkerke关联强度指标值为0.255，表示五个自变量可以解释流动意向变量总变异的18.8%，25.5%。

再从个别参数的显著性指标来看，"工作待遇总体满意度""岗位津贴""境内外进修、访学机会""晋升职称难度""实发工资"五个自变量Wald指标值分别为15.806、7.886、12.988、6.738、10.737，均达0.05显著水平，表示这五个自变量与有无流动意向组别间有显著关联，说明模型中整体薪酬中只有薪酬维度的工资、津贴两个变量，发展与职业机会中的境内外访学进修机会、晋升职称机会两个变量和工作待遇总体满意度三个维度五个变量可以有效预测与解释有、无流动意向组别。

为进一步调查教师对整体薪酬的看法，调查问卷最后设置了开放题，较多的教师谈到实发工资和津贴低，职称晋升困难严重阻碍了工作积极性。如图10所示，教师晋升职称机会与流动意向关系，未能评聘（包括没有名额，不允许申报或没有评上或评上但没聘任）的流动意向最大占67.1%，而能评上未聘上但校内聘任的教师流动意向最小为33.2%，比未能评聘上职称教师流动意向低一半，说明学校校内聘任政策对教师稳定具有重要正向影响。

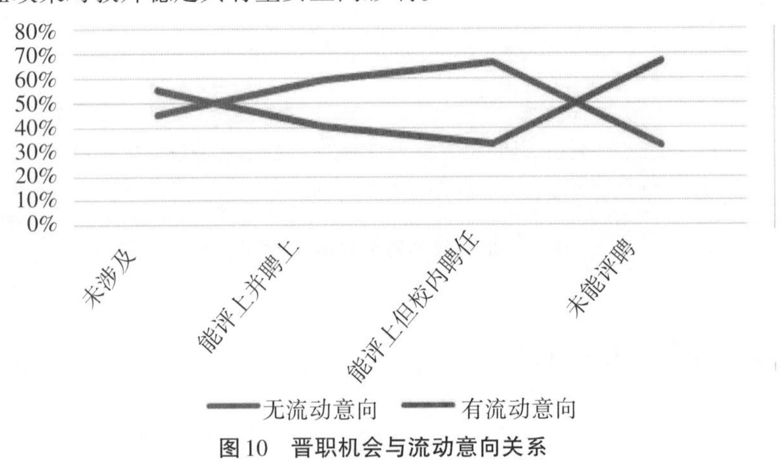

图10　晋职机会与流动意向关系

教师工作满意度是影响教师流动意向的重要维度，教师整体对工作待遇总体满意度的评分为2.55分，低于一般（3分）水平。与流动意向显著负相关。

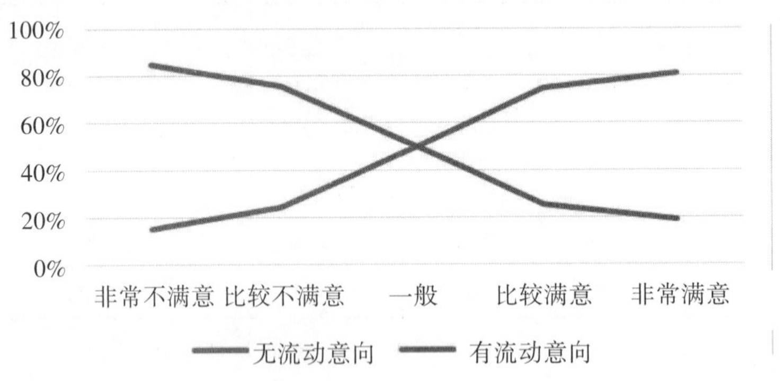

图11　满意度与流动意向关系

满意度越高教师流动意向越小，非常不满意的流动意向最大，占85%，远超过双一流高校教师总体流动意向比例（39.9%）45.1%；非常满意的流动意向最小仅为19%，远低于非常不满意教师流动意向66%。并且非常不满意和不满意教师省外高校流动意向最强，分别为54.3%和51.6%。

从整体薪酬各维度与工作待遇满意度关系（表4）可以看出，工资、教学支持（教学技术与方法支持培训）、工作餐餐补与工作待遇总体满意度显著正相关，工作负荷、职称晋升、享受住房优惠与工作待遇总体满意度显著负相关。即工资越高、教学支持越大、工作餐餐补越高工作待遇满意度越大；工作负荷越大、职称晋升越难、享受住房优惠越难工作待遇满意度越低。

表4 整体薪酬与工作待遇总体满意度相关性表

	工作负荷	工资	岗位津贴	奖金	职称晋升	享受住房优惠	参加领域学术会议机会	境内外访学研修机会	企业实践经历	教学技术与方法支持培训	工作餐餐补	获得科研经费	获得教学奖励	获得产业服务奖励
满意度	−0.156**	0.127**	0.016	0.000	−0.149**	−0.153**	0.047	−0.035	−0.046	0.286**	0.126**	0.053	0.024	0.030

**.在0.01水平（双侧）上显著相关，*.在0.05水平（双侧）上显著相关。

五、结论与建议

本文基于描述统计和二元逻辑斯特计量回归方法对“双一流”建设高校教师流动意向进行了实证分析。根据实证研究的结果，本文试图回答这样两个问题：哪些教师更想离开？整体薪酬中哪些因素影响教师流动意向？

（一）研究结论

第一，有流动意向教师的群体特征：从人口特征上看，31～45岁中青年教师流动意向明显大于30岁以下和51岁以上教师，超过50岁教师流动意向明显降低。从学术经历上看，具有研究生学历教师，尤其是博士学位教师流动意向最大；最后学历毕业于“985”或“211”高校教师流动意向比例最高。从身份岗位上看，副高级职称教师流动意向最大，其次是中级职称教师，达到正高职称后教师流动意向显著降低；人文学科教师和理工农医军事类教师想离开的比例最大；科研机构人员和专任教师流动意向高于其他岗位教师；教学骨干教师流动意向比例高于非教学骨干教师。而教师性别、来源地、第一学历毕业层次、有无编制对教师流动意向无显著影响。

第二，影响教师流动意向的主要薪酬因素是：整体薪酬中的薪酬维度——“实发工资”“岗位津贴”，发展和职业机会维度——“晋升职称难度”“境内外进修、访学机会”和工作待遇总体满意度三个维度五个变量。即货币薪酬和发展职业机会是教师最为看重的薪酬因素。而且工资、教学支持（教学技术与方法支持培训）、工作餐餐补、工作负荷、职称晋升、享受住房优惠等薪酬福利和发展机会变量显著影响了教师工作待遇总体满意度，并会间接影响教师的流动意向。

（二）政策建议

第一，关注中青年教师需求，提升工作待遇满意度。

人才是学科发展的重心，“双一流”建设不能仅靠引进人才，还要靠培养人才留住人才。在争创“双一流”的背景下，得青年者得天下。青年教师培养是建设高水平师资队伍的重要内容，各省“双一流”建设方案中也明确提出了要“大力加强青年骨干教师培养”，因此，省级层面和学校都要在新的背景下深化相关人事制度改革，提供更大的中青年教师晋职和职业发展机会，真正建立起与一流学科建设相适应的人事制度、薪酬体系、科研管理与保障机制等，切实关注中青年教师需求，提升其工作待遇满意度。

第二，灵活使用薪酬包，提升教师整体薪酬水平。

实证研究表明，工资，即货币化薪酬，往往是最直接、最有效的减少教师流动、流失的方式。[12]学校在事业留人、文化留人、感情留人同时应看到待遇留人也很重要。整体薪酬以留住高绩效员工、提高组织财务绩效、吸引关键人才为目标，不同于基于传统薪酬系统，整体薪酬的设计是站在员工选择的视角而非组织设计导向，来考虑满足员工对薪酬包的个性化需求。整体薪酬理论为个性化薪酬改革提供了理论基础，对欠发达地区改善教师待遇尤其提供了新的思路。因此，学校在搭建平台、创造条件、提供机会的同时，应根据不同学科、岗位、年龄、职称教师的需求，灵活设计薪酬方案，提升教师整体薪酬水平，使教师的工作满意度更高，职业成就感和幸福感更强。

参考文献

[1][10]由由.高校教师流动意向的实证研究:工作环境感知与工作满意的视角[J].北京大学教育评论,2014(02):128-140.

[2]张伟杰,姜宇.高校教师流动的影响因素与现实反思——布迪厄场域论视角[J].中国成人教育,2017(16):146-149.

[3]王迪钊.“双一流”建设背景下高校教师合理流动问题及对策研究——基于生态位的视角[J].教育发展研究.2017(21):52-57.

[4]成琼文.高校教师薪酬激励效应研究[D].长沙:中南大学,2010.

[5][8][12]朱菲菲,杜屏.中小学教师流动意向的实证探析:基于全面薪酬理论视角[J].教育学报,2016(02): 89-98.

[6][9]美国薪酬协会.整体薪酬手册——人力资源专家的综合指引.企业管理出版社[M].2012:7-8.

[7]乔瑟夫·J·马尔托奇奥.战略薪酬管理:第五版[M].杨东涛,钱峰译.北京:中国人民大学出版社,2010.

[11]杨秀伟.高校教师工作满意度及其与离职倾向关系研究[D].大连:大连理工大学,2006.

学习文化的变革：斯坦福大学的经验

郭峰 冯春杏

教育部在2018年1月颁布的《普通高等学校本科专业类教学质量国家标准》研制过程中，紧紧把握世界高等教育发展的先进理念，强调把握“突出学生中心”的原则，要求本科教学从“教得好”向“学得好”转变。然而，面对现实，我们还必须坦率地承认，我国大学存在学习的危机。在联合国教科文组织在2014年发布的《全民教育全球监测报告》和世界银行在《2018年世界发展报告》中都谈到学习危机。虽然这些报告并未侧重于高等教育，但这样的学习危机也显著存在于大学之中。文化是教育之根，“只有从文化的角度来理解教育学活动，才能对教育学活动的根本问题，对教育学研究的知识成果有一个完整而深刻的理解。”[1] 被誉为“西海岸的哈佛”的斯坦福大学，自创建之日起，就特别强调学生学习文化的养成，视学生学习文化的养成为大学发展的圭臬。特别是“斯坦福大学2025计划”强调“自适应教育”，着力实现“以教学为中心”向“以学习为中心”的转变，基于学生的学习活动进行课程与教学改革，在本科教育阶段实施自主教育，形成了独具特色的学习文化。认真研读和剖析斯坦福大学的学习文化，对促进大学生学习能力的提升，变革我国大学的学习文化，提升人才培养能力，推进高等教育内涵式发展具有深刻的现实指导意义。

一、斯坦福大学学习文化之要义

作为世界一流大学，斯坦福大学为硅谷（Silicon Valley）的形成和崛起奠定了坚实的基础，培养了众多高科技公司的领导者，这包括惠普、谷歌、雅虎、耐克、罗技、特斯拉汽车、Firefox、艺电、太阳微系统、NVIDIA、思科及eBay等公司的创办人。斯坦福大学的校友涵盖30名富豪企业家及17名太空员，亦为培养最多美国国会成员的院校之一。斯坦福大学的办学宗旨是“使所学的东西都对学生的生活直接有用，帮助他们取得成功。因此，它的目的是以整个人类的文明进步为最终利益，积极发挥大学的作用，促进社会福祉；教导学生遵纪守法，尽享自由给人的快乐；教育学生尊重和热爱民主政体中蕴含的崇高原则——因为这些崇高的原则源于人们生活、自由和追求幸福所拥

基金项目：济南大学社科类校级项目“优化大学生创业教育的文化生态研究”的阶段性研究成果（课题编号：18YY08）；山东省社科规划青少年研究专项“大学生培养模式创新研究——基于社会责任视角”（课题批准号：12CQSJ04）的阶段性研究成果。

郭峰，济南大学高等教育研究院教授，硕士生导师，研究方向：大学文化及教育基本理论；冯春杏，山东师范大学教育学部高等教育学硕士研究生，研究方向：大学文化。

有的不可剥夺的权利”。[2] 斯坦福大学的办学宗旨充分彰显着务实和创业的精神，具体体现在人才培养过程中，则是致力于学生学习能力的培养，形成了独具特色的学习文化。

（一）彰显实用的学习价值观

作为学习文化的核心，学习价值观是决定学习文化性质和方向的先导性要素。斯坦福大学的学习价值观基于社会发展与人的发展相统一，彰显着实用的价值追求。

斯坦福大学的创始人利兰·斯坦福在首次开学典礼上就讲道：“请记住，生活归根到底是指向实用的，你们到此应该是为了为自己谋求一个有用的职业。但也应明白，这必须包含着创新、进取的愿望，良好的设计和最终使之实现的努力。”[3] 首任校长乔丹更进一步讲道：“我们师生在这第一个学年的任务，是为一所将与人类文明共存的学校奠定基础。这所学校不因袭任何传统，无论何人都无法阻挡它的去路，它的路标全部是指向前方的。”[4] 这便是影响着斯坦福大学发展、成长的办学理念，它所包含的学为所用、学以创新的精神不仅成为推动斯坦福大学不断开拓进取的内在动力，同时也为斯坦福创业教育的开展奠定了重要的思想基础。斯坦福大学的这一办学理念具体体现在学生的发展方面，则是要求学生应具有学以致用、服务社会，历练修养、成为现代公民的实用学习价值观。

斯坦福大学的实用学习价值观，一方面是指以专业发展和职业生活为指向，重视学生专业能力和创业能力的养成。这不仅仅体现在斯坦福大学的课程设置和专业建设方面，更是体现斯坦福大学园区的科学与社会实践和生产的联系由“转化”变为“完全一体”，真正建立起了“产—学—研相结合”的有效模式。另一方面是指注重学生人文素养的养成。斯坦福大学的创始者利兰·斯坦福曾这样讲道：“我的朋友曾推荐给我一些农工学院的毕业生，但这些仅仅受过技术教育的青年缺少创造力和人文修养，很难成为成功的实业家，为了人生的成功必须发展和培养创造力，一个人如果不会创造，他也就不会建设。我认为人文科学对提高人的心智和实业能力特别重要。”[5] 这一观点主要体现在斯坦福大学的通识教育课程中。斯坦福大学通识教育课程由四类组成，包括有效思考课程、思维与行为方法课程、语言课程和写作与修辞课程，旨在“开发学生一系列广泛而终身受益的基本知识和社会能力。通过培养学生的批判思维、深度阅读、有效沟通和熟练写作的能力，引导学生进入大学的知识生活，接触各种重点前沿问题，学会从不同学科领域之间建立联系，并从多学科的角度来阐释各种问题。”[6]

（二）倡导个性化的学习范型

基于实用学习价值观的要求，斯坦福大学在培养目标、教学内容、教学方式方法和教学评价等方面形成了个性鲜明的学习范型，这主要表现为：确立能力养成的培养目标，强化教学的研究性，运用网络信息平台改进学习方式方法，实施多元化的学习评价。

1.确立能力养成的培养目标

在《斯坦福大学本科教育研究》报告中指出：“在这个空前快速发展和变化的世界里，学校无法预想到学生在将来的人生发展的道路中将会遇到什么样的挑战和困难，教师也无法把学生日后踏入社会后的所有知识和技能都装进学生的头脑里。事实上，教师教给学生的许多专业知识，随着时间的推移，很快便会过时。只有学生掌握自主、自适应性学习的能力，学会在新旧知识、新旧经验间建立联系，才能跟上知识更迭、技术发展的速度，适应社会的发展。”[7]

自20世纪80年代实施课程改革以来，斯坦福大学便确立了以培养学生能力为主的培育目标，特别强调学生沟通能力、逻辑思维能力、综合判断能力、独立思考能力等的养成。斯坦福大学认为，学生在大学里的学习，不仅仅是获取书本上的知识，更重要的是提高各种能力。首先，在复杂的社会环境中，掌握沟通的技能对成为一位有责任的公民来说无比重要。学校对学生应掌握的有效沟通能力，如清晰的书面表达能力、深度阅读能力、耐心聆听能力和有效的口头表达能力等有严格的要求。为此，斯坦福大学致力于通过各种现实场合、会议和媒体环境等，培养学生的有效沟通能力。其次，斯坦福大学注重对学生的逻辑思维能力和综合判断能力的培养。在学习过程中，注重激发学生的想象力，培养学生分析问题的能力和掌控复杂局面的能力，并能够运用所学理论对生活中面对的不同情况做出综合判断和理性选择。再次，斯坦福大学鼓励学生独立思考各种问题，培养学生的独立思考能力。斯坦福大学要求学生在学习过程中，克服思维定式，对教师的观点和学习内容能够进行独立的思考，而不能仅仅局限在单方面的接受，诚如斯坦福大学校长G·卡斯帕尔所强调："学生应自由地去追寻知识，挑战传统，学会独立地思考。"[8]

2.强化教学的研究性

斯坦福大学的课程，注重以研究为基础，主张通过课堂增强教学的研究性，让学生成为课程的参与者，关注学生参与研究的过程。斯坦福大学校长格哈德·卡斯珀尔称："教学与研究犹如一枚硬币的两面，不存在反对意见，而是彼此完成。"[9] 20世纪90年代中后期，斯坦福大学所做的许多重大变革之一，就是大大增加了大学生参与研究的机会。斯坦福大学教务长米凯莱·马林科维奇博士曾在其研究中表明："斯坦福大学本科生参与学校基金支持的研究，从每年350名上升到1 350名，人数几乎增加了四倍。"[10] 教授们发现，通过让学生参与研究，不仅对他们当前的研究有帮助，而且这些学生将有可能发展成为他们未来的研究伙伴，对以后的研究工作有潜在的帮助。斯坦福大学积极提倡在课堂上把教学与研究相结合，并"鼓励教师把自己的研究过程和研究成果带进教室，把自己的研究成果作为课程内容的一部分，通过课堂讨论、课堂作业等方式，邀请学生进入自己的研究社区"[11]。通过增强教学的研究性，让学生参与课题研究，对教师和学生来说都具有积极的作用：一方面，有助于学生技能的掌握，激发学生学习的内生动力，如问题解决能力，团队合作能力，对知识的好奇心，对特定学科的认同等；另一方面，对于教师的研究而言，教学过程不仅促进科学研究，而且将自己的研究成果整合到教学过程中，使教学过程更具有活力和吸引力。

此外，斯坦福大学还开办"斯坦福入门学习计划"，为本科生提供思维与行为方法课程、写作与修辞课程和学术入门研讨会。其中学术入门研讨会专门为大一、大二学生而设计，并设立本科生咨询与研究中心（Undergraduate Advising and Research，简称UAR），为学生在斯坦福大学学习期间提供学术咨询、学术规划和支持等。在大一学习阶段，UAR致力于向学生介绍斯坦福大学本科学习的知识，鼓励学生的学习兴趣和学术追求，并帮助学生找到在斯坦福大学的归属感。同时，在此阶段，UAR为每位学生提供两位顾问：一名临时专业顾问和一名学术顾问。到了大二学习阶段，UAR继续为学生联系多位学习顾问，与学生共同探讨学习目标。斯坦福大学通过"斯坦福入门学习计划"，为学生提供学习和生活上的咨询，提供相关的智力培养课程，使学生能够更清醒地认识自我、发展智力和创造力。

3.运用网络信息平台改进学习方式方法

斯坦福大学的信息技术应用普及程度在全美国高校中排列前位。在斯坦福，通过校园网络信息平台，学生可以获得各种与学习活动有关的信息，实现师生间畅通无阻的沟通交流和个性化的学习。为了促进学生的学习交流、提高学习效率和培养学生自主获取知识和信息的能力，校方成立大学信息技术中心，为师生提供诸如访问和收发邮件、文献管理、即时通讯、视频会议等技术服务，处理师生日常学习生活中遇到的问题。[12]

斯坦福大学有悠久的课程开放传统，早在1969年，斯坦福大学便通过微波电视频道为校外学生提供工程研究生的课程。2008年，斯坦福推出“无处不在的斯坦福工程学”项目，成为首批免费提供完整的视频课程资源项目。2012年，斯坦福大学计算机系教授Daphne Koller和计算机科学家Andrew Ng联合创立了Coursera、计算机科学家Sebastian Thrun创立了Udacity，彻底拉开了斯坦福大学免费在线课程的序幕。目前，斯坦福大学在线上使用的平台包括Coursera、Open EdX、iTunes U和Novo Ed。此外，还通过斯坦福专业发展中心（Stanford Center for Professional Development）提供免费的在线课程。通过斯坦福大学在线开放课程，学生可以摆脱时间、空间、人员和专业等限制，根据自己的实际兴趣和需求，自主选择适合自己的课程进行学习，正如斯坦福大学在线学习副教务长约翰·米切尔所认为：“斯坦福大学尝试通过技术创新的方法来推动斯坦福大学校内及校外的教学和学习。我们正在全面思考如何培养21世纪的优秀人才，并致力于对高等教育产生根本性的改革。”[13]

4.实施多元化的学习评价

斯坦福大学注重教学评价向学习评价的转变，从教师或管理人员进行评价向学生自主评价的转变。这有助于学生形成自我反思学习的习惯以及获得个性化的学习反馈。斯坦福大学最近的一项研究表明，在一个大规模的课堂上，教师不可能为每一位学生提供具有针对性的学习反馈，学生同行评价则可以有效弥补教师评价的不足。[14] 在课堂规模较大时，教师难以照顾到班上每一位同学的学习情况，通过学生间的监督和反馈，可使学生及时获得关于学习质量上的反馈和提高学习效果的建议和策略。

在斯坦福大学，人工智能技术已被广泛应用到学生学习评价上。人工智能技术采用统一的标准对所有学生进行评价，保证评价的透明性和公平性，能够及时得到关于学生学习行为详尽的反馈。相对于传统的终极性评价模式，人工智能评价致力于对学生持续性的学习过程的质量控制，能更好地改进学习反馈过程，提高学生学习质量。[15]

（三）创设人文化的学习环境

学习文化的构建依托大学的学习环境，大学的学习环境是大学人在大学里找到归属感和实现自我价值的重要载体。斯坦福大学在1974年通过的《学术自由声明》中指出：“斯坦福大学的教学、学习、研究和学术这些中心职责的实施取决于一种环境，在这种环境中探究、思想、表达、出版及和平集会的自由得到充分的保护；最广泛的观点的表达受到鼓励，不受常规及内外势力的压制。”[16] 斯坦福大学通过营造具有人性化的物质环境、自由学习的文化环境、师生和谐的人际环境和人本化的制度环境等创设人文化的学习环境。

1.人性化的物质环境

（1）人性化的图书馆服务。斯坦福大学图书馆至少包含23个校园图书馆，分散在校园的各个角落，方便各个院系的学生选择距离自己最近的图书馆学习。[17] 图书馆实行用户分级服务，把图书馆的用户分为教师、学生、职工、校外访问者等几类，并根据各个类别用户的不同特点和需求，提供人性化的服务。

（2）人性化的住宿教育。“斯坦福大学住宿教育为学生安排和组织各种丰富多彩的活动项目，包括与教师共用晚餐、开展研讨会、观看电影、体育活动、野外活动等等。学生通过积极参与这些活动，获得与外界接触和学习的机会，如同学间相互学习，向教师和教职员工请教问题，甚至可与来访的外交官、艺术家或者学者交流等等。”[18] 学生们生活在一个无与伦比的多样性的社区里，他们来自不同的国家，宗教信仰、种族、性别等各不相同，在尊重各自不同身份背景和差异的同时，逐渐养成了对自我、对同学、对社会和对国家的责任感，并发展成为优秀的公民。

（3）人性化的课堂学习空间。斯坦福大学充分考虑在课堂教学中教师和学生的元素，为学生提供灵活多样的课堂物理环境，以满足师生不同的上课形式需求，其中包括多媒体课堂、灵活教室、小组课堂、研讨会等等。例如，斯坦福大学在给新闻学专业的学生上课时，利用多媒体设备，合理安排教室里桌子和椅子等物理设施的摆放，使教室看起来像是新闻编辑室，让学生模拟新闻现场报道，进行个人和团体练习，使学生在课堂中获益匪浅。

（4）人性化的校园活动空间。在斯坦福大学，除了正式的课程外，学生积极参与各种课外活动、团体、表演和其他文化活动，使斯坦福大学生活更丰富多彩。以斯坦福商学院为例，拥有超过70个学生俱乐部和组织，包括教育俱乐部、企业家俱乐部、高技术俱乐部、社会创新俱乐部、MBA学生协会等等。每个学期各个俱乐部和组织都有详细的活动安排，学生们都积极参与，平时活动内容十分丰富。此外，斯坦福大学时常邀请业界成功人士到校园里做演讲，分享成功的经验，这能很好地弥补学生在课堂学习的不足，开拓学生的视野。

2.自由学习的文化环境

斯坦福大学自由学习的文化环境，体现为给予学生充足的学习自由度和学习选择权。斯坦福大学的校风是“让自由之风劲吹”，体现在学生的学习方面，则是学校给予学生充分的自由，使学生有权利和责任决定自己的学习过程。学校有25个院系让学生选择，除了英语必修外，其他课程皆为选修。在《斯坦福大学本科教育研究》报告中表明：“在学习过程中，当学生得以自由地以发现和追寻自己的兴趣和激情来主导自己的学习过程时，学习效果会比按部就班地遵循学校提前制定的课程更好。”[19] 为此，斯坦福大学不会迫使学生选择自己不感兴趣的具体课程，而是给予学生很大的选择灵活性，允许学生根据自己的兴趣爱好、以前的经验和未来的目标来自主计划个性化的学习方案。学生对学习过程的自由选择，能够使学生体验到自己对学习拥有掌控权，潜在地激发起学生的学习动机，调动学习的能动性，从而取得最佳学习效果。

3.师生和谐的人际环境

斯坦福大学师生和谐的人际环境，体现为能够实现师生之间的平等互动，形成师生平等的学习共同体。斯坦福大学非常注重师生之间的平等互动，主张在学习过程中，学生与教师的地位平等，学生可以自由地向教师反馈自己的观点。鼓励学生积极发表不同想法，教师与学生自由、平等地交流。为了推进师生间交流互动，帮助学生学习，斯坦福大学将导师制和寄宿制配套，对学生的学习和生活进行全方位的指导。此外，斯坦福大学积极运用研讨式教学，为师生提供自由交流和学习的机会，形成了师生间平等交流、畅所欲言的学习文化。斯坦福大学第九任校长格哈德·卡斯珀尔曾说过：“不论我们选择学习什么，现有的学习方式彰显了我们共同生活的大学文化。……大学应该确保每一位学生有很多机会在小组中与某位教师和其他同学进行真正的思想交流。”[20] 只有在和谐平等的师生关系下，学生才能得以充分展现自己的学习需求，把自己的学习状态反馈于教师，并在师生自由的交流和学习中，产生思维的碰撞，激荡出思想的火花。

4.人本化的制度环境

自建校以来，斯坦福大学就大力营造学生参与管理的制度环境，积极推行学生参与学习管理的制度模式。在学生参与学习管理制度上，斯坦福大学章程为其实现学生自治管理提供了充分的保障。例如，为了确保学生参与管理的权利，斯坦福大学成立了学生自治组织——斯坦福大学学生联合会（Associated Student of Stanford University，简称ASSU），ASSU是斯坦福大学唯一所有学生都可参与的学生组织，致力于"聆听学生的声音，在各种有关学生兴趣、需求和观点的决策中代表每一位学生，为学生在生活和学习相关问题上实现最大的利益"[21]。斯坦福大学ASSU内部有多个分支机构，包括两个立法部门（本科生参议院和研究生理事会）、行政部门、企业部门、学生会主席和许多其他机构代表等。其中，行政部分是学生参与管理的核心，代表整个学生团体，以提高学生的生活和福利为最高宗旨；立法部门管理校园里几乎所有活动的资助流程，促进学生团体的运作；本科生学生会主席负责策划各种社会和学术活动，以营造和促进班级自豪感和凝聚班级精神。这些学生管理部门由学生组成，权责分明，旨在改善学生的生活，提高斯坦福大学学生学习的经历。ASSU每年都致力于创新其学生管理项目，创造新的服务来提高斯坦福大学学生的学习和生活质量。斯坦福大学学生参与学生管理的方式有很多种，ASSU为学生提供了一个最有效的途径，并从制度上为学生自主学习提供了保障。

二、斯坦福大学学习文化对我国变革大学学习文化的启示

斯坦福大学从一所优势并非明显的地方性大学发展成为世界一流大学，其学习文化发挥了至关重要的引领作用。毋庸置疑，当今我国大学现行的学习文化尚不利于学生创新精神和创造能力的养成，致使人才培养质量与国家发展战略不相适应。在"加快一流大学和一流学科建设，实现高等教育内涵式发展"的时代要求下，如何变革我国大学的学习文化，培养适应社会需要的创新型、复合型、应用型人才，斯坦福大学学习文化建设和发展的经验值得我们进行理性的思考和借鉴。

（一）明晰国家发展战略需求与学生个性发展相统一的学习价值观

当今，我国诸多大学在功利主义、绩效主义影响下，"应试学习"之风盛行，大学生学习价值观的扭曲已成为不争的事实。大学忘记了初心，发展成为"失去灵魂的卓越"，诚如黎巴嫩诗人纪伯伦所言："我们已走得太远，以至于我们忘了为什么而出发。"在1917年1月9日北京大学举行的开学典礼上，校长蔡元培发表了《就职演说》。他强调"大学者，研究高深学问者也"，并向北大学生提出三个希望："须抱定宗旨，为求学而来"；"砥砺德行"，肩负力矫社会颓俗的重任；"敬爱师友"，希望北大师生以诚相待，敬爱有加。大学存在的最为根本的理由乃是探究高深学问，为社会发展培养人才。当今，创新驱动发展已成为国家发展战略。实施创新驱动发展战略的关键是人才。大学生作为国家创新驱动发展的重要力量，应明晰主动适应国家发展战略需求的学习价值观，担当起时代赋予的历史使命。

教育的本质既是促进社会发展，更是关照人的价值，实现人的个性的全面发展。大学生既要明

晰主动适应国家发展战略需求的学习价值观，还应明晰满足人的个性的全面发展的学习价值观，实现主动适应社会发展与人的个性的全面发展相统一的学习价值观。因为没有个性就没有创造性，只有具有个性的人才能具有创新精神和创造能力，而具有创新精神和创造能力的人才正是社会发展所需要的人才。

（二）创新学生自主学习的学习范型

哈佛大学第26任校长陆登庭教授在总结哈佛大学学生学习思想的转化轨迹时认为：“在哈佛大学过去一个半世纪的发展过程中，学习思想的变化形成了一条稳定而清晰的发展轨迹。如果允许我们做一个粗略简化的话，哈佛大学的教学已从以知识‘传授’（trans-mission）为基础，转变为教师指导下的学生‘自我教育’（self-education）。虽然这只是一个简化，但是它却抓住了事物的本质。”[22] 创新学习范型就是由传统的接受性学习转变为主动性的自主学习。

1. 审视教学目标，重在培养学生的批判性思维

“标识着大学根本价值的是知识的创造，大学只有不断满足人类对新知识的需求，才能获得存在的必要性。”[23] 知识的创造离不开批判性思维的养成。斯坦福大学能力导向的学习目标，更多地关注学生的长远发展，而不是把目光局限在学生毕业之后能做什么的问题上。具体反映在教学目标中，则是重在培养学生的批判性思维，诚如耶鲁大学校长理查德·莱文认为：“现代社会的发展证明，一所大学只对学生进行单一专业的培养已不能满足社会的需要。大学教师的主要工作应是教会学生如何独立思考？要让大学生尤其是本科生具有批判性思维，如此，我们才会拥有创新活力。”[24] 学生批判性思维的缺失，一直是我国大学教学存在的较为严重的问题。如何培养学生的批判性思维，谷振诣教授认为：“实现这个目标的关键是教师的自我改造，需要完成以下三个转变：角色转变，从教授转变为教练，也就是从知识传授者转变为能力训练者；观念转变，从真理性知识观转变为工具性知识观，也就是将教师掌握的知识变成训练学生能力的资源；教学方法转变，从知识讲解加题海战术向案例分析和讨论式教学转变，也就是从知识讲解员和习题评阅人转变为讨论主持人和发言评论者。”[25]

2. 更新教学内容，强化教学的学术性

大学是一个由教师和学生组成的学术共同体，学术是大学教师和学生共同的事业。教学是大学学术的重要组成部分，诚如美国卡耐基教学促进基金会前主席博耶欧内斯特·博耶所认为，学术可以分为“探究的学术”“整合的学术”“应用的学术”和“教学的学术”。他认为：“为了确保学术之火不断燃烧，学术必须持续不断地交流，不仅要在学者的同辈之间进行交流，而且要与教室里的未来学者进行交流。”[26] 检视我国目前的大学教学内容，还较多地体现为对知识的传授，进行着“储蓄式”教学，这与国家对创新型人才的需求已极不相适应。斯坦福大学视培养学生的创造力为立校之本，通过在课堂上增强教学的研究性、让学生参与教师的课题研究、资助学生独立开展课题研究、开办“斯坦福入门学习计划”等途径，培养学生的创造能力。借鉴斯坦福大学的经验，丰富教学内容，突显教学的学术性应成为新时代教师专业发展的必然追求。

强化教学的学术性，是对教师教学能力的极大挑战。这就内在地要求教师重新审视教与学的关系，实现教与学的根本转变：教师的教学内容、教学方法的选择要落脚到学生这一学习的主体，即学生学什么决定着教师教什么、学生如何学决定着教师如何教。要求教师的教学活动更加强调学生对学习过程的参与和体验，鼓励学生进行探究性学习，增强学生对学习的成就感；要求教师的教学活动更多地为学生提供学习的机会和条件，为学生提供多样化的服务。

强化教学的学术性，应鼓励学生基于问题进行跨学科学习。现有单一的学科结构已经与国家发展战略特别是创新驱动发展战略不相适应，各学科之间的融合和跨界发展成为必然。"斯坦福大学2025计划"提出"目的性学习"取代专业学习，给我们以很好的启迪。"目的性学习"倡导学生进行多学科知识领域的探索，学校为加强科际融合，通过建立具有全球影响力的实验室进行跨学科的学习和研究。"目的性学习"不局限于单一的学科框架，不再关注学科专业的选择，而是以社会重大问题并从问题的实际需求出发，广泛涉猎多学科知识，注重培养学生多学科知识的整合能力。为此，大学应成立包括跨院系组织、跨学科导师学习小组等跨学科学习组织。大学内部或者大学与大学之间也应成立学科群组织，建立跨学科的合作平台和调整学科结构，为学生的跨学科学习提供便捷。

3.革新教学方式方法，助力学习能力提升

哈佛大学前校长德里克·博克指出："在大学，最明显的需要是停止对传授固定知识的强调，转而强调培养学生不断获取知识和理解知识的能力。这个转变意味着更加强调学术研究的方法，强调论述和演讲以及掌握基本语言的方法，掌握这些方法是获得大量知识的途径。"[27]信息技术与教育的深度融合，为实现这样的教学方式方法的转变提供了极大的可能。当今我国大学的教学方法主要还是依赖于传统的以传授知识为主的讲授法。教学方式虽然也实现了多媒体教学，实际只是"黑板搬家"。这样的教学方式方法极大地束缚了学习的自主学习。斯坦福大学利用丰富的网络教育资源，很好地实现了教育与信息技术的深度融合，实现了从强调知识到注重能力的转变，极大地助推了人才培养质量的提升。借鉴斯坦福大学的经验，革新我国课堂教学方式方法，实现知识与能力地位的翻转，应实现课堂教学由原来的教师讲授为主向问题教学、情景教学、案例教学等多样化的教学方式方法的转变，课堂教学的中心任务应实现由传授知识转化为内化知识，为学生提供更为灵活、更加多样的学习路径。

4.转换评价主体，彰显学生自主学习中心

评价，是一种规范和监督，更是一种激励，评价的目的在于促进学生的学习。当今，我国大学的教学评价主要是对教师"教"的层面进行评价，较少从学生"学"的层面进行评价，这不利于学生学习文化的转型发展。斯坦福大学把评价的主体由教师转换为学生，这能够更为有效促进学生自主学习能力的提升。借鉴斯坦福大学的经验，应在评价过程中充分体现学生的主体地位，由注重教学评价转换为学生学习的评价；学习评价的主体应体现为多元化和互动性，由单一的教师和管理者对学生的评价转换为管理者、教师和学生自身等多元的学习评价；评价的方式应体现为多样化，特别是在教育信息化时代，"在评价的方式上，改变传统的、单一的考试评价方法，综合运用诸如表现性评价、档案袋评价、探究型学习评价等方式"[28]。

（三）培育突显人文气息的文化校园

在高等教育面向市场背景下，大学校园充斥着功利主义的、实用主义的、绩效主义的大学文化，对大学生的学习文化造成巨大的冲击。这与大学应有的理性探索、宽松自由、合作共进的学习文化极不相适应。如何为大学生学习提供具有人文气息的文化校园，以文化的力量潜移默化地提升学生的学习能力应引起高等教育工作者的高度重视。

1. 强化物质文化的空间再造

“教师的教学、学生的学习等，都需要一个宁静的文化氛围。校园规划布局是文化校园建设诸多要素中的核心要素。”[29] 因此，营造良好的校园物质文化空间，对提高人才培养质量起着重要的作用。强化校园物质文化的空间再造，应优化课堂学习环境，营造有利于学生自由参与、互动交流的教室环境；完善图书馆的资源配备，为学生的学习提供便捷高效的服务；营造良好的住宿环境，为学生的成长成才创造积极向上、高雅文明、和谐互助、充满生机的学习和生活环境。

2. 彰显学生自主学习的精神文化

社会心理学研究表明，“自主性——自由自主掌控自己的行为——是人类基本的需要。它由我们内在的动力驱动而产生，反过来又影响着我们对我们周围世界的积极兴趣”[30]。自主学习既是对学习规律的紧紧依循，更是促成学生学习责任自主的养成。养成学生自主学习的能力、营造学生自主学习的学习文化，主体是学生。这就内在地要求教师应充分尊重学生学习的主体性和自主性，变“教师中心”的学习为“学生学习中心”的学习，不断增强学生自主学习的精神动力。

3. 创设学生主动参与的制度文化

“大学制度文化建设应为学生的自我管理提供适当的空间，学校制度文化建设中的管理制度必须是学生能够接受的制度文化，在管理制度中体现对学生的尊重。”[31] 创设学生主动参与的制度文化，应在大学制度建设中突出学生的元素，不断突显关于有利于学生自主学习的制度建设，学校的有关制度建设都应紧紧围绕学生自主学习这一核心理念而制定；应把学生参与学习管理制度建设视为大学制度文化建设的重要组成部分，充分发挥学生在学习管理制度建设中的参与权；应从制度建设上保障学生充分的学习的自由，特别是保障学生选修课程的自由。

结语

学习文化，作为大学文化的“内核”，正日益成为一流本科教学的重要引擎，成为一流大学的重要标识，成为大学内涵式建设的核心要义。学习文化的建设和发展既要受到全球化、市场化和信息化等社会外部因素的制约，还要受到大学内部因素、特别是大学文化等因素的制约。当今，我国大学在面向市场经济背景下，功利主义、绩效主义侵蚀着大学的学习文化；以互联网、云计算、大数据、物联网、人工智能等为代表的信息技术在学习中的广泛应用，极大地提高了学习效率、改变了学习的方式方法的同时，技术主义倾向容易消解大学的学习文化；高等教育跨越发展，推进了大学外延发展的同时，也容易造成大学文化的式微，弱化大学的学习文化。无论是国家创新驱动发展战略对人才的客观需求，抑或大学生自身发展的内在要求，都凸显出变革我国大学学习文化的必然性和必要性。斯坦福大学学习文化的建设和发展为我们变革学习文化提供了很好的借鉴。我们一方面应在如何明晰大学生的学习价值观，创新大学生自主学习的学习范型和培育具有人文气息的文化校园等方面进行精准发力，更应立足中国办大学的国情、校情和学情，坚定文化自信，走出一条我国大学学习文化建设和发展之路。

参考文献

[1]石中英.论教育学的文化性格[J].教育研究,2002(03):19-23.

[2][6]Stanford University. Stanford Bulletin2015-16[Z]. California: Stanford University,2015:7,28.

[3]徐旭东.斯坦福大学成为世界一流大学形成研究[J].现代教育科学,2005,(01):47-50.

[4]The Founding of the University [DB/OL]. http://facts.stanford.edu/about/,2017-02-27/2017-12-03.

[5]Stanford′sMission[DB/OL].https://web.stanford.edu/dept/registrar/bulletin1112/4792.htm,2017-12-03.

[7][19]The Study of Undergraduate Education at Stanford University[R].2012:11,83.

[8]Gary Migdol. Stanford: Home of Champions[M].1997:223.

[9]Stanford University. From Research or Teaching to Researchand Teaching[J].CTLPublications,1996,7(2):1.

[10]William E.Becker&MoyaL.Andrews.The Scholarship of Teaching and Learning in Higher Education[M]. Bloomington :Indiana University Press,2010:28.

[11]Combining Teaching and Research[DB/OL].https://teachingcommons.stanford.edu/resources/teaching/planning-your-approach/combining-teaching-and-research,2017-12-03.

[12]Technology Toolsto Get Startedat Stanford[DB/OL].https://uit.stanford.edu/guide/tools,2017-12-03.

[13]Stanford University.Stanford On line 2013 in Review Harnessing New Technologies and Methods to Advance Teaching and Learning at Stanford and Beyond[Z]. California: Stanford University,2014:1.

[14]Sun DL,HarrisN,WaltherG,etal.Peer Assessment Enhances StudentLearning[J].Physics,2014.

[15]Artificial Intelligence Assessment[DB/OL].https://teachingcommons. stanford. edu/resources/teaching/evaluating-students/assessing-student-learning/artificial-intelligence-assessment,2017-12-03.

[16]Peter C. Allen. Stanford from the Foothills to the Bay[M].California: Stanford Alumni Associationand Stanford Historical Society,1980:181.

[17]Stanford University.Libraries of Stanford University[Z].California: Stanford University, 2017.

[18]Stanford University.ImportantMove-inInformationforallR&DEStudentHousingResidents2016-2017[Z].California:StanfordUniversity,2016:5.

[19]The Study of Undergraduate Education at Stanford University[R].2012:83.

[20]眭依凡.学府之魂美国著名大学校长演讲录[M].北京:教育科学出版社,2013:107.

[21]Remy Gordon.ALetterto Incoming Students[EB/OL].http://assu.stanford.edu/,2017-12-03.

[22][美]陆登庭. 一流大学的特征及成功的领导与管理要素:哈佛的经验[J].国家高级教育行政学院学报,2002,(05):10-26.

[23]刘福才,张继明.高校智库的价值定位与可持续发展[J].教育研究,2017,(10):59-63+75.

[24]教育部中外大学校长论坛领导小组.中外大学校长论坛文集(第3辑)[M].北京:高等教育出版社,2006:311.

[25]温才妃.谁"绑架"了大学生的独立思考[N].中国科学报.2017-08-01.

[26][美]欧内斯特.L.博耶.关于美国教育改革的演讲[M].北京:教育科学出版社,2002:88.

[27][美]德里克·博克.美国高等教育[M].北京:北京师范学院出版社,1991:137.

[28]李本友,李红恩,余宏亮.学生学习方式转变的影响因素、途径与发展趋势[J].教育研究,2012,(02):122-128.

[29][31]郭峰.地方大学文化与地域文化互动发展研究[M].北京:人民出版社,2017:299,311.

[30]Little,D.Learnerautonomy:Drawing together the threads of self-assessment,goal-settingandreflection[Z].2006.Retrievedon December03,2017 from http://archive.ecml.at/mtp2/Elp_tt/Results/DM_layout/00_10/06/06%20 Supplementary%20text.pdf.

卓越与均衡：美国高等教育体系建构史的省思

邓磊　崔延强

2015年11月，国务院印发《统筹推进世界一流大学和一流学科建设总体方案》，提出到21世纪中叶基本建成高等教育强国。要实现这个伟大目标，不仅需要持续推进“双一流”建设，引导少数精英大学和优势学科迈向卓越，更需要促进整个高等教育体系的均衡发展。美国自19世纪中后期大力促进高等教育的发展，通过广泛学习和自主创新，逐步形成了相对完善的体系。梳理这段历史，对于我国的高等教育强国之路具有重要借鉴意义。

一、美国高等教育的体系建构历程

美国高等教育体系大致经过了六个阶段的发展，机构不断增多，功能不断丰富。由于机构的多元性和影响因素的复杂性，不同发展阶段的时间有时会出现重叠，并不完全遵循线性规律。

（一）萌芽（1636—1775）：中世纪英式书院的移植

从17世纪起，欧洲移民迁入北美大陆。1636年，北美殖民地第一所高校——哈佛学院（今哈佛大学）创建，拉开了美国高等教育的序幕。总体来看，殖民地高校深受英国传统的影响，由教会资助和控制。但新大陆开拓进取、追求实用的社会风气调和了教会与世俗的关系，促使高校逐渐演变为知识化、世俗化的智力场所。随着经验主义哲学和实证主义思想的兴起，再加上社会上广受推崇的实用主义风潮，新的实验教学法和实践验证逐渐占据主导地位，到殖民地时期结束时，“经验哲学和实验哲学已经完全取代了经院哲学的地位，教学语言也变成了英语”。[1] 及至独立战争前夕，北美大学的宗旨已经变成“为全体公民服务，特别是为那些有前途的绅士服务”。[2]

（二）起步（1776—1890s）：法国启蒙思想影响下的公立大学建设

19世纪中期，历时六年的独立战争给美国社会带来了巨大破坏，但也让人民对政府和教育的公共责任有了深层次的认识。新国家百废待兴，领导人希望重新规划高等教育，使之能为政府和公众服务，关于公立大学的理念和实践由此拉开序幕。

基金项目：中央高校重大培育项目（SWU1509386），西南大学2015年度教育教学研究重点项目（2015JY032）阶段性研究成果。

邓磊，西南大学教育学部副教授、硕士生导师；崔延强，西南大学副校长、教授，博士生导师。

1. 公立大学理念的提出

乔治·华盛顿就任总统之初就希望联合各州之力共同创办一所世界一流的国立大学，因为这样做不仅有利于国家团结，而且对新立之国的声誉大有裨益。本杰明·拉什（Benjamin Rush）曾在1788年为"联邦大学"的成立设计过一份方案，目的在于"获取各种能够提高生活品质的学问，降低人们的痛苦，改善我们的国家，促进人口的发展，提升人们的理解力，以及加强家庭、社会和政治的幸福感"。[3] 托马斯·杰弗逊提出"国家权力属于人民，新政权的健康程度取决于掌权者能否学会正确使用手中的权力；而这一切皆来源于教育……尤其是高等教育"。[4] 在建国者的宣扬下，公立高等教育理念四处传播。1784—1787年，纽约州立法机构准备建造一所能够对整个州教育事业或州内各级学校进行控制和管理的高等院校，纽约州立大学由此诞生。与此同时，华盛顿和拉什还曾基于国家主义立场提出"国立大学"理念，但由于筹划不足，未能付诸实践。

2. 赠地学院的兴建

直到南北战争前夕，公立大学的发展仍然举步维艰。为推动高校为社会服务，同时也从根本上促进国家的统一与发展，林肯总统1862年批准了佛蒙特州议员莫雷尔提出的《赠予土地设立学院以促进农业和机械工艺在各州和准州发展的法案》（即《莫雷尔法案》），核心思想是通过政府赠地来建立公立大学，培养大批农业、工业专门人才。《莫雷尔法案》的颁布极大地促进了公立大学的发展，也推动了整个高等教育体系的建设。1890年，《第二莫雷尔法案》通过，赠地学院进一步蓬勃发展。至19世纪末，赠地学院发展到69所，其中大部分发展为教学与科研并重的州立大学，成为美国公立高等教育的核心力量。赠地高校进一步确立了社会服务理念，"建立了一种既体现实用教育价值观又反映高等教育发展趋势的新模式，昭示着高等教育新纪元的到来"。[5]

（三）提升（1870—1920s）：德国理念主导下的研究型大学改造与创生

1810年柏林大学诞生，其卓越的学术成就和深刻的大学理念对美国高等教育产生了巨大影响。从19世纪初到20世纪初的一百年中，美国学者大量译介德国大学的相关信息，并先后派出10 000余人赴德留学。[6] 19世纪后三十年，大批留德学者归国后致力于传统大学的改造，在办学理念、育人模式、课程设置和教学方式等多方面实施改革，努力向研究型大学转变。与此同时，深受德国大学影响的美国企业家先后建立了约翰·霍普金斯、克拉克、芝加哥、斯坦福等全新的现代研究型大学。经过德国研究型大学理念主导下的现代转型，美国高等教育提升了学术内涵，同时也维持了其重视实践的特色。[7] 由于密切关注社会需要，美国研究型大学极大地促进了经济的繁荣和社会的进步，而雄厚的经济基础和强大的综合国力又为大学提供了充裕的物质基础和进一步的改革信心。

（四）丰富（1900—1960s）：社区学院的普遍创办

社区学院理念起源于19世纪末。哈佛校长艾略特曾经认为美国大学和学生的学术水平相对低下，为建设研究型大学，应将教学功能转嫁给专门从事专业技术教育的新机构。1896年，芝加哥大学校长哈珀（William Rainey Harper）提出了"初级学院"（Junior College）和"高级学院"（Senior College）两阶段办学计划。20世纪上半叶，美国经济和人口持续快速增长，目睹了欧洲战乱和社会衰落的美国人对民主的内涵也有了新的理解——接受高等教育应当成为每一个有天赋、有追求的公民的权利，而非上层社会的特权。在此背景下，宽口径、低收费且对学术水平要求不高的初级学院备受青睐。20世纪30年代，初级学院发展成以职业技术教育为主旨的“社区学院”（Community College）。从20世纪50年代开始，社区学院以令人震惊的速度增长，特别是20世纪60年代后期，平均每周就有一所新学院建立，这段时间也是美国高等教育的“黄金年代”。至2015—2016学年，社区学院招生人数占到美国高校招生总数的46%。[8] 社区学院不仅提供了充分而便捷的高等教育机会，而且能够根据本地就业市场的需求，灵活多样地提供各种实用课程。其“开创了向社会学习的伟大转变，在这样的社会中，每个人只要愿意，就能在几乎任何地方学习几乎任何科目”。[9]

（五）创新（1960—1990）：“总体规划”的推出与“多元巨型大学”的崛起

二战结束后，美国进入“辉煌时代”。两次世界大战打破了特权阶层对社会资源的垄断，上升通道前所未有地洞开。战时政策的延续让民众对政府高度信赖，提高税收以促进公共事业发展成为社会共识。

1960年，加利福尼亚州议会通过了一份名为《加州高等教育总体规划》（California Master Plan for Higher Education）的报告，致力于将不同类型和层次的高校整合成一个彼此协作、内部贯通的体系。该报告的设计者，是对美国乃至世界高等教育都拥有巨大影响力的克拉克·克尔。“总体规划”的指导思想是在政府主导下，通过大力发展高等教育的来促进公平和学术卓越，这一思想被称为“加州理念”（California Idea）。在此理念指导下，总体规划主要采取了两个措施——扩大规模和完善体系，前者是后者的铺垫。在克尔主持下，一个含括加州大学系列（UC）、加州州立大学系列（CSU）和应用技术大学及社区学院的三级公立院校系统得以建立，第一层级致力于卓越，第二层级促进繁荣，第三层级则保障公平，三个层级相互配合、彼此贯通，能够广泛为个体上升和社会发展提供支撑。[10]“总体规划”是美国高等教育的体系创新，一经推出便获得了社会各界的关注与支持，并在四个方面为美国高等教育做出了贡献：其一，促进了美国公立研究型大学的现代化；其二，将美国大学理念和体系推广至世界各国；其三，在兼顾“上升机会公平”与“劳动市场分类”的原则下，将高等教育体系扎根于广阔的社会背景中；其四，也是对当今世界高等教育最重要的影响，创造了多元巨型大学（Multivertisy）理念。[11]

如克尔所言，多元化巨型大学“是一个不固定的、统一的机构。它不是一个社群，而是若干个社群——本科生社群和研究生社群；人文主义者社群、社会科学家与自然科学家社群；专业学院社群；一切非学术人员社群；管理者社群。多元化巨型大学的界限很模糊，它延伸开来，牵涉到历届校友、议员、农场主、实业家——而他们又同这些内部的一个或多个社群相关联”。[12]

（六）辉煌与危机（1991—）：“世界一流”掩盖下的体系分裂

20世纪80年代以来，通讯和交通行业的发达在技术上极大地促进了人类社会的交流。1991年，冷战的结束从政治上推动了全球对话与合作。网络时代的到来真正实现了信息的即时传播，全球性的学术交流和成果评价成为现实，国际的学术竞争和大学排行开始出现。国际化进程中的美国高等教育的确风光无限，接近50所精英大学和200所左右的研究型大学在学术上表现卓越。但同样需要关注的是，由于片面注重大学的学术产出导致资源分配出现“马太效应”，美国高等教育体系的内部分裂已经越来越严重，由此导致的阶层固化和社会分裂成为不可忽视的危机。

二、美国高等教育体系的基本特征

尽管当下面临危机，但美国高等教育在历史上表现出来的学习与创新并举的发展特征，“多样性、复杂性和综合性”的框架特征，[13] 以及当前依然保持的“政府引导、多方参与”的运行特征，都值得关注和借鉴。

（一）兼收并蓄、自主创新：美国高等教育体系的发展特征

美国高等教育的诞生和发展深受欧洲影响，但也注重在全面学习的基础上结合自身实际情况进行创新。理念上的拿来主义、实践上的实验主义以及决策上的民主主义，是美国高等教育体系发展过程中呈现出来的显著特色。在漫长的学习和改革过程中，美国高等教育之所以能够长期保持良性的发展态势，没有陷入散乱无章或自相抵牾的境地，最关键的因素就在于根据本国的现实需求，把握自主创新这一原则，给予各高校自由发展的空间。

（二）多元理念、立体结构：美国高等教育体系的框架特征

美国高等教育具有典型的多元理念特征，不同时期创办的大学在理念上具有明显差异，虽历经变革但仍留有浓重的历史痕迹。殖民地时期创建的学院秉承英式博雅教育理念，虽然其中许多院校后来发展为现代研究型大学，但仍以古典传统为豪，注重历史、场域和文化的育人功能。尤其是一部分以本科为主的四年制小型人文学院（Liberal Arts College），仍然遵循古典书院教育传统。19世纪中后期成立的赠地学院最初在实用主义理念下致力于专门人才培养，后经德国理念的改造和大众化的洗礼，最终形成了研教并重、服务社会的基本原则。二战后兴起的研究型大学和应用技术类大学，则与产业结构和区域经济紧密结合，高度注重产学研相结合，形成了高效完整的资助、研发与应用产业链。

除了多元理念，美国高等教育体系还具有显著的立体特征，主要体现在以下两个方面：其一，根据学术实力和社会影响力，美国高等教育体系形成了显著的层次性特征，严格控制博士、硕士和学士学位的比例，避免高等院校的同质发展和无序竞争，引导不同层次的高校根据产业的布局和市场的需要做出定位。其二，由于理念和层次的差异，美国大学在资金来源、办学目标和评价方式上，也有着不同的“维度”。研究型大学因其卓越的学术表现和人才培养而获得了来自政府、企业和私人的资助和捐赠，但其并不能代表其他类型高校的发展模式。在以科研资助和学术产出为评价指标的体系之外，还存在着其他几种体系。古典人文博艺学院在基金和捐赠的支持下秉承自由教育传统；应用技术学院和社区学院则主要在地方政府的资助下培养实践类技术人才；此外还有一系列与产业高度相关的人文、艺术类院校，则完全遵循市场逻辑，依靠高素质的专门人才培养获得声誉和资助。

（三）政府引导、多方参与：美国高等教育体系的运行特征

自独立以来一直到20世纪80年代，美国政府一直是高等教育发展的积极领导者，在理念、政策和资金等诸多方面引领了高等教育体系的丰富和完善。综合借鉴英国大学的高度自治模式和法国

大学中央控权模式，美国建立了联邦立法与大学自治相结合的高等教育体制。政府主要通过提供财政拨款和制定法律法规对不同高校进行分层管理和分类引导，各高校则根据自己的办学方向和服务对象进行自主发展和治理。美国高等教育体系的运行是在一个相对民主、鼓励创新的大环境下，由政治家、教育家、实业家、中产阶级和劳工阶层共同参与完成的。政府的分层管理和分类引导为美国高校提供了自主发展的动力与空间，社会参与帮助大学明确了服务对象和发展目标，学术自治则为高等教育的发展提供了基础平台。在此体系中，每个大学都有自己的定位，培养的人才也各有去处。

三、美国经验的借鉴与反思

对于中国大学而言，美国高等教育体系建构历程既有先进经验，也有必须规避的教训。一方面，在现阶段集中实施“双一流”建设的大背景下，如何推动整个高等教育体系的均衡和内涵式发展，进而实现高等教育强国的理想，在此问题上美国高等教育的多元立体特征具有十分重要的借鉴意义。另一方面，社会主义国家举办的高等教育，必须要在党和政府的支持下保障公平公正，这一点也正是美国高等教育的教训。

（一）政府引导下的重点建设与均衡发展

高等教育体系的建构与完善，需要有一个有担当、有凝聚力的政府扮演引导角色。一个有作为的政府，也不能放弃在高等教育方面的公共责任。在当前背景下，中国政府应当根据国际和国内环境，引导精英大学迈向世界一流的同时兼顾高等教育体系的整体均衡。社会稳定需要保障公平和尊重差异，因此中国高等教育还必须整体布局、均衡发展。参考美国经验，政府可以通过行政命令和财政支持促进高等教育体系的多元化、立体化发展，打破单一同质的办学模式，避免无序竞争和低水平重复。鉴于大学的多元功能，政府要进行横向布局，引导不同类别的学校在教学、科研和服务等方面重点发展，制止盲目（规模）求大、（学历）求高、（学科）求全的趋势。根据市场的人才需求层次和大学的人才培养水平，政府还要纵向布局，引导不同层次的高校明确自身的定位。

（二）多元主体下的自主创新与特色发展

高等教育的发展涉及多方利益，因此广泛的社会参与也是其健康发展的因素之一。而且只有在参与主体多元化的前提下，才能将自上而下的引导和自下而上的创新相结合。首先，政府需要以法律形式明确与大学的权责关系。在引导各高校明确体系定位的前提下，政府应当给予其较大的办学自主权，并积极鼓励其与市场合作，根据地域特征和产业结构自主创新、特色发展。其次，市场的介入有利于大学的多元发展。当前我国高等教育正从大众化向普及化过渡，入学年龄放开限制、成人教育迅速发展，接受高等教育的学生身份发生显著变化。与此同时，社会各个行业对职业技术人才的需求日趋旺盛，各产业对培养内部所需的高层次人才的兴趣愈发浓厚，企业办大学，或者出资在现有的大学内部兴办学院，已经成为一种新的趋势。通过市场的介入，中国高等教育可以实现精英与大众化并存，这不仅符合“双一流”大学建设的目标，也可以满足劳动市场对劳动力的多元与多层需要。

（三）差异化管理下的分类评估和动态平衡

管理和评估是推动高等教育事业不断向前发展的必要措施和保障，也是实现高等教育体系内部动态平衡的“调节器”。我国当前高等教育办学模式同质化倾向较为严重，评估体系片面重视学术研究，导致少数研究型大学风光占尽，以本科教学和应用技术教育为主导的高校都缺乏关注和支持。自20世纪末中国高等教育扩招以来，“非研究型大学”办学定位模糊、教学质量不高、学生就业困难等现象非常突出，部分学生将报考研究型大学的研究生作为改善出身和就业的捷径，这不仅违背了研究生教育的初衷，而且降低了“双一流大学”的研究生生源质量。

中国高校应当根据功能定位和学科特点进行差别化管理，针对不同类别和层级的高校实施分类评估，真正做到在激励中体现差别，在差别化中促进发展。

参考文献

[1]亚瑟·科恩，卡丽·基斯克.美国高等教育的历程[M].梁燕玲译.北京：教育科学出版社，2012：20.

[2]罗杰·L·盖格，刘红燕.美国高等教育的十个时代[J].北京大学教育评论，2006(02)：129.

[3]Benjamin Rush, Address to People of the United States[A]. in Lorraine Smith Pang leand Thomas L .Pangle, The Learning if Liberty: The Educational Ideals of the American Founders[C]. Lawrence: University of Kansas Press, 1993:148.

[4]Richard D. Brown, Thomas Jeffersonand the Educationofa Citizen[M].Washionton, D. C.: Library of Congress,1999:94-96.

[5]陈波，陈廷柱.美国高等学校社会服务职能的形成与动因探析[J].大学(学术版)，2013(11)：71-75.

[6]贺国庆.德国和美国大学发达史[M].北京：人民教育出版社，1998：115.

[7]王春梅，曾晓萱.他山之石，可以攻玉——德国大学模式对美国大学发展的影响[J].比较教育研究，1992(03)：6-12.

[8]American Association of Community Colleges. Community College Fast Facts[EB/OL]. http://www.aacc.nche.edu.2016-04-18.

[9]王英杰.美国高等教育发展与改革百年回眸[J].高等教育研究，2000(01)：34.

[10]The dream is over: The crisis of Clark Kerr's California Idea of higher education[M]. Oakland: University of California Press. 2016:14.

[11]Levine Arthur.Clark Kerrand the Carnegie Commission and Council[A]. In She ldon Rothblatt(ed.), Clark Kerr's World of Higher Education Reaches the 21st Century[C]. Dordrecht, NL: Springer.43-44.

[12][美]克拉克·科尔.大学的功用[M].南昌：江西教育出版社，1993：12.

[13][美]亚瑟·科恩.美国高等教育通史[M].李子江，译.北京：北京大学出版社，2010.42.

第三篇

实现高等教育内涵式发展的路径选择

高等教育发展的中国道路

别敦荣 李家新

改革开放四十年来，我国高等教育发展取得了一系列具有突破性的成就。据统计，2016年，我国共有普通高等学校和成人高等学校2 880所，高等教育在学总规模达到3 699万人，占世界高等教育总规模的20%，已成为世界高等教育第一大国。我国高等教育毛入学率达42.7%，已进入高等教育大众化后期阶段，将很快进入普及化阶段。在规模扩张的同时，高等教育的质量与效益不断提升。目前已有98所内地高校进入四大世界大学排行榜前500名，进入ESI（基本科学指标数据库）前1%的学科数已达770个，有学科进入ESI前1%的高校达192所。[1] 高校的科技经费总额达6 531亿元，其中，服务企业社会需求获得的科研经费总额超过1 791亿元，科技成果直接交易额超过130.9亿元，发明专利授权量占全国近1/4，产出的哲学社会科学重大成果占全国的80%以上，[2] 并以每年数百万计的规模向社会各行各业输送高级专门人才，为国家政治、经济、科技、民生等领域的发展做出了重大贡献。在短短四十年里，我国创造了一个世界高等教育发展史上的奇迹，而这一伟大成就的取得，关键在于我国高等教育走出了一条适应中国国情、体现中国特色的发展道路。从四十年高等教育发展的实践来看，这条中国道路主要体现在以党的领导为指引、以改革开放为驱动、以完善体系为支撑、以多元投资为保障以及以质量保障促进可持续发展等方面，是一条在中国特色社会主义理论体系引领下的变革之路、突破之路，也是一条在广泛借鉴经验、坚持发扬传统、长期实践探索中逐渐形成的自强之路、创新之路。

一、坚持党的领导

始终坚持党对高等教育事业的领导，是我国高等教育发展的重要特征与基本经验。中国是社会主义国家，中国共产党对社会主义建设各项事业的领导是由其执政党的地位所决定的，也是中国特色社会主义制度的本质要求。在四十年的发展历程中，坚持党对高等教育事业的领导始终是一以贯之的。一方面，党在马克思主义与中国特色社会主义理论体系的基础上，建立了基本的教育指导思想，明确了我国高等教育的基本性质与政治定位，为高等教育发展提供了宏观、全面的价值引领，

基金项目：国家人文社科重点研究基地重大课题（编号：17JJD88009）的阶段性成果。

别敦荣，厦门大学高等教育发展研究中心主任、厦门大学教育研究院教授、院长、博士生导师，研究方向为高等教育原理、高等教育管理、大学战略与规划、大学教学与评估；李家新，教育学博士，广州大学教育学院讲师，政治学博士后，研究方向为高等教育管理。

擘画了清晰、正确的总体方向；另一方面，党通过制度与组织建设，为高等教育贯彻党的领导提供了坚实的载体，有力地保障了我国高等教育事业在党领导下的有效运行、深化改革与全面发展。实践证明，我国高等教育之所以能够维持长期稳定并取得长足发展，与坚持党在思想、组织等方面的领导密不可分。

坚持思想引领是党确保我国高等教育政治方向的根本要求。我国高等教育的发展长期以马克思主义与中国特色社会主义思想为指引，强调坚持正确的政治方向、贯彻党的教育方针，突出党在思想方面的引领作用。一是突出党的高等教育领导思想。党的十一届三中全会后，在教育领域“拨乱反正”的过程中，党中央提出了“教育必须为社会主义建设服务，社会主义建设必须依靠教育”[3]的重要论断，并将“教育优先发展”确立为重要的国家战略，从根本上确立了高等教育在我国社会主义现代化建设中的战略定位与功能目标，以及党对高等教育的思想引领。通过贯彻党的领导思想，我国高等教育找到了正确的发展方向，获得了优越的发展条件，也取得了举世瞩目的发展成就。习近平指出：“坚持科教兴国战略和人才强国战略，坚持把教育放在优先发展的战略位置，继续大力推动教育改革发展”[4]，“办好我国高等教育，必须坚持党的领导，牢牢掌握党对高校工作的领导权，使高校成为坚持党的领导的坚强阵地”[5]，充分体现了新时期坚持党对高等教育的领导的重要性。二是突出党的“人民中心”思想与高等教育公平思想。作为马克思主义政党，党始终以“全心全意为人民服务”为根本宗旨，坚持以人民为中心，把人民群众的利益放在核心位置，并高度重视社会公平，将促进社会公平正义作为重要的奋斗目标。早在新中国成立初期，党就提出发展“大众的文化教育”，保障工农群众接受高等教育的权利；改革开放以来，通过继续贯彻党的“人民中心”思想与公平思想，我国高等教育一方面坚持群众路线和大众化发展方向，努力通过各种方式满足广大人民群众日益增长的高等教育需求，办好人民满意的教育；另一方面也高度重视协调公平与效率的关系，通过资源配置、结构调整、制度建设等方式，积极促进高等教育公平的实现。“努力让13亿人民享有更好更公平的教育”[6]，成为新时期高等教育发展的重要指导思想。三是突出党的“立德树人”思想。重视思想政治与马克思主义理论素养，强调“立德树人”，促进人的全面发展，是党长期坚持的重要教育理念。《高等教育法》规定，高等教育坚持“以马克思列宁主义、毛泽东思想、邓小平理论为指导”，强调“为社会主义现代化建设服务，与生产劳动相结合，使受教育者成为德、智、体等方面全面发展的社会主义事业的建设者和接班人”[7]，体现了党对高等教育性质、目标与方向的准确把握。四十年来，通过建立以马克思主义理论、中国特色社会主义理论体系为核心的思想政治教育体系，大力发展素质教育，高校在立德树人、培养全面发展的社会主义建设人才方面取得了突出的成就。习近平指出：“我国高等教育肩负着培养德智体美全面发展的社会主义事业建设者和接班人的重大任务”，“要坚持把立德树人作为中心环节，把思想政治工作贯穿教育教学全过程，实现全程育人、全方位育人”[8]，反映了新时期高等教育人才培养的根本要求。

制度和组织建设是党加强对高等教育领导的实践基础。坚持党对高等教育的领导需要一定的制度和组织载体，而维系高等教育的运行与发展，必须有制度与组织基础。长期以来，党中央高度重视高等教育制度和组织建设，强调通过制度和组织建设确保党对高校的领导。关于高校领导体制，我国通过总结经验教训和改革实践探索，确立了高校实行党委领导下的校长负责制，并将其以法律条文的形式写进了《中华人民共和国高等教育法》。作为高校内部的核心制度，党委领导下的校长负责制符合党的民主集中制原则，将集体领导与个人分工负责相结合，由党委总揽学校改革、发展、稳定大局，把握学校办学方向，校长作为学校的法定代表人，在党委领导下全面负责学校教学、科研、行政管理工作，依法行使职权。这一体制既体现了党在政治与组织上的统一领导，也保证了党政之间的合作与协调，为高校的运行和发展提供了基本制度保障。党的十八大以来，党委领导下的校长负责制得以进一步完善，2014年中共中央办公厅印发《关于坚持和完善普通高等学校党委领导下的校长负责制的实施意见》，指出“要坚持党委的领导核心地位，保证校长依法行使职权，建立健全党委统一领导、党政分工合作、协调运行的工作机制”[9]，并强调围绕党委领导下的校长负责制，健全党委与行政议事决策制度、完善协调运行机制。党委领导下的校长负责制在确保党对高等教育的领导、推进高等教育治理体系和治理能力现代化方面的作用进一步凸显。在组织建设方面，主要是加强和改进各级各类高等教育机构的党组织建设，尤其是加强高校的基层党组织建设。四十年来，在中央一系列政策文件的指导下，高校的基层党组织规模不断扩大、结构逐渐合理，在宣传执行党的路线方针政策、决策讨论学校的重要事项，以及思想政治与纪律检查工作等方面发挥的作用日渐显著。四十年来，民办高等教育得到了发展，民办高校普遍建立了党的组织，加强了党对民办高校的领导。2016年中共中央办公厅印发的《关于加强民办学校党的建设工作的意见（试行）》指出，民办学校是社会主义教育事业的重要组成部分，民办学校党组织作为党在民办学校中的战斗堡垒，发挥着政治核心的重要作用。民办高校党组织通过保证政治方向、凝聚师生员工、推动学校发展、引领校园文化、参与管理服务等方式，确保了民办高校的社会主义办学方向，以及落实立德树人的根本任务。

二、以改革开放驱动发展

改革开放是我国长期坚持的基本国策，对国家经济社会发展产生了深远影响，使国家的面貌发生了历史性的变化。四十年来，以改革开放为驱动，我国高等教育积极适应经济、社会、科技、文化等领域的发展要求，改革人才培养模式与办学体制，主动融入国际化潮流，不断增强自身的办学能力，提高服务国家经济社会发展水平和质量，为国家经济社会持续快速发展提供了不竭的原动力。

社会主义市场经济发展揭开了中国特色社会主义建设的新篇章。在中国特色社会主义事业发展中，高等教育发展没有缺位。通过改革开放，高等教育不断推进体制机制创新，主动适应社会主义市场经济建设的要求。一是构建更加重视创新能力与实践能力的高素质人才培养体制。改革开放后，形成于计划经济时代的高等教育人才培养理念、课程教学模式、教学管理制度等已经不能适应经济社会发展需要，改革人才培养体制成为四十年高等教育发展的重大主题。为了培养复合型、创新型高素质人才，文化素质教育、通识教育、创新创业教育等教育教学理念逐渐落实，从选课制到学分制、从学科专业目录调整到大类招生培养、从加强实践教学到卓越计划，从课程教学内容改革到大规模在线开放课程建设，人才培养体制改革不但巩固了我国高等教育发展的基础，而且将我国高等教育能力充分释放出来，满足了国家经济社会发展的需要。党的十八大以来，人才培养体制改革创新进一步向纵深发展，推进高等教育人才培养的分层化、特色化，进一步促进创新素质、实践能力的培养，成为新时代的重要任务。2017年教育部印发的《关于深化教育体制机制改革的意见》指出，“不同类型的高等学校要探索适应自身特点的培养模式，着重培养适应社会需要的创新型、复合型、应用型人才……把创新创业教育贯穿人才培养全过程，建立健全学科专业动态调整机制……深入推进协同育人，促进协同培养人才制度化"[10]，为新时期人才培养体制的改革创新指明了方向。二是构建契合市场与社会需要的多元化招生就业体制。统招统分体制曾经伴随我国高等教育发展数十年，四十年的高等教育发展首先起于招生改革，招生就业体制改革也为高等教育发展创造了无限的空间。随着1994年以来《关于普通高等学校招生和毕业生就业制度改革的意见》等国家政策文件的颁布落实，统包统分体制被逐渐打破，招生体制改革逐渐形成了分类考试、综合评价、多元录取的主要改革思路，大学毕业生就业则形成了毕业生自主择业、市场调节就业与政府促进就业相结合的体制。党的十八大以来，高校招生计划动态调整机制建设进一步加快，基于统一高考和高中学业水平考试成绩、参考综合素质评价的多元录取机制建设稳步推进，建立健全毕业生就业状况的统计、分析和发布制度与反馈机制，强化精准就业指导服务，成为新的发展趋势。三是构建以扩大高校办学自主权为核心的高等教育管理体制。四十年来，改变政府对高校统得过多的管理体制，扩大高校的办学自主权成为高等教育管理体制改革的主旋律，过去中央教育主管部门和各业务部门"条块分割、多头管理"的部门办学体制，转变成了中央和地方两级领导、高校自主办学的体制。随着高校办学自主权的扩大，高校内部管理体制改革逐渐加快，内部治理结构的框架日趋清晰。2012年教育部发布的《学校教职工代表大会规定》正式施行，高校教职工代表大会制度逐渐完善；2013年教育部实施"中央部委所属高等学校章程建设行动计划"，高校章程建设得到推进；2014年教育部印发《普通高等学校理事会规程（试行）》，高校理事会建设步入规范化轨道。高校办学自主权的扩大与内部管理体制的完善，有助于高校的特色化、差异化办学。2017年中央印发的《关于深化教育体制机制改革的意见》指出："要完善依法自主办学机制。依法落实高等学校办学自主权，完善中国特色现代大学制度……要改进高等教育管理方式。研究制定高等学校分类设置标准，制定分类管理办法，促进高等学校科学定位、差异化发展"[11]。建立健全以高校依法自主办学机制为核心的中国特色现代大学制度，是促进高等教育发展、提升高等教育水平的关键之举。

开放高等教育是我国改革开放政策的题中之意，开放不但打开了我国发展高等教育的视野，而且将我国高等教育与世界紧密联系起来，为我国高等教育发展开掘了新的动力源。四十年来，在国家对外开放战略的影响下，我国高等教育与国外的联系日趋紧密，国际交流合作逐渐从少到多、从单向到双向，既重视"引进来"、也强调"走出去"，通过双向开放融入国际潮流，提升了高等教育的国际化水平。具体说来，一是通过双向开放促进我国高等教育深度融入国际潮流。在"引进来"方面，通过吸引海外优秀人才和利用国外优质高等教育资源，拉近了我国高等教育与世界的距离，壮大了我国高等教育实力。比如，通过"春晖计划""千人计划""国家杰出青年科学基金"等项目吸引留学人员回国和引进海外高层次人才；[12] 通过出台《中外合作办学条例》等政策文件鼓励、支持、规范中外合作办学，等等。众多中外合作办学项目的实施丰富了我国高等教育资源类型，一批海外知名高校分校的开办更使大批学子不出国门就能接受国外优质高等教育。据统计，全国中外合作办学机构和项目共计1 979个，高等教育阶段在校生约45万人，占全日制高校在校生规模的1.4%。高等教育阶段中外合作办学毕业生超过150万人。[13] 在"走出去"方面，我国各类留学人员大批赴国外高校和研究机构学习、交流、进修和研究，吸收国外先进的文化科学技术与管理经验，很多人回国后成为我国高等教育的重要依靠力量。四十年来，我国各类出国留学人员累计已达519.49万人，长期保持世界最大留学生生源国地位，仅2017年就有超过60万人出国留学。[14] 二是通过发展国际教育增强国际发展话语权。随着我国综合国力与国际地位的提升，我国开始重视国际教育的发展，强调通过吸引海外留学人士来华学习、加大对外教育培训与援助、加强对外汉语教学与中华文化传播等方式，传播中国理念、丰富中外交流，强化我国高等教育的国际影响力。据统计，我国已成为亚洲最大的留学目的国，2017年共有来自204个国家和地区的48.92万名各类外国留学人员在我国各类高校学习，规模增速连续两年保持在10%以上，留学人员分布于全国31个省、自治区、直辖市的935所高校中，其中学历生24.15万人，占总数的49.38%。[15]同时，全球已有146个国家和地区建立了525所孔子学院和1 113个孔子课堂，[16]教育内容逐渐由汉语扩展到语言文化等方面，成为中外文化交流的重要桥梁和国际教育的重要载体，显著扩大了我国高等教育在国际教育中的话语权。三是为高等教育国际化注入新内涵，积极参与建构世界高等教育共同体。四十年来我国高等教育在开放中逐步为世界所接受和认可，我国已与46个国家和地区签订了学历学位互认协议；中国工程教育专业认证协会（CEEAA）加入《华盛顿协议》，它组织开展的我国工程专业本科教育认证将得到美、英、澳等所有该协议正式成员的承认。“一带一路”倡议提出后，我国高等教育开放化的手段更加丰富。习近平总书记指出：“今天的世界是各国共同组成的命运共同体……教育应该顺此大势，通过更加密切的互动交流……促进各国学生增进相互了解、树立世界眼光、激发创新灵感，确立为人类和平与发展贡献智慧和力量的远大志向”[17]。在继续加强传统高等教育国际合作与交流的同时，我国部分高校走出国门，发展海外办学，将我国高等教育的影响力辐射到世界各地。据统计，目前我国高校已在境外举办了厦门大学马来西亚分校等4个机构和98个办学项目，分布在14个国家和地区，[18]推动了区域、国际的教育交流合作，为我国成为世界高等教育共同体的重要成员发挥了积极作用。

三、以完善体系支撑发展

完善的体系是高等教育发展的重要依托。四十年来，通过政策驱动、统筹规划与积极引导，我国高等教育结构与体系不断得到完善，不仅支撑了世界上最大规模的高等教育，而且各级各类高等教育相互协调发展，满足了国家经济社会发展对各级各类人才的需要，解决了长期困扰社会主义现代化建设的人力资源匮乏问题。

我国人口规模庞大，适龄人口和非适龄人口的高等教育需求巨大。开发多种办学形式，为不同人群提供相应的高等教育，于人民群众、社会和高等教育本身都是有利的。四十年来，我国经济社会环境不断发展变化，社会大众的高等教育需求不断被激发出来，并呈现多样化趋势。“教育要两条腿走路。就高等教育来说，大专院校是一条腿，各种半工半读的和业余的大学是一条腿”[19]，在这一原则的指导下，职工高等学校、短期职业大学、农民高等学校、管理干部学校、函授学院、夜大等各种办学形式得以出现或恢复，通过相对灵活的课程组织方式，满足了社会大众，尤其是各行各业在职人员多样化的高等教育需求。在学历教育方面，普通高校成为开展成人本专科教育的主要力量，在职人员攻读研究生规模逐渐扩大；在非学历教育方面，包括资格证书培训、岗位证书培训等在内的进修、培训发展迅速，各类非学历继续教育机构逐渐丰富。广播电视大学覆盖了全国城乡，形成了包括中央、省级、地市级、县级电大在内的远程教育系统，并从半封闭式的高等专科学历教育，发展到包括以岗位培训为主的继续教育、职业教育、农村实用技术教育等在内的多层次多途径开放式教育；从单一的广播电视授课，发展到基于网络等多种媒体的多样化交互式教学，[20]为满足社会在职人员与特殊群体的教育需要，以及广大农村、基层、边疆、少数民族地区的普及教育做出了重要贡献。自学考试制度是一种全新的高等教育形式，它将个人自学、社会助学和国家考试结合起来，在促进教育公平与学习型社会建设方面发挥了重要作用，为经济社会发展培养了大批合格的高级专门人才。至2014年，全国参加自学考试人数累计达2.49亿人次，共培养本专科毕业生1 280多万，有2 000多万人获得了非学历自学考试的各类证书。据测算，我国高等教育毛入学率中自学考试贡献占比已接近1/5～1/4。[21] 新世纪以来，为适应我国高等教育大众化发展步伐加快的要求，高等教育的形式得到了进一步优化。2012年，国家开放大学等6所开放大学成立，在引进优质教育资源、改革人才培养模式、构建终身教育服务体系等方面取得了重大进展。至2014年，广播电视大学系统已累计培养本专科毕业生950多万人，其中在职人员占70%以上，开展各类非学历继续教育数千万人次。[22] 在网络技术日益先进、网络技术迅速普及的大环境下，我国网络高等教育发展迅速，基础设施日渐改善、规模日益扩大、手段日趋丰富，在一定意义上代表了新时代高等教育发展的方向。[23]

层次结构和科类结构既是高等教育本身的问题，又是社会问题。构建完备的高等教育科类与层次结构体系，既是高等教育内涵式发展的要求，又是高等教育适应经济社会发展的要求。四十年来，我国高等教育以单科性院校为主、以本科教育为主的层次和科类结构发生了巨大改变，一个多层次、科类齐全的高等教育系统较好地满足了经济社会发展需要，彰显出显著的内在和谐性。我国高等教育完善层次结构的努力是从"改变专科、本科比例不合理的状况，着重加快高等专科教育的发展"[24] 开始的，专科层次高等教育在整体层次结构中的比例逐渐得到提高之后，研究生教育的发展开始得到重视。到1998年，全国普通高校在校本科生数为223.46万人，专科生117.41万人，研究生19.8万人，专科、本科、研究生在校生比例为52：100：9。众所周知，21世纪以来是我国高等教育发展速度最为迅猛的时期，即便这样，优化高等教育层次结构的工作依然没有放松，层次结构优化取得了显著效果。据统计，2016年普通高校在校本科生数为1 612.9万人，专科生为1 075.9万人，研究生为195.4万人，分别为1998年同层次在校生数的7.2倍、9.2倍、9.8倍，专科、本科、研究生在校生的比例为67：100：12。[25] 在推进高等教育内涵式发展的进程中，高等教育层次结构中的亚层次结构得到完善，尤其是在研究生教育层次中，专业学位研究生教育得到较快发展，40种专业硕士学位教育和5种专业博士学位教育已经成为我国研究生教育的重要组成部分。高等教育科类结构的复杂程度更甚于层次结构，经过多次调整，高等教育科类结构存在的体系不完整、与经济社会发展不相适应、落后于文化科技发展等问题得到了有效解决，在全面充实高等教育内涵的同时，从根本上增强了高等教育服务国家经济社会发展的能力。在改革开放初期，根据社会经济发展的需要，高等教育科类结构调整和优化着重发展了与第三产业相关的、应用性较强的科类与专业，尤其是"加快财经、政法、管理等薄弱系科和专业的发展，扶持新兴、边缘学科的成长"[26]。通过修订学科专业目录、扩大高校学科专业设置自主权，高校在学科专业口径过窄、学科专业比例失调等问题的解决上做出了很大努力，在具体的学科专业上，工学、理学及部分理论学科如哲学、历史学等在科类结构中的比例下降，而经管、法学、文学等应用性文科的占比则呈上升趋势。[27] 进入新时代以来，我国经济社会步入了创新驱动发展与转型升级的阶段，我国高等教育学科专业调整则瞄准国家和区域经济社会发展需要及重大战略布局，增设与高新科技产业发展相适应的新学科专业，加快学科专业更新改造，促进多学科交叉和融合，淘汰同质化严重、培养质量较差的专业，并通过加强优质资源培育、强化专业建设特色、深化教学改革与质量保障等，[28]达到实现高等教育内涵式发展的目的。

四、以多元投资保障发展

高等教育是消费性事业，投资保障是高等教育发展的基础。大规模高等教育必须有大规模的投资保障，高质量的高等教育也需要高质量的投资保障。改革开放以来，我国经济产业发展长期向好，政府财政收入不断增加，但单纯依靠政府财政投入难以保障大规模、高质量高等教育发展的要求。改革高等教育投资体制，建立以政府投入为主的多元投资体制，大量依靠社会资源办学，是我国高等教育长期稳步发展、不断提高办学质量的根本之所在。

改变投资拨款方式，构建多渠道投资办学体制，是我国拓宽投资来源，保证投资需求，促进高等教育发展的重要手段。一是地方政府成为高等教育事业的主要投资者。改革开放以来，我国经济发展保持了快速增长，国民生产总值节节攀升，政府财政状况得到改善，为增加政府财政对高等教育的投入创造了条件。20世纪90年代在政府机构改革和职能转变的背景下，一场涉及900多所高校的高等教育管理体制改革取得了重大进展，其中有597所高校合并组建为267所高校，原来国务院有关部门直接管理的367所普通高校，有近250所实行了省级政府管理、地方与中央共建的体制，建立了中央和省级政府两级管理、以省级政府管理为主的高等教育管理新体制。[29]在改革高等教育管理体制的同时，政府财政投入方式与渠道发生了转变，根据高校隶属关系，高等教育经费分别由中央和地方财政分担，高等教育拨款方式从“基数+发展”“综合定额+专项补助”转变为“基本支出预算+项目支出预算”，高校经费管理则从“核定预算+结余上缴”转变为“预算包干+结余留用”。新的拨款体制及经费管理方式不仅为扩大地方政府对高等教育的财政投入开辟了渠道，还强化了高校安排经费的主动性、自主性与管理责任。在新的高等教育财政体制下，地方政府发展高等教育的积极性不断提高，由地方政府拨款及管理的高校数量逐渐增加，地方高校成为我国高等教育的主体部分，从而加快了我国高等教育大众化发展进程。据统计，2016年我国1 855所公办普通高校中，地方所属高校有1 737所，占总数的93.6%。[30]二是建立高等教育成本分担和成本补偿制度，拓展多元化的投资渠道。四十年来，在试点探索的基础上，我国建立了以招生收费为核心的高等教育成本分担和补偿制度，明确“高等教育属于非义务教育阶段，学校依据国家有关规定，向学生收取学费”[31]，并建立了与收费制度相适应的奖学金、助学贷款、勤工助学基金、贫困生补助及学杂费减免等制度。与此同时，我国积极开辟政府财政拨款之外的高等教育经费来源渠道，将税费征收、学杂费收取、校办产业收入、社会捐资集资、教育基金、金融信贷等手段广泛运用于高等教育筹资，形成了“一主多元”的“财、费、税、产、社、基、科、贷、息”等高等教育经费来源渠道。[32]高等教育成本分担和成本补偿制度的建立，以及投资渠道的拓宽，提高了社会资源对高等教育的支持力度，密切了高等教育与社会的关系。

我国经济社会发展的重要成就还表现在社会财富的增加，利用社会力量发展高等教育是由我国国情所决定的。在一个13亿人口的大国，要发展大众高等教育，单纯依靠政府财政投入和学杂费等收入是难以为继的。改革开放以来，开放社会力量举办高等教育受到国家法律的保护和鼓励，《中华人民共和国宪法》规定："国家鼓励集体经济组织、国家企业事业组织和其他社会力量依照法律规定举办各种教育事业。"[33] 四十年来，社会力量办学从小到大，从举办培训和自学考试辅导到举办普通专科、本科和研究生教育，逐渐发展成为高等教育大众化的新增长点，成为高等教育不可缺少的组成部分。2002年通过的《中华人民共和国民办教育促进法》赋予民办教育与公办教育平等的法律地位，强调民办高等教育在调动民间办学积极性、吸引社会力量办学方面的关键作用，将民办高等教育作为缓解现代化建设的多样化需求与高等教育规模有限的矛盾、推进高等教育大众化进程的重要举措。该法律的通过激发了社会力量兴办高等教育的热情，促进了民办高等教育的快速发展。据统计，1998年民办普通高校仅22所；到2016年，民办普通高校已达741所，占普通高校总数的28.5%，[34] 民办高校中普通本专科在校生616.20万人，占普通本专科在校生总数的比例达到22.9%。[35] 民办高等教育主要是依靠民间资本投资办学发展起来的，社会力量对高等教育发展的贡献弥补了政府财政的不足。令人欣喜的是，我国民办高等教育的发展不仅仅是数量规模的发展，办学条件也得到了明显的改善，办学能力显著提高。民办高等教育的繁荣发展，有效地拓宽了我国高等教育的筹资渠道，使我国高等教育向大众化和普及化发展有了无穷的资源筹措空间，同时，民办高等教育发展还促进了我国高等教育构成的多元化，为形成高等教育发展的竞争态势创造了条件。

五、以质量保障促进持续发展

质量是高等教育的生命线。有规模、无质量的发展是无效发展，有规模、低质量的发展是不良发展。改革开放以来，我国高等教育完成了从精英化向大众化的转变，而且这一转变是通过高速发展、稳妥推进实现的。客观上讲，我国高等教育大众化的发展主要是在近20年发生的，这使我国高等教育发展的成就更显惊艳，因为很多国家在高等教育从精英化向大众化转型发展时期都曾爆发过学生运动，引发社会动荡。我国高等教育大众化发展之所以成功，关键就在于我国适时建立了较为完善的质量保障体系，以教学评估、专业认证等手段保证了高等教育规模与质量的协调发展，使高等教育在扩张过程中保持了适度的张力，满足了人民群众和社会的需要。

我国高等教育发展的动力在很大程度上是由高等教育体制改革释放出来的，而高等教育体制改革的任务之一是调整政府与高校之间的关系，减少政府对高校办学的直接干预，赋予高校办学自主权。为了保证高校在自主办学过程中增强质量意识，政府将建立质量保障体系作为高等教育治理体系的重要内容，纳入高等教育体制改革的范畴。经过20世纪80年代中期至世纪之交的试点探索，一套与我国高等教育发展相适应的质量保障体系得以建立，教育部成立了高等教育教学评估中心（简称评估中心），统一领导全国高等教育质量保障工作，组织开展本科教学工作评估；成立了教育部学位与研究生教育发展中心（简称学位中心），负责组织与研究生教育有关的质量保障工作。高职（高专）教育评估工作则由高等教育教学评估中心领导，实际评估工作下放给了各省市自治区教育厅（委），由教育厅（委）负责组织开展。在建立宏观的高等教育质量保障体系的同时，高校自身的质量意识不断加强，内部质量保障体系也逐步建立起来。内外结合、不断完善，为我国高等教育发展铸就了一道有效的质量防火墙，使我国高等教育在快速发展的同时，能够守住底线，保持良好的发展势头。

我国高等教育质量保障从理念到机制都是新的，尽管这个体系仍在不断完善中，但其主体框架已经成形并对我国高等教育发展发挥了重要作用。撇开微观部分不谈，这个主体框架的宏观部分不仅有教育部主导的评估机制，而且有社会机构开展的各种排行评估。由于众所周知的原因，教育部主导的评估机制对高等教育发展的影响更大，这个评估机制主要由三个部分构成：一是高等教育本科教学工作水平评估；二是高职（高专）院校人才培养工作水平评估；三是以研究生教育为主要对象的高校学科评估。本科教学工作水平评估是一种五年一轮的制度，由评估中心负责实施，在前期试点探索的基础上，2003—2008年对2000年以前设置的普通本科高校实施了第一轮教学工作水平评估，2013年启动实施了第二轮评估。第二轮评估包括了老普通本科高校教学工作审核评估、新建普通本科高校教学工作合格评估和民办普通高校教学工作合格评估。在开展普通本科高校教学工作水平评估的基础上，评估中心还建立了定期采集和公布全国普通本科高校办学条件及教学基本状态数据制度，以及高校教学质量年报制度，以加强对高校办学和教学工作的监督。高职（高专）院校人才培养工作水平评估也是一种五年一轮的制度，自2004年开始实施，与普通本科高校教学工作水平评估不同，其方案由教育部制订，评估工作由各省、自治区、直辖市教育厅（委）负责组织实施，教育部定期抽查评估结论。高校学科评估由学位中心组织实施，对全国具有博士或硕士学位授予权的一级学科开展整体办学水平评估，2002年首次开展，截至2017年完成了四轮。党的十八大以来，为了适应推进和实现高等教育内涵式发展的要求，高等教育质量保障体系建设又有了新的进展，我国正式加入了国际工程联盟《华盛顿协议》，这是一项工程教育本科专业认证的国际互认协议，为提高我国工程教育的国际认可度，实现与联盟成员国工程教育水准的实质等效互认创造了条件。为此，工程教育专业认证试点工作已经全面展开。2018年，教育部发布《普通高等学校本科专业类教学质量国家标准》，涵盖了普通高校本科专业目录中全部92个本科专业类，包括全部587个本科专业、涉及全国高校56 000多个专业点。“国家标准”的发布为高等教育质量保障提供了权威的依据。总之，四十年来的探索与实践已经搭建起了我国高等教育质量保障体系的主体框架，对增加高等教育投入、改善高校办学条件、优化人才培养模式、提高高等教育服务社会的能力发挥了重要的促进作用。

高等教育发展的中国道路，彰显了我国高等教育发展的时代特色与中国特色，是四十年来我国高等教育发展经验的珍贵凝结。这条道路之所以能够取得巨大的成功，一方面是由于其符合高等教育发展的普遍规律，与世界高等教育发展趋势相契合；另一方面则是由于其紧扣我国的基本国情，与改革开放以来我国经济社会发展相适应。当前我国社会的主要矛盾已经转变为人民日益增长的美好生活需要和不平衡不充分的发展之间的矛盾，高等教育也承担着新的发展任务：一方面，高等教育的普及化、国际化、信息化趋势日益明显，[36] 高等教育发展需要抓住新的历史机遇；另一方面，我国高等教育长期面临的矛盾和问题，如需求与供给问题、公平与效率问题、质量与效益问题等仍然存在，迫切要求进一步推进和实现高等教育内涵式发展。四十年来的成功经验充分证明了高等教育发展的中国道路在回应时代诉求、支撑改革发展方面的正确性，面对未来新的发展任务与环境，应当继续坚持和发扬高等教育发展的中国道路，通过改革、探索与创新，进一步把握高等教育发展的大势，进一步凸显高等教育发展的中国特色，将我国建设成为真正意义上的高等教育强国。同时，高等教育发展的中国道路也向世界充分证明了，一个国家高等教育的发展不一定要照搬西方国家的教育模式，也不一定要依附于西方国家的“中心”地位，坚守本国特色，满足本国经济社会发展需要，依照高等教育发展的趋势与规律开展建设、改革与创新，同样可以实现高等教育的快速健康持续发展。从这个角度来看，尽管世界各国高等教育有着不同的发展基础与发展环境，但高等教育发展的中国道路对其他国家仍有重要的启示意义。

参考文献

[1]我国高等教育在学总规模位居世界第一[N].人民日报,2017-09-29.

[2]刘延东.深入学习贯彻党的十九大精神全面开创教育改革发展新局面[J].中国校外教育,2018(07):1-5.

[3][24][26]中华人民共和国教育部.中共中央关于教育体制改革的决定[EB/OL].(1985-05-27)[2018-05-23].http://www.moe.edu.cn/jyb_sjzl/moe_177/tnull_2482.html.

[4]人民网.建设教育强国:中华民族伟大复兴的基础工程[EB/OL].(2017-12-01)[2018-05-25].http://theory.people.com.cn/n1/2017/1201/c40531-29680214.html.

[5]使高校成为坚持党的领导的坚强阵地——习近平总书记在全国高校思想政治工作会议上的重要讲话引起热烈反响[N].人民日报,2016-12-11.

[6]人民网.让十三亿人民享有更好更公平的教育[EB/OL].(2016-02-29)[2018-05-26].http://theory.people.com.cn/n1/2016/0229/c40531-28157073.html.

[7]中华人民共和国教育部.中华人民共和国高等教育法[EB/OL].(1998-08-29)[2018-05-28].http://old.moe.gov.cn/publicfiles/business/htmlfiles/moe/moe_619/200407/1311.html.

[8]坚持把立德树人作为中心环节[N].光明日报,2016-12-09.

[9]中华人民共和国教育部.中共中央办公厅印发《关于坚持和完善普通高等学校党委领导下的校长负责制的实施意见》[EB/OL].(2014-10-15)[2018-05-29].http://old.moe.gov.cn/publicfiles/business/htmlfiles/moe/s5147/201410/176026.html.

[10][11]中华人民共和国中央人民政府.中共中央办公厅、国务院办公厅印发《关于深化教育体制机制改革的意见》[EB/OL].(2017-09-24)[2018-05-29].http://www.gov.cn/zhengce/2017-09/24/content_5227267.htm.

[12]中国特色高等教育思想体系研究课题组.中国特色高等教育思想体系论纲[M].北京:高等教育出版社,2017:335.

[13]教育规划纲要实施三年来中外合作办学发展情况[EB/OL].(2013-06-20)[2018-05-30].http://www.crs.jsj.edu.cn/index.php/default/news/index/80.

[14]新浪新闻.教育部公布2017留学数据:2017留学生人数60.84万人[EB/OL].(2018-03-30)[2018-06-08].http://news.sina.com.cn/o/2018-03-30/doc-ifystrhe2520772.shtml.

[15]搜狐新闻.2017年48.92万名外国留学生在中国高校学习[EB/OL].(2018-03-30)[2018-06-08].http://www.sohu.com/a/226748010_162522.

[16]人民网.全球已建立525所孔子学院和1113个中小学孔子课堂[EB/OL].(2017-12-11)[2018-06-09].http://culture.people.com.cn/n1/2017/1211/c1013-29698100.html.

[17]今天世界是各国命运共同体[N].南方日报,2013-04-22.

[18]人民网.教育部:与46个国家和地区签订学历学位互认协议[EB/OL].(2017-04-19)[2018-06-12].http://edu.people.com.cn/n1/2017/0419/c1053-29222686.html.

[19]中华人民共和国教育部.邓小平:关于科学和教育工作的几点意见[EB/OL].(1977-08-08)[2018-06-12].http://old.moe.gov.cn//publicfiles/business/htmlfiles/moe/moe_90/200408/1531.html.

[20]葛道凯.中央广播电视大学30年开放实践与新时期新使命[J].中国高教研究,2009(01):4-7.

[21]杨德广,张瑞田.60年来中国高等教育大众化进程[J].现代大学教育,2009(06):27-32.

[22]高志敏,朱敏,傅蕾,陶孟祝.中国学习型社会与终身教育体系建设:"知"与"行"的重温与再探[J].开放教育研究,2017(04):50-64.

[23]别敦荣,易梦春.普及化趋势与我国高等教育发展的战略选择——兼论两岸高等教育交流与合作[J].清华大学教育研究,2017(03):15-26.

[25]中华人民共和国教育部.2016年教育统计数据[EB/OL].(2017-08-24)[2018-06-15].http://www.moe.gov.cn/s78/A03/moe_560/jytjsj_2016/.

[27][32]别敦荣,杨德广主编.中国高等教育改革与发展30年[M].上海:上海教育出版社,2009:12,56.

[28]中华人民共和国教育部.深化供给侧结构性改革 健全专业动态调整机制[EB/OL].(2018-04-19)[2018-06-15].http://www.moe.gov.cn/jyb_xwfb/moe_2082/zl_2017n/2017_zl76/201804/t20180419_333644.html.

[29]中华人民共和国教育部.高等教育体制改革[EB/OL].(2008-10-01)[2018-06-16].http://old.moe.gov.cn//publicfiles/business/htmlfiles/moe/moe_2442/200810/39569.html.

[30][34]中华人民共和国教育部.2016年教育统计数据·高等教育学校(机构)数[EB/OL].(2017-08-22)[2018-06-17].http://www.moe.gov.cn/s78/A03/moe_560/jytjsj_2016/2016_qg/201708/t20170822_311604.html.

[31]中华人民共和国教育部.高等学校收费管理暂行办法[EB/OL].(1996-12-16)[2018-06-19].http://old.moe.gov.cn/publicfiles/business/htmlfiles/moe/moe_621/201001/81884.html.

[33]全国人民代表大会.中华人民共和国宪法[EB/OL].(2018-03-11)[2018-06-20].http://www.npc.gov.cn/npc/xinwen/node_505.htm.

[35]中华人民共和国教育部.2016年教育统计数据·高等教育学校(机构)学生数[EB/OL].(2017-08-22)[2018-06-20].http://www.moe.gov.cn/s78/A03/moe_560/jytjsj_2016/2016_qg/201708/t20170822_311603.html.

[36]别敦荣.我国高等教育发展面临的形势和体制改革的主要任务[J].济南大学学报(社科版),2017(05):135-141.

创新创业：大学转型发展的新范式

王建华

我们为什么需要大学，一种解释是基于社会分工的需要，另一种解释是大学自身创造了我们的需要。社会分工论将大学视为满足社会需要的一种机构或应社会需求而产生的机构。这种理论过于夸大了社会需求的重要性，而忽视了大学组织自身的特殊性和历史的偶然性。社会需求有时虽有一定的刚性，但实践中满足这种需求的方式则具有不确定性或非唯一性。客观来看，在中世纪的社会分工中为了满足当时的社会需求以及智识生活的需要，大学作为一种社会机构，其产生更多的具有偶发性，而不是必然性。相比之下，需求创造说则关注了大学的特殊性。作为现代大学的源头，中世纪大学的产生及其组织形式和运作机制的形成虽具有偶然性，但这种组织自产生以后凭借其独特的组织性质和制度优势，在人类历史长河中成功实现了“基业长青”，完美地创造了人类社会对于它的需求，并成功满足了这种需求。当然，对于我们为什么需要大学，无论哪种理论解释都不可能是完美或完全令人信服的。理论的解释力总是具有情境性，总是和具体的时间和空间有关，并受诸多局限条件的约束。因此，我们与其从根子上去追问，我们为什么需要大学，不如直接询问我们时代需要什么样的大学。本源性的问题虽然会有助于正本清源，但也容易脱离当下的具体情境。毕竟，作为一个社会机构，大学是时代性的而不是永恒不变的，在“我们需要大学”这件事已是不可更改的外部约束条件的前提下，弄清楚我们时代最需要什么样的大学，现有大学应通过何种重大改革向哪个方向演进就显得特别重要。与正在逝去的传统工业社会相比，我们时代的精神是创新创业，我们时代最宝贵的资源是能够促进创新创业的知识。在一个以企业家精神为引领，以知识为基础的社会里，大学的重要性是空前的。新的时代对于大学改革发展提出了新的愿景，大学只有主动适应创新创业的时代精神的需要，通过转型发展实现范式更新，才能成功应对这种前所未有的挑战。

一、大学为什么需要创新创业

历史上，以知识的逻辑为依归，随着知识范式的变迁，大学先是教会的婢女，后是人文主义者

基金项目：本文是国家社科基金教育学国家重大课题“‘双一流’建设背景下高校学科调整与建设研究”（VIA170003）阶段性成果。

王建华，教育学博士，南京师范大学教育科学学院、立德树人协同创新中心教授，博士生导师。

的乐园，继而成为科学家的实验室。表面上看，不同时期大学作为“婢女”“乐园”和“实验室”的社会角色是不同的，但实质上，这些社会角色背后的逻辑又是一致或相通的，即大学始终以象牙塔的姿态远离社会，以掩盖或抑制知识观和价值观的冲突。大学追求知识自身的价值，刻意与现实需求保持一定的距离。具体而言，中世纪大学视神学为高级知识，近代大学视哲学为高级知识，现代大学则视科学为高级知识。而那些高级知识之所以被认为是高级的，最主要的原因则是它们远离世俗或实用，强调知识的纯粹性和深奥性。长期以来，大学对于纯粹知识的追求或偏好，符合知识作为公共物品的本性以及教育性的原则，也符合大学作为一种知识生产和传播制度的比较优势，并满足了社会对于大学的心理期待，即作为“世俗的教会”[1]。20世纪80年代以来，世界范围内高深知识生产、扩散与应用的政策环境与制度文化发生了根本的变化，基于科学逻辑的大学知识生产治理机制开始面临市场逻辑的严峻挑战。围绕一个“统一的办学目标”，通过文化传承或价值观塑造或仅依靠培养人才作为公共物品的知识已不能满足经济社会发展的现实需要。究其原因，与过去基于劳动分工的相互区隔的知识生产制度（一个组织，一个目的）不同，今天在以知识为基础的经济和社会里，知识的创新更加强调“集成”与“协同”（同一个组织可能必须扮演多个角色，以便在多种环境下进行竞争）[2]。由于社会和政策环境的变化，现代大学必须由单一目标的机构向多目标机构转型发展。“对于高等院校来说，同时追求多个目标往往非常有利，因为不同的目标可以相互补充，产生整体大于部分之和的效果。”[3] 改革实践中为满足知识经济和知识社会对于“集成创新”和“协同创新”的需要，大学需要在市场逻辑、国家逻辑和科学逻辑的对立统一中，在专业知识的生产、扩散与应用方面做出新的决策与选择。“可以说，大学在过去旨在保持统一性，现在却旨在实现多样性。”[4] 具体而言，为满足经济社会发展的需要，在与政府、企业等其他社会机构实现协同创新和集成创新的过程中，大学既要勇于突破组织的边界、在协同创新中扮演新的角色，又不能放弃自身的独特性、疏于对学术价值观的坚守。“在这些网络里，企业、大学和研究机构之间的多元、微弱的联系使各方可以接触到更多的信息，并可以对这些多元信息进行重新结合，从而能够超越既存的知识，创造出新知识。”[5] 以高深知识的生产、扩散与应用来说，大学既不能放弃高深知识生产与扩散的传统职能，又要在高深知识的应用方面大有作为；大学既要以科学为基础、以政府为伙伴，也要以市场为导向；需要在传统开放科学路径的基础上，积极拓展创业科学的新路径，通过创新创业直接为经济社会的发展服务。

现代以降，大学作为一类组织取得了极大的成功。无论从机构数量的增长，规模的扩充，参与人数的增多，还是影响力的上升，也无论是从对经济社会发展和科技进步的贡献，还是对文化和制度的创新，大学无疑都是现代社会最为成功的机构。某种意义上，现代大学既是现代社会的一部分（社会系统的子系统），也是现代社会运行秩序的生产者（工作“母机”）。换言之，现代大学的逻辑既镶嵌于现代社会的逻辑中又在生产着现代社会的逻辑。现代社会的逻辑是社会分工和专业化，现代大学的逻辑则是知识分工和专门化。在不断强化社会分工和专业化的社会背景下，正是凭借以学科为基本单位的知识分工，现代大学实现了高深知识生产与传播的专门化，从而在传统向现代转型的过程中取得了巨大成功。不过，现代大学的巨大成功也是其危机的根源和转型的障碍。组织进化论指出：“对以往成功的过度适应是危险的。”[6] 实践也表明，在已被证明为是成功范式的教学型大学和研究型大学之外，要适应新时代的新要求，提出新范式的大学概念会非常困难。现行大学范式的支持者通常会通过坚持利用以往的成功所确立的大学传统或潜规则来对抗任何可能的变革。面对这种困境，克里斯汀森的主张是：“组织是价值网络的一个组成部分，并且经常受到既有产品概念的约束。因此，为避免‘创新者的两难’困境，要想创造具有新的消费者价值的产品，组织必须在不同价值网络中确定新的位置，并且做到独立自主、自给自足。”[7] 具体来说，在传统大学范式近乎居于垄断的情况下，新概念大学或大学新范式的出现，一种情况是依赖旧范式下大学自身的自然演化，另一种情况则依赖于研究者敏锐的学术触觉，基于环境变化创造出新的大学概念，以人为的建构引领大学的转型发展。近十几年来，世界范围内创业型大学的兴起就既与大学改革的实践探索有关，也与埃兹科维茨、伯顿·克拉克等在高等教育研究中的概念创新密不可分。如果说学界提出的创业型大学作为大学的新概念是一种“拉动”因素，那么各国大学朝向创新创业的改革实践则可以视为一种“推动”因素。目前就创业型大学作为大学的新范式而言，概念的拉动作用可能要小于实践者的推动。和高等教育领域的其他很多改革一样，实践通常走在了理论前面。作为学术研究，虽然早在1983年埃兹科维茨就发表了题为“美国学术界的创业科学家和创业型大学”的论文，正式提出了“创业型大学”的新概念；但时至今日，我们的大学仍处在“范式转移与常规建设之间”[8]。由于缺乏有效的理论引领，很多国家的高等教育改革仍然集中于寻找赖以建立创业型大学的有效方式，而非把“创新创业”作为“更高的概念”，即大学发展的新范式。换言之，从教学型大学和研究型大学向创业型大学转型的实践进展仍然缓慢，大学观念的更新仍然面临种种的挑战。至今，教学型大学和研究型大学仍是世界各国大学的主导范式，建立研究主导的世界一流大学仍是各国高等教育改革和发展的优先目标，创新创业仍不是大学的中心工作。我们的大学应该像重视论文发表和科研获奖一样重视创新创业，应该花更多的时间去思考如何能更好地实现创新创业。

近几十年来，在以美国为代表的发达国家，伴随工业社会向后工业社会的转型，学术研究也开始从科学逻辑向市场逻辑转变，传统的教学型大学和研究型大学开始向教学创业型大学和研究创业型大学转变，并促使大学内部基于市场逻辑的实践活动体制化，凭借市场的力量焕发大学学术研究的活力。“不断发展的大学创新文化为大学教师提供了必要的信息和激励机制，使他们摆脱了仅专注于科学研究的传统，转而投入到更具前瞻性且整合了技术发展和商业化努力的综合性创新过程之中。”[9] 当今世界美国之所以是高等教育的超级强国、世界学术中心，绝不仅是世界大学排行榜和学科排行榜上美国大学和学科的数量之多可以概括的，也不是美国大学高水平科研论文发表世界第一所能代表的，美国作为世界高等教育超级强国的最有力的证据在于：美国的一流大学对于美国经济社会的发展做出了卓越的贡献，源于美国一流大学的科技创新为美国社会的创新创业做出了卓越的贡献，确保了创新驱动发展战略在美国的成功实现。“近几十年来，这种开拓创新精神促使各高等院校纷纷响应政府号召，帮助学校教授们与企业开展合作，共同建立公司来开发新产品。这种结合有时甚至能带动学校所在的整个地区的经济发展，如加利福尼亚州的硅谷地区和大波士顿地区的发展就是这样。”[10] 可以说，在美国没有哪个行业像大学那样在全世界居于绝对的领先地位，也没有任何一个行业或领域对于创新创业的贡献可以和那些顶尖的一流大学相比。

遗憾的是，当前在我国无论是一流大学还是一流学科的定义和评价基本上沿用了兴起于19世纪的研究型大学的传统范式，强调科研论文发表和获奖的重要性，注重科学共同体内部的同行评价和政府的行政评价，对科研成果转化或知识创造价值没有给予必要的和充分的关注。世界范围内，自20世纪80年代以来，科学、技术与社会的关系已经发生了根本的变化，大学、产业与政府的关系也早已今非昔比。“以大学为根据地建立研究型企业，共同开展一些营利项目”[11]，正在成为普遍的做法。在即将到来的知识社会里，知识的生产、扩散和转化已经成为解释经济发展的内生变量，创新创业已经成为驱动经济发展的核心要素或决定性力量。“在新经济中，知识不仅是与传统生产要素——人力、资本和土地——并列的资源，而且是今日唯一有意义的资源。知识已经成为最重要的资源而不是一般资源这个事实是新型社会的独特之处。”[12] 在创新驱动发展的新时代，为尽可能提升我国知识创新的水平，提高知识创造的价值，以实现全社会、全领域有组织、可持续的创新创业，大学的教学和研究目标不能再单纯地以学术性观点和学科界限来设定，而应以国家战略需求或人类经济社会发展的重大需求和挑战为出发点，基于未来经济社会发展所需的重大技术以探求背后的科学原理，从而倒逼基础科学研究和教学内容的创新。

二、 大学如何实现创新创业

在创新驱动发展的新时代，为了满足创新创业的需要，科学研究最终要落实到问题解决层面，即便是最基础的研究，也总蕴含有向应用转化的可能，但将可能转化为现实不仅需要时间还需要方法。在现有分科体制下，任何单一学科，尤其是那些基础科学研究的知识很难单独解决实践中的复杂问题。基于此，通过会聚策略以跨越不同学科的边界来解决实践中的难题便成为重要选择。“会聚研究由于汇集了来自生命科学、物质科学、医学、工程学的知识和工具，将不断地激励创新研究，并解决极具吸引力的技术难题与社会挑战。”[13] 实践中，为促成和激励基础科学发现向实际应用的转化，会聚研究一方面可以通过跨越学科边界将不同学科的知识会聚在一起，另一方面也可以建立起合作网络（涉及政府、学术界、国家实验室、临床机构、产业界、资助机构等）对相关科学研究提供支持并使研究成果不断转化为新的创新形式和全新产品[14]。当然，会聚研究作为一种问题解决或知识应用的具体策略，与各学科自身高深知识的生产并不矛盾。会聚研究的目的是：“释放出多学科整合的巨大潜力，共同应对需要这种紧密合作才能解决的关键挑战。”[15] 只有各学科生产出了真正具有创新性的知识，学科知识的会聚才有现实意义，才能实现基础科学发现向实际应用的转化，并促进基于知识创新的创业。“在这个方面，新知识的创造既是关于理念的，也是关于理想的。这就是创新的动力。创新的精髓是根据具体理想或愿景来重新创造一个世界。”[16] 毕竟，创新驱动发展要取得切实的成效，必须有科学上的新发现或技术上的新突破作为前提；只有基于具有创新意义的知识，那些市场导向型的创业活动才能真正创造出社会需要的价值。

在创新创业过程中，为了实现知识的创新以及基于创新的创业，“研究者必须整合若干传统学科，形成一个临时的学术领域”[17]。通常情况下，这个临时的学术领域具有“临时性”“跨学科性”和“应用性”等特点。随着实际问题的解决，它既可以解散，也可以被制度化，成为一个综合性的跨学科领域，以便于今后应用于更广泛的领域。至于哪种可能性最后成为现实则取决于这个临时的学术领域内的知识所创造的事物的价值及其对不同学科之间关系的整合程度。“会聚观成为创造性的‘会聚—解聚’过程的一部分，这个过程将不同领域的知识整合到一个新的系统，创造出新的应用领域和可以用来重组和整合的新知识。”[18] 最后，无论这些为了解决实际问题而组建的临时的学术领域是“事毕解散”还是成了“新的学科”，都无损于这个临时的学术领域的独特价值。“经过这样一个过程，研究者一边处理现实问题，一边向社会输出具体产品，并不断播撒临时领域的种子，最终使得新学科发展成熟。再进一步讲，即使研究不幸失败，最终无法获得具体产品，但只要这一研究方式能够保留下来，就可以将其研究结果作为人类共同的知识财富累积起来，最终为今后的研究所用。"[19] 换言之，在这样一个过程中，通过会聚研究形成的"临时的学术领域"为从学科研究走向跨学科研究，为从传统的基础研究走向新基础研究，为从知识生产走向产品开发提供了一种新的进路，并为从纯基础研究、应用驱动的基础研究和纯应用性研究向"愿景驱动的基础研究"（这种研究将突破已知的应用并探索新的转化方式[20]）的转化提供了新的可能。

对于创新创业而言，跨学科研究的组织意图非常重要。在建立创新创业型大学的过程中，跨学科研究不能为了学科自身，或为了跨学科研究而进行跨学科研究。跨学科研究应致力于通过跨学科研究来解决需要跨学科才能解决的重大科技与社会问题。换言之，跨学科研究不能仅仅是为了学术上的所谓"视角创新"，更多的是要为了将科学的发现转化为技术的进步，将学术的知识转化为社会的价值。"组织的意图为判断已知知识的真实性提供最重要的基准。如果没有组织的意图，若想对察觉或创造的信息或知识的价值做出判断，是不太可能的。在组织层级上，组织标准或愿景常常是意图的形式表达。这些标准或愿景可以用来评估和论证所创造的知识，知识必须是价值取向的。"[21] 否则，跨学科研究不但不能解决分科制度的问题，不能实现大学创新创业的组织目标，反倒会加重基于分科的大学组织结构的制度成本，加剧学科化冲动。为真正能实现"为了创新创业的跨学科研究"，大学内部的薪酬制度、人员聘用政策和学术评价制度也必须有所改变，以激励教师和学生进行基于创新创业的科学探究。仅有这些还不够，"对于那些寻求建构可持续发展的会聚生态系统的组织机构而言，包容性治理体系、以目标为导向的愿景、有效的项目管理、对核心教职员工的稳定支持，以及灵活的或具有催化作用的资金都至关重要。同时还必须愿意承担风险，并能接受潜在的失败或项目重新定向的可能，这是前沿科学无法避免的问题。"[22] 总之，为了保障跨学科研究的可持续进行，并取得重要进展，既需要大学在科研管理和评价层面做出调整以引导组织和制度文化的变革，也需要跨学科研究恪守成果导向，为支持跨学科研究的诸利益相关者（合作伙伴网络）提供他们所需要的产品和服务。

现代大学从注重本科教学和基础研究向创新创业的转型发展是一个连续的、漫长的、多维的过程，如果没有制度环境和制度文化的转型相配合，单凭学者或学科自身的努力很难实现从论文主义转向知识创造价值。在创新创业的过程中，为实现科研成果向实际应用的转化，仅有大学或科学共同体单方面的努力也还是不够的，学术链和产业链的耦合需要学术界和产业界的共同努力。"组织的知识创造应该被理解为一个'有组织地'放大由个体创造的知识，并且将其结晶为组织知识创造网络的一个部分的过程。这个过程发生在一个广泛的'互动社群'之内，它超越了组织内与组织间的层级和边界的'互动社群'之内。"[23] 由于大学的学术研究和学科建设还受政府政策和经费资助的影响，产业界的创新创业也会受政府产业政策和科研发展政策的调控，基于学术和产业的双重螺旋结构并非一种稳定的创新体系。大学和政府是研究、发展和创新的关键合作伙伴。大学领导和政府机构有着共同的愿望：增强合作，将创新思想和研究推向市场以解决现实问题，并建立高速增长的新公司[24]。简言之，在推进并实现创新创业的过程中，单凭学术界和产业界的努力还很难跨越基础研究和市场应用之间的"死亡之谷"。任何一项创新创业计划或项目的成功，在很大程度上取决于其是否具备充分利用从大学、研究机构、产业界获取知识的能力。为实现创新创业的可持续性必须引入政府作为制度企业家，以实现创新政策和制度安排的有效供给。实践证明，政府的政策选择可以改变创新创业的制度环境，对于促进学术界与产业界的合作至关重要。政府、学术界、产业界，彼此之间良好的合作关系可以“促进知识、思想、技术向社会转化，加速‘创新时代’的发展，以实现国家目标”[25]。现在问题的关键是，在政府政策的驱动下，创新创业的环境已经发生根本变化，但大学的学科制度和学院文化却没有随之变化。无论是大学本身还是大学内部的群体对于过往的成功仍然执着。保守的学院文化以及对系科制度的路径依赖已经成为传统大学适应创新驱动发展这一新环境的巨大障碍。最后要指出的是，以创新创业为目标，强调知识创造价值绝不同于大学学术研究的庸俗实用主义。当前在我国的大学里不少的自然科学的学科有工程化的倾向，很多人文社会科学的学术研究也有沦为对策之学和智库之学的趋势。表面上看，这些大学里的学术研究好像很注重知识的应用或为经济社会发展服务，但事实上，由于没有把创新创业作为大学的根本利益和核心价值，很多所谓的应用性成果或对策建议多是“纸上谈兵”或“急功近利”。

三、创新创业何以成为大学的新范式

在工业社会中，企业的本质是创造利润而非知识。虽然创造利润的过程中也需要知识，但创造知识不是企业的职责更不是主要目的，甚至也不是创造利润的主要手段。企业可能拥有所在行业的某些专门知识，但充其量，企业也只是基于知识的组织而不是创造知识的组织。但随着工业社会向知识社会的转型，知识成为创新创业的源泉，为了实现持续创新或创新的可持续性，基于知识的企业逐渐向创造知识的企业转型。与工业社会关于企业的定位相比，“创造知识的企业”既是有关理念，又是有关理想的概念。[26] 在“创造知识的企业”里，发现新的知识并不是一项仅仅由R&D部门、营销部门或战略规划部门管辖的专门任务。它是一种行为方式，实际上，它是一种存在方式。在这种情形下，人人都是知识工作者，换言之，人人都是企业家。[27] 知识社会提供了与工业社会不同的创新环境，也将颠覆我们传统的认知方式。如果说工业社会中创新的对象是机器和流水线，那么知识社会创新的主体则是知识人。在知识社会里，无论何种组织都必须关注知识的创造，并努力成为一个学习型或知识型组织。在此环境下，无论是企业的知识创造还是大学的学术创业，其共同的目标都是为了通过持续创新以维持组织内和组织间的竞争优势。“在新的‘知识社会’里，企业成功与否将根据其创造知识的能力来衡量。”[28] 同样的，在新的知识社会里，大学的成功与否也将根据其创新创业的能力来衡量。只有那些以最快速度进行并完成“超转型”（hyper-transformation）的大学才能够在创新驱动发展的大时代获得可持续的竞争优势。

长期以来，企业和政府一直是创新创业的主体，相比之下，大学则处于创新创业的边缘。工业社会中，大学与企业是不同的组织，代表着不同的制度安排。大学作为一种科学共同体和学科综合体，主要的职能是向学生传播知识，并向不特定的群体公开发布新知识。换言之，大学作为科学的重镇，生产并传播作为公共物品的知识，不关心创新创业；知识的应用或技术创新是企业的天职。但在知识社会里，创新创业的性质和地位发生了根本性的变化，知识的创新成了创新创业的基础，技术的进步 “从根本上改变了社会创造知识和经济发展的方式”[29]。在此背景下，政府虽然拥有权力优势并可以强制推动制度变迁或政策出台，企业虽然在资金筹集和信息分享上居于有利地位，但这些还不足以推动创新创业的普遍发生。与政府、企业以及其他社会机构相比，大学以高深知识的生产、扩散与应用为合法性基础，在创新创业方面拥有先天的“组织优势”。政府可以出台鼓励创新创业的政策和资金支持，企业也可以提供创新创业的市场和信息，但只有大学可以提供创新创业的“资源”和“引擎”，即创新的知识。当然，要将这种先天的组织优势转化现实的创新创业行动，还需要大学发挥主动性来解决从教学和研究向创新创业的范式转型。作为一种新的范式，大学的创新创业既是一个知识创造价值的过程也是一个价值创造知识的过程。具体而言，所谓创新就是为了价值创造新知识，所谓创业就是将创造的新知识转化为有社会需要的价值。因此，创新是创业的基础，没有知识的创新，创业就没有前途；反之，创业是知识创新的归宿，没有创业，知识创新的价值就很难实现。实践中，基于创业的需要可以倒逼知识的创新。对于传统大学而言，知识通常既是资源也是产品，既是输入物也是输出物。但对于创新创业型大学而言，关注的焦点将不再是以知识生产知识（常规建设），而是要基于价值的需要来生产可以解决问题的新知识，并将知识转化为更大的价值（范式转移）。如果说传统大学培养的是携带知识自由择业的人，那么创新创业型大学所关注的则是如何培养可以利用自身携带的知识通过组建团队以生产新知识，并利用新知识成功创业的人。换言之，在新范式下创新创业型大学重点关注的不再是知识本身或知识生产本身，而是价值创造知识和知识创造价值的循环。

无论何时，大学的地位或所扮演的角色都不是由大学自身决定的，而是由所处的时代环境决定的。在自然资源或金融资本决定经济发展的时代，知识只能作为一种装饰在知识分子的小圈子内部分享或流动。当知识成为经济社会发展的内生变量，大学的地位或大学作为一种制度的比较优势才能凸显。我们时代经济的增长和发展虽然仍离不开自然资源与金融资本，但对于知识的生产、扩散与应用的依赖性显著提高，创新驱动发展已经成为全世界的共识。在新的知识社会里，大学要从知识工厂转向创新引擎，大学的使命要从学术导向向创业导向转变，大学的知识生产范式及其自身的组织范式将不可避免地面临综合转型。在新的知识社会里，就像企业作为一个组织，“不仅是处理信息的机器，而且还是一个通过行动和相互作用创造知识的实体”[30]。大学作为一个组织也不仅是传播与生产知识的机器，而且还是一个通过知识生产、扩散与应用来创造价值（创新创业）的实体。传统上，教学型大学以知识的传播为主，被视为“知识的仓库”，研究型大学以知识生产为重，被视为生产知识的工厂。“在知识经济时代，‘知识工厂’已远远不能满足经济发展的需要了，需要大学直接参与到经济发展中来，于是‘知识创业’形态诞生了，即利用大学的知识直接创造新的企业。”[31]知识创业的兴起颠覆了大学“无私利”和“不营利”的传统，改变了人们对大学的组织特性和制度逻辑的认知，以知识创业为基础的创新创业型大学也因此可以被视为一种“颠覆性创新”。与在教学型大学和研究型大学里处在边缘位置的社会服务职能不同，在以创新创业为范式的大学里，基础教学与科研之外的创新创业行为成了大学的中心工作。“知识创业或称知识资本化与大学研究成果的产业化进入大学议程，大学正发生着从象牙塔向创业范式的演变。”[32]在创新创业范式的引导下，通过市场机制的引入，创新创业型大学打破了传统大学与企业的知识边界（科学共和国与技术王国），弥补了大学知识生产非市场治理机制下不可避免地存在的局限，提升了大学在经济社会发展中的地位。在市场治理机制下，“作为科学共和国的大学具有了技术王国的一些特性，企业也具有了大学基础科学研究的功能，也开始遵循开放科学的规范，两者的关系从互补开始走向互动，主要以交互为主。这种模式可以使大学取得更有价值的、接近市场的、具有重大经济意义的研究成果，企业可以获得相应的科学研究能力，为可持续的发展提供有力的保证”[33]。简言之，创新创业范式的出现也可以看作大学作为一种社会机构在知识生产治理机制上的创新。

面向未来，作为人类社会知识创造的中心和典范，现代大学在知识社会面临严峻的挑战。如果说那些非知识型组织在知识社会面临的挑战是如何成为知识创造的组织，那么大学作为创造知识的制度性场所，其面临的挑战则是如何推动或促进知识创造价值。为实现知识创造价值，大学必须实现范式转换，即从创造知识的组织（研究型大学）向知识创造价值的组织（创新创业型大学）转型。与“创造知识的企业”一样，“创新创业型大学”也既是有关理念又是有关理想的概念。一方面创新创业型大学反映了知识社会中大学理念的更新，即在创新驱动发展的新时代，大学自身要成为创新创业系统的一部分；另一方面创新创业本身也是大学的一种理想。具体而言，大学就是大学，原本无所谓“型”。创新创业的实现也没有确定的标准，所谓创建创新创业型大学更多的是表明了在知识社会中大学应致力于追求“创新创业”的愿景。作为可以拉近现实世界与未来之间距离的愿景，“创新创业”是大学生存和发展理由的核心所在，它既是大学的理想又是梦想。未来，无论何种类型的大学最终都必须也必然走向创新创业。以知识服务经济社会发展才是大学的最终目的。为创建创新创业型大学，无论大学校长、教授还是政府官员，在关于创新创业这一根本问题上，要有共同的价值观和准则。创新创业型大学的创建既不可能完全依赖政府自上而下的顶层设计，也不可能全凭传统范式的大学自发自觉自动地向创新创业型大学演进。创新创业作为大学转型发展的新范式的普及需要一个理论与实践相互作用的漫长过程。其间既需要政府的政策驱动，大学的组织变革与制度创新，也需要理论界对于大学观念的更新和大学的转型发展实践不断进行启蒙。毕竟，找到一位支持或赞同创新创业理念或范式的大学校长容易，甚至激励大学教师和学生投身创新创业实践也相对容易，但要使已经高度科层化的大学组织制度适合创新创业，要使庞大的职能部门及其领导愿意并有能力支持创新创业行动却委实不易。传统上，大学一直是一个“底部沉重”的组织，中层管理者的重要性被忽视，经常沦为“消失的阶层”；创新创业的实现则需要一个“强有力的驾驭核心”[34]，中层管理者在创新创业过程中需要发挥承上启下的重要作用。为促进创新创业大学的创建和创新创业范式的普及，需要政府部门、产业界、大学校长、研究者和相关支持部门的共同努力，更需要大学本身建立起能包容和支持创新创业的组织结构以提供制度上的支持。

总之，大学转型发展之所以困难重重，道路漫长且充满不确定性，原因在于从传统大学向创新创业型大学的转型不是大学某一职能的单一转换或仅仅是增加一个新的职能，而是涉及大学自身“跨越多维度的多重转换”，这种转换“必将涉及一个动态、交互式和同步过程”。[35]而之所以需要将创新创业作为大学转型发展的新范式，根本原因在于，一方面将创新创业作为大学的核心价值和共同准则，可以明确大学改革发展的根本利益所在，从而为大学的办学行为提供结构框架和指导原则，使看似混乱的个人目标和集体行动能够形成一种合力；另一方面它可以对原本弥散在大学里偶然的、零星的、自发的创新创业过程与行为进行系统思考与管理，最终使那些不确定的创新创业过程变成大学确定的职能和制度化的组织行为，以避免把创新驱动发展的时代使命交给命运或运气。此外，在创新驱动发展的新时代，一方面大学需要成为国家创新创业系统的有机组成部分，另一方面创新创业本身也需要成为大学的重要组成部分。当然，在实现创新创业的过程中，伴随大学“统一的目标”被“多目标办学”所取代，目标之间的平衡，工作时间的分配，利益相关方之间的价值冲突，将不可避免地对现代大学的转型发展与治理造成新的挑战。对于那些以建立创新创业型大学为目标的高校领导来说，如何“驾驭”所在大学，扮演好多种角色，并成功地在多种环境下进行本科教学、基础研究和创新创业的竞争，将成为检测他们的愿景领导力和大学的治理能力的关键所在。

参考文献

[1][美]约翰·布鲁贝克.高等教育哲学[M].王承绪,等译.杭州:浙江教育出版社,2002:138.

[2][美]亨利·埃兹科维茨、劳埃特·雷德斯多夫.大学与全球知识经济[M].夏道源,等译.南昌:江西教育出版社,1999:98.

[3][10][11][美]德里克·博克.大学的未来:美国高等教育启示录[M].曲强译.北京:中国人民大学出版社,2017:33,22,20.

[4][美]安德鲁·德尔科班.大学:过去,现在与未来[M].范伟译.北京:中信出版社,2014:128.

[5][7][21][23][26][27][30][日]竹内弘高、野中郁次郎.知识创造的螺旋:知识管理理论与案例研究[M].李萌译.北京:知识产权出版社,2016:227,152,67,219,345,29,88.

[6][12][16][28][35][日]野中郁次郎、竹内弘高.创造知识的企业:日美企业持续创新的动力[M].李萌,高飞译.北京:知识产权出版社,2017:196,5,10,288,288.

[8]陈平原.在范式转移与常规建设之间[J].探索与争鸣.2018,(05):4-6.

[9][24][美]美国商务部创新创业办公室.创建创新创业型大学——来自美国商务部的报告[M].赵中建,卓泽林译.上海:上海科技教育出版社,2016:28,9.

[13][14][15][18][20][22][25][美]美国科学院研究理事会.会聚观:推动跨学科融合——生命科学与物质科学和工程学等学科的跨界[M].王小理等译.北京:科学出版社,2018:10,1,3,16,16,6,15.

[17][19][日]吉川弘之,内藤耕.产业科学技术哲学[M].王秋菊,陈凡译.沈阳:辽宁人民出版社,2015:82,88.

[29][美]凯文·凯里.大学的终结:泛在大学与高等教育革命[M].朱志勇等译.北京:人民邮电出版社,2017:6.

[31][32][33] 张学文、陈劲.面向创新型国家的产学研协同创新:知识边界与路径研究[M].北京:经济科学出版社,2014 :78 ,37,97.

[34][美]伯顿·克拉克.建立创业型大学:组织上转型的途径[M].王承绪译.北京:人民教育出版社,2007:4.

我国引入国外教育资本的可行性研究

——基于新制度经济学的视角

王剑波

一、问题的提出

我国高等教育规模发展以来，由于体制机制的改革滞后，制度环境的不完善，办学体制、管理体制和投入体制方面出现了较多问题。造成我国优质高等教育资源严重短缺，无法满足广大教育消费者追求高质量高等教育的需求，教育质量堪忧。高等教育优等生源大量流向海外，伴随着教育经费大量外流。近年来，在引进国际优质教育资源方面，我国做出了积极努力，提出了进一步扩大教育开放，提升国际化水平的战略决策。在全球跨国高等教育的推动下，我国中外合作办学取得了长足的发展，但由于制度滞后等因素的影响，对引进资源的质量、质量监管以及金融形式的国际教育资本的引入方面还存在较多的问题。

（一）我国高等教育总体投入不足

国家总体教育经费投入总量不足，极大地影响了高等教育的质量。根据教育部2018年7月19日发布的《2017年全国教育事业发展统计公报》显示，2017年，我国普通高等教育毛入学率已达45.7%[1]。面对此种局面，我国政府也加大了财政性教育经费的支出。其中，国家财政性教育经费支出占GDP的比例是衡量一个国家对教育投入程度的重要指标，虽然我国的国家财政性教育经费占GDP的比例已经连续5年保持在4%以上，但是并解决不了社会因高等教育需求激增而引起的教育资源短缺，而且这一比例远低于同期世界平均水平。由此可见，不管是相对于世界平均水平，还是对于中国高等教育招生规模的扩张，我国高等教育经费投入总量都不尽合理。

表1　世界各国公共教育经费支出占GDP比重(部分国家)

国家或地区	2014年世界各国公共教育经费支出占GDP比重
世界平均水平	4.89%
新西兰	6.35%
巴西	5.95%

基金项目：国家社会科学基金“十三五”规划2018年度教育学一般课题“我国老年教育资源短缺的协同发展研究”（BKA180232）；山东省社会科学规划研究重点项目“老年教育资源短缺问题研究”（18BJYJ01）。

王剑波，教育学博士、博士后，山东财经大学教授，研究方向为高等教育管理、养老服务。

续表1

国家或地区	2014年世界各国公共教育经费支出占GDP比重
英国	5.69%
美国	5.00%
墨西哥	5.33%
中国	4.10%

注：财政性教育支出在西方国家通常称为公共教育经费支出。
资料来源：世界银行WDI数据库（World Bank WDI Database）[2]。

（二）国内优质高等教育资源短缺

由于我国优质高等教育资源的严重短缺，无法满足广大教育消费者追求高质量高等教育的需求，导致高校优等生源大量流向海外，同时，教育经费也大量外流。近几年，我国出国留学人数呈上升趋势，如图1所示，从2007—2017年的11年间，我国出国留学人员呈逐年上升趋势。2017年度，我国出国留学人员总数达60.84万人，同比增长11.74%。改革开放40年来，我国各类出国留学人员已达519.49万人，现阶段有145.41万人正在国外进行相关阶段的学习和研究。[3] 这些学生分布在全球100多个国家和地区，其中，美国为中国留学生首选目的地，2016/2017学年，中国在美留学生数量保持平稳增长，达35.08万人，占美国国际学生比例的32.5%，我国连续8年为美国国际学生最大生源国。据美国商务部的数据显示，2016年我国留学生为美国经济贡献了约125.5亿美元的收益。长此以往，不仅导致生源大量流向海外，而且也使得我国的教育资金随之流失，不利于我国高等教育经费的积累，影响我国高等教育的可持续发展。

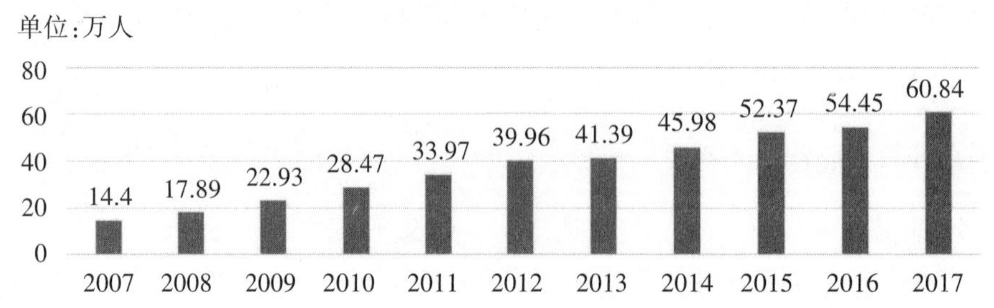

图1　2007-2017年我国出国留学人员数[4]

（三）中外合作办学发展现状及存在问题

中外合作办学活动自20世纪80年代初期在我国开始发展以来，取得了长足的发展，已成为中国教育事业不可分割的一部分。从中外合作办学机构、项目的数量来看，截至2018年8月，全国经审批机关批准设立或举办的中外合作办学机构、项目总数为2 365个，其中本科及以上机构、项目1 112个（机构88个，项目1 024个）。[5] 到2019年5月，机构和项目总数已达2 429家，其中中外合作办学机构有103个，不具有法人资格的有93个。据不完全统计，截至目前，全国中外合作办学机构、项目在校生约60万人，其中高等教育中外合作办学在校生规模为50万人。通过中外合作办学，创新了办学体制，对我国高等教育改革和发展形成了一定的辐射作用。然而，中外合作办学实践中暴露出诸多不尽人意之处。首先，国内高校举办合作办学的趋利性突出。其次，外方高校的资质不高。最后，目前引入国际教育资本的制度环境无法保障国际教育资本的引入，无法从真正意义上引进国外的教育资本，没有从整体上对高等教育改革起到根本作用。

国际教育资本释放出了强烈的向中国投资的信号，但由于目前我国高等教育投资制度不健全，国外教育资本都是以各种方式在中国教育市场“暗箱操作”或“打擦边球”。因此，从制度创新的双方供需来考察，需要以新制度经济学的原理来研究国外教育资本通过中外合作办学的方式注入我国市场的可行性及路径选择。

二、中外合作办学及其制度变迁推动我国高等教育制度变迁

（一）引入国际教育资本影响中外合作办学及我国高等教育制度变迁

国际教育资本（主要指国际金融资本）进入我国高等教育领域，不仅源于外部的市场需求，更是高等教育内部体制创新的需求。高等教育系统内、外部的双重需求构成了国际教育资本引入的制度变迁需求。引进国际教育资本，表面上是高等教育的办学资本形式增加了，筹资渠道得到拓展，从更深层意义上说，随着资本的进入，势必引起理念的革命和制度的创新，这一制度变迁得到的制度创新，将从深层次影响中外合作办学及我国高等教育制度变迁。

从微观制度环境分析，国际教育资本的引入将对中外合作办学制度变迁带来本质上的冲击和影响。因为，从教育体制上看，表面上引起高等教育投入体制的变化、多样性格局的形成以及教育资本的增量，但这一资本形式的注入，改变了多年来我国高等教育的筹资理念和筹资模式，新的投入体制和管理模式必然会引起办学体制和宏观、微观管理体制的变化，其制度变迁的蕴意已经凸显。从中外合作办学自身的制度变迁和制度创新来说，国际教育资本的引入，将会促成制度的完善和健全。

从宏观高等教育制度环境分析，伴有国际教育资本引入的中外合作办学，将对我国高等教育的制度变迁产生有利和不利的影响。其有利影响除了以上提到的对筹资模式、教育资本总量的影响，以及对高等教育制度变迁的重要影响之外，还会对国内人力资本的提升产生有利影响，同时还可以有效防止教育经费和高端人才的外流。另一方面，国际教育资本这一微观制度变迁也会对高等教育产生不利影响。作为一种教育投入方式的引进，首先会关注随之而来的是形而上的考虑，包括教育主权和意识形态的侵蚀风险。针对教育主权问题，我们可以依据经济全球化时代教育主权观创新理论得到解决答案。[6] 意识形态领域的风险，犹如在中外合作办学其他形式一样，参照我国过去40年发展的经验，尤其是近年来加强办学活动中党的领导，坚守社会主义办学方向等一系列制度规定，应该可以很好地把握办学立场和思想阵地的问题。另外，新的投资方式造成的多样性的办学形式，势必会对已有的国内高等教育的投资体制、办学体制和管理体制提出新的挑战和竞争态势。国外教育资本的加入，将引发市场准入、市场监管、行政监管、制度监督等一系列制度的创立和完善。新制度构建本身会隐含短缺、适用度、失败等风险。因此，正确认识引入国际教育资本制度变迁将会对微观制度和宏观制度的有利和不利影响，是做出制度安排的前提。

（二）中外合作办学制度变迁影响我国高等教育制度变迁

教育部国际司副司长方军在“第十九届中国国际教育年会”上指出“进一步提升中外合作办学

效益是发展共赢之路。中外合作办学是我国教育事业的重要组成部分，在未来要助力引领我国高等教育改革发展方向，或者说是我国高等教育改革寻找创新路径之一。因此，把认可的国际一流经验在中国土壤上进行中国化的实践是办学的初衷，作为教育改革的‘试验田’，不能仅局限于资源的引进，更不能成为相关利益方的‘摇钱树’[7]。”

中外合作办学助力引领我国高等教育改革发展方向，可以在体制、制度的创新上起到应有的作用。这在促成高等教育市场竞争和树立高等教育制度典范方面的双重意义上，具有影响和带动中国高等教育制度变迁的潜力。在竞争环境影响路径上，新制度经济学以及系统论中耗散结构理论都表明，一项原有制度或体制的变迁和改革，其动力主要来自两个方面：自身和外部力量。而自身的变迁往往囿于路径依赖以及既得利益者的阻挠，会使得变迁举步维艰。所以主要依靠来自外部力量的推动。相对于高等教育领域而言，中外合作办学的开展，以及过程中的国际教育资本的引入，无疑为原有国内高等教育制度和体制造成了竞争环境和竞争的压力。尤其是近年来一些独立法人地位的合作办学活动的兴起，无疑是在公办高等教育体系之外形成了颇具竞争潜力的办学形式。这将加快与公立高等教育体制竞争市场的形成，促进我国高等教育制度创新和体制创新。

在制度示范意义上的影响路径上，组织社会学制度学派的观点是，当组织目标比较模糊，或外界环境不确定性较高时，组织主要采取模仿本领域中的成功组织，来展现自己的合法性。[8] 现代中国高等教育对西方先进国家高等教育的模仿以及目前国内大学对国际、国内知名大学的标杆模仿都是这一理论的具体实践和例证。中外合作办学就是蕴含着这样的制度示范意义。制度示范的两个维度包括独特制度的整体示范和制度要素的局部示范。中外合作办学制度的整体示范可能包括，一是把西方的成功制度整体引入，二是中外合作办学通过整合中外教育资源，形成一种独特的大学制度。局部示范意味着中外合作办学中某一要素成为高校的模仿对象，比如教学理念、教学方法、教材等。

制度示范的另一范畴是中外合作办学可以在组织间示范，也可以在组织内起到示范作用。组织间的示范意义是指，其他大学组织对中外合作办学的模仿，组织内模仿是指中外合作办学所在中方大学其他部门对中外合作办学的模仿。就目前中外合作办学的发展来看，这种示范和标杆只能局限于局部制度要素和组织内的模仿范畴，这是因为目前中外合作办学组织还显得比较弱小，规模和实力尚不足以对公立高等教育形成强有力的竞争和冲击。但是，鉴于中外合作办学的生源质量比较高，合作学校层次也比较高，合作专业大部分属于中外强强联合专业或专业互补性专业等因素，一些成功的中外合作办学项目或机构，具有对中方大学以及大学内部要素的示范和传播影响功能。

三、我国高等教育引入国际教育资本的制度环境剖析

（一）WTO对我国高等教育的推动

机遇永远与挑战并肩，而且就蕴藏在挑战中。加入WTO，对中国的跨国高等教育和中外合作办学的动力要大于压力。中国教育的潜在市场价值早已被西方国家所看好。特别是在高等教育方面，长期以来存在着人民群众要求接受高等教育与高等教育供给不足的矛盾，使高等教育长期处于所谓的卖方市场。加之我们经济的持续快速增长，人们可支付能力的增强，就意味着一个具有极大开发

空间的中国教育市场正在形成。事实上，从20世纪90年代开始，经济发达国家就以各种形式介入中国教育市场，现在发达国家进入中国教育市场正呈现出越来越强劲的趋势。根据我国的“入世”承诺，我国将加快教育服务市场的开放，这有利于高校通过引入国际教育资本、开拓经费筹措及融资的新渠道。引入优质的国际教育资本不仅会增加我国高等教育经费的供给总量、增加供给方式的选择性与多样性，还能进一步激发人民群众对高等教育的需求，加大人们在高等教育上的支出，产生良性的循环互动。可以这样说，在WTO规则下国际教育资本进入我国高等教育领域已成必然，机遇永远与挑战并存，未来的发展走向取决于我们对此的认知、态度和准备。

（二）引入国际教育资本的国内制度环境分析

对于我国来说，引入国际教育资本属于中外合作办学领域中一个重要问题，因此，对其制度环境的分析离不开对中外合作办学制度环境的分析。国内已有的相关法令法规包括：《中华人民共和国教育法》《中华人民共和国高等教育法》《中华人民共和国中外合作办学条例》及《实施条例》等，《国家中长期教育改革和发展规划纲要》作为我国教育领域重要的行动纲领，同样属于该问题的制度环境范畴。从这几部在时间上由远及近的法律来看，国家对于高等教育领域的国际交流与合作是支持和鼓励的。对于高校引入国际教育资本及中外合作办学的政策上的趋势是逐渐放开的，这也体现了国家逐步鼓励我国高校进行国际交流，更好地与国际接轨的态度。但是目前出台的法律法规还有些可以探讨的问题，比如“不得以营利为目的”的办学规定略显灵活性不足；投资教育的合理回报等核心问题上更多的是框架性的概念，缺乏更细致的法律法规加以约束和指引；这些都使得国外投资者的积极性得不到充分的调动，影响了我国高等教育领域对国际教育资本的吸引力。由此可见，一个更加健全的、更具保障的法律制度环境尚待形成。

四、引入国际教育资本制度变迁的模式构建

制度变迁是制度的替代、转换和交易过程，也可称之为一种效益更高的制度（目标制度）对另一种制度（原有制度或起点制度）的替代过程。其动因和目的是利益集团为了获取利润最大化。根据新制度经济学理论可以推导如下：当制度的变革收益大于变革的成本时，就产生了制度创新的需求，这一需求必定诱发实际的制度变迁。这似乎表明，有了制度创新的需求，制度供给就存在广泛的选择性。但对于一个由权力中心决定制度安排的基本框架并遵循自上而下的制度变迁原则的国家来说，这一过程往往没那么简单。在引入国际教育资本的问题上，制度供给是需求回应型还是无需求型制度供给？强制性的制度供给在什么情况下可以启动？诱致性制度变迁会起到什么作用？两者之间是否有转换和交替？这些都是要解决的关键问题。

（一）国际教育资本的需求诱致性制度变迁路径选择

1.引入国际教育资本制度变迁的制度需求

引入国际教育资本存在着国际和国内两方面的教育市场需求。一旦行为人发现创立和利用新的制度安排所得到的净收益为正时，就会产生对制度变迁的需求。这种需求能否诱导出新的制度安排，取决于赞同和支持、推动这种制度变迁的行为主体集合在与其他利益主体的力量对比中是否处

在优势地位。如果优势明显，则原有的制度安排和权力界定就要被淘汰，国家通过法律形式确立有利于占支配地位的行为主体的产权规则，从而实现制度变迁，这样的制度变迁就是需求诱致型制度变迁。[9]新制度经济学诱致性制度变迁的理论可以应用到高等教育领域引入国际教育资本这一问题的论证。在制度变迁的主体上，引入国际资本的制度变迁需求者（第一行动集团）通常来自于基层；在制度变迁的程序上，引入国际教育资本的制度变迁总体上是自下而上的；在制度变迁的方式上，采取的是边际和增量的方式；在制度变迁的路径上，采取的是渐进式模式；[10]在制度变迁的顺序上，采取的是先易后难、先外围后核心、先试点后推广的方式；在制度变迁的绩效上，采取的是“帕累托改进”方式。

从新制度的产生看政府的制度供给。在我国，政府不仅在政治力量的对比中处于绝对优势地位，而且还是制度供给中最主要的主体。[11]在诱致性制度变迁很难收到预期收益的时候，供给型强制性制度供给由政府自上而下地推行新制度成为必然的选择。

2. 实验区的制度创新探索

诱致性变迁通常遵循从制度需求到权力中心的意愿供给，最后到实际制度供给的过程，即在制度需求的前提下，权力中心根据既定的目标函数和约束条件，在宪法秩序所规定的框架内形成创新的整体蓝图，并据此制定具体的操作规则。这就是制度的意愿供给。由于新制度要通过实施机制由各级政府部门来贯彻、执行和实施，这就可能与各级政府的目标函数和约束条件形成差异和矛盾，由此造成了意愿供给和实际供给之间的差异。这样，权力中心为了保持改革进程的可控性，一般会先易后难，先试点后推广。为了能将引入国际教育资本由制度需求发展至制度意愿供给，直至制度实际供给，建议在中外合作办学的部分地区先试点后推广。

中外合作办学教育实验区应选择经济繁荣、文化昌盛、教育底蕴深厚且教育法律法规健全的地区。此外，创建中外合作办学实验区，还需要更大的政策容量、更开放的教育政策，即在国家总体教育目标保持不变的前提下，制定和实施开放的教育投入和教育收益、教育分配政策；制定与之配套的其他相关领域的开放性服务政策；制定与教育服务贸易相关的第三产业免税政策、土地税价政策；制定保证学校按照国际惯例自主办学和管理的政策等。这些优惠政策的出台会使教育实验区内探索办学体制及投入体制的改革有据可依、有的放矢，不再是空中楼阁、纸上谈兵。

3. 实施机制选择：中外教育股份合作制的制度创新

依据制度变迁的过程理论，在确定变迁的目标之后就应该进入制度实施的实质阶段。这一过程中，科学、有效的实施机制对制度创新的实现至关重要。中外教育股份合作制指利用股份制筹集社会资金的手段，以契约式的合作方式，将中外各方的资金有效地运用到合作办学教育活动中，实行学校资产所有权与学校股权经营管理权相对分离，平衡资本的寻利性与教育的公益性的一种教育制度创新。

中外股份合作制办学模式主要包括两大部分，即投资和资金运作系统和教育机构（学校）管理系统。教育股份合作制的形式以其资本回收方式多、退出方式的便捷、资本保全性好、投资更为灵活等优势，极大地降低了投资风险，因而更有利于吸引外资。该模式下的产权主体多元化打破了单一的办学主体的不利局面；适度给予经济回报，以较强的激励功能，充分调动社会投资办学的积极性；独立的办学形式和充足、稳定的办学资金确保了教师队伍的稳定和学校的可持续发展；新的投资办学体制在一定程度上将极大地促进国有大学的办学体制改革。

（二）国际教育资本的供给主导型强制性变迁路径选择

在我国，政府不仅在政治力量的对比中处于绝对优势地位，而且还是制度供给中最主要的主体。在诱致性制度变迁很难收到预期收益的时候，供给型强制性制度供给由政府自上而下地推行新制度成为必然的选择。引入国际教育资本在中外合作办学实践中并不少见，但制度滞后，使得这样的制度需求无法得到满足，此时利益的诱导机制无法单方面推动改革，应该及时引入制度供给机制。

健全相关政策法规，优化制度环境是引入国际教育资本的基本保障。要想更好地引入国际教育资本为我国高等教育服务，就要求我们要积极健全相关法律法规，营造适合国际教育资本进入我国高等教育领域的制度环境：第一，尝试对引入的国际教育资本区分营利性和非营利性目的，并对此制定出相应的管理制度；第二，建立一套完善的评价指标体系和准入、淘汰、跟踪机制；第三，尽快完善投资的回报问题；第四，创建中外合作办学教育特区；第五，建立严格的准入和监管机制。

（三）引入国际教育资本的制度变迁的转换及模式组合

1. 引入国际教育资本制度变迁的方式转换

引入国际教育资本的制度安排是以需求式诱致性制度变迁为起点，通过一段时间的探索，为中央政府进行强制性制度变迁积累了经验，特别是对既有核心制度的改革，仅靠需求式诱致性制度变迁是解决不了问题的，而且时滞性表现突出，这就需要政府通过强制性制度变迁来完成需求性制度变迁不能完成的任务。这样才能达到效率高、风险低的制度安排的目标。显然，这里是需求诱致性制度变迁在先，强制性制度供给在后，两者前后呼应，交替起效，共同完成制度创新的使命。将制度变迁方式转换规律应用到引入国际教育资本的制度安排中：首先，引入国际教育资本制度变迁要遵循强制性制度变迁与需求诱致性制度变迁交替使用的规律。其次，强制性制度变迁要依据“需要原则”。只有在制度需求的基础上积累起来的诉求，才能使制度安排针对性强、效率高。再次，强制性制度供给也要适度超前。与无需求回应型制度供给相比，如果有了需求，还不能提供制度供给，或需求出现后很久还不能实现制度安排，两种极端做法都是不可取的。最后，还要选准制度供给的时机。

2. 引入国际教育资本制度变迁的模式组合

根据制度变迁主体和变迁方式或速度，可以划分为强制性制度变迁和诱致性制度变迁，以及渐进式和激进式变迁模式。新制度经济学将他们相机组合出四种组合方式：一是强制性制度变迁+激进式的变迁模式；二是强制性制度变迁+渐进式的变迁模式；三是诱致性制度变迁+激进式的变迁模式；四是诱致性制度变迁+渐进式的变迁模式。引入国际教育资本的制度变迁可以根据制度理论，参考制度变迁的相机组合模式之二和三的模式组合，即强制性制度变迁+渐进式的变迁模式和诱致性制度变迁+激进式的变迁模式。这是因为：

在强制性制度变迁+渐进式的变迁模式中，占主导地位的是以政府为主的强制性制度变迁，但有渐进因素在内。这一组合比较温和，也会给制度需求主体一点的内生需求时间和空间，制度安排有一定的调整余地，制度安排的摩擦成本较低。引入国际教育资本的制度变迁，需要在需求的诱导下，产生强制性制度变迁，但核心制度的出台和其配套制度的安排有先后顺序，在制度的实施过程中不断调整和内生更大的制度需求。因此，这一模式对制度效率的提高和减少实施成本都是有益的。

在诱致性制度变迁+激进式的变迁模式中，整体上看是诱致性制度变迁的方式，但单个制度的安排有激进的性质。这些单个制度主要是核心制度，核心制度采取激进的方式安排后，其他配套制度可以采取诱致性变迁逐步实施。这一模式更适合引入国际教育资本的制度变迁，因为，这一制度中核心内容是产权和营利问题，只有理清了国际教育资本在国内高等教育领域投资的性质，并在制度需求的诱导下，促使政府作为制度供给方为其做出强制性制度变迁的安排，才能实现真正意义上的制度创新。

参考文献

[1]中华人民共和国教育部.2017年全国教育事业发展统计公报[EB/OL].http://www.moe.gov.cn/jyb_sjzl/sjzl_fztjgb/201807/t20180719_343508.html,2018-07-19.

[2]世界银行WDI数据库[EB/OL].https://data.worldbank.org/.

[3]中华人民共和国中央人民政府.我国年出国留学人数突破60万[EB/OL].http://www.gov.cn/xinwen/2018-03/30/content_5278643.htm,2018-03-30.

[4]中华人民共和国国家统计局.国家统计局统计年鉴[EB/OL].http://data.stats.gov.cn/easyquery.htm?cn=C01&zb=A0M0Y02&sj=2016.

[5]中华人民共和国教育部教育涉外监管信息网.中外合作办学亟待发出“中国声音”[EB/OL].http://www.jsj.edu.cn/news/2/1184.shtml,2018-09-29.

[6]王剑波.跨国高等教育与中外合作办学[M].山东教育出版社(2012):121.

[7]方军.第十九届中国国际教育年会上的讲话.中国教育国际合作与交流新趋势[EB/OL].http://www.cfce.cn/a/news/zhxw/2018/1230/3680.html,2018-12-30.

[8]栗晓红.高等教育制度变迁视野中的中外合作办学研究[J].教育研究,2011,32(10):54-58.

[9]卢现祥.论制度变迁中的四大问题[J].湖北经济学院学报,2003(04):10-16.

[10]邓大才.制度变迁的类型及转换规律[J].宁夏大学学报(人文社会科学版),2001(05):75-89.

[11]杨瑞龙.论制度供给[J].经济研究,1993(08):45-52.

基于现代化经济体系大力发展我国高等教育产业的运行机制分析

邓成超

党的十九大报告做出加快建设现代化经济体系的重大决策，这是适应中国经济由高速增长转向高质量发展阶段转变发展方式、转换发展动能和全面均衡发展的迫切需要，也是决胜全面建成小康社会、开启全面建设社会主义现代化国家新征程的基本途径。具体到教育领域，面对长期存在的教育卖方市场现象以及优质教育供给严重失衡的格局，重新审视教育性质和发展教育产业尤其是高等教育产业备受社会各方关注。同时，党的十九大报告强调要优先发展教育事业，加快一流大学和一流学科建设，实现高等教育内涵式发展，要让绝大多数城乡新增劳动力更多地接受高等教育。[1] 我国高等教育已经形成十分巨大的市场，如何围绕建设现代化经济体系的要求，深化高等教育供给侧结构性改革，扩大和带动包括新闻出版、信息产业等在内的智力密集型第三产业或知识经济产业的增长，一直是我国教育界、经济界密切关注的重要热点问题。

一、高等教育产业的经济学基础

当前，我国高等教育既面临着很好的发展机遇，又面临着规模结构不均衡、质量效益不匹配、国际竞争应对能力较弱、创新引领发展动力不足等困境，根源就在于没有很好地贯彻新的发展理念，没有把高等教育作为现代化经济体系中重要的基础产业来对待。因此，从经济学的角度对高等教育的产业性进行分析十分重要和必要。

（一）高等教育的生产性决定了其产业性

现代社会是一个分工精细，讲究规模化、集约化经营的社会，教育就其社会分工和承担的社会责任来看，属于精神产品生产领域，尤其是高等教育，它担负着传播知识、教化民众、探索真理、涤新精神等全社会赋予的责任。大学作为国家和民族的智慧、精神的策源地，已不再是封闭的系统，大学的开放特征加速了其与社会的交流。马克思在其“生产劳动和非生产劳动”理论中，曾论及教育是兼具“消费”和“生产”两重性的特殊行业，其“消费性”是就教育内部培养学生的过程

基金项目:2017年度重庆市教育科学规划项目（项目编号：2017-00-189）；2018年度重庆市教育科学研究院院级科研项目“基于‘双一流’建设背景的重庆高等教育发展策略研究”的阶段性成果。

邓成超，重庆市教育科学研究院高等教育研究所所长、教授、研究生导师，研究方向：教育经济与管理、院校发展战略。

而言，“生产性”则是就教育外部社会经济功能而言。[2] 从本质上看，人类的教育和学习都是有目的、有意识的，教育者为此而教，学习者为此而学，让所有受教育者成为社会化的人，这是人类教育的基本特征。高等教育更是如此，它不仅是教育者按照一定的社会目的对受教育者系统地施加影响，发展其品德、智力和体魄，增强其知识、技能和能力，养成其个性、兴趣和特长的活动，而且还是直接开始精神产品生产（著书立说、科学研究等）以及从事“知识的物化”（技术开发、研制、生产等）的过程。在这种活动或过程中，不难发现马克思所称的“劳动过程的简单要素：有目的的活动或劳动本身、劳动对象和劳动资料”[3]。另一方面，客观上教育劳动与生产劳动有着紧密的内在联系，在高等教育这一社会活动中凝聚和消耗教职工的大量劳务，并需要大量的、高质量的物质条件基础来保障。也就是说，发展高等教育需要大量消耗和分配国民收入，需要大量的资金投入，它与其他行业一样具有突出的物质消耗性，同样包含了生产关系中生产、分配、交换、消费四个环节。由此可见，高等教育应该是生产活动过程，不应被视为纯粹的“消费事业”而划入非物质生产部门之列。

（二）高等教育产品特殊的商品属性体现了其产业性

从深层次意义上讲，高等教育是生产最重要的生产要素（高级专门人才和科技知识成果）的行业，即高等教育机构生产的直接产品不仅是科技成果（含非实物形态的理论研究和实物形态的技术研制），而且包括高等教育活动中最重要的劳动产品即非实物性的服务，教职工的劳动创造了这些产品。这些产品是教育劳动所“形成”和“付出”的各种劳动能力的总和，都是可以用数量和质量来评价的，具有很高的“使用价值”和“价值”，可以通过投资得到回报和增值。这种投资教育的回报主要表现为：首先，科技成果具有明显的生产性和物耗性，必然要面向“科技市场”，从而推动社会生产力发展进步，其商品属性十分明显；其次，高等教育服务作为一种完全的劳务性商品，它通过为社会各行各业提供大量的经过一定知识与技能训练的劳动者，而使整个社会生产的质量和效率得到很大提高。可以断言，在知识经济时代，谁拥有了科技和人才，谁就会拥有高的经济回报和强的竞争能力。由此可知，高等教育产品不论是科技成果还是劳动服务，都是使用价值和价值的统一体，明显具有商品特征。

按照新版《辞海》（夏征农、陈至立主编，2009）将“产业”定义为“各种生产的事业”以及《简明大不列颠百科全书》将“产业”释为“各种制造或供应货物、劳务或收入来源的生产性企业和组织”[4]，显然，“产业”必须具有生产性、消耗性、商品性。根据国民经济三大产业部门的划分，高等教育机构应属于“为提高科学文化水平和居民能力素质服务的部门”，高等教育理应归属于第三产业。

二、建设现代化经济体系需要大力发展高等教育产业

高等教育作为一种产业，其发展规模与速度、质量与水平是高等教育发展战略中一个重要的和极具争议的问题。国家关于高等教育的发展方针及政策选择随着改革、发展和认识的逐步深化，由适度发展、稳步发展到积极稳步发展到扩大规模、积极发展再到优化结构、提高质量，经历了一个不同寻常的演变过程，特别是1999年以来党和国家对高等教育做出了一系列重大的战略性调整，包

括持续扩大招生规模、推进教育领域综合改革、加强“双一流”建设等等。这是符合高等教育自身发展规律和世界高等教育改革趋势，在正确估价和科学判断我国的经济发展水平和经济结构特别是产业结构演进的客观趋势，以及高等教育在经济增长和产业结构演进过程中的经济学角色的基础上做出的英明决策。

（一）高等教育自身发展规律要求形成教育大产业

高等教育是教育体系的一个重要组成部分，在整个教育体系中居于比较特殊的地位：既是初等、中等教育的延续和发展，又是对初等、中等教育在更高层次、更高程度上的深化，同时还是整个正规教育体系的最高层次，成为联结整个社会经济活动的重要纽带和窗口。一方面，高等教育不同于以传授普通基础知识为主的普通教育，它是一种以传授专业知识、技能为主要目的的专业教育，直接为国家和社会培养、输送不同类型的高层次专门人才以及提供高新科技成果，即为建设现代化经济体系直接服务，也即舒尔茨所说的“高等教育这种人力资本投资是为了迎合由于经济增长而造成的需求”[5]。这就决定了高等教育的发展无论是在规模上还是在结构上，都必须以社会经济发展对各类高层次专门人才的需求为前提，必须适应和符合这种劳动力再生产对不同知识和技能的直接需求。另一方面，高等教育作为一种非义务教育，其产品性质既非纯粹的公共产品，亦非绝对的私人产品。若从公平性角度考虑，应按公共产品方式供给；从效率角度分析，则应按私人产品方式供给。从总体上看，它基本上可视为一种收益内在化的“私人产品或服务”，属于准公共产品，在消费时不是独占的。按照《世界人权宣言》：“高等教育应根据成绩而对一切人开放”[6]，但事实上若人人共享势必造成拥挤或容量缺乏，所以高等教育客观上又具有选择性，采取购票式限制消费。长期以来，由于受旧有经济体制的影响，高等教育产品的生产和消费还没有完全按照市场等价交换原则来进行，高等教育的“卖方市场”现象仍然在较长时期内存在。在社会主义市场经济体制下，社会资源主要通过市场配置，高等教育的产业性也就凸显出来，其发展归根结底应由经济发展水平来决定。按照世界银行的测算，2016年我国人均国民总收入（GNI）8 260美元，已经进入世界中等偏上收入国家行列。[7] 但是，我国现有的高等教育发展水平与我国建设现代化经济体系还很不相称。尽管我国高等教育经过10余年持续扩大招生规模，毛入学率已经达到42.7%，超过中高收入国家平均水平[8]，但我国高等教育总体水平与世界先进国家相比，尤其是在学科专业设置优化、创新人才培养力度、高水平教师及创新团队、质量意识和质量文化、大学生就业与所学专业相关性等方面，仍有相当大的差距。因此，我国高等教育必须将重点转移到质量建设和内涵发展上来，进一步扩大有效供给和优质供给，尽快向“买方市场”转变。

（二）现代产业结构调整需要将高等教育作为经济发展新的增长点和消费热点

我国经济发展水平正在由中等偏上收入国家向高收入国家跨越，产业结构和劳动力资源配置结构必将发生显著而深刻的变化。主要表现为：农业现代化速度加快，第一产业增加值占GDP比重持续下降，将更多地采用现代科技改造农业，并继续释放剩余劳动力；第二产业增加值占GDP比重近30年来经历了先上升后下降的趋势，但总体上相对稳定，随着创新驱动战略深入推进，制造强国和创新型国家加快建设，新型工业化对高文化素质劳动力的需求将异乎寻常地迅速增加；第三产业不仅仅充当第一产业比重下降补充者的角色，而是在补充第一产业比重下降的同时日益扩大，成为对我国经济持续快速增长起主导作用的领衔主角，也将逐渐提升智力密集型经济的比重和对高素质劳动力的需求。高等教育产业如果不能主动适应产业结构调整和演进的这一方向，如果不能面对经济的集约化发展尤其是高科技现代农业、技术密集型第二产业和智力密集型第三产业对日益增长的大批高级专门人才的内在需求，就会影响整个现代化经济体系的可持续发展。另一方面，从经济运行的过程即投入与产出的循环来看，加大高等教育发展的力度，不仅本身就是加快发展技术、智力密集型产业，促进经济快速、持续、健康发展的根本性措施之一，而且还是扩大需求、刺激消费的重要手段。萨卡洛普洛斯等人通过对数十个国家的研究发现，教育投资在不同国家都具有很高的社会收益率，其中亚洲各国高等教育社会收益率平均为13%。[9] 高等教育作为形成人力资本的最佳路径，不仅可以让受教育者获得某种生产能力的潜力，而且在社会工作中释放这些潜力可以获取更多的投资回报。从居民储蓄及其动机和政府的财政资源来看，大力发展高等教育也具有深厚的经济基础。目前，我国广大人民群众已能用平和的心态接受高校收费教育，据国家统计局发布的数据显示，截至2017年底我国境内住户存款高达65.2万亿元，教育消费意愿较强，且在全年居民人均消费支出中教育文化娱乐占比11.4%。[10] 可见，高等教育产业本身就是十分巨大的市场，必须大力发展。当然，高等教育作为新的经济增长点，对个人来说是物有所值的高级消费，也是最终要得到回报的人力资本投资；对国家来说，最重要的是有效地扩大人力资本的投资总量，有力地促进智力密集型产业发展，从根本上增强我国经济的发展后劲，而扩大内需、刺激有效需求等则仅仅是它的“溢出效应”。

（三）国际高等教育的发展趋势表明高等教育产业是很有发展前景的主导产业

“二战”以后，世界高等教育进入大变革的历史时期，其变革之一就在于高等教育内涵扩展，“高等教育”不仅仅是“大学教育”的代名词，高等教育系统呈现出从研究型大学向社区学院、从普通教育到函授教育和“开放大学”等多层次、多样化发展的特点，因此，人们用“中等后教育”“第三级教育”等新概念来概括高等教育的发展态势。这一切大大推进了高等教育大众化的进程，从而也促进了知识经济的发展。在高等教育由精英教育走向大众化、普及化的时代，原来主要由普通高等学校系统提供高等教育这种格局已不能满足社会对高等教育的广泛需求。因此，世界各国纷纷尝试建立如开放大学、广播电视大学、继续教育学院等新型高等教育机构，形成公私立大学并举、综合性大学（学院）与专科性学校共存的多元系统，以便向人们提供更多、更方便的高等教育机会。与此同时，随着高等教育规模不断扩大，各国政府纷纷调整高等教育支出结构，鼓励和促使高等教育经费来源多样化，在让受教育者及其家长承担部分教育成本的同时，还努力加强高等教育机构与企业界的合作，想方设法获取更多的社会和校友捐赠份额。如果说20世纪国家政府与高等教育的关系十分密切、政府对教育的影响十分强大的话，那么21世纪企业界乃至整个社会与高等教育的关系必然越来越密切，市场需求正在成为高等教育发展的强大推动力。可以说，随着高等教育进一步向大众化方向发展甚至未来必将进入普及教育阶段①，其职能还会不断扩充和完善，必将知识的创造、传播、存储及应用统一起来，高等教育产业正在逐步从社会的边缘走向社会的中心，形成知识经济产业中一个具有先导性、基础性的产业。

---

① 美国学者马丁·特罗认为，一国的高等学校能够容纳适龄人口大约15%以内为英才教育阶段，能够容纳适龄人口大约15%到50%为大众教育阶段，能够容纳适龄人口50%以上为普及教育阶段。

三、发展适应现代化经济体系的高等教育产业的运行机制

由于高等教育和其他产业一样都必须预测社会需求，讲究投入和产出的经济、社会效益，其资源主要在政府的宏观调控下通过市场配置，根据高等教育的基础产业属性，高等学校应摆脱作为政府附属机构的传统观点，树立面向社会进行产业经营的新理念。这里提的产业经营绝不是“教育产业化”，“化”是彻头彻尾地全盘改变成某种性质或某种状态，显然，任何高等教育机构绝不能完全变成企业，否则就违背了教育产业的性质和任务。因此，我们必须在坚持教育规律与经济规律相统一的前提下，根据市场导向适当地引入产业经营机制，以使高等教育能主动进入市场，参与适应现代化经济体系建设的供给侧结构性改革。

（一）体现等价交换原则引入价格机制

价格是联系供需双方的纽带，是经济运行的信号灯和平衡器，可以说，市场经济的运行过程具体表现为价格机制的调节过程。由于高等教育产品兼具有“公共品”和“私人品”的双重属性，使其价格也具有双重构成，即以政府教育经费支出为主体的公共教育成本和以非政府来源的教育经费（包括学生及其家长的教育投入）为主体的私人教育成本。这样，调节教育市场的价格机制就类似于调节一般商品的机制，通过这一机制鼓励、推动高等教育机构为获得更多的经费和提高学术地位而展开竞争，由此提高教学质量和学术水平、增强学生的创新精神和适应能力。根据“谁受益谁投资”的等价交换和产业发展的最一般原则，应当在现有教育成本分担机制的基础上进一步优化。高等教育不仅给国家和社会带来资本积累、资本增值等经济效益，而且还带来文化传承、引领创新等社会效益，国家和社会受益最大，教育投入的主渠道理应是政府的财政拨款以及来自各种社会组织的直接投资或赞助捐赠等等。同时，应根据教育产品消耗的回报率（个人收益率）和可选择程度（即物以稀为贵原则）合理确定家庭及个人承担的成本。

（二）体现资源优化配置原则引入供求机制

供给和需要是由社会分工形成的相互对立、相互联系的两个方面，供求和价格一起构成市场机制的两极，通过供求和价格的自动调整和相互作用，不断地在生产和需要之间实现平衡，并使各部门、各单位的资源配置和产出结构更加合理化。在高等教育市场中引入供需平衡机制，就是通过制定高等教育发展战略和运用财政经济手段，通过政府和学校加强对就业市场、人才市场、科技市场的信息搜集、整理、分析、传播能力，实现高等教育内部和外部的供求平衡。在高等教育市场上，高校作为教育产品的供给方起着主要作用，不能自娱自乐、闭门办学，一定要根据劳动力市场、人才市场和社会需求，合理确定及适时调整招生计划规模、学科专业设置、课程教学内容，并且随着市场和社会需求的变化而变化。当然，客观上存在着一些很难通过市场反映出来而且又是国民经济和社会发展需要的学科专业及人才需求，就需要由政府来进行引导和调控。

（三）体现教育主体地位原则引入竞争机制

价格机制和供求机制的相互作用是在市场竞争中实现的，没有竞争就没有活力。在高等教育领

域引入竞争机制，就是促使高校通过对资源、经费、生源、教育地位的争夺，提高办学质量和效益，增强办学活力和适应能力。与其他市场竞争一样，高等教育市场竞争既涉及买方卖方、国内国外也涉及行业内与行业间，尤其是由于经济发展水平的差异，发达国家在国际高等教育服务贸易中长期占有明显优势。总体上看，我国是世界上最大的留学生生源国，也是世界第三大留学目的地国，但在高等教育国际化方面仍然处于初级发展阶段，高等教育水平与欧美发达国家相比还有较大差距。随着“一带一路”战略和“双一流”建设的全面推进，必须支持和鼓励越来越多的高校走出国门，有意识地在全球范围内发展和提升自己的办学能力水平。要使高校真正面向社会自主办学，体现其办学主体地位，由市场和社会检验其质量并决定其存亡，当务之急就是要进一步完善市场竞争机制，理顺政府、社会与高校之间的关系，在现代大学治理框架下促进高校深化综合改革和全面提升核心竞争力。

（四）体现高投入高产出原则引入效益机制

追求经济效益是市场经济的基本属性，经济效益是经济活动中劳动耗费、劳动占用与劳动成果之间的比较，高等教育作为一种公益性与商品性相统一的产业，在增强社会效益的同时也不可避免地要追求经济效益。在建设现代化经济体系条件下，任何一个经济主体都必须承担相应的利益风险。相对而言，当前投资于高等教育的风险性相对较小，只要投资者具有正确的教育理念和办学思想，选准举办高等教育的类别、层次、形式，致力于提供优质教育供给，就会获得相应的产出。早在1961年，美国经济学家舒尔茨就认为，物质资本和人力资本在国民收入中所做的贡献大致为25%和75%，其中美国高等教育的社会平均投资收益率和个人收益率均在10%以上。[11] 虽然不同国家、不同地区人力资本的投资收益率会有所不同，但总体而言必须切实加大教育经费投入，改善人力资本投入结构，大力提升高等教育办学能力和水平。任何一所现代大学，都应按投入—产出规律注重经济和社会效益，通过合理确定办学规模、切实推进科技成果转化、大力提供社会服务，让教育的单位成本获得更大的绩效产出。

在建设现代化经济体系以及推进教育强国的过程中，高等教育从受市场经济的吸引到实施产业开发经营，必然会逐步发展、完善和成熟，在这个过程中首先是思想观念的进一步解放，要从理论到实践上真正确立高等教育不再是社会福利事业而是第三产业中的支柱产业的思想。我国的经济发展水平已经为高等教育的发展提供了比较广阔的空间，扩大高等教育规模、优化学科专业结构、提高办学质量水平、增强办学活力效益，不仅必要而且完全可行。高校为使自己的高等教育产品具有市场吸引力和竞争力，必须勇于开拓和善于经营。

参考文献

[1]习近平.决胜全面建成小康社会夺取新时代中国特色社会主义伟大胜利——在中国共产党第十九次全国代表大会上的报告[N].人民日报,2017-10-19(1).
[2]蔡连玉,谢浩,傅书红.论教育有限度产业化[J].教育科学,2004,20(2):15-17.
[3]中共中央马恩列斯著作编译局.马克思恩格斯全集第23卷[M].北京:人民出版社,1972:22.
[4]《简明大不列颠百科全书》编委会.简明大不列颠百科全书(第2册)[Z].北京:中国大百科全书出版社,1985:228.
[5][美]西奥多·W·舒尔茨. 论人力资本投资[M].吴珠华,译.北京:北京经济学院出版社,1990:22.
[6][瑞士]托马斯·弗莱纳.人权是什么[M].谢鹏程,译.北京:中国社会科学出版社,2000:142.
[7]World Bank.World Development Indicators:GNI per capita,Atlas method(current US$)[EB/OL].(2017-8-2)[2017-8-

31]https://data.worldbank.org/indicator.

[8]中共教育部党组.发展具有中国特色世界水平的现代教育——党的十八大以来教育改革发展的成就和经验[J].求是,2017,(16):47-49.

[9]George Psacharopoulous: Returns to Education: A Further Update and Implications[J]. Journey of Human Resources, 1985:20(4):583-604.

[10]中华人民共和国国家统计局.中华人民共和国2017年国民经济和社会发展统计公报[EB/OL].[2018-02-28]. http://www.stats.gov.cn/tjsj/zxfb/201802/t20180228_1585631.html.

[11]张铁明.广州教育投资的经济收益——兼论发展性教育投资的低限年增率[J].教育导刊,1997,(1):7-8.

陕西高等教育对科技创新贡献分析

姚聪莉

一、问题提出

随着中国经济步入新常态，经济增长从要素投资驱动转向了创新驱动。区域科技创新已经成为区域经济增长的新引擎。《国家中长期科学和技术发展规划纲要（2006—2020）》和《中华人民共和国国民经济和社会发展第十三个五年规划纲要》［简称“十三五”规划（2016—2020年）］都强调了科技创新对实施创新驱动发展战略、增强区域经济发展的重要作用，而人力资本已经成为区域科技创新的重要支撑。党的十九大报告也指出，培养大量科技创新人才对于加快建设创新型国家具有非常重要的作用。

中国的经济总量在仅次于美国成为世界第二大经济体的同时，也进入了经济增长方式转变、产业结构调整以及国际形势风云变幻等多重任务叠加和不确定性增加的阶段。仅仅依靠扩大生产要素规模、进行低端简单加工等方式已不能适应新时期经济发展需求。新时期经济发展对我们提出了新的挑战，只有掌握了核心技术，才能实现从不可持续的要素增长驱动转变为可持续的创新驱动发展的目标。这种转变需要大量的高层次人才来完成，正如多项研究指出的：中国未来的经济发展是由高素质人才进行不断创新来实现的[1]。国内外发达地区的发展历史证明高等教育对科技创新的贡献不容忽视。国内外发达地区的发展历史经验表明，人力资本是推动科技创新不断发展的根本力量，很多国家的发展历史充分证明了这一点[2]，而高等教育是进行高层次人才培养和促进人力资本发展的主要力量。相关理论研究显示：受过高等教育的人口具有较高的劳动生产力水平和较先进的技术生产能力，与此同时，高等教育通过科学研究将新知识和新技术推广到企业和社会并转化为现实生产力，从而服务于科技创新发展。发达国家和地区实施的各种科教体制改革就是高等教育能够对科技创新产生贡献的具体体现和有力证明。因此，我们有必要探析我国高等教育对科技创新的贡献现状。从西部高等教育资源的分布情况来看，陕西省在高校数、高校教师队伍建设和高校教育经费投入上均具有较大优势。[3] 从全国31个省（自治区、直辖市）的高等教育数量和质量情况来看，

基金项目：陕西省社会科学基金一般项目（编号2015N003）的阶段性成果。

姚聪莉，经济学博士，西北大学高等教育研究中心主任、教授、博士生导师，研究方向为高等教育政策、教育经济与管理。

陕西省在中国大学教育地区竞争力排行榜中处于前5名的位置，高等教育的竞争优势非常显著。[4]而从陕西经济社会发展状况来看，虽然得益于近20年来西部大开发战略等政策支持，其社会经济发展进步显著，但陕西经济发展水平同东部地区发达省份的差距仍然较大，人均地区生产总值差距持续扩大，科技创新水平与其他高等教育强省相比存在较大差距。《中国区域创新能力评价报告2016》显示，陕西省在我国31个省、自治区、直辖市中创新能力排名位于第14位[5]，与具有雄厚的高等教育资源优势地位不相匹配。当前正处于深入实施西部大开发战略的关键阶段，只有改善高等教育对区域科技创新的贡献情况，不断提高科技创新能力，才能更好地转变经济发展方式、促进产业结构调整、加快经济发展，实现经济跨越式增长。因此，本报告旨在围绕陕西省高等教育对区域科技创新具体贡献情况进行深入分析，以期为高等教育如何更好地服务于区域创新发展提供支持。

二、高等教育对科技创新贡献的实证分析

（一）指标体系的维度分析

高等教育把新的知识和技术流通至企业等区域内其他创新主体当中去，以及培养出来的高素质人才输送至企业生产领域的各个阶段和过程当中去，从而转化为较高的生产力，提升社会生产效率，进而产生新的更高的经济效益。因此，我们可以从科技基础投入阶段、科技成果产出阶段以及科技市场转化阶段三个方面构建贡献率指标体系。

本研究在张秀萍等学者构建的高等教育对区域科技创新贡献率指标体系[6]的基础上，同时借鉴国内外学界最新研究成果来构建陕西高等教育对科技创新贡献率的评价指标体系（见表1）。

表1　陕西高等教育对科技创新贡献率的指标体系

一级指标	二级指标	标识
基础投入	高校R&D人员全时当量占区域比例	A1
	高校R&D活动人数占区域比例	A2
	区域就业人数中毕业于在陕高校的就业人数比例	A3
	高校R&D经费内部支出占区域比例	A4
成果产出	高校科技著作数占区域比例	A5
	高校科技论文数占区域比例	A6
	高校发明专利授权数占区域比例	A7
	高校获国家及省政府科学技术奖占区域比例	A8
市场转化	高校技术转让合同数占区域比例	A9
	高校技术转让合同金额数占区域比例	A10

（二）评价结果分析

我们根据有关数据进行贡献率评价与分析，2006—2015年各个年份的陕西高等教育对陕西科技创新的贡献率情况如表2和图1所示。

表2　2006-2015年各个评价指标贡献率数值

年份	A1	A2	A3	A4	A5	A6	A7	A8	A9	A10
2006	0.049	0.064	0.000	0.099	0.000	0.084	0.008	0.016	0.126	0.173
2007	0.048	0.076	0.005	0.039	0.011	0.107	0.090	0.030	0.130	0.184
2008	0.046	0.045	0.010	0.073	0.017	0.065	0.017	0.025	0.147	0.177
2009	0.060	0.047	0.007	0.036	0.060	0.027	0.026	0.034	0.045	0.036
2010	0.042	0.029	0.022	0.052	0.058	0.016	0.012	0.020	0.031	0.031
2011	0.034	0.023	0.064	0.063	0.050	0.024	0.000	0.016	0.015	0.010
2012	0.024	0.019	0.071	0.011	0.084	0.015	0.029	0.053	0.010	0.008
2013	0.016	0.025	0.083	0.000	0.044	0.013	0.049	0.016	0.006	0.001
2014	0.000	0.000	0.101	0.012	0.017	0.008	0.060	0.000	0.000	0.000
2015	0.004	0.001	0.075	0.000	0.005	0.000	0.013	0.011	0.003	0.002

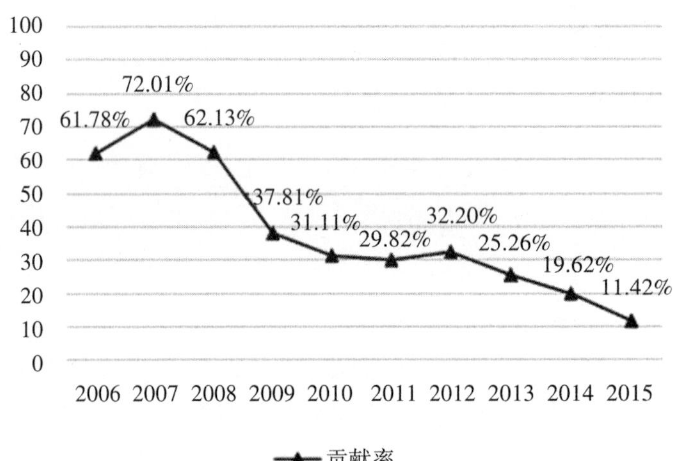

图1　陕西高等教育对科技创新的贡献率

根据以上分析，得出如下结论：

1.陕西高等教育对科技创新贡献总体水平偏低且呈下降趋势

计算结果只有与其他研究进行对比才会有实际意义。不过由于本研究设计的是不同的指标体系和不同的运算方法，所以很难找到非常对应的比较数据，只能大概进行对比分析。陈光等学者在其研究中对2005—2009年四川省高等教育对经济社会发展的综合贡献率进行了测算，结果显示四川省高等教育综合贡献率维持在7%左右，结论是高等教育贡献率相对较低。[7] 刘颖在其硕士论文中对2005—2009年四川省高等教育对科技创新的贡献率进行了测算，结果显示四川省高等教育对科技创新的贡献平均水平保持在17%，并得出贡献率不算高的结论。[8] 张秀萍等学者研究得出辽宁省高等教育对科技创新的贡献率在2013年达到55.60%属于较高水平。[9] 因此，从总体上看，陕西高等教育对科技创新的贡献率呈下降趋势，贡献水平偏低，陕西高等教育的发展不足以满足陕西科技创新的发展要求。

2.陕西高等教育对科技创新贡献具体情况表现不佳

依照贡献率在时间上呈现出的阶段性变化特征，可将2006—2015年陕西高等教育对科技创新贡献率的变化分为三个阶段，并根据高等教育对科技创新产生贡献的三个过程：科技基础投入过程、科技成果产出过程和科技市场转化过程，对陕西高等教育对科技创新贡献的具体表现进行分析。

第一，三个过程贡献率均呈下降趋势。

2006—2015年陕西高等教育对科技创新的基础投入贡献率、成果产出贡献率和市场转化贡献率均呈不同程度的下降趋势。其中，基础投入贡献率呈现出小幅下降趋势，成果产出贡献率呈现出大幅下降趋势，市场转化贡献率呈现出先小幅上升后大幅下降又小幅下降趋势。因此，陕西高等教育对科技创新的贡献率整体呈下降趋势。

第二，阶段性表现为先上升后下降趋势。

（1）2006—2008年贡献率较高阶段，特征是先上升后下降。

2006—2008年，陕西高等教育对科技创新的基础投入贡献率呈现出波动下降的趋势，成果产出贡献率呈现出先上升后下降的趋势，市场转化贡献率呈现出缓慢上升的趋势。该时期陕西高等教育对科技创新的市场转化贡献率高于基础投入贡献率和成果产出贡献率，由于在本报告构建的贡献率指标体系中市场转化贡献率的权重系数最大，所以该时期市场转化贡献率对该时期陕西高等教育对科技创新贡献率的总体表现产生了巨大的影响。因此，该时期陕西高等教育对科技创新的贡献率总体表现较高。

（2）2008—2012年贡献率一般阶段，特征是大幅下降后又小幅回升。

2008—2012年期间，陕西高等教育对科技创新的基础投入贡献率呈现出先小幅下降后大幅上升又大幅下降的趋势，成果产出贡献率呈现出先上升后下降又上升的趋势，市场转化贡献率呈现出先大幅下降后小幅下降的持续下降趋势，并处于较低水平。而且，该时期陕西高等教育对科技创新的成果产出贡献率和市场转化贡献率均低于科技基础投入贡献率。由于在本报告构建的贡献率指标体系中成果产出贡献率和市场转化贡献率的权重系数总和达到了三分之二，所以该时期陕西高等教育对科技创新贡献率的总体表现受到了这二者的较大影响，呈现出大幅下降趋势，贡献率处在一般水平。

（3）2012—2015年贡献率偏低阶段，特征是持续下降。

2012—2015年期间，陕西高等教育对科技创新的基础投入贡献率呈现出缓慢下降的趋势，成果产出贡献率呈现出大幅下降的趋势，市场转化贡献率呈现出先缓慢下降后小幅上升的趋势。而且，该时期的基础投入贡献率、成果产出贡献率和市场转化贡献率均处于整个数据截取时间段的最低水平，因此，该时期陕西高等教育对科技创新的贡献率也下降到了最低水平。

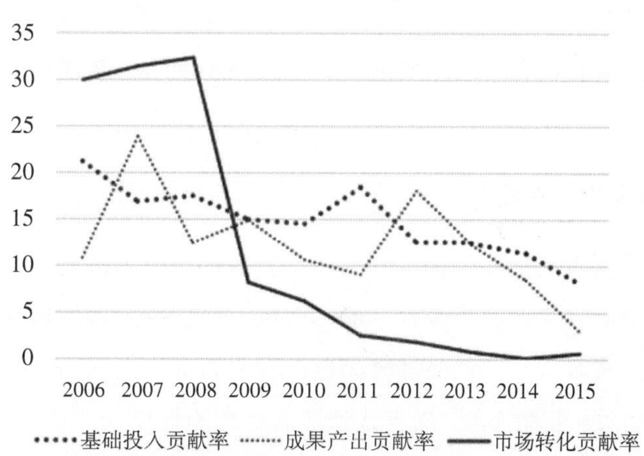

图2　陕西高等教育对科技创新产生贡献的三个过程贡献率

三、政策建议

（一）加大高校科技经费投入

高等学校科技经费是高校得以发挥区域创新重要主体作用和作为区域科技创新动力源的重要保障。当前提升陕西高校对区域科技创新贡献水平的基础是人才，关键是经费，所以必须重视物化投入指标对大学科技创新水平的影响。物化投入指标一般包括人力和资金。[10] 因此，要建立并实施相关举措，持续加大陕西高校科技经费的投入力度，使经费的提升得到保障，使陕西高校科技创新工作的开展和运行有足够的资源支撑。本报告对提升高校科技经费投入的稳定性和丰富高校科技经费投入的多样性方面给出了相关政策建议。

1.建立高校科技经费投入长效机制

设置相关规定和要求，定期、保量对高校科技活动提供经费支持是对高校科技经费投入保持稳定性的有力保障。首先，政府应建立相关的政策，强调高校科技经费投入的重要性和强制性，保障高校科技经费的稳定投入，使高校能够持续从事基础性研究活动和未来性探索工程，攻破根本性科学问题和人类可持续发展问题。

其次，政府还应设立专项资金，支持特定科技创新项目的科学研究与试验开发等活动，保证高校的科学研究工作与社会发展的需求紧密贴合。这些项目主要是国家和民生层面需求较为强烈的项目，是支持国家战略发展的重大科技项目。

2.拓宽高校科技经费的投入渠道

拓宽高校科技经费的投入渠道是确保高校科技经费投入多样性的有力保障。一直以来，我国高校的科技经费主要来源于国家和地方政府的财政投入，这在一定程度上使高校科研人员养成了科研惰性，进行科学研究和试验研发等科技创新活动的主动性和积极性不强，从而限制了高校科技创新水平的有效提升。因此，要想激发高校科技创新意识、增强高校对区域科技创新的贡献，可以引入企业资金、社会其他组织资金甚至国外资金等。而由于企业是区域科技创新生产力的最直接输出力量，企业与高校形成的对接与合作应该成为继政府财政投入之后的最有效途径。政府应该出台相关政策和配套服务措施，鼓励校企合作，大力推行产学研合作方式，为高校科技创新活动引入大量的企业研发资金，激活高校科技创新意识，增强高校科技创新能力，从而提升高校对区域科技创新的贡献水平。

（二）加强高校科技人力资本投资

影响科技进步与科技创新的重要因素之一，就是具备创新能力的高科技人才的数量和质量。只有拥有足够的科技人力资源，陕西高等教育才能对区域科技创新的发展做出贡献。因此，要提高陕西高等教育对科技创新的贡献水平，就要加大陕西高等教育的科技人力资本投资。本报告认为，陕西高校可以采用“本地培养+外部引进”的方式来加固自身的科技人力资本力量。

1.建立“本地培养”人才成长机制

“本地培养”人才成长机制包括两层含义。第一层含义主要是指依托本地区内已有的高等教育、科研院所等优势资源，对本地区内具有科技创新潜质的创新预备人才进行科技创新思维和能力培训。例如，可通过大型科技比赛项目、学校以及科研院所选拔推荐等活动进入培养计划。本地区的高等教育机构或科研院所也可设置专门的科技系列课程来实施对这些人才的专门化培养，使他们成长为具有强烈科技创新意识和能力的尖端科技创新人才。地方政府还应出台相关政策，规范此类人才培养模式的运行机制，为人才培养模式的成功开展创造良好的氛围和环境。

当然，科技创新活动会分布在不同的层次和领域，这就需要积极拓宽本地区人才培养的途径，丰富本地区人才培养的渠道。因此，本报告提出的“本地培养”人才成长机制的第二层含义主要是指通过本地区内已有的各种高等教育资源进行多种类、多层次的科技创新人才培养的模式。即大力促进本地区高等教育整体水平的提升，推动职业教育和高等教育协同发展，培养多层次、多类型的创新型科技人才，提高高校人才培养水平，丰富高校人才培养模式，以培养出适应本地区不同领域、不同层次的科技创新活动的科技创新人才。

2.建立“外部引进”人才交流机制

“外部引进”人才交流机制也具有两层含义，即“引进来”和“走出去”这两种双向互动交流的人才培养模式。

“引进来”模式包括国内引进和国外引进两种人才引进模式。即通过政府和高校制定的人才引进政策，比如直接落户政策、购房优惠政策、生活补贴政策、子女入学优待政策等，大力吸引国内发达地区的优秀科技人才、在外留学生以及国外发达国家或地区的科技人才，来陕高校进行中长期的科技工作和科技交流活动，助力陕西高校科技创新水平的提高，为陕西区域科技创新的发展做出贡献。

“走出去”模式包括赴省外学习和出国学习两种人才交流学习模式。即通过制定科技人才外出交流学习的相关政策，引导陕西高校科技人才积极赴经济发展相对发达、教育资源相对雄厚、科技创新水平相对较高的地区进行交流学习，然后学成归校，把在外学习到的宝贵经验和实际的科研工作进行结合并有所创新，从而促进陕西高校科技创新水平的提高，为陕西区域科技创新的发展做出贡献。

（三）完善高校科技成果转化机制

科技成果转化是科技成果能够真正服务于经济社会生产生活、产生经济效益的关键环节，是科技创新得以真正实现的最后阶段，因此，科技成果的转化力度很大程度上能够体现出科技创新水平的提升，只有科技成果成功实现市场转化，转变为更高的劳动效率，区域科技创新水平才能真正得到提高。只有当大学的知识成果被源源不断地输送到社会，国家和地区经济发展才能从中获取利益。[11]陕西高等教育虽然基础雄厚，科技创新成果产量较高，但由于科技创新成果的市场转化情况较差，没有将科技创新成果切实地进行市场推广和市场转化，并没有真正变成现实生产力，进而实现其经济价值，所以导致陕西省高等教育对其科技创新的贡献水平较低。因此，改变陕西高等教育在科技成果转化方面的不足就显得尤为重要，而这就需要增强产学研合作正效能，从而提升高校科技成果的市场转化率。本研究着重从高校和政府两个视角，探讨如何提升高校科技成果的市场转化力度。

一方面，高校自身需要增强科技成果转化意识，要充分认识到区域科技创新离不开高校对科技创新活动的大力支持[12]，而服务于区域科技创新发展也会反过来推动高校自身办学水平的提升，并使高校自身办学水平更加满足社会经济发展需求[13]。高校应增强科技成果转化意识，一方面要完善科研人员的考核评价机制，将科技创新成果的转化率、转移输出以及应用收益等作为重要的考核指标，促使高校科研人员重视科技成果转化，提高其参与科技成果转化活动的积极性和主动性。另一方面，高校应该建立并完善科技信息交流平台，实现与区域其他组织间的科技信息交流，掌握市场需求与导向，有针对性地进行科技创新成果转化工作。另外，高校应积极主动参与到区域已有的科技创新平台中去，例如技术转移中心、创新示范区等，与企业、中介机构等部门合作。美国硅谷、英国伦敦大学和德国应用技术大学都是在与企业实现了良好的对接和互动的基础上，促使了校企协同创新的大力发展。[14] 陕西高校也应逐步形成协同创新战略联盟，在协同发展过程中提高科技创新成果转化的效率。

政府应做好顶层设计、政策支持和制度保障等工作，形成合力支持科技创新。[15] 广州、深圳等政府对科技创新发展的支持力度较大，有力地促进了当地的科技创新和发展。[16] 因此，陕西省应继续完善有利于高校科技成果实现市场转化的政策环境。

第一，政府应健全法律法规。政府应将完善立法作为促进科技成果转化工作的重中之重，让高校在知识产权保护、发明专利申请、校企合作等方面都有法可依。

第二，政府应做好宏观调控。政府应致力于创建有利于高校进行科技成果转化的宏观政策环境，例如在政策制定中应突出对专利产业化项目的奖励力度；建立科学的评价指标体系，不定期监测和考核专利产业化项目的实施进程；[17] 大力支持高校科研团队和企业建立交流合作机制，强化校企沟通交流与合作，推动大学科研体制改革，[18] 尤其要加强高校与本区域支柱产业、特色产业以及高科技产业部门的交流与合作，[19] 切实提高科技成果转化率；切实研制本区域政产学研协同创新的长期发展战略，推进区域科技创新政策支持体系的建设，保障高校科技成果转化工作的健康高效持续运行。

第三，加强配套服务建设。除健全法律法规和完善政策环境以外，政府还应提高行政能力，提供高效率的配套服务，保障高校科技成果转化工作的顺利进行。对注册、办理税收等减免服务费或者简化流程，减少科技创业过程中的各种障碍，助力科研创新工作的推进和发展。

参考文献

[1]中央国家机关团工委国务院发展研究中心．青年智库根在基层丛书——2013年中央国家机关青年干部调研实践活动成果集[M]．北京：中国发展出版社，2013.

[2]高锡荣，张薇，陈毓汀．人力资本：国家自主创新的长期驱动力量[J]．科技进步与决策，2014(3)：149-155.

[3]吴孟桃，刘方成．西部高等教育资源的分布研究——以四川省为聚类分析模型[J]．教育与教学研究，2016，(05)：9-15.

[4]邱均平、董克、李小涛．2013年中国大学及学科专业评价的创新与结果分析[J]．中国地质大学学报(社会科学版)，2013，(02)：60-67.

[5]中国科技发展战略研究小组．中国区域创新能力报告2016[M]．北京：科学出版社，2017.

[6]张秀萍，夏强，杲灵敏．高等教育对区域科技创新的贡献率研究——以辽宁省为例[J]．高等农业教育，2017(02)：32-38.

[7]陈光，刘颖，李仕明，等．高等教育贡献率研究的理论模型与实证分析[J]．中国高教研究，2011(03)：12-16.

[8]刘颖．四川省高等教育对科技创新的贡献研究[D]．西南交通大学，2012.

[9]张秀萍，夏强，杲灵敏．高等教育对区域科技创新的贡献率研究——以辽宁省为例[J]．高等农业教育，2017(02)：

32-38.
[10][11]黄小平,陈洋子."双一流"大学科技创新能力评价:国际经验及启示——基于对英、法、美、澳科研评价体系的考察[J].江苏高教,2017(01):93-98.
[12]吴战勇.地方高校与区域经济创新发展的协同机制研究[J].黑龙江高教研究,2017(01):129-132.
[13]叶江明,班生,陈炳辉,潘慧莉.高校服务地方创新发展的现状、问题及对策——基于驻南京市江宁区高校的调查分析[J].南京工程学院学报(社会科学版),2013,13(04):27-30.
[14]钟玮.教育、科技、创新——珠三角城市创新驱动发展综合评价研究[J].特区经济,2018(02):35-37.
[15]于博,杨旭.四川、陕西高校"双一流"建设及对天津高等教育发展的启示[J].天津市教科院学报,2016(06):12-15.
[16]钟玮.教育、科技、创新——珠三角城市创新驱动发展综合评价研究[J].特区经济,2018(02):35-37.
[17]叶江明,班生,陈炳辉,潘慧莉.高校服务地方创新发展的现状、问题及对策——基于驻南京市江宁区高校的调查分析[J].南京工程学院学报(社会科学版),2013,13(04):27-30.
[18]秦军.美国公立大学科技创新举措对我国高等教育科技创新的启示[J].民族教育研究,2017,28(06):82-86.
[19]朱凌,薛萍,徐旋.高校与区域的协同创新:基于我国典型区域10年专利数据的实证分析[J].高等工程教育研究,2014(04):15-21.

新高考背景下高校招生录取制度面临的现实困境与改革路径

杜瑛

随着上海和浙江高考试点改革的持续深入，继2017年北京、天津、山东和海南启动第二批试点，今年全国近20个省份宣布即将形成高考改革实施方案，新高考时代即将全面来临。对于高校而言，相对于以往的考试招生制度，上海、浙江的高考综合改革试点通过赋予高校招生自主权和学生选择性而凸显出多重突破性价值；但在试点政策实施过程中许多高校面对新高考还存在明显不适应之处，高校招生能力建设、学科和专业建设以及教学管理、内部招生体制机制改革已经迫在眉睫。本文主要从高校层面阐述新高考对高校招生录取制度带来的突破性价值，分析由新高考带来的高校在招生录取方面面临的困境及成因，以期提出有效的改革路径。

一、新高考对高校招生录取制度的突破性价值

新高考的制度设计给高校的招生录取方面带来了考试环节、选拔模式和录取机制层面的重大变化。这在一定程度上确立了高校在招生中的主体地位，促进了人才选拔方式的多元化，同时也对促使高中教学回归素质教育形成了一种良性政策导向。

（一）新高考制度规定高校具有确定选考科目权，彰显了尊重高校的招生自主权

以往的高考制度设计中，高校在统一录取批次分数线之上录取，不需要根据办学目标定位和专业要求制定有针对性的选科要求。新高考的制度设计规定高校具有确定学业水平等级性考试的选考科目权，这是我国自恢复高考以来第一次赋予高校按照自己的办学定位和专业要求，确定高中学生必须修习相关课程的权利，是尊重高校招生自主权的重要体现，这就驱动高校招生由之前的"被动收档"走向"前置引导"。高校分专业确定高中生选考科目的依据是高中生进入大学学习相关专业必须具备的高中相关学科知识基础。如，上海、浙江的高考综合改革要求普通本科院校根据办学特色和定位，以及不同学科专业人才培养规格需要，从6门或7门学业水平等级性考试科目中，分学科大类（或专业）自主提出高中学业水平等级性考试选考科目范围要求与限制。这样的制度设计把高校的人才培养、人才选拔和高中教育有机衔接起来了，促使高校根据人才培养目标，结合专业教学对学科基础的要求，开始深入思考每个本科专业需要什么样的人，每个专业学生要拥有什么学科

杜瑛，教育学博士，上海市教育科学研究院智力所副所长、副研究员，研究方向为高等教育管理、教育政策。

基础，每个专业要指定什么样的选考科目。

（二）新高考探索从单一的选拔模式走向分类多元的评价选拔模式，建立了一种多方参与的机制，高校由利益主体变为评价主体

政府、高校、中学、学生（和家长）是高考改革的四个利益主体，他们有着各自的利益诉求和价值主张。长期以来，我国的高考招生录取制度是采用统一考试的形式对学生进行选拔、筛选和评价。按照基于分数的统一投档划定的某一层次的学生来录取新生，在这种情形下，高校实际上只是在接收教育考试院基于分数的配给，作为利益主体的高校在招考中一直处于被动接受的地位，并没有足够的话语权，高校招生选择的主体性并未得到体现。

新高考改革试点中，上海、浙江探索在选拔模式上体现“分类考试、综合评价、多元录取”基本改革走向，采取“两依据、一参考”的多元录取机制，其中的“一参考”将学生的综合素质评价信息纳入了高校招生录取的评价范围，为高校选拔符合自身办学特色的人才提供了制度平台。如，上海探索在8所教育部直属高校和上海大学共9所高校实施的综合评价招生及春季考试招生，校测在综合评价招生和春考中的录取方面均发挥着重要的作用，高校由利益主体变为评价主体。浙江的“三位一体”把统一高考、高中学考和综合素质评价（包括中学综合素质评价和高校自己组织的综合素质测试）融为一体，这种招生选拔模式给予了高校在招生录取过程中发挥一部分主导性作用的空间，为高等学校选拔符合自身培养目标和办学特色的、具有专业潜质的最适切的新生搭建了平台，同时也使高中素质教育的实施有了制度性的设计与安排。这种招录模式的改革引领着基础教育与高等教育的连接发生重大变化，从单一的分数对接走向多元对接。

（三）新高考合并或取消录取批次，以院校专业组及专业优先的招生录取机制，为高校优化学科专业结构提供了制度平台和内驱力

在录取模式上，新高考合并录取批次，实行以院校专业组及专业优先的招生录取机制，改革录取志愿选择顺序，变“学校优先”为“专业优先”。这些措施从形式到内容上改变了现行的高考招生录取机制，为高校优化学科专业结构、实现特色办学提供了平台和内驱力。如，上海把本科院校原先的两个批次合并，仅保留了本科和专科高职的区别；浙江则把原本科、专科高职的三个批次合并，在全国率先取消录取批次，凸显专业在选拔中的作用，专业的地位首次超过院校。同时，合并录取批次也破除了高中学校盲目追求“一本率”的倾向，有利于引导高中学校践行特色多样发展的办学方向。

改革后，专业直接走到舞台前沿接受学生选择，激励高校招录由一本、二本的“等级标签”走向凸显专业优势的“特色为王”，倒逼学校调整专业结构，加强专业建设，增强专业吸引力。新高考带来的录取规则的变化也为部分专业特色鲜明但综合实力不占优势的高校招收到优秀生源创造了条件，有利于引导高校聚焦提升学科专业发展水平和人才培养质量，为高校分类办学、特色发展提供了驱动力。录取机制的改变迫使高校放弃自己不擅长的学科专业，更加重视学科专业的内涵发展和特色建设。在对浙江的调研中发现，高考改革以后，高校自动愿意撤销专业、调整专业的自发性非常强，2016年浙江省大概撤销了58个专业。

二、新高考背景下高校招生录取制度面临的现实困境及挑战

考试招生制度改革作为一项公共政策，涉及社会众多利益主体的利益。“制度的发展是行为人之间的一场竞赛，他们力争创立的规则会导致产生最有利于自身的均衡结果……”[1]每一项制度的改进，往往同时衍生出新的制度弊端。新高考制度致力于增加选择性，意味着扩大学生和高校的选择权，改变原有制度的资源分配规则，然而，新的招生录取制度在给高校带来机遇的同时，又带来各方主体地位模糊不清、主体责任不明、主体能力不强等[2]问题，在政策实施运行中面临着种种现实困境。

（一）面对新高考带来的生源结构的变化，高校作为人才培养主体面临重构人才培养体系的意识和能力不强的困境

新高考最终应指向人才培养模式变革，高校是人才培养的责任主体，然而作为改革主要承担者，高校在推进人才培养改革方面的力度远不及高中学校，多数高校尚未把招生工作融入人才培养的过程中，主动调整人才培养模式的步伐显得迟缓了很多；当下很大一部分高校尚无在新规则下主动争取优质和适合生源的意识，也尚未充分彰显在培养中选拔人才的倾向。原先以院校为单位实行平行志愿投档，文理分科，分数优先，各学校录取新生的分数往往集中在一个比较窄的区间，这种扁平化形态给高校教学管理等方面带来较大的便利。新高考改革后，取消文理分科，实行选科制度，允许高校指定科目和学生选择科目中有一门交集即可报考相应专业，报考相同专业的学生在科目组合上可能会存在较大偏差，学生成绩形态由整齐划一的扁平化变为参差不齐，形成新的教育生态，这种由选择的差异性和多样性带来的参差不齐的教育教学生态给学校的教学和管理提出了崭新的要求。然而，面对这种新的教育生态，高校显然准备不足，多数高校尚未结合学校办学特色重构人才培养方案，教学安排和课程体系改革等方面仍然缺乏创新性的探索实践。

在对高考试点改革的浙江调研中发现，没有文理分科的学生接收进来以后，在物理、化学学科知识方面，可能遇到学生基础和能力相差比较大的现象。浙江某理工大学部分要求有物理基础的专业，如机械类、电气类、电子信息类、计算机类、化学类专业的选考科目情况来看，存在纯理工科专业录取的学生没有选考物理或化学类专业没有选考化学的情况，如电气类约有15.7%的学生没有选考物理/化学，计算机类约有18.6%的学生没有选考物理/化学。

表1 2017年浙江某理工大学部分专业浙江省生源选考科目匹配情况

专 业	选考科目	录取总数	无物理/化学占比
机械类	物理、技术、化学	148	8.8%
电气类	物理、技术、化学	108	15.7%
电子信息类	物理、技术、化学	88	10.2%
计算机类	物理、技术、化学	113	18.6%
化学类	物理、化学、生物	108	2.8%

目前该校相关院系和教务处已酝酿给这部分学生开设普通物理基础这门课，相当于大学物理的预修课程。但据部分学生反映，类似于普通物理基础的课程设置还比较仓促，不能很好满足学生需求。在上海某大学的调研中学生反映：大学的教学安排并没有随着上海高考制度的试点改革而改变，大学并未及时进行教材或课程体系的改革及变动，导致部分上海生源的高三毕业学生在大学的数学和物理基础课上可能无法跟上学习进度，且在学习过程中较外地学生处于相对不利的境地。

（二）在高校基于招生录取利益考量提出宽泛的选考科目要求与考生基于获得高分利益牵引选科结果的共同作用下，选考政策实施陷入集体非理性选择的困境

新高考要求大学每个专业提出选科要求，这样的制度设计的预期目标是要增强学生的选择性和为落实高校的招生自主权提供一定的制度空间。其政策设计的基本假设是学生会根据自己的专业兴趣和职业爱好，来选择高考科目和大学专业。然而，高校、学生（家长）和中学作为影响规则走向的行为人，也是直接的利益相关者，他们选择策略的目的是为了寻求各自的分配优势和有利结果。在政策执行过程中，“这一自主选择过程受到一定约束从而可能存在长远价值上的非理性”[3]。

在新高考选考制度设计下，高校的行为充满了对自身招生录取利益诉求的考量。在当下统一录取制度下，一所高校依旧无法避免和竞争对手比拼分数线的高低，多数本科高校从追求录取利益最大化或体现学校“身价”等角度来考量选考科目，担心如果选考科目太严，考生选考群体会变少，招生分数线会变低，影响当年招生计划的完成和学校的社会声誉，于是很多高校对专业选考科目提出了较为宽泛的选科要求，不敢轻易提出物理等科目的限选要求，这就给考生带来了很大的选科投机空间。从新高考改革试点实践看，很少有大学的专业提出必须选择某一科目的要求，而是会提出科目不限、三门科目或者两门科目要求。在上海的“六选三”和浙江的“七选三”中，由于学生只要选择三门或两门中的任一门，就可以对应于自己喜欢的高校专业，这就在政策设计中为另外两门选择优势的高分科目提供了空间，这就不可避免地造成不同科目的考生基数不均衡和能力分布不均衡的局面。与此同时，高中学校更多地考虑依赖学生的基于高分数的优异表现，赢得学生、家长和社会更多的认可，以获得大量直接或间接的利益，于是学校也更多地以趋利避害获取高分作为引导学生选科的原则。

高中学生选科行为受多种因素的综合影响。高中考生（包括家长）在填报选考科目和专业志愿时，首先考虑的并不是专业兴趣，而是选考什么科目可以最大程度上确保自己能够取得高分或高名次，以有利于进入某一心仪大学和专业。调研访谈中发现：学生的现实期望和未来期望存在矛盾和冲突。多数学生的现实期望是上个好大学，未来期望是能够有一份适合自己的事业。如果为了未来期望适合自己的事业，也许会选择一些最感兴趣的科目，但是最感兴趣的科目不一定能得到他最满意的分数。最后学生在社会压力、家庭压力，甚至在中学的升学压力下，学习兴趣让位于考试成绩。于是，获得高分的利益诉求成为学生及家长进行选择的主要考虑。这就使得原本想增加学生选择性、促进学生个性化发展的政策意图，异化成了追求高分利益最大化的制度博弈。“原本用于促进学生成长的选择权利，变成了学生获得更好学科成绩的投机机会；一个促进学生成长的政策设计，反而变成了如何更好地通过选择不同学科和不同考试时间获得更好成绩的博弈过程。”[4] 这也印证了上海、浙江高考试点中选择生物和地理的学生呈上升趋势，而较难的物理却呈下降趋势的现象。高考改革的初衷是促进学生的个性发展和多元化成长，这样的选择结果带来了制度设计的预期结果与实际效果产生偏差的现象，背离了新高考改革的初衷。

从上海、浙江的高考改革试点情况来看，政府选科制度设计的政策预期、高校对提出选考科目要求的把握，高中、学生（家长）对待选科的现实利益主张的考量的不一致，带来了高考改革系统设计与政策执行短期博弈的冲突，与最初的政策设计的初衷相背离。然而新高考的政策设计对学生因为非理性或短视选择带来的后果估计不够，缺少纠错机制。

（三）新高考在专业投档优先的制度设计下，对高校的弱势学科专业调整带来了冲击和影响

高考改革前，在以院校为单位的选拔模式里，当高校录取批次确定之后，通过调剂机制，无论专业有无优势，都可以在相应提档线上录取到满意的学生。各高校对提升录取批次的关心超过专业建设，如专科升本科、二本升一本等，升格成功后在生源质量上基本可以高枕无忧。在这种制度设计下，院校的综合实力可以弥补其冷门和弱势专业的不足。社会对高校专业的评价、需求等通过院校这个层面而间接到达，重点院校的冷门和弱势专业也可以凭借学校的地位和社会影响力而吸引学生报考或通过调剂录取完成招生计划。

在新高考的以专业投档优先的制度设计下，院校需要针对具体专业指定“等级考”科目，而不再是简单的文理分科。过去依靠学校名声和地位或统一招生批次划分获得优势地位的弱势学科和专业，将面临新规则的剧烈冲击。不同专业之间将存在科目及分数线上的差异，高校的冷门和弱势专业面临生存危机。名校也不例外，其冷门专业也可能面临生源不足的境况。2017年浙江高考录取中，部分原“985”“211”工程高校的专业投档分数线出现了较大差距，同一所学校内，各专业间最高投档线和最低投档线之间的差值高达60分之多。如，北京中医药大学的专业分差65分，东北师范大学专业分差61分；西南交通大学的专业分差55分。在浙江2017年高考第一段投档时，部分原“二本高校”跻身一段，其部分专业投档分数线甚至超过“985”“211”工程高校。如西北政法大学、上海海关学院等院校。[5] 在对浙江的调研中发现，一些本科院校，如温州医科大学和浙江工业大学停招和撤销的专业非常多。温州医科大学把专业设置中比较边缘化的专业，及以前扩招时期比较热门的英语、汉语言文学，以及和学校本身的优势学科专业关联度不太大的专业，包括前几年招生情况不太好的，全部都已经撤销了。

然而，应用型大学和高职高专院校的专业设置可以“随行就市”，紧跟招生和就业市场，但研究型大学有知识传承和创新的使命，不能轻易随市场需求的变化而取消专业，尤其是一些具有外部性特征的专业更是如此。新高考背景下院校如何建立学科专业的退出和准入机制？如何优化学科专业布局，营造符合不同类别高校自身使命和发展定位的学科生态环境？这对高校的学科专业结构优化及总体布局带来了新的挑战。

（四）目前新高考的综合素质评价以高中学校为评价主体，高校在录取环节面临在平行志愿投档模式下无法真正使用的实践困境

新高考政策规定以高中学校为主体记录和评价学生的综合素质，高校在招生录取中参考学生综合素质评价报告。目前上海是高中学校和社会机构统一录入，最后由信息管理系统自动生成《上海市普通高中学生综合素质纪实报告》。浙江最后的总体评价以等级的形式汇总到综合素质评价的总表格上，这种以高中学校为评价记录主体的综合素质评价在实施中造成了一定的逻辑悖论和实践困境。以高中学校为主体评价学生综合素质，涉及学校、学生、家长、社会组织等多方主体，高校究竟用不用，如何用是各方利益主体的质疑点。[6] 确保高校可以参考使用的前提是综合素质评价档案要具有“可信性”和“可比性”。然而，当下综合素质评价结果还缺乏公信力，而且不同高中学校之间的区分度不高；区域之间、学校之间不具有可比性，高校陷入无法使用，也不敢采用的尴尬境地。

从高校录取工作的操作机制来看，综合素质评价还没有真正与高校的录取相关联。在当前投档录取模式“分数优先”的规则下，高考分数依然是入围的基本条件。平行志愿的制度设计中，综合素质评价结果并未成为投档的门槛，高校作为价值主体，也就难有机会有效使用综合素质评价信息，由此综合素质评价的“参考”也就落入了形式主义的困境。虽然自2017年起，上海的春考和综合评价批次录取、浙江的“三位一体”招生中均参考了综合素质评价结果，但其量化的分数来自高校的面试，高中阶段的综合素质评价档案只是象征性地作为校测的前置条件。如2018年上海的综合评价招生是在初审或面试环节中参考综合素质评价信息，为在校测中多方位综合考查学生提供背景信息，如上海交通大学、同济大学和华东师范大学等。[7] 上述招生类型的规模和占比有限，大多数高中学生的综合素质评价信息基本上游离在录取标准之外，在录取环节可能都没有机会被参考，如，浙江考生只要在中学获得“合格”的评价即可，这与方案所设想的“重要参考”还有很大差距。如何把综合素质评价进行量化，解决评价信息的“可用”“可比”和“公信力”问题，是新高考面临的重大困境和难题之一。

三、高校招生录取制度改革的路径选择

高考改革需要有系统的顶层设计，更需要直面政策执行中的现实困境。高考改革的实质是通过改革促进人才培养模式的变化，[8] 新一轮高考综合改革能否发挥对高中素质教育的引导作用，既取决于政府和高校协同提升高考政策的执行力，也取决于考生、家长和其他社会组织的理性选择，更取决于高校自身人才培养理念和育人模式的创新发展。正视新高考改革中高校招生录取制度面临的困境，并剖析改革背后交织的复杂因素，我们可以采取以下策略。

（一）高校要顺应新高考改革带来的育人模式和招生体制的变化，推动人才培养模式和招生体制机制的变革

高等学校要顺应新高考改革带来的学生知识结构和育人生态的变化，主动推动高校人才培养模式的彻底转型，这种转型不是用现有的制度和标准去规范新的育人模式，而是要改变一些制度去适应和保障新的人才培养模式。高校要加强专业基础课程建设，探索建立适应新的招生模式的、面向不同选考科目学生的、包括通识教育、专业分流和专业教育等过程的人才培养机制，以弥补学生专业基础差异化、不均衡的问题。

随着招生权力向高校转移，高校招生必将走向专业化和专门化。[9] 高考改革应该有相应的体制层面的改革和制度保障，高校招生能力建设和内部招生体制机制改革已经迫在眉睫。哈佛大学罗纳德·德沃金极其深刻地指出：“录取中的公正并不是在奖赏优点与德性，只有当一所大学界定了自己的使命时，我们才能知道，什么才算是分配大学新生名额的公平方式。”[10] 高校需要建立适合自

身使命和发展定位的招生体系，根据自身发展使命和目标定位确定人才培养方案和课程教学体系；加强科学选材和科学育才的意识，建立有效的招生信息公开和宣传机制。高校招生标准要实现“精准引领”，要为高中学校和高中学生提供足够的信息。除了提供历年的录取分数线和录取比例之外，还需要提供不同院校的办学目标、办学特色、特色专业、学校的育人理念和教育模式、资源丰富程度等更丰富的招生信息，将人才培养特色融入招生信息当中，为学生和家长选择学校和专业提供足够丰富精准的信息。与之相适应，高校需要改革内部招生体制机制，拓展招生部门的统筹、协调和管理职能，加强学校招生委员会建设，强化制定重大政策和监督院系招生行为，最终逐步实现招生与人才培养、专业结构调整、教学改革乃至学校的使命和发展定位的密切结合。

（二）建立政府、高校和社会等多元利益主体协同治理的选考引导平衡机制

目前的选科政策运行结果带有很强的博弈色彩，这是进一步推进高考改革必须加以解决的。当前的选科制度设计按照政府对各参与主体行为的判断进行政策制定，但现实中，政策出台后各参与主体的行为经常超出政策制定者的预期，导致预期成效难以实现。从政策实施的角度看，解决这样的问题需要从对参与者博弈的分析出发，基于博弈中的各主体行为特点，更多通过多方博弈而不是政策预设达成调控的目标，建立新的多元利益主体协同治理的选科机制，在动态博弈中保证合理的选考结果。选考制度博弈的出现背后折射的是利益主体对优质教育机会的争夺得失的焦虑。“关注相关行动主体的诉求是破除选考制度改革困境的重要维度”。[11] 高考改革科学化须关注不同阶层的利益主体在考试制度变革过程中的机会获得损失等内在利益诉求，达成多元重叠共识。[12] 学生及其家长的认识是完善选考机制中最大的困难点，也是各方利益博弈的难点。如何协调当下学生升学需要和孩子未来发展利益的矛盾需要社会各界合力推动，协同治理。

政府要借助各类传媒加大正面引导力度，并通过适当的制度修正，寻求合理的利益平衡点，抑制或缓解高考利益相关者的过度博弈。[13] 如为避免物理选考人数的持续下降，上海、浙江已相继颁布了“选考科目保障机制”的举措，这是利用外部的政策补救和制度修正对某一学科给予的特殊政策调整的思路，短期来看，是走出“个体理性选择导致群体非理性结果”困境的出路，但长远来看，治标不治本，招生录取制度的优化和改革势在必行，需要在今后的政策制定或修订中加以关注。

高校有责任通过完善专业选考科目设置机制，尽可能抑制这种功利性的选择，不从招生生源的“量”与分数线高低上考量，助长这种功利性的选考。各高校应当对自身的办学特色和定位进行分析，根据不同学科专业人才培养需要，提出适合自身的选考科目要求。为体现高校的招生自主权，可以借鉴台湾高校根据院系招生需求对“指考”（指定科目考试）科目成绩加权的做法，允许部分高校在录取时对指定“等级考”科目成绩进行加权处理（如将3分变为4分）。这样既有利于体现高校的专业特色，也可以减少学生在科目选择时的投机性，提高人才的选拔和培养质量。

借助于专业机构力量对大学专业的选科要求进行规范和引导。调研中发现，浙江开始探索选取了32个专业教学指导委员会，配合考试院出台专业选考科目指引，对每一个专业在大学里人才培养方案所需要的基础知识、能力来进行分析，通过人才培养方案中一些课程的设置来倒推高中必须要具备的知识。同时浙江也结合考虑了教育部高教司理工处提供的教学质量国家标准以及相关教育部教学指导委员会专家的意见，出台了《选考科目的指引》。试图通过发布《科目指引》以后，引导

高校科学规范选考科目引导机制。

（三）探索招考分离，强化综合素质评价与高校录取的关联，逐步解决综合素质评价科学性及其在高校录取中实际应用的有效性问题

如何在录取环节更好地运用自主权进行科学选材是解决高校不使用综合素质评价结果的实践困境的路径之一。高校作为专业化的育人机构，理应最有权且最有能力确定招生录取标准，提出不同科目组合和其他评价要求，决定如何利用考试机构和高中提供的评价信息。赋予高校招生自主权，是亚太各国或地区招生管理体制改革的共同特征之一。[14] 在英国，高校招生实行考试、招生和录取三职分离制度，并由政府实行严格的监管。其中，录取选拔完全是大学的自主行为，是大学基于学术判断的责任，有权自主设置录取标准、评价方式和实施过程，但其录取政策的制定与实践必须遵从政府设定的政策和法律要求。[15] 一贯注重统考的韩国，文教部规定可供各大学选择的录取标准也多达六种，大学在文教部的监督下和法律限定的范围内能够独立行使招生录取权利、自主确定录取方案。[16] 推进录取制度改革，探索招考分离、一档多投的招录模式，强化综合素质评价与高校录取的关联，是走出改善平行志愿中无法使用综合素质评价困境的路径之一。综合素质评价的主体应是高校而非高中，只要大学在招生录取中真正使用了综合素质评价，考试招生制度的指挥棒就实质性地发挥了作用。可探索招考分离，还原相关主体相对独立的身份，让其各司其职，形成多方协同的格局，为综合素质评价的真正使用创设体制基础和机制保障。

在招生录取时探索“一档多投”的方式来改善“平行志愿”无法使用综合素质评价的困境，更有利于发挥高考引导学生未来发展的价值功能。建议探索以高考总分的某一分数段作为门槛，分数段内参考可以比较的综合素质评价的材料，让综合素质评价真正发挥“一参考”的作用，由高校自主决定如何作为“重要参考”，达到成绩要求的考生，可同时申请若干所大学，大学独立对申请者进行评价、录取，一名考生可以同时拿到多张大学录取通知书再进行选择、确认。这种做法有点类似上海的春考，2018年上海共有23所试点高校参加春季招生考试，投放名额在2 000名左右，建议投放更高比例的名额都通过招考分离形式的春考录取，其他外地院校也逐渐参加，招考分离的改革逐步扩大。

创新综合素质评价的信息收集方式，逐步解决综合素质评价科学性及其在高校录取中实际应用的有效性问题。高校要有效使用综合素质评价信息记录，首先要确保“可信”“可比”“可用”。当前综合素质评价还缺乏高考成绩那样的公信力，而且区分度和操作性不高。目前上海、浙江已经率先在高校自主招生、综合评价招生改革试点和“三位一体”等招录环节参考使用，未来可坚持在原有框架的基础上加强顶层设计，积极探索多方协同基于网络大数据的学生综合素质评价的信息收集方法，依据大数据信息对学生的综合素质状况做出客观公正的评价，保证评价的公信力，解决综合素质评价结果的可比性和可信性。探索让客观中立的第三方社会机构来承担综合素质评价项目，高中学校提供目标信息数据，学生综合素质信息收集机构负责综合素质发展大数据的收集，专业评价机构做出基于大数据信息的综合素质评价结论，教育行政部门负责综合素质评价信息的解释和使用。各部门功能的分离和协同可以建立更有效的制衡机制，客观公正的信息能够减少争议，大数据的信息收集使得人为干预变得极其困难，社会监督机制保证不同机构的公信力，如此方可为高校真正使用综合素质评价信息的结果提供前提条件，逐步解决综合素质评价科学性及其在高校录取中实际应用的有效性问题，真正发挥高校在综合素质评价中的评价主体作用，使综合素质评价与高校录取关联起来。

参考文献

[1]杰克·奈特.制度与社会冲突[M].上海:上海人民出版社,2009:131.

[2]黄文玮.扩大高校招生自主权,促进高中考教分离[J].华东师范大学学报(教育科学版),2017,(1):27-29.

[3]潘昆峰,刘佳辰,何章立.新高考改革下高中生选考的"理科萎缩"现象探究[J].中国教育学刊,2017,(8):31-36.

[4]周彬.新高考改革:经验、困境与出路[J].教育学报,2018,(8):22-28.

[5]易鑫,等.新高考带来了什么[N].中国教育报,2018-6-7第1版.

[6]田爱丽,严凌燕.高校综合评价招生的理论、实践与展望[J].华东师范大学学报(教育科学版),2018,(3).69-78.

[7]樊丽萍、焦苇.2018年沪九校综评校测今起开考,考生综合素质评价信息在面试中怎么用[EB/OL],文汇教育,2018-6-28.http://culture.whb.cn/zhuzhan/xue/20180628/202037.html.

[8]郑方贤.新高考改革,最终应指向人才培养模式变革[N],文汇报,2018-3-30,第008版.

[9]王烽.高考改革开启双向选择时代,高校和考生都面临"选择"能力不足问题[N].光明日报,2018年5月5日第11版.

[10]Sandel,M.J.(2009).Justice:What's the Right Thing To Do? New York:Farrar, Straus and Giroux.p174.

[11]宋洁绚.高考制度改革的多重逻辑与审思[J].国家教育行政学院学报,2016,(10):28-33.

[12]张济洲,黄书光.被围困的高考——新高考改革悖论抉择背后的阶层之困及其化解[J].课程·教材·教法,2018,(4):96-102.

[13]冯成火.高考新政下高中课改的评价、问题与策略[J],教育研究,2017,(2).

[14]张晓莉.中等教育与高等教育衔接视角下亚太地区高校招生制度研究[J],外国教育研究,2016,(12):117-124.

[15]郑若玲.高考改革的困境与突破[J].厦门大学学报(哲学社会科学版),2017,(3)1-10.

[16]金美兰、尹光熙、李浩烨:大学新生选拔现状及改善方案研究[M].首尔:韩国教育开发院,2009,16-20.

后大众化视阈下地方本科院校生源变化及发展策略

韩锦标　贺兰

生源是学校的命脉，学生是学校生存和发展的基础。生源状况对高校发展规划制定与发展策略选择起着决定性作用，不仅关系着学校发展的好坏，甚至影响着整个高等教育的机会公平乃至社会公平。尽管高等教育入学率不断提高，但在人口生育率趋低的现实背景下，面对高考生源总量明显减少、高考生源流失境外、高校数量增多等客观情况，高等教育生源将发生结构性变化。地方本科院校是我国高等教育的重要组成部分，承担着培养各级各类创新型、复合型、应用型人才的社会职责。面对高等教育生源的变化，地方本科院校将面临激烈的生源竞争压力及其对院校自身发展的挑战。由生源变化带来的压力对地方本科院校的发展来说既可以是挑战也可以是机遇。本文在分析我国生源变化特征的基础上，以高等教育后大众化理论为视角分析生源变化的原因，并以地方本科院校为研究主体，提出应对生源结构变化所应做出的发展策略选择。

一、我国高等教育生源变化现状与趋势

（一）高等教育适龄人口总量逐渐减少

我国高等教育在2002年实现毛入学率达到15%后，适龄学生进入高校学习的人数越来越多。但随着我国人口结构的变迁和人口出生率的趋低，高等教育学龄人口结构变化明显。已有研究表明，我国人口规模和结构正经历着重大转型，已经从“高出生率、低死亡率、高增长率”再生产模型过渡到“低出生率、低死亡率、低增长率”模型，[1] 这意味着我国高等教育适龄人口规模必将相应下降。据统计，我国18～22岁高等教育学龄人口规模数在2008年达到峰值12 539.65万，2008年以后适龄人口规模逐渐减小，到2016年适龄人口数量减少至7 709.34万人，预计2019年适龄人口数量将下降至6 888.41万人[2]。

基金项目：江苏省社会科学基金项目（16JYB011）、江苏省高校哲学社会科学研究基金项目（2017SJB1647）、江苏省高等教育学会高等教育科学研究“十三五”规划重大攻关课题（16ZD001）、江苏高校哲学社会科学优秀创新团队建设项目（2017ZSTD018）的阶段性成果。

韩锦标，博士，淮阴工学院高教所所长、教授，主要从事高教管理研究；贺兰，助理研究员，主要从事高等教育学研究。

（二）高考生源流失日益增多

随着高等教育国际化的发展，越来越多的学生选择出国留学。据教育部统计，2016年出国留学人数为54.45万人，较之2012年出国留学人员增长了14.49万人，增幅达36.26%，我国已成为世界最大留学输出国。尽管来华留学生规模也在逐步扩大，2016年，来华留学生规模突破44万人，但从总体上来说，适龄生源"出口"与"入口"的数量"逆差"还存在。随着高考生国外求学规模的不断提高，致使我国高等教育学龄生源进一步下降。同时，或因"毕业即失业""就业形势严峻"的客观现实，或受"读大学无用论"等社会观念影响，又或因家庭客观条件的限制，高考弃考生连年增加。根据相关数据统计，仅湖北一省2015年的高考"弃考一族"人数就在5万人左右，且近些年来我国弃考的人数占总考生的10%左右，呈上升趋势。[3] 高考生留学规模的不断扩大和弃考生数量的连年增加，致使高考生源流失日益增多。

（三）非传统适龄生源不断增长

当前，高等教育非传统适龄生源队伍呈现不断增长的发展趋势，非传统生源将成为高校校园内不可忽视的群体。一方面，目前我国制造业规模以上企业人力资源总量8 589万人，专业技术人员809万人。装备制造业规模以上企业人力资源总量近1 794万人，其中人才总量近736万人，具有大学本科和研究生学历的人员分别占人才总量的29%和2%。[4] 随着新经济时代的到来，企业对从业者的教育要求将逐步向高层级、高水平转移，因此，从业人员接受继续教育的需求将越来越强烈，他们将成为非传统生源的主体部分。同时，随着全民终身学习、学习型社会建设的推进，非传统适龄生源也将继续增加。如，2016年3月教育部和全国总工会联合下发通知，决定联合实施农民工学历与能力行动计划——"求学圆梦行动"，建立学历与非学历教育并重，产教融合、校企合作、工学结合的农民工继续教育新模式。到2020年，在有学历提升需求且符合入学条件的农民工中，资助150万名农民工接受学历继续教育。[5] 另外，老龄人也将成为我国高等教育非传统生源的重要组成部分。目前，我国已进入世界人口老龄化国家行列，据统计，2015年底，我国60岁以上老年人口达2.22亿人，占总人口的16.1%。预计到2020年，我国老年人口将达到2.43亿。面对老龄化的严峻形势，必须大力发展老年教育，引导老年人积极参与终身学习活动[6]，老年学生将成为高等教育服务对象之一。

二、高等教育后大众化理论视角下的生源结构变化

（一）我国生源结构变化现状与趋势契合高等教育后大众化理论特征

美国的马丁·特罗教授最早对高等教育发展阶段进行研究，他在考察欧美高等教育发展特点的基础上，以毛入学率为指标将高等教育的发展分为精英化、大众化、普及化三个阶段，提出了其著名的高等教育发展阶段论。自1999年以来，我国高等教育开始大规模扩招，2002年高等教育毛入学率达15%，高等教育进入大众化发展阶段，到2016年达到42.7%，提前实现国家教育规划纲要确定的到2020年达到40%的目标。[7] 单从入学率来看，对照马丁·特罗高等教育阶段论的数字目标，

我国高等教育的发展已经或即将进入普及化发展阶段。但是否就此界定我国高等教育步入普及化发展阶段似乎还值得商榷。因为日本的有本章教授通过考察日本高等教育大众化发展过程，提出了有别于马丁·特罗的高等教育发展阶段理论——高等教育后大众化理论。有本章教授发现，日本高等教育大众化进程的发展在本国政治、经济、社会、文化等作用下，其管理体制、发展道路等发生了巨大变化，[8] 呈现出有别于马丁·特罗教授对高等教育大众化发展进程论述的特点，日本高等教育毛入学率在达到一定水平后趋于稳定并不再上升，而越来越多的非传统成人学生越来越多次地进入校园接受继续教育，[9] 他认为后大众化阶段的典型特征是高等教育适龄人口入学率增长在未达到普及化之前就出现了停滞和波动，而非传统的成人学生入学率却持续增长，其增长率甚至超过了传统学生，而且这些学生可能多次入学。[10]

从有本章教授对高等教育后大众化发展阶段的特征论述中可以看出，我国高等教育生源变化的现状与趋势符合其有关后大众化阶段的典型特征总结。因此，我国高等教育在面临生源发生质与量的变化形势下，应以后大众化理论为基础，厘清生源变化成因，以正确指导高校发展策略选择，保证处于后大众化发展阶段的高校办学质量和水平。

（二）后大众化理论视角下生源结构变化成因

1.后大众化阶段高等教育外部发展环境的变化

其一，由新经济发展带来的生源变化。新经济的发展以新技术革命为引领，以信息化和工业化深度融合为突破，[11] 未来一个时期，我国必将以高新技术产业为驱动力，以现代服务业和现代制造业为两翼，全面带动产业结构的优化升级[12]。随着新经济的发展及其对技能要求的提高，提升从业者受教育水平、提高从业者技能水平、加强从业者职业培训，将成为适应我国新经济发展的重要突破口。同时，经济转型的加快发展和生产技艺与设备的加速更新，对劳动者知识技能提出更高要求，从业者面临着巨大的就业压力和竞争挑战。在新的就业竞争形势下，为提高自身竞争力，将会有越来越多的从业者选择进入高校接受学历教育或非学历教育的职业培训，通过继续教育更新知识、提高技能，从而完善自己。

其二，由学习型社会建设带来的生源变化。建设学习型社会就是要为全体公民提供学习机会，实现人人学、处处学、时时学的社会氛围，积极鼓励成人重返校园学习。在学习型社会建设背景下，高等教育的服务对象不应仅仅是适龄青年，而应面向全体社会公民。同时，学习型社会的基本特征之一是学习的持续性，因此，即便是接受过高等教育的社会公民，也需要不断更新知识结构、提高专业技能，在今后的工作和生活中继续接受高等教育，而对于那些没有接受过高等教育的人群，高等教育的需求将更为迫切。

其三，由思想文化观念转变带来的生源变化。随着人们思想价值观念的转变，一部分社会成员希望接受高等教育并非为了提升专业技能，而仅仅是为了弥补青年期未能接受高等教育的遗憾、满足精神需求或充实闲暇时光。同时，随着人口老龄化程度的日益加深以及老年人物质生活的满足和精神生活需求的提高，老年人口的高等教育需求将不断增长。这些新的社会价值观念将使高等教育不再专属于适龄青年，高等教育将提供公平与平等的入学机会，向社会全体成员开放办学。

2.后大众化阶段高等教育内部发展特点的变化

首先，高等教育职能拓展。进入后大众化发展时期，高等教育的人才培养与社会服务职能在深度与广度上将进一步拓展。人才培养是高等教育首要的和根本的职能，纵观高等教育人才培养历程，高等教育培养对象一直指向青年人。然而随着社会的发展及知识经济时代的来临，进入社会的成人迫切需要知识的更新与能力的升级，再次或多次返回高校接受教育的需求越来越强烈。同时，随着终身教育理念的认可与普及，有高等教育需求的不仅是适龄青年，非传统人群同样有接受高等教育的愿望，高等教育的服务对象将越来越广。后大众化时期高等教育服务对象的变化迫使高校不得不对自身职能进行重新定位，高等教育的人才培养与社会服务观念必须转变，高校需拓宽服务对象范围，加强学校与社会间的双向沟通，既培养适龄青年，为他们今后的工作和生活做准备，又为社会人员接受继续教育和再培训提供服务。

其次，学生入学需求个体化。高等教育后大众化意味着一种高等教育思想观念的转变。进入后大众化时代，学习者根据自身的需要和条件选择进入高等教育的时机和接受教育的内容。后大众化的基本理念是尊重个性，从个体学习者自身的生存状态、发展需要出发选择所需的教育。[13] 后大众化时代，学习者个体的入学需求除传统的为未来工作生活做好准备外，还包括深化与职业相关的专门知识、提升自身综合素质、满足自身精神需求和充实闲暇时光等。入学者基于自身需求的不同学习动机，将迫使高等教育在满足入学者个体化需求的条件下，产生内部结构的变迁，并做出发展策略的改变。

最后，高等教育结构多样化。进入高等教育后大众化发展阶段，随着入学者及其需求的多元化和个体化必然要求高等教育更新办学理念，紧随其后入学形式、教学方式与教学内容等也将发生变化，实现高等教育办学层次、办学类型、办学形式的多样化发展，高等教育多样化发展是满足不同的入学需要的前提。后大众化时期高等教育结构的多样化发展为非传统生源入学提供了公平的机会及接受教育的实现条件，非传统生源入学现象将越来越普遍。

三、地方本科院校开拓非传统生源的优势

（一）地方本科院校立足地方的办学定位

地方高校主要是指隶属于各省、自治区、直辖市政府及其教育行政部门，主要依靠地方政府拨款办学，承担着为地方（行业）培养人才、提供服务的普通本科院校。[14] 从地方高校的界定来看，地方本科院校大都地处地方，且其功能和定位也都立足地方，为地方经济社会发展服务。同时，地方本科院校大都具有服务地方经济社会发展的传统和优势，更能满足地方产业及企业发展对教育的需求，尤其是当地从业人员的教育需求。地方本科院校往往基于自身的条件和优势，根据地方经济社会发展特色和产业发展需求开设专业或课程，因此，地方本科院校将成为地方非传统生源教育的主场所。同时，高校校园文化作为社会文化的重要组成部分，地方本科院校应积极发挥文化引领作用，成为所在地区文化、教育的中心，充实地区社会公民文化生活，创造条件满足地区社会公民的学习需要。

（二）地方本科院校向应用型转型的发展方向

推进地方高校转型发展是当前高等教育体制改革的重要课题，地方本科院校向应用型转型也是后大众化时期高等教育完善自身体系的必然选择。高等教育的当务之急不仅要培养一批拔尖创新人

才，还需培养一大批应用型、技术技能型人才，地方本科院校将是培养应用型、技术技能型人才的主阵地。地方本科院校以应用型为办学宗旨，其办学层级定位更适合非传统生源的入学标准与条件，且地方本科院校学科专业设置、教学内容的安排更加偏重应用性，也更能满足成人学生提升职业技能的教育需求。同时，随着地方本科院校办学规模的扩大、办学类型的多样化和结构布局的合理化，非传统生源入学将更加便利并拥有更加多样化的选择。

（三）地方本科院校更高的入学开放性

大学入学的开放程度是由学校类型和社会地位所决定的，地方本科院校较部属高校而言，入学开放性更高，主要表现在：部属高校是社会强势群体的文化中心，而地方本科院校则可能是社会弱势群体的文化中心。非传统生源主要来自社会弱势群体，普遍素质较低，进入地方本科院校学习对他们来说更为现实，且地方本科院校大都办学历史不长，学校办学定位及其发展战略还在进行不断调整完善，更能够容纳非传统学生，能根据这类学生的特征调整发展策略，适应他们特殊需要。同时，地方本科的核心教育功能是提供非学术性的技术或技能教育，且非传统生源学生更愿意选择家庭或工作所在地的高校就近入学，因此，进入地方院校学习顺理成章地成为非传统生源的首选。

四、地方本科院校基于生源变化的发展策略选择

（一）转变发展理念，开放入学制度

面对生源的变化，地方本科院校应转变发展理念，认识到非传统生源对学校发展的长远意义，发挥其特有的为非传统生源提供教育服务的功能和优势。地方本科院校应注重非传统生源市场及其发展潜力，为非传统生源群体设计合适的入学通道和实用的教育内容，实行开放入学制度，面向地方社会开放办学，降低或简化入学条件。地方本科院校应将为非传统学生提供有效、实用的教育服务作为学校的责任和义务，而不仅仅将服务对象定位为传统生源。

（二）开展校企合作，成为企业培训基地

经济社会的发展对从业人员的教育水平要求越来越高，而企业尤其是制造业的一线从业人员基本没受过中学后教育或培训，也严重影响企业的转型升级，因此，企业从业人员更新知识结构、提升专业技能的需求日益强烈。但从我国高等教育的发展来看，从业人员的再教育、再培训与传统高等教育之间没有建立有效连接。为此，地方本科院校应面向社会开放办学，以地方经济社会发展需求为导向，以满足地区人才需求为核心，深化产教融合，推进校企合作，转变学校发展模式，促进学校人才培养目标与社会经济发展需求的有效衔接。同时，建立多样化的入学基准和评价体系，为从业人员再教育、再培训提供机会与便利条件，消除继续教育与高校教育以及社会的边界，成为企业继续教育基地。

（三）拓宽传统生源，开展留学生教育

根据经济合作与发展组织（OECD）的数据，到2016年底，全球有超过500万的留学生，与十年前的留学生数相比增长了67%，这其中增长较为明显的是接受高等教育的留学生人数。[15] 随着

教育国际化的深入发展，留学生教育将成为各国高等教育领域中必不可少的一环。面对我国传统生源总量的减少趋势，地方本科院校应抓住高等教育国际化发展趋势的机遇，招收、培养留学生。地方本科院校可以通过加强与国外学校的交流与合作，提供不同培养层次的教育，根据生源特点实行分类教学，增强学校文化吸引力等途径积极开展留学生教育。

（四）提高办学水平，发展研究生教育

随着经济社会的发展和知识经济时代竞争的加剧，社会对研究生层次教育的需求将更为强烈，而提供研究生层次教育的机构有限，因此，当前地方本科院校应努力提高自身办学水平，积极发展研究生教育。地方本科院校应以重点服务本地区建设为目标，尊重传统和办学历史，依托传统优势学科，在夯实传统全日制本科教育的基础上，努力提高学校师资队伍水平、加强学科专业建设、提升科研实力、加大硬件设施投入等条件建设，不断改善和提高办学水平，积极发展研究生教育。

（五）利用信息技术，加强网络教育

随着信息技术的发展及其在教育领域的应用，网络教育已经成为我国高等教育体制改革的重要组成部分。[16] 网络因其集群性、互动性、共享性和及时性等特点，能够很好地符合后大众化时期高等教育服务对象的各种需求。网络教育资源的共享性、教学的时效性和交互性等特征将成为非传统生源接受继续教育的最佳选择，可以随时随地为社会人员提供服务，满足他们对继续教育的需求。地方本科院校应根据自身发展特点和优势，积极发展网络教育，规范网络教育招生制度、学科专业设置、教学内容与课程建设等内容，注重网络教育的质量，按照教育规律组织教学，促进学校网络教育健康发展。

参考文献

[1][10]王洪才，曾艳清．后大众化与我国高等教育发展战略选择[J]．华中师范大学学报：人文社会科学版．2010(03)：133-138.

[2]豆丁网．简述未来中国高等教育在校生总规模预测[EB/OL]．[2010-05-06].http://www.docin.com/p-53271876.html.

[3]长江商报．湖北高考“弃考”现象观察：弃考生去哪儿[EB/OL]．[2015-06-08]. http://www.gaokao.com/e/20150608/5574fd33b6ee2.shtml.

[4]教育部．《制造业人才发展规划指南》有关情况介绍[EB/OL]．[2017-02-14].http://www.moe.edu.cn/jyb_xwfb/xw_fbh/moe_2069/xwfbh_2017n/xwfb_170214/170214_sfcl/201702/t20170214_296156.html.

[5]中国青年报．农民工“求学圆梦行动”启动[EB/OL]．[2016-03-25].http://www.moe.edu.cn/jyb_xwfb/xw_fbh/moe_2069/xwfbh_2016n/xwfb_160324_02/160324_mtbd02/201603/t20160325_235299.html.

[6]教育部．推进全民终身学习 加快学习型社会建设——教育部副部长朱之文在2016年全民终身学习活动周全国总开幕式上的讲话[EB/OL]．[2016-10-20]. http://www.moe.edu.cn/jyb_xwfb/moe_176/201610/t20161020_285772.html.

[7]教育部．这5年，我国教育事业全面发展[EB/OL]．[2017-10-23]. http://www.moe.gov.cn/jyb_xwfb/xw_zt/moe_357/jyzt_2017nztzl/2017_zt11/17zt11_bd/201710/t20171023_317194.html.

[8]杨移贻．后大众化阶段高等教育的审视[J]．深圳大学学报：人文社会科学版．2009(5)：144-148.

[9][13]曾艳清．高等教育后大众化与成人学生入学制度改革趋向研究[D]．厦门：厦门大学，2007.

[11]吴爱华，侯永峰，杨秋波等．加快发展和建设新工科 主动适应和引领新经济[J]．高等工程教育研究．2017(01)：1-9.

[12]沈进兵．后大众化视阈下我国开放大学发展策略研究[J]．当代继续教育．2015(01)：40-43.

[14]徐培培．地方高校转型发展中的问题及改进路径研究[D]．沈阳：沈阳师范大学，2017.

[15]环球网．2016中国留学发展报告发布：全球国际留学生数量持续上升[EB/OL]．[2016-12-13]. http://lx.huanqiu.com/lxnews/2016-12/9802232.html?winzoom=1.

[16]张洪玲，冯伯驹，李慧等．基于在线学习行为数据分析的网络教育教学研究与对策[J]．情报科学．2017(09)：74-79.

MBTI功能形态与大学专业群匹配机制研究

张裕晨　邱均平　田京

近年来，特别是新高考改革启动以来，以人与环境（包括学科、专业及职业）适配为核心的选择性教育理念逐渐引起教育界人士的关注。较高的专业匹配性可以促进大学生的学习，进而影响后续的职业发展。[1] 然而，目前专业不匹配情况在大学生群体中仍普遍存在。[2] 已有研究表明人格类型与工作岗位相匹配，可以使个人和组织都能获得较高的满意度。我国大学专业的设置与职业发展有着紧密关系，如果能通过研究找到专业与人格类型之间的匹配机制，则将成为考生选科、填报志愿、专业学习的一个重要指导依据。以往的专业匹配性研究多从对学生学业的影响等结果层面讨论专业匹配的意义，对于其实现匹配过程尤其是在针对中国大学专业的匹配机制的研究相对缺乏。学生在专业选择中面临的关键问题就是专业适配性评估及其在专业学习中的个体差异。现有的研究已经发现很多专业都有一些"优势人格类型"[3]，说明MBTI（Myers-Briggs Type Indicator）人格类型理论在研究解决专业选择的难题上具有很大的潜力。然而，目前研究所涉及的人与专业匹配性评估仅限于医学等少量专业，专业分类往往参照的也都是国外分类体系，与中国本土专业体系不相适应。MBTI对人格差异的理论解析及应用研究，将为专业选择中的专业分类及匹配机制研究提供科学依据。

一、MBTI与功能形态

（一）MBTI理论概述

MBTI是一种迫选型、自我报告式的人格分析理论和工具，通过对人们在心理能量来源、信息获取、决策方式、对待外部世界态度四个方面的心理和行为规律的测评，展示了不同个体间的能量恢复、价值取向、行为偏好、工作态度等方面的差异性。[4] 目前MBTI被广泛运用于员工发展、自我探索、团队管理等方面。MBTI以荣格《心理类型理论》作为基础，既可用于专业评估又易于解释。[5] MBTI理论可以通过以下四个维度来描述。[6]

张裕晨，浙江高等教育研究院讲师，高考咨询与评价服务研究中心主任，研究方向为大学评价及新高考改革；邱均平，浙江高等教育研究院院长、教授，研究方向为大学评价与学科评价、高教评价与管理、信息计量与科学评价；田京，教育学博士，浙江高等教育研究院讲师，研究方向为比较高等教育。

心理能量指向：分为外倾（extraversion，E）与内倾（introversion，I）偏好。外倾型的人能量来自与外界的互相作用，热情洋溢，听、说、想同时进行，关注问题的广度，喜欢人多的场合；内倾型的人能量来自内心的思考，性格内敛，喜欢安静的工作环境，通过思考、自省吸收和消化外部信息，先想好再表达，关注问题的深度。

获取信息的方式：分为感觉（sensing，S）与直觉（intuition，N）偏好。感觉型的人关注数据和事实，关注事实本身和细节，喜欢条理清晰、有规律、要运用实感能力的工作；直觉型的人热衷于了解事物背后的意义，对抽象的概念兴趣浓厚，思维跳跃，更喜欢从事创造性的工作，关注总体、未来、趋势变化。

决策方式：分为思考（thinking，T）与情感（feeling，F）偏好。思考型的人强调逻辑分析，喜欢冷静客观的交流方式，擅长分析客观数据以及探究因果关系，人际关系不敏感；情感型的人更多考虑个人价值观以及他人的感受，决策时基于主观判断，言语友善、委婉，倾向主观想法与道德评判。

对待外部世界的态度：分为判断（judging，J）与知觉（perceiving，P）偏好。判断型的人决断，喜欢掌控，井然有序，保守，谨慎；知觉型的人随意、自然、开放、灵活，保持弹性，偏好于新的体验。

（二）MBTI功能形态

将上述4个维度的8种倾向进行两两组合，可形成MBTI的16种人格类型。根据Katharine Myers提出MBTI的“五层次理论”，第二层是对人格类型功能型态的理解[7]。在MBTI的四个维度中，我们获取信息的两种方式是感觉S和直觉N，做出决策的两种方式是思考T及情感F，这四种偏好由性格类型的中间两字母反映出来，我们称之为人的基本心理功能。四种偏好两两配对形成的四组功能对：ST、SF、NT、NF，构成了MBTI人格类型的核心，其对人的职业发展和专业学习有着重要意义。[8]

具有ST（感觉思考型）功能对的人主要依赖感官来感知事物，依赖思考来做出判断，通过非个人的分析来就这些事实做出决定，其人格类型倾向于讲究实际和事实；具有SF（感觉情感型）功能对的人也使用感官来感知事物，喜欢实际性的工作，但行为温和，关注个人感受，友善而委婉，是一种对人友好的人格类型；具有NF（直觉情感型）功能对的人具有与SF类型的人同样的个人热情，因为，他们的相同点是都使用情感于精神活动过程中，但是，具有NF的人喜好通过直觉而不是通过感觉来感知事物，所以，其注意力不是集中在具体环境，而是事情的可能性；具有NT（直觉思考型）功能对的人也使用直觉，但是是将直觉与思考共同使用。尽管他们也关注可能性，但使用的是非个人的分析方法，他们经常选择一个理论上的或可实施的可能性，然后将个人因素置于辅助地位。四组功能对的偏好归纳如表1所示。[9]

表1 MBTI功能对优势领域

功能对	感兴趣的领域	优势领域
ST	与物有关的事实，相信逻辑推理	需对事实进行非个人分析的领域：法律、会计、商业、外科、生产、机器操作等
SF	与人有关事实，一个友善的环境	需要笑容的服务工作等领域：护士、儿科、教育（特别是小学教育）、社会工作、商品销售

续表1

功能对	感兴趣的领域	优势领域
NF	用新方法了解别人，有象征意义和比喻性的活动	需要创新精神以满足人类需求的工作：宗教布道，如教育（特别是大学教育和中学教育），咨询，临床心理，商业广告，不可见商品销售，精神病，写作等
NT	有关世界运作的理论和全面解释	解决有特殊兴趣的领域中的问题：例如科学研究、数学、电脑、金融的复杂问题，以及技术领域中的任何新发展和新实验

二、MBTI与大学专业群分类

（一）不同专业的优势人格类型

从Myers的研究中我们可以发现，MBTI四个功能形态都存在着优势职业领域，这为人们做好职业选择，实现人职匹配提供了有效指导。不同功能组合在专业学习中是否也存在着不同偏好呢？大量研究已经证实，特定专业学生群体中存在优势人格类型，优势人格匹配的学生学业表现较好。[3]国内外学者曾对部分专业的学生进行了人格类型分布及偏好的研究：武圣君等对口腔医学专业学生的人格类型分布进行了中英样本比较，发现虽然口腔医学专业学生的人格类型分布存在跨文化差异，但该专业的优势人格在两国间都倾向于ISTJ。[10][11] Hogan的研究发现，ENTJ在技术类专业研究生中的比例最高，这种类型个体在学习过程中追求创新性与掌控力，有很强的自主性。[12]心理类型应用中心（CAPT）与八所高校共同完成的研究发现，在工程专业学生群体中，I、N、T、J型学生的学业表现比E、S、F、P型要好。[13] Ziegert对经济学专业学生学业表现的研究也发现，N、T型相对于S、F型学业成绩更好。[14]这可能是因为经济学专业比较偏向于理论性和逻辑性，而N、T型人格特点则正好与之相匹配。[15]总体来看，国内外诸如此类的研究成果较多，也足以说明不同专业间存在着与之匹配的优势人格类型。具有优势人格偏好的学生在与之匹配的专业教学内容、教学模式及考核方式上会更有优势，从而能呈现出更好的发展状态。

（二）功能对与专业群分类

MBTI的测试结果显示每一人格类型对应了十几种工作，这些工作由于有着与不同功能形态相匹配的共同特征而被放到一起形成优势职业群。在我国的学科分类体系中，专业是参照苏联的“职业—专业—课程”模式进行设置的，专业与职业联系紧密。[16]根据上述研究，不同专业存在着与功能形态相匹配的特征，据此，笔者按照专业性质及其与MBTI功能对的匹配关系，将我国高等教育506个本科专业分成了19个专业群，并与MBTI四个功能对一一对应。

这19个专业群分别是：工程类、技术操作类、数理化类、医药卫生类、生命科学类、生物资源类、地球环境类、建筑与设计类、艺术设计类、新闻传播类、社会与心理类、外语类、文史哲类、教育类、政法类、经管类、财务类、金融经济类、体育运动类。每个专业群都包含了若干特定专业，并与MBTI四组功能对相匹配（表2）。比如政法类专业群具体包括了法学、犯罪学、治安学、知识产权、侦查学、政治学与行政学等专业，这些专业都需要学习者依赖思考来做出判断，其人格类型倾向于讲究实际和事实，这恰好与ST功能类型的特征相匹配。这种分类方法既考虑了传统学科专业分类的原则，又关联了MBTI功能对的匹配关系，同时数量众多的专业聚类成19个专业群，在辅助学生专业选择上更有实践意义。

表2 MBTI功能对与大学专业群匹配

专业群	MBTI功能对	包含专业
工程类专业群	NT	通信工程、电子信息工程、机械、交通、土木、水利水电、能源与动力、工业、车辆工程、管理科学与工程等
技术操作类专业群	ST	飞行技术、航海技术、计算机科学与技术、软件工程、网络工程、数字媒体技术、游戏设计等
数理化类专业群	NT	数学与应用数学、信息与计算科学、统计学、物理、化学、声学、力学等
医药卫生类专业群	SF	临床医学、预防医学、医学影像学、医学检验技术、药学、中医学、针灸、推拿学等
生命科学类专业群	NT	生物科学、生物技术、生物信息学等
生物资源类专业群	ST	动物科学、医学、水产养殖学、畜牧、园艺、食品科学与工程等
地球环境类专业群	NT	大气科学、地理科学、地球化学、海洋科学、应用气象学等
建筑与设计类专业群	NT	建筑学、工业设计、园林、城乡规划等
艺术设计类专业群	NF	音乐学、音乐表演、绘画、雕塑、美术学、舞蹈学、戏剧学、表演、服装与服饰设计、工艺美术等
新闻传播类专业群	NF	新闻学、广播电视编导、广播电视学、编辑出版学、广告学、传播学
社会与心理类专业群	NF	心理学、应用心理学、社会工作、社会学、公共事业管理等
外语类专业群	NF	英语、法语、西班牙语、日语、汉语言、商务英语、翻译、所有小语种专业等
文史哲类专业群	NF	汉语言文学、历史学、哲学、文物与博物馆学等
教育类专业群	NF	教育学、思想政治教育、社会教育等师范类专业等
政法类专业群	ST	法学、犯罪学、治安学、知识产权、侦查学、政治学与行政学等
经管类专业群	SF	管理科学、工商管理、人力资源管理、市场营销、行政管理、电子商务、旅游管理、图书馆学等
财务类专业群	ST	会计、财务管理、审计、财政学等
金融经济类专业群	NT	保险学、国际经济与贸易、国际商务、金融工程、金融学、经济学、经济统计学等
体育运动类专业群	SF	体育教育、运动训练、社会体育等

三、MBTI与专业匹配地图

（一）地图构建的理论基础

美国大学测验中心（ACT）的职业分类系统中有三个重要概念：工作任务维度（worktask dimensions）、工作区域（region）和工作群（job family），这是构建工作世界地图（图1）的基本要素。[17]

ACT 用资料/观念（data/ideas dimension）和物/人（things/people dimension）这两个相对独立的工作任务维度来区分所有职业类型。资料/观念维度：资料维度包括记载、数据、系统分析、资料整理等内容，是一种涉及数据与事实的外在活动过程，如财会、文秘、客运调度等工作；观念维度包括抽象物、理论、知识、用词、方程式、音乐等内容，是一种推理、分析、综合、抽象、概括等内在活动过程，如哲学家、科学家等工作；物/人维度：对物维度包括电子、工具、物理、化学和生物等非人际的过程，如生产、运输、修理等工作。对人维度包括帮助、通知、服务、劝说、促动和指导等与人打交道的人际过程，如售货员、教师、和护士等工作。

为了将职业信息进一步系统化，ACT 以四种工作任务维度为依据，将数千种职业分成六个职业类别（job cluster），每个职业类别包含2～6个具体的工作群，每个工作群中所含职业工作性质相似，最终共形成了23 个工作群。在工作世界地图绘制过程中，ACT 先以资料/观念维度为横坐标，物/人维度为纵坐标绘制了一个直角坐标系，然后将整个坐标图划分为12 个相等大小的工作区域，最后按照每种职业与上述工作任务维度的关联程度把23 个职业群定位在相应工作区域中，形成图1所示的工作世界地图。[17]

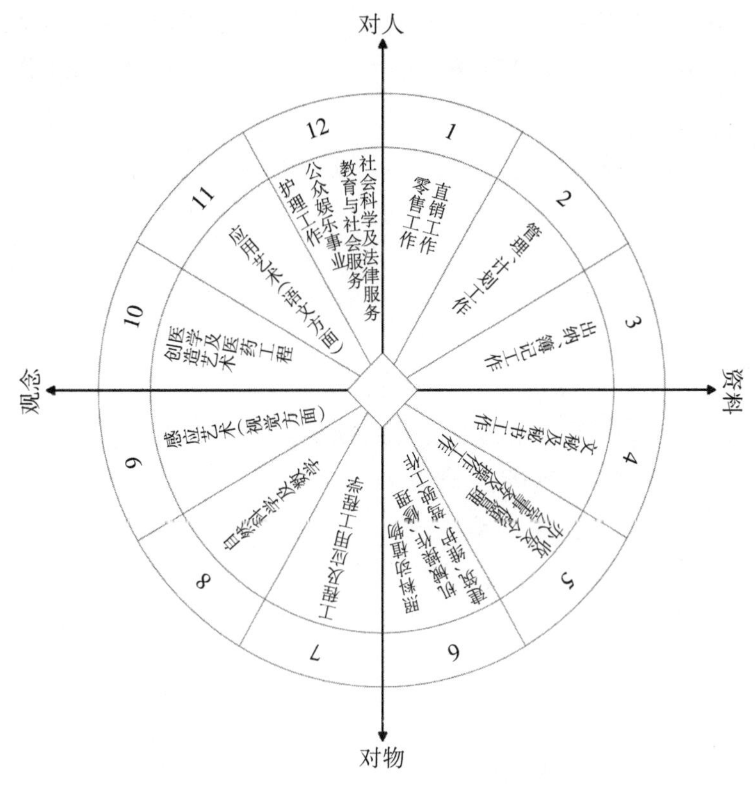

图1 工作世界地图

（二）中国专业群地图的构建

工作世界地图是开展职业定位，实现人—职匹配的重要工具。[18] 而对于面临专业选择的学生来说，实现个人与专业的匹配更具有实践意义。下面我们将根据MBTI功能形态，结合工作世界地图定位原则及专业性质，对中国19个专业群进行分析，最终绘制出中国专业群地图（图2）。

技术操作类、生物资源类、政法类、财务类专业群：其研究对象主要是机器设备、生物资源材料、事实数据，要求按照一定的程序、规范进行。任务维度是“对物与资料”，人格类型倾向于ST，需要严谨、细致并且客观和公正。按照其类型倾向程度分别定位于区域6、区域5、区域4、区域4。

医药卫生类、经管类专业群、体育运动类专业群：对于这三类专业来说，都需要与人打交道，同时也需要考虑到事实和细节，体育运动类专业如体育教育运动训练还需要身体的敏感性。因此，这三类专业群的工作任务维度主要是“对人与资料”，MBTI人格类型倾向于SF。需要说明的是，医药卫生类中的药事管理、药物分析、药物化学、海洋药学这四个专业更倾向于对物与资料，MBTI功能类型也更偏向于ST一些。上述三个专业群按照倾向程度，分别定位于区域1、区域2、区域3。

艺术设计类、新闻传播类、社会与心理类、外语类、文史哲类、教育类专业群：学习这6大专业类需要有较强的创新能力，同时在学习过程中还要善于把自己的创意表达出来，主要运用观念维度进行工作，需要与人打交道，工作维度主要偏向“对人与观念”，因此MBTI人格类型偏向于NF。但教育类中的小学教育、特殊教育、休闲体育专业以及艺术设计类的舞蹈表演、舞蹈学、舞蹈编导专业更需要关注的是细节和事实以及身体敏感性，功能类型偏向于SF多一些。按照倾向程度，将这上述六个专业群分别定位于区域10、区域11、区域12、区域12、区域11、区域12。

工程类、数理化类、生命科学类、地球环境类、建筑与设计类、金融经济类专业群：学习这类专业需要与抽象的模型或者概念打交道，并且主要依靠逻辑分析得出结果和决定，研究对象主要以物为主，包含知识、创意，即偏向于“对物与观念”。而NT型也是从事研发工作较为突出的人格特征[9]，因此以上6大专业群的MBTI人格类型更偏向于NT。按照倾向程度，将这上述六个专业群分别定位于区域7、区域8、区域8、区域7、区域9、区域8。

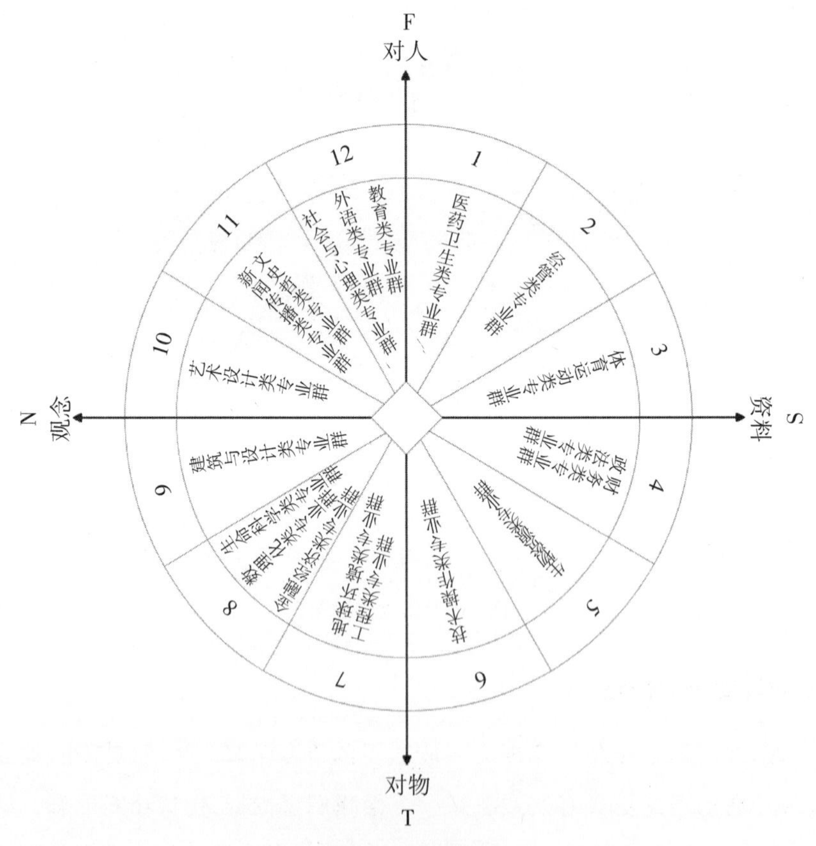

图2　专业群地图

根据上述分析，最终绘制出专业群地图（见图2）。学生们在进行人格类型功能确认基础上，通过专业群地图的定位，实现专业匹配，最终对学业发展起正向推动作用。

四、应用展望

进一步验证专业与人格类型间的匹配关系。大学专业群地图的绘制，为学生专业匹配提供了参考和借鉴，但需要指出的是，这种匹配不是绝对的对应关系。目前国内外对人格类型与专业选择的研究涉及的专业寥寥无几，而我国高校有十三大类，506个基本专业且新专业层出不穷，在后续的研究中应以更多的专业和群体作为案例进行分析，进一步验证MBTI的S-N和T-F维度与专业间的匹配度。

加强在高中学生职业生涯规划指导方面的应用研究。从生涯发展论角度看，高中生正处在从职业探索到职业成熟的关键时期。而新高考改革的核心要义就是增加学生的选择权，从高一的选科到高三填志愿时的专业选择，对学生的选择能力提出了极高要求。因此，在新高考改革背景下，对高中生开展职业生涯规划指导既迫切又有现实意义。本文首次将中国大学本科专业分成19个专业群，并利用MBTI这一重要心理量表构建了匹配地图，为高中生选科选专业提供了一个强有力的工具，同时为高中生生涯规划教育研究提供了一条新的路径。

开展MBTI与专业匹配的跨文化研究。之前的研究表明，不同的文化背景对人格类型与职业、专业的匹配会产生一定的影响。Cross对美国学业优秀青年学生群体的研究发现，比例较高的是N型学生。[19] 这可能是美国校园推崇创新、联想及独特的教学风格，从而抑制了S型学生的发展。[20] 那么，在我国现阶段的教育环境中，独特的教育文化是否也会对特定学生群体产生影响？这需要更多的跨文化研究进行验证。

参考文献

[1]薛艳，谭顶良，傅宏．大学生专业匹配性与学业成绩相关研究[J].心理科学，2009(03):547-550.

[2]刘超．在滇大学生3成不喜欢所学专业[N].云南日报，2007-03-24.

[3]顾雪英．一种跨界尝试：MBTI在差异教育中的应用价值[J].教育研究与实验，2013(04):25-29.

[4]Garrety, K. Beyond ISTJ: A discourse-analytic study of the use of the Myers-Briggs Type Indicator as an organisational change device in an Australian industrial firm. Asia Pacific Journal of Human Resources, 2007(45), 218-234.

[5]McCrae, R.R., &Costa, P.T. Reinterpreting the Myers-Briggs type indicator from the perspective of the five-factor model of personality. Journal of Personality, 1989(57), 17-40.

[6]许明月．MBTI人格类型测验在企业管理中的作用[J].领导科学，2009(12):31-32.

[7]Paris, C.S. MBTI® Type Today, a Resource for Understanding The MBTI® Assessment. APTI Bulletin of Psychological Type.2011.

[8][美]保罗·D·蒂戈尔，巴巴拉·巴伦-蒂戈尔．就业宝典：根据性格选择职业[M].李楠，熊芳，熊勇，王捷，等译．北京：中信出版社，2002:75-76.

[9][美]伊莎贝尔·布里格斯·迈尔斯，彼得·迈尔斯．天资差异[M].张荣建译．重庆：重庆出版社，2008:19-22.

[10]武圣君，苗丹民，罗正学，陈静，王伟，胡海燕．口腔医学专业考生人格特点的中英样本比较[J].中国心理卫生杂志，2006(11):720-722.

[11]Jessee, S.A, O'Neill, P.N, Dosch, R.O. Matching student personality types and learning preferences to teaching methodologies.Journal of Dental Education.2006.

[12]Hogan, R.L. Assessment of technology graduate students' learning preference styles utilizing the myers-briggs type indicator.Journal of Industrial Technology, 2009(25):1-7.

[13]Rosati, P. Academic progress of Canadian engineering students in terms of MBTI personality type. International Journal of Engineering Education.1998.

[14]Ziegert, A.L. The role of personality temperament and student learning in principles of economics: Further evidence.The Journal of Economic Education.2000.

[15]Felder, R.M., Felder, G.N., Dietz, E.J. The effects of personality type on engineering students performance and attitudes. Journal of Engineering Education.2002.

[16]潘懋元.新编高等教育学[M].北京:北京师范大学出版社,1996.

[17]刘视湘,郑日昌.职业评定量表(VIESA)的信度和效度研究[J].心理发展与教育,2001(01):47-51.

[18]陈玉玲,陈维政.MBTI人格类型与工作匹配作用机制研究[J].软科学,2015(05):92-95+105.

[19]Cross, T.L., Neumeister, K.L.S., &Cassady, J.C.(2007) .Psychological types of academically gifted adolescents.Gifted Child Quarterly, 2007(51),285-294.

[20]Kise, J.A.G. Differentiation through personality types:A framework for instruction, assessment, and classroom management.Corwin Pr,2013.

“以学生为中心”的高校教学质量保障体系构建

——中国人民大学的探索

田昕

一、“以学生为中心”的教育理念

1951年，美国著名心理学家卡尔·罗杰斯首先提出了“以学生为中心”的教育观点。[1] 他强调了学习者的主体性与潜能的发挥，认为学习评价是学习活动的有机组成部分，是保证学习活动、学习目标被团体所接受的过程。这一观点向传统的“以教师为中心”的教育观提出了挑战，并引发了美国本科教育基本观念、教学方法、教学管理和评价的系列改革。1998年联合国教科文组织在世界首届高等教育大会宣言中提出“高等教育需要转向‘以学生为中心’的新视角和新模式”[2]，要求各国的高等教育决策者视学生为教育改革的主要参与者，重点关注学生的发展及其需要，并预言“以学生为中心”的理念必将对21世纪整个世界的高等教育产生深远的影响。亚历山大·阿斯汀（Alexander Astin，2004）[3] 提出，最好的高校能够最大限度地促进学生的学习与发展。质量的评判标准是学识（learning）和学生随时间而发生积极变化。

21世纪以来，国际教育界开始将高等教育质量保障向“学生本位”聚焦，一些学者开始尝试对学生学习成果进行测量和评估。经济合作与发展组织（OECD）所倡导的“高等教育学习成果评价项目”（Assessment of Higher Education Learning Outcomes，AHELO项目）正是基于“针对高等教育成果和高校学生学习成果进行评估”的理念，旨在国际范围内对高校毕业生毕业时学到了什么和能做什么进行评价的项目。[4] 目前，该项目已发布《体系设计及实施》《数据分析及国家经验》《推进计划与展望》等多份可行性研究报告，填补了国际上此前缺乏对高等教育学习过程和学习成果进行直接测量的空白，使“学习成果”成为讨论高等教育成效的中心话题。

国外教育理念的改革与更新影响着我国高等教育思想的发展和转变。学者们普遍认为传统的大学本科教学质量保障体系存在种种弊端，已不再适应当前高等教育的发展。高校亟须探索“以学生为中心”的教学质量保障体系的构建方式。

杨彩霞，邹晓东（2015）[5] 明确提出，以学生为中心的高校教学质量保障是指高校以促进学生

基金项目：中国人民大学科学研究基金/中央高校基本科研业务费专项资金资助项目（18XND020）的阶段性成果。

田昕，中国人民大学教学评估与评价中心办公室副主任，研究方向：教学评估与评价、教学管理等。

发展、学生学习和提升学生学习成果为目标，推动学生学习参与、评价参与，服务学生学习过程，关注学生学习成果而建立的组织与程序系统。刘献君（2012）[6]提出，面对当前的发展形势，高校需从"课堂、教师、教材""老三中心"，向"学生、学习、学习过程""新三中心"转变，真正关注学生的学习。

基于高等教育质量保障理念的转变，为适应高等教育质量保障理论发展及学校教学改革和管理实际，中国人民大学的质量保障体系建设也进行了更新和改革。近些年，随着学校"本科人才培养路线图"的实施和研究型学习制度建设的推进，学校在质量体系建设、实施过程中，突出学生的教育质量主体地位，以学生发展为中心，以提高学生学习成效为中心，以课堂教学为主战场，梳理本科教学质量控制点，规范管理流程，制定质量标准，采用多元质量监控手段，加强质量改进，构建了较为完善和科学的质量保障体系，有效保障和促进了人才培养质量的提高。

二、以学生为中心的教学质量保障体系

（一）"以学生发展为中心"的研究型学习制度

中国人民大学一直坚持以学生为本的办学理念。2013年学校在本科人才培养路线图中提出本科人才培养目标：坚持"立德树人"的人才培养理念，强调以德为先，促进学生德智体美全面发展；突出承担使命、探究知识、增强能力、奉献社会的培养要求，致力于培养具有厚重品质，始终奋进在时代前列，能在各行各业发挥引领作用的"国民表率、社会栋梁"。为实现本科人才培养目标，学校实施8项制度和16个人才培养项目，建设研究型学习制度，促进学生学习真知识、发现真问题、提高真能力。紧密围绕人才培养理念、目标和改革重点，学校进一步明确质量保障目标：建设研究型学习制度，促进学生全面，培养国民表率、社会栋梁。

研究型学习制度本身是一项以学生为中心，以学生发展为中心的制度，其核心是通过以探究问题、解决问题为中心的学习方式，提升学生的自主学习和创新能力。研究性学习制度的建设需要推动若干重要转变：从以传授知识为中心到以探究问题为中心，从课堂教学为中心到课内课外有机结合、更加注重研究实践，从以讲义、教材为中心到更多更密切的师生互动、教学相长，从狭隘的专业学习到培育复合性的厚重的知识基础，从国内学习到扩展国际视野、跟踪学术前沿，从知识、能力教育到人格养成，等等。而要推动这些转变，必须着力解决学生学习兴趣、学习自主性、学习时间安排、研究方法论以及教师教学投入、教学方式变革等关键问题。

因此，研究型学习制度的确立促使学校教学质量保障体系的核心理念向"以学生为中心"转变，教学质量保障标准和措施也相应进行了改革。

（二）"以学生发展为中心"的教学质量保障标准

学校本科教学质量保障体系确定以课堂教学质量保障为核心定位质量保障关键点，突出强调教师主体，突出关注学生学习效果和学习体验。以此为原则，学校梳理本科教学管理核心质量点，确定以专业设置—培养方案—培养过程—课堂教学为主线，覆盖人才培养全过程的35个质量保障监控点。

根据我校实际，参照国际标准，学校制定主要监控点的质量标准与规范。参照国际工程专业认证标准、教育部人文社会科学专业认证标准及教育部专业国家标准，制定工程类专业和人文社会科学专业评估标准；专业标准制定上，突出学习产出导向，强调全体学生共同达到毕业要求，按培养目标—课程设置—教学大纲—教学方式层层传导的逻辑关系，强调每一层环节均以实现一项或几项学生毕业能力为目标，同时要有有效的评价机制以保证每个环节在实现毕业要求上的功用均得到发挥，强调所有教学资源能有效支持培养目标的实现。学校根据教育部审核评估要求完善培养方案修订标准，要求培养方案修订关注学生意见；在课程方面，参照国外一流大学标准，制定课程规范、大纲标准及学生课堂作业规范，此外还建立教师课堂教学评价指标、学生学习、毕业标准等。这些标准的制度，反映了学校办学目标和办学基本质量追求，对学校本科人才培养各环节起到“指挥棒”作用。

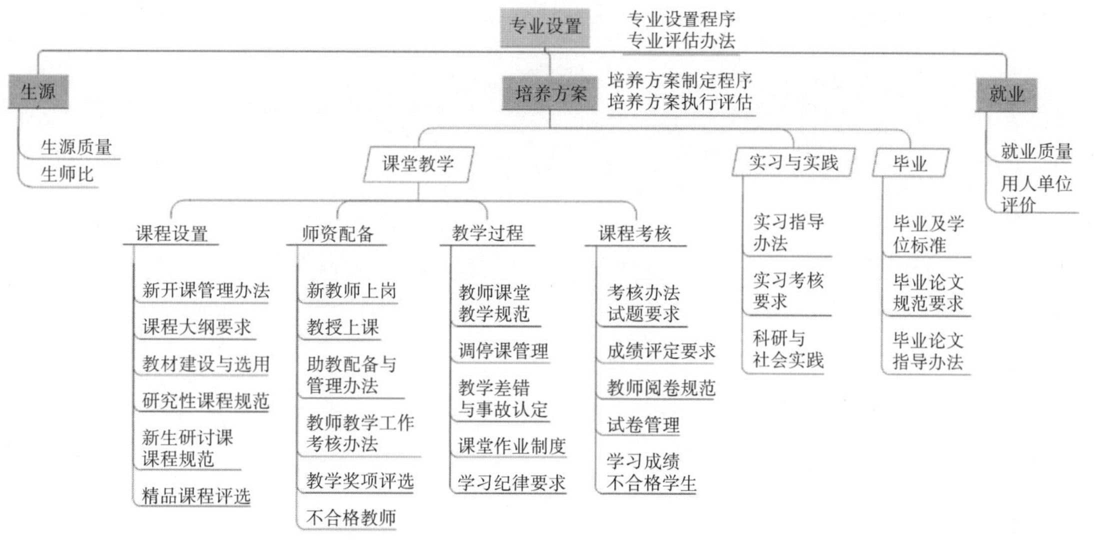

图1 本科教学质量保障监控点及规范图

（三）“以学生发展为中心”的教学质量监控措施

1.以课堂教学为主开展教学过程质量常态监控

学校不断完善课堂教学常态监控措施，加强教学过程控制，保证课堂教学质量。包括：实施新开课程审批制度、新教师教学准入制度，严把课程设置和教师教学入口。实施教学大纲公示制度，每学期将课堂教学大纲挂校园网上及学生选课网上予以公布；实施教学检查和听课制度，书记、校长、教务处长、各学院领导每学期深入到教学一线，检查教学及教学环境情况；实施课堂教学巡视员制度、教学督导员制度，维护教学秩序，对课堂教学情况进行评价、总结和分析，为学校进一步完善和改进相关工作提供依据。

每学期面向所有本科生课堂开展教师课堂教学质量评估；开展校院两级试卷评估、抽查及成绩分析，检查阅卷规范性、试卷科学性、评价课程教学大纲、平时成绩与期末成绩比例等。

此外，作为人才培养最终环节，学校加强毕业论文（设计）质量检查。修订毕业论文（设计）管理办法，规范工作流程，加强过程监督。强调学术诚信，全面开展本科毕业论文（设计）查重，提升论文质量。

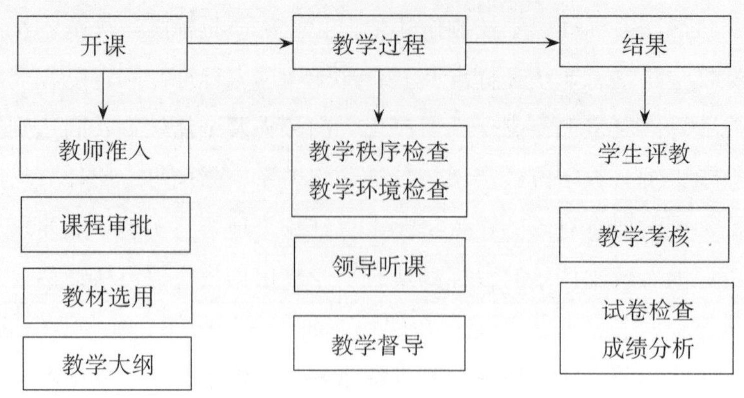

图2 课堂教学质量监控图

2. 开展专业评估和学院评估等整体性评估

学校针对新建专业和薄弱专业，开展专业自评和自查。2015年开始，学校制定并完善《中国人民大学本科专业评估办法》，启动新一轮专业评估工作。新一轮评估参照国际通行的程序和办法，邀请校外专业评估经验丰富的教授作为评估专家，重点针对学校新建专业和薄弱专业开展专业评估工作。通过评估，各专业明确了办学过程中存在的问题和人才培养过程中有待改善之处，促进了专业办学水平的提高。

根据教育部本科教学工作审核评估指标体系，学校组织开展各院系本科教学工作自评。在学院开展自评自建的基础上，学校聘请评估经验丰富的校内外专家组成专家组，以现场考察的方式对各学院本科教学工作情况进行全面评估。根据评估专家反馈的意见和评估中发现的种种教学管理问题，各院系制定整改方案并开展整改工作。学院评估工作的开展，帮助学院在自评中梳理了办学经验，发现了存在的问题，明确了改进的方向，为学校建设本科教学质量保障长效机制起到了重要的促进作用。

3. 实施质量报告制度，公开办学质量信息，引入师生和社会监督

学校面向全校师生开放所有课程、课表、教学大纲、教师课堂教学质量评估结果等信息。同时，学校实施本科教学质量年度报告制度和本科教学质量数据信息发布制度，围绕人才培养目标、教学基本条件、教学建设与改革、教学质量保障和学生学习效果，编制学校年度本科教学质量报告和学院质量报告，与本科教学数据一并在网上发布，接受广大师生和社会监督。这一制度的实施帮助了学校及各院系定期梳理教学现状，明确亟待解决的问题，促进了学校人才培养质量的稳步提升。

4. 建设教学基本状态数据库，提高教学质量保障体系建设信息化水平

学校自主整理并按学期发布《中国人民大学学年本科教学基本数据》，内容包括课程开设情况、学生学习质量、教师教学质量与教学秩序等。2016年起，学校每年开展本科教学基本状态数据采集，并形成《中国人民大学本科教学工作状态数据分析报告》及各学院分报告，同时生成各学院数据报告，下发学院。为促进师生全面了解学校教学质量现状，学校每年定期公开核心教学数据，并利用教学例会等渠道向学院通报、反馈教学质量信息及数据，由学院反馈至教师及学生。

为提高教学质量保障工作的效率和科学性，帮助师生更加便捷、全面地了解学校本科教学现状，学校着手本科教学管理系统的升级及教学质量保障平台的建设工作，意在将质量保障各环节的数据进行关联并应用，帮助学校准确判断、跟踪、评价本科教学状态。

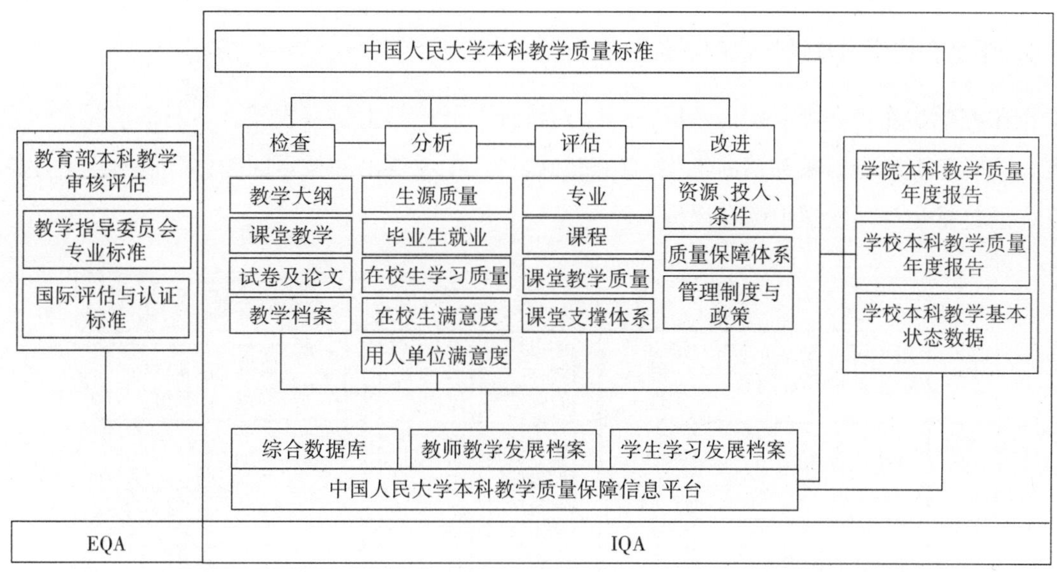

图3　中国人民大学本科教学质量保障平台框架图

三、教学质量保障体系中的“学生”参与

（一）新生、毕业生调查

学校全程跟踪学生发展情况，评价学生学习效果，了解学生学习体验，以学生视角的评价和信息，反思和改进学校本科教学管理工作。

学校针对新生和毕业生两个阶段学生的特点，设计专门的问卷，分别开展新生调查、新生学情调查和新生研讨课程评价以及毕业生学情调查、用人单位评价等，通过跟踪新生适应情况，总结毕业生自我评价及用人单位评价，检视学校各项政策执行情况。

（二）学情调查

学校对学生在学阶段实施全过程学情调查。调查以“投入—教与学过程—学业成果”为逻辑，通过学生对“大学学习生活”“教学评价”“学生发展”和“个人信息”四大模块五十余个具体问题的回答，完成对学业成就、核心（通用）能力、道德价值观三大维度的自我评价和对学校各项工作的评价。根据调查结果，学校每年形成《学情调查报告》，并在学校一定范围内公布，帮助学校及时了解学生发展现状，促进教学质量的提高。

（三）学生评教

在学期间，所有学生每个学期对所选课程进行课堂教学质量评估，评价教师教学水平、助教、教材、教学环境、教学资源等。随着教学改革的深入，学校根据不同的课程类别及时修改评教指标，保证学生评教的客观性和有效性。同时，学校将评估结果及学生建议及时反馈学院及教师，帮助教师提高教学水平。

（四）学生在校学习及发展情况评价

学校跟踪学生在校学习及发展情况，每学期统计、分析学生学习成绩、不及格情况、学生发展等情况，提示学业预警，关注落后学生，调整和改进其中反映出的教学问题；开展学生毕业论文质量检查，通过推免等开展学生综合评价。

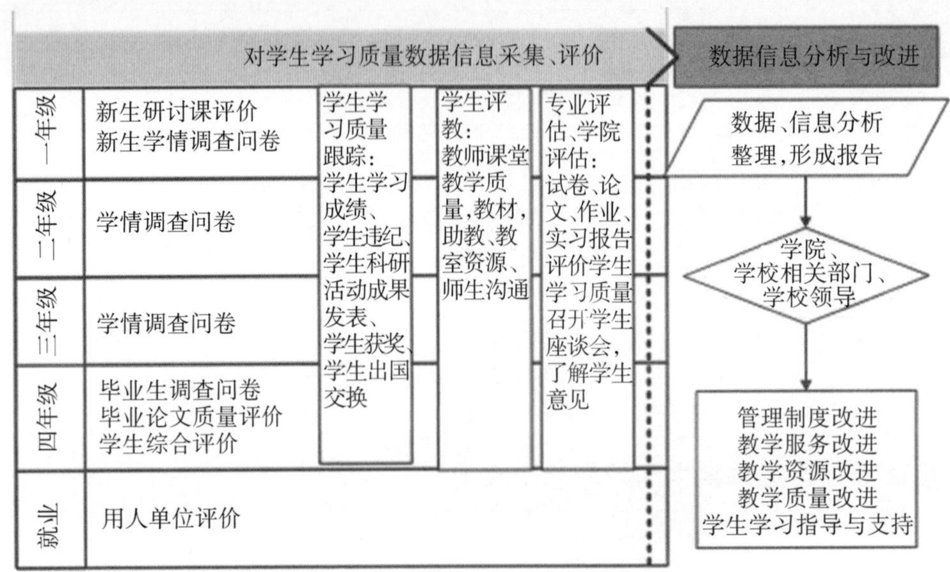

图4　学生学习过程跟踪评价及改进图

（五）学生学业辅导中心的参与

学校成立学生学业辅导中心，对学生学习质量评估中发现的学生学习问题，学校评估与评价中心及时反馈至学院，学业辅导中心和学院共同开展学业指导及其他方面的帮扶，改进学生学习质量，力争促进每个学生均能达到毕业标准。

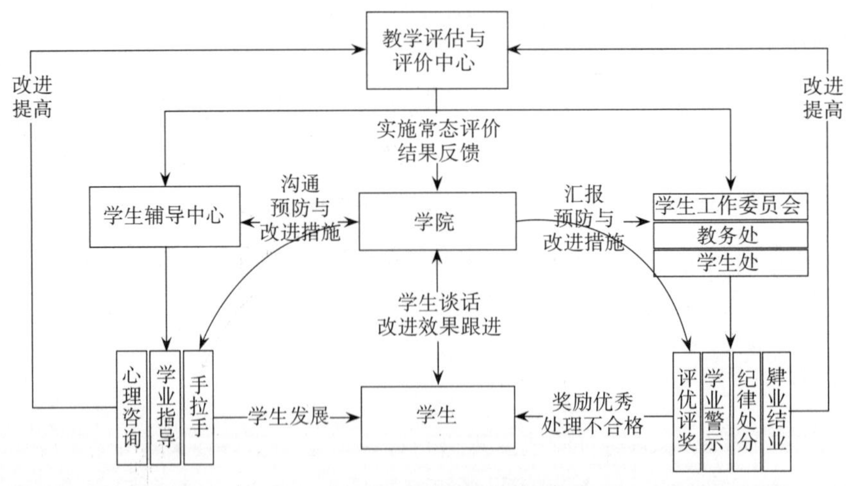

图5　学生学习质量问题改进机制图

四、经验总结及改进思路

（一）人才培养理念坚持“以学生为中心”

教育部陈宝生部长在2018年6月21日举行的“新时代全国高等学校本科教育工作会议”上明确指出：把人才培养的质量和效果作为检验一切工作的根本标准。学生是高校人才培养的对象，学生的培养质量决定着高校办学水平的高低。因此，高校应改变传统的以“教”为中心的教育观念，向“以学生为中心”的人才培养理念转变。坚持人才培养的各阶段着力于学生的发展和学习效果，全面提升学生的自主学习和创新能力，提高人才培养质量。

（二）强调对学生发展情况及学习效果的评价

学生的发展状况和学习效果是衡量高校人才培养质量的重要标准。学生的发展状况评价贯穿于人才培养的全过程，新生、毕业生调查，学情调查等方式可以很好地了解学生的发展状况，帮助学校及时关注学生学习现状。学生学习效果的评价主要通过学生学习成绩跟踪、学生满意度调查、学生就业质量调查等各类教学评价措施实现。各类评价指标的设定应基于学生的角度，能够充分体现学生的发展状况及学习效果。

（三）重视学生对教学质量的评价

学生评教是学生评价教师教学质量的重要手段。传统的学生评教往往指标单一，注重对教师“教”的评价，忽略了对学生自身学习效果及其满意度的评价。基于“以学生为中心”的质量保障新理念，高校应充分利用好学生评教这一措施，以学生为出发点来进一步完善评价指标，同时做好学生评教信息的整理、分析、反馈及改进工作，保证学生的评教结果、意见建议和相关诉求能够及时反馈给院系及教师，促进教学和管理改进与提升，形成学生评价与建议、学生评价与改革、学生评价与发展的良性循环。

（四）调动学生参与教学质量保障的积极性

学生是学校教学质量保障中的重要主体，学生的评价能够直接反映学校的教学质量。传统的教学质量保障体系往往强调学校教学管理层面的监管，忽略了学生在其中的所应发挥的主体作用。要建立“以学生为中心”的教学质量保障体系，势必应改革传统的质量保障模式，改变学校教学管理部门的核心作用，通过各类教学评价与调查、组织各类学生座谈、吸引学生组织参与教学质量保障管理等多种方式提高学生参与教学质量保障的积极性和主动性，真正发挥学生在教育教学中的主体地位和作用。

参考文献

[1]满晶，马欣川.罗杰斯“以学生为中心”的教学思想述评[J].外国教育研究，1993(03):1-5.
[2][6]刘献君.论“以学生为中心”[J].高等教育研究，2012(08):1-6.
[3] Astin, Alexander W.; Oseguera, Leticia. The Declining "Equity" of American Higher Education. Review of Higher Education, P321-341 Spr 2004.
[4]吴岩.国际高等教育质量保障体系新视野[M].北京：教育科学出版社，2014:243-251.
[5]杨彩霞，邹晓东.以学生为中心的高校教学质量保障：理念建构与改进策略[J].教育发展研究，2015(03):30-36+44.

学术型-应用型：我国高等学校分类体系的总体分析与建构

宋旭红　张继明

高等学校分类是将实然存在的高等学校的分化结果依据反映高校本质特征的某一个标准将具有共同特征的高校进行归类，使同类高校具有一定的同质性，使不同类型的高等学校理性定位、合和有序地共融于同一个高等教育系统中，从而形成结构合理、功能优化的高等教育生态体系。建立科学合理的高等学校的分类体系是高等教育分类发展、转型发展的基础，也是高等教育分类管理的前提。学术型-应用型基本框架下的我国高等学校分类是根据我国后大众化时代高等教育发展现实、在分析和反思国外高等教育分类法的基础上提出的。

一、学术型和应用型：我国高等学校分类的现实基础

（一）我国高等教育大众化重构了高等学校的内部活动和外部关系

我国高等教育毛入学率1993年达到5%，1999年达到10.5%，2002年达到15%，以此为标志，被公认为我国开始进入了高等教育大众化时期。到2017年底，全国各类高等教育在学总规模达到3 779万人，高等教育毛入学率达到45.7%。普通高等学校校均规模10 430人，其中，本科学校14 639人，高职（专科）学校6 662人。[1]

随着我国高等教育从大众化向普及化快速迈进，高等教育入学人数快速增长、高等学校的在校生规模不断扩大，学生的类型和特征发生了质的变化。这些变化打破了高等教育精英化教育时代单一的大学质量标准和人才培养水准，精英教育中的学术创新人才培养与大众教育中的行业产业技术技能人才培养共存于高等教育系统之中，高等教育办学主体和办学形式呈现多样化，职业训练成为高等教育的重要组成部分。高校内部从专业到课程等教育教学活动、质量标准、学术职业发展逻辑、科学研究乃至服务社会的方式方法都呈现出学术特征和职业特征共生并行的复杂性和多样性。毕业生就业在人才市场上的供求由原来的面向高级专门人才岗位为主转变为面向中初级专门人才和高技能劳动者岗位为主。[2] 学生学费成为高校运行基本经费来源，高校内外所有利益相关者更加关注高校的绩效表现，更加重视高等教育服务经济社会发展的能力。高等教育使命在培养合格毕业生

宋旭红，教育学博士，济南大学高等教育研究院山东省二级教授，山东省有突出贡献的中青年专家；张继明，教育学博士，济南大学高等教育研究院副教授。

和负责任公民的同时，更多地承担了民族振兴、国家创新的社会职责。

一方面，高等学校内部活动与外部关系的变化导致了我国高等教育系统的分化，复杂化、多样化、实用化、职业化的高等教育发展现实为高等学校分类发展提供了基本前提。另一方面，面对的客观现实是，我国高等教育大众化最初更多地关注了量上增加，对于量的快速增加的预警意义却缺乏充分的准备，高等教育规模结构与产业结构、经济增长相脱节，新建本科院校盲目追从国家重点战略建设高校发展模式、形成发展路径依赖，高等学校更多是精英教育阶段的“扩充版”[3]的现象并不少见。我国正步入工业化后期阶段，经济总体上处于从投资驱动向创新驱动转换的关键时期，知识、技术等高级生产要素成为经济增长和保持竞争力的关键驱动力，通过高等学校分类建立起多样化的高等学校体系成为后大众化时代高等教育健康良性发展之必须。

（二）我国高等学校增量发展，全方位改变了高等教育的结构和布局

1.新建本科院校和高职高专院校崛地而起

我国自1999年开始扩招，2000年则是自1992年高教管理体制改革和布局结构调整工作以来改革力度最大、调整学校最多的一年，在进行了第三次国务院部门（单位）所属学校管理体制改革的同时，教育部批准设置了48所新的高等学校，在新设置的40所本科院校，除山东建材工业学院与济南联合大学合并组建济南大学外，其他均为专科学校升格为新建本科学院。表1为2000—2017年我国普通高等学校和全国培养研究生的单位统计数据。

表1　2000—2017年我国普通高等学校和全国培养研究生的单位统计

年份＼数量	普通高等学校(所)			全国培养研究生的单位(个)		
	总计	本科院校	高职(专科)院校	总计	高等学校	科研机构
2000	1 041	599	442	738	415	323
2001	1 225	597	628	728	411	317
2002	1 396	629	767	728	408	330
2003	1 552	644	908	720	407	313
2004	1 731	684	1 047	769	454	315
2005	1 792	701	1 091	766	450	316
2006	1 867	720	1 147	767	450	317
2007	1 908	740	1 168	795	479	316
2008	2 263	1 079	1 184	796	479	317
2009	2 305	1 090	1 215	796	481	315
2010	2 358	1 112	1 246	797	481	316
2011	2 409	1 129	1 280	755	481	274
2012	2 442	1 145	1 297	811	534	277
2013	2 491	1 170	1 321	830	548	282
2014	2 529	1 202	1 327	788	571	217
2015	2 560	1 219	1 341	792	575	217
2016	2 596	1 237	1 359	793	576	217
2017	2 631	1 243	1 388	815	578	237

资料来源：中华人民共和国教育部，2000—2017年全国教育事业发展统计公报；2000—2003年教育统计数据。

自2000年至2017年，我国普通高等教育中的本科院校和高职（专科）院校的数量一直处于逐年增长的状态，其中本科院校从599所增加到1 243所，增加了644所；高职（专科）院校从442所增加到1 388所，增加了946所。而普通中等职业教育（职业高中、普通中等专业学校、技工学校）从15 093所下降到了9 453所，减少了5 640所。普通高等学校的增量部分绝大多数是沿着普通中等职业教育——高职（专科）院校——本科院校逐级而上而形成的。

从我国普通高等学校增量部分分析，到2018年，我国有53.5%的普通本科院校仅仅实施本科生教育，且这部分高校绝大多数集中于2000年以来新建的644所本科院校之中。以与这类本科院校发展相得益彰，高职（专科）院校蓬勃发展，在数量上一路高走，坐实了我国高等教育的半壁江山。至2018年，644所新建本科院校和1 388所高职（专科）院校占据了我国普通高等学校总数的77.5%。

2.服务国家重大战略需求，加快一流大学和一流学科建设

与2000年以来高等教育增量部分形成鲜明不同的是，作为高等教育领域的国家战略，我国自1995年实施“211工程”、1998年实施“985工程”、2015年开始统筹推进建设世界一流大学和一流学科以来，相继建设了112所211大学、39所985大学，2017年共有42所大学进入世界一流大学建设名单、95所高校进入一流学科建设高校名单，除却所有211高校都在一流学科建设高校名单内，共新增了25所高校①。137所国家战略重点建设高校均以中国特色、世界一流为指向，鼓励和支持高水平建设，扶持特殊需求，以学科建设为龙头强化了学术创新型和复合型人才培养的力度，积极探索世界一流大学建设的中国道路和中国模式。

3.学术型-应用型并行的高等教育结构和布局已经形成

高等教育机构多样化是高等学校分类的基本前提。截至目前，137所国家战略重点建设高校，2000年以前除却国家战略重点建设高校之外的462所本科院校，644所新增本科院校，1 388所高职（专科）院校，高等教育的增量发展，已经从根本上全方位地改变了高等教育的结构和布局，以一流学科建设为根本的学术型高校和以专业建设为根本的应用型高校分别以各自不同的鲜明特征并行于我国高等教育系统之中。

（三）专业研究生教育发展形成了高层次学术型与应用型人才培养并重的局面

由表1看研究生教育，全国培养研究生的高等学校从2000年的415所增加到了578所，增加了163所，与2000年的本科院校数量相比仅多了21所。2000年69.3%的普通本科院校是具有研究生教育资格的高校；到2017年，仅46.5%的普通本科院校是具有研究生教育资格的高校。表2为2000年以来我国在学研究生人数统计。

表2　2000年以来我国在学研究生人数统计（单位:万人）

年份 / 在学人数	2000	2002	2008	2009	2010	2017
在学博士生	6.73	10.87	23.66	24.63	25.89	36.2
在学硕士生	23.39	39.23	104.64	115.86	127.95	227.76

① 本文中，中国矿业大学（北京）和中国矿业大学（徐州）算一所，中国石油大学（北京）和中国石油大学（华东）算一所，中国地质大学（北京）和中国地质大学（武汉）算一所。实际上，这三对院校目前各自独立办学。

续表2

在学人数＼年份	2000	2002	2008	2009	2010	2017
在学研究生	30.12	50.10	128.30	140.49	153.84	263.96
普通高等教育在校生	556.09	903.36	2 021.02	2 144.66	2 231.79	2 753.59
在学博士生与研究生之比(%)	22.3	21.7	18.4	17.5	16.8	13.7
在学研究生与普通高等教育在校生之比(%)	5.42	5.55	5.18	6.55	6.89	9.55

资料来源：中华人民共和国教育部，2000—2017年全国教育事业发展统计公报。

从表2看，在学博士生与研究生之比从2000年至今逐年下降。在学研究生与普通高等教育在校生之比从2009年开始逐步攀升，至2018年达到了9.55%。从在学博士生与研究生之比和在学研究生与普通高等教育在校生之比的18年变化可知，在学研究生人数的增长主要集中于在学硕士生人数的增长，而在学硕士生人数的增长主要得益于我国专业研究生的发展。

自1991年我国第一个工商管理专业硕士开始正式招生，硕士专业学位研究生年招生人数由1997年的7 800多人增加到2008年的17.4万人。自2009年开始，增招硕士研究生全部用于招收应届本科毕业生全日制攻读硕士专业学位，并逐年减少学术学位硕士研究生招生计划。到2015年，国务院学位委员会先后批准设立了40种硕士专业学位、6种博士专业学位，涉及国民经济和社会发展的主干领域。[4] 至2017年底，普通高校研究生在校生数为2 639 561人，博士在校生数达361 997人，硕士在校生数为2 277 564人；其中专业研究生在校生数为1 350 541人，专业博士在校生数为9 560人，专业硕士1 340 981人，专业研究生在校生数占研究生在校生数的51.2%。[5] 专业研究生数量的增长，实现了学术型和应用型高层次人才的分化。

学术学位研究生教育以高质量的博士研究生教育为核心，集中了我国全部具有博士学位授予资质的高校。高质量的博士研究生教育，是我国基础研究和高层次创新人才培养的主体，是国家创新驱动发展战略中的主力军和生力军。虽然知识生产模式在从1到2乃至3的转变过程中，大学与产业的边界越来越模糊、结合越来越紧密，“尽管实业界的研究条件比许多大学实验室要好，却总是问题重重，因为它必须保持研究目标与公司的总体战略相协调。基础研究尤其难以持续，因为它受到时间的限制，并受到以转换公司财富为目的的频繁而严苛的评估的影响。随着研究越来越昂贵，实业界的研究就越来越屈从于战略和财政方面的考虑，研究的基础逐渐变窄”[6]。正因为此，一个国家的创新之源头在很大程度上源于学术型高校的科学研究及其人才的培养质量。早在1944年，美国在《科学——没有止境的前沿》的报告中就明确指出：“一个在新基础科学知识上依赖其他国家的国家，它的工业进步将是缓慢的，实验室在世界贸易中的竞争地位将是虚弱的，不管它的机械技艺多么高明。”[7] 以基础研究为重要特征的学术型大学是既出新的科学知识又出训练有素的科学研究后备人才的场所，从高等教育服务于国家战略来说，我国一定要有世界一流的顶级学术型大学。

专业学位研究生教育以作为具有职业背景的硕士专业学位研究生教育为主体，培养单位集中了我国全部具有硕士学位授予资质的高校，延伸到部分学士学位授予高校。正如此言“中国特色专业学位研究生教育制度逐渐形成并不断完善，有力地适应了经济社会发展对高层次应用型专门人才的需要。”[8] 当知识、技术等高级生产要素成为我国经济增长和保持竞争力的关键驱动力时，就需要一个层次升级的高等教育体系作为强有力支撑，高层次应用型人才的培养则恰逢其时。

二、国际两大高等教育机构分类及其对我国高等学校分类的影响

美国卡内基教学促进基金会的高等教育机构分类法和联合国教科文组织的《国际教育标准分类法》（高等教育级）是目前国际上存在时间长久且广为认可的、具有代表性的两个高等教育机构分类法。

（一）美国卡内基教学促进基金会的高等教育机构分类法

美国卡内基教学促进基金会的“高等教育机构分类”，是世界上有关高等院校分类方案中最早、最为著名的分类法，也是美国最重要的高等教育机构分类框架。自1971年问世、1973年首次公开出版其分类标准和分类结果，先后于1976年、1987年、1994年、2000年、2005年和2010年6次修订了分类方案。7次分类尽管在类型名称和数量上都发生了较大的变化，但按照高等教育机构授予学位类型和数量进行分类是其以恒一贯之的分类依据，其基本分类的结构框架始终为博士学位授予机构、硕士学位授予机构、学士学位授予机构、副学士学位授予机构、专门领域机构和部落学院等类型。

需要说明的是，美国卡内基博士学位授予大学一类中的研究型大学并不是所有有博士点的大学，一是仅限于博士学位数量超过20个的大学；二是专业博士学位数量不在统计范围之内。以2015版为例，分类包括了美国4 665所高校，博士学位授予大学是指博士学位（不包括专业博士学位）数量超过20个的大学，细分为三个等级：极高度研究型大学、高度研究型大学、适度研究型大学，从极高度到适度研究型大学的数量分别为115、107、112共计334所，分别占4 665所高校的2.5%，2.3%，2.4%。

（二）联合国教科文组织的《国际教育标准分类法》（高等教育级）[9]

联合国教科文组织的《国际教育标准分类法》（ISCED）制定于1976年，1997年完成了第一次修订，《2011国际教育标准分类》（以下简称ISCED-2011）修订文本是第三版国际教育标准分类方法。

ISCED-2011对《国际教育标准分类法》界定为：一个以教育等级和学科来组织安排教育课程和相关资格证书的参考分类；分类法基于以下三要素：国际公认的概念和定义；分类系统；对世界各国教育课程和相关资格证书进行的图谱分析。ISCED-2011继承了过去一贯的原则，基本概念和定义旨在能国际通用，覆盖所有教育系统，在世界各国教育系统结构差异性中给出了一个能够比较的统一框架，对由课程及资格证书所界定的教育活动，按照国际公认的类别进行分类。

ISCED-2011对“高等教育”进行了重新定义：高等教育是建立在中等教育之上，在专业化的教育学科领域提供学习活动。高等教育是高度复杂和高度专业化的学习，不仅包括通常所说的学术教育，还包括了高级职业或专业教育。在这一定义框架下，高等教育分为不可直接获得高级研究资格和可获得高级研究资格两个阶段，包括5（短线高等）、6（学士或等同）、7（硕士或等同）、8级四个级别。

ISCED-2011基本分类单位是国家（或地区）的教育课程和相关的公认教育资格证书。在高等

教育级中的课程定向中，6级、7级、8级分别使用了“学术”和“专业”两个定向类别，各自代替ISCED-1997中的“普通”和“职业”。ISCED-2011虽然没有对6—8级的学术和专业定向给出统一定义，但早在20世纪70年代，欧洲教育部长会议就组织了一个“第三级教育多样化专题调查组”，在英国、法国、德国、荷兰、挪威、瑞士、瑞典七国经过六年的调查与试验，形成“第三级教育多样化”的报告，其中指出：“专业和职业走向必须以关于劳动力市场发展情况的既有数量又有质量的系统情报为基础”，非常明确地表明了专业高等教育与劳动力市场的紧密联系。

（三）对我国高等学校分类的影响

1.关于目前我国高等学校既成分类的名称问题

在目前我国高等学校既成分类中，最有代表性的有两大类别。

一类是以武书连中国大学排行榜中所运用的分类法，按科研规模确定的分类标准，将我国本科大学划分为研究型、研究教学型、教学研究型、教学型。在“研究型-教学型”的分类结构框架下所形成的分类名称，研究型、研究教学型、教学研究型、教学型等分类名称至今在我国高校官网首页的学校简介、办学定位和发展规划中被广泛使用。

一类是应用型高校作为我国高等教育的一个重要组成部分得到国家和地方教育行政部门及其高等学校自身越来越多的认同。随着新建本科院校设立和专业研究生教育的发展，在国家教育体制改革、加快推进部分普通本科高等学校向应用技术型高等学校转型等政策推动下，与应用型相关的分类名称如应用研究型、应用技术型、应用（职业）技能型被越来越多地使用到地方高等学校分类中。与应用型相对应的是研究型、一流大学与高水平大学、学术研究型等，基本形成了“研究型-应用型”的分类结构框架下分类名称。

2.美国卡内基高等教育机构分类法与研究型大学命名问题

在我国高等学校分类中，无论是“研究型-教学型”还是“研究型-应用型”的分类结构框架，无论是在官方政策制定、学校发展定位，还是大学机构排名中，我国高等学校分类中对于研究型高校的命名，究其本源，都可追溯到美国卡内基高等教育机构分类法中对于研究型大学名称的沿用和借鉴。

①研究型大学内涵和外延。《荀子·正名》中说：“名无固宜，约之以命，约定俗成谓之宜，异于约则谓之不宜。名无固实，约之以命实，约定俗成谓之实名。名有固善，径易而不拂，谓之善名。物有同状而异所者，有异状而同所者，可别也。状同而为异所者，虽可合，谓之二实。状变而实无别而为异者，谓之化；有化而无别，谓之一实。”一个事物的命名一要符合约定俗成，二要做到名副其实。从美国卡内基教学促进基金会的高等教育机构分类来看，探究研究型大学约定俗成的名副其实意义，可以说，并不是所有具有博士学位点的高等教育机构都是研究型大学，在博士学位授予大学这一类型中，不同时间的分类也并不都是命名为研究型大学，如在1973、1976、1987、1994版中，就分了研究型Ⅰ类、研究型Ⅱ类、博士型Ⅰ类、博士型Ⅱ类等4个等级；在2000版中，就放弃了研究型大学的命名，是分为了广博型和集中型等2个等级。

②研究型大学对应不是教学研究型或教学型，也不是应用型高等教育机构。但正如前面撰述，美国卡内基教学促进基金会的高等教育机构分类是按照授予学位类型和数量进行分类的，而研究型大学对应的只是在美国卡内基教学促进基金会的高等教育机构分类中对博士学位超过一定数量的高

等教育机构根据科学研究规模不同而形成的一个等级分类，它与教学研究型、教学型、或应用型高等教育机构等并无直接关联。

③教学与科研结合是研究型大学最本质特征。教师和学生、教与学所构成的知识代际传递都是大学最本质的存在，虽其侧重点各有不同导致不同类型的高等教育机构在办学功能和特色方面的分化，但无论是哪一类高校都注重教学与科研的统一。研究型大学不仅是以优秀的本科教学而成为培育拔尖学术人才的摇篮，教学与科研结合更是现代大学研究生教育的本质特征。伯顿·克拉克（Burton R. Clark）将美国的研究生教育概括为"研究生系型大学"，在这样的"系"中，"高级教学和科研活动的在操作上的结合"是人才培养基本方式，"教授们的科研活动也成为一种教学模式，而学生们在进行的科研活动恰是一种学习模式。"[10] 学术职业角色本身就是集教学和研究于一身，研究型大学同样以教学为根本特征区别于社会上纯粹的研究机构而立足存在。

3.《国际教育标准分类法》（高等教育级）与学术型-应用型分类问题

在《国际教育标准分类法》中，首先抓住了"高等教育"这个关键概念做出充分说明，将其作为整个分类理论体系构建的起点，然后将这个分类的逻辑延伸至"教育课程"的定向中，两者同时将"学术"和"专业"作为两个类别共存于高等教育级中。也就是说，一是"学术"和"专业"两个类别的高等教育机构实然存在于世界各国的高等教育系统之中，二是通过两种不同的教育课程定向形成两种不同的连贯或有顺序的教育活动，即为两种不同的人才培养模式，达到不同的教育目标。

从高等教育本身和课程定向出发，仅从内涵和外延对等来说，以学术型-应用型为基本框架的高等学校分类要比研究型-应用型在概念界定上要符合逻辑，更名副其实。学术型高等教育机构不仅蕴含了更为丰富的高等教育内涵，也涵盖更为广泛的具有博士学位授予点的高校，而且符合《国际教育标准分类法》从本科教育、硕士研究生教育到博士研究生教育三个层级的课程定向分类。

从世界高等教育发展来看，自德国柏林大学的成立，科学进入大学完成了教学与科研结合；美国霍普金斯大学成立，研究生教育成为高等教育的有机组成部分，两者的共同作用促进了以科研和研究生教育为本质特征的学术型大学的崛起，形成了科研—教学—学习的人才培养机制。但在从精英高等教育到大众化高等教育再到普及化高等教育的发展历程中，应用型高等教育作为一种新型高等教育机构在各国经济社会发展和产业升级密切联系中应运而生，具有了与学术型高等教育机构并行的基础和资质，它们不以科研和研究生教育作为主要任务，致力于与经济社会发展、产业结构转型和技术升级相结合的专业训练。综观世界各国高等教育，学术型和应用型高等教育作为两种发展内涵和发展特征具有显著差异的高等教育类型并存并行于各国高等教育系统中。

三、学术型-应用型基本框架下的我国高等学校分类

面对我国从单一到多样已经变化的高等教育布局、结构、体系、层次、规模、职能、形式，如何有效避免高等学校同质化发展，促进高等学校科学定位，实现高校内涵发展、特色发展，已经成为高等教育发展必须面对的现实问题和当务之急，而高等学校分类发展则是高等教育内涵发展、特色发展的基本保障，当然也是高等教育分类管理、分类评价的主要目的和目标。

（一）学术型和应用型分类的内涵界定

1.选择分类维度，确定类型名称

首先，以高水平人才培养为核心目标，遵循“学术型人才培养—应用型人才培养”的基本分类思路，按照“科学研究、社会服务与人才培养类型定位相匹配，学科专业建设、教师学术发展与高校类型定位相协同”的原则，对我国高等学校进行同一性和差异性分析，做同质性归类。把我国高等教育在总体上划分为学术型高校和应用型高校两大类型。

学术型高校以一流大学和一流学科建设高校为主体，服务国家重大战略需求，是建设高等教育强国的主要学术创新源泉和人才创新力量。应用型高校以省属高等教育机构为主体，主动适应并满足我国产业转型升级对应用型人才不断增强并逐渐细化的需求。

2.根据两类高等学校在我国高等教育系统中形成的两个发展序列，将学术型高校和应用型高校进行二次类型细分

这两大类型高等学校在我国高等教育系统中形成两个发展序列。在学术序列中，是以学科为主线，以学术创新和创新人才培养为标志性特征，博士研究生培养和研究规模的能级不同，形成学术Ⅰ型和学术Ⅱ型序列，将学术型高等学校分为学术Ⅰ型和学术Ⅱ型；在应用序列中，以“专业和职业”为主线，以与经济社会发展的匹配度和贡献度为标志性特征，“专业和职业”人才培养在适应产业结构变化对劳动力市场需求过程中，应用型人才在产业价值链上的端点不同所形成的人才需求的规格、类型、层次不同，形成应用研究型、应用技能型、应用技能型序列，将应用型高等学校分为应用研究型、应用技能型、应用技能型。

3.学术型-应用型高等学校分类体系的内涵界定

学术型高校注重培养学术研究的创新型和复合型人才，面向国家重大战略需求，面向经济社会主战场，面向世界科技发展前沿。以推动国家产业转型升级与服务地方重大创新为主，建设一流学科、培养一流人才并支持高新科技前沿发展。开展理论研究与创新，高新科教融合度，高新科技产出高。有足够的资源支撑学术型博士生、硕士生和本科生的培养；学位授予层次覆盖学士、硕士和博士，且研究生培养占较大比重。其中，学术Ⅰ型高校为高层次人才集中、服务国家重大战略需求、着力培养拔尖创新人才的高校。学术Ⅱ型为一流学科高层次人才集中、服务省域重大战略需求、着力培养学术创新人才的高校。

应用研究型高校主要培养具有扎实理论基础，并适应特定行业或职业实际工作需要的高层次应用型专门人才。围绕省域职业分类或行业产业链展开，学术性与职业性紧密结合，以优势学科带动卓越专业建设，重视实践教学、校企合作和应用研究，服务于省域经济和产业转型，科技成果转移转化能力强。学位授予层次主要包含本科、硕士（包括专业硕士）和少量博士，本科学位授予人数占本、硕、博学位授予人数的比例较大，专业学位研究生在校生数占研究生在校生数比例大。

应用技术型高校主要培养面向生产、建设、管理、服务一线工程师和管理者。服务区域技术技能创新，融入区域产业发展，与行业和区域经济发展与产业升级产生联动，对接行业和企业对人才的需要。通过卓越实践教学、校企合作等方式进行人才培养。学位授予层次主要为本科，可授予专业硕士。

职业技能型高校主要培养适应经济社会和产业发展实际需求的一线专业技术人员和高技能人

才。以直接服务职业分类发展为宗旨，以促进就业为导向，主动适应经济社会发展，特别是技术进步和生产方式变革以及社会公共服务的需要，通过产教融合、校企合作培养从事生产管理服务一线的专科层次技能型人才。

从高等学校办学层次来看，学术型高校和应用研究型是以研究教育为主体的高校，其根本特征区分在于研究生人才培养的类型不同。学术型高校是以学术研究生教育为主的高校，应用研究型高校是以专业研究生教育为主的高校，及其由此带来的本科人才培养模式的不同。应用技术型高校以我国2000年以来新建普通本科院校为主，应用技能型高校为高职（专科）院校。

（二）实施两级分类管理：高等学校分类设计的政策维度

1.突出分类管理的宏观高等教育管理属性

菲利普·阿特巴赫（Philip G.Altbach）认为，分类不同于排名，其目的是按照职能和角色对学术机构进行归类以便于人们更好地理解它们之间存在的区别。庞大复杂、多元化的学术体系需要按照机构特征和角色来进行度量。真正科学的分类体系将有助于学生选择最合适的高校，为高校发展规划提供指导。最关键的是，它将在分析复杂的学术系统、描述各种各样的高等学校时，为我们引入科学理性的分析框架。[11] 在阿特巴赫看来，高等学校分类主要是将庞大复杂、多元化学术系统进行归类，使同类高校具有一定的同质性，以便于度量和科学理性分析，有利于学生择校和学校规划。美国卡内基高等教育机构分类中也突出了“同类高等教育机构在职能、学生和教师特征等方面具有同质性”。[12] 在我国，高等教育的主体是公立高等学校，各级政府对高等教育具有行政职权，高等学校分类除以上所述高等教育机构分类的普适性作用之外，还是一个重要的功能和目的，就是更加突出了高等教育分类管理，“高等教育分类是政府为了增加高校资源配置效率和建立合理秩序而使用的管理手段”[13]，通过对不同类型高等学校进行协调、规划、引导、控制和服务等一系列措施，确保高等学校分类发展服务于国家利益并让人民满意。

2.建立中央和省级政府两级高等教育分类管理政策框架和分类标准

我国高等教育行政管理实行中央和省级政府两级管理，以省级政府管理为主。《高等教育法》明确规定：“国务院统一领导和管理全国高等教育事业。省、自治区、直辖市人民政府统筹协调本行政区域内的高等教育事业，管理主要为地方培养人才和国务院授权管理的高等学校。国务院教育行政部门主管全国高等教育工作，管理由国务院确定的主要为全国培养人才的高等学校。国务院其他有关部门在国务院规定的职责范围内，负责有关的高等教育工作。” 我国高等教育行政管理属性决定了我国高等教育分类管理也要在两级管理的框架下进行并组织实施。

按照逻辑学的概念，分类就是划分某一概念的外延。正确分类必须坚持以下四个要求：“类概念的外延之总和恰等于种概念的外延，类概念是最近的类的概念，每次分类根据同一标准，各类概念互相排斥。”[14] 分类标准量化的过程就是对不同类型高校根本特征提炼和归纳的过程。建立国家和不同省市自治区的高等学校分类标准，按照同一标准进行高等学校分类，明确不同类型高校的边界，是我国高等学校分类需要解决的关键问题，也是必由之路和当务之需。

3.国家高等教育分类管理职责

国家高等教育行政管理层面，一是制定以学术型-应用型为基本框架的高等学校分类体系，根据不同类型高校发展特征及其核心支撑要素，科学构建我国学术型-应用型高等学校分类设置的基本标准。二是以双一流建设为引领，建立能够与世界一流大学、一流学科对接的学术型大学评价体系，为国家创新战略实施和创新人才培养提供人才支撑和制度保障。三是制定省级高等学校分类的指导性意见，为各省属地方高校分类管理提供基本政策支撑。逐步形成学术型、应用型并行，不同类型高校之间各安其位、相互协调，同一类型高校之间有序竞争、争创一流的高等教育发展格局。

4.省级高等教育分类管理职责

由于我国各省市自治区经济社会发展状况和高等教育发展状况千差万别，要针对各省高等教育发展现状、发展水平和发展目标，以及经济社会发展和现代产业体系的特征来实施省级高等教育分类管理。一是在国家学术型-应用型高等学校分类基本框架的指导下，建立与本身高等教育和经济社会发展实际相匹配的高等学校分类体系。二是建立具有省域特色、符合省域高等教育发展实际的高等学校分类设置标准，主动对接经济社会发展需求。分类标准不仅是正确分类的前提，也是政策文本质量和水平的体现："明确的边界是判断公共政策水平的重要标准，一个优良的政策需要明确客体边界。"[15]三是构建分类评价指标体系，引导高校分类发展。对不同类型的高校实施分类评价，完善竞争开放、动态调节机制，强化绩效激励，深化综合改革，推进高校科学定位、内涵发展、特色发展。四是逐步建立健全省属地方高校分类管理制度体系。在招生考试、学科专业、人才培养、产学研协同创新、社会服务、师资评聘、绩效拨款等方面进行配套深化改革，发挥政策指导和资源优化配置的作用，实现不同类型的高校，不同的政策支持、不同的资源配置、不同的评价考核。

5.尊重高校办学自主权

从根本上说，高等学校分类管理不是管理主体单方的意志和行为，高等学校分类管理政策方案制订和实施的过程是分类管理主体与分类管理对象之间平等、协商、信任、对话的过程。在划分高等学校类型、制订分类标准、制订分类评价指标体系的过程中，要将主导推动与协调组织相结合，充分分析和研究高等学校发展的现实基础、特色优势、威胁和挑战；充分征求不同类型高校不同层面对分类标准和分类评价指标意见，尊重不同高校发展的规律和内在发展逻辑。另一方面，在政策出台后，要在政策规定的分类框架内，尊重高校根据发展的现实基础和未来发展的战略选择自主选择办学类型；在一定发展时期之后，根据高校发展能级变化，允许高校重新选择办学类型。这是管理主体尊重高校办学自主权的体现，也是高校各安其位特色发展、激发高校内生办学活力的动力源。

6.建立类型相对稳定的动态调节机制

依据客观存在的学校能级结构是导致高校分类的主要原因的分类理论，[16]当某一类型中的高等学校其能级结构从量变发生了质变的时候，就有可能从一个类型的同质特征明显转化为同质特征模糊，彰显出另外一个类型的同质特征。因此，在不同类型高校之间也会出现少规模的相互"漂移"运动。高等学校分类体系可以在一个较长的时期内处于相对稳定状态，但并不是恒久不变的，有必要在一个固定的时期内进行一定的动态调整，打破"学校分类一旦被确定必然出现发展的'天花板'"的静态固化现象。

参考文献

[1]1993—2017年全国教育事业发展统计公报[R]. http://www.moe.gov.cn/jyb_sjzl/sjzl_fztjgb/201807/t20180719_343508.html.[2018-07-19][2018-07-25]

[2]胡瑞文,张海,水朱曦.大众化阶段的人才供求态势与高等教育转型发展[J].教育研究,2014(01):74-83.

[3]李立国.中国高等教育大众化发展模式的转变[J].清华大学教育研究,2014(01):17-27.

[4]黄宝印,唐继卫,郝彤亮.我国专业学位研究生教育的发展历程[J].2017(02):18-24.

[5]资料来源:中华人民共和国教育部2017年教育统计数据。

[6][英]托尼·比彻,保罗·特罗勒尔.学术部落及其领地:知识探索与学科文化[M].唐跃勤,蒲茂华,陈洪捷,等译.北京:北京大学出版社,2008:75.

[7][美]V·布什等.科学——没有止境的前沿[M].范岱年,解道华,等译.北京:商务印书馆,2004:64.

[8]黄宝印,唐继卫,郝彤亮.我国专业学位研究生教育的发展历程[J].2017(02):18-24.

[9]2018年全球1250所大学排名格局,美国仍占绝对优势![EB/OL]. http://www.sohu.com/a/224665850_429487.[2018-03-01][2018-11-07].

[10]伯顿·克拉克.探究的场所—现代大学的科研和研究生教育[M].王承绪,译.杭州:浙江教育出版社,2001.

[11][美]菲利普·阿特巴赫.大学需要科学的分类体系[N].科学时报,2003-02-17.

[12]Alexander C.Mc Cormick, Chun MeiZhao.Rethinking and Reframing the Carnegie Classification[J]. Change, 2005(05):51-57.

[13]齐大衍.逻辑学教程[M].上海:中华书局股份有限公司,1951:58.

[14]孙伦轩,陈·巴特尔.高等学校的分化、分类与分层:概念辨析与边界厘定[J].国家教育行政学院学报,2016(10):22-27.

[15]方付建.明确的边界是判断公共政策水平的重要标准[N].中国改革报,2008-01-08.

[16]马陆亭.我国高等学校分类的结构设计[J].北京大学教育评论,2005(02):101-107.

产教融合视角下应用型转型高校教学质量保障体系构建研究

张鹏　袁丹丹　刘潇

教学质量保障体系是高校提高教学质量，增强本科教育主动服务经济社会发展需要的一种保障措施，而应用型转型高校作为近几年一种新的教育类型，教学质量更是面临着很多新的问题和挑战。产教融合是应用型转型高校培养高素质应用型人才的必由之路，特别在产教融合发展背景下，存在人才供给与需求结构性矛盾突出，大学生就业面临困境，学生实践能力不强等问题，如何从产教融合视角，基于大数据，设计教学质量评价指标，构建激励与监管相结合、产教融通的教学质量保障体系，提高人才培养质量更是迫在眉睫。

一、应用型转型高校教学质量保障体系现状及问题分析

（一）高校质量强校自主性不强，部门职责不清

目前，我国更多高校的质量保障体系建设主要靠外部力量，政府政策来推动实施，很多高校无论在教学改革、教学管理方面都是围绕上一级教育主管部门的“指挥棒”来开展，没有意识到自我管理、自我评估、自我调整才是切实可行的必须之路，所以其教学质量保障体系的建设还处于初级阶段，科学性、系统性和整体性不足。作为应用型转型高校的办学更应该走向市场化办学、特色办学和自主发展，在教学质量保障体系建设上也应体现其特殊性。现在大部分高校师资队伍数量不足，人员力量薄弱，大部分教师也在忙于完成教学任务和科研任务，对于学校的各种质量标准、监控过程也是简单应对，并不能全身心地投入精力，真正从意识上主动把提升教学质量作为教学首要任务，而更好的贯彻落实教学质量保障体系是自上而下，全员参与的过程，只有全体人员都围绕学校的办学目标，树立主人翁精神，形成全员质量管理模式，才能有效提高办学质量。

另外，很多高校也没有成立专门的质量监控部门，主要质量保障职责由教务处负责，或者是成立相关科室，如教学质量监控科，来负责日常的教学督导、评教等工作，仅有少数学校设立了独立

基金项目：吉林省高等教育教学改革研究重点课题“产教融合视角下应用型转型高校教学质量保障体系构建研究与实践”的阶段性成果。

张鹏，博士，吉林工程技术师范学院教授，副校长，研究方向：教学管理；袁丹丹，吉林工程技术师范学院助理研究员，教学质量监控与评价中心副主任，研究方向：教学管理；刘潇，吉林工程技术师范学院高等教育研究所科员，研究方向：教学管理。

建制的教育质量保障及监测机构，如成立质量监控与评价中心，专门负责监督整个教学过程、教学管理等。

（二）重理论教学监控，缺失实践教学质量标准

现有的教学质量监控体系大多是围绕理论教学展开，其评价指标、标准在课堂教学、专业评估、专项评估等方面比较完善，但对于实践教学的质量标准还有所欠缺。作为应用型转型高校，着重培养能解决实际问题的高级应用型生产、技术研发与管理人才，培养理论水平、实践技能和应用能力共发展的综合型人才，教学质量既要符合“社会对高校培养人才质量”的满意，又要符合“学生对学习效果”的满意，因其办学定位和人才培养目标的差异性，对于教学过程、学生培养都应有其特殊的质量标准。实践教学更应该贯穿于应用型人才培养的全过程，虽然近几年应用型转型高校一直在强调实践教学，通过开展校企合作等多种途径增加实践教学环节，实践教学质量有了一些提升，但由于实践环节在场所、内容上都存在很多复杂性和多样性，使得实践教学的质量标准制定、培养过程监督、信息的管理与反馈等方面都存在一定的困难，还有待进一步完善。

（三）反馈机制不完善，体制运行不畅通

大部分学校的教学质量监控手段相对完善，形成了教学督导、教学评估、专业评估、课程评估、教学检查、学生评教、毕业生跟踪评价、本科教育质量年度报告等监控系统，对各个环节进行监测，但一般要一个学期或者学业结束后才能将评价信息汇总，尤其是针对行业、产业需求和用人单位需求这方面，信息反馈滞后，没有及时调整人才培养目标和人才培养方案，使得教学质量监控形成了走形式、走过程的模式，没有更好实现质量保障的效果。评价的反馈机制是教学质量保障运行系统里尤为重要的环节，通过监控，发现教学过程中存在的问题，及时分析，提出整改意见，反馈给相关教师、相关管理单位，进而快速解决问题，提高教学质量。

二、构建应用型转型高校教学质量保障体系的基本原则

（一）科学管理，服务教学的原则

教学质量保障体系要有利于全面实施素质教育，有利于营造良好的育人环境，有利于实施人才培养方案，有利于创新质量管理体系和建立激励竞争机制，有利于调动教职工和学生的积极性、主动性，形成有活力、科学的质量保障体系，为教育教学全过程提供优质服务。

（二）事前控制，监管结合的原则

教学质量保障体系应从“事后把关”变为“事前控制”，加强教育教学过程的监督与管理，把教学质量问题解决在产生之前或形成过程之中。

（三）全程管理，闭环运行的原则

强化教育教学的整体过程管理，统筹招生、培养、就业的质量观，严控“入口”，重视“培养”，抓好“出口”，实现人才培养目标，保证人才培养质量，为企业、社会输送优质毕业生。

三、教学质量保障体系的构成要素

（一）质量标准

质量标准是衡量应用型教学与教学质量的准则，它是教师与教学管理部门开展工作的行动指南，也是监控者和监控部门进行判断的有效依据。不同类型的高校，办学特色、人才培养目标不同，其质量标准也不同，应用型转型高校的质量标准必须符合应用型人才培养的特点，构建涵盖教学定位与培养目标、专业教学质量标准、师资质量保障标准、实践教学质量标准、学业成就标准等质量标准体系，与普通学术型高校的质量标准不同，作为应用型转型高校，更应该注重人才培养与企业需求的契合度，在人才培养过程中实践教学比重尤为重要，所以应严格细化实践教学质量标准。

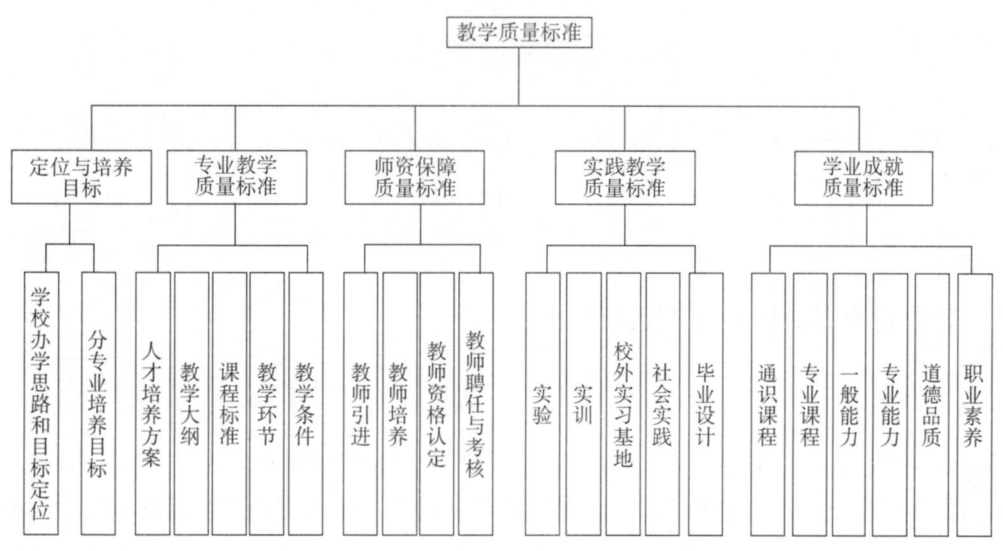

（二）规章制度

规章制度是明确教学相关主体职责，规范教学管理，提高教学质量，为实现应用型人才培养目标所制定的要求大家共同遵守的行动准则，对监控主体、监控程序、监控方法做出明确规定。完善的规章制度，如教学组织与管理制度，教学质量监督制度，教学条件建设制度，教师队伍建设制度，教学管理队伍建设制度，学生管理制度等，是保障教学质量的基础。教学制度的执行情况与教学管理的质量情况是质量监控体系的重要内容，是人才培养目标实现的保障机制，也是进行质量监控的重要依据。

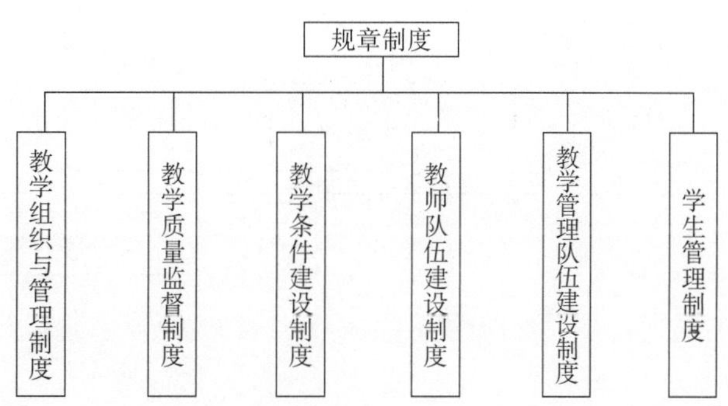

（三）组织机构

学校教学质量管理领导机构应包含领导小组和办公室，领导小组执行校长办公会会议决策，具体负责领导学校的本科教学质量保障体系的运行，执行机构是教学质量管理部门，具体负责学校本科教学质量保障体系的运行管理工作，负责日常的质量管理。各分院按照教学质量管理领导小组和办公室的要求完成本部门教学工作的监督、指导工作，保证本单位教学质量保障工作正常运行，其他部门协助做好本职工作，服务教学。

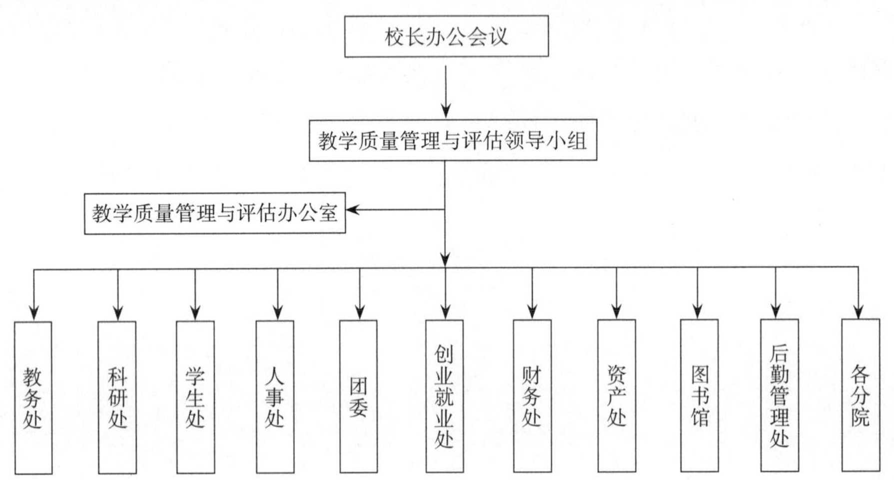

四、教学质量保障体系动态运行机制

以产教合作为平台，及产业发展信息、学生就业信息、职业岗位需求信息等大数据为媒介，建立产业端口倒逼机制，提高企业、用人单位对校内教学过程及质量评价的参与度及融合度，构建"监督+评估+激励"结合为主要特点，"决策与指挥子系统、组织与协调子系统、监督与管理子系统、评估与诊断子系统、反馈与调控子系统"五位一体的教学质量保障体系（如下图所示）。

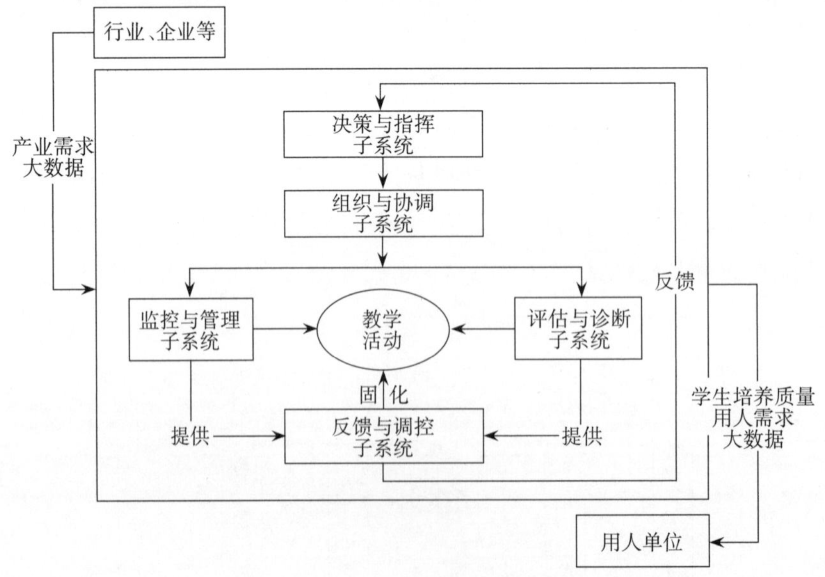

（一）决策与指挥系统

决策指挥系统由院长办公会、校教学委员会、教务处、教学质量监控部门和教学分院组成。院长办公会议、校教学委员会主要负责学校教学工作的重大决策；分管教学的校领导负责主持日常教学工作；教务处和教学质量监控部门代表学校全面负责教学过程实施和教学管理；各教学分院具体组织落实和执行教学任务，负责对教师教学工作的具体管理和指导。

（二）组织与协调系统

实行“管、办、评”分离，设立专门的质量监控机构，构建校级、院级、学生信息员三级联动的系统，其主要任务是：确定学校教学质量管理的目标和评价标准，制定教育教学质量保障的有关政策，研究教学质量相关问题和质量保障措施，根据学校教学文件、教学质量标准对相关教学环节进行有效的检测、督查，协调学校内部各种教学质量管理活动的关系，总结有关教学管理活动的理论和经验，建立规范化、制度化、科学化的教学质量管理运行机制。

（三）监控与管理系统

随着移动互联网、云计算、大数据、人工智能与教育教学的深度融合，教学模式发生了根本改变，这就要求教学管理、教学监控与管理也随之变革，全面进入大数据新时代，实行信息化管理，建立包含同行教师评教系统、学生评教系统、督导评教系统、管理系统、听评课系统、大数据分析系统等一体的教学质量监控与管理系统。运用系统进行监控与管理有效解决了传统人工评教活动中反馈的教学问题滞后性，为过程评价的实施提供有效解决方案。利用大数据技术，可以利用手机实现多种功能，课堂签到、随堂测试、投票问卷等等，通过大数据提取学生出勤率、测试结果、活跃度、教师上课次数、学生评价分值、同行评价分值、督导评价分值等教学质量评价指标，可以对教师教学评价及所涉及的数据进行多维度统计和分析，可以进行成绩分析、排名分析，系统揭示教师教学过程和质量评价过程中所产生的隐性数据，加强过程监控，做出科学调整，优化教学效果，提高教学质量。

（四）评估与诊断系统

教学质量评估是对教育教学活动是否达到预期目标的重要监测措施。其主要任务是：构建科学合理、长期高效的教学管理与教学质量监控评估体系，对教学管理和教学质量实施全过程、全方位、多层次的监控与评估，以促进教学质量与人才培养质量的提高。包括整个信息处理完毕后对结果的分析诊断工作，这是进行教学评价的重要环节之一，其目的是为了诊断教学管理、教学过程中存在的问题，帮助教师改进教学，促进学生、教师和管理人员之间围绕学校的办学目的和教学目标建立更为密切的关系。

（五）反馈与调控系统

该系统通过日常搜集学校教学检查、听课、评教、专项检查、毕业生跟踪调查、社会和企业评价信息，通过大数据分析整理，分析存在的问题，快速地反馈给决策与指挥系统，为其合理地调整学校相关政策、制度提供决策依据；将涉及日常教学过程中的问题反馈至相关教师和部门，提出质量问题的整改处理，明晰责任、完善制度；将涉及人才培养效果和学生就业等情况形成教学质量年度报告、毕业生就业质量年度报告，向社会公开并接受公众监督和评价。从整个信息的整理——分析评价——信息反馈——调整整改，教学质量保障体系是一个闭环的运行系统，整个体制的良好运行更是一个重要环节，只有实现发现问题——解决问题的良性循环，才能促进高校办学质量的快速提高。

构建完善、科学的教学质量保障体系，对学校教学工作有直接的监督、促进作用，实现对教学目标、教学过程、教学条件及师生行为的引导，提高办学质量，培养出符合新时代要求的综合素质高的应用型人才。

参考文献

[1]李国强.高校内部质量保障体系建设的成效、问题与展望[J].中国高教研究,2016(02):1-11.
[2]孙家明、赵三银.论高校本科教学质量监控体系[J].教育理论与实践,2014(6):6-8.
[3]瞿振元.我国高等教育由大向强的新步伐[J].中国高教研究,2016(1):1-3.
[4]邬大光、李国强.《教育规划纲要》实施五年进展与高等教育未来发展方向的基本判断[J].中国高教研究,2016(01):4-11.
[5]蔡敬民、余国江.失范与重构:应用型本科院校质量监控问题及策略[J].高校教育管理,2008(06):28-32.

教育的动力回归与生态重构

徐光明 谢立仁

一、教育的价值动力回归

教育存在的社会价值是通过人才培养和知识创新，来满足社会发展变化的需要，进而推动社会进步。从宏观角度来看，当前教育存在的主要问题是教育的社会价值在不断降低，跟不上社会与技术发展的步伐。主要表现是：一方面，教育自身的产能过剩，大量毕业生的社会预期在逐年降低，见图1。另一方面，经济社会转型，急需满足微笑曲线两端要求的具有研发设计与市场服务能力的人，见图2。总结为一句话就是教育供给与社会需求严重脱节。

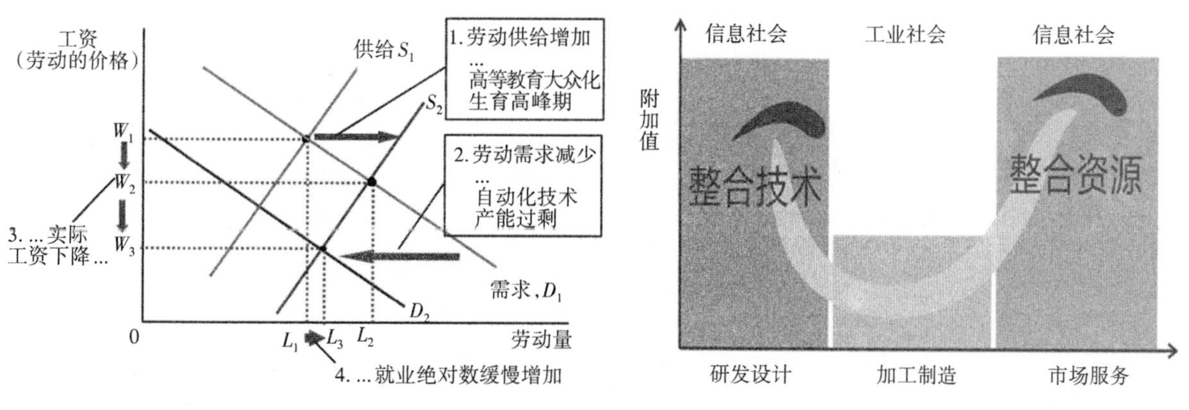

图1 完全竞争的传统劳动力市场

图2 微笑曲线

很多人把教育面临的这种供需矛盾归咎为教育人才培养质量的下降。客观地说，近几十年来，我们对教育在人力、物力、财力各方面的投入相比过去都有很大的提升，人才培养的质量没有道理降低才对，实际上也不能算是降低。现在来看，教育最大的问题在于社会的变迁与发展导致对人才的需求发生了巨大的变化，而对于这个变化教育却没能做出有效的调整应对。教育跟不上变化的主要原因可能是教育自身具备的强大路径依赖，教育变革的阻力大，牵扯的相关者利益多。

众所周知，教育面临的主要外部条件变化有：国家转型、社会转型、产业结构调整、技术升级

徐光明，西安工业大学高等教育研究与评估中心副主任、副教授，研究方向：高等工程教育理论与改革实践，武器毁伤性能测试与评估；谢立仁，西安工业大学高等教育研究与评估中心主任、教授，研究方向：高等工程教育理论与改革实践，区域经济理论。

等，这些变化的根本原因是原有的大的社会产能过剩。而我们基于传统经济社会结构需求设立的教育体系所培养出来的人，进一步加大了经济社会的产能过剩矛盾。其转型、调整与升级的主要目标就是拓展产能消化的新空间和重构经济循环圈。前者如“一带一路”战略和一系列的国家竞争力提升战略，后者着重在支持小微企业通过创新增强社会活力。

无论哪种战略的实施，都需要现有的教育体系做出有效调整来适应这些变化的新需求。我们知道，社会产能过剩是结构性的，周期性的，其根本原因是人们购买力下降与环境资源约束导致的财富创造空间在不断压缩。一个好的经济社会生态是消费者与生产者的角色能够动态转换，经济循环能够实现动态平衡，这就需要教育能够向社会输出与之相适应的新型人才。

举个简单的例子，汽车产能过剩，并不是代表人们不需要汽车，还有很多的以交换劳动力为主要收入的消费者买不起汽车。如果这些以出卖同质化的劳动力为主的消费者，也能够主导财富的创造过程，也可以获得更多的蛋糕分配，那么他们也就具有了强大的消费能力，进而拓展汽车市场容量。这种消费能力的获得需要他们具备差异化的劳动力，要么能够整合技术进行新产品、新服务的研发设计，要么能够整合资源为市场提供有效的供给。

教育要培养出具有差异化的劳动力，就需要这些人具备提出新问题、发现新需求的能力，能够整合技术进行研发设计的能力，能够整合资源提供有效供给的能力。换句话说，教育要能够培养出大量的具备创新、创造、创业能力，能够开发新产品、新服务，能够有效地扮演财富创造者角色，能够获得足够的社会财富分配权，具有较高社会消费能力的人。只有这样的人才能有效地适应当前国家经济社会转型和技术发展升级的需要，才能够实现经济与社会的良性循环，才能够引领和推动社会与技术的发展。教育只有实现社会价值动力的回归，才能开展真正有效的教育变革。

二、学生的学习动力回归

学生为什么要学习？为国家，为社会，为人类做出应有的贡献，这些是学习的宏观目标，很难与学生的具体学习目标联系起来。就具体的学习者个体来说，学习的动力到底是什么？他们为什么要学习？其中最主要的原因是通过学习获取知识和能力的增量，以提高个体的生存能力与生命质量。一句话就是通过学习来提升自己，实现“知识改变命运”的目标。

怎样学习才能实现知识改变命运呢？实际上就是如何学习才能实现个人的社会价值的问题，要想实现学习的社会价值，我们的学习准备就要围绕满足社会发展需要这个大目标，就是要求学习准备能够使我们具备主动整合技术与资源的能力，能够获得足够社会财富的分配能力。将这个宏大而长期的学习目标分解到具体的学习过程中，就是通过学习培养我们提出问题、分析问题和解决问题的能力，培养质疑的意识与批判的精神，培养系统思考，做出独立判断的能力。

从学生的内生动力分析，变化了的时代，学生们在关心什么？他们需要什么？到底对什么有兴趣？当前学生普遍缺乏基本的评估与判断、选择与资源配置、沟通与协作的能力。实际上，失去好奇心与探究精神可能才是学生们面临的最大学习挑战。

想一想，我们是如何逐渐失去了对未知的好奇心，失去了对问题的思考力，失去了对知识的批判和质疑精神？从我们牙牙学语开始，从家庭教育到正式的学校教育，父母和老师都在以“爱”或者“更高效”的名义替我们做出各种各样的选择，这种被选择的成长过程渐渐地让我们丧失了思考与评估的能力与意识，也失去了选择和判断的能力与意识。

在进入大学后，社会突然把选择权交给我们的时候，失去选择能力的我们只能随波逐流。别人要求我们干什么就去干什么，不会有效利用、整合大量的闲置精力与时间，也就失去了学习的方向感，这是我们很多同学在大学期间迷茫的一个主要原因。当然，大学生是精力旺盛的年龄阶段，突然获得的自由，也会激起很多同学压抑已久的好奇与探究的本能，也有不少同学是带着梦想，带着仰望星空的理想来到大学的。

但这种梦想和理想很快就会被现实打败，没有方向的低效学习导致学习兴趣的丧失。因为光有好奇心是不够的，好奇心只是兴趣的开始，“到了这山看那山高，捡了芝麻丢西瓜”，不可能获得持续的成就感，也就没有了持续的学习动力。

从理性人角度分析，学生是有限的理性人，他们也会评估自己的短期预期与长期预期，并且偏好于短期预期。预期收益也可以理解为学生的产出，以学习产出为导向，已成为世界教育界的共识。以课堂学习为例，学生的短期预期包括通过学习获得的知识增量、思维增量和课堂体验。课堂体验包含好奇心、探究乐趣、学习过程中的权利保障、课堂归属感、被尊重与自我认同、个性化发展与实现等多个方面。学生的学习产出预期见图3。

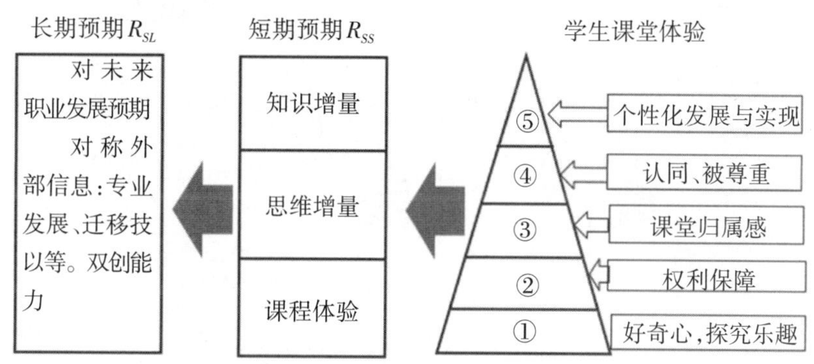

图3　学生的学习产出预期

学生必须愿意去学，而且能够习得。他们需要有意义的参与，能够联系已知，表达理解，创造性的建构知识。换句话说，学生首先得能够有动力去学习。学生学习的兴趣从哪里来？我们认为，兴趣起源于好奇心，持续于不断获得的成就感。提高学生的学习兴趣关键在提高学生对学习的预期收益，要以提高学生的长期收益为导向，努力提升学生的短期预期收益。课堂学习的核心是习得提出问题、分析问题和解决问题的能力，其中提出问题的能力尤为重要。

学习如何达到这些目标？首先是真实性，要基于一个真实的问题或真实的任务，以学习产出效果为导向来驱动学习、评估学习。将学习的长期目标解构到真实具体的学习任务中，吸引学习者深度参与，有效开展与同伴之间的深度合作学习。建立知识内在之间的联系，以及知识与个人背景经验、思维之间的联系。开展灵活多样的学习模式，满足个性化多样化的学习需求。

关注学习者元认知系统和自我系统的建立，创建学习者的能力感、归属感、有用感和潜能感，提高学习者的学习动机。学会合理设定目标，有效监控，能够根据条件的变化实时调整学习策略，达到学习目标。在认知系统的建立过程中，更加侧重对知识的理解、应用、分析、评估和创新能力的培养。

三、教师的教学动力回归

教师是人才培养任务的重要实施者，是教育教学活动的发起者，是教学场的创建者。过去，我们一直认为，教师有天然的职业偏好，可以像蜡烛一样牺牲自己来照亮别人。随着经济社会的发展，我们不能忽视教师作为一个有限理性人的这个前提假设，他们一样会追求个人利益的最大化，一样会平衡自己的短期与长期预期。

忽视教师群体的利益诉求，将教师作为培养人才的一个工具要素，在今天看来，显然是不合时宜的。教与学的过程，对学生来说，需要以学习产出为导向，对教师来说，也需要以教学产出为导向。同所有的理性人一样，教师也会偏好短期预期，只不过他们比学生更能抵制短期预期的诱惑，去追求可控的中长期预期收益。教师的长期预期包括学生的长期收益和职业发展预期，教师的短期预期包括教师的课堂体验、知识增量和学生的短期收益，课堂体验包含教师获得的探究的乐趣、收入、安全与权益保障、归属感、被尊重与自我认同、个性化发展与实现。教师的教学产出预期见图4。

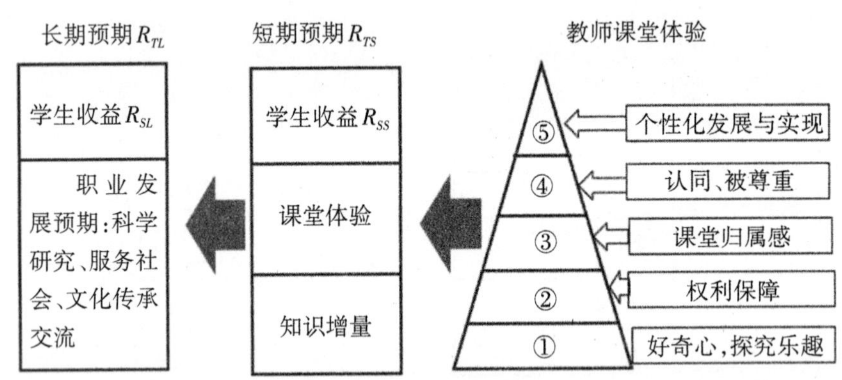

图4 教师的教学产出预期

从图4可见，教师的预期收益既包含学生的收益，也包含促进教师自身职业发展的收益，前者主要来自教师的职业偏好，后者主要来自教学过程中与学生合作博弈的收获。教师良好的教学过程体验与知识增量收益是教师精力持续投入教学的重要动力保障。

教师的职业偏好需要在入职的时候，设置一道让教师认识自己的慎重考虑环节，无甄别的教师招聘不仅对学生不负责任，也是对求职者自身职业发展的不负责。教师的教学过程体验，主要取决于教师是否有能力创建师生共赢的教学场。开展全新的师生合作的教学模式，在教与学的合作过程中发挥师生各自比较优势，就有可能实现在知识解构与重构过程中教学相长、师生共赢的目标。

以师生共赢为目标的教学设计，至少需要考虑三个维度的联系。

一是建立理论与实践之间的联系。以真实的任务来驱动教学，对接市场与教学，引入社会与产业界的教学资源。引导学生发现需求，并能够整合已有的技术与资源找出最佳解决方案。以培养学生的企业家精神，丰富学生的工程实践能力为主要教学目标。

二是建立知识与知识之间的联系。以问题为导向，跨学科交叉融合，引导学生进行批判性思考，学会发现问题，并能多视角系统思考，独立判断，整合知识创造性解决问题。以培养学生的创新能力、跨学科的学习能力为主要目标。

三是建立学生与学生之间、学生与教师之间的广泛联系。学生是教学过程中的重要参与者，也是合作者，学生的背景知识与思维是重要的教学资源。开发学生的潜能，引导学生学会在合作中角色扮演，学会沟通、同理、包容、协作与责任承担，共同高效完成学习任务。以培养学生高效开展沟通协作、合作学习的能力为主要目标。

四、教育生态重构

（一）调整教育目标

重构教育与社会之间的生态关系。以社会需求为导向，关注教育外部环境的变化，打破学校与社会之间的隔离，提高教育的社会存在价值，满足推动国家发展战略转型、社会发展转型、经济结构调整对人才培养的需求变化。培养能够发现问题、发现潜在需求、具有创新创造能力的人，通过创新打破社会传统垄断势力，加速阶层之间的流动，推动国家从资源配置型的静态垄断向价值增值型的动态垄断转变。教育要培养不仅能够创造社会财富并且能够获得社会财富的人。教育要站在国家发展的视角，提高学生毕业后的社会消费能力，为国家与社会的可持续的良性的发展承担责任。

重构学科知识体系。以学科发展需求为导向，关注学科之间的交叉与融合，打破学科之间、专业之间的界限。提高教育对知识的创新能力，满足国家、社会发展对知识的创新需要，满足学科、知识内在发展的变化规律。改造老专业，推动新专业、新工科建设，加快专业之间、学科之间的融合，最大限度地建立知识之间的联系。同时，加快建设学科专业发展的新标准，确保学科专业发展的条件保障，提升学科与专业发展的专业性与开放性。

重构教学过程。以真实任务为导向，建构有意义的教学场，提供灵活的学习机会，吸引学生深度参与教学过程，让学生愿意学习，且能够通过学习获得收益。教学要密切联系学生的背景知识，创设开放的学习场，让学生愿意表达、能够表达，创造性地解构与建构新知识，实现学生知识与能力的显著增量，提高学生的批判性思考能力、创新能力、合作能力、跨文化理解能力、信息素养水平、职业与终身学习能力。

（二）创建师生共赢的教学新模式

教学过程在本质上也是师生之间的共同合作过程，只有师生共赢的教学过程才能吸引作为理性人的师生双方持续地投入精力。如前面所分析，学生收益包括知识增量、思维增量、学习过程体验和职业准备所需的综合能力等，教师的收益包括学生的成长、教学过程体验、知识增量和职业发展的可能等。师生共赢的教学模式，应以提高师生深度参与教与学的兴趣，提高精力投入，促进双方共赢发展为教学目标。

在师生共赢的教学过程中，关键要能够发挥师生各自的比较优势。教师的比较优势是确定的专业知识与相对成熟的思维，学生的比较优势是多样化的背景知识与不确定的思维。双方开展有效合作的策略关键是：教师要去研究学生、开发学生、引导学生对知识进行解构与重构，而学生要进行大胆提问、学会思考、养成探究精神、学会合作学习。双方在发挥各自比较优势的同时，还要能够换位思考，能够进行有效的跨文化理解与沟通，能够保障对方的核心利益获得。

在以培养双创人才为目标的、师生共赢的教学新模式中，教师首先要提出一个与学生利益高度相关的元问题，以引起学生的兴趣与关注。接着，将知识解构成与学生背景知识密切联系的场景，引起学生的共鸣。同时，还要给学生创造思考与表达的机会，诱发学生原有知识与多元化思维的变量，引导学生进一步解构知识，提出新的问题，在探究的过程中，不断进行归纳与总结，最终达到学生与教师知识的新建构，以及知识本身的重构。

小结

教育的动力回归至少涉及两个层面的三个方面：

一是宏观层面的教育社会价值回归。教育要满足经济社会发展之需要，引领经济社会发展之变化，不仅需要培养具有创新、创造、创业能力的人才，更需要培养能够有效参与新财富创造并能获得社会财富分配话语权的人，以推动国家发展方式从资源型静态垄断向价值增值型动态垄断转变，实现经济、社会的良性可持续发展。

二是微观层面的学生学习动力回归。要充分考虑学生有限理性人角色，以提高学生的长期收益为导向，努力提升学生的短期预期收益。给学生充分的学习选择权，引导学生在学习中学会选择、学会评估、学会配置自己的资源。以学习产出为导向，引入真实任务与真实问题，关注学生的学习体验、知识增量和思维增量。

三是微观层面的教师教学动力回归。要充分考虑教师有限理性人角色，教师是教育教学活动的发起者、教学场的创建者，更需要充分平衡好教师的短期预期收益与长期预期收益。除了在入职时需对教师的职业偏好进行甄别外，更需要引导教师学会从教学过程中获得较好的教学体验、知识增量和学生成长成就感，促进教师职业发展。

教育生态重构：

调整教育目标，重构教育与社会之间的生态关系，以社会需求为导向，关注教育外部环境的变化，提高教育的社会存在价值；重构学科知识体系，以学科发展需求为导向，关注学科之间的交叉与融合，提高教育对学科知识的创新能力；重构教学过程，以真实任务为导向，建构有意义的教学场，吸引学生深度参与教学过程，让学生愿意学习，且能够通过学习获得收益；创建师生共赢的教学新模式，在教与学的过程中，发挥师生各自的比较优势，开展有效教学合作，达到师生共赢的教学目标。

参考文献

[1]习近平.习近平谈治国理政[M].北京：外文出版社，2014.
[2]潘懋元，左崇良.高等教育自拟的规约机制[J].吉首大学学报(社会科学版)，2016，(03):12-19.
[3]国家教育事业发展十三五规划[Z].2017.
[4]王艳玲.新课程改革与教师角色转化[J].全球教育展望，2007，(10):20-25.

教育信息化背景下高校智库建设探索

林琳

智库通常泛指收集、分析和创造一系列知识产品的组织。高校智库是指由各高校成立的各种研究院、研究所和研究中心等机构，是一种学术型的研究机构，主要从事理论或实践问题研究。对高校智库建设，国家越来越重视，2010年发布的《国家中长期教育改革与发展规划纲要》中，要求高校要“积极参与决策咨询，主动开展前瞻性、对策性研究，充分发挥智囊团、思想库作用”。[1] 2014年2月，教育部出台《中国特色新型高校智库建设推进计划》指出，高校智库要聚焦国家及社会需求，整合优质资源，充分发挥新型智库作用，开展相关领域研究，使智库为高校人才培养、科学研究服务，为社会发展服务。随着自身的发展壮大和国家的重视，近年来一大批新的智库在一些知名大学诞生，加之原有的智库，高校智库到2012年已达到700多家。“加快中国特色新型智库建设”是党的十九大做出的战略部署和明确要求，面对建设教育强国的新时代新任务，面对教育信息化的新挑战新机遇，高校智库如何寻找突破之路，充分发挥咨政、咨教、咨询功能，不断提出新方案、探索新模式、做出新贡献，是高校智库必须面临和思考的问题。

一、教育信息化对高校智库建设提出的新要求

教育信息化是伴随着信息技术和通信技术的发展而产生的，是当前全球教育的热点问题。教育信息化是各国推进教育改革不可回避的必由之路，特别是高等教育改革的重要内容。所谓教育信息化，是运用信息与通信技术系统地提升和变革教育的一个过程。教育信息化是一个变革过程，是教育内容、教育手段、教育形式等教育大系统的系列变革。由此可见，教育信息化是一个渐进、系统的提升过程，是通过运用信息技术促进教学变革的过程，是以培养创新人才和实现学习型社会为核心的动态系统工程。[2]

（一）信息时代将催生教育的深刻变革，高校智库要在高等教育改革大形势下开展研究

信息时代将催生教育的深刻变革，一方面信息技术重塑高等教育生态：信息技术在高等教育中的应用不仅可以提高高等教育效能，还是对高等教育生态的重塑。信息技术可以改变高等教育方

基金项目：中国高等教育学会高等教育科学研究“十三五”规划课题（16YB026）的阶段性成果。

林琳，吉林农业大学高等教育研究所所长、副研究员，研究方向：高等教育管理。

式、颠覆高等教育规则，在高等教育中充当重要不可替代的角色，信息技术可以变革我们的思维方式、学习方式。另一方面信息技术引领高等教育发展：教育信息化下，高等教育不再是教师与学生、面授与在线简单的二元框架，而是如何更好地让技术与人联系在一起，不能把技术在高等教育中的应用等同于自动化，而是让信息技术促进人的参与和发展，真正提高高等教育质量。随着教育信息化的不断推进，信息技术与教育教学进一步融合，高校教育教学方式、课程体系等改革不断深入，高等教育将发生深刻变革。高校智库开展研究不能是空中楼阁，不能拘泥于既往的研究手段和思路，要紧跟高教改革的新形势、教育强国的新战略开展研究。

（二）信息化将改变高校智库的研究内容，智库研究内容要具有前瞻性、创新性

随着信息技术和大数据技术的发展应用，教育改革的信息和动态将以更快的速度和在更广的范围传播，高校智库的研究内容要与时俱进，要更具前瞻性，要为教学实践服务，要超前于教学实践、指导教学实践、推动和提升教学实践。因此，在实际工作中，高校智库要紧紧围绕高等教育改革的前沿问题、焦点问题，围绕区域教育发展迫切需要解决的问题，围绕学校发展的中心问题，集中精力开展关于大学的办学模式、学科建设、师资队伍、资源配置、运行机制、大学治理等专题的系统研究。研究内容也要不断调整创新，比如围绕高等教育立德树人、从“以教为中心”转变为“以学为中心”、积极开展素质教育等教育改革的前沿问题研究，探索教学改革的新路径，研究高校课程建设的新思路等。高校智库只有具备较强的创新能力，才能更好地为社会和政府服务，提升研究成果的应用价值。高校智库还要不断创新思想，提高自主研究和独立表达的能力，才能不断出新思想、新思路、新成果。

（三）教育信息化将改变高校智库的研究手段，高校智库要实现研究方法创新

随着信息技术的发展，互联网和大数据、云计算、物联网早已走进各领域，人工智能，科技进步日新月异，信息技术的渗透力和影响力无比强大。信息技术在教育领域也得到了广泛应用，比如MOOC等大规模线上课程的开发与应用，促进了信息技术与教育教学深度融合，推动了高等教育的改革和发展。习近平总书记在中共中央第二次集体学习时指出，大数据是信息化发展的新阶段，世界各国都把推进经济数字化作为实现经济创新发展的重要动能，在前沿技术研发、数据开放共享、人才培养等方面做了前瞻性布局。高校智库要抓住国家实施大数据战略的机遇，主动适应信息化时代对决策咨询研究方法的新要求，积极主动利用大数据创新研究手段，遵循科学的研究范式，从定性研究转向定性与定量相结合研究。通过对数据进行收集、整理、分析，提出科学的研究结果，为决策者提供参考，有效避免经验判断的缺陷，增强工作的科学性和预判性。教育信息化背景下，高校智库要创新和改革研究方法，利用信息技术开展研究，利用大数据进行对比分析，提出问题和解决问题的方法。

（四）教育信息化将改变高校智库研究组织形式，高校智库要跳出封闭走向联合

教育信息化使成果传播得更快，将世界链接为一个整体，世界经济发展和高等教育发展研究的最新成果会在第一时间被分享，高校智库要实现创新研究、推出创新成果的难度不断加大。另外，我国提出要建设中国特色、世界水平的高等教育，就必须走向世界舞台，与国际高等教育同频共

振，将中国元素融入世界高等教育，让世界倾听中国声音，就必须扎根中国，融通中外，不断提升高等教育核心竞争力。高校智库在这样的大背景下，要推出高水平的研究成果，服务和推动高等教育发展，就必须要顺应大数据时代信息共享的趋势，积极走出去，跳出封闭走向联合。从关起门自己研究向“走出去、请进来”协同研究转变。注重与高水平、专业化的研究机构联合，走联合攻关之路，形成研究共同体，互相取长补短。在科研组织形式上把教育科研方面的专家学者请进来，通过讲学、报告等形式互相借鉴，提高研究水平和能力。智库课题研究要真正集合系统组织的优势开展联合调查研究，真正搭建起联合攻关的大平台，广泛收集实践经验，形成规律性认识成果，开展真正的研究、推广与应用。

二、高校智库建设存在的问题

2015年1月，中办、国办印发了《关于加强中国特色新型智库建设的意见》，为中国智库建设指明了方向。我国高校研究机构是建设中国特色新型智库的重要力量，数据显示，我国高校聚集了80%以上的社科力量、近半数的两院院士，具备建设中国特色新型智库的良好条件和独特优势。[3]高校智库建设迎来了难得的发展机遇。同时，当前我国高校智库能在高等教育改革中发挥重要作用的还不多，能在全球智库有较强综合影响力的更是寥寥无几，高校智库建设要真正适应教育信息化发展要求，转变发展模式，还有很多问题要正视和不断地调整解决。

（一）职能定位不明确

近年来，我国高校成立了如政策研究院、高等教育研究中心、发展规划处、经济研究所等很多研究机构，这些研究机构的职能定位不明确，往往注重某一领域的学术研究，注重基础理论研究，注重从研究人员个人兴趣出发开展的研究，较少以问题为导向、以高校和政府决策需求为出发点开展研究，研究成果不能服务和应用于政府决策。同时更缺乏为政府决策提供服务的研究能力，因此很难提出创新性见解从而对政策有一定的影响力。职能定位是高校智库发展的航标灯，决定着高校智库的发展方向和发展高度，只有定位科学，高校智库才能走得更远。如果高校智库发展的定位不明确，将难以开展有价值的研究，难以得出有价值的结论，从而影响高校和政府决策，难以为高校、地方经济发展和国家战略服务。

（二）机制体制建设不足

高校智库在发展过程中缺乏科学有效的成果转化机制，缺乏研究成果编发展示平台，缺乏成果服务政府决策的咨询制度和宣传通道，高校智库之间及高校智库与政府之间缺乏沟通平台，高校智库不能参加政府的决策咨询活动，研究成果难以与政府决策有效对接，服务和支撑政府决策更是难上加难。因此，高校智库研究成果多数被束之高阁或仅仅转化为学术论文。此外，高校智库建设中没有科学的激励机制和评价机制，高校智库研究人员一般都有一定的科研任务和评职晋级的个人需求，按照高校职称评定的条件要求，智库科研人员要发表一定级别的论文、完成省级、国家级的课题，而这些论文和课题大多是为特定目的完成的，与高校发展和政府决策需求相关性不大，另一方面科研人员能够为政府决策服务的研究成果又难以列入高校科研考核范围内，这就使得真正有价值能推动政府决策的成果产出很少。高校的科研激励机制和评价机制限制了高校智库服务职能的发挥。

（三）智库发展模式单一

高校智库的发展模式一般是高校主办，高校负责管理，多数发展为单打独斗式的，只思考自身的发展，完成学校规定的职能和任务，高校智库间缺少合作与交流，有的纵使有合作与交流，也大多局限于同一领域，局限于智库内部和国内，智库发展衡量的指标多限于自身发表多少论文、完成多少课题，缺乏跨部门、跨领域乃至国际的项目合作。特别是在全球化时代，在终身教育、教育信息化、教育全球化浪潮下，缺乏全球化视角来研究问题的思路和方式。此外，国内大多数地方政府对高校智库的重视程度不够，对智库建设缺乏整体规划，更缺乏让高校智库参与决策咨询的制度安排，高校智库科研人员与决策部门分属不同的单位，难以参与高校和政府的决策。高校智库的发展方式、管理体制缺乏创新，缺乏治理体系、管理机制层面的改革，传统的发展方式和管理体制使之很难充分发挥思想库和智囊团的作用。

（四）信息化意识不强

当前，信息技术的普及推动了高等教育的网络化和数字化，促进了区域和国际高等教育资源的交流，而我国高校智库还没有适应教育信息化的新形势，信息化意识还不强，还没有建立研究信息平台，利用信息技术开展研究的项目还比较少，利用信息技术收集高等教育发展的相关数据，建立数据库更是少之又少。而在一些教育发达国家高校，利用信息技术开展研究已经比较成熟，例如：德国有专门智库机构研究高等教育信息化和信息技术对高等教育带来哪些影响等，最为著名的是"高校信息系统"与联邦教育部、各州教育部、德意志学术交流中心等研究机构联合建立的"科学大都会"数据库，该数据库收录了1948年以来德国高等教育发展的数据[4]，全面反映了德国高等教育发展的轨迹，数据完全公开透明，任何人都可以通过互联网获取，已成为德国高等教育的资源库。

三、教育信息化背景下高校智库建设的路径

高校研究机构要转型成为新型智库，就要在学校事业发展中积极发挥"智囊"和"外脑"作用，为学校发展提供理论指导、决策咨询、实践探索、智力支持。如何抓住机遇，在新一轮的智库建设潮来临之际，加快转型，实现新的发展；如何真正适应教育信息化的要求，建立起适应时代需求和社会发展的新型智库，为政府决策和高等教育发展提供咨询服务，走向更广阔的舞台，是当前亟待解决的问题。高校智库要通过开展以问题为导向的理论研究和实证研究，努力成为"改革发展决策方案的建言者、政策效果的评估者、社会舆论的引导者"，利用信息技术提升高校智库建设的"五力"：影响力、服务力、研究力、发展力、协同力，用信息技术使智库建设实现网络化、数字化、智能化，形成信息技术支撑下的高校智库建设新生态。

（一）科学定位，提升高校智库影响力

高校智库在教育信息化来临之际，要调整战略定位，从基础研究转向决策咨询研究，运用现代

信息技术研究解决经济社会和教育发展中的重大现实问题；高校智库要将定位从注重成果的多少转向注重成果的研究质量，看成果能否解决现实问题，是否对决策有参考意义。要不断提高自身研究能力，在建言献策方面发挥重要作用，形成自己的学术观点，提升学术影响力。要注重在研究中形成新思想、新观点、新论断，在教育发展过程中提升自己的话语权，让研究成果真正成为中国思想、中国方案、中国理论，提升高校智库的影响力，只有这样才能谋求真正的发展。

（二）转变发展理念，提升高校智库服务力

高校智库要转变发展理念，要树立开放的发展理念，在教育国际化开放的环境中发展，要重视数据的交流共享，形成大数据意识；要树立创新发展理念，创新管理体制，创新研究平台，创新研究方法，产生新思想和创新性成果，指导高校和高等教育发展；要树立服务的理念，在服务中发展，树立强烈的服务意识，为社会服务、为教育发展服务、为国家服务。使智库成为教育发展的风向标，用具有前瞻性和指导性的研究成果为国家教育政策出台提供参考和服务。如德国的高等教育国际化智库具有很强的服务意识，“高等教育研究中心”每年发布全球高校排名，为学生和家长选择院校服务，为国家制定政策服务。我国的高校智库也要不断转变发展理念，在服务政府和社会中提升自身服务力。

（三）完善考核机制，提升高校智库研究力

高校智库作用发挥得如何，关键要看智库研究人员、专家的研究能力和水平，即研究团队是新型高校智库的抓手。要建设一支理解学校使命，为实现学校使命服务的研究人员团队。教育创新、教学改革方案的提出、人才培养水平的提升都要求高校智库以跨学科的视野进行综合研究。因此，高校智库要加强机制体制建设，在引进人才和培育人才上下功夫。通过合作研究等形式加强研究人员的合作与交流，形成引智机制。要建立一套科学规范、有利于促进科研成果涌现的管理机制，探索建立智库人才流动机制，通过聘请校内外知名专家学者作为兼职研究员和与其他高校研究机构建立合作关系等，促进研究人员的交流合作；要建立科学合理的考核评价机制，把服务学校和政府决策的研究成果纳入到科研成果考核与奖励体系中，调动研究人员建言献策的积极性。还要建立健全高校智库管理的规章制度，如研究员聘任及管理办法、科研课题经费使用办法、教育教学研究工作奖励办法、研究成果奖励办法等规章制度，推进高等教育研究管理的科学化、规范化、制度化。[5]

（四）建立数据平台，提升高校智库发展力

教育信息化下提升高校智库发展力就是要搭建大数据平台，基于数据的信息化平台建设对于高校智库尤为重要，是建设新型智库的关键。目前，虽然有很多高校智库在开展研究时都有互联网基础设施，都建立了研究社群，如微信群、QQ群等，但真正的数据平台和基于数据的研究模式还没有建立起来。高校智库要提升自身发展力，关键是要对于教育发展相关的各类数据进行全面掌握和挖掘，要在加强教育研究网络硬件设施的基础上，整合教育信息资源库，建立和拓展与经济、社会发展等统计数据对接、各级各校联动的研究信息化平台，使高校智库研究的信息资源更加丰富，以翔实的数据分析代替传统的经验分析，更科学、准确地研究教育发展，为教育决策提供基于数据的研究报告。[6]

（五）建立学科融合式发展模式，提升高校智库协同力

高校智库应结合经济社会发展方式、产业结构调整、国际国内高等教育发展趋势、社会及学生家长对高校教育的诉求、学校发展战略规划等实际情况，坚持以问题为导向，开展多学科融合研究，如开展教育学、哲学、经济学、社会学等的交叉研究，使研究成果更贴近国家和区域社会发展需求的同时，主动服务学校自身发展，为学校决策做出新的贡献。教育信息化使我们进入了大数据时代，研究成果和信息以更快的速度传播，往往出现研究角度趋同、研究深度不够、研究创新不够等问题，使得研究成果很多，但理论性有余，而应用性不足。因此，多个智库机构协同研究和开展对外合作研究是高校智库发展的新选择。高校智库之间要多开展合作研究，联合同行力量开展研究；与政府、社科、媒体等方面的学者专家合作，吸收他们的成果，扩大自身的影响力；加强与不同学科背景的智库合作，达到多学科交叉、优势互补，形成开放的发展模式。[7] 国际化的研究趋势，顺应互联网通信技术的发展，使跨国的交流和研讨成为可能，高校智库要通过高质量的学术交流活动，掌握学科前沿和高水平智库的研究动态，开展国际合作研究，形成国际化研究平台，提升高校智库研究的协同力，形成自身研究特色，提升自身影响力，扩大高校智库的学术影响力和话语权。

参考文献

[1]燕玉叶.如何建设中国高校智库——美国加州大学21世纪中国研究中心光磊主任访谈与启示[J].高校教育管理，2015,3:16-22.
[2]焦建利，贾义敏，任改梅.教育信息化的宏观政策与战略研究[J].远程教育杂志，2014,1:25-32.
[3]王健.论中国智库发展的现状、问题及改革重点[J].新疆师范大学学报(哲学社会科学版)，2015,04:29-34+2.
[4]刘昕彤.德国教育信息化发展报告(2013-2014年)[J].中国教育信息化，2015,07:30-35.
[5]林琳.向新型教育智库转型：高校教育科研机构要发挥“四大功能”[J].黑龙江畜牧兽医，2017,08:260-262.
[6]耿丹青，刘惠婵，贺蓓蓓等.广东新型教育智库建设：现状与发展路径[J].高教探索，2017.12:109-113.
[7]舒刚.大数据视域下高校智库建设现实困境与路径转型[J].中国高教研究，2016,08:27-31.

第四篇

博士生论坛

创新型人才视角下研究型大学本科课程结构探究

——基于5所“双一流”高校人才培养方案的实证分析

黄芳

一、引言

我国一流大学建设自1959年的“重点大学”建设始，历经“211工程”“985工程”到现今的“双一流”建设，已走过将近60年的发展历程。以现有统计数据分析，我国一流大学建设已取得显著成效。根据QS发布的最新世界大学排名，进入百强的中国大陆高校有6所，上榜的中国大陆高校共有40所，首次有中国大陆高校进入全球20强。[1] 若具体来看，QS排名的指标体系中与学术相关权重占60%，一方面说明中国大学在科研领域的实力日渐崛起，另一方面也说明世界大学排名仅能反映部分问题，也不能将位列排行榜的大学等同于一流大学。目前我国大学存在人才培养和科学研究不同步的问题，一流大学对科研的重视程度远远超过教学。[2] 大学的三大基本功能为人才培养、科学研究和社会服务。其中，人才培养为最核心功能和最基本使命。一流大学若仅以科研为重，忽视人才培养这一根基，则难以真正堪称一流。在当前国家创新驱动发展战略引领下，“双一流”大学作为培养创新型人才的摇篮，为国家创新战略提供重要的人才支撑。因此，“双一流”建设高校应充分认识到人才培养的重要性，将创新型人才培养作为大学各项事业的中心，走内涵式发展道路，在专业、课程、教学上下功夫，以全面提升人才培养质量。[3] 本文试图探究“双一流”高校的本科课程体系与创新型人才培养的关系，通过分析5所“双一流”高校的人才培养方案，总结归纳“双一流”高校课程结构在创新人才培养视角下的应然状态和实然状态，以期对当前我国“双一流”建设提供些许启示。

二、相关研究综述：创新型人才培养指向下课程结构的应然状态

（一）“创新型人才”的提出

创新型人才是建设创新型国家的重要战略资源，创新型人才培养作为国家人才建设的战略部署，是由国家层面“自上而下”推行的重大战略举措，因此一直受到政府和社会各方的高度重视。

黄芳，厦门大学教育研究院博士研究生。

“创新型人才”这一概念最早始于20世纪80年代中期的“创造型人才”。自邓小平同志在1983年提出“教育要面向现代化，面向世界，面向未来”的“三个面向”教育战略后，一批学者开始就如何培养适应未来发展要求的“创造型人才”展开论述。在高等教育领域，有学者提出高等教育是创造型人才成长的重要阶段，高等学校是创造型人才成长的肥沃土壤，[4] 以此确立了高校培养创造型人才的使命。一些学者提出通过“开辟第二课堂”[5]“专业化和多能化结合起来”[6]“试行学分制”[7] 等方式培养创造型人才。“创造型人才”的概念一直沿用至1998年的《面向21世纪教育振兴行动计划》，其中提到实施“高层次创造性人才工程”。1999年，江泽民主席在全国教育工作会议上提出“教育是知识创新、传播和应用的主要基地，也是培育创新精神和创新人才的摇篮”，“创新型人才”概念正式确立，此后学界开展了大量关于创新型人才培养的研究。同时，1995年的“科教兴国”战略、2005年的“创新型国家”战略及2006年的《国家中长期科学和技术发展规划纲要（2006—2020年）》、2012年的“创新驱动发展”战略、2016年的《国家创新驱动发展战略纲要》等一系列国家战略及政策，进一步强化创新型人才对于国家经济社会发展的重要作用。

（二）“创新型人才”与大学课程结构

1. 系统论思维下创新型人才培养与课程结构的关系

在国家的高度重视下，学界对创新型人才讨论热烈，相关研究也如汗牛充栋。在中国知网以“创新型人才”为关键词进行检索后发现，高等教育学领域各类文章达到5 000多篇。其中大量文献关注创新型人才的定义、内涵、人才培养、教学改革等，总体而言对于宏观层面的论述较多，对课程、教学、知识认知及学习规律等微观层面问题的探讨则相对较少。尽管关于“创新型人才”的研究成果丰硕，一些学者在谈及创新型人才培养时也涉及了课程相关内容，但系统性论述创新型人才培养与课程结构关系的研究较少，且未能形成理论体系以对当前我国高校创新型人才培养的课程体系建设提供有益启示。

“课程是实现人才素质结构建构的主要手段，是促成人才划分为不同类型的重要支撑”[8]。课程可以“折射出社会各界对高等教育所持的态度、施加的影响和所抱的期望”，在高校的人才培养过程中，“课程理念反映创新人才培养目标，课程体系结构体现创新人才培养特色，课程教学方法促进创新思维的产生和创新能力的提高”[9]。因此，创新型人才培养最终要落实到课程这个知识传播的主要载体上来。然而随着课程理论的发展，学者们发现要激发学生的创新潜力[10]，不能单靠一两门创新课程，而应该在宏观的课程体系层面探索创新型人才培养的路径[11]。于是有必要将课程体系作为有机整体来思考其与创新型人才培养的关系，而系统论为这一尝试提供了理论依据。

根据系统论的观点，系统是由互相联系的各部分或要素组成的、具有特定功能的有机整体。[12] 课程系统作为由大量课程形成互相联系互相制约的整体，同样具备整体性、要素、结构、环境等基本属性。其中，结构是系统的重要属性，“系统的结构决定系统的功能”[13]。系统功能的发挥，不能仅停留在系统要素的优化，而应在要素基础上，优化和改进结构，使系统发挥最大功效。[14] 因此对课程系统的探讨，不能忽视课程结构在其中的关键作用。课程结构是系统中“各要素及各要素间的组织排列形式以及配比关系”[15]。顾明远认为，广义的课程结构“要解决的是根据培养目标应开设哪些门类的课程及课程的编排，重点要考虑各种内容、各种类型、各种形态的课程的整体优化，具体体现为教学计划”[16]。作为整体的课程系统是有机动态的，同样，课程结构也不是孤立静止的，而是随着历史推进、知识结构变化，课程结构也随之演进。生产力的技术属性决定者生产力类型的改变，并从根本上决定着生产过程对劳动者的技术要求，从而影响学校课程的构成。[17]随着第四次工业革命的到来，新技术的创新驱动知识结构的变革，以“网络化、信息化与智能化深度融合为核心的技术革命”，将“重塑人力与机器力结合的劳动形式和要求”[18]，进而对大学的知识结构及其所反映的课程结构产生作用。一流研究型高校作为科学技术创新的策源地，培养的创新型人才是推动产业创新的主要力量，因而“双一流”大学的课程结构更应成为创新型人才培养的依托，使其背后蕴含的知识体系能够顺应时代发展，引领科技创新和产业变革。

2. 创新型人才素质结构与课程结构的关系

结构是系统要素的不同组合形式，因此在讨论课程结构模式之前，需要明确课程系统的基本要素。有学者认为，课程体系的结构模式包含“层次构成”——公共基础课、专业基础课、专业课、跨学科课程，以及“形式构成”——必修课程、限定选修课程、任意选修课程。[19]本研究则通过界定课程要素以确定课程结构。纵观课程发展史，对国内大学课程影响较为深远的有两类模式，一种是50年代较为兴盛的“苏联模式”，一类是90年代以来逐渐被接受的“美国模式”。两种模式的主要区别在于，苏联模式是较为“刚性”的以专业为基础、以社会本位为导向的课程模式，美国模式则更强调基于素质能力培养的整合模式，因而课程和专业的边界较为开放模糊，课程设置更加动态灵活。但无论是基于何种模式，课程系统的基本要素不会脱离专业教育和通识教育，课程内容都包括理论教学和实践教学，课程组织都涵盖必修课程和选修课程。由于系统要素相同，结构不同，其功能也存在不同。因此，本研究试图探讨课程结构要素中专业课与通识课、选修课与必修课、理论课与实践课的组合配比，将影响整个课程系统是否能实现创新型人才培养的目标。

当课程系统势必要指向创新型人才培养的时候，其课程结构与创新型人才的素质结构应该是对应的。其背后的逻辑在于通过课程学习可以培养大学生的能力素质，科学的课程结构能够促进人才培养目标的达成。于是需要先明晰创新型人才的内涵，确立创新型人才所需的素质能力，以此探究课程系统中各要素之间的内在逻辑关系，即课程结构（图1）。

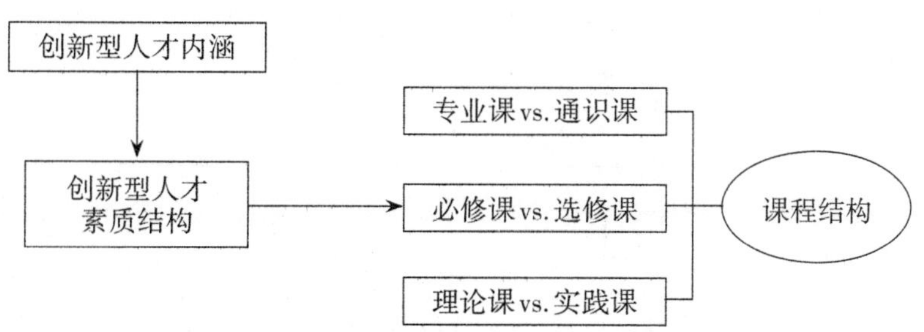

图1　系统论思维下课程结构与创新型人才的关系

许多学者对于创新型人才的内涵进行了定义和阐释。主要观点有：创新型人才是具有创新精神、创新能力和实践能力的人才，具有发现新问题、解决新问题、发明新事物和开创新领域的能力和素质的人才[20]；是运用已有知识进行创造性思维来创造新方法、新工艺和新产品[21]；既具有专业素质又具备创新素质和能力[22]；是具有创新意识、创新精神、创新能力并能够取得创新成果的人才[23]。基于这些内涵界定，创新型人才所需的素质结构包括以下方面：首先，在知识结构上的博专结合，既要有扎实的专业知识体系，确保创新立足于专业知识基础，具备科学求真的精神，同时又要有广博的知识面，能超越既有学科专业的视野；其次，具备实践能力，不仅需要创造性思维，还需要将创新意识转化为创造性劳动的能力；第三，具备逻辑性思维、批判性思维、发散性思维等思维能力，能够突破社会成见，勇于挑战既有常规思维。这些创新素质结构反映在课程体系上，可表现为：通过通识教育课程和专业教育课程完善学生的知识体系，通过选修课和跨学科课程满足学生的学习兴趣和人才发展要求，通过实践课和实践环节提升学生的实践能力。因此，创新型人才培养的课程结构应重点关注三对关系：通识教育课程和专业教育课程、必修课和选修课、理论课和实践课，使三类课程的内在结构呈现合理比例，体现创新型人才的素质结构要求，符合创新型人才的培养目标，以切实提升创新型人才的培养成效。具体而言，研究型大学的本科课程应在重视专业教育课程的基础上适当提高通识教育课程的比重；在保证必修课体现学生必需的知识和能力结构的基础上，尽可能提升选修课的比重；将实践教学环节融入理论课，并适当提升实践课比重。

三、5所“双一流”高校人才培养方案的实证分析

基于上述分析，本文认为有必要就“双一流”高校的课程结构进行剖析，以呈现当前一流研究型大学课程结构与创新型人才培养的关系。鉴于人才培养方案是“各类课程的有机结合体”，能够呈现“各类课程间的逻辑结构和层次”，[24] 本研究将五所“双一流”高校当前正在执行的本科人才培养方案作为研究对象，以探究课程结构是否指向创新型人才的培养目标，据此管窥我国“双一流”高校课程结构的实然状态，以期为高校课程改革提供些微参考与借鉴。本研究选取的5所“双一流”高校位于我国东、中、西部，5所高校的基本情况如表1所示。

表1　5所“双一流”高校基本情况

高校	地区	双一流类型	一流学科数	专业数	2018年排名
F大学	上海	双一流A类	17	74	5
E大学	上海	双一流A类	3	83	32
S大学	四川	双一流A类	6	132	17
O大学	山东	双一流A类	2	73	60
Z大学	河南	双一流B类	3	114	147

20世纪50年代以来，由于我国高校的课程建设深受“苏联模式”影响，在课程设置时以“专业”为基点，以社会本位为导向，以学科本位为主线，将课程分为公共课、基础课、专业课三类，且全部课程为必修，不设置选修科目；一年级以公共课为主，二年级以基础课为主，三、四年级以专业课为主，课程比例以专业课为重，是一种以专业课程为核心的体系。[25] 进入20世纪90年代后，高校人才培养模式经历一系列改革，从强调学科知识的系统性与完整性的知识型教育，转变为既重视学科知识传授也重视专业技能培养的知识能力教育；在21世纪后，又调整为“融传授知识、培养能力和提高素质为一体”的素质型教育，于是课程体系也相应发生调整，形成以普通教育课程、专业教育课程、学科和跨学科教育课程整合为一的“一体化”课程结构模式。[26] 在课程设置上，更加强调通识教育与专业教育结合，必修课与选修课结合，理论课与实践课结合，在课程体系建设上取得一定成效。

（一）通识教育课程与专业教育课程

纵观这5所高校，课程类别主要都涵盖通识教育课程、学科基础课程、专业教育课程等类别。虽然表面上看，这些课程与过去的公共课、基础课、专业课“三层楼式”结构并没有太大差别，但其实质已发生了显著变化。以F大学为例，其课程类型包含通识教育课程、大类基础课程和专业教育课程三大类。其中，通识教育课程包含通识教育核心课程、专项教育课程、通识教育选修课程以及书院新生研讨课、服务学习课程、暑期国际课程等；大类基础课程包括人文、社会科学、自然科学、技术科学和医学五大类；专业教育课程包括专业必修课程和专业选修课程（表2）。这样的课程设置与过去“三层楼式”结构的区别在于：首先，该课程体系的实施是在全面推行学分制的基础上展开，相比过去较为“刚性”的选课制度，现有的课程设置给予学生更多弹性的选修空间；其次，过去的公共课是基于专业课的需要所衍生的附属课程，而现今的课程体系在通识教育课程下提供了大量模块课程群，丰富的课程资源能更好满足学生的兴趣爱好和个性需求；第三，该课程体系依据“宽口径、厚基础、重能力、求创新”的原则，通过实施通识教育和大类基础课程，从而对原有专业知识结构进行相应调整。从通识教育课程、大类基础教育课程到专业教育课程所呈现的知识体系是由宽到窄的过程，大类基础课程是在通识教育的基础上开展“宽口径的专业教育”，而专业教育课程在强化专业教育深度的同时，又通过专业选修课实现学科交叉融合，拓宽了专业教育的广度。此外，通过分析F大学、O大学和E大学的法学专业所有课程的学分比例，发现专业教育课程学分比重最大，其次是通识教育课程，学科基础课程介于二者之间（表3）。但由于通识教育模块包含了思政课、计算机、英语等公共基础课，严格意义上的通识教育课程占比仍然相对较少。

表2　F大学课程设置情况（2017年）

<table>
<tr><th>类型</th><th>类别</th><th>模块</th><th>课程</th></tr>
<tr><td rowspan="19">通识教育课程</td><td rowspan="9">通识教育核心课程</td><td rowspan="2">思想政治理论课模块</td><td>A组必修</td></tr>
<tr><td>B组选修</td></tr>
<tr><td rowspan="7">七大模块课程</td><td>文史经典与文化传承</td></tr>
<tr><td>哲学智慧与批判性思维</td></tr>
<tr><td>文明对话与世界视野</td></tr>
<tr><td>社会研究与当代中国</td></tr>
<tr><td>科学探索与技术创新</td></tr>
<tr><td>生态环境与生命关怀</td></tr>
<tr><td>艺术创作与审美体验</td></tr>
<tr><td rowspan="11">专项教育课程</td><td rowspan="5">大学外语</td><td>综合英语</td></tr>
<tr><td>通用学术英语</td></tr>
<tr><td>专用学术英语</td></tr>
<tr><td>英语文化类</td></tr>
<tr><td>第二外语</td></tr>
<tr><td rowspan="2">计算机</td><td>应用软件类</td></tr>
<tr><td>程序设计类</td></tr>
<tr><td>体育</td><td>/</td></tr>
<tr><td>军事理论</td><td>理论学习+军训</td></tr>
<tr><td rowspan="2">创新创意创业</td><td>创新创意与行业发展</td></tr>
<tr><td>创新创意创业课程</td></tr>
</table>

续表2

类型	类别	模块	课程
			其他
	通识教育选修课程		人文科学与艺术类
			社会科学与行为科学类
			自然科学类
			医学与药学类
	新生研讨课		由各书院开设
	服务学习课程		课堂学习+社会服务
	暑期国际课程		全英文课程
大类基础课程	人文类基础课程		/
	社会科学类基础课程		
	自然科学类基础课程		
	技术科学类基础课程		
	医学学科类基础课程		
专业教育课程	专业必修课程		/
	专业选修课程		强调知识交叉跨度、专业前沿信息和科研特色

表3　3所高校课程结构的学分比例(法学)

高校	类型	课程	必修学分	选修学分	学分	比例
F大学	通识教育	核心课程	26		49	32.2%
		专项教育课程	16			
		通识选修课程		7		
	大类基础课程		15	3	18	11.8%
	专业教育课程		68	17	85	55.9%
O大学	通识教育	通识教育课程		8	48	32.4%
	公共基础	思想政治类	15			
		高等数学类	4			
		大学外语类	10			
		大学计算机类	4			
		军事体育类	7			
	专业教育	学科基础课程	37	1	38	25.7%
		专业知识课程	16	22	62	41.9%
		工作技能课程	16	8		
E大学	通识教育课程		33	10	43	28.7%
	学科基础课程	学科基础课	15		19	12.7%
		学科大类平台课	4			
	专业教育课程	专业必修课	45		88	58.6%
		专业选修课		43		

（二）必修课与选修课

通过统计五所高校共有的汉语言文学、英语、新闻学、数学、物理学、生物技术、软件工程、通信工程、计算机科学与技术、经济学、金融学、国际经济与贸易、会计学、旅游管理、工商管理这些专业的选修课情况，发现同院校各专业之间、不同院校同专业之间的选修课占比存在较大差异，且没有规律可循。某些专业的选修课比例在高校之间差异显著，同一学校的选修课比例在不同专业间差异显著，说明这些学校必修课与选修课的设置不是依据知识结构的合理比例进行规划设计，而是更多依据现有课程资源进行分配。具体分析，F大学文学学科专业的选修课比例较高，理学学科和工学学科专业的选修课占比普遍较低；E大学的选修课比例在不同专业间的差距较小，但都相对较低；S大学在理学、经济学、管理学专业的选修课占比较高，且是5所大学总选修课占比总体较高的学校；O大学在文学和管理学专业的选修课占比较高；Z大学选修课占比是5所学校中总体较低的学校（表4）。

表4　5所高校部分专业的选修课占比(%)

学科	专业	F大学	E大学	S大学	O大学	Z大学
文学	汉语言文学	29.38	17.65	34.64	22.67	25.17
	英语	23.84	18.00	18.00	32.20	11.54
	新闻学	43.14	16.00	17.65	31.88	10.67
理学	数学与应用数学	18.12	23.33	27.06	18.65	12.50
	物理学	5.48	19.67	20.65	18.59	13.29
	生物技术	20.85	20.67	32.94	26.10	15.00
工学	电子信息科学与技术	15.33	17.00	20.00	13.00	12.90
	通信工程	12.67	17.00	22.29	14.33	5.88
	计算机科学与技术	16.56	24.00	28.24	20.90	23.12
经济学	经济学	18.95	22.30	30.59	17.31	9.38
	金融学	21.57	18.79	27.65	29.22	9.38
	国际经济与贸易	18.95	22.30	30.59	18.30	9.38
管理学	会计学	14.84	17.33	34.12	32.08	9.38
	旅游管理	23.33	26.00	32.94	26.28	10.26
	工商管理	15.33	16.00	35.29	21.29	10.00

（三）理论课与实践课

高校的实践教学部分包括：集中性实践教学环节，如实习、毕业论文、毕业设计、社会调查等，以及独立设置的实验课教学。以会计学专业为例，在人才培养方案中的集中性实践教学环节的学分占总学分的比例：F大学为3.87%；E大学为4%；O大学为7.55%；Z大学为11.72%。在独立设置的实践教学环节中，F大学和E大学并没有明确指出理论课中的实践教学环节的学分和学时要求；O大学的部分专业教育课程中有明确的实践教学要求（表5）；Z大学的应修学时中，实践教学部分占总学时要求的10%。相比E大学和F大学，O大学和Z大学对于实践教学相对比较重视，但总体来看，在强调实践能力的会计学专业中，5所学校的实践课比重都较低，实践教学在培养计划中处于从属地位，不利于学生的素质养成和实践能力培养。

表5　O大学部分专业课必修实践环节学分及课时情况

课程	学分	课时	实践学分	实践课时
管理会计	3	56	0.5	16
中级财务会计	6	112	0.5	16
基础会计	3	56	0.5	16
成本会计	3	56	0.5	16
高级财务会计	3	56	0.5	16
审计学原理	3	56	0.5	16
会计信息系统	3	56	0.5	16
财务管理	4	72	0.5	16

四、结论与启示

根据上述分析，发现5所"双一流"高校在课程结构方面的调整对于培养创新型人才有一定的促进作用，具体表现为：一、改变了过去以专业为基础的课程设置，调整为通识教育课程、学科基础课程和专业教育课程，有助于学生兼顾通识性和专业型，实现博、专结合，广、深统一；二、选修课在课程体系中的占比加大，使学生不再被束缚在狭窄的专业领域内，能根据自身兴趣拓展知识体系，有助于为学生创新活动提供宽松开放的环境，并拓宽知识边界，实现跨学科交融；三、实践课的开设有助于培养学生创造性解决问题的能力，对于提升学生的能力素质有重要作用。同时，本研究通过分析发现这些高校在课程结构方面仍然存在一系列问题：一、真正意义上的通识教育课程仍然十分缺乏，需要继续探索通识教育课程的开发和建设；二、选修课占比仍旧较低，且专业之间的差异大，缺乏基于教育规律的科学合理的规划设计；三、实践课比重低，实践教学环节处于从属地位，课内的实践教学普遍不受重视。总之，当前一些"双一流"高校的课程结构与应然状态仍旧存在较大差距。

该结论启示我们：首先，应继续加强通识教育课程建设，探索通识教育的可能实现路径，开发通识教育精品课程，使通识教育从形式走向实质；其次，继续加大选修课比重，开发各种类型的课程以丰富课程资源，为学生创新素质结构的形成提供广阔的空间和平台；此外，大力加强实践课程建设，通过产学研合作，拓展实践教学资源，提升创新型人才培养实效。

参考文献

[1]QS. World university rankings 2019[EB/OL]. https://www.topuniversities.com/qs-world-university-rankings.(2018/07/29)
[2]邬大光.大学人才培养须走出自己的路[N].光明日报,2018-06-19.
[3]周杨.内涵式发展要在专业、课程、教学上下功夫——访厦门大学潘懋元先生[J].中国大学教学,2018(01):46-50.
[4]吴贻谷,刘花元.论创造型人才的培养[J].湖南师范大学社会科学学报,1985(03):11-16.
[5]邹放鸣.开辟第二课堂 培养创造型人才[J].煤炭高等教育,1984(02):44-47.
[6]巩其庄,马超山,孙晓梅.教育创造型人才及其培养[J].教育科学,1985(02):24-29.
[7]景士西.树立新的教育质量观 培养创造型人才[J].高等农业教育,1984(02):32-33.

[8]胡玉巧.工程创新人才的类型及其课程设置研究[D].华东理工大学,2012:19.
[9]崔军.基于创新人才培养的大学课程改革:理念更新与思路选择[J].中国大学教学,2009(04):38-40.
[10]Cropley D H , Cropley A J. Fostering Creativity in Engineering Undergraduates[J]. High Ability Studies, 2000,11(2): 207-219.
[11]Borrego M , Cutler S. Constructive Alignment of Interdisciplinary Graduate Curriculum in Engineering and Science: An Analysis of Successful IGERT Proposals[J]. Journal of Engineering Education, 2010, 99(4):355-369.
[12]冯·贝塔朗菲.一般系统论[M].北京:社会科学文献出版社,1987.
[13]郭晓明.课程结构论[M].长沙:湖南师范大学出版社,2002.
[14]高振荣,陈以新.信息论 系统论 控制论[M].北京:解放军出版社,1987.
[15]许云昭.超越差距:中美高等教育课程比较[M].长沙:湖南教育出版社,2012:62.
[16]顾明远.教育大辞典.第3卷[M].上海:上海教育出版社,1991:17.
[17]郭晓明.课程结构论:一种原理性探寻[M].长沙:湖南师范大学出版社,2002.
[18]刘湘丽.第四次工业革命的机遇与挑战[J].新疆师范大学学报:哲学社会科学版,2019(1):105-111.
[19]胡弼成.大学课程体系现代化[M].长沙:湖南大学出版社,2007:19-20.
[20]李大胜,江青艳,库夭梅.产学研合作办学与创新型人才培养[J].高教探索,2007(5):60-62.
[21]贾方芳.创新教育模式,培养创新型人才[J].江苏高教,2008(1):152-153.
[22]廖志豪.创新型科技人才素质模型构建研究——基于对87名创新型科技人才的实证调查[J].科技进步与对策,2010,27(17):149-152.
[23]刘宝存.什么是创新人才,如何培养创新人才[N].中国教育报,2006-10-09.
[24]范慧慧,朱军.围绕课程的创新人才培养理念和实践[J].中国大学教学,2010(5):39-42.
[25]陈兴明.中国大学"苏联模式"课程体系的形成与变革[M].北京:社会科学文献出版社,2012:177.
[26]曾冬梅,席鸿建,黄国勋.专业人才培养方案的构建[J].清华大学教育研究,2002,23(5):98-101.

本科教学质量提升：基于海外交流经历学生的视角

汪卫平　杨菲　牛新春

当前国内大学一流本科教学质量提升主要基于教与学两方面的推动，然而相关制度建设却局限于管理者与教师的视角，虽然中外合作办学高校在"以学生为消费者"的理念上独树一帜[1]，但总体上决策者还是很难真正倾听学生的意见与建议。如果学生在教学改革中得不到实质性重视，教学质量提升的努力会陷入教师与管理者自我忙碌的状态。哪怕要学习世界一流大学教学方式，我们也不知道学习哪些内容最有效[2]，耗资巨大的教学改革工程以及从国外引进的教学[3]与实验资源[4]，效果依然不明显。虽然在竞相提升本科教学质量的努力中，部分高校也试图通过学生个体满意度调查寻找教学改革突破口，但是拥有海外交流经历的学生却还是被忽视了。

当前鼓励学生到国外一流高校交流，已成为国内重点大学提升本科教育质量的一个重要手段。[5]特别是在2017年教育部《关于促进普通高校毕业生到国际组织实习工作的通知》以及国家留学基金委的推动下，国内重点高校进一步扩大了向国外一流大学输送学生的范围和力度。这些有着优秀的跨文化理解能力、丰富的名校学习叠加效应的海外经历的学生，他们对大学教育的满意度评价，可能更能帮助我们识别国内大学与世界一流大学在本科教与学方面的差异。[6]

因此，本文分析东部某双一流高校本科生满意度调查数据以及海外学习交流心得文本，试图探索海外交流经历与学生满意度的关系。研究结果可丰富当前关于海外学习以及学生满意度的相关研究，进而为当前本科教育质量提升乃至国家鼓励学生参加海外交流等政策行动，提供来自学生视角的启发和实证支持。

一、文献回顾

目前国内提升本科教学质量，更多依靠从上而下的制度建设来推动。而制度推动主要在教学质量标准、评估、质量保障体系、建设课程和教学管理制度等方面。[7]王红认为应该建立自我评估、合格评估、审核评估、审核体系为一体的院校评估制度。[8]丛广年等也认为应该从教学计划、教师素质、教学方法、办学条件、新型评价体系等方面提升教学质量。[9]王洪瑞强调评估要发挥"诊断

汪卫平，复旦大学高等教育研究所博士研究生，从事大学生发展与高等教育政策研究；杨菲，复旦大学高等教育研究所博士研究生，从事大学生发展与高等教育政策；牛新春（通讯作者），复旦大学高等教育研究所研究员，博导研究生导师，研究方向：教育经济、教育政策分析。

仪”与“助推器”的功能。[10] 张淑梅等还特别提出应该建立教学质量保障体系，这包括完善监控实施机构，健全教学规章制度，重视教学过程全监控、教学诊断与评估等。[11] 徐国兴认为需要通过构建良性师生关系、优化学习氛围、重视教师科研对教学的正向影响、全面强调课程实用性等策略进行提升。[12] 也有人指出当前本科教学质量保障体系是一种“外源性”推动，其注重对教师行为进行规制与管理以及日常教学秩序的维护。[13] 安黎哲则提出本科教学应着力提升教师的教育教学能力，要回归课堂、用足课堂、用好课堂。[14]

这些制度建设涵盖的内容往往过于宽泛，没有指出哪些具体教学行为最能使学生受益，也无法指出本科教学质量建设可以在哪些方面进行突破，而自下而上的学生视角则可以就此提供有益参考。有个别学者鲜明地提出本科教育质量提升应从学生满意度入手。龚放认为教学的物力条件、教师学术成就以及图书馆与实验室的充足度仅是教育质量的替代物和输入物，本科教学质量评估必须纳入学生学习参与和满意度的评价。[15] 而学生满意度作为评估大学教育质量已被国内外广泛接受。[16] 已有学生满意度相关研究结果表明，学生对大学有效教学并不太满意，对自身成长和收获尤其不太满意。[17] 更进一步，比较参加过海外交流和没有参加过海外交流学生的教学满意度评价差异，可以基于学生视角厘清国外一流大学在教学方面有哪些可借鉴的突出做法。

目前海外交流研究集中在这一经历对祖国态度、身份认同、跨文化能力的影响。学者们发现海外交流经历对学生的祖国态度与身份认同、跨文化交流能力等方面起到了积极的作用。学生经历出国交流后能更深刻感受到个人尊严与民族尊严紧紧相连，促进其爱国意识成长[18]，中国学生不仅没有被“西化”反而更加爱国了[19]，也更强化了华人的文化与身份认同[20]。海外学习交流促进跨文化交流能力提升的研究也相当丰富。学者们发现海外学习有助于学生语音与词汇的学习和听说能力的提升，从而适应文化上的差异。[21] Chieffo L和Griffiths L的研究发现，有海外交流经历的学生跨文化感知能力更加突出，艺术鉴赏能力提升尤为明显，更易与其他国家人交往，倾听母语非英语的人，更有动机去接触不同地区的地理信息和语言知识[22]，更具有积极处理人际矛盾、明确道德与伦理问题的能力[23]。国内学者刘梅华等人也发现，海外交流使学生的中国人身份认同在交换期间没有任何变化，甚至略有加强，同时变得更加关注时事，更趋向于从不同角度看待同一事件。[24] 江雨澄等确认海外交流经历的学生其跨文化成熟度发展显著高于没有海外交流经历的学生。[25]

然而鲜有学者关注参加海外交流学生对国内本科教学可能存在的差异性态度，以及海外交流对学生学术能力成长的促进作用。仅有个别学者，如郑尧丽等以工科学生为研究对象，他们发现有过海外交流经历的学生创造力最高，国外的教学方式和校园环境更有益于激发学生的创造力。[26] Paul和Cardwell对英国谢菲尔德法学院法律专业一年级本科生的调查发现，参加过为期一年海外交流的学生，很少有人是为了提升学业成绩而出国，但他们却都认为海外经历提供了额外的自信与成熟，拓宽了知识视野，对自身学业成就也有裨益。[27]

海外交流经历提升了学生跨文化交流能力与成熟度的结果，一定程度上说明了基于学生视角寻求教学质量突破具有经验理性，而社会比较理论（Social Comparison Theory）更为这一视角提供了理论支撑。该理论由社会心理学家Leon Festinger于1954年提出，后被其他学者多次完善补充。该理论认为，社会比较是思考他人与自己关系相关信息的过程，任何个人的评价总是基于所参照的群体标准，进而对不同层次（个人、组织、国家、文化）的相似或差异做出自我评价、情感或行为上的改变。[28] 其中，向上与向下比较（upward and downward social comparisons）是两种基本形式。前者是与更高标准进行比较，虽然降低了个体的境遇认同水平，但属于比较者认知自我与组织的一种积极视角，在与更高标准比较时，他们重视相似点的差异，以期待获得与参照标准相同的水平；后者则不同，它是一种与较自身处境更低的标准与对象进行比较，所以能提升自身境遇的认同程度。在此基础上，后来又发展出时间序列比较，在与向下比较的进一步融合中，产生了基于时间的向下比较理论。[29] 总体来看，该理论最初用于个人的社会公平比较，当前则被普遍应用于社会公平感、组织心理、文化比较以及祖国认同等组织层面的比较主题。[30]

基于该理论，Li Zhong lu等人使用首都（北京）大学生跟踪调查数据，对海外交流经历与祖国发展评价的关系进行研究。其结果进一步支持该假设。海外交流的学生会有两种比较形式。其一是在与国外较好环境的向上比较，进而导致学生对国内发展的评价较低；其二是，个体不同时间阶段的向下比较，出国后的学生在经历一段时间后，其祖国评价满意度会逐渐回升。此时，这种比较已不仅包括个体对不同组织间的比较，也包括个体基于不同经验阶段的比较。[31] 因此，本文认为，有海外名校交流经历的本科生，在评价国内大学教育活动时，会与国外高校进行向上比较；在学习状态上，会与已有学习体验及出国前后经验，同时参照没有出国的同学，进行时间序列的向下比较。这种参照国外大学教育、以及出国前后状态而做出的比较，对当前国内一流大学建设颇有启发。正如已有文献所指出，海外交流经历提升了学生的跨文化交流与理解能力，促进学生个性成熟，使其看待事物更理性。个人评价事物时存在着“心理距离”，即普遍的“国外的月亮比较圆”心理，当这种心理距离被打破，学生能够近距离进入这些海外名校学习与生活，他们对一流大学的感知也会趋向合理。[32]

简言之，已有本科教学质量提升的相关文献局限于从行政人员与教师等制度建设视角，而缺乏学生评价的视角，这种视角局限很容易使教学改革陷入教师与行政管理者热衷的运动中，而忽视了学生需求。本研究聚焦学生满意度在“教师教学”与“学习状态”两个维度的评价，前者属于对学校教育服务的评价，后者属于对自身“成长和收获”的评价，将二者结合起来能拥有更完整的满意度视角。从有海外交流经历本科生的视角厘清国外一流大学在教学改革的特色，关注海外交流经历对学生学术能力的促进作用，可以为当前国内一流本科教学建设寻找突破点提供有益启示。

因此本研究的核心问题是参与和未参与海外交流的学生是否存在差异及其原因，具体将聚焦在教（教学培养与学术环境）与学（学习状态与收获）的满意度方面，有无海外交流经历的学生之间是否存在差异，何种原因导致了该差异？

二、数据与方法

（一）数据来源

本研究基于东部某双一流高校X大学“本科生满意度调查（2017）”的调研数据以及2014—2017年参与海外交流学生提交的自我小结。作为首批被列入“985工程”及“双一流”建设A类高校。该校十分重视本科生参与海外名校的学习与交流，致力于培养具有国际视野的一流人才。因为有海外交流经历的大一学生仅占5.33%，所以实际分析中剔除掉大一学生，仅分析大二、大三、大四的共计1061位学生，同时也对2014—2017年参与海外交流学生提交的598份交流心得进行内容分析。

（二）关键变量

学生满意度：在借鉴国外成熟问卷基础上，X大学满意度评价体系由教学培养、学习状态、学术环境和校园生活4个维度组成。其中教学培养满意度包含课程体系、课程质量、修读计划、师资力量等7个二级指标；学习状态满意度包含自主探究学习、学业指导、合作学习、实习实践等6个二级指标；学术环境满意度包含信息化建设、图书馆、教学实践设施等11个二级指标；校园生活满意度包含生活保障体系、学生园区和学生工作等6个二级指标。问卷根据二级指标，编定简明易懂三级指标条目，如“我对所上过课程的质量总体上感到满意”，采用李克特5点量表法，请应答者在“非常同意”“比较同意”“一般”“不太同意”“很不同意”和“不适用”选择一项。经检验，各维度内部一致性系数均达0.80以上，内部一致性系数高达0.94，表明该指标体系具有良好的内部信度。

大学生对自身学习状态的满意度很大程度来源于学习能力与成就的进步与提升。[33] 对于研究型大学本科生而言，学术能力的提升更能提高学生学习状态满意度。因此在对学术能力的衡量上，本文主要以学习状态维度中的“探究性学习能力”作为操作指标。参考相关文献[34]，我们对学生探究学习能力的考察分为：问题提出能力、资料搜集能力、分析解释能力、观点交流能力、文献评述能力、论文规范能力六个维度①。至于“论文规范的能力”，强调的是本科生除了有研究能力，也要有将成果以符合学术规范的方式公开呈现的能力，那么这主要体现在撰写学术论文和科研报告、熟悉专业权威期刊杂志、英文文献查询与阅读等方面。通过了解与掌握所属学科学术规范，权威期刊载文的研究主题和前沿知识，以及相关研究的全球进展与分布，不仅可以使一流大学本科生有知识增长、能力提升，而且在认识学科范式和共同体的过程中，还能激发其科研兴趣和形成科学的研究态度，而这些都是探究性学习最为推崇的“建构主义”的核心内容。[35]

在问卷中，我们将学生“探究性学习能力”分为“我能根据课程内容提出新问题”等十二项二级指标，采用李克特5点计分法，应答者在“非常同意”“比较同意”“一般”“不太同意”“很不同意”选择一项，然后根据程度水平对选项赋予“100、75、50、25、0”值，得分越高说明探究性学习能力越强，学术能力水平越高。

控制变量：回归分析将学生个体特征、学科大类、学业成绩作为控制变量，具体测量方法如下：（1）城乡以城市为参照，构建虚拟变量；（2）性别以男生为参照，构建虚拟变量；（3）年级以大二学生为参照，构建两个虚拟变量；（4）学科基于学生自填专业，分为人文科学、社会科学、自然科学、工程科学和医学五类，以社会科学为参照构建4个虚拟变量；（5）学业成绩：纸质问卷使用学生自填学分绩点，按绩点区间百分比将学生分为三类：前30%为优等生，中间40%为中等生，后30%为差等生，以优等生为参照构建两个虚拟变量。

（三）研究方法

首先，使用T检验，分析海外交流经历在不同群学生满意度上的差异。随后的多元线性回归考虑了性别、学业表现、年级、城乡、专业院系等控制变量，以验证结果的稳健性。其次，通过海外

①我们通过KMO检验（0.937）和Bartlett球形检（0.000）做验证性因子检验，进一步确认探究性学习能力可以分为以上6个维度。

交流学生的心得文本，提取出文本中对海外学习经历以及对国内高校与国外名校之间的比较性的描述，进而分析他们更认同国外名校具体哪些方面。再者，我们使用T检验，分析自主探究性学习能力在有无海外交流经历的学生之间的差异，尝试性验证学习状态满意度高是因为海外学习经历提升了其学术能力。最后，我们对参加海外交流学生的心得文本进行分析，进一步确认有海外交流经历学生的学习状态满意度高，是因为其受益于海外学校的学习经历。

三、研究结果

（一）海外交流经历的群体差异

不同群体学生的海外交流经历存在显著差异（表1）。女生参与海外交流的比例显著高于男生，城市学生参与海外交流的比例显著高于农村学生，高年级学生参与海外交流的比例显著高于低年级学生，优等生参与海外交流的学生比例显著高于中等生和差等生，不同学科学生在参与海外交流上没有显著差异。

表1　海外交流参与的分布情况，大二、大三、大四学生（N=1061，行比例）

是否参加了海外交流	N	是	否	卡方检验显著性
全体	1061	320	741	
性别				
男	470	25.74%	74.26%	*
女	589	33.79%	66.21%	P=0.0160
户籍				
城市	750	35.87%	64.13%	***
农村	213	23.00%	77.00%	P=0.0000
年级				
大二	400	16.50%	83.50%	***
大三	334	33.83%	66.17%	P=0.0000
大四及高年级	327	43.12%		
专业院系				
人文语言	76	28.95%	71.05%	无显著差异
社会科学	368	34.51%	65.49%	
自然科学	110	29.09%	70.91%	
工程技术	208	25.96%	74.04%	
医科药学				
学业表现				
优等生	459	41.18%	58.82%	***
中等生	500	23.20%	76.80%	P=0.0000
差等生	99	14.14%	85.86%	

数据来源：X大学2017年度本科生满意度调查。

注：***：p<0.001，**：p<0.01，*：p<0.05；†：p<0.10；“高年级学生”即留级或延期学生。

（二）海外交流参与和学生满意度

与未参与的学生相比，从总体来看（表2），参与海外交流的学生对X大学教学培养和学术环境相对不满，但对学习状态更为满意，校园生活满意度没有显著差异。

表2　基于是否参加海外交流的满意度差异，大二、大三、大四学生（N=1061）

是否参加了海外交流	是	否	差异显著性
教学培养	68.0	70.4	*
学术环境	70.2	72.2	*
校园生活	66.6	67.7	
学习状态	69.1	66.7	*

数据来源：X大学2017年度本科生满意度调查。
注：***：p<0.001，　**：p<0.01，　*：p<0.05; †：p<0.10

考虑到海外交流的参与情况存在群体差异，我们使用两种分析方法进一步确认海外交流和学生满意度的关系。首先，我们针对不同学生群体，分析了满意度在不同海外交流经历上的差异（图1—图5）。可以看到对于各个群体，“参与海外交流的学生对X大学教学培养和学术环境相对不满，但对学习状态更为满意”这个趋势都存在，不过由于分群体分析时，分析样本大大降低，有时会失去统计显著性，尤其是人数较少的群体，如农村学生。然而，差等生中，参与海外交流的学生学习状态满意度更低，结合后文的结果，似乎差等生的海外交流经历反而打击了这些学生的学习状态。

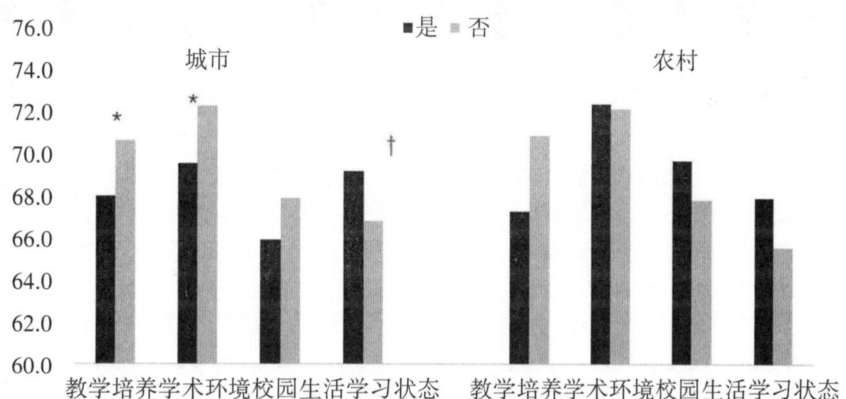

差异有统计显著性：*P<0.05；†：P<0.10

图1　城乡，是否参与海外交流学生的满意度差异

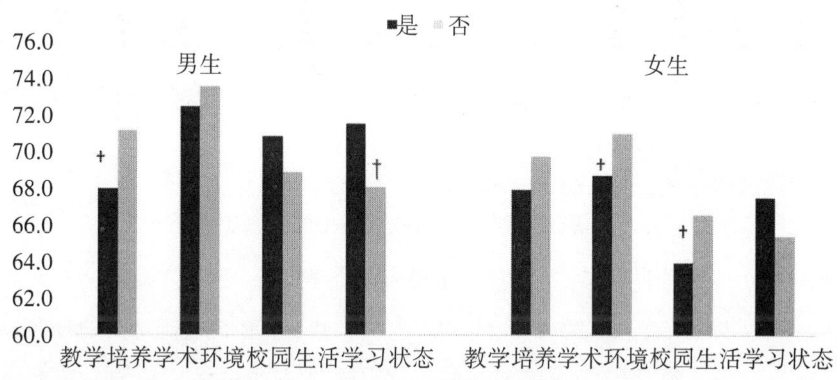

差异有统计显著性：†：P<0.10

图2　性别，是否参与海外交流学生的满意度差异

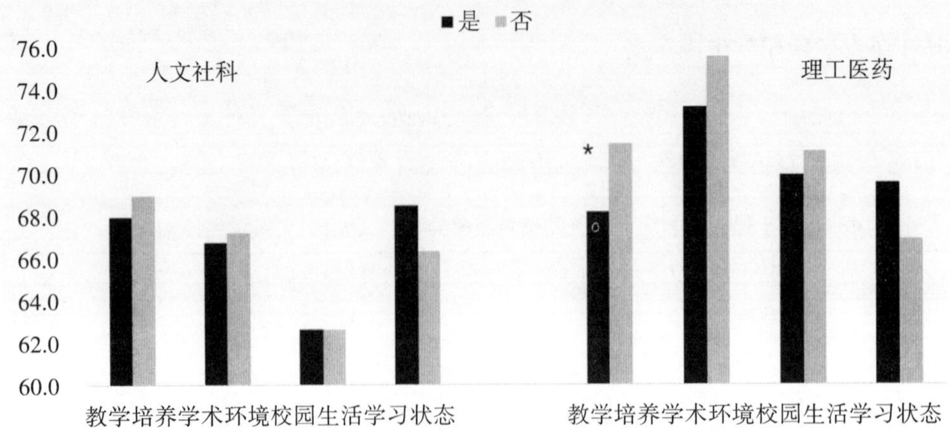

差异有统计显著性：*P<0.05

图3 学科，是否参与海外交流学生的满意度差异

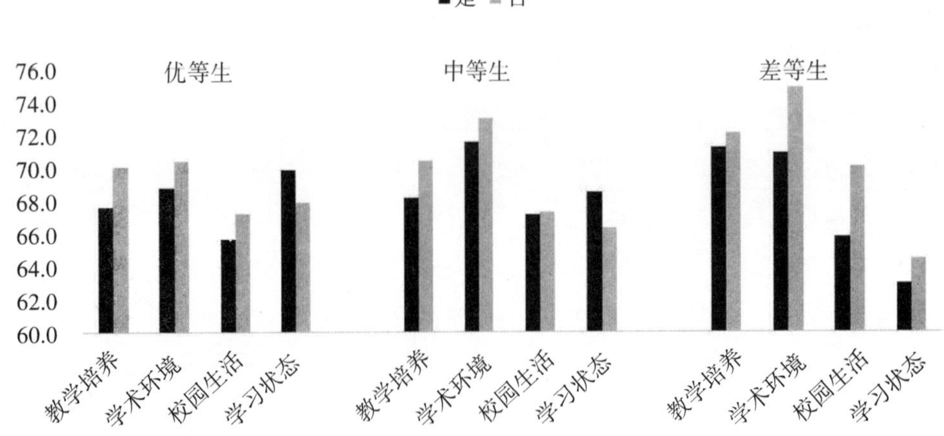

图4 成绩，是否参与海外交流学生的满意度差异

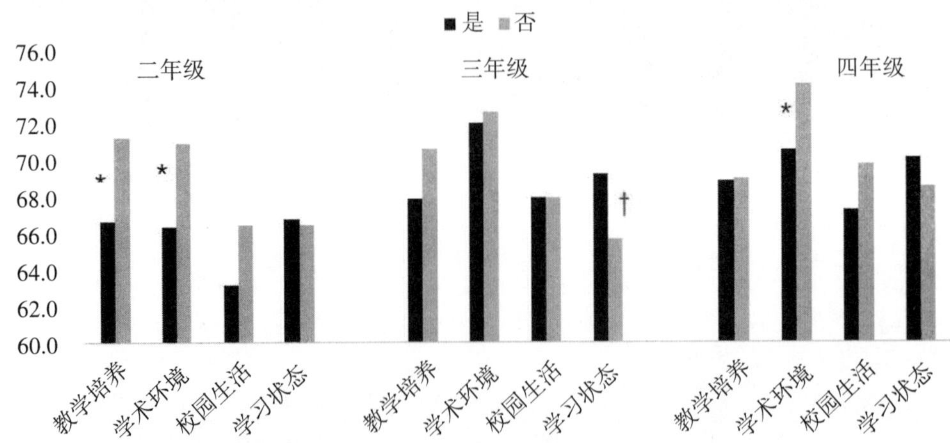

差异有统计显著性：*P<0.05；†：P<0.10

图5 年级，是否参与海外交流学生的满意度差异

其次我们使用多元线性回归分析，考虑了性别、学业表现、年级、城乡、专业院系等控制变量（表3）。在模型0中，我们只放入“海外交流”变量；模型1中在此基础上，加入学生的学业表现；模型3则放入所有的变量。教学培养满意度在系数和显著性方面都保持稳健。然而学术环境满意度的系数大幅降低且不再显著，图4的结果表明中等生尤其差等生对国内外教学培养方面的差异似乎

更为敏感。学习状态满意度模型中海外交流变量的系数有所降低，并在边际上失去统计显著性（模型1，P=0.109），图4的结果表明优等生和中等生更受益于海外交流经历。对此，我们认为优等生和中等生在国外名校学习中，由于其学业能力（尤其是外语和专业课）以及社会能力（社会实践、人际交往）方面可能要更优秀。一方面，他们在国外学习交流中能更好地融入新学校的学习与生活氛围，更能从海外学校学习与交流中收获更多学科前沿知识、方法、技术；另一方面，在与国外学生、教师等交往中领略到异域风土人情，增长见识，提升跨文化理解能力，这不仅能使他们对自身学习状态更为自信，而且还进一步促进其对学习收获方面的理解，在学习、人生收获与成长方面更成熟。

表3 满意度多元回归系数，大二、大三、大四学生(N=1061)

	模型0（只包括海外交流）		模型1（海外交流+学业表现）		模型2(全部自变量)	
	系数	显著性	系数	显著性	系数	显著性
结果变量	教学培养满意度					
海外交流(基础类别:未参与)						
参与了	−2.44	*	−2.10	†	−2.22	†
性别(基础类别:男生)						
女生					−0.35	
学业表现(基础类别:优等生)						
中等生			0.56		0.11	
差等生			2.45		1.06	
城乡(基础类别:城市)						
农村					−0.41	
年级(基础类别:大二)						
大三					−1.28	
大四					−1.20	
专业院系(基础类别:人文社科)						
理工医药					2.20	*
结果变量	学术环境满意度					
海外交流(基础类别:未参与)						
参与了	−2.04	*	−1.30		−1.60	
性别(基础类别:男生)						
女生					−0.68	
学业表现(基础类别:优等生)						
中等生			2.80	**	1.82	†
差等生			4.24	*	2.52	
城乡(基础类别:城市)						
农村					−0.13	
年级(基础类别:大二)						
大三					0.68	
大四					1.80	
专业院系(基础类别:人文社科)						
理工医药					7.37	***
结果变量	校园生活满意度					
海外交流(基础类别:未参与)						

续表3

	模型0（只包括海外交流）		模型1（海外交流+学业表现）		模型2（全部自变量）	
	系数	显著性	系数	显著性	系数	显著性
参与了	-1.07		-0.79		-1.17	
性别（基础类别：男生）						
女生					-1.29	
学业表现（基础类别：优等生）						
中等生			0.93		-0.44	
差等生			2.71		0.14	
城乡（基础类别：城市）						
农村					0.40	
年级（基础类别：大二）						
大三					0.56	
大四					2.22	
专业院系（基础类别：人文社科）						
理工医药					8.38	***
结果变量	学习状态满意度					
海外交流（基础类别：未参与）						
参与了	2.41	*	1.86		1.80	
性别（基础类别：男生）						
女生					-3.16	**
学业表现（基础类别：优等生）						
中等生			-1.51		-1.45	
差等生			-4.01	*	-5.80	**
城乡（基础类别：城市）						
农村					-1.22	
年级（基础类别：大二）						
大三					-0.42	
大四					1.26	
专业院系（基础类别：人文社科）						
理工医药					0.50	

数据来源：X大学2017年度本科生满意度调查。

注：***：$p<0.001$，**：$p<0.01$，*：$p<0.05$；†：$p<0.10$

因此，我们沿着前面提到的核心问题，下文将继续探索如下两个问题：

（1）为什么有海外交流经历的学生对国内教学满意度较低？他们更加认同海外名校的哪些具体教学活动？

（2）为什么有海外交流经历的学生对自身学习状态满意度较高？这是因为海外交流经历促进提升了学生的学术能力，进而使得他们的满意度更高吗？

（三）海外交流经历和学生满意度具体指标

首先，在教学培养方面，"课程质量""修读计划""师生互动"和"拔尖创新人才培养"4个单项指标上，有海外交流经历学生的满意度显著低于未参与的学生。其次，在学术环境方面，参与海外交流的学生在"书院生活""教学楼状况""专业教学实验室""专业教学实践基地""院系教学管理”5个单项指标也是显著低于未参与学生。这说明有海外经历学生的满意度评价，在教学培养与学术环境方面，进行了国内与国外一流大学的横向比较，并准确识别出差距。

而在学习状态方面，参与海外交流的学生在“自主探究学习”和“自己的实习实践活动”这两个单项指标上的满意度显著高于没有参与过海外交流的学生。这说明，对自身学习状况评价是一种向下比较，有海外交流经历的学生通过与低参照进行比较，进而识别出自身的学习状态的进步。但是这种满意度的“进步”，是基于自身出国前后不同阶段学习体验后，从没有出国的同学身上认识到自身的能力进步，还是因为在国外适应欠佳，而回国后对国内大学满意度提升，这需通过对学生心得文本进一步分析确认。

（四）海外交流学生对海外教学的认同情况

“教”与“学”是大学教育核心，拥有海外交流经历的学生对教学培养更为不满，对学习状态更为满意这一现象值得高校教育管理者注意。下文将通过对学生心得文本的分析，探求参加了海外交流的学生对国内大学中教学中的“师生互动”“课程质量”为什么不满？他们特别认同海外名校的哪些具体教学活动？通过分析发现，参加海外交流的学生们特别指出了海外高校重视课堂上的师生互动、作业和考试日常化、学业反馈详细及时、学业指导多样尽责等具体做法。

（1）重视课堂师生互动

“师生互动”是海外高校课堂的最大的特色之一。在598份涉及教学的海外交流学生小结中，对于“课堂师生互动”的提及人数最多，达197人。

“在专业课的学习过程中……每位学生可以在课堂上随时随地打断老师，提出问题，而老师也会及时解答，甚至让大家开始一起讨论。这种开放的氛围促使我更加积极地去思考，去质疑，而不仅仅是等待着知识的传授。而课后，我也会主动去找老师探究一些问题，在不断交流的过程中，不仅提升了我的英语口语与表达能力，也让我对所学内容有了更深的理解。”（新加坡国立大学物理系）

（2）日常化作业及考试

海外高校教学中更加重视日常化的作业及考试、并提供作业考试的结果反馈，促进学生良好学习习惯养成、保障扎实的学术基础和知识的掌握巩固。

“这里的教学方法中，有一点我非常认同，就是不断地进行阶段性小测，一步一步打好基础，避免中国高校之中盛行的期末抱佛脚通宵几夜来备考的不良习惯。……说实话，在X大学的几年里，有好多课我也是期末花一两天突击复习出来的，最后的结果就是考完以后遗忘率很高，实在谈不上真正学到了什么记得住的知识。更别说应用了。美国的这种教学方法的普及，无疑保障了高校学生扎实的学术基础和知识掌握牢固程度。”（圣路易斯华盛顿大学）

（3）学业反馈及时详细

海外高校教师对学生的疑问、作业和考试结果提供及时和详细的反馈，有效促进学生对学习内容的理解和掌握。

“老师还要求大家每次回去立即写一张A4纸的课程日记。这是我在国内从未接触过的学习方式，此次在芬兰略做尝试后觉得对提高效率大有裨益可以帮助自己第一时间把各种感悟记录下来，而在此过程中又不知不觉地再度咀嚼了学到的知识，是一种值得保持的良好学习习惯。”（芬兰图尔

库大学）

（4）多样化和尽责的学业指导

海外高校教师对学生的学业指导形式上更加多样、尽责。在课程安排上，设置了讨论课或习题课来作为对上课内容的补充，有疑问的学生可以在讨论课或习题课上得到助教详细的指导，关照到不同学习程度的学生。

“这也是我在国外感受到的最不一样的学习体验，即老师对自己的学生极为负责，就算他们有自己的paper或者研讨会，他们依然会帮助学生去搞清楚一个问题（如我向Rachel询问中国民族主义的问题，她便专门向她的朋友找寻相关资料），他们也不会不屑于一些看起来比较‘傻’的基本问题。”（纽约州立大学Albany分校）

“无论是资历多深的教授，都非常乐意传道授业解惑。X大学的老师在上课时还是很敬业的，但是可能在课后对于学生们的学习进展还是并没有非常多关注。而在新加坡，教授对学生的关注还体现在悉心为每堂课选择习题让同学们课后巩固、在tutorial课上亲自讲解等等，可以说是更加事必躬亲。”（新加坡国立大学）

“美国的讨论课和Office Hour是个很值得我们借鉴的东西。虽然我开学时候还这么手足无措，但是经过几周的讨论课，还有和教授、助教在Office Hour时的探讨，感觉问题就不那么严重了。通过和教授主角们一对一的聊天，我有了很大的进步。”（加州大学圣塔芭芭拉分校）

从上面的例子可以看出，学生在进行评价时，会将X大学的期末考试风气、学业指导、师生互动方面与所交流的学校进行向上比较，进而体验到国内高校教学方式以及师生关系的不足之处。

（五）海外交流经历提升学生学术能力的验证

但是上文还遗留了一个疑问：海外交流的学生对自我学习状态的更满意，是否是因为，他们受益于海外交流经历促进了学术能力的提升，并在与没有出国同学的向下比较中，这些有海外交流经历的学生满意度更高？尽管，有些在国外交流学习的学生表现出适应性弱等一系列问题[36]，会高估其回国后的学生满意度，但是，更多的文献是支持了海外交流经历提升了其跨文化能力的成熟度[37]。因此，本文倾向于认为海外交流学生更可能是进行基于出国前后的体验差异，并在与没有出国的同学进行向下比较中，因为其学术能力得到了提升其满意度也随之提升。但这有赖于更翔实的数据进行验证。

虽然不能完全检验海外交流经历与学术能力提升的因果关系，但是我们仍然可以将学术能力的提升视作学习状态满意度高的一个重要因素。基于海外交流经历的学生探究性学习能力的差异分析与学生心得文本分析，为我们提供了回答该疑问的机会。参与海外交流的学生对探究性学习能力的自我评价都显著高于未参与过海外交流学生自我评价。考虑到参加海外交流学生绩点更高，我们分别对优等生（绩点为院系前30%）和中等生（绩点为院系中间40%）进行了分析。结果表明，优等生中参加了海外交流的学生探究性学习能力的自我评价显著高于未参与过海外交流学生的自我评价，中等生中也是如此（表4）。学生心得文本分析进一步确认海外名校通过鼓励独立思考、大量课前阅读、课程论文指导促进了学生探究性学习能力的提升。因此，我们认为通过海外交流经历使得他们对自身学术能力提升评价较为自信，因而他们对自身学习状态的满意度也相对较高。

表4　全体学生探究学习能力自我评价，大二、大三、大四学生（N=1061）

	全体学生			优等生			中等生		
你认为自己是否具有以下能力	参加	未参加		参加	未参加		参加	未参加	
我能根据课程内容提出新问题	68.3	66.6		67.7	68		69.2	66.4	
我能根据问题有效搜集相关资料	77.1	73.2	**	77.4	74.4	†	77.2	72.4	*
我能根据问题制定研究计划和方案	72.7	68.8	**	74.6	70.9	*	70.5	68.2	
我能运用理论模型进行数据、文本资料分析	69.5	65.5	**	70.4	67	†	68.8	64.7	†
我能对数据资料分析结果进行解释	74	67.8	***	74.9	69.7	**	72.8	66.7	**
我能清晰流畅的表达观点	74.7	68.3	***	75.8	69.5	***	73.1	68.1	*
我能与老师、学生进行观点的交流	75.7	70.8	***	76.3	72.8	†	75.4	70	**
我能对文献主要结果进行总结	74.2	70.5	**	75	72.7		73.5	69.4	*
我能对文献主要内容进行评论	70.9	66.3	**	72.6	68.7	*	68.3	65.3	
我论文写作的参考文献能够包括本专业的国内权威期刊	75.3	69.3	***	76.5	71	**	74.1	68.7	*
我论文写作的参考文献能够包括英文文献	73	64.1	***	76.5	66.1	***	69	63.5	*
我能完成符合学术规范的论文和报告	74.1	69.9	*	76.8	72.6	†	69.5	68.4	

数据来源：X大学2017年度本科生满意度调查。

注：***：p<0.001，**：p<0.01，*：p<0.05; †：p<0.10

（1）启发引导，培养自主探究能力

海外高校重视培养学术的自主探究能力，教师通过启发性问题、丰富的例子引发学生独立思考、自主学习，学生的理解更为透彻深入。

“杜克大学有两方面超过X大学，一是培养学生自我思考和解决问题的能力（科研能力）二是每堂课的参与感。”（杜克大学）

“通过了一学期的学习，我发现UCI的教授，尤其是文学教授非常鼓励学生自己进行独立思考，比起重复教授的观点或是其他学者的观点，教授更希望听到你自己的声音。”（加州大学尔湾分校）

（2）大量课前阅读，促进自主学习

布置大量课前阅读材料是海外高校教学一大亮点。学生通过阅读材料了解所要学习的内容和学科前沿，不仅提高学生自学和自主思考能力，更使得课堂时间被用于重点问题的讨论和思考。

“早在来交流之前，我就听学长学姐说那边的阅读压力比较大，每周有大量的阅读材料需要理解消化。即使有了心理准备，但是真的面对每周厚厚的required reading时，还是苦不堪言。但是短短一学期下来，我的阅读能力小有提高，尤其是在学术类文章阅读方面，渐渐地更能沉下心去理解，也能大致抓住重点，学以致用。”（阿姆斯特丹大学）

“Reading是美国教学中最大的特色。教授们会为每节课提供不同的补充材料，用以加深同学们对课程的认识并培养思辨能力。美国课堂更像是各位同学在熟读了以后彼此之间、与老师之间的思维碰撞和互相启发。相比而言，X大学几乎是‘一考定终身’的给分方式以及老师们上课主要靠念课本、讲课本，美国的学制给了同学更大的课堂参与度、知识的掌握程度以及思考能力。大部分同学的发言都远远超出了课本和要求的阅读材料中涉及的内容，明显可以看出他们都是做了大量的研究后才进入课堂讨论。”（北卡罗来纳州州立大学格林斯堡分校）

“这样的学习模式在国内是比较少见的，一是阅读量远不如美国学校来得多，二是讨论机会也远不如美国课堂来得多。简单来说，美国学校的要求就是尽可能多看、尽可能多想、尽可能多谈、尽可能多收获。同时，教授鼓励我们每读完一本书就写下一些自己的理解和看法，在经过上课讨论后再进行整理和提炼，以达到最好的阅读效果。”（美国马里兰州圣玛丽学院）

“tutorial一般都会提前安排任务和阅读材料，也会在讨论前准备一些焦点问题，所以每次去上tutorial之前一定要阅读这些文献材料然后对这些问题进行思考，形成自己的概念和基本回答才能参与讨论。”（新加坡国立大学）

（3）全程性课程论文指导，提升学术写作能力

对于课程论文写作，海外高校教师会在论文的选题、提纲框架、内容以及规范性等方面全程参与，并及时反馈指导。

“教授本人隔周会和学生进行至少半小时的面对面写作辅导，大到立意、结构，小到用词、学术规范，从每个与写作有关的方面给学生的文章提出建议。”（马里兰州圣玛丽学院）

“在我将初步思路发给老师后，老师便迅速地回复了我并和我面谈许久之后进一步明确并完善了我的思路，……并且提供给了我好几篇相关论文和书籍。而在写作期间，一旦我有问题，随时可以发邮件询问老师，老师都会快速地回复并解答我的疑惑。同时老师也要求每隔两周我们便要将论文的进度发给他看，以保证我们论文的正常进行。而在初稿完成之后，老师更是和我们每一个人约了一个下午的时间，将我们的论文逐字逐句地分析过去并给出了修改意见，也正是在老师的帮助下，我最终才能完成这篇论文。”（卑尔根大学）

同时，海外高校专门设计了学术写作机构指导学生写作，提升学生学术论文写作能力。

“感触最深的同时也是我最欣赏这里的是其对于学术写作能力的培养。不仅学校专门设立辅导写作的机构writing center，还在其网络主页上给出各种详细资料的链接以及定期举办关于写作的讲座和讨论，在一年级的课程中专门开设写作课程，同时在各个学院里包括文科院系里设置的每个图书馆里都设有专门的写作工作坊——学生们可以提前通过网络预约然后去咨询。我觉得，这样一套从学校宏观层面再具体细化到各个课程方面对于学术写作能力的全方面重视和培养机制是非常值得我们学习的。像这样系统而扎实的学术基本功训练对于走上学术道路来说才是好的开端，才能为以后学术研究真正做出些什么打好基础。”（多伦多大学）

综合上述文本的分析，我们可以确认，参加过海外交流的学生，他们的探究学习能力得到提升，并在与没有出国的同学的向下比较中，他们在学习收获方面的满意度更高。

四、结论与讨论

本文使用东部某双一流高校2017年大二、大三和大四本科生满意度调查数据以及2014—2017年参加海外交流学生心得文本，分析学生满意度基于海外交流经历在教与学方面存在何种差异，旨在帮助我们识别国内一流大学与世界一流大学在本科教与学方面的差异，对国内高校一流本科教学质量提升提供参考。

数据与文本分析结果表明，参加海外交流的学生在对学校教学培养和学术环境方面进行了向上比较，因而更不满意；而对“成长与收获”的学习状态方面的满意，是基于出国前后的经验，并与没有出国的同学进行了向下比较，海外交流经历的确提升了学生探究式学习的能力，因而他们的满意度更高。海外名校更注重课堂师生互动、作业考试日常化、学业反馈及时详细、学业指导尽责及多样化；参加海外交流的学生在独立思考、大量课前阅读、课程论文指导方面得到了训练，探究性学习能力、学术阅读和写作能力得到提升。本文结果表明，学生满意度在校园生活方面不存在差异，也就意味着学生的关注不再停留于对学校教育各项产品和服务等“客观”活动的评价[38]，而是与学生学业发展最相关的“成长与收获”方面。在当前强调本科教育质量以及给本科生“增负”背景下，本文结果表明一流本科建设重点应在与学生成长、收获关系紧密的促学机制，例如启发性教学与全校性学术论文写作中心等。

第一，教师重视启发性教学和使用课前阅读促进学生自主探究学习能力的提升。教师通过启发性问题、丰富的例子引发学生独立思考、自主学习，让学生的理解更透彻深入；教师向学生布置大量课前阅读材料促使其自主学习和思考所要学习的内容和学科前沿，使得课堂时间被用于重点问题的讨论和思考。尽管启发性教学和课前阅读在国内部分重点大学已经实施，但是国内学生面临学分的压力、教师评价重视科研轻视教学，有效实施需要和学生、教师评价改革同步。第二，高校建立全校性学术论文写作促进机制。学术论文写作不仅训练学生的基本学术规范，也能促进学生思维能力和文字沟通能力的提升。通过整合通识与专业教育，建立覆盖全校本科生的学术写作课程或者学术写作中心，将批判性思维与创造性思维培养注入学术训练的全过程。[39] 第三，学校在建立向世界一流大学输送学生的平台与机制的同时，也要关注交流学生对教与学方面的反馈，将学生自我陈述材料运用到教学改革实践中，以及向世界组织输送实习与就业人才的遴选过程中。第四，出国交流学生的学习获得方面，差等生似乎更难获益。因此在出国交流的学生选拔过程以及出国培训和在国外学习的远程监督与指导方面，对于差等生的参与以及收获应有专门的追踪与评价措施。

最后，必须指出的是，我们并不能完全确认海外交流经历和探究性学习能力之间的因果关系。虽然探究性学习能力的数据分析部分考虑了学生绩点，心得文本也借助学生的视角确认了海外交流经历对能力提升的促进作用。但我们无法将心得文本与调查问卷学生一一对应。后续研究可以追踪学生海外交流经历前后的探究学习能力的变化，进一步验证海外交流经历的促进作用。此外，差等生中，参与海外交流的学生学习状态满意度更低，差等生似乎并不能受益于海外交流经历这一结果值得进一步探索，例如差等生是否需要更有力的出国前培训以帮助这些学生充分利用海外交流这一学习机会。

参考文献

[1]Rie Mori，孟卫青．日本高等教育质量保障的发展历程：国内外框架[J].苏州大学学报(教育科学版)，2018，6(02)：60-66.

[2]王义遒．建设世界一流大学究竟靠什么[J].高等教育研究，2011(1)：1-6.

[3]张红霞，等．对引进国外原版教材工作的综合调查[J].江苏高教，2006(5)：63-65.

[4]刘盾，汪瑞林．高校大型仪器“沉睡”之惑[N].中国教育报，2014-12-22(5).

[5]金一平．本科生国际交流与世界一流大学建设[J].青少年研究与实践，2010(3)：59-62.

[6]赵笑笑．教育也是外国的月亮比较圆吗?[J].北京纪事，2015(12)：18-21.

[7]吴向明，方学礼．教学学术：本科教学质量提升的应然选择[J].高等工程教育研究，2009(5)：130-133.

[8]王红．建立院校评估制度提高本科教学质量[J].中国高等教育，2012(17)：49-51.

[9]丛广年，谢凯．论提高本科教学质量的基本措施[J].高等教育研究，2004，27(2)：46-47.

[10]王洪瑞．依托评估努力构建提高本科教学质量的长效机制[J].中国高等教育，2007(11)：29-30.

[11]张淑梅，杨勇．实施教学质量全面监控提高本科人才培养质量[J].中国高等教育，2007(z3)：68-69.

[12]徐国兴．我国本科教学质量提升策略探析[J].教育发展研究，2017，37(05)：10-17.

[13]刘强.论我国高校教学质量保障体系价值理念与行为模式的重构[J].江苏高教,2018(2):12-17.

[14]安黎哲.始终抓好本科人才培养工作促进"双一流"建设全面展开[J].中国大学教学,2017(07):30-33.

[15]龚放.聚焦本科教育质量:重视"学生满意度"调查[J].江苏高教,2012(1):1-4.

[16]赵军.基于学生满意度的高校本科教学质量调查研究——以湖北三所高校为例[J].教育研究与实验,2013(5):51-55.

[17]黄雨恒,郭菲,史静寰.大学生满意度调查能告诉我们什么[J].北京大学教育评论,2016,14(4):139-154.

[18]Dolby N. Encountering an American Self: Study Abroad and National Identity [J]. Comparative Education Review, 2004, 48(2):150-173. 郭殊,朱绍明,万杨.海外留学青年爱国意识状况的实证研究——基于欧美日韩等国留学生的问卷调查分析[J].中国青年研究,2014(9):49-54.

[19]Hail, Henry Chiu. Patriotism abroad: Overseas Chinese students' encounters with criticisms of China. [J]. Journal of Studies in International Education, 2015, 19(4): 311-326.

[20]俞云平,多重认同的强化——留学经历对中国大陆东南亚华裔留学生的影响,华教发展与研究,2013,11 (3).

[21]卢敏.学习环境与语言习得——海外交流经历对外语学习的影响[J].西安外国语大学学报,2015,23(4):60-64.

[22]Chieffo L, Griffiths L. Large-Scale Assessment of Student Attitudes after a Short-Term Study Abroad Program. [J]. Frontiers the Interdisciplinary Journal of Study Abroad, 2004, 10(10):165-177.

[23]Luo J, Jamieson-Drake D. Predictors of Study Abroad Intent, Participation, and College Outcomes [J]. Research in Higher Education, 2015, 56(1):29-56.

[24]刘梅华,刘世生.大学生交换学习期间跨文化交际能力和自我身份的变化:访谈研究[J].外语教学,2015,36(01):65-68.

[25]江雨澄,岑逾豪.交换生海外学习经历中的跨文化成熟度发展研究[C].2017对外汉语博士生论坛暨北京地区对外汉语教学研究生学术论坛.2017.北京:北京大学.

[26]郑尧丽,陈劲,周盈盈.国外留学经历与大学工科生创造力的关系研究[J].高等工程教育研究,2013(1):122-126.

[27]江雨澄,岑逾豪.交换生海外学习经历中的跨文化成熟度发展研究[C].2017对外汉语博士生论坛暨北京地区对外汉语教学研究生学术论坛.2017.北京:北京大学.

[28]Festinger L. A theory of social comparison processes. [J]. Hum Relat, 1954, 7(7):117-140.

[29]孙炯雯,郑全全.在社会比较和时间比较中的自我认识[J].心理科学进展,2004,12(2):240-245;邢淑芬,俞国良.社会比较研究的现状与发展趋势[J].心理科学进展,2005,13(1):78-84.

[30]Gerber J P, Wheeler L, Suls J. A Social Comparison Theory Meta-Analysis 60+ Years On.[J]. Psychological Bulletin, 2018, 144(2).

[31]Zhonglu Li, Shizheng Feng. Overseas Study Experience and Students' Attitudes toward China: Evidence from the Beijing College Students Panel Survey [J]. Chinese Sociological Review, 2017(1):1-26.

[32]李思思,任沁沁.外国月亮并不更圆"——中国大学生赴美学习体验跨国教育[EB/OL].(2015-08-20)[2018-10-26] http://education.news.cn/2015-08/20/c_1116323033.htm.

[33]文静.大学生学习满意度:高等教育质量评判的原点[J].教育研究,2015(1):75-80.

[34]Justice C, Rice J, Warry W, et al. Inquiry in Higher Education: Reflections and Directions on Course Design and Teaching Methods [J]. Innovative Higher Education, 2007, 31(4):201-214.

[35] Lee V S. The Power of Inquiry as a Way of Learning [J]. Innovative Higher Education, 2011, 36(3):149-160.

[36] Sophie Arkoudis ,Mollie Dollinger, Chi Baik & Allan Patience. International students' experience in Australian higher education: can we do better? [J]. Higher Education, 2018(17):1-15.

[37]Salisbury M H, An B P, Pascarella E T. The Effect of Study Abroad on Intercultural Competence among Undergraduate College Students [J]. Journal of Student Affairs Research & Practice, 2013, 50(1):1-20.

[38]黄雨恒,郭菲,史静寰.大学生满意度调查能告诉我们什么[J].北京大学教育评论,2016,14(4):139-154.

[39]钱颖一.批判性思维与创造性思维教育:理念与实践[J].清华大学教育研究,2018,39(04):1-16.

不同学科科研合作差异的比较研究

——以2017年教育部创新团队114位带头人为例

刘苗苗

一、问题提出

量子物理学创立者波尔说过："所有的科学进步都取决于合作。"研究型大学教育学科教师长期存在"单兵作战"科研传统，但随着学科知识交叉渗透、问题日益复杂、技术手段加速更替，合作意识普遍增强。无论是自然科学还是人文社会科学领域，都离不开合作，合作在本质上是一种"共生"的联系。在高等教育快速发展的时期，科研作为大学职能的重要部分，越来越受到各高校的重视，同时科研工作在很大程度上呈现出了跨学科、跨专业的特性。而当今的重大科研项目在团队组建上，也越来越关注学科、专业的多样性。对科研合作模式的分析不但可以揭示不同国家或机构的合作偏好[1]，也可以揭示科学体系中的热点与冷门研究主题[2]和单位之间的密切的合作关系[3]。现代科学技术的发展已经进入了交叉、融合阶段，这就在客观上要求科研人员必须放弃单干式的科研方式，积极开展团队式的合作研究。[4]合作研究的盛行可从合著论文所占的比率反映，有研究调查发现物理学和生物学的论文83%是合著的，在社会科学中，这个数字也达到了32%。[5]

不是所有的合作都是相同的类型[6]，不同学科领域的合作存在怎样的差异？什么因素导致了学科之间合作的差异？如何看待大学组织中的科研合作行为？它是一种理性的利益追逐行为，还是一种有意识的政策执行行为，或者是一种由习惯、惯例塑造的行为？[7]合作在实质上是一种"共生"的联系，因此，本研究从文献计量学的角度考察科研论文合作研究的影响因素，分析不同学科领域的合作呈现出的结构性差异，探讨科研合作的影响，进而为高校学科建设提供参考。

二、研究思路

（一）数据来源

本研究的样本主要选取了2017年教育部"创新团队发展计划"滚动支持名单113个建设成效显著的教育部创新团队（114位）带头人，这些科研团队覆盖了理、工、文、经、管、医、教育等学

刘苗苗，大连理工大学教育管理专业博士研究生。

科门类。主要选取了114位带头人的科研成果，包括中文和英文论文。其中，中文数据主要选取了2012—2016年CNKI的发文统计，考虑到数据的可行性，剔除了作者发表的会议论文和报纸文章，主要选取的指标包括被引频次、发文总数、下载频次等；英文数据主要选取了2012—2016年Web of Sciences数据库搜集的数据进行分析。

在本研究选取的案例研究中，首先，对114位团队带头人进行了一级学科上的划分（需要查找确定带头人所在学校所属学科），然后按照一级学科所属的学科门类进行归类，分别归类到工学、理学、医学、农学、管理学、人文社科类等。结果显示，从2017年教育部“创新团队发展计划”滚动支持名单带头人所属学科分布来看，工学所占的比重最大达45%（图1），其次是理学，达22%，分布最少的是管理学2%和人文社科类6%的比重，最后根据已归类的带头人进行划分后的结果选取相应的指标进行分析。

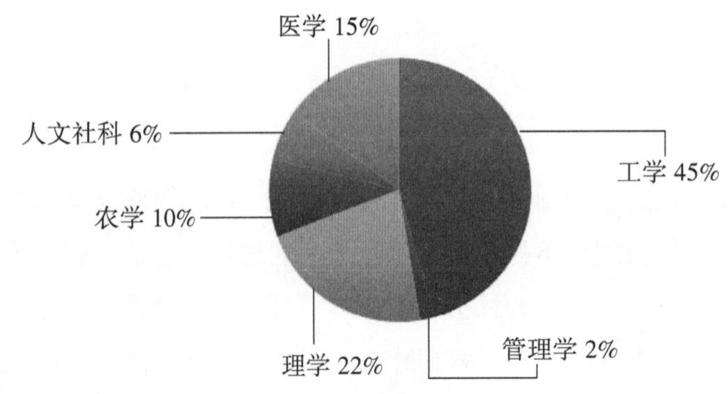

图1　2017年教育部“创新团队发展计划”滚动支持名单带头人所属学科分布图

（二）数据分析

本研究的核心问题是探究不同学科科研合作的差异，合作模式对科研产出的影响，以此展现出不同学科科研合作模式对科研产出影响的程度。因此主要采用以下步骤进行研究：

通过相关公开网站资料的搜集、整理与分析，选取教育部“创新团队发展计划”滚动支持名单113个建设成效显著的教育部创新团队（114位）带头人作为核心、作为样本，搜集了带头人中英文发文的科研论文数量、合作模式、合作发文等相关指标数据进行分析。

通过对114位带头人中英文科研产出相关测量的指标设计，主要通过分析合著度与合著率、不同学科合作模式等综合分析团队带头人的科研产出能力，从而判定科研合作指标的有效性与可能性。

分析不同学科科研合作研究的影响因素，得出结论。

三、不同科研合作的影响指标因素

当科研团队带头人在某一学科领域内享有一定社会地位时，更加注重其发表学术论文所带来的社会声誉和影响，而并非物质金钱激励等。[8] 在团队合作的核心要素中，团队带头人作为领航者和核心，对于团队的发展起着至关重要的作用，带头人的素质和能力在很大程度上影响了团队的质量和未来发展，学科带头人作为团队的领导者，首先要有一定的自治权，这样才能在宽松的团队合作中创造更多的科研产出。要做好这项工作，不仅要搞清团队带头人培养的理论问题，也要特别关注其中涉及的实践问题。本文针对高校不同学科科研团队建设中所涉及的一些基本理论问题，在理论探讨和实证分析基础上，厘清高校不同学科科研合作呈现出来的基本特点、特征，以及分类等问题进行详细研究。

（一）合著度和合著率

在高等教育合作研究中，有两个重要指标分别为合著度和合作率[9]，其中合著度越高，代表研究者之间的合作程度就越深，合作能力也就相应的越强；合著率越高，代表研究者之间的合作越稳定，越能促进科研活动的积极开展。在本研究中，用某一期间内在此学科领域内发表论文的作者人数与发表论文篇数的比值代表合著度，其计算公式是：

合著度=发表论文中作者的总数/发表的论文总数

其中，作者总数是指某一作者在所有合作论文中，把所有参与署名的作者相加得到的总数（若某一作者在多篇论文在重复出现署名，则按照累计相加计算）。另外，用某一期间内在此学科领域内合著论文篇数与论文总篇数的比值代表合著率，其计算公式是：

合著率=合著论文数/发表的论文总数

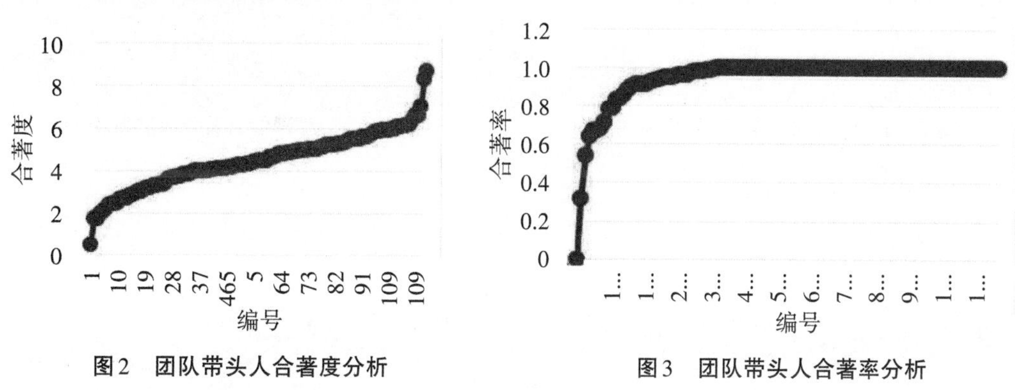

图2　团队带头人合著度分析　　　　图3　团队带头人合著率分析

对114位带头人进行编码分组处理，每10人一组，分别计算其合作度，将其合作度由高到低进行排列，结果如图所示，从发文数据分析来看，团队带头人合作度最低的不超过1（且只有1个样本，故不考虑在内），合作度最高的将近达到了9，团队带头人的合著度越高，代表科研合作的程度越高，据统计合作度在4以上的比重达69.3%，代表了大多数科研团队成员之间愿意建立稳定的合作关系，也更加倾向于合作。分析其主要原因认为，首先是带头人通常在学科领域内具有较高的影响力，在某一学科内具有显著的学术造诣，能够把握学科发展的方向，对学科的发展规划拥有绝对的领导权。其次，在合作过程中，大多数合作者倾向于与影响力较高的带头人进行合作，一方面能够提高论文产出的质量，另一方面在与带头人合作的过程中也能够掌握一定的知识前沿。

从图3分析来看，只有较少的带头人合著率低于0.6，分析其主要原因发现，通过搜集的带头人发表的论文成果来看，部分带头人在成果发表的过程中是独著的，尤其以管理学和人文社科类的带头人居多，一方面是由于学科属性和学科文化的差异性，其中人文社科类学者在研究过程中，以社会现象和人作为研究对象时，科研发文的过程中，对合作需求较低，因此也就出现了带头人独著发文。而合著率为1的比重更是达到了67.5%，代表了带头人参与合作的比率是较高的，同时也显示出了团队带头人与其团队成员的合作较为紧密，这种现象通常存在于理学、工学、农学、医学等学科，科研成果的产生离不开团队的合作，不仅需要人员之间的相互合作，还需要实现资源上的共享，这样条件下的科研产出是团队合作产生的，因此相对而言这些学科的合作率较高。

（二）合作模式

通过对带头人的合著度和合著率分析后，将六个学科带头人科研发文分为以下五种模式进行详细分析，五种模式分别为：独著、2人合著、3人合著、4人合著、5人及其以上合著，并归类到六大学科进行分析。从以下6个学科合著发文占比分析图来看，在合著发文所占的比重上来看，工学、理学、农学、医学呈现出较大的相似性，主要是5个及其以上的合作者合著发文所占的比例较大；人文社科类和管理学与之不同，二者之间呈现出较大的相似性，其两人合著发文所占的比例较大。

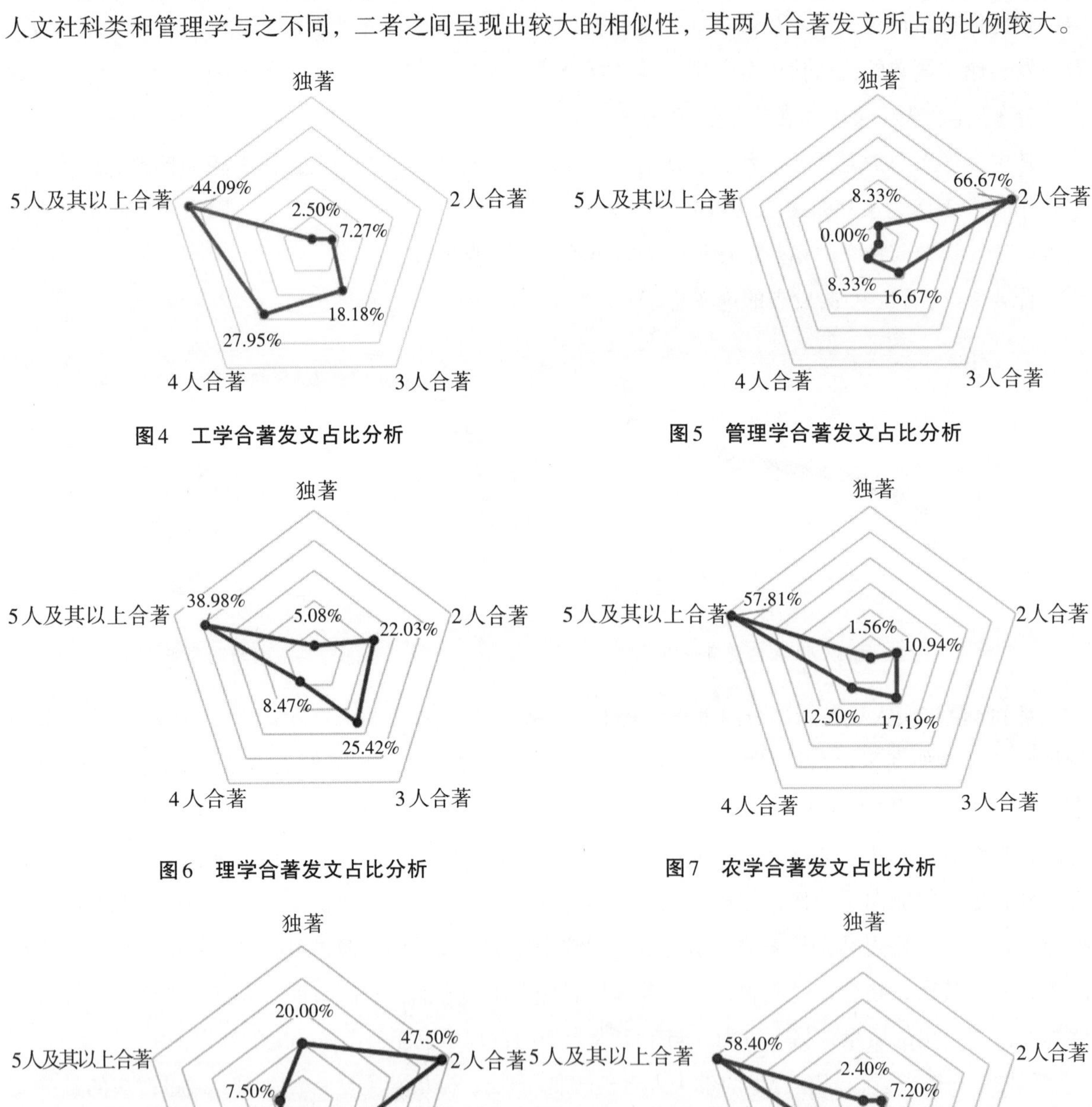

图4　工学合著发文占比分析

图5　管理学合著发文占比分析

图6　理学合著发文占比分析

图7　农学合著发文占比分析

图8　人文社科类合著发文占比分析

图9　医学合著发文占比分析

为什么会呈现出这样的结果呢？首先，一方面，学科是一个历史的范畴，是一个发展的动态概念，18世纪末，自然科学快速发展，人文社科崛起，自然科学与哲学进行了划时代的分离，自然科学、社会科学从哲学母体中分化出来，形成了哲学、自然科学、社会科学的三态势，自然科学成为学科发展的主流，传统的理工农医等学科之所以出现较大程度上的重合，这也是与其学科的发展历史渊源有关。随着科学研究的深入，理工农医等学科发展更加需要多学科交叉融合以及多渠道参与方式才能发展，需要不同学科背景、不同知识技能的人员多方参与共同协作完成，如医学方面的科研合作，随着社会需求的不断扩大，医疗水平的不断提高，对人员、技术、仪器设备等的要求也越来越高，专业化分工也越来越精细，这就需要专业化的人员相互进行合作，共同完成。相对于传统的理工农医，人文社科类和管理类学科发展具有较大的灵活性，相对而言，理工类学科和人文社科类学科之间的合作极低[10]，一方面是与其研究对象有较大的关系，研究人文社会现象和以人为主体的研究对象，在科研过程中，合作方式较为灵活，一般是志趣相投、有共同的研究目标的人员组成，在合作产生的过程中，小规模的合作占据了主流。因此，不同的合作模式下不同学科科研团队带头人的合作会呈现出较大的差异。

（三）合著平均发文与发文量对比分析

正如哈耶克所说，实际上每个人只拥有专门的知识和信息，只有积极合作时这些信息和知识才被充分利用。[11] 科研合作的程度越深，合作规则会越明确，合作文化基础也就越浓厚，科研成果的质量也将不断提高。[12] 合著发文数量越多，质量越高，代表合作的程度也越深。为了比较研究6大学科在合著平均发文上的差异，本研究主要选取了独著发文均值、两个合作者发文均值、三个合作者发文均值、四个合作者发文均值、五个及其以上合作者发文均值指标进行分析。从研究结果发现，在单独发文作者统计中，人文社科类均值最大为2篇，管理学和医学最少，平均为1篇；两个合作者发文中，管理学最高均值达到了8篇，人文社科和理学达到了3篇以上，而工学和农学尚未达到2篇；三个合作者发文中，农学最高达到了3.67篇，其他的学科均未达到3篇，且相差不大；四个合作者发文中，工学达到最高为3.32，其次是医学、人文社科和农学均达到了2篇以上；在五个及其以上合作者发文中，工学、医学、农学均达到了5篇以上。

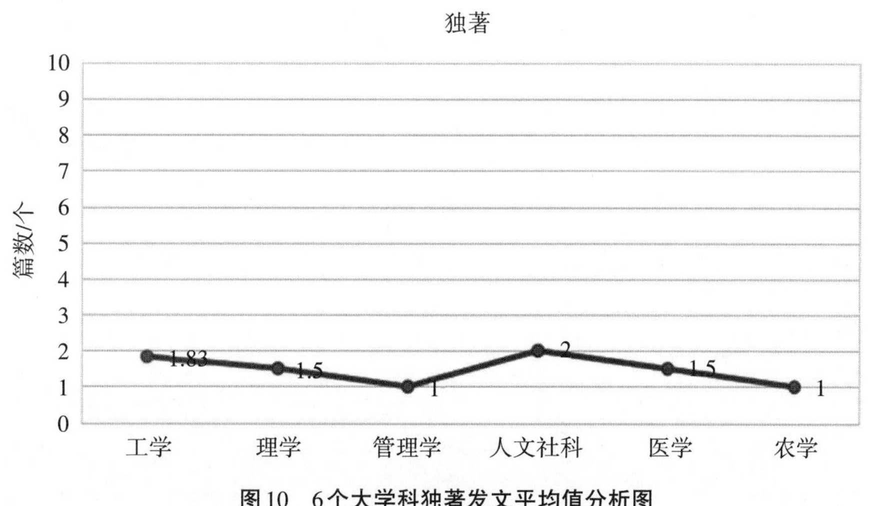

图10 6个大学科独著发文平均值分析图

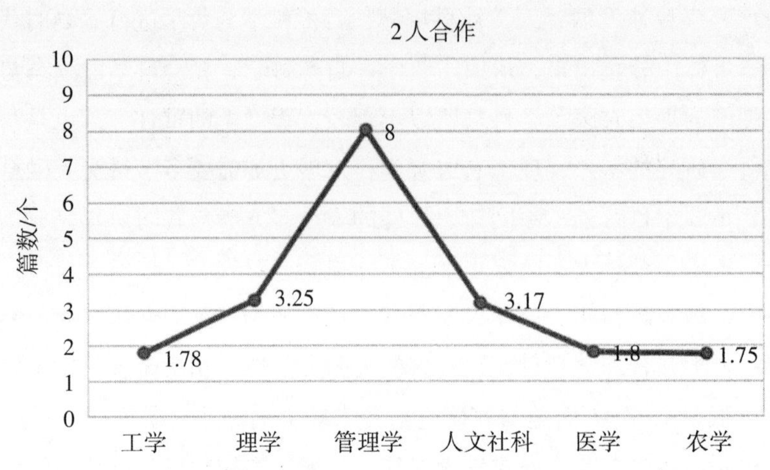

图11 6大学科两个合作者发文平均值分析图

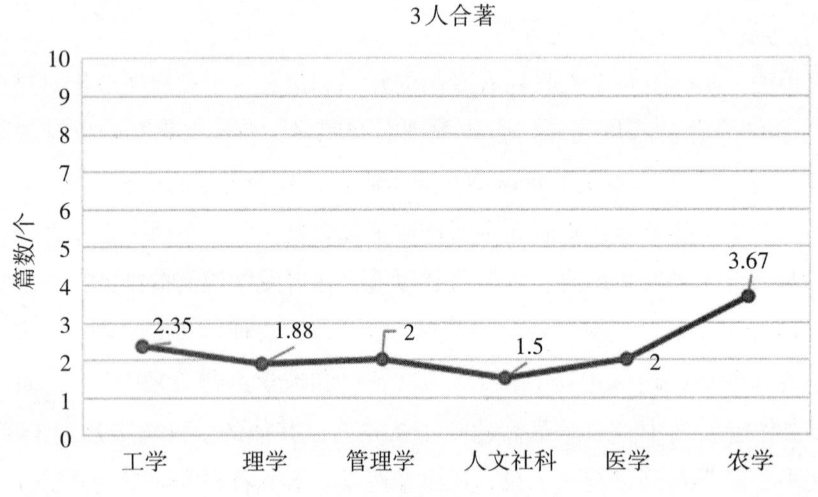

图12 6大学科三个合作者发文平均值分析

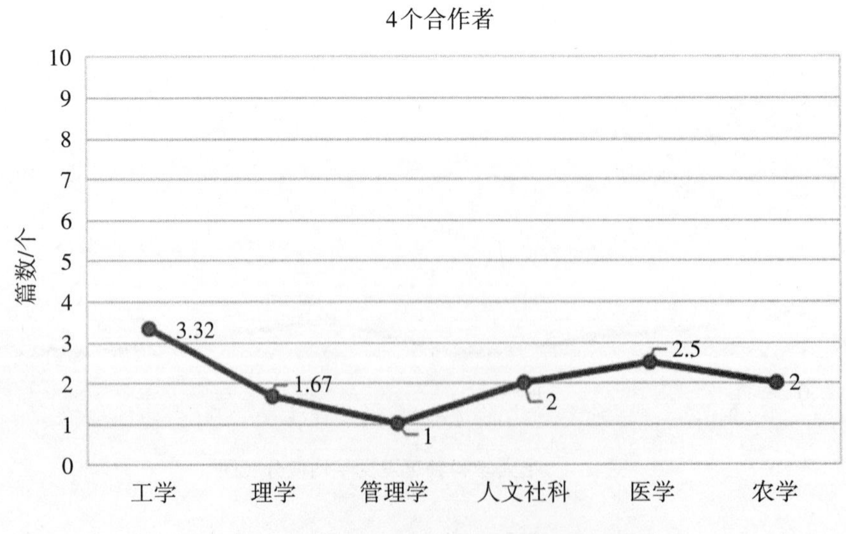

图13 6大学科四个合作者发文平均值分析图

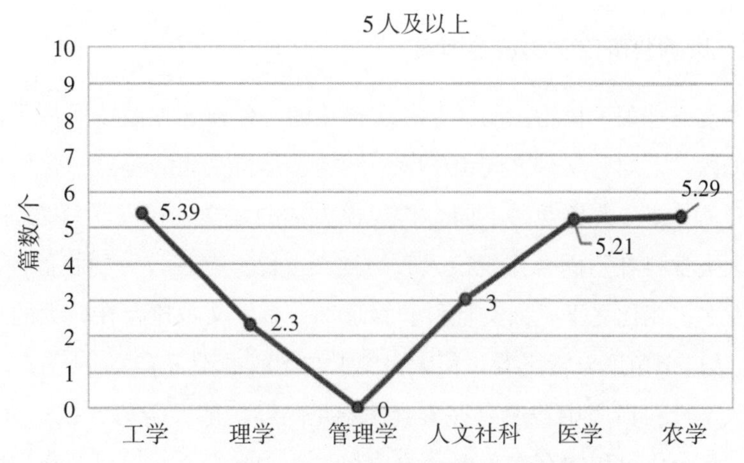

图14 6大学科五个及以上合作者发文平均值分析图

由图15和图16显示，6个学科的合作参与人数平均值分布图与发文量之间呈现较大程度上的相似性。分析其原因发现，一方面，科研合作过程中能够增加一定量的科研论文产出，合作参与人数越多，在一定程度上科研产出增加的可能性就越大，同理，也就意味着加强科研之间的合作能够提高科研论文产出。但从团队带头人的角度分析，带头人对于团队的发展起了至关重要的作用，不仅在科研合作过程中，注重科研论文产出的增加，同时也会对科研质量进行严格的把控，这样一方面可以避免挂名的现象产生，同时也在一定程度上控制了科研产出。科研合作不仅能够提高科研产出的数量，而且能够显著提高科研产出的质量，论文的质量相对较高，该论文的引用可能性也就越高。有学者通过对比中外文引文数据库收录的中外竞争情报主题的期刊论文及引用情况，从科研生产力、影响力、发展力和合作力四个方面进行分析发现，我国的国际科研竞争力优势不够明显，国际竞争地位相对靠后，特别是大陆情况比较明显，虽然科研产量相对较高，但是论文质量水平与国际学术影响力相对较低。[11] 因此研究成果的影响力在一定程度上影响着论文的质量水平。

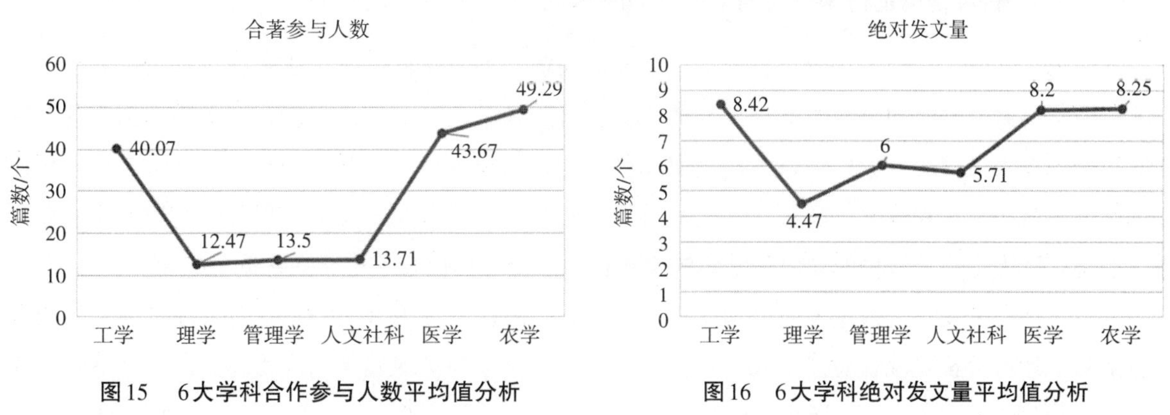

图15 6大学科合作参与人数平均值分析

图16 6大学科绝对发文量平均值分析

四、总结

克拉克·克尔曾说：“高等教育的历史，很多是由内部逻辑和外部压力的对抗谱写的，高等教育从来没有完全自治过”[12]，从某种程度，这些内部逻辑与外部压力便是构成众多影响科研合作与产出相关的因素或动因，本研究通过对不同学科门类的团队带头人科研合作进行分析后发现，不同学科的合作模式和学科特性是影响科研产出的关键影响因素。

（一）合作模式是影响科研论文的重要因素

无论是综合型大学还是理工科为主的大学，多样化的合作模式在高校中都是普遍存在的，且越来越受到学者们的重视。不同的学科之间由于学科结构和学科文化的差异，合作模式呈现出不同的结构。在团队合作过程中，6大类学科不同合作规模人数的发文占比在学科之间存在较大的差异，工、理、农、医四大类学科在不同合作规模人数的发文占比上存在较大的相似性，更倾向于5人及其以上合作者公共发文，相比之下，人文社科和管理学合著发文占比存在较大的相似性，更倾向于2人进行合作发文。从这个角度分析来看，很大程度上与学科的设置有关。

当前我国高校人文社科研究中普遍存在着合作不足问题，散兵游勇、孤军奋战、“师傅+徒弟”式的合作比比皆是，且合作过程中存在着严重的功利主义和形式主义，很多合作也难以突破学科和学校疆界。[13] 传统的理工医等学科，由于“先天”的学科体系设置，“学科知识”和“学科文化”不同，在合作的过程中，如果仅仅依靠单兵合作是很难实现的，尤其是相对于医学等学科，需要多人共同合作才能完成项目或者课题，这就要求合作人员自身需要加强合作的意识，在合作上很大程度上自主创作的意识较强，在合作方式上较为薄弱。Dhand等通过对华盛顿大学圣路易斯分校临床与转化科学研究所（ICTS）的科研工作者的基金项目、论文等数据的分析，将所属学科划分为临床科学、综合卫生、基础科学、社会科学四类，发现在基金项目申请上，研究人员更倾向于跨学科合作，而在论文发表上，研究人员更倾向于学科内合作。[14] 因此，无论是理工、农、医、人文社科还是管理学等，不同学科的合作模式侧重有所不同，不同的合作模式下产出的科研成果无论是从数量上还是质量上都会具有一定的差异。随着时代的变化以及市场需求的变化，不同学科的科研合作规律也呈现出了不同的变化特点，逐渐由“个人独著”转向了“跨学科合作”“校内合作”“校外合作”等多样化的合作模式。

（二）学科特性是决定合作模式的主要影响因素

科学的合作既是一个实践问题，又是一个理论问题。关于学科特征与科研合作之间的关系，主要体现在学科研究领域的差异性呈现出来的论文合著差异。在学术界，大多数学者认为无论是自然科学领域还是人文社会科学领域，无论是实验科学还是应用科学，都越来越倾向于科研合作。尽管自然科学领域的合作程度远远超过了人文社科领域的合作，但合作所带来的积极影响却是普遍存在的。本研究认为主要是学科的知识和学科的文化特性决定了科研合作中学科之间的差别。

对于管理学来说，是以培养研究和应用型人才为主的，陈悦等（2005）针对管理科学领域的合作现象初步计量分析发现，总体上我国管理科学学科的合著率呈现逐年上升的趋势，但是不同研究对象的合作倾向不同，管理基础性学科倾向于个人独著，而管理应用性学科倾向于群体合作。[15] 另有研究在基于文献计量的高层次人才科研轨迹特征研究中发现：就SCI论文成果产出而言，管理学领域，论文合著率达96%，在学科交叉上，管理学与商业经济学、计算机科学、工程学、运筹学、数学等5个学科领域存在着密切的合作交叉关系。就项目学科分类而言，数理科学、地球科学、材料与工程科学、信息科学等理工科背景领域进入管理学领域，体现了管理学学科的跨学科交叉性；[16] 因此管理学的学科文化特性是外向的，受市场和外部环境的影响较大，顺应时代的需求变化而变化，因此其科研合作者会依据市场以及外界环境的变化等较为灵活地改变合作倾向，比较重视合作中带来的信息共享，合著模式也逐渐由“个人独著”转向为校内合作甚至“跨学科合作”“校外合作”等模式。

对于理学来说，学科的知识重在积累，知识创新呈线性发展，现在的研究者及学者多是以前人的研究为基础开展的，于是在此学科领域，重大的科研项目经常被分解成若干小项目，团队研究者之间以各种合作模式展开研究，也可以称为“大规模的群体研究模式”。例如对于物理学科，可归属于纯科学中的“硬-纯”科学类，“硬”学科的知识以发现和说明为目标，具有累积性的特点，知识创新呈典型的线性发展，后来的学者是站在前人的肩膀上来做研究。于是在物理学领域，重大的科研项目常常被分解为多个小项目，所以学者们更容易以项目小组的形式采取合作，也可以称为“大规模的群体智力因素的研究模式”，在物理学领域里一篇几页的论文作者人数高达三四人的现象较多。这种合作研究方式早已经成为该学科的一大特点。[17]

对于人文社科类来说，该学科传统的特征是以个人理解和解释为主要目的，学科知识存在较大的整体性和反复性，研究者在研究过程中对许多问题主要以个人掌握的知识技能和素养来进行研究，很难在分工协作的基础上合作进行研究，如哲学学科属于人文学科中的“软-纯”科学，哲学学科的合著率一直较低，合作指数一直为1人，合作模式以个人独著为主。“校内合作”虽然比例很低，但也说明在哲学学科中小规模的合作是可以接受的，这主要是通过师生合作和同行合作来实现。因此，在该学科的合作模式中“个人独著”一直是比较常见的方式。近年来随着学科之间的交叉融合，越来越多的学科出现了交叉学科以及跨学科的特性，这在一定程度上改变了传统的研究模式，“个人独著”已经满足不了该学科发展的需求。同时，随着研究领域的扩展和深入，以及社会问题的复杂化，人文社科研究课题和科研项目也变得日益复杂，远非某一个人、某一机构、某一领域的研究者所能单独为之，迫切需要多学科研究人员的合作，需要采用大兵团作战和合作攻关的方式才能实现知识、智力和研究资源上的优势互补，从而提高人文社会科学的科研效率、创新能力和解决社会问题的能力。[18]合作模式也由传统的“个人独著”转向为多样化的“跨学科合作”“校内合作”甚至“校外合作”的合作方式。

对于工学来说，该学科属于技术中的“硬 应用型”学科，以工科为代表的技术型学科的知识是以产品为主要目标，学科知识的实用性相对较高，主要是以需求为主。由原来的“小规模智力合作模式”发展到“大规模智力合作模式”。随着经济社会的快速发展，社会化分工以及大型仪器社会的完善，各种各样的产品和技术需要不同专业不同技能的专业领域人才分工完成，所以工学学科的研究者随着高新技术的快速发展，为了顺应市场的需求，需要广泛寻求合作。个人创造已经难以满足需求，“跨学科合作”“校内合作”“校外合作”等的合作方式已经成为常态。

对于医学来说，该学科的学科知识积累和传递性相对较高，主要是以社会需求为主要导向，中国的医学水平虽然一直在提高，但医学研究的学术影响力仍处在一个较低的水平，主要是由于“原创性”“自发性”的工作或研究较少，在国际合作上处于弱势。我国的临床医学研究虽然得到了较快发展， 但科研成果产出的国际影响力仍欠缺， 原因可能是对医学热点问题探索的原创性研究少， 竞争力不强。[19]随着医疗需求的扩大，部分研究需要全方位的合作，大规模的项目和课题不仅仅需要大型的仪器设备，更需要水平和能力较高的学术带头人或者团队带头人领导进行合作。因此，在医学学科中，全方位的合作研究是必要的。

参考文献

[1]国家知识产权局.全球低碳技术专利发展态势分析[R].专利统计简报,2010(10).

[2]TrappeyAJC, HsuFC, Trappey CV, etal. Development of a Patent Document Classification and Search Plat form Using a Back-propagation Network[J].Expert System swith Applications,2006,31(4):755-765.

[3]Back-propagation Network[J].Expert Systems with Applications,2006,31(4):755-765.

[4]Kumar N, Lang KR. Do Search Terms Matter for Online Consumers?The Interplay Between Search Engine Query Specification and Topical Organization[J].Decision Support Systems,2007,44:159-174.

[5]万文涛,周丽华.科研团队的生成条件探究[J].中国高教研究,2006,(11):42-45.

[6]丛杭青,王华平,沈琪.合作研究及其认识论评价[J].科学学研究,2004(05):455-459.

[7]王燕华.大学科研合作制度及其效应研究[D].华中科技大学,2011.

[8]Floyd, S. W., Schroeder, D. M., & Finn, D. M."Only If I am First Author":Conflict Over Credit in Management Scholarship [J].Academy of Management Journal,1994,37(3):734-747.

[9]依林.我国高等教育合作研究团队的分析——基于部分CSSCI刊源教育类期刊载文研究[J].中国高教研究,2014(06):23-26+42.

[10]蔡美娟.高校科研合作研究[D].上海师范大学,2009.

[11]袁锦敏.中国学者外文发文及其参考文献著录项目研究[D].南京大学,2014.

[12]Clark K.Higher Education Cannot Escape History[M].NewYork: State University of NewYork Press,1994.

[13]鲍传友.促进高校人文社科研究人员科研合作的政策思考[J].中国教育政策评论,2007(00):102-113.

[14]王新明,丁敬达.科研论文的著者合作模式研究综述[J].现代情报,2018,38(08):172-177.

[15]邹苗.不同学科科研合作规律对比研究[D].华中科技大学,2011.

[16]张烨.文献计量视角下高层次人才学术成长特征研究[D].东南大学,2016.

[17]邹苗.不同学科科研合作规律对比研究[D].华中科技大学,2011.

[18]鲍传友.促进高校人文社科研究人员科研合作的政策思考[J].中国教育政策评论,2007(00):102-113.

[19]陈汐敏,丁贵鹏,接雅俐,蒋莉,唐震,邹建刚.国际临床医学研究领域热点论文产出状况分析及对我国医学期刊的启示[J].中国科技期刊研究,2013,24(06):1079-1084.

"双一流"建设下高校科技成果转化机制的现状分析

徐明波

目前，我国2 000多所高校一年产出约7万—8万项科技成果，但不足30%的签约转化率，不到10%的实现真正转化，不到5%实现良好经济效益，远远低于欧美日等发达国家40%以上的转化率。[1] 由此，高校科技成果转化问题得到前所未有的重视。科技成果转化是为提高生产力水平而对科技成果所进行的后续试验、开发、应用、推广直至形成新技术、新工艺、新材料、新产品，发展新产业等活动[2]，其实质是以知识形态为主要特征的科学技术成果如何"并入"生产过程，从潜在的社会生产力"物化"为现实的社会生产力[3]。由此，高校科技成果转化可以界定为：对高校具有实用价值的科技成果进行实际运用并产生经济效益和社会效益的商品化及产业化的全部活动和过程。[4]

通过对概念的梳理，可以清晰地看到高校科技成果转化机制涉及高校、企业、政府、转化中介等多主体间的政策环境、需求对接、合作研发、信息沟通、风投融资、收益分配等多环节间的畅通。作为基础研究主力军的高校，尤其是双一流建设高校，其科研成果储备深厚，市场应用前景广阔，成果转化状况自然引人关注。

一、研究内容及方法

1.研究对象。为全面了解"双一流"建设高校科技成果转化的体制机制建设的基本情况，本研究选取了国内6个地区9省市的16所高校作为研究对象（以下简称样本高校），对高校科技成果转化机构设置、政策文件等进行分析。16所高校地理和行政区域分布见表1所示，其中有14所一流大学建设高校A类高校（A类）、2所一流学科建设高校（非A类）；又以理工类专业突出的综合类高校居多。

表1　样本高校分布及基本情况

序号	地区	省份	高校	学校类型	序号	地区	省份	高校	学校类型
1	华北	北京	清华大学	A类	9	华南	广东	中山大学	A类
2	华北	北京	北京航空航天大学	A类	10	华南	广东	华南理工大学	A类

徐明波，华东师范大学高等教育研究所教育学博士研究生，主要研究高等教育管理。

续表1

序号	地区	省份	高校	学校类型	序号	地区	省份	高校	学校类型
3	华东	上海	上海交通大学	A类	11	西北	陕西	西安交通大学	A类
4	华东	上海	同济大学	A类	12	西北	甘肃	兰州大学	A类
5		江苏	南京大学	A类	13	西南	四川	四川大学	A类
6		江苏	东南大学	A类	14	西南	四川	电子科技大学	A类
7		江苏	苏州大学	非A类	15		重庆	重庆大学	A类
8	华中	湖北	武汉大学	A类	16		重庆	西南大学	非A类

2.研究方法及数据来源。通过文献查阅及比较分析等方法，运用归纳分析法，总结当前“双一流”建设高校科技成果转化体制机制建设的基本情况。引用数据主要源于各高校官方网站。

二、双一流建设高校科技成果转化机制的现状

（一）科技成果转化的机构设置

表2 样本高校机构设置一览表

序号	高校	成果转化机构	上级部门	主要工作职能	成立或调整时间
1	清华大学	成果与知识产权管理办公室 技术转移研究院 校地合作办公室	校级行政机构（学校知识产权管理领导小组）	科技奖励、专利管理、技术转移和政策法务 国际技术转移 协调地方研究院和派出研究院工作	2015年10月 2014年 2015年10月
2	北京航空航天大学	知识产权转移办公室	科学技术研究院	负责科技需求收集与合作对接、可转化成果筛选及成果推广平台的建设与维护；完善科技成果孵化体系建设等	
3	上海交通大学	科技合作办公室	科学技术发展研究院	科技成果产业化推广与合作的组织、策划与实施；重大产学研合作的组织、策划与实施等	2010年4月
4	同济大学	科技成果转移转化中心	校级行政机构	为学校科技成果转移转化提供精细化、专业化的管理和服务，形成更加完善的科技成果转移转化体系	
5	南京大学	技术转移中心（科技成果转化中心）	创新创业与成果转化工作办公室	政产学研创新载体建设、创业企业孵化平台建设、科技咨询服务平台建设、国际技术转移平台建设	2004年12月
6	东南大学	成果评估与投资管理办公室	资产经营管理处	负责以学校无形资产作价投资组建科技企业的科技成果转化工作；学校科技成果转移转化的调研、成果数据库的建设、政策的制订等	
7	苏州大学	科技成果转化处	科学技术研究部	负责制度体系、平台机构等建设，促进学校科技成果转化	
8	武汉大学	产学研合作处	科学技术发展研究院	非财政性投入的横向科技项目的组织与管理，专利等知识产权的申请、维护和监控；学校科技成果和专有技术的推广、应用和转让等	

续表2

序号	高校	成果转化机构	上级部门	主要工作职能	成立或调整时间
9	中山大学	产学研合作处	科学研究院	知识产权管理和成果转化应用、管理技术合同、建设和管理产学研合作科技创新平台	
10	华南理工大学	科技成果转化办公室	校级行政机构	负责学校各类科技成果转化、产学研合作项目的组织、申报、立项、实施等管理工作；科技成果作价入股和企业孵化工作；负责企事业单位委托项目合同（协议）的审核、签订、立项、实施等管理工作	
11	西安交通大学	基地与成果处	科学与技术研究院	负责科技成果登记、评估、鉴定，专利申请、管理及转化	2016年
12	兰州大学	应用项目办公室	科学技术处	负责技术开发、转让合同登记与免税办理工作；科技成果收集、整理、推广和转化工作等	2018年
13	四川大学	科技合作与技术转移部 产业技术研究院 国家技术转移中心	科学技术发展研究院	技术转移合同的审查、签订及管理，教师创新创业工作，对外交流与合作； 重大科技成果转化项目的遴选、培育、支持、示范直至产业化的全程服务；负责国家技术转移中心运行及省内分中心（工作站）的管理； 共建以企业技术中心为主要形式的研究开发机构，培育和孵化具有市场潜力的科技成果，促进高校技术转移	2012年1月 2001年9月
14	电子科技大学	技术转移中心	科学技术发展研究院	产学研合作与技术转移管理	2008年7月
15	重庆大学	技术转移中心	科学技术发展研究院	科技成果转化以及为在研项目提供全过程管理、指导与服务。	2018年1月
16	西南大学	专利及成果转化办公室	科学技术处（含科协）	科技成果鉴定、登记等；负责组织推荐各级、各类科技成果奖励及相关工作；科技成果的统计、汇编；负责科技成果的对外宣传	

以上高校均已设立负责科技成果转化的专门机构，如表2所示。根据其官网显示，部分高校在2001年前后设立了科技成果转化机构，50%左右的高校随后经过职能整合调整了机构设置，调整时间集中在2016—2018年。科技成果转化机构是行政职能部门的二级单位占到案例高校的81.3%，且多挂靠在科学技术处（部、院）等机构内，仅有清华大学、同济大学和华南理工大学的为校级行政部门。这在一定程度上反映了大多数高校希望由科研技术部门协调科研，整合资源，形成合力，打通科技成果转化各个环节，从而构建起一个优势互补、资源共享的体系。

中国高等教育科研体制借鉴苏联经验，同期的科技成果转化属于完全的政府行为。1949年11月中国科学院成立，1954年，被法定为国家的最高学术机构和国家最高科学行政机关。国家对高校科研实行高度集中的计划式管理，科研从属于行政。1955—1961年，先后建立农业科学研究工作协调委员会、国家科委、发布《关于总结鉴定新产品新技术的通知》和《新产品新工艺技术鉴定暂行办法》。这一时期科技成果所有权归国家，由国家科委等管理部门通过计划和行政手段转化和推广科技成果。1978年党的十一届三中全会以后，转化模式上逐渐出现了自行投产、技术转让和产学研联合模式，高校科技成果转化通过技工贸一体化造就了一大批民营科技企业。1980年《关于开展和维护社会主义竞争的暂行规定》首次明确“对创造发明的重要技术成果要实行有偿转让”。1985年《关于技术转让的暂行规定》鼓励科技成果的转移转化、人才流动和技术服务社会化，科技中介机构服务取得重大突破。1993年、1996年颁布的《科学技术进步法》《促进科技成果转化法》，确立了我国科技成果转化的基本原则。此后又颁布了《高等学校知识产权保护规定》《关于促进科技成果转化的若干规定》等文件促进科技成果转化。2016年《促进科技成果转化法》若干规定、《促进科技成果转移转化行动方案》和地方政府颁布政策对高校科技成果转化收益、成果协议定价、科研人员人事关系、奖励等做出规定。2017年《关于支持和鼓励事业单位专业技术人员创新创业的指导意见》为高校、科研院所的专技人员进行与创新有关的创业提供政策支持。

在了解高校机构设置现状的基础上，回顾中国高校科技成果转化的发展历程，能够清晰地看出，当前我国高校在成果转化体制方面计划性、行政性倾向较强，市场机制发挥作用相对较弱。在科技成果管理方面，行政管理的惯性一直主导着转化体制改革进程，科研产出与需求还没有完全对接，体制障碍束缚着科技研究人员在高校与企业间的流动。

（二）科技成果转化机构的基本职能

样本高校科技成果转化机构的职能清晰，从表2可以清晰地看到，围绕成果转化，职能涉及转化的各关键环节，包括制度完善、成果登记评估鉴定的管理、专利申报、需求对接、合同管理、平台建设维护和合作推广等。此外，各样本高校均制定了成果转化的相应流程，明确了学校、院系和科研人员个人的角色及相应职责。

以清华大学为例。围绕国家创新驱动发展战略，清华开始探索科技成果转化体制改革以盘活上万件专利。学校成立知识产权管理领导小组，成员既有主管科研、产业和校地合作的校领导，也有技转院、资产处、科研院等多部门领导，负责领导科技成果转化工作。同时，学校下设多个职能部门负责成果转化：技术转移研究院成立于2014年，牵头国际技术转移相关工作；校地合作办公室和成果与知识产权管理办公室均成立于2015年10月，前者负责协调地方研究院和派出研究院的工作，后者负责专利管理、技术转移等工作，是知识产权管理领导小组的日常办事机构。清华控股专门成立华控技术转移公司开展成果转化，由此构建起了一个校内技术成果转移转化的纵向工作体系。此外，清华大学加强与地方政府开展合作，建立多家地方研究院和派出研究院，进行技术二次开发、孵化企业等方式的成果转化。由此构建起一个以清华大学为中心，校内校外纵横交织的科技成果转化体系。

在改革体制机制的同时，清华大学加大对科技成果转化的研究和总结，积极探索成果转移转化模式。当前，学校科技成果转化的运营模式正由专利许可、转让、作价投资等向既有许可又有投资等混合模式转变，混合模式能够通过合作研发的新成果再进行许可的方式强化校企长期合作，实现共赢，一方面提高了清华大学的学术影响力和社会声誉，有实力反哺学科建设和科研能力提升，另一方面企业创新能力获得持续动力来源。此外，清华大学通过加强与地方政府、行业企业、国际机构间的合作，建立高科技企业、创办清华科技园等；清华大学组建战略性风险投资基金，比如5亿元的“荷塘探索基金”和25亿元的“荷塘创新基金”，以自有资金吸引社会资金，直接投资学校的重大科技成果。

（三）高校科技成果转化机制分析

根据各高校官网资料整理的表3显示，各高校在省级政府出台的科技成果转化促进条例和实施办法的基础上，结合本校实际制定了相应的促进转化的管理办法。此后，结合《中华人民共和国促进科技成果转化法》和相关政策文件精神，对本校的管理办法进行修订或补充。部分高校围绕成果转化各环节，以专利等成果的管理为核心，从科技投入、研发、人员、奖励、分配等环节都建立、完善了相关制度，基本形成了一个相对完整的制度体系。

表3　样本高校政策文件一览表

序号	高 校	政 策 文 件
1	清华大学	《清华大学科技成果评估处置和利益分配管理办法》《清华大学知识产权管理规定》《清华大学科技成果评估备案实施细则》
2	北京航空航天大学	《北京航空航天大学高端成果奖励办法(试行)》《北京航空航天大学科技成果转移转化管理办法(试行)》
3	上海交通大学	《关于完善知识产权管理体系 落实〈促进科技成果转化法〉的实施意见(试行)》《职务科技成果管理办法》《专利申请和维持基金管理细则》《科技成果转化管理细则》《科技成果转化基金管理细则》《科技成果作价入股实施细则》《科技成果转化合同订立及审批管理细则(试行)》和《科技成果转化资金管理及收益分配细则(试行)》
4	同济大学	《同济大学科技成果转移转化实施细则》《同济大学关于科研人员兼职、离岗创业的实施意见(暂行)》《同济大学关于科研和“四技”项目经费支出的若干管理规定》
5	南京大学	《南京大学技术合同管理规定》《南京大学科技成果转化条例(试行)》《南京大学政产学研平台临时管理办法》《南京大学科技成果转化条例》《南京大学科技成果对外投资管理办法(试行)》
6	东南大学	《关于进一步推进科技成果转化的若干实施意见》《关于加速发展东南大学国家大学科技园促进科技成果转化的若干意见》《东南大学科技成果转移转化管理实施细则(暂行)》《东南大学促进科技成果转移转化实施方案》《东南大学经济合同管理办法(暂行)》《东南大学国有资产经营管理委员会议事决策规则》
7	苏州大学	《苏州大学科技成果转化管理办法(试行)》《苏州大学科技成果孵化及创业基金管理办法》《苏州大学知识产权保护和管理办法》《苏州大学校企共建科研平台管理暂行办法》
8	武汉大学	《武汉大学科技成果管理办法(修订)》《武汉大学知识产权管理办法》
9	中山大学	《中山大学科技成果转化规定》《中山大学科技成果转化 实施办法》《中山大学技术合同管理办法》《中山大学科技经费管理办法》
10	华南理工大学	《华南理工大学关于促进科技成果转化的若干意见》《华南理工大学服务创新驱动发展、进一步推进科技成果转化工作的若干意见》《华南理工大学科技创业岗实施办法(试行)》《华南理工大学科技人员创办科技企业管理办法(试行)》《华南理工大学科研成果管理办法(试行)》《华南理工大学科研机构管理办法(试行)》《华南理工大学科技人员行为准则与学术道德规范(试行)》《华南理工大学关于进一步规范科研人员科研行为的意见》
11	西安交通大学	《西安交通大学科研合作(外协)合同管理办法》《西安交通大学专职科研队伍管理办法》
12	兰州大学	《兰州大学科技成果转化管理办法(试行)》《兰州大学科技成果转化管理办法》
13	四川大学	《四川大学科技成果转化管理办法(试行)》《四川大学科学技术研究经费管理办法》《关于进一步加强对校属企业管理的通知》《四川大学科技产业规范化建设实施方案》
14	电子科技大学	《电子科技大学岗位设置与聘用实施办法》
15	重庆大学	《重庆大学促进科技成果转化管理办法(试行)》《重庆大学科技奖励办法(试行)》《重庆大学科技成果转化收入管理实施细则(试行)》《重庆大学横向科研项目与经费管理办法》
16	西南大学	《西南大学科技成果与专利管理办法(修订稿)》

以清华大学为例，依据其2015年以来出台的促进科技成果转化的法律法规和政策，针对束缚成果转化的体制机制障碍，学校制定了《科技成果评估、处置与利益分配办法（试行）》《知识产权管理规定》《科技成果评估备案实施细则》，明确了决策机制、奖励机制，理顺了科技成果处置流程。

1.决策机制

知识产权管理领导小组统一领导科技成果转化，进行统筹协调和管理工作。《办法》规定：“交易价格低于800万的项目由知识产权管理领导小组审批；交易价格在800万以上（含）的项目，经学校知识产权管理领导小组审议通过后，报请学校党委常委会审批。”[5]

2.奖励机制

成果许可、转让的收入或者投资入股所获得的股权，按70%、15%、15%的比例分配给成果完成人或者为成果转化做出突出贡献的人、所在院系、学校。以此为基本框架，清华大学赋予各院系一定自主权，根据各自实际和发展思路，制定适合的分配政策。

3.清晰顺畅的科技成果处置流程

包括成果登记、评估、产权保护、确定转化方案、市场推广、谈判、资产评估、审批公示、签订合同、收益奖励等10个步骤，如图1所示。不同机构和平台提供了成果转化的专业服务，由指定团队、专人负责，极大地提升转化效率，减少了成果完成人在转化过程中的精力投入，使其能全身心投入科研。

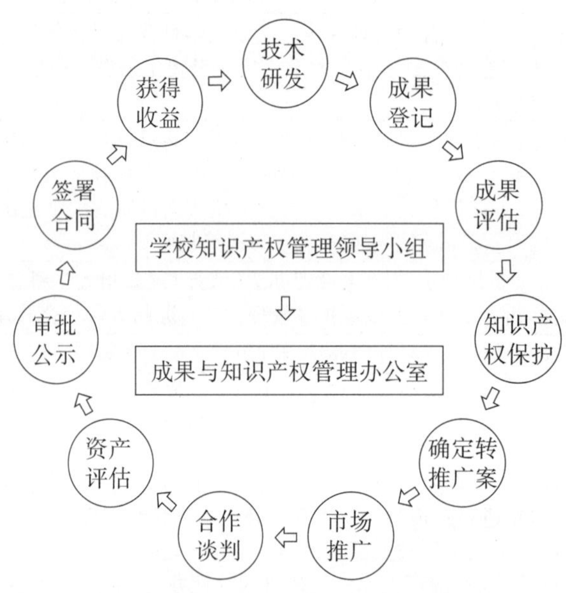

图1　清华大学科技成果转化流程图[6]

清华大学2017年共审议科技成果处置项目79项，投资衍生企业34家，其中新设或入股已完成注册的有21家，涉及知识产权405项，处置金额45 697万元和后续销售额提成。[7]

三、小结

为了加快双一流建设，2018年8月，教育部等三部委印发了《关于高等学校加快“双一流”建设的指导意见》，要求高校以一流科研发挥对“双一流”建设的支撑作用，把握各类需求，发挥自身优势，加强协同创新，完善成果转化体制机制，精准对接创新链和产业链。[8]

针对上述问题，习近平总书记曾做过一个形象的比喻：“多年来，中国一直存在着科技成果向现实生产力转化不力、不顺、不畅的痼疾，其中一个重要症结就在于科技创新链条上存在着诸多体制机制关卡，创新和转化各个环节衔接不够紧密。就像接力赛一样，第一棒跑到了，下一棒没有人接，或者接了不知道往哪儿跑。”[9]他就此指出：“要解决这个问题，就必须深化科技体制改革，破除制约科技创新的思想障碍和制度藩篱，处理好政府和市场的关系，推动科技和经济社会发展深度融合，打通从科技强到产业强、经济强、国家强的通道，以改革释放创新活力，加快建立健全中国国家创新体系，让一切创新源泉充分涌流。”[10]

当前处于国家实施创新驱动战略发展的关键时期，作为国家和地区创新体系重要主体之一，高校尤其是“双一流”建设高校应当积极探索科技成果转化体制机制改革，充分释放科技成果存量的红利；对接国家社会经济发展需求，依托自身人才和学科优势，充分发挥基础研究主力军作用，提升原始创新能力；借助市场力量，加强与企业、政府和科研院所的合作，汇聚资本、市场、行政规划和管理等积极要素，强化协同创新，解决困扰企业和社会发展的关键核心技术和前沿共性问题，促进创新链和产业链精准对接。

参考文献

[1]刘吉臻.创新体制机制 促进高校科技成果转化[J].中国高校科技，2016(08):4-7.

[2]第十二届全国人民代表大会常务委员会第十六次会议.关于修改《中华人民共和国促进科技成果转化法》的决定：主席令第三十二号[A/OL].(2015-8-29)[2018-8-28].http://www.most.gov.cn/fggw/fl/201512/t20151203_122619.htm.

[3]蒋建湘，庞青山.高校科技成果转化机制研究[J].中南大学学报(社会科学版)，2002，8(3):259-261.

[4]王先庆，王斌伟.高校科技成果转化:过程与机制[J].深圳大学学报(人文社会科学版)，2001，18(2):65-71.

[5]清华大学科技成果评估处置和利益分配管理办法.http://www.otl.tsinghua.edu.cn/info/mxqy_cgfb/1138.

[6]清华大学科技成果转化流程图[EB/OL].(2015-12-31)[2018-8-28].http://www.otl.tsinghua.edu.cn/info/jszr_jszr/1184.

[7]清华大学.技术转移数据统计[EB/OL].(2017-12-31)[2018-8-28].http://www.tsinghua.edu.cn/publish/newthu/newthu_cnt/research/research-4-5.html.

[8]教育部，财政部，国家发展改革委.印发《关于高等学校加快“双一流”建设的指导意见》的通知：教研〔2018〕5号[A/OL].(2018-8-8)[2018-8-28].http://www.moe.gov.cn/srcsite/A22/moe_843/201808/t20180823_345987.html.

[9][10]熊玠.突破创新软肋——《习近平时代》选载[N/OL].学习时报，(2016-5-16)[2018-8-28].http://dzb.studytimes.cn/shtml/xxsb/20160516/19736.shtml.

大学治理进程中学生主体地位建构
——交往行动理论视角

黄文武

学生是大学组织中规模最大也最重要的利益主体，"是大学存在的理由，没有学生就没有大学"[1]。大学形塑着学生的存在样态，并形成着学生个人或共同的潜意识。大学不仅应促进学生知识与技能的获得，更应关心如何赋予学生权能，以批判的眼光观察社会，培养其变革社会的行动能力。由此，在大学治理进程中"显然需要有以学生为中心的新的视角和新的模式……把学生及其需要作为关注的重点，应将他们视为高等教育改革的主要参与者"[2]。大学善治目标实现的关键在于学生主体与大学行政管理主体间良好交往关系的形成。以哈贝马斯交往行动理论为视角，深入剖析两大群体间的交往困境，通过有效路径的建构促成主体间理性互动，最终实现学生主体身份的彰显。

一、哈贝马斯交往行动理论概述

哈贝马斯是德国著名哲学家、社会学家，法兰克福学派第二代主要代表人物之一。他在对米德、卢卡奇、迪尔凯姆等人的理论分析基础上建构了自己的"交往行动理论"。在该理论中，他对"系统世界"和"生活世界"的概念进行了深入阐释。"生活世界"指开展言语沟通、追求话语共识的"原初世界"，其中个体间的行为以相互理解为目的，秉持交往理性的价值原则。"生活世界由三部分构成：文化、社会和个性。文化是一种知识储备。交往行动者就世界中的事物开展有效沟通，并用这些知识储备做出富有共识的解释；社会指一种合法的秩序，依靠这种秩序，交往行动者通过建立人际关系而创立一种建立在集体属性基础上的团结；个性是一个用来表示习惯力量的术语，有了这些习惯的力量，一个主体才会具有言语和行为能力，才能在各种情境中参与沟通过程，……捍卫自己的同一性。"[3] 他把在其中发生的人与人的互动称为"交往行动"，这促成了文化再生产、社会的整合及个性的形成。"系统世界"是社会运行的政治和经济系统过程，围绕着人的物质资料生产及活动而运动，属于经济、政治等制度领域，以工具理性为准则，遵循着权力和利益的运行逻辑。

哈贝马斯在此基础上将人的社会行动分为四种类型：目的性行动、规范控制行动、戏剧性行动、交往行动。（1）目的性行动指向比较各种手段，然后从中选出最适宜于达到确定目标的行动，或促使某种所期望的状况出现的行动；（2）规范控制行动取向是组织成员共同价值规范的遵循；（3）戏剧性行动涉及个体在公众面前进行有意识操作的行动，从而在公众面前形成自己的观点和印

黄文武，南京师范大学教育科学学院博士研究生，从事高等教育管理研究。

象；（4）交往行动是指运用语言和非语言符号理解人们各自处境和行动计划以便在行动上达成一致协调的互动。[4] 他强调有效交往行动必须满足四个条件，一是语言表达具有可理解性；二是交往过程中言语陈述的真实性；三是交往行动中规则设计的正当性；四是交往双方言语表达的真诚性。[5] 前者指向交往言语本身，后三者是交往的有效性条件。由此而言，哈贝马斯的交往行动理论强调人的行为不单纯表现为工具理性的主体–客体关系，更应是基于价值理性的主体–主体关系，这种价值理性即他所说的“交往理性”。

哈贝马斯的交往行动理论具有深刻的批判性，在对“生活世界”与“系统世界”关系的考察中深刻揭示了人们交往的价值危机。他强调在社会演进过程中，生活世界本身分化出系统世界即现代化的制度系统。进入现代社会后，系统脱离了生活世界的视域，并日益摆脱生活世界的价值规范约束。系统在以权力、利益逻辑为基础的运行中实现对社会的操作，工具理性的不断膨胀使得个体间正常交往行动的空间范围不断缩小，人的交往理性被遮蔽了。人在政治、经济系统面前变得越来越渺小，从而导致人的生活世界充斥着官僚化、利益化及物化气息。系统对生活世界的僭越和侵蚀使得“生活世界殖民化”了，具体表现为物质生产领域中的工具理性价值取向渗透到社会文化之中、社会仅凭权力运行并由权力决断事物存在的合理性以及人与人的社会性关系异化为纯粹的物与物的关系。哈贝马斯认为要解决这一问题，必须重塑生活世界中的交往理性，并以此规范个体的行为，形成能与工具理性相对抗的力量。

大学是人的共同体，代表行政权力的行政人员群体和代表公民民主权力的学生群体是这一共同体的两大基本群体，群体间的关系构成了大学公共生活的主要内容。大学经由治理而达致善治的关键在于在大学公共事务管理的日常交往活动中尊重学生主体地位，形成良好的主体间关系，减少大学治理过程中的矛盾冲突，在理解与共识的基础上促进问题的解决。以哈贝马斯的交往行动理论为立足点考察大学中行政人员和学生间的关系，通过对学生在大学治理过程中实际处境的审视，不难看出：作为现代社会公民的学生群体的话语空间和权力行使空间日益萎缩，始终处于边缘化的地位。

二、大学治理进程中主体间交往行动意义的缺失

在大学治理过程中，“学生主体性的发展、发挥取决于其享有多大程度的决定其主体地位的权力”。[6] 然而，由于文化冲突、大学管理的“内卷化”及“内部人控制”等问题的存在使得主体间存在交往困境，学生应有的权力无法正常行使，其主体性自然也就被遮蔽了。

（一）大学主体间的“视域差异”引发的观念分歧造成彼此明显的文化隔阂，交往行为缺少可理解性

美国科学哲学家劳斯在探讨知识与权力关系时指出：“任何权力的运作都建立在相关的知识体系或认识论基础上，都离不开对知识的获得和保持。”[7] 人是知识的重要载体，而知识的分立性、异质性以及知识势差的存在使得主体间的知识存在差异性。学生与行政人员作为大学中重要的群体，因所处的立场、面对的问题环境不同，两者存在着明显不同的知识结构，特别是各自拥有大量不同的情境性的缄默知识造成主体间显著的“视域差异”，从而建构起彼此不同的思维方式和行事风格，形成不同的群体文化。行政人员常以管理者的姿态审视与学生的关系，甚至带有一种莫名的优越感，遵循权力逻辑，强调规范控制、效率及秩序目标，形成一种较为严苛的科层管理文化；而

作为现代社会公民的学生对生活已有自己的审视和思考，怀有强烈的表达自身权利诉求和利益需求的渴望，崇尚自我价值实现、个性化发展及对个体存在意义的追寻，造就大学生特有的个性自由文化。两种文化之间存在着明显不同的价值取向，这就使得在大学公共事务的处理上行政人员与学生不能很好达成一致。学生或许不再信任管理人员，并与之产生巨大的疏远感，彼此间的文化隔阂导致其交往缺少可理解性。

（二）大学“特别权力关系”思维导致的管理“内卷化”以致学生成为客体性存在，交往规范缺乏正当性

作为行政事业单位的大学，被赋予了处理组织内部事务的各项权力，其中包括对学生的管理。行政人员作为管理主体与学生是管理对象似乎成为二者之间当然的身份关系，是以大学两大群体间形成“特别权力关系”。在特别权力关系中，“当事人地位不平等；有特别规则，约束相对人且无须法律授权；有惩戒性，且对于有些决定相对人不得争诉”[8]。在这种权力思维影响下的高校管理制度涉及学生的内容多为其义务性陈述，缺乏可操作的彰显学生主体权利的规定，大学管理变得日益“内卷化”，即大学管理的典章制度和行动规范愈加精细化和复杂化，形成各种限制条款和刚性指导原则，大学管理变革只有量的增长而没有质的革新，管理变得越来越冗余而低效。特别是在学生管理上，试图通过精细的规范管理以一种抽象的“同一性”一劳永逸地解决问题，缺乏对学生真实生活世界和情感世界的优先考量。学生被看成是管理的对象客体，多数情况下只能被动地接受和执行学校以文件的形式制定的各种制度规范，这些制度规范多以规约、命令为价值取向，“是一种倾向于把实际问题从公开讨论中排除出去的统治制度的组成部分”[9]。“内卷化”的大学管理模式压制了学生的反思意识、批判精神及独立个性，他们“变得很少用自己的眼睛与耳朵去辨认事物，看到的和听到的都是照着别人所指示的”，[10]更多表现出一种服从的规范性行动。然而，“只有所有可能的相关者作为合理商谈的参与者有可能同意的那些行动规范才是有效的”[11]，才能具有坚实民主基础的正当性。

（三）大学“自由裁量权”主导的“内部人控制”问题导致学生权力被遮蔽，交往行动表现出虚假的真实性

在现代化进程中，政府与大学的关系进一步厘清，作为学术性组织的大学获得更大的自主管理权限。然而“法律广泛的概括性授权使得高等学校可以自由制定各种限制学生权益的内部规则，学生负有不定量及不定种类的服从义务，学校凭借‘目的取向’而规定惩戒的种类与方式，法律救济途径缺乏等，从而形成了双方绝对的不平等”[12]。大学“自由裁量权”范围的扩大，其科层制集权化的决策结构却不能确保权力运行的自我规范和自我约束，大学行政人员行政权力的提升支配着大学活动。掌握行政权力的“内部人”追求以自身权力实现权利的最大化，从自身立场出发为实现某种目的制定规则并以强权求一致。学生只是规则接受的客体，逐渐少有真实陈述的意向，开展依附于行政人员的目的性行动。然而，所达成的“一致”不过是一种虚假的意见一致，是一种忽略了学生主体意志的虚假交往。同时，在这种控制模式下的学生自治组织被管理部门同构，成为学校管理的辅助工具，其科层管理观念高于独立自治精神、行政化程度强于自组织特征。一方面，学生组织对学生的吸引力不再是基于其作为学生自主管理的载体，而是加入其中后相对于组织外的人所具有的“身份”和“地位”；另一方面，学生自治组织的功能异化使得学生失去话语表达和维权的合理途径，学生最终走向沉默（话语沉默、情意沉默），失去对大学的价值认同和情感归属。

（四）大学组织活动“经济人理性”内含的物化逻辑引发主体间关系异化，交往情感少有真诚性

知识经济时代，知识生产模式正经历着从模式1到模式2再到模式3的转型，知识生产领域呈现“大学-政府-市场/企业-公众及公民社会”的“四重螺旋”创新系统，[13] 即大学知识活动融入整个社会的交换、分配和消费体系中，知识的经济效用和社会功用价值逐渐凸显，大学以高深知识探究为核心的精神活动变得实用化，以知识为商品的市场交易活动变得更加频繁。大学及存在其中的人的“经济人理性”特征充分展现并不断膨胀，广泛参与社会利益的分配，其知识活动日益表现出明显的物化逻辑，即“人的社会关系转化为物的社会关系，人的能力转化为物的能力”。[14] 物化不断框定并形塑着整个大学生活，更是扭曲了大学内主体间的交往行动。“大学作为学术研究和教学的场所，变成纯粹的越来越现实的操作机构”[15]，成为攫取利益的功利组织。大学与学生的关系变成简单的商品服务生产者和消费者之间的关系，彼此联系的纽带不是共同的价值信念，或许只是利益而已。而交往中的他人仅被看作实现自身某种目的的工具性存在，个体间充满着算计和谋略，人存在的“物”的属性不断扩大，主体间彼此孤立与隔离，学生对大学组织的归属感则逐渐消释。学生在大学中往往迫于压力而在“台前”的交往中对行政人员一味地赞同和附和，“台后”却有太多的抱怨和不满，交往过程中充斥着台前幕后不一致的戏剧性行动。

三、大学治理进程中学生主体地位的理性建构

大学应是一个突出民主自治价值、彰显学生主体身份的空间环境。学生也不应仅仅被看成是认知的主体，更是具有民主权力的现代公民，“公民身份是人类尊严和世俗道德的基石，失去了这些价值，人类会向暴政与狂热退化”[16]。大学正是在多元主体参与共治的过程中实现善治的目标，这一目标实现的关键在于给予学生充分的话语权和权力运行空间，诚如唐纳德·肯尼迪所言：“将学生放在首位只是一个简单的设计原则，但它有很大的力量。”[17]

（一）制度保障：加强顶层设计，实现主体间的理性交往

制度对行为进行制约和控制，并且对行动者及其活动产生支持和能动作用，为行动提供有效的引导与必要的资源。[18] 公共职能理论指出，某一社会组织与政府间具有广泛的联系，它的活动受到政府的支持和推动，并以一定的公共利益为其存在的目的，那么该组织则被视为行使公共职能的社会组织，它的行为理应受到政府部门的监督和约束。由此，保障大学主体间理性交往的制度设计主要包括两个方面。一方面，政府部门应加强教育立法，依据比例原则、法律保留原则确立大学内部学生主体“基本权利标准”与“大学自治标准”，明确并适度扩大大学事务管理的“公共领域”，划定学生权利自由行使的空间，在其中的各主体通过理性批判和自由沟通达致彼此的充分交往。同时政府部门需建立稳定的第三方社会评估制度，联合社会组织力量规范大学内部管理活动，并完善校外申诉与行政诉讼制度，形成对大学自由裁量权的有效规约，为学生权利的行使以及对其进行权利救济提供合法化路径。另一方面，大学自身应通过民主协商制度的建设提高大学活动相关规范章

程的认可度和有效性。它能够有效回应不同主体认知的核心问题，尤其强调对于公共利益的责任、促进话语的相互理解、辨别所有行动意愿，以及支持那些重视所有人需求与利益的具有集体约束力的政策。[19] 学生的协商参与不只是咨询参与，更应表现为决策参与，一切重大的政策规划都是在双方理解与接受并达成共识的基础上制定的。大学公共事务管理承载着不同主体的利益和需求，建立高效的诉求-反馈机制促使决策中的主体在自我关涉的同时也关涉他者，进而形成互信合作的人际关系，有利于大学在政策制定过程中掌握全面的信息，提高决策的科学性和有效性。并努力拓宽信息收集渠道，根据学生的反馈意见及时调整大学治理策略，增强管理体系的责任性与回应性。大学也应注重校内申诉制度的建立和完善，有效防止并及时制止行政权力滥用造成对学生主体权力的压制。由此，形成学生权利的制度化表达，提升大学管理制度的开放性与包容性。

（二）文化支撑：营造和谐共治的文化环境，培育主体间的交往理性

“越接近政策问题发生处者，越有解决问题的权威与影响力。”[20] 学生是所处特定时空情境的在场者，这种在场体验是一种极其珍贵的知识，只有通过将决策权赋予在场者，使众多分散的行动者将零散化、情境化的知识协调起来，才能构成整个复杂的大学组织系统得以运行的知识基础。在后结构主义那里，社会身份并不是先天固有的认知构成，也不是“某种稳定的人的本质，而是一种文化的建构”[21]，因此学生主体身份的唤醒和确立必须营造有效的大学共治文化。营造先进的治理文化关键在于协同治理文化信度和效度的提高，就文化信度而言，指的是文化运行的一致性、可靠性和稳定性的程度，反映协同治理文化的可信程度。大学提供一个环境，学生共同开展不受强制的知识追求，在不断地交流中磨砺自己的思想，大学协同治理文化就表现为大学对学生民主权力行使的充分尊重，由此形成学生与行政人员之间稳定的心理契约，提升学生组织归属感，努力形塑大学发展的共同期盼，促使行政人员与学生各自诉求的理性结合，实现大学愿景式治理。文化效度即协同治理文化的有效性，指协同治理文化在大学治理过程中的正态效应的程度。学生是大学活动的主体，其作为公民主体的民主权利是大学权力结构的重要组成部分，保障学生充分参与大学治理，克服管理的异化职能，建构起大学治理多元主体对大学历史和未来关注之中的共同语言，实现大学善治。在互为主体的共治文化氛围中营造彼此真诚交往的“理想言谈情境”，即充分开放、人人平等、真诚表达、自由沟通的情境。[22] 此情境中的学生摆脱了权力的压制和制度的规训，克服了与行政人员交往的隔阂与对立，彼此相互信任和共享资源成为常态，体验各自存在的意义和价值，使价值共识有了安居之所，实现由交往理性主导的大学生活。

（三）个性塑造：完善大学内部组织建设，提升学生理性交往能力

大学的教育意义在于培养作为公民的“权利人”，学生在大学中的受教育过程更是一个现代公民发展自身民主与批判精神的生命体验过程。在大学治理进程中应让学生就事关自身发展的行动做出自己的抉择，拥有自己行为的原创感，体验负责任的意义所在，而不是受外力摆布的工具，形成具有强烈自我价值意识的独立人格。首先，学生权力只有以学生集体的力量展现出来才能成为大学治理中的实质性权力，因此大学应大力培育和发展各类学生自治组织，并鼓励学生广泛参与其中，从而增强学生治理参与意识和治理能力。学生组织持续自主运行及有效参与大学治理的关键在于大学多维度学生组织政策的制定：一是在大学章程中明确指明学生组织的独立自治权利、参与大学事

务管理的范围及限度；二是大学为保障学生组织的有效运行提供必要的资源，特别是在大学经费预算中预留部分固定的用于学生组织发展的资金，避免学生组织因资金短缺而受制于某一行政部门导致的功能异化；三是大学应加强对学生组织干部及学生代表的参与治理培训，并对组织活动加以正确引导，提高学生参与治理的能力。再者，大学应搭建多类型的交往平台以维护并扩大学生的话语表达空间，“话语可以看作是从各个方面积极建造的过程，包括社会主体和‘自我形式’”[23]，也就是话语表达的过程是学生参与大学治理的主体身份建构、认知及行动能力发展的过程，也是在这一过程中，展现了学生有能力参与公共事务管理、承担公民民主角色的“民主胜任”价值。交往平台建设包括物理平台建设和虚拟平台建设两个方面，即组成有学生参与的院校决策、协商、咨询委员会，并依托现代媒体信息技术构建多主体的网络交往平台，现实主体间信息的快速传递。学生在组织的活动中努力追求品质的完善与超越，通过权力的行使确立自身的主体性，从而提升自身的“可行能力”，即一个人有可能实现的、各种可能的功能性活动组合。可行能力是一种自由，是实现各种可能的功能性活动组合的实质自由。它是判断个体生活质量的根本标志，也是评价一个人发展总体优势的尺度。[24]

参考文献

[1]克拉克·克尔.大学的功用[M].陈学飞,等译.江西:江西教育出版社,1993:13.
[2]卢晓中著.当代世界高等教育理念及对中国的影响[M].上海:上海教育出版社,2001:183.
[3]哈贝马斯.现代性的哲学话语[M].曹卫东,等译.南京:译林出版社,2006:387.
[4]哈贝马斯.交往行动理论[M].洪佩郁,等译.重庆:重庆出版社,1994:141.
[5]哈贝马斯.交往与社会进化[M].张博树译.重庆 :重庆出版社,1989:2.
[6]李福华.高等学校学生主体性研究[M].合肥:安徽人民出版社,2004:93.
[7]Oseph Rouse. The Dynamics of Power and Knowledge in Science [J]. The Journal of Philosophy,1991(6):665.
[8]劳凯声.中国教育法制评论(第1辑)[M]. 北京:教育科学出版社,2002:100.
[9]哈贝马斯.作为“意识形态”的技术与科学[M].李黎,郭官义译.上海:学林出版社,1999:111.
[10]雷蒙·威廉斯.关键词:文化与社会的词汇[M].刘建基译.上海:三联书店,2005:286.
[11]哈贝马斯.在事实与规范之间[M].童世骏译.北京:生活·读书·新知三年书店,2003:132.
[12]苏林琴.行政契约:中国高校与学生新型法律关系研究[M]北京:教育科学出版社,2011:99-121.
[13]Carayannis E.G., D. F. J. Campbell. Mode 3 and quadruple helix:toward a 21st century fractal innovation ecosystem[J]. International Journal of Technology Management,2009,46 (3/4):201-234.
[14]马克思恩格斯全集(第46卷上)[M].北京:人民出版社,1979:103-104.
[15]马丁·海德格尔.哲学论稿[M].孙周兴,译.北京:商务印书馆,2014:183.
[16]德里克·希特.公民身份——世界史、政治学与教育学中的公民理想[M].郭台辉,余慧元,译.长春:吉林出版集团有限责任公司,2010:495.
[17]唐纳德·肯尼迪.学术责任[M].阎凤桥,等译.北京:新华出版社,2002:350.
[18][美]W·理查德·斯科特.制度与组织——思想观念与物质利益(第3版)[M].姚伟,王黎芳译.北京:中国人民大学出版社,2010:58.
[19]VALADEZ J M. Deliberative Democracy, Political Legitimacy, and Self-Democracy in Multicultural Societies[M].USA Westview Press,2001:3.
[20]周佳.教育政策执行研究——以进城就业农民工子女义务教育政策执行为[M].北京:教育科学出版社,2007:62.
[21]丹尼·卡拉罗拉.文化理论关键词[M].张卫东,等译.南京:江苏人民出版社,2006:85.
[22]尤尔根·哈贝马斯.包容他者[M].曹卫东译.上海人民出版社,2002:47.
[23]费尔克拉夫·诺曼.话语与社会变迁[M].殷晓蓉译. 北京:华夏出版社,2004:38.
[24]阿马蒂亚·森.以自由看待发展[M].北京:中国人民大学出版社,2012:63.

高等教育国际化内涵式发展的内部实现机制研究

——以爱丁堡大学为例

王颖　朱雪莉　宋永华　伍宸

党的十九大报告明确提出要“实现高等教育的内涵式发展”，这是我国在新的发展阶段对高等教育提出的新要求。而在全球化背景下，国际化是高等教育发展的必然选择，也是我国建设世界一流大学的重要路径。因此，实现高等教育的内涵式发展从根本上也要求高等教育国际化的内涵式发展。改革开放后，我国高等教育对外交流与合作进入了一个新阶段，交流与合作逐渐频繁、规模扩大、形式和内容日益丰富，经历了从恢复到规范化再到走向深化发展的过程。[1] 但我国的高等教育国际化发展仍存在着对国际化认识不足、国际化发展不平衡、中外交流不对称等问题。[2] 总体来讲，我国高等教育国际化的内涵式发展不足。而在全球高等教育市场竞争日趋激烈的环境下，我国高等教育若要在国际市场上抢占更多的市场份额，创建真正意义上的世界一流大学，必然要走高等教育国际化内涵式发展道路。高校则是高等教育国际化内涵式发展的核心主体和推动者，本研究暂不讨论政府和社会组织等推动高等教育国际化发展的外部力量，重点关注高校这一主体，探讨高校如何实现高等教育国际化内涵式发展，并建构出高等教育国际化内涵式发展的内部实现机制。基于此机制，对拥有400多年历史且在海内外享有极高声誉的英国爱丁堡大学国际化内涵式发展的内部实现机制进行分析，以期为我国高等教育国际化内涵式发展提供一定的反思与指导。

一、国际化内涵式发展构成要素及内部实现机制建构

（一）国际化内涵式发展的要素——主体、实质与手段

高等教育国际化内涵式发展的内部实现机制主要包括三大构成要素：推进主体、实质要素和实现手段。本文主要从高校的视角探讨高等教育国际化内涵式发展的内部实现机制，因此，高校是推进高等教育国际化内涵式发展的主体。下面就高等教育国际化内涵式发展的实质要素及其实现手段进行简要分析。

王颖，博士，浙江大学城市学院外国语学院讲师，从事比较高等教育及高等教育国际化研究；宋永华，博士生导师，澳门大学校长、讲座教授，浙江大学客座教授，从事高等教育国际化及战略管理研究；朱雪莉，浙江大学教育学院博士生，从事比较教育研究；伍宸，博士，浙江大学教育学院助理研究员，从事高等教育管理、比较高等教育研究。

1.实质要素

目前学界对“高等教育国际化内涵式发展”的相关探讨有限，仅有的少量相关研究以零散的形式出现在文章的部分章节，系统性的研究不足，因此尚未对这一概念形成明确的界定。关于“内涵式发展”，一般认为是“外延式发展”的相对概念，是发展结构模式的一种类型，是以事物的内部因素作为动力和资源的发展模式。探讨“高等教育国际化内涵式发展”需要回归到“高等教育国际化”本身。“内涵式发展”的定义也要求对“高等教育国际化”这一概念的内部要素进行探讨。

就“高等教育国际化”的概念，虽然至今没有统一的定义，但是学者和组织并没有停止对其进行探讨和界定，如国际大学协会（IAU）认为“高等教育国际化是与国际化紧密相关的一个过程，是教育随着知识与人才的流动而发生的演进和革新。”[4] 而简・奈特从四个维度进行界定：活动维度（the activity approach）、能力维度（the competency approach）、精神或文化维度（the ethos approach）和过程维度（the process approach），并于2004年对高等教育国际化定义进行更新，指“在院校与国家层面，把国际的、跨文化的、全球的维度整合进高等教育的目的、功能和传递的过程”。[5] 中科院院士、英国诺丁汉大学前校长杨福家则认为“高等教育国际化就是要培养融通东西方文化的一流人才，在经济全球化中更好地为各自国家的利益服务”。[6] 由此可见，对于“高等教育国际化”的实质和内涵日益深化，从最初的一系列国际化活动演变为一个过程。笔者认为，整体来看，“高等教育国际化”可以从以下三个维度进行理解，即“过程观”“目的观”和“精神观”。“过程观”将高校的高等教育国际化的发展看作一个实施过程，在这一过程中，人才与知识进行互动与链接；“精神观”关注国际化的理念的培育，强调将国际化的理念融入大学的教学、科研和服务的职能中，使国际化理念内化为大学的一种精神气质和特性；“目的观”关注高校推进国际化发展的目的，或是为国家利益服务，或是培养具有国际能力的世界公民。

基于上述分析，笔者对高等教育实现国际化内涵式发展的实质要素进行提炼（见表1）。高等教育国际化的“过程观”从根本上要求高校在国际化发展过程中进行“链接（connection）”：高校在国际化过程中，积极主动地通过各种形式的活动和项目，同各国的高等教育机构、学者、学生、建立合作与交流，努力搭建学校与学校、人与人、知识与知识之间的链接；高等教育国际化的“精神观”从根本上要求高校在国际化发展过程中形成“理念（concept）”：树立国际化意识并将其全面融入大学各个领域，最后内化为大学的不可分割的“理念”；高等教育国际化的“目的观”从根本上要求高校在国际化发展过程中具备“能力（competence）”：高等教育国际化本身不是目的，国际化的最终目的是要提升大学自身发展、国家建设以及世界贡献的能力，也就是提升大学的人才培养、科学研究、社会服务的能力以及在全球平台上发挥这些职能的能力。

表1　高等教育国际化概念维度及其实质要素

高等教育国际化的概念维度	高等教育国际化的实质要素
过程观	链接 connection
精神观	理念 concept
目的观	能力 competence

2.实现手段

实现高等教育国际化的内涵式发展，即实现高等教育国际化实质要素——“链接（connection）”“理念（concept）”“能力（competence）”（以下简称“3C”）的发展。因此，全面推动高等教育国际化"3C"要素的良性发展是实现高等教育国际化内涵式发展的核心与关键，而这三个要素的有序发展不是自然发生的，需通过一系列措施予以推进和保障。

一方面，高校需要系统地推进"3C"要素的发展。系统是指将零散的东西有序地整理、编排形后成的整体。高等教育的国际化发展是一个庞大复杂的系统工程，涉及人才培养、科学研究、国际交流、服务保障等方方面面。高等教育国际化的发展不是高等教育某一职能的国际化发展，更不是高校某一部门的国际化发展，而是高等教育系统全面深刻的国际化变革。因此，高等教育国际化的发展需要树立全局观，高校需要通过系统化的手段推进国际化的内涵式发展，通过总体设计、统筹协调来推进"3C"要素的发展。

另一方面，高校需要可持续地推进"3C"要素的发展。高等教育国际化发展的影响力和效果不是立竿见影的，需要经过一定时期的发展方可显现，因此，国际化发展不能一蹴而就，需要确保国际化的可持续发展；同时，国际化作为高校发展的一个重要手段，需要为高校的发展持续地提供相关支持，从这个意义上讲也需要确保国际化的可持续发展。高等教育国际化的可持续性是指国际化的项目、状态、效果能长久保持并不断进步发展。[7] 因此，高校需要成立专门的组织部门、提供有效的物质保障等措施推进"3C"要素持久且优质地发展。关于高校如何系统性与可持续性地推进"3C"要素的发展，高校不仅要从整体上系统与可持续地推进各要素的发展，同时也需分别根据各要素的发展需要，有针对性地推进每一要素的发展。

（二）内部实现机制建构——"3C-2S"

基于上述分析，高等教育国际化内涵式发展的内部实现机制中包括一类主体（高校）、两大推进手段［系统性（systematicness）、可持续性（sustainability）］和三个实质要素（链接、理念、能力）（见图1）。

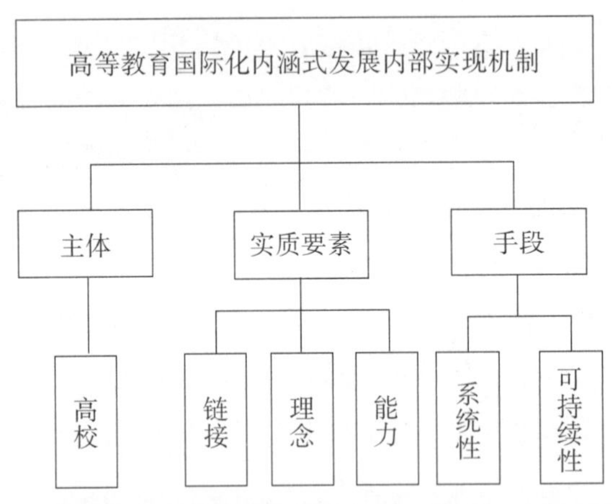

图1 高等教育国际化内涵式发展内部实现机制的构成要素

高等教育国际化内涵式发展的内部实现机制，即一类主体通过两种性质的手段推进三个实质要素的发展，也就是高校通过"系统性"和"可持续性"（2S）的发展手段，确保高等教育国际化发展实质要素（3C）良性发展的有机系统。其中，"链接""理念"与"能力"这三个实质要素既独立存在又协同发展，每一要素的发展也促进另外两个要素的发展，三个要素共同构成一个协同促进的有机系统。此外，高校推进"3C"要素的发展，反之，"3C"要素的发展也促进高校本身的发展。如此，构成高等教育国际化内涵式发展的内部实现机制（见图2）。

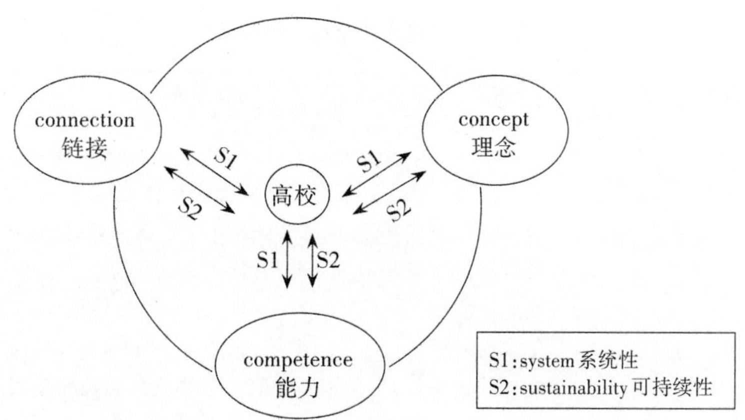

图2　高等教育国际化的内涵式发展内部实现机制(3C-2S)

二、爱丁堡大学国际化内涵式发展的内部实现机制分析

(一) 实现手段

1.系统推进国际化发展

第一，爱丁堡大学制定系统的国际化发展战略为国际化发展提供制度保障。随着全球化程度不断加深，爱丁堡大学逐渐意识到大学国际化发展的重要性，开始系统地规划自身的国际化发展，并制定一系列国际化发展战略（见表2），以确保其国际化发展得到系统性的推进。第二，爱丁堡大学成立专门的国际化发展管理团队为国际化发展提供组织保障。国际化发展需要强大而专业的国际化管理团队提供可持续的组织保障。爱丁堡大学的国际化事务最初由国际事务办公室（International Office）负责，总体上负责建立和发展伙伴关系、促进国际化、提高学生体验等。后爱丁堡大学对国际事务办公室进行调整，改为“爱丁堡大学全球发展团队”（Edinburgh Global）来专门负责国际化事务（见表3)。第三，提供多元的国际化发展资金保障为国际化发展提供物质保障。爱丁堡大学为推进国际化发展，通过多种渠道为国际化发展寻求资金支持，同时为充分利用和发挥资金的作用，学校设立多种项目以满足资助者的多样化需要。

表2　爱丁堡大学历年国际化战略

战略	战略目标	战略主题
《全球化的爱丁堡大学》，2009	对大学寻求的和提供的广泛的国际化理解 吸引全球最好的学生； 世界知名的研究，吸引全球最好的学者； 全球企业和政府重视和应用的知识	延伸活动&影响； 合作伙伴； 学生体验； 教职工体验
《2012—2016战略发展规划》，2012	具有全球抱负、影响力与维度，促进大学社区和整个社会的利益	提升我们的全球推广和能力建设方面的贡献； 培养我们对全球性复杂问题的综合性应对能力； 培养全球公民
《全球参与规划——实现2017—2020战略目标图》，2017	为最需要的社会提供影响； 通过合作伙伴关系与交流，通过参与为世界做出重大的、可持续的和社会责任的贡献	全球社区； 全球交流； 全球伙伴关系

来源：根据爱丁堡大学历年国际化战略资料整理。

表3 爱丁堡大学全球发展团队

团队名称	人员构成与职责
全球化管理部门 （Edinburgh Global Management Unit）	主要负责国际化事务的统筹、规划和指导，团队成员包括分管国际化的副校长
国际化院长团队 （International Deans）	区域国际化院长：区域国际化院长主要负责统筹各区域的国际化管理团队，促进大学与该区域的教育、商业和政府等的国际化合作与交流，目前共设4位区域国际化院长，分别负责拉丁美洲、北美（2名）和南亚区域，拟任命4名区域国际化院长，分别负责欧洲、中东、非洲、东亚和东南亚区域； 学院国际化院长：学院国际化院长主要负责学院相关国际化事务，目前共设3名学院国际化院长，分别负责人文与社会科学学院、科学与工程科学学院、医学与兽医科学学院三大学院
全球业务团队 （Global Operations）	有一系列区域团队（regional teams）在区域国际化院长或主管的领导下支持特定区域的国际化战略的实施，合作伙伴关系的建立和实施以及招聘工作和全球参与计划等，在圣地亚哥、新加坡、孟买、纽约市和北京都设有办公室
出国事务团队 （Go Abroad）	主要为学生和教职工出国交流提供支持、帮助和咨询
合作伙伴关系和项目团队 （Partnerships and Projects）	主要负责全球合作伙伴关系和项目的管理工作
学生咨询服务团队 （Student Advisory Service）	主要为国际生提供相关服务和帮助
信息和技术团队 （Communications & IT）	主要提供信息技术支持
接待团队 （Reception）	主要负责国际访问相关工作

来源：根据爱丁堡大学网站信息整理。

2. 可持续地推进国际化发展

第一，制度保障具有延续性。爱丁堡大学自2009年开始，制定一系列国际化发展战略。因此，爱丁堡大学国际化发展战略具有时间上的可持续性。此外，为确保战略的有效性，爱丁堡大学对其国际化战略进行跟踪调查与评估。《全球化的爱丁堡大学》（2009）制定后，爱丁堡大学每年发布相应的评估报告对战略的实施进展进行汇报。四年后，爱丁堡大学于2012年又对《全球化的爱丁堡大学》（2009）进行全面综合的回顾和评估，并发布《2012—2016爱丁堡大学全球化回顾和影响力规划》（Edinburgh global review and impact plan 2012—2016）的报告。[8] 因此，爱丁堡大学的国际化发展战略具有质量上的可持续性。第二，组织保障具有专业性。随着对国际化发展的认识和理解的加深以及国际化业务的不断拓展，爱丁堡大学对国际事务办公室进行调整，改为"爱丁堡大学全球发展团队"（Edinburgh Global），形成以分管国际化副校长为领导的国际化发展专门团队。调整后的全球发展团队总体职权范围和具体职责基本保持不变，但各部门的职责划分（见表3）更加明确，便于各部门提供更加专业和高效的管理与服务。第三，物质保障具有多元性。具体表现在资金来源和使用渠道的多元性。一方面，国际化发展资金来源具有多元性。爱丁堡大学为推进国际化发展，不仅自设各项国际化发展基金，同时还通过各种校外渠道积极争取发展资金，为学校的国际化发展提供物质保障。例如，苏格兰基金委员会（Scottish Fund Council，SFC）设有专项基金用于专门资助苏格兰地区高等教育的国际化发展。2016—2017年度，爱丁堡大学共获得苏格兰基金委员会“全球挑战科研基金”（Global Challenges Research Fund）64.5万英镑的资助。[9]“全球体验专项资金”也为学生获得国际经历提供支持。此外，“科研与社区影响力专项基金”也间接地为师生开展服务于地方、国家和世界的各项行动提供资金保障。[10]另一方面，国际化发展资金使用渠道的多元化。这些资金不仅为学生提供直接的资金支持，学校设立完善的留学生奖学金体系，除校级和院级专门为留学生设立的奖学金，还有针对不同学科的奖学金。[11]同时，也为师生提供间接经济支持。爱丁堡大学所获捐赠资金的重要应用领域之一即“全球体验”（Global Experience）。

（二）实质要素

1.政策引领与实践指导系统与可持续地建立系统“链接”

第一，从宏观层面上对构建合作伙伴关系进行政策引导。构建可持续的合作伙伴关系是爱丁堡大学国际化发展的重要事项，然而随着建立国际伙伴关系机会范围和规模的扩大，风险也将增加。鉴于此，爱丁堡大学于2015年制定《支持卓越的全球合作伙伴关系：全球合作伙伴关系政策》（以下简称《政策》）[12]，以期对大学包括各学院甚至教职工个人构建合作伙伴关系提供指导并进行规范化管理。《政策》指出“该政策旨在向工作人员提供有关如何建立这种伙伴关系的信息，确保风险得到适当管理，并建立成功、可持续的国际伙伴关系”。爱丁堡大学合作伙伴关系的建立需要按照《政策》提出的五大步骤来进行。第二，从微观实践上为爱丁堡大学在国际化发展具体实施提供具体指导。自2016—2017学年起，爱丁堡大学在其《本科生学位项目条例》文件中开始专门增加对本科生出国学习的要求和具体规定，使学生们的出国学习规范化。[13]此外，爱丁堡大学制定的《出国政策》（Go Abroad Policy）[14]为学生出国学习和研究提供全面的指导。

2.环境营造、项目强化和实践体验系统与可持续地培养世界“理念”

第一，营造全方位的外部环境，树立世界理念。爱丁堡大学从战略的高度，通过宏观政策引导推动学校从整体上加强对“世界理念”的重视。学校将世界贡献的意识写入其战略规划中，明确说道：“通过建立合作伙伴关系、开展交流和全球参与，发挥有效的、可持续的、能够承担社会责任的世界性贡献。”[15]同时，为了营造多元的校园文化，爱丁堡大学一直坚持师生来源的全球化。在留学生招生方面，2016—2017学年，爱丁堡大学留学生所占比例高达40%（非欧盟学生占28%）。同时，爱丁堡大学的教师来自世界各地，学校坚持面向全球进行人才招聘，目前在校教职工超过13 600人，其中36%的教师来自海外。[16]此外，爱丁堡大学通过开展各种国际化校园活动，丰富师生对国际文化的了解与体验。来自世界各地的爱丁堡留学生成立各个地区和国家的社团。目前，共有36个关于不同国家和地区的学生社团，为营造丰富的国际校园文化发挥重要作用。[17]

第二，开设多元学术项目，强化世界理念。理念的树立除需要外部环境的影响外，还需对主体进行系统性的理念强化。爱丁堡大学开设大量国际性专业课程，设置包括各国语言学习、不同国别和区域文化以及国际关系等本科和研究生专业项目（见表4）。同时，爱丁堡大学还成立10个专门针对世界不同区域的研究中心（研究领域覆盖全球各大洲），通过科学研究系统地对各个区域进行全面和深度了解。如此，通过这些专门性的课程和研究，强化学生们的世界理念。

表4 爱丁堡大学专门性的世界理念强化项目

<table>
<tr><th colspan="2">项目</th><th>内容</th><th>数量</th></tr>
<tr><td rowspan="7">学位项目</td><td rowspan="3">本科生项目</td><td>语言：汉语、西班牙语、法语、日语、德语、意大利语</td><td rowspan="3">11</td></tr>
<tr><td>国家与文化：西班牙学、伊斯兰与中东学、俄罗斯学、苏格兰学、斯堪的纳维亚学</td></tr>
<tr><td>商学院：设立了针对不同国家的国际商务专业，包括阿拉伯、中国、法国、德国、意大利、日本、俄罗斯、西班牙</td></tr>
<tr><td rowspan="3">研究生项目</td><td>语言：高级阿拉伯语、汉语、法语、德语、日语、意大利语、俄语、翻译学</td><td rowspan="3">27</td></tr>
<tr><td>国家与文化：中国社会与文化、中国学、日本社会与文化、南亚研究、伊斯兰与中东学、中东研究与高级阿拉伯语、波斯文明、梵语研究、西班牙学、中世纪研究、中世纪文学与文化、斯堪的纳维亚研究、加拿大研究、比较文学、性别与文化</td></tr>
<tr><td>国际关系：国际关系、东亚关系、中东国际关系、中东与阿拉伯国际关系</td></tr>
<tr><td colspan="2">研究中心</td><td>爱丁堡大学欧洲研究机构（Edinburgh Europe Institute）、非洲研究中心（Centre for African Study）、伊斯兰与中东地区研究（Islamic and Middle Eastern Studies）、阿拉伯世界高级研究中心（Centre for the Advanced Study of Arab World）、爱丁堡瓦利德中心（The Edinburgh Alwaleed Centre）、亚洲研究（Asian Study）、爱丁堡印度研究所（Edinburgh India Institute）、南亚研究中心（Center for South Asian Study）、当代拉美研究中心（Centre for Contemporary Latin American Study）、加拿大研究中心（Centre for Canadian Study）</td><td>10</td></tr>
</table>

来源：根据爱丁堡大学网站信息整理。

第三，积极地参与实践活动，全面接纳世界理念。主体由内而外地接纳一种思想是理念最终形成的关键，而这种接纳通常需要主体通过切身的体验后方可实现。爱丁堡大学为师生提供各种国际学习的机会，学校针对在校学生设立学生交流、暑期学校、海外工作等国际交流项目。根据爱丁堡大学最新统计数据显示，该校拥有国际经历的学生在过去三年中增加到74%。[18] 此外，爱丁堡大学积极为教职工创建国际体验机会，教职工可以在欧洲及其以外地区开展教学工作或参加培训。爱丁堡大学的学术人员可以申请资金进行简短的教学访问（考察），通常访问一周。此外，教职工海外培训项目支持教职工的专业发展，面向所有教职工包括行政和专业服务人员。

在这样的文化熏陶和国际实践活动的影响下，爱丁堡大学的学生也逐渐树立起"世界理念"。亲身经历希腊的难民危机的Alexandros Angelopoulos帮助难民区建立太阳能发电电话；来自纳米比亚的博士生Liita Iyaloo Cairney向非洲农村女性宣传健康卫生知识等；[19] 因在反对恐怖主义的行动上的突出表现，Imrana Buba被国际青年慈善组织（JCI）评为2017全球十大杰出青年（2017 10 JCI Outstanding Young Persons of the World）。[20]

3.参与联盟和自身实践系统与可持续地提升发展"能力"

第一，通过高端参与提高国际声誉。"爱丁堡大学在教学和科研上的全球合作有很长的历史，学校同QS世界排名前20的大学建立合作伙伴关系，并努力与能够提高我们国际声誉的合作伙伴建立联系"。此外，爱丁堡大学也是一些重要的国际大学组织的成员，包括科英布拉集团（Coimbra Group）、国际研究型大学联盟（LERU）、21世纪联盟（Universities 21）等。有资格加入各大学联盟是自身能力的一种体现，也有利于借助联盟的世界影响力提升自身的国际声誉。同时，联盟为各大学提供发展平台，为高校间学术交流、资源共享提供更加方便的途径。此外，爱丁堡大学努力与NASA等世界顶级研究机构建立合作。[21] 爱丁堡大学的国际影响力最直接的体现就是世界大学声誉排名（见图3），根据过去几年THE世界大学声誉排名的数据显示，爱丁堡大学的排名总体上呈现上升趋势，在全球的声誉较好。爱丁堡大学良好的国际声誉也反映在其留学生吸引力上，根据爱丁堡大学2017年的统计数据显示，爱丁堡大学是美国和加拿大学生来英留学的首选。[22]

图3 爱丁堡大学世界声誉排名

第二，通过自身实践提高履行职能的能力。爱丁堡大学除了通过一系列常规性的国际性项目，包括上文提到的留学生培养、师生的海外项目、专门的国际性课程以及区域性研究机构来提升学校的人才培养和科学研究等职能外，随着大学的国际职能重要性日益凸显，爱丁堡大学开始逐渐培养自身的世界服务与贡献能力。2011年，爱丁堡大学设立全球学院（Global Academies），学院针对人类面临的共同问题，整合爱丁堡大学已有的资源，提供新的跨学科研究和教学项目，包括在线研究生项目、全日制研究生项目、短期继续教育项目等。努力将跨学科教学和研究转化为对政策和实践的影响，以配合未来的领导者应对全球挑战。到目前为止，爱丁堡大学共创建五个全球学院：全球卫生学院（Global Health Academy，GHA）、全球发展学院（Global Development Academy，GDA）、全球公正学院（Global Justice Academy，GJA）、全球环境和社会学院（Global Environment & Society Academy，GESA）以及全球农业和食品学院（Global Academy of Agriculture and Food Security，GAFSA）。每个研究院都由校长助理（Assistant Principal）领导，设有负责人和领导小组，并支持配合分管国际化的副校长实施国际化战略。全球学院通过对全球面临的共同挑战的研究，有助于提升爱丁堡大学的科学研究能力，特别是解决全球重大问题的能力，同时在解决问题的过程中，学校不断积累培养具有国际视野和解决国际问题能力的人才。

三、高等教育国际化内涵式发展内部实现机制对我国高校的要求

（一）树立正确的高等教育国际化内涵式发展“3C”观念

第一，建立实质“链接”。高等教育国际化的“链接”应避免停留在浅层次的关系建立。一方面，高校“链接”的合作伙伴不仅要追求数量的增加，更要有合理的结构和质量要求。因此，通过制定相关的政策进行引导是必要的。另一方面，高校“链接”不能仅仅停留在“鉴定协议”和“握手寒暄”的浅层关系，而需要高校通过具体的项目推进有目的的系统的深层合作，并对合作成效进行系统评估，确保合作的有效性。第二，树立全球“理念”。我国高校的国际化多数仍是“自我发展”的思维，而“世界贡献”意识较弱。[23]实现自我发展是高校选择推进国际化发展的内在追求。然而，大学本身就是一种国际性的组织，再加上全球化程度的日益加深，大学无论从外部环境要求还是内部发展需要上，都需要将其发展平台从国家扩展至区域和全球，同时大学的使命也从服务国家发展拓展到推进全人类的发展。第三，培养贡献“能力”。高校在国际化发展过程中既需提升自身核心职能，也需培养服务与贡献世界的能力，二者互为条件，相辅相成。因此，提升两方面能力最佳的途径便是二者的有效结合。将教学、科研和社会服务的基本职能融入解决全球问题和引领世界发展的具体项目和行动中。爱丁堡大学的全球研究院就是将培养国际化人才和提升科研能力融入了解决全球重大挑战的过程中。

（二）实施有效的高等教育国际化内涵式发展"2S"手段

第一，确保高等教育国际化内涵式发展手段的系统性。高校需从制度、组织和物质等方面全面推进"3C"要素的发展。制定国际化发展相关的发展政策、成立专门的国际化发展组织以及提供国际化发展的物质保障，其中任何一个都是高校实现高等教育国际化内涵式发展的必要手段，单独从某个方面推进都难以真正实现高度教育的国际化内涵式发展。同时，要确保每一种保障手段的系统性。第二，确保高等教育国际化内涵式发展手段的可持续性。高等教育国际化内涵式发展是一个持续性的过程，因此需要高校提供持续性的手段。一方面，需确保时间上的延续性，提供具有连贯性的支持与保障的手段；另一方面，需确保质量上的优质性，实施有效力的国际化发展手段。包括提高组织保障的专业性与专门性、物质保障的丰富性与多元性等。

（三）形成良性的高等教育国际化内涵式发展"3C-2S"机制

第一，确保"3C"要素整体引导与独立推进并举。实现高等教育国际化内涵式发展，一方面，高校要成立专门的国际化工作委员会等组织来负责全校性国际化战略制定与推进。通过战略和政策引导、组织和物质保障等措施为实现"3C"要素进行系统性推进；同时，因国际化发展各实现要素具有独特的性质，需要有针对性地推进各要素的发展。总之，大学既要整体推进，也需根据各要素的发展需要，有针对性地为促进"3C"的发展提供相应的支持与保障。第二，确保"3C"要素协同发展与重点推进并举。高校国际化内涵式发展是"3C"要素有机统一的发展结果。"3C"要素不是独立而是协同渐进发展的，其中任何一个要素的发展必然会促进另外两个要素的发展。在推进国际化发展的过程中，高校不应也无法将这三个要素割裂开，而需推进各个要素的协同发展。但对于那些国际化基础较弱以及在高校资源和能力有限的情况下，在同时推进三个要素发展的过程中，重点关注某一要素也利于学校在短期内取得某方面的迅速突破。所以，高校国际化内涵式发展的三个要素需做到协同发展与重点推进的有机统一。第三，确保"3C"要素稳步推进与动态调整并举。"3C"构成高等教育国际化内涵式发展的有机系统。这一系统既具有稳定性又具有动态性。系统的稳定性是相对的，系统内部诸要素之间的联系及系统与外部环境之间的联系都是不断变化的。因此，一方面，高校国际化内涵式发展要随着学校的发展阶段和具体需求不断调整"连接""理念"与"能力"这三个要素的比例与结构；另一方面，随着全球与区域形势、国家发展布局以及学校发展战略的外部环境的不断变化，大学的国际化发展系统也要随之进行不断地调整。

参考文献

[1]薛卫洋.中国高等教育国际化研究(1978–2012)——结合上海市为例的研究[D].华东师范大学,2012.

[2]张书祥.我国高等教育国际化研究[D].郑州大学硕士学位论文,2006.

[3]刘振天.从外延式发展到内涵式发展:转型时代中国高等教育价值革命[J].高等教育研究,2014(09):1–7.

[4]International Association of Universities[EB/OL]. http://www.iauaiu.net/sites/all/files/Affirming_Academic_Values_in_Internationalization_of_Higher_Education.pdf.

[5](加)简·奈特著.激流中的高等教育:国际化变革与发展[M].刘东风,陈巧云主译.北京:北京大学出版社,2011:25–26.

[6]张芹.高等教育国际化的内涵、标准与实施对策[J].继续教育研究,2005(01):86–89.

[7]宋永华,王颖,李敏,伍宸.研究型大学国际化"4S发展战略"理论与实践——以浙江大学为例[J].教育研究,2016,37

(08):152-159.
[8]Edinburgh global review and impact plan 2012-2016.
[9]Scottish Fund Council. Research Excellence Grant, Global Challenges Research Fund, and Newton Fund for AY 2016-2017 [EB / OL]. http://www. sfc. ac. uk / web / FILES / Announcements_SFCAN152016_OfficialDevelopmentAssistanceresearchallo/SFCAN152016_Annex_A.pdf.
[10]The University of Edinburgh. Edinburgh Fund[EB/OL]. https://www.ed.ac.uk/alumni/services/givingback/edinburgh-fund.
[11]The University of Edinburgh. Edinburgh Fund [EB/OL]. https://www.ed.ac.uk/student-funding/postgraduate/international/global/research.
[12]The University of Edinburgh. Supporting Excellence in global partnerships: Global Partnership Policy.[EB/OL]. https://www.ed.ac.uk/files/atoms/files/global_partnerships_policy_final.pdf.
[13]The University of Edinburgh. Degree Programme Regulations 2017/18[EB/OL]. http://www.drps.ed.ac.uk/17-18/regulations/UGDRPS17-18.pdf.
[14]The University of Edinburgh.[EB/OL]. https://www.ed.ac.uk/files/imports/fileManager/Go%20Abroad%20Policy.pdf.
[15]The University of Edinburgh. Our Global Engagement Plan 2017-2020[EB/OL]. https://global.ed.ac.uk/sites/default/files/atoms/files/Our%20Global%20Engagement%20Plan%20%281%29.pdf.
[16]The University of Edinburgh. Edinburgh Fund[EB/OL]. http://www.russellgroup.ac.uk/about/our-universities/university-of-edinburgh/
[17]Edinburgh University Students' Association[EB/OL]. https://www.eusa.ed.ac.uk/activities/societies/findasociety/
[18][22]The University of Edinburgh. Edinburgh Fund[EB/OL]. http://global.ed.ac.uk/our-work/global-profile.
[19]The University of Edinburgh. Edinburgh Fund[EB/OL]. https://www.ed.ac.uk/about/annual-review/highlights/looking-beyond-borders.
[20]The University of Edinburgh. Edinburgh Fund [EB / OL]. http://global. ed. ac. uk / features / outstanding-young-persons-award.
[21]The University of Edinburgh. Edinburgh Fund[EB/OL]. http://global.ed.ac.uk/features/nasa-mars-short-layover-university-edinburgh.
[23]朱雪莉,宋永华,伍宸.中外知名大学国际化战略比较研究[J].教育发展研究,2017,37(Z1):17-22.

世界一流大学的类型、特征与趋势

—— 基于三大全球大学排行榜（2013—2016年）的实证研究

郑浩　刘贤伟

一、问题的提出

2015年，国务院发布《统筹推进世界一流大学和一流学科建设总体方案》，正式启动“双一流建设”项目，加快了我国建设高等教育强国的进程。世界一流大学再次成为学术界研究的热点。很多研究者将世界大学排行榜作为研究世界一流大学相关问题的切入点，因为“世界著名学术评价机构的评价指标体系在一定程度上反映了一流大学与一流学科的本质特征，从统计学意义上揭示指标体系所反映的国际共识，对中国推进世界一流大学和一流学科建设具有重要的参考价值”。[1] 因此，现有研究对一些知名的世界大学排行榜的指标体系构成、异同点、可信度以及对我国世界一流大学的建设的影响和意义等问题进行了研究与分析[2—5]，但是缺乏采用著名大学排行榜的具体指标数据来对世界一流大学的类型、特点和发展趋势进行的相关实证研究。基于此，本研究聚焦世界认可度较高的三大全球大学排行榜2013—2016年间的结果，借助多维标度分析技术（Multidimensional Scaling，MDS）、聚类分析等量化研究方法，尝试对世界一流大学的基本、特点和发展趋势等问题进行研究，探寻全球主流大学排行榜所公认的世界一流大学的共性特征、基本类型和发展趋势，以期对中国的“双一流”建设提供参考。

二、研究方法

（一）大学排行榜的选取

据不完全统计，截止2015年，在世界范围内使用的对全球大学进行排名的世界大学排行榜约10种，针对本国或特定地区开发的大学（学科）排行榜超过了150种。[6] 大学排名作为一种高等教育质量保障方式，已经被世界各国或地区广泛接受。本研究结合自身研究目的，确立了选择大学排行榜的四个基本原则：（1）影响力，排行榜获得世界范围内的影响力和认可度；（2）全球性，即大学排行榜的对象是世界大学；（3）可得性，即数据必须是公开和可以获取的；（4）连续性，即排名

郑浩，北京航空航天大学高等教育研究所博士研究生，研究方向：教育管理、高等教育评估；刘贤伟，北京工业大学文法学部高等教育研究所助理研究员，研究方向：高等工程教育。

数据必须是多年连续发布，排名体系没有较大调整的。据此，最终选取了3种在国际上较为认可的全球大学排行榜：世界一流大学研究中心世界大学学术排名（Academic Ranking of World Universities，ARWU）、国际高等教育咨询机构世界大学排行榜（Quacquarelli Symonds World University Rankings，QS）、《泰晤士高等教育》世界大学大学排行榜（Times Higher Education World University Rankings，THE），如表1所示。

表1　三大全球大学排名的基本情况

排行榜名称	评价机构	评价维度		研发国家	参评学校	评价目的
世界大学学术排名（ARWU）	上海交大世界一流大学研究中心	·教 学 ·科 研		中国	500所	分析中国大学与世界一流大学的差距
QS世界大学排行榜（QS）	国际高等教育咨询机构（QS）	·教 学 ·科 研	·国 际 化 ·声 誉	英国	500所	反映学校的教学质量和真实水平，为学生择校提供参考
THE世界大学排行榜（THE）	《泰晤士高等教育》（THE）	·教 学 ·科 研	·国 际 化 ·知识转化	英国	800所	为全球留学生择校提供信息参考

从上述主流的全球大学排名的指标体系可知，虽然三大排行榜在目的和具体指标的设计上存在较大差异，但依然存在世界一流大学的共性指标：（1）一流的科研水平。可以通过科研声誉、文献计量、获奖情况等主客观评价方式衡量；（2）一流的教学水平。可以通过声誉、师生比、博士学位教师等进行衡量；（3）充足的设备和资金，可通过高校科研经费、收入等进行衡量；（4）高度国际化水平。可通过留学生比例，外籍教师比例，国际合作情况等进行衡量；（5）服务社会的能力。可通过产学研合作水平、校友社会贡献等进行衡量。

（二）世界一流大学的选取

世界一流大学主要是指在全球范围内科研教育水平卓越，具有极高知名度，大学排名在世界大学排行榜前列的大学。但是目前学术界还没有统一而明确地区分和界定出哪些大学是可以视为世界一流大学。研究者们普遍认为，因为每所大学都具有人才培养、科学研究、服务社会的基本职能，那么由此可以推论，世界一流大学则应当在全世界范围内具有科研成果卓著、学术声誉和学科水平很高、学术大师汇聚、科研经费充裕、研究力量雄厚、学生素质一流、国际化程度高等特点。[7]

文章主要依据ARWU、QS、THE三大全球大学排行榜来界定和筛选世界一流大学。由于THE的指标体系从2013年起逐渐稳定，所以本研究选取了2013—2016年共四年的数据。经过统计发现，虽然三大排行榜的指标体系各有侧重，但是四年里三大排名中前100名的入选大学基本没有太大变化，这反映出世界一流大学在各方面实力和表现是具有稳定性的。为尽可能扩大研究样本，本研究据选取了50所，2016年在三种排名中同时处于前100位的世界大学，同时，为了进行比较，还以同样的方法选择了5所排名在200～300之间的中国大学作为研究样本。此外，研究所用的数据全部源于2013—2016年ARWU、QS和THE在官网上发布的世界大学排名报告，对个别大学在一些指标上的缺失值进行EM算法的填补。

（三）评价指标的确定

由于世界大学排行榜的目的和评价思想存在差异，所以其评价指标的设置也不尽相同。世界著名高等教育学家贾米尔·萨米尔（Jamil Salmi）在研究了各大学排行榜的评价指标后，从3个维度明确了一流大学的共同特征：(1) 人才汇聚（优秀教师和学生高度集中）；(2) 教学资源丰富，科研经费充足；(3) 治理规范，不仅能够激发出战略愿景、创新和活力，而且能够在进行决策和管理资源上不受官僚作风的影响。[8] 本研究在综合ARWU、QS、THE现有指标体系的基础上，借鉴德国高等教育发展中心（The Center for Higher Education Development）的CHE排名理念[9]（即不对大学进行新的排名，不赋予各指标权重），把三大全球大学排名原有的指标围绕"教学—科研—声誉—国际化"[10] 4个评价维度体系进行重新组合和细化，构建了"世界一流大学通用效绩指标体系"，如表2所示。

表2 世界一流大学的通用效绩指标体系

评估维度	代码	指标描述	原代码	来源
教师与教学环境（教学投入）	E1	获诺贝尔科学奖和菲尔兹奖的教师折合数	A2	ARWU
	E2	各学科领域被引用次数最高的科学家数量	A3	ARWU
	E3	ARWU中的五项指标得分的师均值	A6	ARWU
	E4	师生比:教师/学生比例	Q3	QS
	E5	教育教学环境	T1	THE
教育质量（教学产出）	E6	获诺贝尔奖和菲尔兹奖的校友折合数	A1	ARWU
	E7	雇主声誉:学生就业评价或基于雇主的评价	Q2	QS
学术与科研水平（科研产出）	E8	在《Nature》和《Science》上发表论文的折合数	A4	ARWU
	E9	被科学引文索引(SCIE)和社会科学引文索引(SSCI)收录的论文数量	A5	ARWU
	E10	学术声誉:学术领域的同行评议	Q1	QS
	E11	师均被引量:教师文献的引用情况	Q4	QS
	E12	科研能力:研究声誉调查、人均科研经费和人均论文发表数量	T2	THE
	E13	引文影响力(标准化处理)	T3	THE
知识转化（社会服务）	E14	师均商业机构研究经费	T4	THE
国际化	E15	国际教师比例	Q5	QS
	E16	国际学生比例	Q6	QS
	E17	国际化测算(国际学生/国内学生;国际教师/国内教师;国际合作文章比例)	T5	THE

（四）研究方法

本研究主要利用聚类分析和均值比较分析方法对世界一流大学的共性特征进行分析与描绘,同时采用MDS技术分析了55所一流大学在2013—2016年的发展趋势。在进行MDS分析之前，首先利用SPSS21.0软件对数据进行降维与拟合，计算了相应的克鲁斯卡尔应力系数（Kruskal $Stress_1$）。[11] 结果表明，在维度数量为5，$Stress_1=0.02$时，降维效果"很好"。在17个指标的特征拟合（Property Fitting）检验中，各指标的调整后R^2都大于0.5，拟合效果良好，可以进行MDS分析。

三、研究结果

（一）世界一流大学的类型

MDS分析结果显示，57所大学集中分布在了坐标的左下方和右上方，如图1所示，表现出明显的“团簇”现象，说明世界一流大学之间确实存在不同的类型和明显的差别。

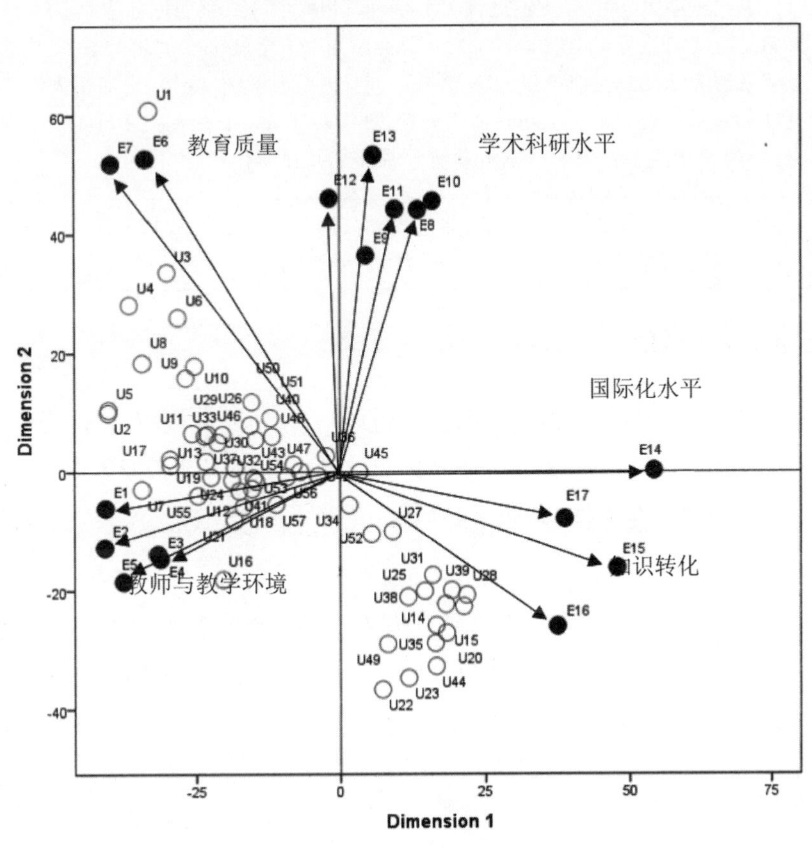

图1　57所世界一流大学与评价指标的MDS空间定位图

注：图中所有大学均由编码U1-U57表示，各编码代表的大学，详见表3。

为准确判定两大类世界一流大学的具体类型，通过Ward分层聚类方法对57所大学进行聚类分析。结果发现，57所世界一流大学在总体上可以划分为两个大类和四个亚类型：第一大类包括了美国和欧洲最著名的传统顶尖名校，如美国的哈佛大学、耶鲁大学，英国的牛津大学等；第二大类主要是整体水平和声誉稍逊色的美国州立大学、亚洲大学和部分欧洲新建大学。两大类大学在不同发展维度上各具特色，又在各大类内部形成了两种不同的亚类型，如表3所示。

表3　世界一流大学的结构类型

类型	亚类型	大学成员(代码)
第一大类	Ⅰ-型大学	哈佛大学(U1)、斯坦福大学(U2)、麻省理工学院(U3)、加州大学-伯克利(U4)、剑桥大学(U5)、普林斯顿大学(U6)、加州理工学院(U7)、哥伦比亚大学(U8)、芝加哥大学(U9)、耶鲁大学(U11)、加州大学-洛杉矶分校(U12)、康乃尔大学(U13)、约翰霍普金斯大学(U16)、宾夕法尼亚大学(U17)【14所】

续表3

类型	亚类型	大学成员(代码)
	Ⅱ-型大学	牛津大学(U10)、伦敦大学学院(U18)、苏黎世联邦理工学院(U19)、伦敦帝国学院(U22)、多伦多大学(U24)、纽约大学(U26)、美国西北大学(U27)、杜克大学(U30)、英属哥伦比亚大学(U36)、曼彻斯特大学(U37)、墨尔本大学(U38)、爱丁堡大学(U40)、伦敦国王学院(U44)【13所】
第二大类	Ⅲ-型大学	加州大学-圣地亚哥(U14)、华盛顿大学-西雅图(U15)、东京大学(U20)、密歇根大学-安娜堡(U21)、威斯康星大学-麦迪逊(U23)、伊利诺伊大学(U28)、明尼苏达大学(U29)、华盛顿大学-圣路易斯(U31)、哥本哈根大学(U32)、德克萨斯州大学(U33)、加州大学-圣塔芭芭拉(U34)、北卡罗来纳大学(U35)、海德堡大学(U39)、卡罗林斯卡学院(U41)、南加州大学(U42)、苏黎世大学(U43)、乌得勒支大学(U45)、加州大学-戴维斯(U46)、日内瓦大学(U47)、宾夕法尼亚州立大学(U48)、卡内基梅隆大学(U49)、普渡大学(U50)【22所】
	Ⅳ-型大学	京都大学(25)、清华大学(51)、北京大学(52)、复旦大学(53)、上海交通大学(54)、浙江大学(55)、中国科学技术大学(56)、南京大学(57)【8所】

(二)世界一流大学的特征

为进一步分析四种类型的世界一流大学的不同特点，本研究对四类大学在"教师教学、教育质量、科研学术、国际化和知识转化"五个方面的差异进行了检验，结果如表4所示，并据此形成了四种类型的世界一流大学的"生态图"，如图2所示，展现了四类世界一流大学之间的不同特征。具体如下：

1.Ⅰ-型大学以哈佛大学、耶鲁大学等为代表的美国私立顶尖大学为主。其特征是在教学和科研水平上远领先于其他类型大学，特别是在教育质量，也就是反映学长期发展和社会认可度、贡献度的指标上，此类大学占有绝对优势。Ⅰ-型大学在教学与科研上的表现都十分优异，没有出现明显的"重科研、轻教学"现象。值得注意的是，Ⅰ-型大学与其他类型大学最大的差异值基本出现在教师教学和教育质量上，这说明，优质的教师教学和教育质量（而非单一的科研水平）是一流大学最显著的特征，也是其卓越的根本。

2.Ⅱ-型大学的主体是牛津大学、伦敦大学学院、苏黎世联邦理工学院等为代表的欧洲传统名校，因此，Ⅱ-型大学可以看成是欧洲一流大学的典型代表。其主要特征是具有较高的国际化水平。与Ⅰ-型大学不同的是该类型大学在教学环境、教育质量、学术科研三个维度上略显逊色。但就其自身的整体发展来看，该类型大学在五个维度上的发展较为均衡，没有明显的"厚此薄彼"的发展失衡。

3.Ⅲ-型大学主要包括美国杰出的州立大学、与少量的欧洲"92后"大学。此类大学最大的特点就是"中等水平的不均衡发展"。其"中等水平"表现在，教学、科研和国际化属于4种类型的中间水平，教师教学、教育质量和科研学术水平与Ⅱ-型大学类似；"不均衡"具体表现在外部不均衡（外部的国际化平远低于前两类大学）和内部不均衡（自身内部重视科研学术的发展）两个方面。

4.Ⅳ-型大学主要是以中国著名大学为主。其主要特征是与Ⅲ-型大学的不均衡发展结构一致的情况下，知识转化水平突出，这一方面表明此类大学在服务社会方面的作用突出，但是另一方面也现实出与社会的互动过于密切，"为学术而学术"的学术性较弱的问题。此类大学在教师教学、教育质量方面与其他三类大学的差距最大，学术科研和国际化水平虽然也存在差距，但是差距要小于教学质量。总之，教育教学质量成为两大类一流大学之间的最重要区别与特征差异。

表4 2013—2016年四类世界一流大学在各维度上的均值得分

学校类型	列名(统计量)	教师教学环境	教育质量	学术科研	国际化	知识转化
Ⅰ-型大学	MD±S	74.65±9.85	79.23±9.89	80.91±6.36	77.19±10.19	55.09±23.13
Ⅱ-型大学	MD±S	46.73±10.15	53.68±11.67	67.9±10.68	84.73±10.62	56.79±19.01
Ⅲ-型大学	MD±S	44.84±7.78	48.03±11.67	69.03±6.36	44.68±9.12	58.75±21.75
Ⅳ-型大学	MD±S	23.31±3.48	36.40±8.53	53.29±3.56	34.61±7.41	69.82±21.83

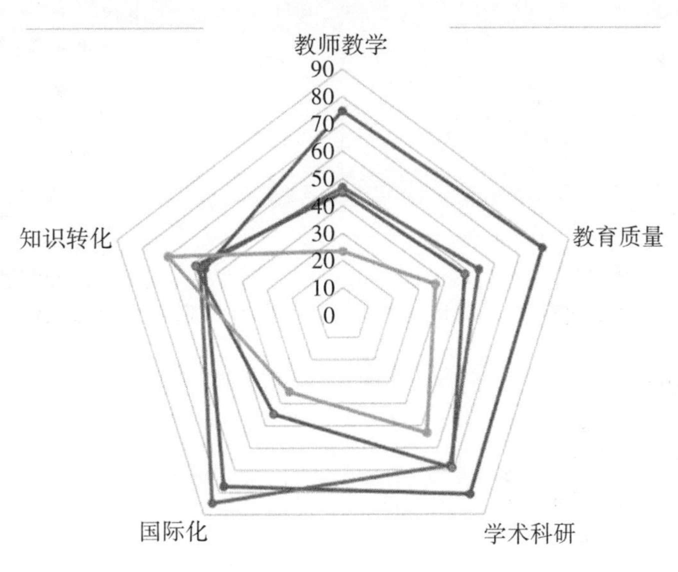

图2 四类世界一流大学基本特点的生态图

（三）世界一流大学的发展趋势

本研究进一步对2013—2016年间，四类世界一流大学在“教师与教学环境、教育质量、学术科研、国际化、知识转化”维度上的发展趋势进行分析，归纳出不同类型一流大学建设所选择的发展模式与路径。具体结果如下：

1. Ⅰ-型大学的发展趋势。其发展趋势朝向坐标的右下方，如见图3所示，表示在保持整体发展稳定的基础上，重点加强了对教师与教学环境的投入，呈现出“重视教学，平衡发展”的特点。这一现象表明，成熟的世界一流大学因历史积淀的杰出办学传统，而使其发展具有极强的稳定性，在保持高水平科研产出的同时，依然关注教师和教学环境的投入，追求教学质量的提高。

2. Ⅱ-型大学的发展趋势。此类大学在2013—2016年的发展趋势主要是教育质量的提升，如图4所示，由于本研究的教育质量主要涉及毕业的优秀校友，因此，这意味着Ⅱ-型大学的发展依然是得益于前期教育教学的投资，其发展趋势依然是教育教学。

3. Ⅲ-型大学的发展趋势。此类大学在科研学术上的发展变化是主流趋势，除宾夕法尼亚州立大学外，本类型的其他大学基本上都将发展的重点集中在科研学术水平的提高上，并借助科研的“重点突破”实现了一流大学的发展，如图5所示。

4.Ⅳ-型大学的发展趋势。此类大学与前三类大学相比，变化幅度较大，说明该类大学的发展提升较大，如图6所示。其发展趋势主要是在国际化水平上的“单一化发展”，换言之，国际化水平的提升是促进Ⅳ-型大学在2013—2016年期间发展的主要动力。

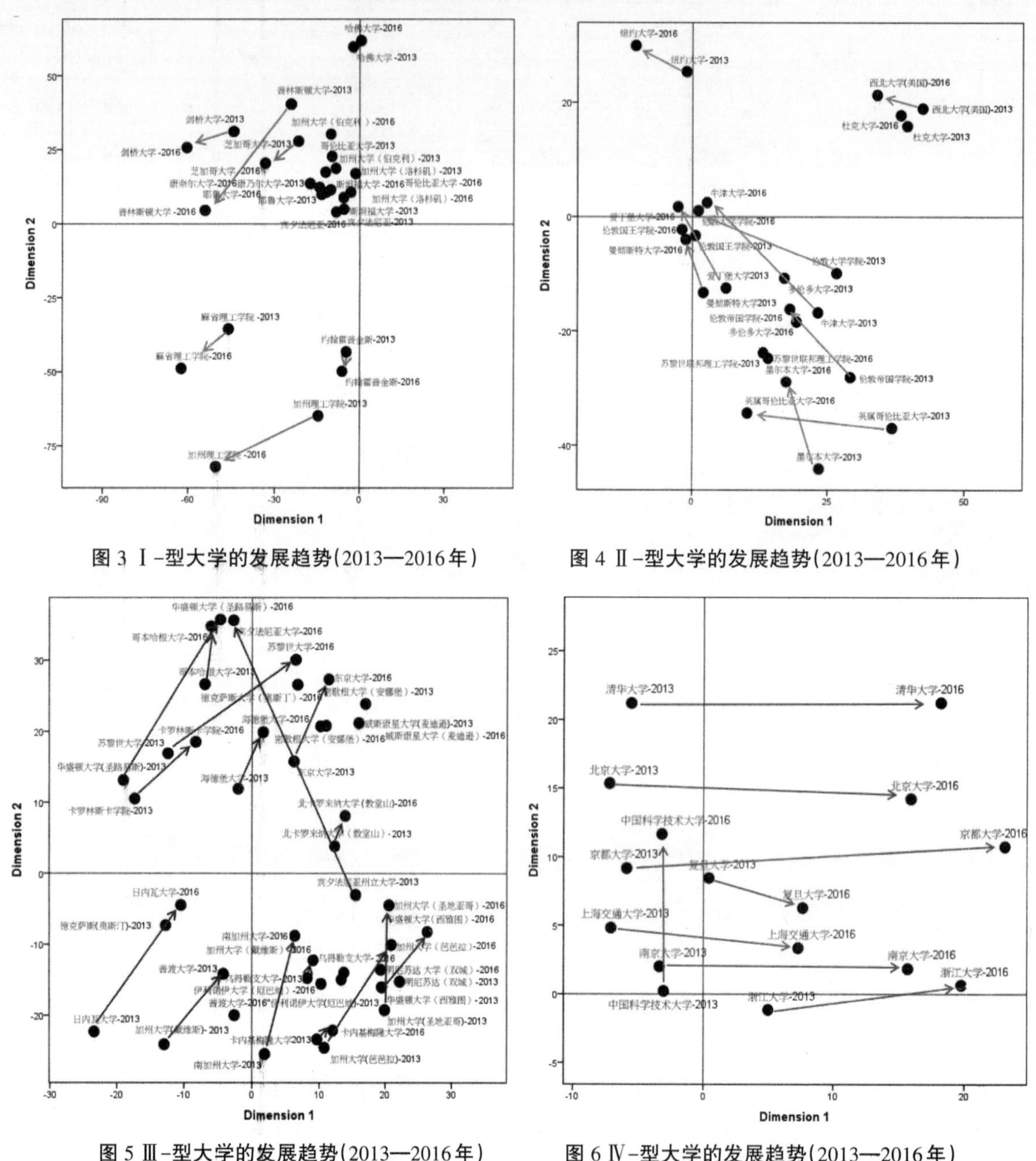

图3 Ⅰ-型大学的发展趋势(2013—2016年)

图4 Ⅱ-型大学的发展趋势(2013—2016年)

图5 Ⅲ-型大学的发展趋势(2013—2016年)

图6 Ⅳ-型大学的发展趋势(2013—2016年)

四、结论与启示

本研究选用国际上流行的三大全球大学排行榜的评价指标体系，围绕大学“教学、科研、服务社会和国际化”四个基本特征，分析了世界一流大学的类型、特征和发展趋势，得出如下结论：(1)世界一流的基本类型，可以分成两个大类和四个亚类，分别代表了不同的办学特色。其区别在于教学、科研、国际化和知识转化的水平与层次上。总体而言，第一大类一流大学在四个方面的水平要高于第二类世界一流大学。(2)在发展趋势上，不同的一流大学又有着不同的选择。第一大类的一流大学呈现出“平衡发展”与“重点突破”相结合的发展趋势，将侧重点选择在“教学优先”；第二大类的一流大学则呈现出“重点突破”的发展趋势，发展的重点定位于“科学研究”“知识转化”和“国际化”等在易见效果的维度上。

在上述结论的基础上，结合我国“双一流建设”的实际情况，得出以下启示。

第一，遵循全面协调理念，实现均衡发展与重点突破相结合。

从大学排名看，中国的一流大学建设卓有成效，但是我国一流大学的类型和发展趋势，都明显呈现出过多的依靠科研论文、国际化水平提升等“单一化”、重速度等急功近利的不良倾向。综合Ⅰ-型大学与Ⅱ-型大学的发展趋势，中国在建设一流大学时，必须遵循全面协调的发展理念，既不能一味贪大求全，也不能忽视大学自身发展的良好生态，盲目追求重点突破，而是要科学权衡大学的整体发展与重点学科优势的关系，把握供给侧改革的新形势，牢固坚定树立特色发展、多元卓越、全面协调的办学理念，在双一流建设的过程中，实现高校整体生态系统的均衡发展与个别学科领域重点突破的有机结合。

第二，健全教学激励机制，提升学校教育教学质量。

通过本研究的分析发现，加强教育质量是世界著名世界大学发展的重要趋势。从本世纪初开始，哈佛大学、斯坦福大学等一些列世界名校发表了《失去灵魂的卓越：哈佛是如何忘记教育宗旨的》《斯坦福大学本科教育研究报告（2012）》等一些列知名论著报告，开始了一流大学的质量重建时代。也正是本科教育教学质量，成为了区分一流大学“境界”与“修为”的“软实力”，也成为限制中国一流大学进入世界顶尖一流行列的“天花板”。因此，中国一流大学瞄准Ⅰ型大学突破的路径选择就是固本培元，坚持不懈的提高教育教学质量。

第三，加大高等教育的国际化，提升国际化的广度与深度。

世界一流大学必然是一个高度国际化和开放的学术组织，不仅是当前全球化的必然趋势，更是大学的本质属性使然。世界一流大学遵循开放办学原则。世界一流大学不仅是国际科技、教育、文化交流的中心，而且是国际化人才的培养基地[12—13]，他们的国际留学生和国际教师的比例一般较高。本研究显示，目前我国的一流大学正通过提高国际化程度来提自身办学水平，但其方式主要是依靠通过高额奖学金来招收国际留学生，对海外高端教师和顶尖人才的吸引作用有限。为此，在“双一流”建设的过程中，不仅要加大力度让国内教师“走出去”，多进行国外培训和进修，同时更要完善制度，增强“引进来”的力度，吸引全球顶尖人才的流入，并保持与知识创新前沿的紧密合作，让“双一流建设”最大程度引领国际学术前沿，取得国际学术话语权，成为国际学术联合体的重要组成部分。[14]

参考文献

[1]周光礼，武建鑫.什么是学术评价的全球标准——基于四个全球大学排行榜的实证分析[J].中国高教研究.2016(4)：51—56.

[2]ALTBACH P G, BY T, ZHOU Y F.The costs and benefits of world-class universities[J]. Peking University Education Review, 2004, 90(1):11—53.

[3]AGUILLO I F, BAR-ILAN J, LEVENE M, et al.Comparing university rankings[J]. Scientometrics, 2010, 85(1):243—256.

[4]MICHELLE S.Isualizing Excellence: The times higher education ranking [R].London: VPalgrave Macmillan UK, 2016: 25-47.

[5]TAYEB O, ZAHED A, RITZEN J. Becoming a world-class university[M]. New York: Springer International Publishing, 2016:59—63.

[6]HAZELKORN E.The obsession with rankings in tertiary education: Implications for public policy[M]. Washington, D.C.: University of Washington Press, 2015:75—85.

[7]郭丛斌,孙启明.中国内地高校与世界一流大学的比较分析——从大学排名的视角[J].教育研究,2015(2):147—157.

[8]菲利普·阿特巴赫.世界一流大学:发展中国家和转型国家的大学案例研究[M].上海:上海交通大学出版社,2011:59.

[9]熊万曦.德国CHE大学排名及其启示[J].比较教育研究,2008(9):40—45.

[10]KUMUDINEL D.Organizational effectiveness and organizational efficiency: A multidime-nsional perspective[J]. Studies in Business Administration, 2003(7):15—34.

[11]张文彤.SPSS统计分析高级教程[M].北京:高等教育出版社, 2004:268.

[12]林慧青.一流大学要办好一流本科教育[EB/OL].(2016-05-17)[2017-06-05].http://edu.people.com.cn/n1/2016/0517/c1053-28356109.html.

[13]周光礼.世界一流大学的特质[J].中国高等教育,2010(12):44—47.

[14]郑浩,李文文,刘赞英,等.世界一流学科的现状与发展趋势——以ARWU和THEWUE(2012—2015年)中工科排名为例的实证研究[J].中国高教研究,2016(9):47—54.

大学排名如何承担社会责任

——关于美国社会流动指数排名的述评

张静华

在美国名目繁多的大学排行榜中，社会流动指数（Social Mobility Index，简称SMI）大学排名并不起眼。但是，与已有的那些强调大学声誉、重视学术质量、满足学生择校需求、关注学生满意度、注重投资收益等大学排名不同，SMI强调高等教育应以推动社会经济均衡发展为己任，以促进弱势阶层的社会流动为导向，通过衡量大学究竟在多大程度上促进弱势阶层子女的社会流动为价值取向，突显出它特有的人文关怀。SMI的排名结果显示，那些众人皆知的“世界一流”大学并没有最大限度地促进弱势阶层子女的流动，排名靠前、贡献突出的大学反而大都是普通的四年制本科院校。这种异于常规的排名方式和结果，颠覆了人们通常意义上对于“大学声誉”的理解和认识。本文从SMI排名的“与众不同”之处着手，针对SMI大学排名产生的背景、动因与目的、数据来源、评估指标、存在的争议及产生的影响等进行分析，理清SMI大学排名存在的价值与意义，重新审视高等教育促进社会流动的责任。

一、与众不同的SMI

（一）名校不“名”，普通院校不“普通”

自2015年College Net公司和Payscale公司首次推出社会流动指数大学排名，至今已有四年。SMI大学排名一经推出，便让人大跌眼镜：名校不“名”，普通院校不“普通”。传统私立名校如哈佛大学、耶鲁大学和普林斯顿大学，在《美国新闻与世界报道》推出的大学排名中稳居前三，但在SMI大学排名中却不尽如人意。在2014年SMI排名（2015年发布）中，这三所学校依次位居第438名、440名和360名，而当年该排行榜总共才纳入了539所高校。[1] 然而，即便是2017年SMI大学排名增加到1 363所大学，这3所名校的排名依然不容乐观，分别是第969名、1 314名和874名。[2] 仅从SMI大学排名结果看，这些世界一流、声名显赫的私立大学，在促进社会流动方面，发挥的作用确实有些差强人意。

反而是许多并不起眼的学校，比如历史上的黑人大学或学院，如佛罗里达农工大学和北卡罗来纳农工州立大学（Florida A&M 和 North Carolina A&T），或招收大量劳工子女的大学加州州立大学-

张静华，华东师范大学高等教育研究所博士研究生，从事高等教育管理研究。

北岭分校（CSU-Northridge），[3] 在默默无闻地致力于解决美国经济流动问题。从连续四年的排名来看，也呈现出另外一些突出特点：一是纽约市立大学-柏鲁克学院（Baruch College）连续三年排名第一；二是北卡莱罗那温斯顿塞勒姆州立大学（Winston-Salem State University）连续4年位居前20名；三是罗文大学（Rowan University）和波莫纳加州理工大学（California State Polytechnic University Pomona）在2014—2017年度四次排行榜中，均有3次排名前10的优异表现。[4] 这些学校在SMI排名中如何稳居前列，采取了哪些促进社会流动的有效措施，这些问题下文将会详细探讨。

（二）名副其实的特例：加州公立大学表现卓越

除了名校不“名”，普通院校不“普通”，SMI排名也存在有趣的特例——加州大学和加州州立大学表现卓越：一是在2014—2017年连续4年的排名中，每年都有3～6所院校位居前十；二是在著名的世界一流大学中，唯有加州伯克利大学（UC-Berkeley）曾在2014年的SMI排名中取得过一次前十的名次；三是在2017年SMI大学排名中，加州公立大学表现卓越，共有13所大学位居SMI排名前20。[5] 曾有报道指出：2014年SMI排名中，加州两所著名大学名列前茅，分别是排名第15的加州洛杉矶大学（UC-Los Angeles）和排名第9的加州伯克利大学（UC-Berkeley），这足以证明大学的声誉和财富，并不受制于多样化学生的家庭背景、入学、就读和毕业等这类因素对其产生的影响。[6] 加州公立大学之所以在促进社会流动方面取得卓越成绩，这与该州确立的高等教育以促进社会流动、维护社会公正为核心价值和办学取向密不可分：加州大学始终致力于多种教育项目的推广，持续扩大办学规模，科学实施招生录取，努力调控收费增长，加强学生经济资助，合理设置学科专业，全面保障教育品质，切实培植多元文化等措施。[7] 正是这样持续的、多元共进的推动措施，保障了加州公立大学在促进社会流动方面成就斐然。这也足以说明，政府、高校、社会三方密切合作，采取一系列有效的综合措施去推动高等教育在促进社会流动方面的工作，确实有助于从整体上推进社会流动，助力社会经济的平衡发展。

二、SMI产生的背景、动因与目的

（一）产生背景

1.学费持续上涨，导致弱势群体入学机会减少、社会流动僵化

首先，随着美国大学学费持续上涨，国民收入增幅放缓，致使家庭的教育负担能力日益降低。在20世纪80年代，学费占美国家庭收入中位值的26%，到2004年却上升到占比56%，是从前的2倍多。[8] 其次，大学助学金减少、助学贷款比率上升，导致教育投资风险加大，高等教育的入学率随之不断下降。这些不可回避的现实，导致美国社会各阶层高等教育入学机会差距加大，社会贫富差距随之进一步扩大。高等教育作为帮助个体实现社会流动上升的渠道，发挥的作用日益减少。导致美国高等教育当前这种境况的根本原因则是其长久以来着力推进的高等教育市场化：一方面，受美国整体经济形势的影响，美国的高等教育财政拨款日益紧缩。尽管美国大学通过高学费保障收入多元，弥补财政拨款的不足，维系大学的基本开支与运转，也通过高资助，保障弱势群体接受教育的机会，体现高等教育的公共福利，然而结果却并不尽如人意。[9] 因为这种“高学费+高资助”模

式的政策，虽然它的初衷是为了确保弱势阶层的受教育机会，但在现实执行过程中，因缺乏有力的保障措施，致使学生资助逐步从“助学金”为主，转变成以“助学贷款”为主的资助制度，增加了学生的教育投资风险，从而进一步扩大社会各阶层高等教育入学机会的差距，暴露出高度市场化下美国高等教育的公共责任的偏离或缺失。这种形势下，公众对高等教育社会责任和使命的需求日益高涨。再次，当前的大学排名，特别是《美国新闻和世界报道》推出的注重大学声誉的排行榜，各大学为了提升排名，吸引学生报考，不得不通过持续增加教育投资吸引优秀师资，增加科研经费、降低生师比等措施来维持所谓的“学术卓越”，而所有这些增加的成本最终却由高等教育的受益者学生来负担。这就直接导致了学生学费上涨，减少了入学机会，加剧了社会收入的不平等，进而直接影响着美国经济的持续发展，甚至导致经济衰退，使得经济恢复周期缩短，给美国经济带来重创。注重声誉、利己主义的大学排名，这恰恰与重要的国民经济责任相悖。[10]

2.公众强烈呼吁大学履行社会责任

SMI大学排名的发布，实际上正是回应了美国民众对大学履行社会责任的强烈需求。当前美国主要的大学排名已经接近15种之多。排名标准从注重单一的学术卓越，转向包含学术质量、教育可负担性、产出绩效乃至学生满意度等多重价值标准，并出现了强调教育投资收益和社会公益贡献等新的评价标准。[11] SMI大学排名正是近几年兴起的重视大学社会公共责任的一种排名。早在2005—2012年《华盛顿月刊》推出的最佳院校、最划算院校的排名，以及2015年Pro Publica媒体推出的“助益贫困学生最多院校”排名，二者也都是以公共利益为导向的大学排名。[12] 但是与这两者相比，SMI大学排名仍有其特别之处：第一，SMI大学排名以更加直接的、综合的价值标准出发，对大学促进社会流动的作用程度进行评估，涵盖了二者强调的教育负担性、公共服务和弱势阶层子女群体比例的评价标准。第二，SMI大学排名以评估大学推动社会流动的作用为根本，确立一种新的评价取向，引导社会重新关注大学的公共责任和使命，关注美国社会经济发展的根本问题。这两个突出的特点，不仅反映出当前大学评估本身的价值多元与包容，也从更深层次上反映了美国社会经济的发展中存在的深层次的矛盾和问题，以及社会各方渴望高等教育正视和履行社会责任的内在精神需求。高等教育作为促进经济发展和社会流动的重要通道，理应主动承担这样的重任。

（二）SMI排名动因与目的：重塑高等教育的社会责任

1.呼吁高等教育关注“社会声誉”，驱动大学致力于促进社会流动

与旨在满足学生择校的传统价值取向不同，SMI排名绕开了“客户满意度”的市场原则，立志于重塑高等教育的社会声誉价值和社会责任，促使大学从过度关注“学术声誉”的内在价值，逐步转向对“社会声誉”和社会责任的关注。SMI大学排名强调的“社会声誉”是：为学生提供低廉的学费、增加经济弱势群体的入学机会、确保学生毕业后获得收入较好的工作，大学在这些方面所做的贡献，直接决定了它的SMI排名的先后。[13] SMI基于上述与众不同的评估标准确立了一种全新的排名，其目的在于吸引更多的人关注社会弱势群体，以此推动高等教育主动承担社会责任和使命，解决国家社会经济收入的不平等、收入差距逐渐加大的关键问题。SMI正是通过这样的价值导向，鼓励大学致力于促进社会流动，推动高等教育朝着服务公共利益的方向发展。

2.为政府解决社会流动问题提供可参考的决策依据

除了呼吁更多人关注大学排名的转向，吸引社会关注弱势群体，从实践意义上来说，通过排名发现那些在SMI排名中处于突出位置的大学，探索他们究竟采取了何种有效措施，确保大学在促进社会流动方面发挥的功能作用，进而为政府提供相关的政策建议，这也是SMI大学排名所推崇的价值。College Net公司的总裁詹姆斯·沃夫思敦（Jim Wolfston）指出：“SMI大学排名，旨在帮助政策制定者识别究竟有哪些大学，正在致力于解决国家经济流动的问题。管理者可以通过挖掘和了解这些大学采取的有益措施，以此推进美国经济流动，帮助人们实现美国梦。”[14] 可见，SMI大学排名以驱动高等教育重视社会责任为己任，试图通过突出大学社会声誉的排名，激励政府重视高等教育的社会责任，采取相应措施保障高等教育朝着推进社会平等的方向发展。

三、 SMI的数据来源和评估指标[15]

（一）数据来源、指标及测算

SMI排名数据取自第三方数据，包括Payscale公司、美国国家教育统计中心发布的中学后教育综合数据系统（IPEDS）、美国大学商业官员协会（NACUBO）的捐赠统计数据。SMI只针对四年制院校进行排名，公立和私立院校都涵盖在内，主要选取了5项评估指标，包括：学费、学生经济背景（以家庭收入不超过国民中等收入水平——48 000美金的学生占比来衡量）、毕业率、工作初期薪水和捐赠。该排名并非事先给5个指标设定权重再求和，而是根据每个变量在大学排名中实际作用赋予权重。其中前两项指标最为重要，后三项的重要程度依次降低，第三、四项重要程度只有前两项的一半，第五项只是发挥“平局决胜负”的作用，也即第五项指标不是决定排名的关键因素，只是当其他四项指标水平相同的情况下，该项指标才突显出一点负向影响作用。即学校获得的捐赠越多，排名就越靠后一些。通过整理、对比过去4年的SMI排名中各指标的敏感系数可以发现，五个变量之间基本上也保持着这种相对恒定的敏感程度（见表1）。

College Net公司和Payscale公司对五项指标的权重赋值的解释如下：学费和学生经济背景，是影响学生入学的至关重要的前置性因素，也是政策制定者完全可以控制的因素，因此学费变化和学生经济背景直接影响着该校在SMI中的排名。降低学费、增加弱势群体学生比例，均能提升该校在SMI榜单中的名次。而毕业率和学生就业初期薪水，对于学生社会流动的影响，则需要政府、高校乃至社会推出可持续性的政策或者一系列的制度改革才能实现。捐赠指标发挥负向影响作用，这主要是考虑到：当其他四项指标作用水平相当，所获得捐赠越多，反而透视出学校办学效益更低。这也是SMI排名区别于其他大学排名的一个重要特点。因为很多大学排名，常将捐赠数额作为衡量大学声誉和财富的重要指标。

2014—2017年SMI五个变量及其敏感程度(sensitivity)

年份	学费(–)	经济背景	毕业率	初期薪水	捐赠(–)
2017年	291	318	207	160	74
2016年	209	211	107	107	55
2015年	216	216	107	108	55
2014年	126	125	66	65	30

注：表中（–）表示该指标是负向影响作用。

（二）SMI大学排名指标选取的独特之处

SMI大学排名，与那些注重学术声誉的排行榜相比，其指标选择的独特之处主要体现在：剔除了与学术声誉密切相关的一些指标，突出强调关乎社会流动的就业起薪指标。首先，SMI大学排名摈弃的指标主要有：一是净学费指标。实际上，真正纯粹的学费成本很难确切估算。因为这需要用学费减去学生获得的各种类型的资助数额。实际上，尽管美国高校的学生资助类型繁多，然而申请条件和程序都极为严格。有研究曾指出：要想获得联邦政府提供的资助，至少要满足7条给定的标准，若要获得佩尔基金，除了一般的7条标准，还要再符合额外的3条标准。[16] 理清这些规则不仅耗时较长，而且有时会因为信息获取不足，导致对教育投资成本估算失误或偏差，这些均有可能影响助学金的获得。某种程度上，对于那些信息渠道不通畅、缺乏耐心跟踪资助流程的学生来说，这样烦琐的程序确实有可能抑制学生的社会流动。二是佩尔基金参与率指标。佩尔基金作为联邦政府在20世纪70年初期提出的一种学生资助政策，设计的初衷是服务于中低收入阶层的子女，为其提供助学金帮助他们完成第一个学位。但是随着美国学费高涨，中低收入阶层子女入学机会有限，因此真正能够获得佩尔基金的中低收入家庭背景的人数有限，甚至在当前已经异化成了支持家庭富裕子女的政策。三是班级规模、教师薪水变量。传统的大学排名中，对这些指标格外重视。因为较小的班级规模、较好的教师待遇、更低的生师比，是快速提升学术声誉排名的重要路径。SMI大学排名认为这些指标都是要消耗大量办学成本，才可能改善的因素，传统的大学排名对这些指标的偏好，助推了学费的上涨，加剧了高等教育入学机会的不均等。四是标准化测试分数。家庭收入高，注重教育投资和考试培训的家庭，其子女考试分数往往较高，因此，该指标并不能很好地测量社会流动问题。

其次，SMI大学排名特别强调就业初期（毕业0～5年）薪水指标。因为毕业生只有具备了良好的就业能力，找到一份较好的工作并获得较高的薪水，才算真正实现了个体的社会流动。从更深层面上说，这一指标也代表着高等教育在推动社会经济发展方面的责任和导向作用，以及它是否解决了国家的经济差异问题。那么大学究竟应该提供怎样的本科教育，帮助学生拓宽知识基础，增强综合技能，从而全面提升就业能力，帮助学生获得更好的职位和薪水，则是大学应该关注的核心议题。

四、SMI大学排名存在的争议及产生的影响

（一）争议：数据来源不够可靠，指标测算未必触及“流动”，可能误导学生择校

SMI突出强调关注弱势阶层子弟以及大学的社会责任，以期引领社会对“大学声誉”的评价取向，从重视内在学术质量转向关注外在社会责任，这是SMI大学排名异于其他传统排名的特别之处。但是该排名为了侧重这一评估目的，数据的来源和它重点选择的五个指标的科学性存在不少争议，甚至有可能会对学生的社会流动带来潜在的负面影响。

首先，数据来源引发争议。2014年SMI大学排名（2015年首次推出），仅包括539所学校，排除了众多其他高校，数据信息相对有限，并不能从整体上代表美国大学促进社会流动的贡献程度。

随着SMI大学排名的完善，2017年SMI排名增加到1 363所高校，有关这一问题的争议大大降低。然而，除此以外还存在一个更重要的问题，即该排名主要使用的是第三方数据，并非大学自己提供的数据，这些数据能否真正反映大学的实际发展水平仍然存疑，这就导致SMI大学排名数据的有效性和可信性颇受质疑。

其次，选择的指标是否能够真正地反映“社会流动”依然是关键问题。“社会流动”这一概念，不仅概念内涵丰富多样，而且因测算重点不同，计算方式也有所不同，即使在社会学研究领域内部，对于美国社会流动性的测算依然存在很多难题。[17] 因此，SMI大学排名仅仅通过选择五个指标，来测算大学促进社会的流动程度，似乎显得不够精细。比如，SMI排名使用学费定价指标，而不是净学费指标受到质疑。很多提供了丰富的奖助学金的大学，因为指标中并不能反映他们在这方面所做的努力，因此，排名也会受到严重影响。仅从这一方面来看，就能反映出它存在的一些有关评估科学性的问题。此外，SMI大学排名主要用于衡量大学在招收多样化的学生，特别是弱势群体的学生、培养他们获得可雇佣能力，进而获得较好的薪水，实现了个体社会流动的作用程度。但“社会流动”，从这一概念的内涵来说，其流动是有参考点和对比值的，意味着一代又一代生活标准的提升。但是，目前该大学排行榜仅只是选择某一年的数据进行计算，与社会流动指数本身的意旨相比，缺乏综合分析。[18] 因此，这样的评价结果能否真正实现它排名的初衷——衡量大学促进社会流动的程度，确实需要进一步思考。针对SMI排名，联邦政府官员也曾指出，首先，SMI大学排名按名次进行排名，与奥巴马政府提倡按照大学规模进行等级划分不太协调。其次，评价方法依然存疑。SMI大学排名强调弱势阶层子女入学比例、学费负担能力、毕业率等，这些指标的科学性有待进一步考证。这也是为何奥巴马政府迟迟没有发布这个排名的根本原因。[19]

再次，排名可能误导学生择校，进而可能对学生的社会流动带来潜在的负面影响。对于那些对大学排名认识不足、成绩非常优异的弱势阶层的学生和家长，也可能会因为对各大学实际发展情况了解的信息有限，较大程度上受制于SMI的指引，选择一些比较普通的院校，而放弃了可能存在的通过接受资助进入私立名校的一些机会，反向抑制了弱势阶层子女社会流动的可能。尽管SMI大学排名设立的初衷并不是为了满足学生择校目的，但是这并不表示面临择校问题的家长和学生一定不会去关注它。因此，“误导”家长和学生，这也可能是SMI排名本身存在的一些隐性的风险。

（二）产生的影响：着力表彰表现优异的学校、举办研讨会讨论社会流动问题，发掘大学促进社会流动的有效策略

尽管SMI大学排名本身还存在各种各样的问题，但是自从SMI排名推出以后，大学不仅开始积极关注促进社会流动的议题，而且还针对该问题开展了各种各样的推进项目和活动，将大学促进社会流动的工作从校园拓展到了社区，在更大范围内推进大学的社会服务功能，更好地履行社会责任和使命。可见SMI大学排名的推出，并不仅仅只是从呼吁和引起关注这样的传播层面去推动社会各界关注流动问题，更可贵的是，它触发了很多大学从行动上真正地参与到促进社会流动的实践活动中，为积极履行社会责任全力投入。

第一，推出SMI大学排名的College Net公司，不仅着力表彰在促进社会流动方面表现优异的大学，还积极开展促进“社会流动”的研讨会。2017年College Net公司评出了5所表现突出的大学，褒奖他们在促进社会流动方面所做的改革：分别是：新泽西罗文大学（Rowan University in New Jersey）、北卡罗来纳温斯顿塞伦州立大学（Winston-Salem State University in North Carolina）、德克萨斯里奥格兰德河谷大学（University of Texas Rio Grande Valley）、加州大学尔湾分校（University of California-Irvine）以及加州大学圣克鲁兹分校（University of California-Santa Cruz）。[20] 这样的表彰活动，不仅肯定了部分大学在促进社会流动方面做出的贡献，还有助于激励更多高校参与到促进社会流动的改革当中。密西根理工大学（Michigan Technological University）的校长格伦·莫罗斯（Glenn Mroz）曾表示：他们学校有超过25%的新生来自贫困家庭并得到了联邦佩尔基金的资助，在SMI排名中该校位居第42位，这一排名肯定了他们学校针对弱势群体子女及其家庭，增加高等教育入学机会方面所做的努力。[21] 此外，为了扩大SMI大学排名的影响力，吸引更多的院校关注促进“社会流动”的重要议题，加州大学圣克鲁兹分校（University of California-Santa Cruz）和College Net公司协同举行相关研讨会，讨论社会流动和帮助学生实现成功的问题。研讨会上指出，大学教育是促进个体经济流动的重要阶梯，特别是在充满挑战的环境中，学生思想、个体背景和观点想法日益多样，大学有必要采取多种措施，帮助学生理解、掌控和应对陌生环境和各种问题。正是由于个体之间在辨析、推断假设和实践能力之间存在差异，才推动了创新发展。从这个角度说，增加大学对各种群体的包容性，不仅有助于解决社会的公正问题，更有助于激发创新思想的产生。[22]

第二，极力发掘大学促进社会流动的有效策略，推动政府和社会各界着力解决这一问题。《美国新闻与世界报道》推出的大学排名，强调满足学生及家长的择校需求，追求市场价值。SMI大学排名与之不同，它更强调通过排名引导大学、政府和社会各界关注弱势群体，发掘出大学促进社会流动的举措和有效途径，以此推动政府和社会各界积极致力于解决社会流动的问题。尽管许多院校在促进社会流动方面取得了良好的排名表现，但是不同大学促进社会流动的渠道却不尽相同。总体上主要有以下几种实践策略：一是为学生提供可负担的大学教育和就业指导。例如在2015—2017年SMI中连续三年排名第一的纽约市立大学柏鲁克分校（Baruch College）始终秉承，与卓越的学术水平相比，为学生提供可负担的大学教育才是首要任务，这是促进社会流动的基本动力。此外，该校还积极致力于为学生提供职业指导、导师指导，帮助学生更好地找到第一份工作以及指导学生做好未来的工作；二是推出社区创新项目，促进学生的文化参与和社区实践，拓展大学解决社会流动问题的边界。例如作为历史上的黑人公立大学，连续4年在SMI中排名前20，并获得2017年社会流动革新奖的温斯顿塞勒姆州立大学（Winston-Salem State University）通过增加学生文化参与、推出创新项目与鼓励社区实践，帮助弱势群体的学生实现美国梦，而且未来他们不再只是帮扶学生的生活和他们的家庭，也会逐步拓展到社区、州乃至国家。[23] 为促进社会流动，2018年该校创建经济流动研究中心，鼓励师生研究制约当地社区经济流动的影响因素问题，将促进社会流动的努力从校园内部拓展到社区中去。不仅逐步推进教师参与跨学科研究，还鼓励本科生参与研究并提供奖学金。该中心不仅开展学术研究，也着力提出具有实践价值的政策，尝试从社会经济层面，增进社区居民、社区商业以及当地政府的利益。[24] 三是增进未来的大学生对大学教育的认识和理解。例如位居2014年SMI排名第一名的蒙大拿技术学院（Montana Technology of the University）在促进社会流动方面，对本州和当地社区采取了非常特别的帮扶措施：不仅通过校园STEM课程鼓励幼儿园参与大学活动，还为中学女生提供夏令营活动。通过拓展学校网络，使学生提前明白何为大学教育。[25] 四是增加校园的包容性，鼓励招收来自各种群体的学生。例如位居2014年SMI排名第五的加州州立大学-北岭分校（UC- Northridge）通过招收各种群体的学生，增加校园多样性促进社会流动。该校的媒体发言人曾表示：我们学校是工人阶层的大学，在校生可能是女性、有工作的人甚至要支援家里其他人或是其他肤色的人，还有可能是家族里第一个上大学的人。[26] SMI大学排名对这样的群体，特别是仍然是家族第一代大学生，发挥着至关重要的作用，因为这些学生只关注他们可以负担得起学费的大学。对于这些学生，传统的大学排名并不能发挥多大作用。[27]

五、启示

美国自20世纪80年代以来学费连年上涨的现实，学生助学金比例下降、贷款比例上升的助学政策，某种程度上已将高等教育推向过度市场化的危险境地。SMI大学排名，它所极力反映的问题，绝非树立一个标新立异的排名那么简单。正如它倡导的那样，是要确立一种新的大学评价标准，引导全社会更多地关注弱势阶层。SMI的本质，实际上是试图以高度量化的、可操作的一种评估形式，折射出美国高等教育在高度市场化的背景下，所带来的一系列的诸如高等教育入学机会不均等、教育投资收益降低，社会流动僵化等问题，直指美国高等教育公共责任弱化甚至缺失的根本问题。

与美国相似，随着我国高等教育市场化的推进，一方面，大学学费和学生在校生活成本急速上涨与大学生就业竞争激烈、求职困难形成了鲜明的对比，大学投资-收益比率逐渐降低；另一方面，大学组织内部和外部对绩效管理的重视，直接导致大学对"量化"管理的严重依赖，表面上看提升了大学组织管理的效率，实则不仅耗费了大量的财政资源和人力资源，还诱发了大学"重量轻质"的浮躁氛围。重新审视中国当下推出的各种各样的大学排行，也多是围绕着大学内部的学术声誉展开"量化"评价。许多高校为了在排行榜上各领风骚，竭尽所能的针对有限的指标数据，提升学校的"学术质量"和"学术声誉"，而对于指标以外的大学应该承担的社会责任则着力有限。那么我国高等教育领域存在的入学机会不均等、学费与资助如何更有效率且兼顾公平、本科生培养、毕业生就业等问题如何更好地解决等，这一系列的涉及高等教育社会责任与使命的重要问题及解决程度，该由谁来评估？该以何种科学有效的评价体系来评估？这些直接关乎高等教育准公共产品属性的内涵和价值所在的重要问题，在今后的大学评估与发展中，如何得以重新定位与审视，这恐怕才是SMI大学排名给我们带来的最大启示。未来，当高等教育发展到一定阶段，科学、公正及多元有效的质量评估与大学排名，绝不会只关注和评价学术质量与声誉的优劣，而是将呈现出兼顾学术使命和社会使命的价值取向，通过制定富有内涵的、多元的、综合的价值标准，更加符合多方需求的评价体系，助推高等教育的均衡发展，充分发挥高等教育促进社会流动的价值与作用。

参考文献

[1]College Net,2014 Social Mobility Index[EB/OL]. http://www.socialmobilityindex.org/archive/2014/.2018-6-14.

[2][4][5][8][10][13]CollegeNet,2017 Social Mobility Index [EB/OL]. http://www.socialmobilityindex.org/2018-6-14.

[3][6]BusinessWire.College Net and PayScale Introduce the Social Mobility Index (SMI) for US Higher Education [EB/OL]. https://www.businesswire.com/news/home/20141016006128/en/College Net-PayScale-Introduce-Social-Mobility-Index-SMI).2014-10-16.

[7]陈金圣.促进社会流动:加州大学的举措及启示[J].比较教育研究,2017(04):76-83.

[9]韩萌.美国大学的"高学费+高资助"模式:特权抑或权利[J].教育科学,2014(10):92-96.

[11][12]陈金圣.美国大学排行的评价标准与价值取向[J].高等教育研究,2017(02):85-86.

[14][20][23]Business Wire.2017 Social Mobility Index (SMI) Identifies Universities That are Consistently Providing Low-

Income Students With Educational Opportunity [EB/OL]. https://www.businesswire.com/news/home/20171024005623/en/2017-Social-Mobility-Index-SMI-Identifies-Universities.2017-10-24.

[15]College Net,2017 Social Mobility Index[EB/OL].http://www.socialmobilityindex.org/.2018-6-14.

[16]孔令帅,蓝汉林.美国高校助学金政策探析——以佩尔助学金项目为例[J].高教发展与评估,2010(11):97-98.

[17]王悠然.美国社会流动性测算存难题——学者提议加强对多种指标的综合运用[N].中国社会科学报,2017-1-16.

[18]Rick Newman.Harvard is No. 438 in these college rankings [EB/OL].https://finance.yahoo.com/news/harvard-is-no--438-in-these-college-rankings-191356253.html. 2014-10-16.

[19]Alexandra Rice. Social Mobility Index Ranks Colleges for First-Generation Students [EB/OL].https://www.nerdwallet.com/blog/loans/student-loans/social-mobility-index/.2014-10-31.

[21]Jennifer Donovan. Michigan Tech Talks Back: Social Mobility, Return on Investment More Important than Arbitrary Rankings [EB/OL].http://www.mtu.edu/news/stories/2017/september/michigan-tech-talks-back-social-mobility-return-investment-more-important-than-arbitrary-rankings.html.2017-9-12.

[22]Scott Hernandez-Jason.Symposium explores social mobility, student success [EB/OL]. https://news.ucsc.edu/2018/03/social-mobility.html.2018-3-5.

[24]Business Wire. Winston-Salem State University Launches Groundbreaking Program to Spur Social Mobility [EB/OL]. https://www.businesswire.com/news/home/20180306005617/en/Winston-Salem-State-University-Launches-Groundbreaking-Program-Spur.2018-3-6.

[25][26][27]Alexandra Rice. Social Mobility Index Ranks Colleges for First-Generation Students[EB/OL].https://www.nerdwallet.com/blog/loans/student-loans/social-mobility-index/.2014-10-31.

高校校本化混合课程定位框架

仇晓春

一、引言

在线课程聚合平台Class Central发布的2016年全球MOOC统计报告表明，自2011年起，MOOC已经不再追求开课范围和学习者群体的大规模，而转向服务于高校常规教学。到2016年全球700多所大学开设的MOOC总数已超过6 800门，而这个数字还在呈现快速增长态势。由此可见，在线与传统教学相结合的校园混合课程，会成为全球高校教学的发展趋势。[1]

慕课浪潮汹涌而来，成果斐然。众多慕课课程及课程平台层出不穷。同时，对于大多数普通高校而言，单独开发慕课，成本较高，而直接使用慕课平台现有课程，又存在适宜性、学生监管及辅导等诸多问题。混合课程也就应运而生，混合课程是面对面课程和在线课程按照适当比例进行有效整合，促进学生以学习为目的的学习计划[2]。随着慕课的推广和研究的深入，慕课的特定方面及其与其他教学因素的结合逐渐获得关注，私播课、翻转课堂等形式不断出现。但新概念和新方式的不断涌现，却带来概念理解上的模糊和各执一词。本文认为，慕课仍是在线课程的基本授课形式。所以，为表述方便，本文仍使用"慕课"来代表相关在线课程。

多数现有混合课程研究关注翻转课堂，是由于其优于传统教学方式的学习效益[3][4]，但混合课程的价值并不仅限于此。现有研究已涉及混合课程的很多方面，比如混合模型的实施方式[5][6]、混合教学和传统教学在学生学习收益方面的差别[7]等等。混合学习评价指标也从学生满意程度发展到学生的支持、成本、努力、研究性教学等方面[8][9]。但高校校本化混合课程的建设研究还相对滞后。

本文从课程一致性与机构支持两个维度，提出混合课程的四种类型。同时，对现有研究中混合课程影响因素进行梳理，整理出与两维度直接关联的影响因素，分析了各因素在四种课程类型中的关联性。这两维度和四类型共同构成了高校混合课程校本化的定位框架。以此框架为基础，本文对现有研究中所提出的慕课类型进行了定位，借以说明该框架的解读方式及使用价值。最后，本文以核心型和拓展型两个实例，来说明如何使用该框架解读现有混合课程及其实际实施情况。

本文从高校和课程角度，分析高校面对这种混合课程，应该如何构建评价体系和指标。本文内

仇晓春，浙江大学教育学院课程与教学论专业博士研究生，西安邮电大学副教授，研究方向：教学设计。

容包括三部分：（1）现有高校层面混合课程研究综述；（2）构建校本化混合课程分析框架；（3）总结混合课程影响因素，提出混合课程构建的引导性问题。

二、混合课程及其指标

近些年，高校混合课程改革颇受关注，成果较为丰富。相关研究可以大致分为三个方面：过程阶段及内涵研究、课程类型研究和影响因素研究。

在过程阶段研究方面，早期研究认为，混合课程的典型就是精品课程，并将其分为准备、实施、评价三阶段。[10] 而格拉汉姆（Graham）等将混合式学习实施过程分为意识/探索、采用/早期实施、成熟实施/增长三个阶段，并提出了策略、组织、支持三个维度的推进策略框架。[11] 波特（Porter）进一步从策略（目的、倡导、实施、定义、政策）、组织（管理、模式、排课、评价）、支持（技术、教学、激励）三个方面描述了每个阶段的特征。[12] 联合国教科文组织提出混合教改实施框架的八个维度：愿景和规划、课程体系、教师专业发展、学生学习支持、网络教学设施、政策与组织架构、伙伴关系和研究与评估，据此划分了混合教改发展的4个阶段，即：未考虑、应用、融合和变革。[13] 此处的过程阶段研究主要是描述混合学习过程的历史发展阶段，而不全是混合课程的实施阶段。

在课程类型研究方面，张（Zhang）提出了从讲授到目标的5种慕课类型：（1）为在校生及非在校生提供学习者服务的慕课；（2）作为开放资源的慕课，是本地课程的学习材料；（3）翻转课堂，为在校生自学提供慕课内容；（4）慕课调整课程，即在校生慕课学习评价项目；（5）慕课学分转换。[14] 克劳斯（Kloos）等（2015）总结了慕课与面对面教学相融合的六种混合模式：（1）在线引导课程，使用慕课，完成课程的初步学习，之后自学；（2）翻转课堂，学生通过慕课自学，之后通过课堂教学调整、强化、应用所学内容；（3）结合面对面辅导的在线预制教学，没有面对面课程，学生自行学习慕课，准备考试，教师提供辅导；（4）面对面课程中的在线预制教学，学生将慕课内容作为面对面课程的教材；（5）面对面课程中的在线辅导，利用专家的实时或预制的在线干预，开展面对面课程；（6）结合远程辅导的预制在线教学，结合在线实时辅导，开展完全基于慕课的课程。[15] 关于“预制”的含义，将在第三部分结合内容呈现维度进行讨论。

在影响因素研究方面，有些研究从人口统计、参与率、成功率（及格/不及格）、学生与在线内容的互动（比如活跃周次、所完成的作业等等）和不同模式（如在线、面对面、混合）中的学习收益等方面，分析了基于慕课的混合课程的实施效果。[16] 也有研究测量了学生使用支持服务的情况、对慕课的态度、先前在线经历或社交媒介的使用情况、教师自我感知、教师技术素养和学生对教学质量的看法等因素。[17] 有些研究从机构支持角度分析了混合课程所涉及的基础设施需求、学生支持、学分认证、课程和教师发展、教师激励和技术支持等方面。[18]

西门子（Siemens）等提出，远程教育课程成功的主要影响因素包括：专业领域，对象群体（如成人、研究生、本科生），选择的教学方法及其支持技术的协调性，授课模式（如同步与异步），支持的交互类型（学生与学生、学生与教师、学生与内容）和教学设计与规划等。不同机构远程教育的成功实施依赖于诸多宏观和微观层面的因素。宏观因素包括技术基础设施、教学管理、教学和组织支持。微观因素包括教学人员对技术使用的态度及能力、培训体系、课程开发和学习材料质量。[19]

有些国内学者对一些高校的混合教学推进过程及其措施进行了跟踪调查和量化分析后发现了七个主要影响因素：基础设施、政策与体制、教师教学能力发展体系、对外合作、混合学习战略规划、学生学习支持体系和混合学习研究和评价机制。[20][21] 同时，研究也发现，与美国高校相比，国内高校最突出的特征是，在混合教学推进过程中，机构的行政力量发挥了决定性的作用。学校通过教学设施建设与升级、政策与体制不断完善、教师教学能力发展体系构建、加强对外合作等四个方面持续推进信息化教学的深入开展。[22] 这一点可以对应于上文西门子提出的宏观因素。

混合课程研究逐步从单个课程建设发展到课程体系和高校决策方面的探索。已有学者提出了泛在学习新生态和“泛在式大规模开放在线教育体系”（即UMOOC）的概念框架。很多国内外高校已经开展了相当的混合学习研究和实践，但国内高校较为注重课程平台和单个课程的建设，而欠缺清晰的混合教学改革愿景和整体规划，对学生没有提供足够的学习支持，针对混合教学改革的系统持续研究和评价缺失等。[23] 同时，能够在这些方面提供支持的针对性研究还是太少。高校应该如何应对课程体系的这种整合和调整，为混合课程的建设提供适宜的各项支持？这正是本文提出策略性的课程定位框架和构建思路研究的目的所在。

三、混合课程定位框架

（一）混合课程的四种典型类别及定位框架

本文从现有研究中提取了混合课程校本化的两个分析维度：（1）机构支持（横轴）；（2）与现有课程内容的一致性（纵轴）（见图1）。机构支持是指高校为开展混合课程而提供的基础设施、服务和人力资源等支持机制及其内容。[24] 低水平的机构支持，意味着高校几乎没有为混合课程提供支持。高水平的机构支持，意味着高校为混合课程投入大量的基础设施、服务和人力资源。比如，有些课程只需要提供教室，其机构支持水平就远低于翻转课堂。翻转课堂除了需要传统的教学基础设施，还需要学校在课程设置、技术支持、组织激励等方面的极大支持。有学者将这种机构支持理解为高校混合教学推动策略，分为从上到下和从下到上两种。自下而上的策略是学校只提供网络教学平台的技术支持和教师培训，表现为教师在服务体系的支持下自主开展教学改革；自上而下的策略则是由管理部门提供政策、项目和资金支持，由行政力量主导推进。[25] 本文认为机构支持存在程度差异，不同组成因素的出现与否及影响程度各有不同，不宜简单地分为非此即彼的类型。下文对混合课程的分析也明确反映出这一点。

与现有课程内容的一致性，指的是混合课程与高校现有课程体系之间的接近程度。低一致性意味着，混合课程与现有课程内容不一致，只是作为现有课程的补充。中等一致性水平是指其内容与现有课程不完全一致，可作为课程大纲的一种支撑和间接学习材料，比如参考书，其学分有时也可以获得认可。高一致性水平意味着混合课程内容与现有课程内容完全一致，成为整体课程体系的核心或之一。

不同的混合课程所获得的机构支持及与现有课程一致性各有不同。本文依据这些差异，提出四种典型的混合课程：基础型、替代型、核心型和拓展型，与机构支持和课程一致性两个维度，共同组成混合课程定位框架及参照点（图1）。

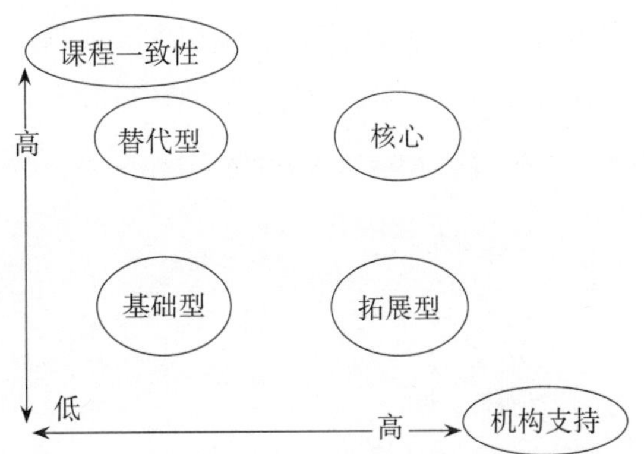

图1 混合课程定位框架及四种典型类型的定位

1.基础型（机构支持水平和课程一致性都低）：慕课等在线课程作为学生自学内容，对已有课程体系进行补充，但与之没有直接关联，或者关联不大。比如常见的新生入学教育课或者通识课，主要帮助学生掌握现有课程不涉及的内容，更新其知识结构，为正式学习进修知识铺垫。学校很少或基本不提供机构支持。

2.替代型（机构支持水平低而课程一致性高）：慕课等在线课程取代了一部分传统课程，其内容与所替代的课程之间直接一致。比如，edXmind的“Micro Master”就获得麻省理工学院等院校认可，作为一个学期的自学课程，其学分可作为硕士学分的一部分。此类混合课程因要与现有课程体系相结合，就需要教师的在线或面对面辅导，高校也需要提供网络设施和技术支持，但教师参与及机构支持的程度都较低，只略高于基础型。

3.核心型（机构支持水平和课程一致性都高）：混合课程内容与现有课程内容完全一致，成为课程设置的核心或核心之一，典型代表就是翻转课堂。比如，斯坦福大学机械专业本科课程就融入了慕课内容。此类混合课程对教师的授课方式、教学方法、相关知识等方面提出了更高的要求。同样，也要求高校在基础设施、课程设置、技术支持、组织激励等方面提供更多的支持。

4.拓展型（机构支持水平高和课程一致性低）：此类混合课程获得高校的积极支持（如提供教室、教师辅导等），但与已有课程不一致，不是课程设置的核心，通常是在前期专业学习的基础上，有针对性地拓展学生知识结构或提升综合能力。常见的如一些院校大三、大四的专业拓展课。

这四种类型只是典型代表，并不能覆盖全部。还有些其他类型，比如由教师对慕课内容进行选择，作为课堂教学材料的一部分。此类所需的机构支持非常少，与现有课程的一致性较低，甚至可以无须加以考虑。

（二）混合课程影响因素

本文从现有混合课程研究中，总结出一系列影响混合课程的因素，按照机构支持和课程一致性两个维度，进行了整理分类，并提出了这些因素在四种慕课类型中的相关性（见表1）。需要注意的是：（1）表1的因素分类及其影响程度只是整体性假设，在不同高校和教学环境中表现不一。将其整合成指标体系，有助于高校从整体上评判慕课混合学习的价值及其实施方式。但不同高校应根据各自情况灵活处置，不应存在统一规定。（2）国内很多研究依据的是格拉海姆和波特提出的3方面和12维度的混合教学改革实施措施。[26] 这些措施着眼于教学改革的整体，偏于概括性。本文是混合课程类型及建设策略研究，所以需要对现有研究从本文视角进行一定的调整。(3) 国内外混合学习或教学因素研究很多，解读各异。本文无法包含所有，所以表1只是列出了一些本文所认为的影响因素，部分因素含义也与其他研究有所差异。在涉及部分，本文会予以说明。

表1　不同类型慕课定位中指标的影响程度(*表示一般,**表示较大)

混合课程维度	影响因素	课程类型			
		基础型	替代型	拓展型	核心型
课程内容一致性	学习收益		*	*	**
	交互类型	*	*	**	**
	面对面教学时间	**		*	**
	面对面与在线成分的转换			*	**
	学分认可		**		*
机构支持	基础设施		(*)	**	**
	学生支持		*	*	*
	技术支持	**	*	*	**
	教学支持	*	*	**	**
	组织激励		*	*	**

以表1中面对面教学这一因素为例。在核心型课程中，面对面教学时间的减少，会对整个课程产生较大的推动作用。所以这一因素在"核心型"一栏中标记为"**"，表示该因素在核心型慕课中具有较大的影响程度。比如，翻转课堂中，减少面对面教学时间，能够促使教师鼓励学生更多地主动学习。当混合课程与现有课程体系不一致时，如基础型慕课，面对面教学的影响程度就远低于学生的在线学习。所以，在表2中，基础型课程栏中的面对面教学时间为空白。此时的关键指标还包括学生学习收益（经常以评估得分体现），以及慕课平台向缺乏教师辅导的学生提供的学生支持等等。

在机构支持方面，不同机构支持水平意味着高校在不同类型的混合课程上的具体投入及其方式有所不同。基础型混合课程所需的机构支持最少。由于通常缺少教师辅导，学生支持就较为突出，包括课程介绍、上网引导等。替代型在各方面的需求均为均衡。特别之处在于基础设施处，替代型有两种表现形式，一种是前文所述的"Micro Master"，以纯在线形式替代现有课程。另一种是如下文实例部分所述，以混合课程形式替代现有课程。前一种无须基础设施，而后一种对基础设施的需求与面对面课堂相仿。所以此处标记为（*）。对于拓展型而言，因为是对原有课程的拓展或提高，经常需要开展课堂教学、集中讨论及教师辅导，所以对基础设施要求较高。同时，慕课与现有课程内容的衔接，需要教师具有丰富的授课经验和高超的内容把握能力。此时，高校提供的教学支持就尤为重要。而四者中，核心型混合课程所需要的机构支持是全方位和最高的。

（三）混合课程定位框架的应用

如上文所述，克劳斯等提出了六种基于慕课的混合模型。这一分类具有较大的影响力和代表性。下文从机构支持和课程一致性两个维度，在混合课程定位框架中对这六种模型进行定位。图2首先标出了面对面课程和在线课程（图2中黑灰色圆框）。面对面课程，课程一致性很高，需要基础设施、服务和人力资源方面较高的机构支持。而远程课程，课程一致性很低，但机构支持水平较低。此二者不是混合课程，却是其基础和本文框架的重要参照点。将其标出，有助于理解该框架，以及理解不同课程类型在本框架中的定位。

面对面课程和远程课程可以以不同方式相互融合，表现为丰富多样的混合课程。可以从多个角度对混合课程构成成分进行分类解读。比如，按照授课形式，可以分为面对面与在线。按照时间进程，可以分为同步与异步。按照实施阶段，可以分为教学与辅导。这些视角的不同组合形式，使得混合课程变得非常丰富多样。需要指出的是，克劳斯的所谓预制教学，可以理解为提前制作好的教学内容，比如word、PPT、微视频、公开课等等。这是内容呈现视角，可以以面对面或在线的授课形式呈现。其相对的是实时教学。“预制教学”一词在国内研究中较少出现，但为表述统一，本文仍使用“预制教学”一词。为促进理解，图2可以以授课形式（面对面—在线）和内容呈现方式（实时—预制）两个维度重新呈现为图3。

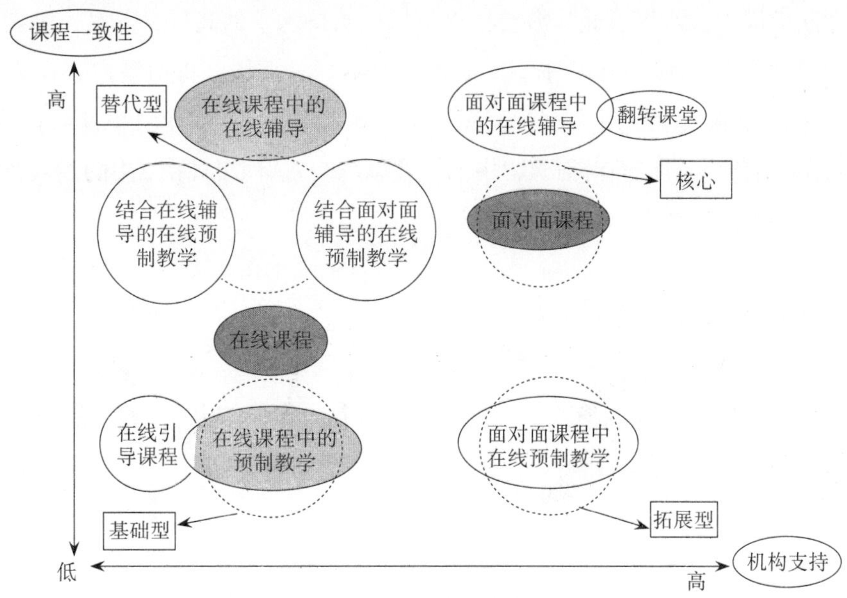

图2 现有研究中的混合课程类型定位

（黑灰色表示非混合课程；浅灰色表示本文增加的类型；虚框为图1中四种典型混合课程的位置示意。）

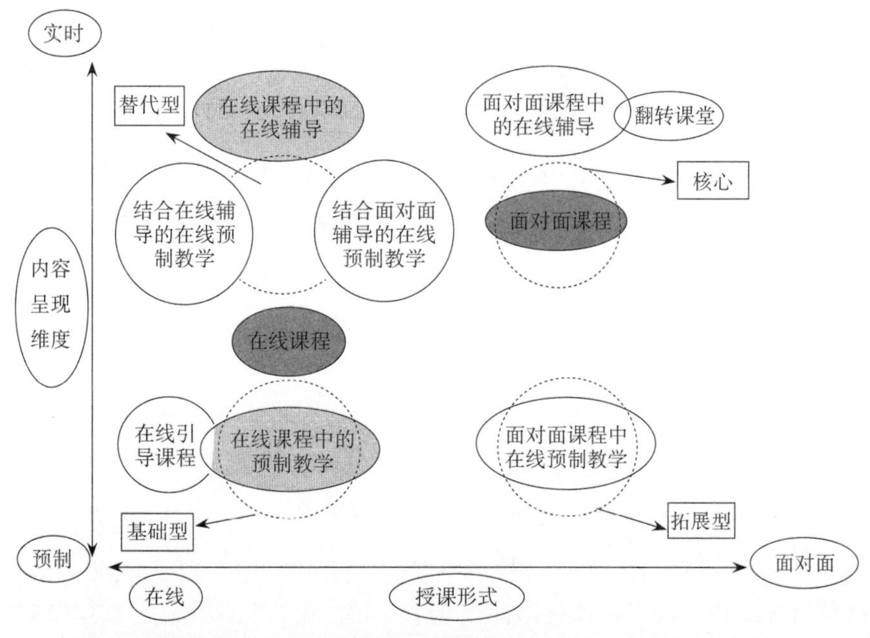

图3 现有研究中的混合课程类型定位（授课形式与内容呈现方式维度）

接着，下文从面对面课程及在线课程两个基点出发，结合结构支持和课程一致性两个维度，针对看似复杂的六模型，分析其形成方式及在本文框架中的定位原因。面对面课程与在线课程结合的典型代表就是翻转课堂。在翻转课堂中，教师需要付出更多的努力（需要更多的机构支持），提前规划面对面课堂教学内容。但在在线预制课程中，面对面时间和机构支持都少于前者。其次，面对面课程可以将现有慕课作为学习材料，而无须改变课程主体（如面对面课程中的预制在线教学）。再次，如果慕课只是单纯作为课程的补充（如结合面对面课程的远程辅导），课程整合程度也就低于上述两个类型（翻转课堂和面对面课程中的预制在线课程）。

另一方面，可以从在线课程角度进行解读。以在线课程为基础，增加面对面辅导（如带有面对面辅导的预制在线教学），可以提高机构支持水平。相反，增加远程辅导（即带有远程辅导的预制在线教学）会降低机构支持水平。此处需要指出，机构支持水平的高低，只是一种表现形式，并无优劣之分。按照这种拓展思路，可以进一步拓展克劳斯等的类型。将预制内容作为在线课程的教材，即在线课程中的预制教学（对应面对面课程中的预制教学），或者将慕课与在线辅导相结合，即在线课程中的在线辅导（对应面对面课程中的在线辅导）。这两者即图2中的浅灰色椭圆框。这就形成较为完整的对应性课程体系，有助于理解和实践。

四、混合课程策略性问题及个案分析

以上文分析为参照，下文分析了高校混合课程建设时需关注的4项策略性问题，以期有助于高校明确课程建设目标、方式、成本、评价等一系列问题，从而提高课程建设效益，促进课程体系的长远发展。

问题1：高校目标。通过该混合课程，高校希望实现哪些目标？

问题2：机构支持。混合课程的实施需要高校提供哪些支持？

问题3：与现有课程的一致性。混合课程与课程大纲的一致性如何？

问题4：实施效果。获得了怎样的实施效果？取得（或未取得）效果的原因是什么？

以此4项问题为基础，下文以笔者所在大学的两个混合课程为例，讨论如何从高校课程体系建设视角出发，评判混合课程的具体情况及其价值。需要指出的是，笔者所在大学身处“985、211、双一流”等榜单之外。出于财力、人力等因素考虑，以现有慕课平台课程为基础，尝试校本化的混合课程建设。这对于众多“非名校”且“资源不足”的国内高校而言，可能更具有代表性和研究价值。研究结果也可能更具有借鉴意义。

（一）替代型混合课程：信号与系统

笔者所在大学以中国大学MOOC平台上的“信号与系统”课程为基础，在2016—2017学年第一学期，为自动化专业本科大三学生开设了信号与系统慕课。该课程以微积分、线性代数、电路分析为基础，与现有面对面教学的信号与系统课程并行，选择两个班（74人）作为授课对象，完成课程得2个学分。授课形式为在线自学、课堂授课及练习、在线讨论相结合。

问题1：高校目标。信号与系统课整体存在几个问题。第一，学生缺乏前期基础。有些学生在前几周会逐渐跟不上课程进度。因此，学生需要强化基础知识。第二，虽然给学生提供了一些信号与系统书目，但有些学生自学能力和动力不足，较少或基本从未使用这些参考资料。同时，书籍和手册等的互动性较差，无法为学生提供足够的辅导和练习。第三，课堂时间有限，限制了学生个人练习时间和教师向学生提供个性化支持。因此，开设此混合课程的目标是：（1）利用在线学习，寻找纯课堂教学的替代方法；（2）提高学生学习兴趣和学习效果。

问题2：机构支持及指标。“信号与系统”课程由北京交通大学开发，放在中国大学MOOC平台上。教师团队非常强大。笔者所在学校也配备了专门的指导教师，可以为学生提供关于课程内容的全部支持。该慕课互动性强，有着丰富的基础练习和高级练习。所以在机构支持层面的指标方面，主要是为学生提供注册及在线学习的支持机制，向教师提供教学支持，以及在学习过程中提供的教师激励。该课程需要较高程度的组织激励，因为教师需要为学生提供辅导，开发补充性在线和面对面教学材料，帮助学生学习面对面常规课程中涵盖而慕课中没有的内容。

问题3：课程内容一致性和指标。该慕课内容与现有信号与系统课程内容完全一致，有助于学生与其他未参与混合课程的学生参加统一考试，获得学分。本地教师的授课和辅导，进一步丰富了课程的互动类型，也保证了学习内容的完整性，为学生进一步学习数字信号处理、通信原理、自控原理等后续课程奠定基础。需要指出的是，本混合课程作为试点课程，部分授课采取了翻转课堂的形式。面对面授课及讨论、练习占整体课程的2/3。本文将其归入替代型课程，但其也部分体现出核心型课程的特点。这既体现出其试点的意义所在，也体现出本文的观点：四种典型课程类型只是定位基点，彼此间并非泾渭分明。在实践中，往往相互交织，从而更具生命力及更符合实际。

问题4：实施效果及原因。由于没有设置严格的对照试验，所以学生的考试成绩无法作为实施效果的评判依据。但通过问卷调查与师生访谈，可以发现：（1）混合课程学生比其他学生对课程教学的评价更高，学习兴趣更大，尤其是对慕课内容，表现出比面对面课程内容更大的兴趣。（2）部分学生在慕课学习阶段出现不同程度的懈怠。这也是慕课学习一直为人所诟病之处。（3）教师反映教学工作时间增加，难度增大，需要更多的团队支持。所以，在未来试点中，学校将：（1）进一步增大在线学习比重至1/2。（2）提高课程系数，增加教师教学积极性。（3）扩大试点班数量，从而增加授课教师，形成课程建设团队。

（二）拓展型混合课程：中西文明比照

笔者所在大学以中国大学MOOC平台上的中西文明比照课程为基础，在2016—2017学年第二学期为英语专业本科大三学生开设了中西文明比照课程，作为专业选修课。该课程以大二西方文化课程为基础，是对现有英语专业文化课程的补充和拓展，选择一个班（28人）作为授课对象，完成课程得2个学分。授课形式为在线自学、课堂讨论及教师授课相结合，慕课内容作为课堂教学和讨论的主题和材料。

问题1：高校目标。该课程的开设是针对英语专业学生文化学习中的问题：（1）缺乏中西文化批判对比视野。学生在高中时学习了部分中西历史文化知识，在大二学习了西方文化概论课程。但没有对中西文化进行系统批判对比研究，理解程度较低。（2）现有学习材料偏于刻板，互动性差。现有高中和大学文化课程主要是纸质教材，以知识点讲解和识记为主。而学习材料的丰富性和学习过程的互动性不足。（3）学习兴趣和主动性不足。这一点来源于第二点。因此，开设此课程的目标是：（1）对现有文化课程进行补充和拓展；（2）提高学生学习兴趣和学习效果。

问题2：机构支持及指标。该课程所需要的机构支持主要是为课堂教学部分提供基础设施需求。同时，学校需要为学生提供慕课平台注册支持机制。由于主要选取慕课平台内容，不需要再提供技术支持。除了使用慕课内容作为部分教学材料，其余部分教学与传统教学相似。与前例相似，该课程也需要较高程度的组织激励。教师需要具备深厚的中西文化素养，能够熟练把握文化教学的内容选择、对照批判等方面，并根据学生已有知识，灵活调整教学内容、组织讨论。

问题3：课程内容一致性和指标。该课程属新设内容，没有并行的面对面课程。学生达到要求，即可得学分。同时，学生在线学习不占用课程时间，所以面对面教学时间及面对面与在线教学的转换两个指标在此例中未产生影响。因此，关键指标就只有学习收益和交互类型两点。首先，根据课程学习的活跃性及其使用慕课内容的方式，来分析学生的交互类型。全部学生保持全勤，其中54%的学生在慕课中表现活跃。通过课程平台活动分析可以发现，78%的学生不只是观看了课程视频，还开展了不同程度的讨论。第二，通过学生学习收益分析，可以确定混合课程的实施效果。由于没有对照组，无法通过标准化考试进行分数对比。但通过课后学生问卷调查，80%的学生表示，课程学习很有效果，使他们对中西文化有了更深入和系统的理解。这一点与前例相似。

问题4：实施效果及原因。如前所述，课程实施效果较好。同时，授课教师反映，课程对教师个人教学能力和文化积淀要求很高。高校随后需要：（1）根据师生反馈，调整课程中慕课学习与面对面教学时间分配；（2）在文化课程体系中增加文化对比课程比重，使其成为必修课。

五、结语及未来研究方向

本文提出了混合课程定位框架，旨在从高校课程组织和决策的角度，系统地探索如何基于慕课类在线课程，建构多样化的混合课程模型，并与高校现有课程体系进行不同程度的融合，形成校本化的混合课程体系。混合课程定位框架从课程内容一致性和机构支持两个关键维度出发，总结了四种混合课程类型：基础型、替代型、核心型和拓展型。这些类型可以作为高校课程建设的一种方向：如何从现有课程体系和内容出发，选定拟建设的混合课程类型，确定课程一致性水平，并由此确定结构支持水平指标及具体支持措施。该框架有助于为高校提供一个课程定位和评判的框架，从课程发展、学习收益等方面评价混合课程及其实施方式的适宜性，也有助于进行校内和校际的混合课程对比分析和经验分享。

关于未来研究方向。首先，本文关注的是如何从高校视角理解和定位混合课程。也就是说，高校实施慕课或混合课程，就表明其已经形成了课程创建政策，能够保证基础设施，所以无须考虑高校的建设策略或课程结构等因素。[27] 这就同时也指出了两个未来研究方向。第一，可以以格拉汉姆和波特的研究为基础，分析样本高校在混合学习实施阶段上的成熟程度，及相应的混合课程设计方法等。第二，可以以现有混合课程设计研究为基础，探索高校课程体系改革之路。这是一个宏大的研究主题，颇富价值。

其次，本文只关注了机构支持和课程内容一致性两个维度（或授课形式和内容呈现方式维度）。但混合课程类型研究应该开发更多维度，并结合更多的混合课程进行检验、完善和拓展。比如，教师专业素质维度、问题空间建构维度、教学设计实施的阶段维度等。最后，本框架只提供了分析思路和参照体系，还未能涉及具体的实践操作方法和指南。未来研究可以着重分析混合课程实施效果，探索混合课程标准、教学策略与方法等方面，为混合课程开发提供系统性的实践指引。

总之，混合学习及混合课程设计研究方兴未艾，尚处勃发和探索阶段。理论构建和实践探索的空间将极为可观。

参考文献

[1]孙众. 教学干预——提升混合课程质量的关键因素[J]. 中国电化教育, 2017(4): 90-96.

[2][10]张治勇, 殷世东. 高校混合课程开发探析[J]. 中国高教研究, 2010(11): 89-91.

[3][8]王佳利, 李斌峰. 基于网络教学平台校本混合课程教学效果的实证研究[J]. 电化教育研究, 2016(3): 101-107.

[4]McLean, S., Attardi, S. M., Faden, L., & Goldszmidt, M. Flipped classrooms and student learning: not just surface gains [J]. Advances in Physiology Education, 2016, 40(1): 47-55.

[5][14]Zhang, Y. Benefiting from MOOC[A]. In J. Herrington, A. Couros & V. Irvine (Eds.), In Proceedings of EdMedia 2013--World Conference on Educational Media and Technology[C]. Victoria, Canada, 2013: 1372-1377.

[6][15]Kloos, C. D, Mun ~ oz-Merino, P. J., Alario-Hoyos, C., Ayres, I. E., & Ferna-ndez-Panadero, C. Mixing and blending MOOC technologies with face-to-face pedagogies[A]. In Proceedings of the IEEE Global Engineering Education Conference (EDUCON)[C]. Tallin, Estonia, 2015: 967 -971.

[7]Joseph, A., & Nath, B. Integration of Massive Open Online Education (MOOC) system with in-Classroom Interaction and Assessment and Accreditation: An extensive report from a pilot study[A]. In Proceedings of the international conference on e-learning, e-business, enterprise information systems, and e-Government (EEE)[C], 2013: 105.

[9][16][18]Firmin, R., Schiorring, E., Whitmer, J., Willett, T., Collins, E. D., & Sujitparapitaya, S. Case study: Using MOOCs for conventional college coursework[J]. Distance Education, 2014, 35(2): 178-201.

[11]Graham, C. R., Woodfield, W., & Harrison, J. B. A Framework for Institutional Adoption and Implementation of Blended Learning in Higher Education[J]. The Internet and Higher Education, 2013, 18: 4-14.

[12][24][26][27]Porter, W. W., & Graham, C. R. Institutional Drivers and Barriers to Faculty Adoption of Blended Learning in Higher Education[J]. British Journal of Educational Technology, 2016, 47(4): 748-762.

[13]Lim C. P., & Wang, L. Blended learning for quality higher education: selected case studies on implementation from Asia -Pacific[R]. Published by UNESCO Bangkok Office, 2016.

[17]Konstan, J. A., Walker, J. D., Brooks, D. C., Brown, K., & Ekstrand, M. D. Teaching recommender systems at large scale: Evaluation and lessons learned from a hybrid MOOC. ACM Transactions on Computer-Human Interaction, 2015, 22(2): 61-70.

[19]Siemens, G., Gašević, D., & Dawson, S. Preparing for the Digital University: A Review of the History and Current State of Distance, Blended, and Online Learning[DB/OL]. [2018-05-03]. http://linkresearchlab.org/Preparing Digital University.pdf.

[20][23][25]韩锡斌, 土玉萍, 张铁道, 程建钢. 迎接数字大学:纵论远程、混合与在线学习——翻译、解读与研究[M]. 北京: 清华大学出版社, 2016.

[21]许德泓. 本科院校推进混合教学改革的影响因素研究——基于福州大学的案例研究[J]. 中国电化教育, 2016 (12): 141-145.

[22]黄月, 韩锡斌, 程建钢. 混合教学改革的阶段性特征与实施效果偏差分析[J]. 现代远程教育研究, 2017(5): 69-77.

附 录

部分参会论文摘要

附录一　会议交流论文摘要

习近平总书记关于高等教育的重要论述与高质量内涵式发展

——基于“双一流”语境及大学文化自觉视角

陈杰　刘含萌　徐吉洪[①]

摘要：实现高质量内涵式发展是新时代中国高等教育的时代主题；文化自觉作为大学的内在精神力量，是推动大学实现这一伟大变革的思想基础和先决条件。本文论述了习近平总书记关于高等教育重要论述的精髓要义，探究了新时代高等教育高质量内涵式发展的理论意蕴，最后结合实际提出了大学贯彻落实习近平总书记关于高等教育的重要论述、实现高质量内涵式发展所要求的六个方面的文化自觉。

习近平人才培养体系研究及其构建

戴吉亮　乔日娇[②]

摘要：高水平人才培养体系建设是推动新时代高水平大学建设的重要条件，培养工程创新人才关键要聚焦人才培养体系。高水平理工科大学应遵循习近平总书记在北京大学师生座谈会上讲话精神，坚持“以人为本、立德树人”教育理念，立足思政工作体系建设、学科专业体系建设、人才培养模式创新、人才队伍体系建设、管理体系建设等五大体系构建与完善具有理工特色的人才培养体系。

① 陈杰，浙江工业大学副校长、教授，主要从事高等教育管理和马列理论教学研究；刘含萌，浙江工业大学研究生，主要从事马克思主义中国化研究；徐吉洪，教育学博士，浙江工业大学政策研究室副研究员，主要从事高等教育管理研究。

② 戴吉亮，青岛理工大学发展规划处副教授、硕士生导师，主要从事马克思主义教育中国化、高等教育管理研究；乔日娇，青岛理工大学马克思主义学院硕士研究生。

在非医学类大学生健康教育课程开展思政教育的实践

徐月清①

摘要：结合课程思政的丰富内涵，分析非医学类大学生健康教育与思政教育的关联，对非医学类大学生健康教育课程中开展课程思政，提出“结合健康教育内容开展课程思政教育”“结合健康教育手段开展课程思政教育”等建议，旨在为促进非医学类大学生健康素养教育、提高健康素养水平提供思路。

校史文化融入高校思想政治理论课的困境及消解路径

刘圣兰　卢曼萍　陈中　张继河②

摘要：校史文化是建立在学校历史上的文化，反映和代表了学校的过去和现在，是文化传承的载体和纽带，具有重要的教学价值。当前，校史文化融入高校思想政治理论课陷于融入观念偏差、校史文化资源挖掘不够、融入制度不健全、融入主体自身局限等现实困境，出路在于更新融入观念、深入挖掘校史文化资源、落实融入制度保障、增强教育主体融入能力。

试论新时代社会主义理论背景下提升高校思想政治理论课的亲和力

汪辉文　杜勇③

摘要：立足当前思政教育的现状和问题，以学生的获得感和期待作为落脚点，从辩证唯物主义的规律论出发，遵循思想政治规律，遵循教书育人规律，遵循学生成长规律，切实提升高校思想政治理论课的亲和力，从而提升高校思想政治理论课教学质量。

---

① 徐月清，河北大学护理学院副院长、教授、硕士生导师，主要研究方向为社区护理、精神心理护理。

② 刘圣兰，博士，江西农业大学职业师范学院教授，主要研究方向为思想政治教育、中国特色社会主义教育；卢曼萍，江西农业大学职业师范学院副教授，研究方向：高等教育学、职业技术教育学；陈中，博士，江西农业大学职业师范学院讲师，研究方向：教育生态；张继河，江西农业大学职业师范学院院长、教授，研究方向：高等教育管理。

③汪辉文，川北医学院发展规划处处长、副研究员，研究方向：高等教育、大学生思想政治教育；杜勇，博士，川北医学院校长、教授，研究方向：医学影像学、高等教育管理。

研究生思想政治理论课专题化教学改革的实现策略

王素萍[①]

摘要：开展专题化教学，旨在培养研究生“问题意识”的养成。围绕教材内容进行重新整合，选取若干问题形成专题，进行专门探究的教学实践活动。对教学上的“问题”和“观点”起到统领的作用。专题教学的要求，在于把握教材精神和课程宗旨，以尊重研究生个性的发挥，强调多元互动为目标，达到具有问题意识的创新思维和实践意识的创新能力的“知行统一”。真正实现研究生积极主动分析问题的“自觉度”、参与课堂讨论的“热情度”、实现课堂教学的“满意度”。提升研究生的自我教育能力，从而推动研究生主动对教学内容进行判断、接受和内化的能力，坚持以教育合力来提升研究生思想政治理论课的教学实效。

新时代高校网络思想政治理论课教学生活化运行系统研究

张元[②]

摘要：高校网络思想政治理论课教育教学生活化是要将大学生的网络生活与现实生活结合起来，深化落实网络生活教育与现实生活教育的合作互补。生活化运行系统应坚持多管齐下、协调互动原则，将生活化理念渗透于高校网络思想政治理论课教育教学过程中，积极开辟网络思想政治理论课教育教学生活化课堂，加强网络技术研发，为高校网络思想政治理论课教学生活化提供物质支撑和技术保障。在理念上，坚持灌输教育与辨识教育相结合；在体系上，坚持德育文本与超文本相结合。在课堂上，坚持日常生活教育与网络课程教育相结合；在内容上，坚持网络法制与道德教育相结合；在环境上，坚持校园文化与网络文化建设相结合，强化校园社团行会组织，健全校园网络文化载体，加强网络信息监管，做好线上线下互动交流工作，为生活化环境提供技术保障。

①王素萍，哲学博士，山西财经大学马克思主义学院副教授、硕士生导师，中国社会科学院马克思主义研究院博士后，主要研究方向为马克思主义理论教育与社会发展研究。

②张元，博士，淮海工学院马克思主义学院副教授、学院党支部书记、系副主任，大连理工大学马克思主义学院博士后，研究方向为网络思想政治教育与网络社会治理。

习近平的教师观及其蕴含的教育理念

郑宏[①]

摘要：教师观是指人们对教师职业的观点与看法，习近平的教师观内容丰富，而且蕴含着深刻的教育理念。本文阐述了习近平的教师传道观及其全人教育理念；教师发展观及其终身教育理念；教师仁爱观及其全纳教育理念。习近平的教师观对如何立德树人、激励教师自我发展及促进公平教育具有重要的启发意义。

新时代中国特色高校教师德育思想建设研究

张健 李悦[②]

摘要：完善高校师德建设首先要树立教师坚定的理想信念。优秀的教师一定要将立德树人作为教育的本质要求和根本任务，不断提高自身的师德水准、加强建设高素质的教育体系。其次，高校师德建设要求教师拥有高尚的道德情操。高校师德建设，同时要求教师拥有扎实的知识功底。合格的教师应该执着于教书育人。学校应该注重对教师的专业知识的提升工作。教师是实施素质教育和创新教育的主体，当然素质教育与创新教育观念的养成绝非一日之功，要坚持由易到难、由近及远，努力把师德建设变成日常的行为准则，进而形成自觉奉行的信念理念。想要提升教师的职业素养，就是要加强其道德修养的提升，注重道德实践过程。高校师德建设，要求教师拥有仁爱之心。世界上没有两片完全相同的树叶，优秀的教师一定能够耐心地对待每一名学生，善于发现学生的优点并及时了解学生的情感状况，包容学生的缺点和不足，让所有学生都成长为有用之才。虽然教师们现有的水平已经能够应对教学中的问题，但仍然要不断地学习新知识、新技能，将所学的本领运用到现有的教学实践过程中。通过学习提升自身的文化素质，做一名让学生敬佩的学识型好老师。

教师个人的品德对高校学生的影响是任何东西都不可能代替的。教师应该关心学生的生活状态，及时发现他们学习过程中的问题并及时进行指导。教育过程中要注重科学性、针对性、灵活性。这就要求教师在引导学生的过程中思路要符合人的认知规律，根据学生不同的个性和问题选择适合的方式。现有的应试教育理念作用下，师生关系明显存在不对等的情况，为师者对教育本身虽有职责承诺，但对受教育者却又常常缺少应有的爱与责任担当。受社会制度和意识形态的影响，传统的教育伦理和教师道德缺少现代社会的平等和民主精神，学生的个性在教育中得不到应有的重视

①郑宏，教育学博士，厦门大学教师发展中心副教授，研究方向：教师发展、通识教育、大学文化。

②张健，首都体育学院副教授，研究方向：高等数学、运动生物力学、教学改革；李悦，首都体育学院研究生。

和发展。在教育现代化进程中，师德发展必须突显现代社会的价值理念，践行民主、平等、人道、自由、公正和友善的教育精神。这一价值取向与社会主义核心价值观相一致，也是现代教育伦理精神的道德主张，体现了现代师德对传统师德的扬弃和超越。

在解决重大现实问题中把习近平新时代中国特色思想引向深入

张晓明①

摘要：习近平新时代中国特色社会主义思想是针对我国正处在发展不足与不当并存、重点突破转向全面发展、更有能力和信心实现中华民族复兴关键时期以及进行许多具有新的历史特点的伟大斗争时期的时代背景而进行的理论创新，这个在实事求是基础上通过解放思想而产生的创新理论，是集针对性、系统性、科学性、人民性、开放性、实践性于一体的具有世界意义的成果，要把这样具有气势磅礴强国论、高瞻远瞩战略论、不忘初心人民论的创新理论转化为实践创新，需要在理论武装中统一思想，需要在统一思想中现实化，需要我们以关键少数带动绝大多数，在解决重大现实问题中实现理论对现实的解释与改变作用。

论国家安全教育的“思危”品质

马前②

摘要：居安思危是中华民族优秀的历史文化传统，蕴涵着丰富的唯物辩证法思想。安全教育就是防范危险的教育，其危险源于思考，因此安全教育具有“思危”的品质。国家安全教育的目标指向总体国家安全，其过程性、全面性和立体性，决定了国家安全教育是“思危”着走向总体国家安全的。

提升高校思想政治教育亲和力的路径研究

焦莹莹③

摘要：在全球化和社会主义全面深化改革的背景下，大学生思想受到网络环境的影响，普遍存

①张晓明，博士，西华师范大学教务处副处长、硕士生导师，研究方向为中国化马克思主义话语权。

②马前，博士生在读，重庆大学人事处，主要研究高等教育原理。

③焦莹莹，西安科技大学马克思主义学院硕士研究生，主要研究方向是大学生思想政治教育、高等教育学。

在思想意志不坚定、价值观冲突、缺乏社会责任感等多种问题，此现象受到了思想政治教育工作者的重视，其中提升思想政治教育亲和力是一个重要的解决问题的途径。本文主要通过分析高校思想政治教育亲和力的必要性以及其实施现状，提出提升思想政治教育亲和力的路径建议。其中最主要的就是把握好三个规律，从教学内容和方法两个角度进行优化，进而提升高校思想政治教育的实效性。

"双一流"建设中的学科发展规划：战略、管理及有效性

——基于两所一流大学建设高校的案例分析

张继龙[①]　汪磊磊　耿丽敏　陈秀平

摘要：学科发展规划是高校"双一流"建设方案的核心部分和精华所在。对两所"一流大学"建设高校的案例分析表明：学科发展规划是学科发展战略的历史映射和细致呈现；学科发展规划的制定兼有精心设计与紧急应变的特征，学科发展规划的实施以组织支持和项目引导为突出特点，学科发展规划的评估以结果导向和持续追踪为主要特色；考察学科发展规划的有效性需要进一步检视规划背后的战略思维、控制强度、逻辑遵循、共识程度等问题。

"双一流"建设视角下的地方高校转型发展研究

王晓萍　黄乃祝[②]

摘要：中国高等教育推进"双一流"建设为地方高校转型发展举办应用技术大学提供了巨大发展机遇。地方高校管理者要认真学习和充分领会我国"双一流"建设的精神实质，找准地方高校发展过程中存在的问题和困难，以四个转变和四个回归为办学指导思想，加快教育教学改革进程，为创建具有特色的高水平应用技术大学做出贡献。

产业结构升级背景下应用型高校学科建设的现状、问题与对策

——基于四川18 所转型试点院校的实证分析

叶怀凡　王石薇[③]

摘要：通过对四川整体转型试点高校学科专业结构与产业结构变化情况进行描述性分析及两者

①张继龙，上海师范大学教育学院副教授。

②王晓萍，博士，湘南学院校长、教授，从事高等教育管理研究；黄乃祝，博士，湘南学院副教授，从事教育培训与理论研究。

③叶怀凡，四川文理学院高教研究所副所长、副研究员，从事教育改革与发展研究；王石薇，四川文理学院高教研究所科长、助理研究员，从事高等教育理论研究。

协调性的实证分析，结果表明：学科专业建设与产业结构调整基本协调，尚存在缺乏专业动态调整的主动性和前瞻性；缺乏统筹布局，部分专业重复设置；缺乏合作共建，产学结合不紧密等问题。提出试点高校学科专业建设的三条建议：主动适应产业结构调整，建立专业动态调整机制；主动对接产业集群化，建设区域学科群；主动构建利益共同体，强化产教融合实效。

中国特色世界一流大学和一流学科建设标准及绩效评价研究

冯用军 赵雪[①]

摘要："双一流"战略是国家意志、民族大计。"双一流"大学已成为主要发达国家抢占科技创新制高点的重要载体，建成若干中国特色鲜明的世界一流大学、学科与专业是实现中国和平崛起与中华民族伟大复兴"中国梦"的客观要求。在科学解构中国特色世界一流大学、一流学科战略部署前提下，对中国大学进行客观分类和特征质化，进而系统构建中国特色、世界接轨的"双一流"建设标准及绩效评价体系并进行验证，可为国家动态监测、跟踪评估"双一流"建设进展和成效提供参考借鉴。

"双一流"背景下地方高校学科建设之逻辑转向与路径选择

黄彬 刘盾 陈想平[②]

摘要：创建一流学科是"双一流"建设的关键举措。地方高校学科建设面临政策资金支持不足、办学经验条件欠缺、平台建设高度不够等困境与阻力。当前，由于产业需求升级转变，知识生产模式加速迭代转型，问题导向和现实驱动倒逼地方高校学科建设突破传统知识分类学逻辑，积极服务地方产业需求、引领区域转型发展、合理善用竞争环境、有效避免同型现象、精准聚焦行业问题、深入推进产学研用协同创新等，努力构建支撑引领区域产业技术需求的一流学科。

①冯用军，博士，唐山师范学院教授、硕导，北师大博士后，京津冀高等教育发展研究中心主任，安邦研究院院长暨安邦中国大学评价创新团队主任，研究方向为高等教育学、教育政策与评价、大学排名与发展战略；赵雪，唐山师范学院讲师，研究方向为思政教育、高教管理。

②黄彬，博士，东莞理工学院高等教育研究所所长、副研究员，研究方向为大学学术治理，大学法治；刘盾，教育学博士，东莞理工学院高等教育研究所助理研究员，研究方向为地方高校教育研究、工程教育研究；陈想平，东莞理工学院教学监测与评估中心主任、研究员，研究方向为高校教育质量评价、高校教学改革创新。

"双一流"建设评估困境何以突破

——从教育部第四轮学科评估结果引起舆论风波谈

刘尧[①]

摘要：自从统筹推进"双一流"建设被提出尤其是实施以来，高等教育界就达成了一个基本共识：没有一流学科就没有一流大学，办一流大学就是办一流学科。然而，令人费解的是，进入"双一流"建设名单的少数高校确实没有一流学科，尤其是教育部第四轮全国高校学科评估结果显示，一些"双一流"建设高校没有A+学科，甚至有28所高校进入"双一流"建设的32个一流学科未获得A。显然，新时代开启的"双一流"建设遭遇了评估困境。科学认识与极力突破这一评估困境，是"双一流"建设达到预期目标的必然选择。"双一流"建设目标可否达成关键在于评估，"双一流"建设评估绕不开世界大学排名但不能被排名牵着鼻子走；"双一流"建设评估体系要彰显中国特色，构建多元评估机制；"双一流"建设评估要慎用优胜劣汰，要引导高校分层定位与分类发展。

"双一流"背景下的一流制度建设研究

梁国利　姜红[②]

摘要："双一流"建设和一流本科建设需要一流高等教育制度保障。一流高等教育制度就是要"激发和展现高等教育的制度活力"。高等教育的制度活力能够激发高等教育制度的创新力、能够发掘高等教育制度实施主体的潜力和活力、能够提高高等教育效能。只有"以教育思维办教育、优化外部环境、主管部门必须简政放权、明晰并遵循制度活力路径"，才能激发并展现高等教育的制度活力，才能形成一流的高等教育制度。

一流学科建设背景下教授治学运行机制

杨岭　毕宪顺[③]

摘要：以善治推一流是学科建设的一个重要思路。学科之治是教授治学的重要职责和关键内

①刘尧，浙江师范大学教育评论研究所教授、所长，主要从事教育评论学、高等教育学和教育评价学研究。

②梁国利，博士，沈阳化工大学高等教育研究所所长，主要从事高等学校治理、大学战略管理研究；姜红，硕士，沈阳化工大学高等教育研究所，主要从事高等学校管理研究。

③杨岭，教育学博士，集美大学教师教育学院讲师，主要从事教育学研究；毕宪顺，鲁东大学教授、博士生导师，主要从事教育管理与政策研究。

容。教授治学契合了学科建设中知识组织化趋势，是突破学科治理困境的有效选择，是提高学科软实力与核心竞争力的重要途径。教授治学要从决策机制、权力制衡机制、监督机制、外部参与机制、法治保障机制、文化契合机制的构建和完善入手，着力推进一流学科建设。

坚持四个回归，打造一流本科教育

金一粟 陈立章 曹丹 韩雷[①]

摘要：在推进“双一流”建设过程中，围绕“为谁培养人”“培养什么人”“怎样培养人”的问题，中南大学开展了深入的学习和实践。以“回归常识、回归本分、回归初心、回归梦想”为指引，从课堂内外的赋能增负、教师教学综合评价、课程思政的专项建设、专业结构优化等层面推进教育教学综合改革，深层次促进学生的学、教师的教、学校的办学，对系统建设和提升我校本科人才培养质量起到了积极的作用。

我国边疆民族地区“双一流”建设：意涵、困境与路径

徐吉洪[②]

摘要：边疆民族地区“双一流”建设是国家“双一流”建设战略目标的重要组成部分。从概念视角来看，边疆民族地区“双一流”建设具有地理、政治、经济、文化等领域特定的和多元的基本意涵。从现实问题来看，边疆民族地区“双一流”建设存在理念、基础、资源、体制等方面的困境。为推进边疆民族地区“双一流”建设，需要着力转变发展理念，用足国家政策，夯实发展基础，创新体制机制，巧用地缘优势实施周边国际化战略。

①金一粟，博士，中南大学本科生院科长、副教授，研究方向：教育管理、教师教学发展；陈立章，中南大学副校长、教授、博士生导师，研究方向：教育管理，传染病流行病学研究；曹丹，中南大学教师教学发展中心科长，研究方向：现代教育技术与教学管理；韩雷，中南大学创新创业教育办公室科长，研究方向：创新创业教育。

②徐吉洪，博士，浙江工业大学政策研究室副研究员，研究方向为高等教育政策。

"双一流"高校视阈中的本科教学质量外部保障体系建构研究

孟克　陆珂珂①

摘要：随着2017年国家"双一流"建设名单的公布，经过多年酝酿的"双一流"建设政策正式进入实施阶段。加快一流大学和一流学科建设强调要形成开放竞争、动态调整与激励约束机制，明确要求我国高等教育段全面加强本科教学质量，包括采取科学合理的外部力量评估等举措，促使高校不断加强内涵建设，建立新的高校本科教学质量保障体系。本文认为，"双一流"高校视阈下，提高本科教学质量，首先要引导人们树立合理的教学质量观，在明确教学质量保障主体、教学质量保障目标及教学质量保障内容的前提下，试图建构由政府主导、市场、行业机构与用人单位、企业、社会舆论、社会中介及高校自身等全方位积极参与、全面评价的本科教学质量外部保障体系，以求促进我国本科教学质量的提高。

高水平本科教育与高等教育强国之路

苏永建　李枭鹰②

摘要：本科教育是高等教育的基础。高等教育发展的历史与实践表明，本科教育的兴衰关系到高等教育的存亡，高水平本科教育成就高等教育强国，建设高等教育强国离不开高水平本科教育，建设高等教育强国要求加快建设高水平本科教育。建设高水平本科教育需要确立系统思维，既要做加法，也要做减法，应树立多元共生的质量观并激发高校和大学教师提高本科教育质量的内生动力，应坚持以人为本的制度创新。

①孟克，博士，南京信息工程大学教务处工作人员、副研究员，研究方向：高等教育管理、双一流大学建设、大学-产业协同创新等；陆珂珂，博士，南京工业大学科技处工作人员、副研究员，研究方向：高校科技管理、大学科技园、高等教育管理等。

②苏永建，教育学博士，大连理工大学高等教育研究院讲师，主要从事高等教育社会学研究；李枭鹰，大连理工大学高等教育研究院教授，博士生导师，主要从事高等教育基本理论研究。

双一流背景下人力资源开发与国际竞争力提升的模式分析

张丽[①]

摘要：人才、智力的开发和国际竞争力是重点研讨的两条相辅相成的主要线索，而人力资源开发的战略意义在于为提升一国的综合国力和教育竞争力提供有效的阶梯。围绕着为双一流建设提供有效的模式借鉴和必要的理论参考等核心内容，依据人才开发驱动系统的差异性进行有效的模式分析，即资源驱动模式、数据驱动模式、综合驱动模式、人力资本驱动模式。继而，通过对国际竞争力关键指标的研讨，对核心竞争力多元构成观等流行思潮进行经验和理论分析。最后为教育竞争力的有效提升提出拾遗补缺的建议，即分析得出在我国有哪些尚处空缺的国际性指标需要填补数据空白。

大文化观视野下中国产生世界一流大学困境的根源省思

王飞[②]

摘要：从文化作为存在于人类社会整体之中并贯穿于社会结构的各个层次之中的大文化观念来看，发达国家世界一流大学产生的文化根源是得益于本国本社会的知识体系、价值体系与意识形态体系三个体系的彼此独立与高效运转。本文立足于这个根源，在深刻剖析近代中国从辛亥革命到五四运动以来的开放派（西化派）与保守派（新儒家）两大派别知识分子关于理性主义和感性主义追寻的基础上，从科学民主崇拜与传统文化崇拜两个范畴对支撑一流大学产生的文化根源进行了省思。研究发现，中国至今都难以产生世界一流大学的深层根源在于价值信仰系统与社会政治系统未得到分化的政教合一，理应彼此独立的知识体系、价值体系与意识形态体系三个体系在中国社会里裹挟在一起；如此三位一体的三个体系在新时代中国建设世界一流大学的进程中，由于这种纠缠不清的传统惯性，在既要能够为一流大学的自由、理性与法治提供价值层面的合理性基础和又要能够引领中国大学在21世纪的一流走向展现一个崭新的意义世界上存在着一定的挑战。

①张丽，博士，天津市教育科学研究院副研究员，研究方向为高等教育理论及比较高等教育。

②王飞，博士，曲靖师范学院教师教育学院副院长、副教授、硕士生导师，研究方向为高等教育与教师教育。

"双一流"建设背景下中西部高校内生动力问题研究

——以部省合建中西部14 所大学为例

蒋红霞　辛越优[①]

摘要：在统筹进行"一流大学"与"一流学科"建设、实施《关于深化教育体制机制改革的意见》的新时期，国家采取部省合建新模式支持中西部14所高校发展，成为进一步解决我国高等教育发展不平衡不充分问题的重大举措。在制度支持下，部省合建高校将会获得更多政策体系与支持措施上的帮扶。但若想解决发展中的"代际差"问题，部省合建高校亟须破解制约内生动力的因素，即学科、专业与课程建设不协调，硬件投入比例过大，人才储备不足，行政管理与后勤服务能力建设落后等。具体来说就是要摒弃"聚焦思维"和"懒汉思维"，通过全员参与和组织创新，建设以中心保障为目标发展资源均衡型教学、以特色建设为目标发展项目导向型科研、以组织凝聚为目标发展平台共享型管理、以渠道畅通为目标发展枢纽汇聚型服务、以服务区域为目标发展价值引领型文化，实现部省合建高校的内涵式发展。

加快"双一流"建设 推进天津高等教育内涵式发展研究

杨振[②]

摘要：深入学习和贯彻国务院"双一流"建设方案，不断增强天津市高校核心竞争力、加快推进高等教育内涵式发展，是现阶段天津市高校的首要任务。本文从对比国内兄弟高校在第四轮学科评估的基本情况的客观数据入手，综合分析天津市高校战略发展形势，对比各高校"双一流"建设的目标、定位、战略路径选择，建议统筹推进天津市"双一流"建设，以重点优势学科建设为突破，强化学科的核心作用，差异化建设特色学科，大力筹措和整合优势办学资源，对于不断提升天津市高校的核心竞争力，持续推进天津市高等教育高水平内涵式发展具有重要意义。

①蒋红霞，教育学博士，贵州大学团委副处级干部、讲师，研究方向：教育基本理论；辛越优，教育学博士，浙江大学公共管理学院博士后研究人员、助理研究员，研究方向：教育政策、教育战略发展。

②杨振，天津大学发展战略研究中心科长、讲师，研究方向：高等教育研究。

以教学为业：一流本科教育建设中教学型教师发展的理据、价值与制度构想

李永刚[①]

摘要：一流的本科教育需要一流的教师教学，以教学为主业的大学教师在一流本科教育建设中具有重要价值。该群体目前发展所面临的困境，很大程度上是由于传统教学与科研关系认识论的影响。在教师个体层面，是否直接从事研究与知识传授内容之间并无必然联系，知识传授只是大学教学的一部分；科学研究过度的专业化与精力投入对教学有负面影响，教师与学者二者的风格与气质并不相同，好学者未必是好教师。从历史源起来看，教学型教师曾是古典大学教师的主要形态，在学术工作日益专业化的今天，大学对教学型教师的需求再次显现。教学型教师的发展需要构建稳固、明确的职业发展通道；提高职业准入门槛；加强教师开展教育教学研究、相关教学主题的整合型研究的学术能力；健全教师教学专业发展支持体系；建立多元主体、多样化内容的评价体系。

世界大学排行榜中我国综合类大学的位序变化分析与思考

高晓清[②]　吴敏　龙吟沐熙

摘要：THE、QS、ARWU 是全世界影响力最大的三大大学排行榜。我国综合类大学进入 THE 前 400 名的大学从 2012 年 17 所减少到 2017 年 13 所；进入 QS 排行榜的大学从 13 所增加到 22 所；进入 ARWU 排行榜的大学从 19 所增加至 33 所。以 100 名为排行榜等次，我国综合类大学进入等次越高，数量越少。各所大学在同一排行榜中的位序，在不同年度与不同的排行榜中，都会发生一定的变化。运用 SPSS16.0 软件，进行多元回归分析。发现 THE 对我国综合类大学位序波动影响最大的是教学、研究和论文引用；QS 是同行评价、生师比和论文引用；ARWU 则是 PUB、N&S、HICI。大学虽然不能迷信排行榜，但对大学排名影响因素分析，仍然有利于促进大学的内涵发展。

①李永刚，博士，天津大学教育学院讲师，研究方向：高校教师教学、学位与研究生教育。

②高晓清，湖南师范大学教育科学学院教授、博士生导师，主要从事比较高等教育和高等教育原理研究。

新加坡高等教育发展趋势、经验与挑战

——基于教育治理视角的审视

乔桂娟①

摘要：我国正在由教育大国向教育强国迈进，作为教育强国的新加坡在高等教育方面有许多经验足资借鉴。自20世纪80年代以来，新加坡一直高度重视改革和重组高校，发展的主要趋势可概括为：集权化的分权、大众化、全球化、市场化和国际化、创业化。新加坡发展高等教育的经验很特别，如在大众化阶段仍坚持实行精英教育，但同时也存在着一些悬而未决的问题，包括国家干预与学术自由、族群差异与机会不均、过度重视国际学生与忽视本地学生等方面的矛盾和非平衡性。

美国文理学院社会创业教育：原因、路径及启示

黄兆信　卓泽林②

摘要：明德学院是美国一所顶尖的私立文理学院，其成熟的社会创业教育模式与完整的社会创业教育体系使其在创业型文理学院中脱颖而出。本文阐述了明德学院推行社会创业教育的内外部因素，从课程、项目与活动、师资队伍、组织机构和相关利益者的协作网络分析了明德学院社会创业教育的实施路径，揭示了明德学院如何将社会创业教育融入博雅教育的大背景中，通过体验性课程体系、相关部门协同作战构建社会创业文化以及开放的互动模式使得“来到明德学院的学生将学会参与世界”，并最终形成了具有明德学院特色的社会创业教育生态系统。

美国大学社会服务职能的历史变迁及其机制

魏署光③

摘要：作为大学的一项专门职能，社会服务职能最早出现于美国大学。以1862年《莫里尔法案》颁布、1914年一战爆发、1980年《拜杜法案》颁布三个历史节点为标志，可以将美国大学社

① 乔桂娟，教育学博士，东北石油大学教育科学学院副教授，研究方向为比较高等教育。

②黄兆信，博士，温州医科大学创新创业教育学院院长、教授，主要从事创业教育研究；卓泽林，教育学博士，华南师范大学国际与比较教育研究所讲师，浙江省哲学社会科学重点研究基地兼职研究员，主要从事创新创业教育和湾区教育研究。

③魏署光，博士，华中科技大学教育科学研究院副教授、硕士生导师，研究方向为院校研究、大学组织理论与变革、大学与社会互动机制、大学生学习与发展。

会服务职能分为四个发展阶段。分别是以大学世俗化为倾向的社会服务理念萌芽期，以知识推广为重点的社会服务理念确立期，以联邦为主要服务对象的社会服务实践发展期，以科技成果转化为杠杆的社会服务职能成熟期。大学社会服务职能变迁中，联邦政府主导着社会服务范式的转变；产业与大学的前期合作为政府政策出台提供了市场基础；大学为更好履行社会服务职能而主动进行组织设计；大学、产业和政府跨界融合而成“三螺旋”创新模式。结合我国情况，大学应超越“象牙塔”，企业应发挥主体作用，政府应发挥主导作用，并创新大学评价体系，共同提升大学对经济社会发展的贡献度。

世界一流大学绩效评价研究与镜鉴

——以多伦多大学为例

赵红卫[①]

摘要：绩效评价在高等教育领域的理论自证和实践建构正日趋完善，世界一流大学在高校绩效评价方面始终走在世界前列，多伦多大学作为较早开展绩效评价的世界一流大学，在实践中积累了丰富经验。通过对多伦多大学2016年度绩效评价报告的研究，表明其在指标构建、数据来源、信息发布、以评促建等方面具有鲜明的结构性、权威性、公开性、实践性等显著特征。镜鉴多伦多大学的绩效评价经验，对丰富完善我国高校绩效评价体系，持续推进高校信息公开工作，进一步加快我国“双一流”大学建设和高等教育管办评分离，均具有十分重要的实践价值和现实意义。

斯坦福建设世界一流大学的经验及其启示

刘子实　平雪花[②]

摘要：在知识经济和高等教育竞争全球化的今天，建设世界一流大学已成为国家战略。本文通过对世界一流大学标准问题探讨，以斯坦福大学成功经验作为个案研究，从学术氛围、自由理念、人才引进、产学研联动发展等方面对比并分析我国创建世界一流大学的现状以及差距，立足我国国情，从坚守“中国特色”一流理念、加强师资建设和管理、完善高校内外管理机制以及打造一流学科品牌等视角，提出对策，以期推动我国一流大学建设有序发展，实现成为高等教育强国的中国梦。

①赵红卫，博士，河南财政金融学院副教授，主要从事高等教育管理、高校会计审计研究。

②刘子实，管理学博士，西安体育学院党委副书记、副教授，研究方向：高教管理；平雪花，陕西省职业技术学院，学前教育学院辅导员。

日本国立大学法人化改革前后权力的迁移

刘根东　袁青[①]

摘要：近年来高等教育发展迅速，与此同时也暴露出一些问题，例如教育经费短缺、教育质量下降等。为了解决这些问题，公立大学法人治理制度被各国广泛提及。日本也不例外，经过长时间的酝酿与准备，于2004年4月颁布《国立大学法人法》，正式赋予高等学校特殊法人地位，对高等学校进行大刀阔斧的改革。国立大学法人化改革是一次全方位的变革，从政府与高校的关系到高校内部组织机构都发生了根本性改变，多项权力发生了转移，这对于日本高等教育界而言是具有跨时代意义的一项举措。本文以日本国立大学法人化改革中权力的迁移为视点，研究国立大学法人化改革的背景、内容和各方面政策等，着重分析各方面改革中涉及权力变化的部分，并尝试剖析权力变化隐藏的内在逻辑，为我国大学治理研究提供一定的借鉴。

根据区域经济发展需求，发展食品科学与工程学科

王晓茹　王颉[②]

摘要：河北在京津冀一体化战略中具有重要地位，在河北办好食品科学与工程一流学科，对保障京津冀区域的食品营养与安全具有重要作用。河北省食品科学与工程学科2016年入选河北省政府重点建设的一流学科，在科学研究、人才培养、社会服务、传承文化和社会化服务等方面做出了较大的贡献，但距京津冀对人才培养的需求还有较大的差距。进一步加大政府财政投入，加强平台建设和师资队伍建设，推进学科发展的国际化进程，是促进该学科发展的有效途径。

地方普通高等学校服务区域经济社会发展研究

——以西安C学院为例

李丽辉[③]

摘要：一个国家和地区国民素质的高低、科技型人才的规模和数量、国民创新能力等因素在一定程度上决定了该国家或地区能否取得优势地位，也是影响其国际竞争优越性的核心因素。而无论

①刘根东，南通大学教育科学学院硕士生导师；袁青，南通大学教育科学学院研究生。

②王颉，河北农业大学教授。

③李丽辉，经济学博士，西安财经学院高教研究所所长、教授、硕士生导师，研究方向：高等教育管理与产业经济学。

是国民素质的培养还是国民创新能力的提升，均依赖于该国家或地区的高等教育水平。随着新常态经济的到来，区域经济急切需要优化升级的陕西省只有依托本省高等教育的独特“人才、科技、创新和知识供给”优势，协调高等教育与区域经济发展，并发挥前者对后者的作用是关键。本文全面总结和梳理了高等教育服务区域经济社会发展的必要性、陕西高等教育服务区域经济社会发展面临的现实问题以及西安C学院服务陕西区域经济社会发展的基本做法及确定的运行成效，为我国地方高校综合改革提供些许借鉴与参考。

地方高校助推区域通航产业发展的路径研究

——以南昌航空大学为例

郭卫[①]

摘要： 在全国各地纷纷抢占通航产业发展先机之际，江西省牢牢抓住通航产业发展机遇，将其纳入战略性新兴产业予以重点扶持。作为在江西成长起来的行业性大学，南昌航空大学可以利用自己雄厚的办学基础和独特的学科优势，在服务江西省通航产业发展方面有所作为，以实际行动助力江西“航空梦”的早日实现。

产教融合特色学院建设路径探讨

——基于宁波高校的视角

潘菊素[②]

摘要：高等教育如何深化产教融合校企合作，如何加快一流学校和一流专业建设，如何支撑区域产业经济发展的需要，这些已成为当前在助推宁波“名城名都”建设中宁波高等教育自身亟待破解的问题。根据高校学科专业群建设的需要，学科专业—产业链的对接发展规律，产教融合校企合作平台建设的发展趋势，宁波特色学院应运而生。宁波特色学院要从打造一流的学科专业群、深化办学体制机制改革、加强高水平师资队伍建设、增强服务经济社会发展的能力、提升国际化办学水平、凝练和提升学院办学特色等方面进行策略思考，提出解决的路径。

①郭卫，南昌航空大学发展规划处处长，研究方向：为区域经济社会发展。

②潘菊素，宁波城市职业技术学院副院长、研究员，研究方向：高等职业教育。

非中心城市高职院校内涵发展对标分析研究

隋立国[①]

摘要：“对标管理”（Benchmarking Management）是企业通过寻找最佳案例和标准，持续进行对照分析、寻找自身存在的差距与不足，不断改进提高，加强内部管理的一种方法。选择在区位、专业、历史和影响力方面具有相同或相似特征先进院校作为标杆进行比较分析，能够发现差距，找到先进院校好的做法、先进的思想观念，为优质职业院校建设提供可借鉴的经验和做法。

高等教育服务农村社会的政策支持及其扩展路径

孙涛[②]

摘要：从城乡二元对立到城乡一体化发展，需要充分发挥高等教育的作用。近年来，中央政府已出台多项政策，包括实施农村贫困地区专项招生政策、特岗教师计划与免费师范生政策、引导和鼓励高校毕业生到基层工作的意见、一村一名大学生计划和自学考试面向农村工作的意见，寄望以此提升农村存量人口的人力资源质量并吸引高素质人才服务于农村社会，从根本上破解困扰农村发展的人才瓶颈。与此同时，发展农业高等教育、创办农村社区学院以及健全农业科技支持和推广体系，可以有效释放高等教育活力，助力高等教育担负起推进城乡二元结构消解的时代角色，进而加快城乡一体化进程。

行业院校服务地方经济社会发展初探

苏海泉[③]

摘要：在高等教育不断发展和内涵化的建设中，行业院校在区域经济社会发展中能够起到重要的作用。行业院校在办学中，要以特色化为理念，将行业优势转变为服务地方优势；以特色化的人才培养模式，培养卓越工程师；加强学科建设，与地方发展深入结合；发挥大学人力资本、科学研

①隋立国，潍坊工程职业学院教授，天津大学教育学院在读博士，研究方向：职业技术教育学。

②孙涛，管理学博士，东北师范大学教育学部、教育部人文社会科学重点研究基地东北师范大学中国农村教育发展研究院副教授，主要从事高等教育管理、农村教育学研究。

③苏海泉，辽宁工程技术大学副教授、校团委副书记（主持），研究方向：组织行为学、高等教育研究。

究、参政议政等作用，服务地方经济社会发展。

高等教育服务“一带一路”建设现状及对策研究

彭秀芳① 蒋学皎

摘要：“一带一路”倡议的实施为高等教育改革与发展提供了新的机遇，也提出了新的挑战。服务“一带一路”建设是新时期高等教育的重要历史使命。文章首先分析“一带一路”背景下相关教育政策；其次从沿线国家高等教育合作交流、“一带一路”语言教育、“一带一路”人才培养三方面重点论述高等教育服务“一带一路”建设现状及问题；最后，文章结合教育合作与交流覆盖范围不广、教育资源区域分布不均、人才培养适应度不够等问题，提出政策制定、交流机制等方面的建议。

基于标准的教育考试公平性研究

贯洪芳②

摘要：本文首先对美国《教育与心理测量标准》《ETS 质量和公平性标准》中有关考试公平性的内容进行解读分析后，提出并描述包含2个层级、9个方面组成的中国教育考试公平性保障框架及其内涵。最后以少数民族考生群体、残疾人考生群体、预防和打击考试舞弊等3方面为例探析中国教育考试公平性的实践，并提出政策和法律手段应相辅相成、重视以教育与心理测量理论为基础的考试技术手段的应用以提升教育考试公平性的建议。

考试与招生联动：高考科目改革的价值、困境与对策

季青春③

摘要：高考综合改革涉及考试科目改革和招生录取改革2个方面，招生录取改革以考试科目改革为基础。本轮高考科目改革呈现出一定的价值取向：有利于扩大高考主体的权利、有利于缓解“一考定终身”的压力、有利于理顺统一高考与学业水平考试的关系。高考综合改革在实施中，出

①彭秀芳，重庆交通大学高等教育研究所副所长。

②贾洪芳，教育学硕士，教育部考试中心科研发展处副研究员，研究方向：教育考试理论政策、开放教育等。

③季青春，南京工业大学招生办公室副主任、讲师，研究方向：招生管理和教育管理。

现了诸如科目选择权的落实、考试次数增加带来的负担、统一高考与学业水平考试的分数如何组成等问题。通过相关理论解析其成因，并对高考科目改革提出建议：通过权重设置实现考试与招生进一步耦合；分值重构实现考试与招生进一步分离；一档多投实现考试与招生进一步协同。

一流大学建设高校自主招生：现状、问题与对策

——基于一流大学建设高校2017 年自主招生简章的文本分析

高宏赋[①]

摘要：自2015年自主招生政策调整后，一流大学建设高校的自主招生在报名规定、考核安排、录取政策等方面呈现出新的变化，取得了一定的积极成效，但仍然存在一些矛盾和问题，并在某些方面产生了负面影响。在高考综合改革全面推进和加快"双一流"建设的新形势下，一流大学建设高校的自主招生应随政策调整而循序创新，更好地促进公平和科学选才。

论人才培养能力作为高校核心竞争力

——基于大学课程教学体系的思考

胡莉芳[②]

摘要：习近平总书记在2018年5月2日北京大学师生座谈会上的讲话中提出了大学培养人才要做好的3项基础性工作是坚持办学正确政治方向、建设高素质教师队伍和形成高水平人才培养体系。从高校实际工作出发，完善高校课程教学治理体系和构建大学学科、专业、课程的协调体系是形成高水平人才培养体系、构建高校核心竞争力的重要一环。

地方理工科院校学生学习成效评价的路径研究

吴秋凤[③]　张博

摘要：学生学习成效影响着教育质量的提升。地方理工科院校作为我国高等教育发展的重要组成部分，其教育质量影响着我国工程教育质量。探究学生学习成效评价的内涵，找出地方理工科院校进行学生学习成效评价所存在的问题并分析原因显得尤为重要，但最为重要的是要在进行学生学习成效评价的多条道路中，选择最佳路径，从而达到提升工程教育质量的最终目的。

①高宏赋，厦门大学教育研究院博士研究生，潍坊科技学院校务委员、人文社科学部部长、教授，研究方向：高等教育管理及大学发展战略。

②胡莉芳，博士，中国人民大学教育学院教授。

③吴秋凤，哈尔滨理工大学高教研究与教学质量评估中心教授，主要从事院校研究。

新工科信息化创新创业多样化人才培养模式视域下的学科与专业研究

孙德林　孙安媛　李丽珍①

摘要：进入新时代，亟须我国高校工程教育加快创新创业教育综合改革。本文从新工科建设的创新创业教育研究出发，探索了新工科信息化创新创业多样化人才培养模式的相关问题，着重对该人才培养模式所涉及的学科门类、专业类和专业等方面进行了分析、筛选与分类。这些研究工作将有利于深入进行相关人才培养模式的理论研究和实践应用，对开展新工科创新创业教育的研究与实践具有积极意义。

完善过程管理制度提高研究生学位论文质量

张意忠　仇雪萍②

摘要：根据过程管理流程，高校研究生学位论文涉及选题、开题、中期检查、论文评审与答辩等环节，每个环节包括过程策划、实施、监测与改进等程序的相关制度。加强过程管理制度，有利于保障研究生学位论文质量。高校学位论文过程管理存在制度文本不够完善、制度落实不到位的问题，需要完善过程管理制度，创新机制，强化制度落实。

工程应用型本科院校课程改革的若干思考

夏建国　李小文③

摘要：随着时代发展，应用型本科院校势必要进行课程改革以满足新经济对人才培养的新要求。首先要明确高级应用型人才的培养定位；其次要紧跟产业发展，更新课程内容，着力体现应用性；再次，在课程实施上要灵活教学、理实结合，服务区域、校企合作，国际视野、搭建平台；最

①孙德林，江西师范大学教授，江西省高性能计算重点实验室研究员，主要从事“互联网+”、信息化创新创业教育、电子商务领域研究；孙安媛，江西师范大学教授，主要从事高等教育领域研究；李丽珍，江西师范大学本科生，主要从事“互联网+”、电子商务领域研究。

②张意忠，博士，江西师范大学教授，主要从事高等教育管理研究；仇雪萍，江西师范大学高等教育学专业硕士研究生，主要从事高教管理研究。

③夏建国，上海工程技术大学校长、教授、博士生导师，主要研究方向为高等技术教育；李小文，华东师范大学职业教育与成人教育研究所硕士，研究方向：高等职业技术教育。

后，在课程评价方面，要做到评价主体多元化，评价内容标准化，评价方式实践化。

"健康中国"战略下高等中医药院校创新创业型人才培养体系构建研究

姚凤祯[①]　王贺　于钦明

摘要：随着"健康中国"战略的推进，中医药大健康产业快速发展，社会对中医药创新创业型人才需求不断增加，高等中医药院校创新创业教育的重要性也愈发凸显。高等中医药院校创新创业教育要从教学理念、课程体系、教学方法三方面入手，构建"健康中国"战略下高等中医药院校创新创业型人才培养教育体系，使医学生成为符合"健康中国"战略和"大众创业、万众创新"战略发展需要的新世纪人才。

中外合作院校大学生留学意愿的现状及影响因素分析

旷群[②]

摘要：教育全球化的大环境下，我国逐渐成为世界上最大的留学生输出国，留学人数增长迅猛，留学多元化和差异化趋势明显。研究中选取中外合作院校学生为样本，通过问卷调查分析社会文化、学校、教育、个人成长与发展四大留学促进因素和跨文化适应能力、国际形势、家庭因素和国内吸引力四大留学阻碍因素对留学意愿的影响程度。结果显示社会文化因素和学校因素对大学生留学意愿的影响最大，其次为教育因素和个人成长与发展因素；跨文化适应能力因素是最主要的制约因素，对国际形势不稳定的担忧、缺乏家庭支持以及国内吸引力等因素会在不同程度上阻碍学生的留学选择。研究发现中外合作办学的教学模式对学生的留学意愿起到了积极作用，但对学生的跨文化适应能力的培养有待加强。

地方高校实施整体转型重构应用型人才培养体系的研究与实践

——以吉林工程技术师范学院为例

甄国红　方健　杨宁[③]

摘要：学校作为吉林省首批整体转型试点院校，牵头成立了"吉林省地方本科高校转型发展联

①姚凤祯，博士，黑龙江中医药大学党委副书记、教授，主要从事高等教育管理研究。

②旷群，博士，上海大学悉尼工商学院讲师，研究方向：高等教育管理及国际教育。

③甄国红，吉林工程技术师范学院高教研究所所长，教授，研究方向：高等教育教学；方健，吉林工程技术师范学院电气工程学院院长、教授，研究方向：专业教学法；杨宁，吉林工程技术师范学院高教研究所教研管理科科长、讲师，研究方向：高等教育教学。

盟”。近年来，学校在明确了地方高校实施整体转型的基础与核心工程的基础上，提出了地方高校应用型人才培养体系构建的基本框架，探索践行了地方高校应用型人才培养体系建设的推进模式，取得了显著成效。

大学生生态文明素养教育现状研究

——基于吉林省高校样本的调查与分析

何桂云　李雪玉①

摘要：大学生生态文明素养教育是促进中国生态文明建设的重要基础。本研究以吉林省高校为样本，对大学生生态文明素养教育现状进行问卷调查。研究结果显示，大学生生态文明素养知识掌握得不全面，具有忧患意识，行为较为积极，其生态文明素养教育层次较低，素养在性别和父母的受教育程度上存在显著差异，素养与知识、意识、行为和教育呈正相关。高校应通过建设生态文明的校园环境、教学内容、教育实践活动等途径来改善大学生生态文明素养教育现状。

基于大数据技术的高校学生服务体系研究综述

蔡建淮②

摘要：大数据时代，使得利用先进的信息技术建设高校大数据学生服务平台成为可能。国内外不少学者已经开展了卓有成效的探索，但大多是在教育某方面单项管理工作上的应用。建设大数据高校学生服务体系，通过大数据对学校所有学生的所有数据信息化整合和重构，能够提高学生服务的精准化和个性化、增进高校决策的科学化、推进教育管理的信息化、促进大学治理的现代化。

“三三三”本科教育培养体系的构建与实践

刘华东　马建山③

摘要：中国石油大学（华东）长期树立“人才培养是本、本科教育是根”的理念，坚持以学生发展为中心，系统构建“三三三”本科教育培养体系，全面打造一流本科教育。本文系统地阐述了

①何桂云，教授，长春理工大学光电信息学院高教所所长，主要从事高等教育研究和生态文明建设研究；李雪玉，硕士研究生，长春理工大学光电信息学院学生工作处，主要从事思想政治教育研究。

②蔡建淮，南京邮电大学高等教育研究所所长、研究员，研究方向：高等教育管理。

③刘华东，博士，中国石油大学（华东）副校长、研究员，研究方向：高等教育理论、高等教育管理；马建山，中国石油大学（华东）教务处科长、助理研究员，研究方向：高等教育管理。

学校“三三三”本科教育培养体系的基本内涵和改革实践，对高水平大学建设一流本科教育具有重要的借鉴意义和推广价值。

导师学术指导风格与博士生创新行为的关系研究

——基于北京地区四所高校工科博士生的实证分析

王悦[①]　马永红

摘要：研究从关心博士生学术能力发展与科研任务两个方面来表征导师的学术指导行为，提出导师学术指导风格的四方格模型。并以《导师学术指导风格量表》和《博士生创新行为表》为测量工具，以北京地区四所高校工科博士生为样本，采用问卷调查法，分析了导师学术指导风格与博士生创新行为的关系。研究发现，在四种不同类型的学术指导风格中，博士生会产生不同的创新行为表现；导师关心学生学术能力发展与关心科研任务都会对博士生的创新行为产生正向影响，但是关心学生学术能力发展的学术指导对创新行为具有更强的影响作用。

智造社会大学课堂教学的重构

——大学教学内向型改革的微观视角

张继明[②]

摘要：大学教学要实现真正意义上的创新，就必须观照以智能创造为标识的新社会生产对劳动者素质的新要求。在智造社会，培养创造性适应力将成为个体获得生存发展的关键能力，而这需要以卓越的学习能力为基础，因而基于学习能力的创造性适应力就成为大学教学改革的核心价值导向。为此，大学教学改革应由外向型向内向型范式转变，将教学创新的落脚点置于课堂教学的改革上，构建“基于学生自主合作研究的课堂教学模式”。在此新模式下，课堂教学经历了意义与流程的再造和重构，学生的学习能力和创造力得以充分训练，从而获得适应智造社会的可能空间。重构课堂教学，培养学生基于学习能力的创造性适应力，是大学教学及其改革的方向。

---

①王悦，教育学博士，北京航空航天大学副研究员，主要研究领域为研究生教育管理。

②张继明，教育学博士，济南大学高等教育研究院校聘教授、硕士生导师，山东省高等教育改革与发展研究院兼职研究员，主要从事高等教育理论与管理研究。

专业认证与专业综合改革的实践探索

——以X 高校为个案

董立平[①]

摘要：论文以X高校为个案，从X高校专业认证的进程、专业认证与改革的主要关键点、存在的主要问题及其改进建议等方面，阐述了专业认证对推进专业综合改革、提升专业内涵建设水平、提高人才培养质量的重要实践价值。

本科课程设计质量评价体系的构建与应用

——以公共基础课程为例

赵春鱼[②]　杨彩霞　李战国

摘要：对设计质量的忽视在一定程度上成为制约本科课程质量提升的重要因素之一。研究以本科公共基础课程为例，运用德尔菲法，通过两轮意见征询构建了本科公共基础课程设计质量评价指标体系。该体系由4个维度27个指标组成，4个维度分别为课程目标设计、课程内容设计、教学方法设计和课程考核设计。并在J高校两门本科公共基础课程中进行试点应用，为当前本科课程质量评价提供了一个新的视角和可供借鉴的工具。

新时代中国特色社会主义高等教育思想视野下的医德教育内容构建

——传统儒学精华嵌入当代医学大学生德育教育探微

杜勇[③]　汪辉文

摘要："德育为首，五育并举"是党的基本方针对德育的基本定位，也是学校教育的基本规律。中国儒家思想博大精深，是世界德育思想的重要组成部分之一，更是我们中华民族的思想宝库，学习和掌握儒家思想对于帮助学生建立正确的世界观、人生观、价值观很有益处。在医学院校基础教育中融入儒家思想教育能够更好地增强教育的感染力和影响力。把儒家"仁爱"的思想融进课堂、融进教学，能够更好地促进当代医学大学生课堂德育的健康发展，让医学生从行动和心灵上去珍视生命，善待生命。

①董立平，博士，厦门理工学院高等教育经济与管理研究所教授、研究员，研究方向：院校研究、大学课程与教学。

②赵春鱼，博士，中国计量大学副研究员，研究方向：高等教育及教育质量管理。

③杜勇，博士，川北医学院校长、教授，研究方向：医学影像学、高等教育管理；汪辉文，川北医学院发展规划处处长、副研究员，研究方向：高等教育、大学生思想政治教育。

立德树人：大学体育的时代使命、价值基础、实践进路

齐立斌[①]　盛正发　赵雄辉　王果

摘要：全面落实立德树人是高等教育的根本任务。大学体育肩负着立德树人的时代使命，是高等教育本源、国际潮流、新时代中国特色社会主义教育事业发展所决定的。本研究认为，体质教育是大学体育立德树人的物化、意识培育是大学体育立德树人的内化、道德塑造是大学体育立德树人的社会教化；提出了着力彰显大学体育立德树人的特质、构建大学体育立德树人的教育体系、挖掘传统体育资源的立德树人功能、尊重个体差异实现体育教育机会均等、大力提高体育教师的师德水平等实践进路。

基于学科牵动战略的新型本科医学人才培养模式的构建与实践

管又飞[②]　肖晶　杨宏爱　刘薇薇　姜海

摘要：医学院校培养高素质创新型卓越医学人才是推进健康中国建设、促进卫生事业发展的重要保障。大连医科大学围绕“双一流”建设、教育供给侧结构性改革和地方高校转型发展的新要求，针对医学院校“学科、师资、教学”不能充分融合和协同的难题，以一流医学学科建设为抓手，组建优秀师资队伍，突出“医学科学、医学人文、医学实践”三要素，助推医学专业发展，构建了促进医学生“科学精神、人文精神和实践能力”全面发展的特色新型人才培养模式。经过10年具体实践，基于学科牵动战略的新型本科医学人才培养模式初步形成，学校5个年级医学专业实施完整的创新医学教育体系、实践育人平台、学科人才优势，极大地提升了医学生的科学素质、人文素养和实践能力，为学校高素质创新型卓越医学人才的培养提供了路径支撑，为省部级地方医学院校在健康中国战略指引下如何进一步深化医学教育教学改革提供了借鉴思路。

①齐立斌，博士，在站博士后，湖南省教育科学研究院副教授，研究方向：学校体育。

②管又飞，长江学者特聘教授，现任大连医科大学副校长、博士研究生导师，主要从事医学教育、教育管理和基础医学的研究。

工程教育专业认证标准与普通高校本科专业类教学质量国家标准衔接基础探析

尤伟[①]

摘要：当前全球高等教育的主题是提高质量，国家双一流战略的提出和实施，根本目的是提高人才培养质量。专业是人才培养的基本单元，专业标准是评价和保障本科人才培养质量的依据，专业认证标准与普通高校本科专业类教学质量国家标准是衡量教学质量要求的两个不同标准，研究两者衔接问题具有重要理论意义与实用价值。工程教育专业认证标准与普通高校本科专业类教学质量国家标准之间的共同点与差异性是两者衔接的基础，两者衔接的过程中应考虑到高等教育质量观、建立以“学为中心”持续改进的理念，引领社会、行业对教育需求以及学科自身发展水平，融入国际标准元素，推进人才培养质量提升。

高校化学类本科专业人才培养中专业课程的设置研究

李东祥[②]　李春芳　张婧　徐洁

摘要：大学教育中专业课程设置是实现专业人才培养目标的核心。本研究通过调研国内外部分高校本科化学类专业的专业基础课程、专业核心课程和专业延伸课程的设置情况，提出了本科化学类专业人才培养中合理设置三个层次课程的依据和建议，明确了专业课程结构，为制定本科化学类专业的人才培养方案提供了参考依据。

地方本科院校新工科人才培养举措

赵宇[③]　刘军　张志强

摘要：我国新经济和新兴产业的发展使新工科建设应时而生。面对新工科建设，地方本科院校应深刻认识其建设内涵和宗旨，明确新工科人才特征，把以产业需求为导向调整专业设置、以协同发展为共识创新人才培养模式、以保障体系为抓手提升人才培养质量作为地方本科院校培养新工科人才的主要举措。

①尤伟，教育学博士，南京邮电大学教务处副研究员，主要从事高等教育理论与政策研究。

②李东祥，博士，青岛科技大学应用化学专业负责人、应用化学系主任。

③赵宇，黑龙江省教育科学研究院高等教育研究所副研究员，主要从事高等教育管理研究。

从社会变迁看研究生培养机制改革

左崇良[①]

摘要：研究生教育在整个社会与经济发展中具有特殊地位，并具有显性功能和隐性功能。研究生教育的发展与社会变迁存在复杂而微妙的因果关系，社会发展的不同时期，研究生教育及其改革呈现出不同的特点。改革开放以来我国研究生培养机制改革持续深化，这与社会变迁紧密相关。同时，研究生教育是社会变迁的动因之一，主要体现在培养高层次人才、传递新的意识形态、进而推动科技发展、经济振兴、文化繁荣与政治革新等方面。推进研究生培养机制改革，需要顺应社会变迁，充分发挥研究生教育的多重功能。

从封闭到开放

——大学生专业选择的制度困境分析

庞海芍　郇秀红　单敏[②]

摘要：长期以来，我国大学生所学专业与兴趣不符合现象较为严重，专业、职业倾向与职业选择的一致度更低，严重影响了人才培养质量。统得过死的专业选择与转换制度无疑是主要原因。针对封闭型、半开放、全开放三种专业选择模式的利与弊，本文从制度变迁的动力机制、制度演进的路径依赖、制度背后的价值基础分析了大学生专业选择机制从封闭到开放的制度困境。

高校人才培养的改革趋势

——基于招生、培养、就业的文本分析

韦颖　浦虹　石琦琪[③]

摘要：教育部《招生培养就业联动12条：推动高校形成就业与招生计划人才培养联动机制》中提出：高等学校要主动适应社会经济需求，主动对接国家重大战略需求，解决重大战略问题，储

①左崇良，博士、博士后，衡阳师范学院教育科学学院副教授，江西师范大学硕士生导师，主要从事高等教育研究和教育法学研究。

②庞海芍，博士，北京理工大学人文与社会科学学院研究员，从事高等教育管理、通识教育、教师发展研究；郇秀红、单敏，北京理工大学教育学毕业研究生。

③韦颖，教育学博士，云南师范大学国际学院副教授，主要从事大学生就业、高等教育管理研究；浦虹，博士，曲靖师范学院教授，主要从事外语教师教育与发展、英语课程与教学论和云南少数民族地区外语教育研究；石琦琪，云南师范大学高等教育与区域发展研究院硕士研究生，主要从事大学生就业、高等教育管理研究。

备战略人才为经济社会的发展提供坚强的人才支撑和智力保障。高等教育如何主动服务和融入国家发展战略，提高高校人才培养质量是关键。本文通过对高校招生、人才培养、就业三者之间的文本进行分析，以高校人才培养为导向，意在探索高校以学生综合评价为依据的招生制度和以提升学生综合能力的人才培养制度改革，为构建就业与招生、培养的反馈、预测及优化调整的联动机制，以促进高校人才培养改革，更好地实现高校毕业生更高质量和更充分就业。

高等工程教育学生学习成果的鉴别：基于工业界视角

余天佐①

摘要：正当我国提出并实施“中国制造2025”重大发展战略之际，却遗憾地发现为此提供智力资源的高等工程教育还不能很好地适应工业界的需求。事关重大。工程教育必须“回归工程”“回归实践”，必须系统研究工业界的需求。本研究立足于工业界视角，在收集和分析国内外文献的基础上，鉴别出工业界认为重要的工程教育学生学习成果460个；采用亲和图分析法，归纳出学习成果要素56项。就重要程度而言，这些学习成果要素被分为三个层级，其中最重要层级上的学习成果要素与美国工程教育专业认证EC2000具有密切的对应关系。

现代测量效度视角下的大学教学评价

陈劲松②

摘要：高等教育的教学评价是一种广义上的教育和心理测量，有效性与现代测量效度理论相吻合，同时又会牵涉到众多复杂的教学因素，这种二元性容易导致研究中教学论与测量学的脱节。本文尝试通过现代测量效度理论的新视角去重新审视大学教学评价的各个环节，并探讨进一步解决问题的研究途径。考虑到高等教育的复杂性和多样性，我们把测量效度的内涵重塑为评价内容、过程和方法、数据和模型、校标关联、评价后果五个层面，并以此为基础反思教学评价。我们希望新的视角能有助于构建更加健全和成熟的高等教育评价体系，同时能开辟结合教学论和测量学的教育研究的新范式。

①余天佐，博士，上海交通大学机械与动力工程学院讲师，研究方向：高等工程教育、高等教育评估。

②陈劲松，博士，中山大学心理学系副教授，研究方向：心理测量、研究方法、教育测评。

高校内部治理现代化标准的思考

宋鸿雁①

摘要：有关国家治理体系现代化与教育治理现代化标准的相关研究为高校内部治理体系现代化标准的设定提供了良好的基础。高校在治理主体和治理方式等方面具有特殊的要求。基于上述考虑，论文提出以民主化、制度化、科学化、开放化、高效率与人本性作为高校内部治理体系现代化的标准，并论述了各标准的主要观测点。

完善中国特色一流大学内部治理体系的思考与建议

刘路②

摘要：本文以中国内地发展水平较好的C9大学为例，对C9大学当前存在缺乏对先进治理文化的充分关照、社会力量参与大学治理的作用还未能完全凸显、以学术委员会为核心的系统性学术决策体系仍然比较薄弱等治理问题进行了思考，提出了向利益相关者宣传和灌输以共同治理为核心的大学治理文化、完善董事会制度、完善学术决策机构的工作机制等完善中国特色一流大学内部治理体系的建议。

二级学院治理的特征：基础性学术性自主性

吉明明③

摘要：二级学院治理是大学治理在学院层面的体现，是治理理论在学院组织中的实践应用，是学院内外部利益相关者以民主、协商、互动等方式参与学院重大事务决策的结构和过程。二级学院与大学的构成关系之"基础性"是二级学院治理在"结构"方面的特点；"学术性"所凸显的是二级学院这一学术组织的根本理想；而"自主性"则是"治理文化"在二级学院治理中的映射。

---

①宋鸿雁，教育学博士，西北政法大学研究员，研究方向：比较高等教育管理。
②刘路，清华大学教育研究院博士后，研究方向：高等教育评价与管理。
③吉明明，博士，南通大学教育科学学院研究员、硕士生导师，主要从事高等教育管理与研究。

论理事会在公立高校治理体系中的职责与建设

杨科正　周国栋[①]

摘要：实施理事会制度是现代大学制度建设的基本要求，且十分有助于大学外部治理体系与内部治理体系的有机统一。自教育部《普通高等学校理事会规程（试行）》颁布以来，我国公立高校普遍开始建立理事会（董事会）制度，但却存在着理事会定位模糊、功能弱化、运行虚化等方面问题，需科学设定理事会定位职责、人员组成和运行规则等关键问题，促进具有“中国特色，世界水平”的大学治理体系建设。

大学的学术范畴与“大学术”理念的构建

李锦奇　何平　李连梅[②]

摘要：文章在介绍大学学术的形成与发展基础上提出了“大学术”概念，基于多种学术属性扩展了高等教育的学术范畴。从“大学术”角度来定位不同类型大学的学术范畴，不仅符合在实现科学研究、人才培养和社会服务方面的办学目标，还能对大学学术的构成与特征具有深刻的认知，有利于构建不同类型高等教育的学术定位。研究表明，在大学学术定位与发展中，不仅存在着基于“学”与“术”专业属性的学术范畴，还存在着基于“学”与“术”教学属性的学术范畴，以及基于“学”与“术”实践属性的学术范畴。并且，大学学术发展模式的特征应是寻求专业“学”与“术”的相互融合、教学“学”与“术”的相互融合、实践“学”与“术”的相互融合。

高校专业设置管理的现实困境及机制构建

魏小琳[③]

摘要：政府赋予高校专业设置自主权，有利于高校专业设置的更新与优化，增强教育的有效供给，但专业设置自主权同时也是“双刃剑”。调研发现，高校专业设置管理中的焦点在于如何解决

①杨科正，宝鸡文理学院高教研究中心主任、发展规划处处长、教授、硕士生导师，宝鸡市人民政府特约研究员，主要从事地方高校发展研究；周国栋，宝鸡文理学院高教研究中心副主任、发展规划处副处长、副教授。

②李锦奇，博士，辽宁警察学院院长、研究员，研究方向：高等教育管理；何平，辽宁警察学院教授，研究方向：管理科学与高等教育；李连梅，辽宁警察学院助理研究员，研究方向：院校研究。

③魏小琳，博士，浙江越秀外国语学院教授、副校长。

"一收就死、一放就乱"问题。需要进一步理清政府、高校与社会的关系，建立起"政府宏观监管、高校自主设置、社会有效监督"的专业设置管理机制：教育主管部门加强顶层设计，建立专业建设宏观监管机制；高校强化质量意识，建立专业质量协同机制；社会建立有效沟通与监督机制，实现间接管理。

大学教材与文化创新

吴小鸥①

摘要：大学教材作为大学内涵发展的核心文本，是承载大学如何培养人的重要载体，不仅关系到大学的学术生产力，更是引领国家文化创新的灯塔。大学教材蕴含"高深学问"，是引领大学生创新发展的重要指针；大学教材彰显"文化理想"，是国家树立文化自信的重要表征。大学教材在强调"问题意识"和"学科前沿"中文化创新；在凸显"多元交叉"和"学术思想"中文化创新；在呈现"多样形态"和"个性表达"中文化创新。大学教材的文化创新是中国学术独立的标识，引领中国现代化的水平。

新时代构建高校"大思政"教育体系的时代价值与实现路径

沈沛龙　王素萍②

摘要：构建与新时代发展相契合的"大思政"教育，旨在突破思政课程与其他学科的壁垒，坚持"立德树人"为中心，推动"思政课程"向"课程思政"转变，在方法上强调全员、全过程以及全方位等育人模式。真正实现高校思政教育合力，促进教育环境有序发展，这既是回应新时代高校思政教育的时代要求，也是新时代高校思政教育使命的必然选择。文章基于已经成为丰富教学资源的党的十九大精神的理论脉络，从"大思政"教育体系的内涵、构建高校"大思政"教育体系时代意义，以及"大思政"教育体系实现路径等方面进行思考。

---

①吴小鸥，教育学博士，宁波大学教师教育学院教授，研究方向：百年中国教科书启蒙。

②沈沛龙，山西财经大学教授；王素萍，山西财经大学副教授。

军队院校内部教学质量保障体系建设应重点关注的几个问题

马建华　焦万合[①]

摘要：开展教学质量保障体系建设，加强教学质量监控，是当前国内外高校进行教学质量管控的重要抓手和有效举措。在军队院校内部教学质量保障体系建设奠基起步和加速推进之际，为确保军队院校内部教学质量保障体系建设的科学性、可行性、有效性和行稳致远，我们认为必须高度关注五个方面的问题：校园质量文化建设、运行机制建设、工作人员能力素质建设、利益相关者分析和元评价研究。

高水平地方应用学院的内涵界定与多元发展路径探讨

王小兵[②]

摘要：从知识发生学出发，按照知识应用的深度与广度，地方应用学院可以进行地方应用技能学院、地方应用技术学院、地方应用研究学院、地方创业大学等多种发展类型定位，这些办学类型办学成效有所不同，知识应用的深度逐步加深、广度逐步扩大，难度也有所加大。这样一来，可以避免地方普通本科高校在向应用型转型、创建高水平地方大学的过程中，从一种同质化办学走向另一种同质化办学。

二级学院治理的探索：理念、制度与行动

索凯峰　薛吉宝　刘足云[③]

摘要：合理的大学内部治理结构是一流大学建设的制度和组织保障。二级学院治理作为大学内部治理的核心内容和重要环节，对于激发二级学院办学活力具有重要意义。近些年，H大学坚持“学院办大学”的理念，推进以调适校院两级责权利为主要内容的校院两级管理体制改革，二级学

---

① 马建华，陆军炮兵防空兵学院教学考评中心教授，研究方向：教学管理；焦万合，陆军炮兵防空兵学院副教授，研究方向：教学质量评价。

② 王小兵，博士，湖南工学院学科建设中心负责人、教授，研究方向：高等教育学。

③ 索凯峰，博士，湖北经济学院发展规划处副处长，研究方向：高等教育学、高等管理；薛吉宝，湖北经济学院发展规划处处长、副研究员，研究方向：大学发展战略规划；刘足云，湖北经济学院发展规划处科长，研究方向：高等教育管理。

院主体地位凸显，发展活力迸发。其中，J学院以建设试点学院为契机，立足院情，探索建立资源、权责、制度、工作流程合理配置的学院治理结构，取得了阶段性进展。

中国大学内部治理结构研究综述

张浩①

摘要：对国内发表于核心期刊中关于大学内部治理结构的研究成果进行了综述。发现国内学者对于大学内部治理结构的权力结构存在二元论、三元论和四元论等三种观点，研究的理论视角有利益相关者理论、新制度经济学、治理理论和权力制衡理论等几种，对于存在的问题，研究者非常关注行政权力与学术权力的重新分配以达到突显学术权力的目的，同时研究者还提出管理体制中的权力重心下移，以及完善利益相关者参与渠道等改革策略；国外研究结果也为国内研究提供了丰富的素材。文章最后提出了大学内部治理结构是否有效及如何评价的问题。

回归工程创新方法：新工科教师课程开发能力构建

刘文华②

摘要：新工科作为我国高等教育的新生事物，是应对新的工程实践的创新。新工科之“新”对教师课程能力提出了新的要求。但是，由于重视程度不够、没有掌握新工科课程开发手段、教师自身缺陷等问题，新工科课程开发实践滞后。为此，我们需在加强课程战略地位、科学组织、探索课程开发技术、加强关键点监控等几方面来解决这些问题。

高校创业教育教师的创业能力如何提升？

——基于1 134 位教师的实证分析

黄扬杰 黄蕾蕾 张艳姿③

摘要：新时代高校创业教育师资队伍建设要以机制创新为突破口，以创业能力为落脚点。基于1 134份问卷的实证分析，首先通过12个因变量指标，得出一个创业总体能力公因子；其次以自变

① 张浩，中国石油大学（北京）高教研究所所长、发展规划处副处长、助理研究员。

② 刘文华，博士，上海电机学院高教所副研究员，研究方向：高等教育理论与课程。

③ 黄扬杰，管理学博士，温州医科大学中国创新创业教育研究院副教授、院长助理，主要从事学术创业领域研究；黄蕾蕾，温州医科大学中国创新创业教育研究院助理研究员；张艳姿，温州医科大学硕士生。

量的25个测量指标的因子分析，得出创业教育教师创业能力提升的影响因素有学习–培训机制、激励–考核机制、合作–交流机制、管理–支持机制四个公共因子；再次结合3个控制变量，运用回归分析，得出自变量和控制变量均显著回归，其中学习–培训机制最为关键，其次依次是交流–合作机制、管理–支持机制和激励–考核机制。

应用型大学教师教学发展理念变革与体系重构

宋丽丽[①]

摘要：核心素养是个人生存和发展过程中应具备的最基本、最基础、最根本的素养。为顺应全球教育变革、秉承我国教育传统、关照教育改革实践，国家启动学生核心素养和学科核心素养培养行动。教师是学生核心素养和学科核心素养培养的关键要素；教学是培养学生核心素养和学科核心素养的主要途径。教师教学发展必须坚持全新发展理念、创新发展内容结构、构建科学发展体系。从发展理念上要深刻变革，主动适应核心素养理念要求，着重关注发展学生适应终身发展和经济社会发展要求的知识、能力和品质。从发展内容上拓展重构，教师专业知识结构要与核心素养结构体系相一致，教学技能与核心素养培养要求相衔接，教学设计要与核心素养养成规律相适应。从发展体系上要开拓创新，着力构建职前职后衔接、课内课外统筹、线上线下融合、研训交评一体的发展体系。

改革开放以来我国高等教育思想的演进

余小波　范玉鹏[②]

摘要：改革开放以来，我国高等教育思想的演进主要经历了四个阶段：20世纪70年代末到80年代中期的思想解放；20世纪80年代中期到90年代的思想探索；20世纪末到21世纪初期的思想深化；21世纪以来的思想升华。高等教育思想演进的基本逻辑是，人才观从重视知识传授，到强调能力发展，再到全面素质提升；价值观从服从政治需要，到服务经济建设，再到主动促进人和社会的发展；发展观从外延式发展到内涵式发展；改革观从单一局部改革到全面综合改革。改革开放以来，高等教育思想演进带给我们的主要启示是，必须始终坚持正确思想的引领、坚持思想解放、坚持与中国国情紧密结合、坚持集中最广大人民群众的智慧。

---

① 宋丽丽，厦门大学教育研究院博士研究生，研究方向：高等教育基础理论研究、中外合作办学。

②余小波，湖南大学教育科学研究院院长、教授、博士生导师、从事高等教育质量与保障研究；范玉鹏，湖南大学教育科学研究院博士生，从事高等教育管理研究。

大学嬗变中的不变

——世界高等教育规律探寻的逻辑起点

付八军　马陆亭[①]

摘要：自大学诞生以来，大学以高深学问作为服务产品从未发生过改变，以人才培养作为基本目标从未发生过改变，以社会需求作为办学起点从未发生过改变，以办学经费作为第一资源从未发生过改变。高深学问、人才培养、社会需求、办学经费四大要素相互关联缺一不可，决定了大学改革与发展的基本骨架，其他要素都可以由此派生而来，成为探寻高等教育规律的逻辑起点。

论高等教育学的生存逻辑

张晓报　易红郡[②]

摘要：当前高等教育学的生存性危机为反思其生存逻辑提供了契机。高等教育学作为应用学科的属性决定了它需要“兼济天下”，发挥对高等教育实践的服务作用，但从内修与外治的关系而言，其首要任务是“先善其身”，提高自身的学科实力与水平，以此证明学科的专业性，并在“双一流”建设的多学科博弈中生存下来。然而，作为研究高等教育的专门学科，高等教育学相比其他学科在学科实力、人才培养等方面并没有表现出足够的专业性，出现了知行分离的严重问题。因此，高等教育学要“善其身”，就亟待知行统一，将学科研究及成果与本学科的实践结合起来，从而发展和保全自身，即高等教育学的生存逻辑应是：知行统一→先善其身→兼济天下。

大学能力与政府善治

凌健[③]

摘要：大学能力的呈现在一定程度上取决于大学面对特定外部治理环境做出的理性选择，良好的治理有利于提振大学能力。由于政府的过多干预和管控，中国大学的能力建设偏好单一指向政府意志，致使大学能力建设局部迟滞。大学能力与大学主体性密切关联，提升中国大学能力迫切地需

---

①付八军，教育学博士，绍兴文理学院教师教育学院教授，主要从事高等教育研究；马陆亭，教育部教育发展研究中心高教室主任、研究员、博士生导师，主要从事高等教育研究。

②张晓报，教育学博士，湖南科技大学教育学院讲师；易红郡，教育学博士，湖南师范大学教育科学学院教授。

③凌健，浙江工业大学现代大学制度研究中心常务副主任、副教授，主要从事现代大学制度构建研究。

要大学与政府进一步建立有利于大学主体性显化的良性关系建构。要实现政府对大学的善治，需以政府责任的有限性重新定位于大学治理，以政府职能转变的契机为中国大学能力的提升创造机遇。

大学能力与“双一流”建设

张凤娟①

摘要：大学发展的实质是大学的基础能力和支撑能力建设与提升的过程，是大学服务和推动国家战略的过程，“双一流”建设政策便是基于新时代中国建设一流大国的战略需要提出的提升大学能力的重要举措。然而，在“双一流”建设的过程中，许多大学以指标达成而非以能力提升为导向，导致在建设行为上的数据化、功利化和非理性化的倾向，消耗了大量的建设成本，却无法有效提升大学能力。引导中国大学从以指标导向的办学取向转向“面向国家重大战略需求，面向经济社会主战场，面向世界科技发展前沿”的大学能力建设，在服务于国家战略、社会发展乃至引领人类进步的过程中提升能力应成为“双一流”建设的根本追求。

大学能力与教师发展

张鹏②

摘要：建设高等教育强国关键在于提升我国大学的整体能力，提升大学能力的突破口与落脚点在于促进教师发展。教师发展必须嵌植于大学组织，并体现大学发展需要，面向大学能力提升是教师发展的题中之意。“办一所怎样的大学”决定“大学需要怎样的教师”，大学的使命自觉催生了教师适应转型的内在需求，而大学能力建设的目标决定了教师发展的重心。教师发展的实质是提升教师的学术生产力，需要通过组织变革破除制约教师发展的制度性障碍，从而使学术生产关系适应学术生产力的发展要求。

①张凤娟，教育学博士，浙江工业大学现代大学制度研究中心副教授，主要从事高等教育管理、比较高等教育研究。

②张鹏，博士，浙江工业大学现代大学制度研究中心副教授，主要从事现代大学制度构建研究。

大学能力与国际化

毛建青[①]

摘要：大学作为"控制高深知识和方法的社会机构"，随着经济全球化，大学国际化已成为大势所趋，因此，国际化程度是大学能力高低的重要表现。同时，推进国际化也是提升大学能力的重要途径。我们可以通过着重加强学科和学术交流的国际化、努力推进双向的国际交流和合作以及提升我国大学在国际交流与合作中的话语权，提升大学能力。

大学能力与区域发展

郑莉[②]

摘要：大学越来越成为社会中心，大学与区域经济社会发展的关系也愈发密切，大学知识创造、知识传播、知识应用能力对区域发展起关键的影响作用，而区域发展的水平又反映了大学能力水平。相比国外大学，我国大学服务区域发展还存在服务意识不足、科研成果转化能力不足、人才培养对地区贡献薄弱等问题，服务区域发展能力亟待提升，要求大学从内部能力提升着手，形成服务区域发展的自觉力，改善内部制度环境，加强区域合作，从而提高区域发展的贡献力。

大学能力与基层党建

钟伟军[③]

摘要：作为中国特色的大学制度体系，大学内涵力的核心是党的领导。而大学基层组织是党的领导在大学的具体落实载体，也是大学自觉力最为重要的组织要素。可以说，大学基层党组织的功能能否有效发挥在很大程度上决定着大学能力的有效发挥。然而，目前在我国，大学基层党建依然存在着一些问题，如何基于我国大学治理的实践，不断加强和创新基层党建工作的方式方法和机制，是我国大学能力提升中需要解决的重要问题。

---

①毛建青，管理学博士，浙江工业大学政管学院、现代大学制度研究中心副教授，主要从事教育财政，高等教育研究。

②郑莉，浙江工业大学现代大学制度研究中心讲师，浙江工业大学经贸管理学院博士生，主要从事技术创新管理研究。

③钟伟军，博士，浙江工业大学现代大学制度研究中心教授，主要从事现代大学治理研究。

我国高校创新创业教育研究的回顾与前瞻

——基于CNKI数据库2002—2017年收录论文关键词的可视化分析

武毅英　杨冬①

摘要：文章通过文献计量法，运用Cite Space信息可视化分析工具，对2002—2017年CNKI数据库收录的3 107篇创新创业教育研究文献进行关键词词频共现分析和关键词突变率分析，挖掘出“创新创业教育内涵”“创新创业人才培养”“创新创业教育与专业教育融合”“创新创业教育体系”“创新创业教育模式”“高校类型与创新创业教育”六个高校创新创业教育热点主题和“就业与创新创业教育”一个渐强型前沿主题。根据关键词共现时区视图、发文数量与样本文献等的综合分析结果，我国高校创新创业教育研究演进历程可分为起步阶段（2002—2008年）、发展阶段（2009—2014年）、深化阶段（2015—2017年）三个阶段，且研究内容从比较偏重创新教育、创业教育概念等的理论性描述，扩大至创新创业人才培养、教育体系、与专业教育对接以及不同类型高校实践模式的经验总结和理论探讨，最后发展到尝试运用定性和定量结合的方法、多学科的理论视域进行系统化探究，“互联网+”与创新创业教育成为研究最新亮点。未来研究的趋势是：研究视角上，引入多学科和跨学科的研究范式，拓宽创新创业教育研究的理论视野；研究取向上，国际借鉴与本土探索相结合，推动创新创业教育研究的内生性发展；研究内容上，宏观研究与微观研究相结合，增强创新创业教育研究的针对性和实效性；研究方法上，理论思辨与实证调查研究相结合，实现创新创业教育研究方法的多元化。

高等教育机会获得的性别不平等及其变化（1982—2015）

王伟宜②

摘要：实证研究结果显示，三十多年来，在男女生参与高等教育的机会均在不断增加的情况下，高等教育领域逐渐呈现出“男少女多”现象；除重点高校外，女生在普通本科及专科院校中的优势越来越凸显；学科分布中“男工女文艺”现象一直存在且日益明显；选择基础学科的男女生人数趋于减少，而选择热门的应用学科的人数却增长较快。今后，为了促进两性自由充分发展，应在基础教育阶段推行性别敏感教育；进一步提高教师的工资待遇以吸引优秀的男生立志从教；通过倾斜政策与激励措施，引导更多的优秀学生报考基础学科，同时要在高中开展职业生涯规划教育，以利于学生在填报志愿时做出更加科学的选择。

①武毅英，厦门大学高等教育发展研究中心教育经济与管理研究所所长、教授、博士生导师，主要从事高等教育与经济、大学生就业研究；杨冬，厦门大学教育研究院硕士研究生，主要从事教育经济与管理研究。

②王伟宜，教育学博士，福建师范大学教育学院、教师教育学院教授，博士生导师，研究方向：高等教育社会学。

论智慧校长的"游戏人格"及其养成路径

蔡运荃　汤瑞丽①

摘要：校长与学校的生命力息息相关。在一些智慧校长的人格中，或多或少存在"游戏"的成分，它体现为自由平等、轻松愉悦、积极乐观、专注豁达的人生态度和性格特征。智慧校长的成功深受游戏人格的影响，而游戏人格的养成又能反向促进校长智慧的生长勃发。游戏人格是教育本质与社会生态的承载媒介，是理想办学与职业生长的持续动力，也是校长实现价值共享与文化反哺的基本姿态。校长应从兴趣到理性、从内隐到外铄、从思想到行动三个层面出发，实现办学初心的复归持守、语言风格的艺术转向、认知实践的层次转化，成长为真正的智慧校长。

高等教育研究反思：批判方法论的视角

王旭辉②

摘要：高等教育学的研究大多表现为描述式研究、思辨式研究、实证性研究和诠释性研究，缺乏批判性研究的基础。然而，建立在批判理论基础上的批判研究因其独特的立场、价值取向、方法论特点和研究途径，确实有其存在的合理性和必要性。高等教育学应当建立起批判研究的基础，发展出自己的批判话语和研究范式。针对当前高等教育领域，尤其是国内学界相关研究匮乏的现状及其深层次原因，本文结合现实提出了若干促进我国高等教育批判研究的对策思路，并强调我国高等教育学的学者应致力于批判性研究的本土化和创造"实践的理论"，以免陷入过于知识化的误区。

高校书院制：传承·模式·要素

徐波③

摘要：21世纪以来，至少有50多所高校成立了110家书院。那么什么是现代高校书院制，书院制应包括哪些要素，书院制基本走向是什么？厘清这些困惑才能真正赋予传统的书院以时代的内涵，推动书院的规模性改革。总结古代书院的德育优势，研析当下高校书院的主要模式，解读书院的基本要素，判断书院的未来走向是本文的脉络延展。

①蔡运荃，博士，赣南医学院副教授，主要从事高等职业教育研究；汤瑞丽，华中科技大学博士生在读，主要从事高等教育研究。

②王旭辉，管理学博士，福建师范大学教育学院、教师教育学院讲师，主要从事高等教育经济与管理研究。

③徐波，博士，南京审计大学校长办公室副研究员，主要从事大学生发展方案研究。

附录二　参会博士生论文摘要

高校教师MOOC采纳行为影响因素分析

——基于P大学的跨个案研究

王晶心　王宇①

摘要：本文通过个案研究方法对高校教师对于MOOC采纳行为影响因素进行了描述与分析。研究以技术采纳相关理论为视角，通过对5位P大学教师的深入访谈，关注他们对于MOOC的教育定位如何影响其MOOC采纳意愿。结果发现：不同教师对于MOOC教育功能理解及属性定位存在较大差异，集中体现在对MOOC的教育和传播属性定位的差异；此外，教师对于MOOC的定位与自身教育理念的匹配程度决定了教师对MOOC的采纳意愿与行为，二者只有在一定程度上实现相互匹配，教师才会对新技术采取积极的采纳行为。研究根据属性定位差异概括出四种典型的“MOOC观”，并根据理念的匹配程度与实践中采取的行为导向将研究个案划分为三种典型实践类型。

我为什么怕导师？

——一项师生教育关系的质性研究

王利利②

摘要：“怕导师”是日常生活中出现的个体化情感体验，然而它却关涉研究生与导师之间的教育关系。研究生为什么怕导师？他们与导师之间的教育关系是怎样的？情感因素在师生教育关系中是何角色？本研究采用质性研究方法，主要运用扎根理论的相关方法对2位研究生（3位导师）进行个别访谈，通过微分析和三级编码对上述问题进行研究。研究发现，师生教育关系包含着知识教

①王晶心，北京大学教育学院博士研究生，研究方向：混合式学习、MOOC、教学设计；王宇，北京大学教育学院博士研究生，研究方向：MOOC、教师专业发展。

②王利利，北京大学教育学院博士研究生。

育、道德教育和情感教育这几方面的内容，且几个方面相互交融共同产生教育作用。并且，在情感沟通密切的情况下，导师对学生更加容易实施知识教育和道德教育。研究发现了四种典型的师生情感关系模式（矩阵），即：朋友式、默会式、敌对式和路人式。值得一提的是，情感关系本身是复杂且多变的，现实中的师生情感关系可能是某一两种关系模式的融合。

学习模式的转向

——一道隐含的“高考附加题”

许丹东　顾亚琳　董杭[①]

摘要：基于22名大四本科生的访谈资料，运用现象描述分析识别出游离的学习模式、成绩导向的学习模式和意义导向的学习模式，结果发现：本科生的学习模式为意义导向时满意度水平高、为游离时满意度水平低；大多数受访者在大一时期处于成绩导向的学习模式，随着年级升高，尽管成绩导向学习模式的人数减少、意义导向学习模式的人数增加，但游离学习模式的人数也在增加。进一步的分析表明，高中与大学的学习文化差异是本科生学习模式及满意度变化背后的深层次原因。促进本科生转向意义导向的学习模式是我国本科教育质量提升的关键。

基于创新方法的大学生创新能力培养模式研究

——以浙江大学系列课程实践为例

储昭卫[②]

摘要：培养大学生的创新能力具有重要意义，但是当前对大学生能力培养路径的实践研究还有待进一步完善。以TRIZ为代表的创新方法是改善创新思维并提升创新能力的工具，TRIZ以其擅长解决工程技术难题而得到推广。为了改善学生的创新能力，浙江大学在以TRIZ为核心的创新方法的基础上开发了一套完整的培养大学生创新能力的课程体系，并在工高班、工程师学院和全校性的创新创业平台进行了一系列课程实践。通过浙江大学利用创新方法对人才创新能力的培养实践，探索出了一条基于创新方法的大学生创新能力提升路径、创新能力实践深化方法和工具辅助的大学生创新能力培养方案。

①许丹东，南京大学教育研究院博士研究生，研究方向：教师教学和学生学习研究；顾亚琳，南京大学教育研究院硕士，研究方向：大学生学习研究；董杭，南京大学教育研究院硕士，研究方向：课程与教学、学生学习研究。

②储昭卫，博士研究生，浙江大学中国科教战略研究院/公共管理学院，研究方向：高等工程教育、系统化创新方法。

工科院校的书院制育人模式改革

——以北京理工大学为例

芦雅洁　庞海芍①

摘要：伴随着大类招生制度的实施，一些大学开始从管理体制上加强素质教育，率先进行了以“书院制”为代表的通识教育人才培养模式的实验探索。其中，工科院校的书院制也极具特色。本文依据北京理工大学书院制度建设与改革现状，综述工科院校书院制度的育人特色与优势，发掘其内在的育人理念和育人思路，总结当前工科院校在推进书院制改革过程中遇到的困境，为双一流背景下高校书院制育人模式的改革提出建议。

高校综合评价录取的公平问题研究

——基于2015—2018年高校综合评价录取结果的实证分析

庞颖②

摘要：高校综合评价录取是中国特色现代教育考试招生制度的重要模式，自2014年高考综合改革启动以来，逐渐走向制度化与普及化。作为大规模高利害的高校考试招生的一部分，其公平问题尤为引人瞩目。本研究以面向大陆31个省（自治区、直辖市）招生的“双一流”建设大学综合评价录取结果为对象，通过构建多维入学机会指标指数，借用线性分析、基尼系数等研究工具，剖析高校综合评价录取结果公平的现状与趋势，并在此基础上对其改革与完善提出政策建议。

理想与现实的博弈

——浙江新高考改革选志愿制度实施调查分析

王小青③

摘要：面对浙江高考改革有关选志愿的制度，首先是学校迅速反应研究应对策略，根据自身办学理念和实力提供条件指导学生。调查发现主要包括长期的职业生涯规划课程和短期的填报志愿辅导。对于学生而言，早期的艰难抉择在于选择一般志愿还是特殊志愿（如“三位一体”）高考渠道。不同的渠道意味着努力方向和学业压力等方面的差异，选科模式也决定着报考大学和专业的范围宽窄，最后需要面对80个志愿的战术安排。报告最后讨论了学生志愿“如愿”背后的关键除了增

---

①芦雅洁，北京理工大学人文与社会科学学院研究生；庞海芍，北京理工大学人文与社会科学学院研究员。

②庞颖，厦门大学教育研究院博士研究生，主要从事高等教育基本理论、高校考试招生制度研究。

③王小青，北京大学教育学院博士研究生。

加学生补课的压力之外，还有家校的资源支持。选志愿制度应对反映出来的学校积极的“有所为”和学生为大学理想的“不懈奋斗”令人欣慰，同时，学校实力悬殊、家庭资本介入、学生艰难抉择、学业压力增加、名校录取收紧等热点、难点、痛点也都需要决策者重点关注。

高校学科评估执行偏差研究

——基于组织分析视角

梁彤[①]

摘要：我国高等教育学科评估过程会遭遇高校的变通应对，使评估效果削弱已经成为学界的“共识”，但对此问题的分析机制却不明确，大多研究只是提出此现象并指出危机。学科评估过程中高校的变通应对现象是各主体间基于各自的组织目标并受制于管理体制的约束和激励所导致的行为选择。在目标、激励与约束都存在差异的情况下，高等教育评估行为面对的是项目制管理下高度分化的科层结构，这种结构产生了政策与科层组织间的摩擦，降低了政策的执行力，从而导致政策执行偏差。解决执行偏差问题的关键在于坚持评估价值中立原则，以及国家职能实际和理念的同步转型和对第三方评估机构的培育。

全球视角下工程学学术论文生产的特征与趋势

——基于十二所世界一流大学的文献计量分析

潘健　刘邦宇　史静寰[②]

摘要：在我国“双一流”建设实施三周年之际，以12所世界一流大学为例，从全球视角探讨工程学学术论文生产的特征与趋势具有重要的现实意义。基于1991—2017年Web of Science数据库文献计量数据，按照高等教育系统和教学科研语言环境对12所大学进行分类，建立起比较体系，就工程学研究的现状与趋势展开比较分析。研究发现：在规模方面，不同系统，不同国家（地区）的大学没有存在明显差距，处于劣势的大学在扩大规模的过程中受到语言因素的阻碍更大。在质量方面，先进高等教育系统优势突出。对处于劣势的大学，系统因素和语言因素在提高生产质量上的作用大致相同。在合作方面，无论是总量，抑或提升速率上，教学科研语言为英语的国家（地区）的国际合作程度要比教育科研语言为非英语的国家（地区）高。强化英语在教育科研中的运用是提升科研国际合作水平的关键。最后，本文结合我国“双一流”建设的实际情况提出若干建议。

---

①梁彤，华中科技大学高等教育学博士研究生，研究方向：高等教育政策与理论研究。

②潘健，清华大学教育研究院博士研究生，从事高等教育管理和国际比较教育研究；刘邦宇，中国人民大学公共管理学院博士研究生，从事行政管理、高校管理研究；史静寰，清华大学教育研究院教授，博士生导师，从事高等教育学研究。

本科出身决定高校教师科研产出吗?

——基于“双一流”建设中人才引进问题的实证分析

叶晓梅[①]

摘要：高校科研人才招聘中的“本科出身”筛选策略，由于缺乏本土化的实证研究支撑而引发社会的广泛关注。本文采用中国研究型大学教育学科教师的样本，分析其本科出身与科研产出的关系。研究发现：本科毕业于“C9”“985”“211”等名校的教师科研产出并不高于其他教师，本科出身决定论并不能得到验证。而后期博士教育会对其科研产出产生正向影响，并调节本科出身对科研产出质量的影响效应，出现“上升有益而下降有害”的情况。进一步，当考虑教师科研投入时间时，发现本科和博士出身对其科研产出的影响变得不显著了，而科研投入时间会对科研产出数量产生显著的正向影响。由此可知，本科出身并不能有效衡量教师质量，后期的努力才是提升教师科研产出的关键。因此，研究型大学在招聘科研人才不应局限于教师的本科出身，应充分考量应聘者的博士质量和努力行为动机，构建科学的测评机制以构建高质量的大学教师队伍。

基于三阶段DEA模型的教学绩效评价实证研究

——以陕、甘14所本科院校为例

苌光锤　陈晨[②]

摘要：采用可以剔除环境因素和随机干扰影响的三阶段DEA模型，对我国陕、甘两省的14所本科院校的教学绩效进行了实证研究。研究发现不同类型与层次的本科院校其教学效率不一，而且其教学效率值受到实验教学环境、教学实习环境的影响。结合各地区高校创新效率与投入水平，可以将此类院校的教学发展划分为高效率低投入、低效率低投入以及相对效率高投入三种模式，对于不同的发展模式应采取不同的院校管理政策。

我国大学治理现代化进程中的工具理性批判与省思

汤建[③]

摘要：在我国，大学治理在实践中常常被赋予目的性意义，治理的工具意义常常大于其本真意

①叶晓梅，北京师范大学教育经济与管理专业博士研究生。

②苌光锤，浙江师范大学博士研究生，研究方向：高等教育管理；陈晨，华东师范大学高教研究所博士研究生，研究方向：大学教学与评价。

③汤建，厦门大学博士研究生，主要从事高等教育基本理论研究。

义。治理本是大学的固有属性，自治是大学治理的前提条件。然而，这一前提要件正被逐渐瓦解。工具理性对价值理性的否弃致使我国大学治理的现代化进程陷入发展困境。工具理性张扬下，资源消解了自治，权力规训了自由，效率隐蔽了价值。大学治理呈现出学术与政治联姻，资源被加冕等现象以及效率结盟功利的基本特征。究其根源，"官本位"文化是工具理性衍续的病理之源，追崇效率逻辑是工具理性之症结所在，制度性内耗是掣肘价值理性之内在因素。由此，大学治理可通过整体结构性调整扩大治理的法治化空间，导入分类治理思维化解大学治理的结构性内耗，回归知识价值本位重塑大学治理绩效的新格局。

院系结构调整及其治理模式的变迁研究

——基于一个文学院30年发展历程的考察

褚照锋①

摘要：院系是推进高等教育综合改革、优化高校内部治理体系、落实"双一流"建设的主要载体。目前，围绕院系相对微观的研究显得较为薄弱，本研究以H大学文学院为例，通过实地调研与深度访谈考察其30年的发展历程与治理模式变迁，研究发现：文学院"一分为六"，经历了"整合—分化—再次调整"三个阶段，形成了H大学的文科院系格局；不同时期院系治理呈现权威人物统筹下的"集体协商"、联邦式领导组织架构下的"院虚系实"、校综合改革背景下的"院实系虚"的三种不同治理模式。这为优化院系结构调整及其治理改革、"双一流"建设任务落实留下诸多启示。

"双一流"建设背景下大学科研生产机制探究：知识生产模式转型的中观层视角

王璐瑶　王晓阳②

摘要：中国大学想要通过双一流建设跻身世界一流水平，需要一系列配套的体制机制建设。在当今知识生产模式转型的大背景下，我国的大学改革应逐渐摆脱"摸着石头过河"的经验积累模式，建立具有扎实理论依托的制度设计逻辑。本文在回顾知识生产模式演化过程的基础上，以中观层视角切入，将SECI知识创造理论和行动者网络理论相结合，探究了研究型大学内部行动者与外部系统间的动态交互与空间分布特征，为模式转型下大学知识生产模式演化的理论体系提供中观层面的补充，为双一流建设下促进大学科研活动的发展提供理论支持。

---

①褚照锋，华中科技大学教育科学研究院2016级博士研究生，主要从事院系设置与治理研究、高等教育管理研究。

②王璐瑶，清华大学教育研究院博士研究生，研究方向：产学研合作、知识创新、大学文化；王晓阳，清华大学教育研究院高等教育研究所所长，研究方向：比较高等教育、大学文化。

我国重点大学政策议程设置的变迁研究

李秋芸[①]

摘要：通过梳理分析20世纪50—60年代的重点大学政策、1978年恢复重点大学政策、“重中之重”政策、“985工程”政策、“211工程”政策、“双一流”政策六个不同时期我国重点大学政策制定过程及背景；总结发现，我国重点大学政策议程设置具有同时受国内国际政策环境影响、政策触发机制阶段性、自上而下精英决策内输入、参与主体多元性等特征；并提出，未来重点大学政策必须正确认识国际形势的双面性、转变政府职能、建立相关利益群体的互动机制。

C9高校与世界一流大学的名次波动趋势比较

——基于《泰晤士报》世界大学排名

张庆君[②]

摘要：世界大学排名为中国顶尖大学建设世界一流大学提供了参照。关注C9高校与世界一流大学的名次波动有利于探寻世界一流大学的共性和个性特征，了解大学之间的发展态势，从而为C9高校提高国际竞争力明确发展方向。以2012—2016年《泰晤士报》世界大学排名数据为基础，通过对比分析C9高校与世界一流大学在近五年来的名次波动趋势及原因，发现：C9高校比世界一流大学的名次波动幅度大，教学是引起名次波动最主要的指标因素，其次为研究和论文引用指标。不同高校名次波动的指标原因存在不同，与学校的发展定位有关，同时彰显出它们发展的优劣势。另外，在指标排名方面，并不是世界一流大学的表现均优越于C9高校。这些发现对C9高校建设世界一流大学具有诸多有益的启示。

世界一流经济学科建设：概念界定、判定指标及实现路径

李佳哲　胡咏梅[③]

摘要：在厘清学科和世界一流学科概念的基础上，通过师资力量、高层次人才培养、科研成果

①李秋芸，华中科技大学教育科学研究院博士研究生，研究方向：高等教育管理。

②张庆君，华东师范大学高等教育研究所博士研究生，研究方向：高等教育管理。

③李佳哲，北京师范大学教育学部教育经济研究所博士生，主要从事教育经济学研究；胡咏梅，北京师范大学教育学部教育经济研究所教授、博士生导师，主要从事教育经济学研究。

三个易显性特征识别出当前哈佛大学、芝加哥大学、麻省理工学院、普林斯顿大学拥有世界一流经济学科。基于它们在世界一流经济学科建设中的逻辑经验总结世界一流经济学科的非显性特征，阐释世界一流经济学科的实现路径，得出如下研究结论：（1）以国际化全球视野为前提；（2）以培养高层次人才为核心目标；（3）以内涵式发展为根本路径；（4）以跨学科合作、国内/国际科研合作以及课程合作等三大合作为主要着力点。

新时代高校人才竞争的失衡及复位

闫丽雯[①]

摘要："双一流"建设启动以来，高校竞争越来越围绕人才展开，人才竞争态势愈演愈烈。公平合理的人才竞争能最大限度地发挥人才潜能、优化教师队伍结构、增强高校改革发展动力，但在人才工作的具体实践中，人才引进与人才培育、本土竞争与海外引才、数量规模与结构效益、流动态势与治理机制之间呈现较大张力，这既与短期实用主义思维的泛滥和高等教育评估体系的唯指标化有关，也是"合法化"机制影响下高校的被动之举，亟须凝聚各方合力、多举并进，促进人才竞争秩序的复位。

一流学科建设对我国本科教育的影响

——基于30所一流学科建设高校建设方案的研究

郭书剑[②]

摘要：一流学科建设对我国本科教育既有积极意义，也有消极影响。一流学科建设不仅有利于推进本科教育国际化，也有利于加强本科专业建设；但一流学科建设过度量化的人才培养目标及难以平衡的科教关系不利于本科拔尖创新人才的培养。一流学科建设和本科教育的分离既源于政府和高校对各类排行榜的迷思，还源于政府对高校施加的考评压力。如何通过一流学科建设促进本科教育成为政府和高校亟待解决的共同难题。

①闫丽雯，北京师范大学教育学部博士生，研究方向：高等教育管理。

②郭书剑，南京师范大学教育科学学院博士研究生，主要从事高等教育基本理论研究。

“世界一流大学”与“世一大”

——一种语言现象的亚文化解读

陈阳①

摘要：以“世一大”为代表的亚文化语言现象在网络社区中出现，在学生群体中流行。在这种话语实践中，规范性话语被挪用，产生了完全不同的意义。亚文化通过“拼贴”和“暗语”，构建独特的符号体系，表现出对“建设世界一流大学”的权威和主流话语的象征性的抵抗姿态。对这种现象的解读为观看高等教育提供了一个新的视角。建立现代大学制度需要关注学生诉求；大学共同治理需要学生有效和适度参与。

后发展视野下世界一流大学的赶超路径研究

杨蕾②

摘要：作为高等教育赶超策略的重要组成部分，我国世界一流大学建设具有鲜明的后发特征，通过以跨越赶超为发展目标、以模仿借鉴为发展资源、以政策导向为发展动力，在短时间取得显著的发展成果。但由于赶超发展的“突变性”和“不连续性”，大学发展与组织及社会文化制度体系的进化差异导致系统存在巨大的压力，从而引发一系列诸如路径依赖、要素依赖、社会差距等问题，表现为追赶发展与差异发展、制度借鉴与精神融合、重点发展与以点带面之间的冲突。当前应权衡“双一流”建设的长远目标与短期盈利，形成“重点突破”与“协调发展”相依存的赶超目标；学习借鉴与自主创新相结合的赶超资源、国家主导与自生秩序相协调的赶超动力，实现从后发优势向先发优势的动力转换。

中国大学通识教育的模式与本土建构

李文③

摘要：通识教育在中国近30年的发展，在通识教育的理念、制度、课程方面初步形成了具有本土特色的通识教育模式。本文选取12所代表学校为样本，归纳得出中国大学通识教育模式在办学理

①陈阳，浙江大学教育学院博士研究生，研究方向：高等教育管理。

②杨蕾，华南师范大学教育科学学院博士研究生，主要从事现代高等教育发展理论研究。

③李文，厦门大学教育研究院在读博士生，研究方向：高等教育理论、比较高等教育。

念上分为能力导向与知识导向，在组织机构分为封闭式和开放式，课程设置上分为整合课程与组合课程。但是目前仍存在通识教育共同体尚未形成、通识教育与专业教育缺乏衔接、通识教育课程机构化障碍等问题。高校为优化通识教育模式，应以理念为导向重塑通识教育的共识诉求，以组织为重点强化通识教育机构间的多方协同，以课程为核心实现通识教育课程类型与结构的动态平衡。

理解学习分析的三大维度：领域问题、研究方法和实现技术

范逸洲[①]　欧阳嘉煜　王梦倩　汪琼

摘要：学习分析是一个多元融合的研究领域，呈现出多学科交叉、研究方法多样等特点。随着学习分析领域的相关研究不断涌现，明晰学习分析的内涵与外延也变得日益重要。本文尝试通过论述学习分析的三大维度：领域问题（趋势分析与预测、适应性学习和结构化分析）、研究方法（基于网络的分析方法、基于内容的分析方法和基于过程的分析方法）和实现技术（预测技术、结构识别技术、关系挖掘技术和模型挖掘技术），建构学习分析领域的三维研究框架，以期增进学习分析领域内及领域间的对话。

世界一流大学国际研究的进展与趋势

——基于WoS期刊文献的可视化分析

郭二榕[②]

摘要：通过文献计量法和内容分析法，运用Cite spcace软件分析Web of Science核心合集中有关世界一流大学研究的285篇文献，发现：（1）世界一流大学研究受实践驱动明显，目前处于快速发展阶段；欧美发达国家和亚太国家研究数量较多，跨国和跨机构研究有限；研究有一定跨学科性，教育学科处于核心地位；教育类期刊及会议论文集收录文献数量较多。（2）研究基础包括对国际高等教育的总体性分析、对区域性高等教育的分析、对案例国家或高校的实证分析三类经典文献。（3）研究热点包括世界一流大学的外部环境、内部要素、反思与评估、国家和高校经验等；研究前沿包括大学教师与学术职业、社会科学、大学领导与管理、中国特色、大学排名、国际合作等。

①范逸洲，北京大学教育学院在读博士研究生，研究方向：学习分析。

②郭二榕，北京大学教育学院博士研究生。

我国高等教育改革范式分析与反思研究

——基于1985年以来国家政策文本的视角

刘磊①

摘要：库恩的范式理论经过调整和修改能有效运用于高等教育改革研究。1985年以来我国高等教育改革范式主要在表达形式、实质内容、价值系统和范例模型四个方面展开。高等教育改革范式不完善导致改革成效降低、改革效果难以有效累积和改革水平不高等问题。要完善改革范式促进高等教育发展，就要积极建设改革科学共同体和改革学科，从范式的视角对高等教育改革进行再改革和构建高等教育改革范式并加强范式对改革的指导用。

大学排名如何承担社会责任

——关于美国社会流动指数排名的述评

张静华②

摘要：社会流动指数（SMI）大学排名，试图通过衡量大学究竟在多大程度上促进弱势阶层子女的社会流动，确立一种新的排名取向，引导更多的人关注弱势群体，突显出它特有的人文关怀。本文从SMI排名呈现出的与众不同的特征切入，重点分析了排名产生的背景、动因与目的、数据指标与测算等问题，探讨了SMI大学排名引发的争议和产生的影响。在此基础上，重新审视如何通过大学排名，重塑高等教育促进社会流动的公共责任。

延续与超越：1998—2017年“双一流”建设研究的文献分析

宋晓欣　赵世奎③

摘要：教育科学研究是认识教育规律的重要工具，是促进教育改革发展的重要保证。对1998至2017年间955篇一流大学和一流学科相关研究成果的分析表明，研究主题从单纯关注大学逐步转向大学、学科并重，中国特色、发展战略、立德树人等正成为新的研究热点；研究方法仍以定性研究为主，案例研究、实证研究相对不足；研究队伍还主要局限在传统的知名高校；对如何构建社会参

①刘磊，华中科技大学教育科学研究院高等教育学2016级博士研究生，闽南师范大学教育科学学院讲师，研究方向：高等教育基本理论、大学生德育理论与实践。

②张静华，华东师范大学高等教育研究所研究生。

③宋晓欣，北京航空航天大学高等教育研究院博士研究生，研究方向：研究生教育；赵世奎，北京航空航天大学人文社会科学学院副院长、研究员、博士生导师，研究方向：研究生教育。

与机制、加强制度和文化建设等一些关键问题的研究还明显不够充分。在推进“双一流”建设深化、落实的新时期，相关研究应进一步拓展研究内容的广度，挖掘研究问题的深度，推进研究方法的多样化，提高研究成果的实效性，促进不同学科研究者间的合作。

“双一流”背景下高校科研管理共生系统研究

梁志坤①

摘要：在推动高校科研工作的过程中，科研管理模式创新是一个急需探究的重要问题。基于共生理论，本文从一个全新的视角分析高校科研共生系统的生成过程；构筑高校科研管理共生系统的生成进路：促进柔性聚焦，实现多元主体共生；强化交互作用，提升互惠共生效能；优化共生界面，营造和谐正向环境。以此促进高校科研创新，提高高校科研水平。

构建专业动态调整机制推动“双一流”建设

——基于CAS理论视角

王晓玲②

摘要：专业动态调整是实现“双一流”的重要前提和保障。本文以CAS理论主体自主适应机制为研究视角，构建专业动态调整机制的分析框架。在此基础上，从信息传递执行制度、激励资源配置制度以及二者之间适应性评估与反馈制度三个方面来分析1998年以来我国专业调整中存在的问题。最终从四个方面提出专业动态调整机制的构建策略：理清政府、市场、高校之间的权力关系，构建多元主体的信息共享平台，构建动态激励机制，构建高校与内外部环境主体之间的沟通机制。

“双一流”建设任务的核心：解决教学与科研的痛点

——基于C9高校一流大学建设方案的文本分析

陆琦　肖龙海③

摘要：教学与科研是“双一流”建设任务的重点与难点，本研究通过选取代表我国高等教育发展前沿水平的C9高校的一流大学建设方案文本，分析了C9高校在一流大学建设中关于教学与科研

①梁志坤，华南师范大学教育科学学院博士研究生，中级经济师，研究方向：高等教育学、教育经济学。

②王晓玲，大连理工大学教育管理专业博士研究生。

③陆琦，浙江大学教育学院课程与教学论专业博士研究生，研究方向：教学设计、课堂教学、高等教育；肖龙海浙江大学教授，研究方向：课堂教学、基础教育、高等教育。

发展的一般特征，在此基础上总结了适应高水平“双一流”建设的一流学科分层建设体系、人才资源梯度建设体系与科研提升建设体系。此外，高校在争创“双一流”时还应注意基于自身发展，重视课堂教学，积极谋求与高校联盟的合作。

世界一流大学艺术教育及其对人才培养的影响

——MIT的经验

浦琳琳[①]

摘要：世界一流大学的艺术教育对于培养高素质创新人才发挥着重要作用。本文通过对MIT艺术教育相关文本的解读，考察分析了MIT艺术教育的理念和实施路径，讨论了MIT艺术教育对其人才培养的影响，挖掘世界一流大学的艺术教育在人才培养上的经验。

①浦琳琳，浙江大学教育学院博士研究生，主要从事高等教育理论、高等教育管理以及通识教育研究。